प्रतिबंधित हिन्दी साहित्य

खण्ड 1

[कहानियाँ और उपन्यास]

प्रतिबंधित हिन्दी साहित्य

खण्ड 1

संकलन एवं संपादन
रुस्तम राय

राधाकृष्ण प्रकाशन

ISBN : 978-81-7119-435-3

प्रतिबंधित हिन्दी साहित्य, खंड 1

पहला संस्करण : 1999

पहली आवृत्ति : 2024

This book is printed on **Print on Demand** Technology : 2026

मूल्य : ₹2500

(दो खंडों का सैट)

प्रकाशक

राधाकृष्ण प्रकाशन प्राइवेट लिमिटेड

जी-17, जगतपुरी, दिल्ली-110 051

शाखाएँ : अशोक राजपथ, साइंस कॉलेज के सामने, पटना-800 006

पहली मंजिल, दरबारी बिल्डिंग, महात्मा गांधी मार्ग, प्रयागराज-211 001

1, अनमोल सोराबजी संतुक लेन, धोबी तलाव, मरीन लाइंस, मुम्बई-400 002

वेबसाइट : www.radhakrishnaprakashan.com

ई-मेल : info@radhakrishnaprakashan.com

PRATIBANDHIT HINDI SAHITYA, PART-1 (FICTION)

Edited by Rustam Rai

उन समस्त क्रांतिकारी लेखकों/कवियों/कथाकारों
की स्मृति को समर्पित जिन्हें इतिहास
और जनता ने भुला दिया है।

भूमिका

प्रतिबंधित साहित्य चाहे वह किसी भी भाषा या विधा का साहित्य क्यों न हो, स्वातंत्र्य-चेतना की कोख से पैदा होता है। कम ही लोग जानते हैं कि आधुनिक भारतीय भाषाओं का अधिकांश क्रांतिकारी लेखन स्वाधीनता आंदोलन के दौरान अंग्रेज़ी राज द्वारा ज़ब्त कर लिया गया था। आजादी की 50वीं वर्षगाँठ के अवसर पर ऐसी पुस्तकों का प्रकाशन समीचीन ही नहीं अपरिहार्य भी है। आश्चर्य न होना चाहिए कि ऐसी प्रतिबंधित पुस्तकों में साहित्य के अतिरिक्त राजनीति, इतिहास, अर्थशास्त्र, समाजशास्त्र और पत्रकारिता से संबंधित पुस्तकें भी पर्याप्त हैं।

प्रस्तुत 'प्रतिबंधित हिंदी साहित्य, खंड-एक' में संकलित रचनाओं की कालगत सीमा 1920 से 1947 तक है।

स्वाधीनता आंदोलन के दौरान प्रतिबंधित इन कहानियों का महत्त्व इस बात में है कि ये कहानियाँ अंग्रेजी सरकार को ललकारती हैं और इनमें साम्राज्यवादी सरकार का चुनौतीपूर्ण विरोध है। अपने पाठक को ये कहानियाँ किसी कल्पनालोक में नहीं ले जातीं; बल्कि तत्कालीन स्वाधीनता आंदोलन की यथार्थ चेतना से उन्हें जोड़ती हैं। सच तो यह है कि इन कहानियों एवं उपन्यासों में भारतीय स्वाधीनता संग्राम का अनलिखा इतिहास कैद है। सबसे बड़ी बात यह है कि इन कहानियों में न केवल भारत की ऐतिहासिक पृष्ठभूमि और घटनाओं की भूमिका का रचनात्मक उपयोग है, बल्कि उन समस्त देशों की ऐतिहासिक पृष्ठभूमियों, परिवेशों, घटनाओं और क्रांतिकारी चरित्रों को आधार बनाकर कहानियाँ रची गई हैं, जहाँ की जनता साम्राज्यवादी और सामंतवादी शक्तियों के खिलाफ जनमुक्ति की लड़ाई लड़ रही थी। सच्चे अर्थों में भारतीय स्वाधीनता आंदोलन के लिए स्वदेशी एवं विदेशी इतिहास की क्रांतिकारी घटनाओं से प्रेरणा ग्रहण करने का यह

सर्वोत्तम तरीका था। अंग्रेजी सरकार इस बात से डरती थी कि भारतीय जनता ऐसी कहानियों से प्रेरणा पाकर अंग्रेजी राज के लिए मुसीबत खड़ी कर सकती है, इसलिए ऐसी कहानियों के छपते ही सरकार उन्हें ज़ब्त कर लेती थी।

प्रस्तुत पुस्तक में हिंदी के प्रतिबंधित तीन कहानी संकलनों की कहानियाँ ली गई हैं। ये संकलन हैं :—'बाग़ी की बेटी' (मुनीश्वर दत्त अवस्थी), 'हड़ताल' (ऋषभचरण जैन), 'क्रांतिकारी कहानियाँ' (पाण्डेय बेचन शर्मा 'उग्र')। उपर्युक्त तीनों संकलन क्रमशः 1932, 1931 और 1939 में प्रकाशित एवं प्रतिबंधित किए गए हैं। 'चाँद का फाँसी अंक', 'सैनिक', 'क्रांति', 'विप्लव', 'बलिदान' और 'बुन्देलखंड केसरी' जैसी प्रतिबंधित पत्रिकाओं से भी कहानियाँ प्राप्त हुई हैं। इन कहानियों के अतिरिक्त ब्रजेन्द्रनाथ गौड़ का प्रतिबंधित उपन्यास 'पैरोल पर' भी इसमें शामिल है। यह उपन्यास 1943 में प्रकाशित और ज़ब्त हुआ था। इसके मुख्य पात्रों में कपूर, अनिल, विजय, शंकर, लाल, अमिता, शीला आदि उल्लेखनीय हैं। किसी कारणवश ऋषभचरण जैन का प्रतिबंधित उपन्यास 'ग़दर' शामिल नहीं किया जा सका है। यह उपन्यास 1857 की मुख्य घटनाओं को आधार बनाकर लिखा गया है। आशा है, इस पुस्तक में संकलित रचनाओं की सार्थकता और अर्थवत्ता की जाँच सुधी पाठकगण ही करेंगे।

मेरे इस शोधपूर्ण कार्य की सफलता का श्रेय जे.एन.यू., भारतीय भाषा केंद्र के अध्यक्ष एवं प्रोफेसर श्रद्धेय गुरुवर मैनेजर पाण्डेय जी को है, जिन्होंने मुझे हर घड़ी प्रेरणा, प्रोत्साहन और सम्यक् मार्गदर्शन दिया है। रचनाकार मित्र डॉ. अब्दुल बिस्मिल्लाह की मदद और उनका प्रोत्साहन मेरे लिए बहुत बड़ा संबल रहा है। इस अवसर पर मैं अपनी पत्नी हमीदा और भाई शाहिद को कैसे भुला सकता हूँ, जिनके सहयोग के बिना यह गुरुत्तर कार्य मेरे लिए संभव ही नहीं था। इसी क्रम में राधाकृष्ण प्रकाशन के स्वत्वाधिकारी श्री अशोक जी का मैं आभारी हूँ, जिन्होंने इस पुस्तक को प्रकाशित कर मेरे इस कार्य की सार्थकता सिद्ध की है। इत्यलम।

—रुस्तम राय

क्रम

पांडेय बेचन शर्मा 'उग्र' की कहानियाँ

उसकी माँ

दोपहर को ज़रा आराम करके उठा था। अपने पढ़ने-लिखने के कमरे में खड़ा-खड़ा धीरे-धीरे सिगार पी रहा था और बड़े-बड़े अलमारों में सजे पुस्तकालय की ओर निहार रहा था। किसी महान् लेखक की कोई महान् कृति उनमें से निकालकर देखने की बात सोच रहा था। मगर, पुस्तकालय के एक सिरे से लेकर दूसरे तक मुझे महान्-ही-महान् नज़र आए। कहीं गेटे, कहीं रूसो, कहीं मेज़िनी, कहीं नीत्शे, कहीं शेक्सपियर, कहीं टॉल्स्टॉय, कहीं ह्यूगो, कहीं मोपासाँ, कहीं डिकिन्स, स्पेन्सर, मेकाले, मिल्टन, मोलियर...उफ़ ! इधर से उधर तक एक-से-एक महान् ही तो थे ! आखिर मैं किसके साथ चंद मिनट मन-बहलाव करूँ, यह निश्चय ही न हो सका, महानों के नाम ही पढ़ते-पढ़ते परेशान-सा हो गया।

इतने में मोटर की पों-पों सुनाई पड़ी। खिड़की से झाँका तो सुरमयी रंग की कोई 'फिएट' गाड़ी दिखाई पड़ी। मैं सोचने लगा—शायद कोई मित्र पधारे हैं, अच्छा ही है। महानों से जान बची।

जब नौकर ने सलाम कर आनेवाले का कार्ड दिया, तब मैं कुछ घबराया ? उस पर शहर के पुलिस सुपरिंटेंडेंट का नाम छपा था। ऐसे बे-वक़्त यह कैसे आए ?

पुलिस-पति भीतर आए। मैंने हाथ मिलाकर एक चक्कर खाने वाली गद्दीदार कुर्सी पर उन्हें आसन दिया। वह व्यापारिक मुसकराहट से लैस होकर बोले, "इस अचानक आगमन के लिए आप मुझे क्षमा करें।"

"आज्ञा हो !" मैंने भी नम्रता से कहा।

उन्होंने पॉकेट से डायरी निकाली, डायरी से एक तसवीर..."देखिए इसे, ज़रा बताइए तो, आप पहचानते हैं इसको ?"

"हाँ, पहचानता तो हूँ।" ज़रा सहमते हुए मैंने बताया।

"इसके बारे में मुझे आपसे कुछ पूछना है।"

"पूछिए।"

"इसका नाम क्या है ?"

"लाल ! मैं इसी नाम से बचपन से ही इसे पुकारता आ रहा हूँ। मगर, यह पुकारने का नाम है। एक नाम कोई और है, सो मुझे स्मरण नहीं।"

"कहाँ रहता है यह ?" सुपरिंटेंडेंट ने पुलिस की धूर्त-दृष्टि से मेरी ओर देखकर पूछा।

"मेरे बँगले के ठीक सामने एक दोमंज़िला, कच्चा-पक्का घर है, उसी में वह रहता है। वह है और उसकी बूढ़ी माँ।"

"बूढ़ी का नाम क्या है ?"

"जानकी।"

"और कोई नहीं है क्या इसके परिवार में ? दोनों का पालन-पोषण कौन करता है ?"

"सात-आठ वर्ष हुए, लाल के पिता का देहांत हो गया। अब उस परिवार में वह और उसकी माता ही बचे हैं। उसका पिता जब तक जीवित रहा, बराबर मेरी ज़मींदारी का मुख्य मैनेजर रहा। उसका नाम रामनाथ था। वही मेरे पास कुछ हज़ार रुपए जमा कर गया था, जिससे अब तक उनका खर्चा चल रहा है। लड़का कॉलेज में पढ़ रहा है। जानकी को आशा है, वह साल-दो साल बाद कमाने और परिवार को सँभालने लगेगा। मगर क्षमा कीजिए, क्या मैं यह पूछ सकता हूँ कि आप उसके बारे में क्यों इतनी पूछताछ कर रहे हैं ?"

"यह तो मैं आपको नहीं बता सकता, मगर इतना आप समझ लें, यह सरकारी काम है। इसीलिए आज मैंने आपको इतनी तकलीफ़ दी है।"

"अजी, इसमें तकलीफ़ की क्या बात है ! हम तो सात पुश्त से सरकार के फरमाबरदार हैं। और कुछ आज्ञा..."

"एक बात और..." पुलिस-पति ने गंभीरता से धीरे से कहा, "मैं मित्रता से आपसे निवेदन करता हूँ, आप इस परिवार से ज़रा सावधान और दूर रहें। फिलहाल इससे अधिक मुझे कुछ कहना नहीं।"

"लाल की माँ !" एक दिन जानकी को बुलाकर मैंने समझाया, "तुम्हारा लाल आजकल क्या पाजीपन करता है ? तुम उसे केवल प्यार ही करती हो न ! हूँ ! भोगोगी।"

"क्या है, बाबू ?" उसने कहा।

"लाल क्या करता है ?"

"मैं तो उसे कोई भी बुरा काम करते नहीं देखती।"

"बिना किए ही तो सरकार किसी के पीछे पड़ती नहीं। हाँ, लाल की माँ ! बड़ी धर्मात्मा, विवेकी और न्यायी सरकार है यह। ज़रूर तुम्हारा लाल कुछ करता होगा।"

"माँ ! माँ ! !" पुकारता हुआ उसी समय लाल भी आया—लंबा, सुडौल, सुंदर, तेजस्वी।

"माँ !" उसने मुझे नमस्कार कर जानकी से कहा, "तू यहाँ भाग आई है। चल तो ! मेरे कई सहपाठी वहाँ खड़े हैं, उन्हें चटपट कुछ जलपान करा दे, फिर हम

घूमने जाएँगे !"

"अरे !" जानकी के चेहरे की झुर्रियाँ चमकने लगीं, काँपने लगीं, उसे देखकर, "तू आ गया लाल ! चलती हूँ, भैया ! पर, देख तो, तेरे चाचा क्या शिकायत कर रहे हैं ? तू क्या पाजीपना करता है, बेटा ?"

"क्या है, चाचाजी ?" उसने सविनय, सुमधुर स्वर से मुझसे पूछा, "मैंने क्या अपराध किया है ?"

"मैं तुमसे नाराज हूँ लाल !" मैंने गंभीर स्वर में कहा।

"क्यों, चाचाजी ?"

"तुम बहुत बुरे होते जा रहे हो, जो सरकार के विरुद्ध षड्यंत्र करनेवालों के साथी हो ! हाँ, तुम हो ! देखो लाल की माँ, इसके चेहरे का रंग उड़ गया, यह सोचकर कि यह ख़बर मुझे कैसे मिली।"

सचमुच एक बार उसका खिला हुआ रंग ज़रा मुरझा गया, मेरी बातों से ! पर तुरंत ही वह सँभला।

"आपने ग़लत सुना, चाचाजी। मैं किसी षड्यंत्र में नहीं। हाँ, मेरे विचार स्वतंत्र अवश्य हैं, मैं ज़रूरत-बेज़रूरत जिस-तिस के आगे उबल अवश्य उठता हूँ। देश की दुरवस्था पर उबल उठता हूँ; इस पशु-हृदय परतंत्रता पर।"

"तुम्हारी ही बात सही, तुम षड्यंत्र में नहीं, विद्रोह में नहीं, पर यह बक-बक क्यों ? इससे फ़ायदा ? तुम्हारी इस बक-बक से न तो देश की दुर्दशा दूर होगी और न उसकी पराधीनता। तुम्हारा काम पढ़ना है, पढ़ो। इसके बाद कर्म करना होगा, परिवार और देश की मर्यादा बचानी होगी। तुम पहले अपने घर का उद्धार तो कर लो, तब सरकार के सुधार का विचार करना।"

उसने नम्रता से कहा, "चाचाजी, क्षमा कीजिए। इस विषय में मैं आपसे विवाद करना नहीं चाहता।"

"चाहना होगा, विवाद करना होगा। मैं केवल चाचाजी नहीं, तुम्हारा बहुत कुछ हूँ। तुम्हें देखते ही मेरी आँखों के सामने रामनाथ नाचने लगते हैं, तुम्हारी बूढ़ी माँ घूमने लगती है। भला मैं तुम्हें बेहाथ होने दे सकता हूँ। इस भरोसे न रहना।"

"इस पराधीनता के विवाद में, चाचाजी, मैं और आप दो भिन्न सिरों पर हैं। आप कट्टर राजभक्त, मैं कट्टर राज-विद्रोही। आप पहली बात को उचित समझते हैं–कुछ कारणों से, मैं दूसरी को–दूसरे कारणों से–आप अपना पथ छोड़ नहीं सकते–अपनी प्यारी कल्पनाओं के लिए–मैं अपना भी नहीं छोड़ सकता।"

"तुम्हारी कल्पनाएँ क्या हैं, सुनूँ तो ! ज़रा मैं भी जान लूँ कि अब के लड़के कॉलेज की गरदन तक पहुँचते-पहुँचते कैसे-कैसे हवाई क़िले उठाने के सपने देखने लगते हैं। ज़रा मैं भी तो सुनूँ, बेटा ?"

"मेरी कल्पना यह है कि जो व्यक्ति, समाज या राष्ट्र के नाश पर जीता हो, उसका सर्वनाश हो जाए !"

जानकी उठकर बाहर चली, "अरे ! तू तो जमकर चाचा से जूझने लगा। वहाँ चार बच्चे बेचारे दरवाज़े पर खड़े होंगे। लड़ तू, मैं जाती हूँ।" उसने मुझसे कहा, "समझा दो बाबू, मैं तो आप ही कुछ नहीं समझती, फिर इसे क्या समझाऊँगी ?" उसने फिर लाल की ओर देखा, "चाचा जो कहें, मान जा, बेटा, यह तेरे भले ही की कहेंगे।"

वह बेचारी कमर झुकाए, उस साठ बरस की वय में भी घूँघट सँभाले, चली गई। उस दिन उसने मेरी और लाल की बातों की गंभीरता नहीं समझी।

"मेरी कल्पना यह है कि..." उत्तेजित स्वर से लाल ने कहा, "ऐसे दुष्ट, नाशक व्यक्ति, राष्ट्र के सर्वनाश में मेरा भी हाथ हो।"

"तुम्हारे हाथ दुर्बल हैं, उनसे जिससे तुम पंजा लेने जा रहे हो, चर्र-मर्र हो उठेंगे, नष्ट हो जाएँगे।"

"चाचाजी, नष्ट हो जाना तो यहाँ का नियम है। जो सँवारा गया है वह बिगड़ेगा ही। हमें दुर्बलता के डर से अपना काम नहीं रोकना चाहिए। कर्म के समय हमारी भुजाएँ दुर्बल नहीं, भगवान् की सहस्र भुजाओं की सखियाँ हैं।"

"तो तुम क्या करना चाहते हो ?"

"जो भी मुझसे हो सकेगा, करूँगा।"

"षड्यंत्र ?"

"ज़रूरत पड़ी तो ज़रूर..."

"विद्रोह ?"

"हाँ, अवश्य !"

"हत्या ?"

"हाँ, हाँ, हाँ !"

"बेटा, तुम्हारा माथा न जाने कौन किताब पढ़ते-पढ़ते बिगड़ रहा है। सावधान !"

मेरी धर्मपत्नी और लाल की माँ एक दिन बैठी हुई बातें कर रही थीं कि मैं पहुँच गया। कुछ पूछने के लिए कई दिनों से मैं उसकी तलाश में था।

"क्यों लाल की माँ, लाल के साथ किसके लड़के आते हैं तुम्हारे घर में ?"

"मैं क्या जानूँ, बाबू ?" उसने सरलता से कहा, "मगर वे सभी मेरे लाल ही की तरह प्यारे मुझे दिखते हैं। सब लापरवाह। वे इतना हँसते, गाते और हो-हल्ला मचाते हैं कि मैं मुग्ध हो जाती हूँ।"

मैंने एक ठंडी साँस ली, "हूँ, ठीक कहती हो। वे बातें कैसी करते हैं, कुछ समझ पाती हो ?"

"बाबू, वे लाल की बैठक में बैठते हैं। कभी-कभी जब मैं उन्हें कुछ खिलाने-पिलाने जाती हूँ, तब वे बड़े प्रेम से मुझे 'माँ' कहते हैं। मेरी छाती फूल उठती है...मानो वे

मेरे ही बच्चे हैं !"

"हूँ..." मैंने फिर साँस ली।

"एक लड़का उनमें बहुत ही हँसोड़ है। खूब तगड़ा और बली दिखता है ? लाल कहता था, वह डंडा लड़ने में, दौड़ने में, घूँसेबाज़ी में, खाने में, छेड़खानी करने और हो-हो, हा-हा कर हँसने में समूचे कॉलेज में फ़र्द है। उसी लड़के ने एक दिन, जब मैं उन्हें हलवा परस रही थी, मेरे मुँह की ओर देखकर कहा, 'माँ ! तू तो ठीक भारत माता-सी लगती है। तू बूढ़ी, वह बूढ़ी। उसका उजला हिमालय है, तेरे केश। हाँ, नक्शे से साबित करता हूँ...तू भारतमाता है। सिर तेरा हिमालय, माथे की दोनों गहरी बड़ी रेखाएँ गंगा और यमुना, यह नाक विंध्याचल, दाढ़ी कन्याकुमारी तथा छोटी-बड़ी झुर्रियाँ-रेखाएँ भिन्न-भिन्न पहाड़ और नदियाँ हैं। ज़रा पास आ मेरे ! तेरे केशों को पीछे से आगे बाएँ कंधे पर लहरा दूँ, वह बर्मा बन जाएगा। बिना उसके भारतमाता का शृंगार शुद्ध न होगा।"

जानकी उस लड़के की बातें सोच गद्‌गद हो•उठी, "बाबू, ऐसा ढीठ लड़का ! सारे बच्चे हँसते रहे और उसने मुझे पकड़, मेरे बालों को बाहर कर, अपना बर्मा तैयार कर लिया ! कहने लगा, 'देख, तेरा यह दाहिना कान 'कच्छ' की खाड़ी है—बंबई के आगेवाली, और यह बायाँ बंगाल की खाड़ी। माँ, तू सीधा मुँह करके ज़रा खड़ी हो। मैं तेरी ठुड्डी के नीचे, उससे दो अँगुली के फ़ासले पर, हाथ जोड़कर घुटनों पर बैठता हूँ। दाढ़ी तेरी कन्याकुमारी ! हा हा हा—और मेरे जुड़े, ज़रा तिरछे, हाथ सीलोन का ! हा हा हा हा ! बोलो, 'भारतमाता की जय' !"

"सब लड़के ठहाका लगाकर हँसने लगे। वह घुटने टेककर, हाथ जोड़कर, मेरे पाँव के पास बैठ गया। मैं हक्की-बक्की-सी हँसनेवालों का मुँह निहारने लगी। बाबू, वे सभी बच्चे मेरे 'लाल' हैं, सभी मुझे 'माँ' कहते हैं।"

उसकी सरलता मेरी आँखों में आँसू बनकर छा गई। मैंने पूछा, "लाल की माँ ! और भी वे कुछ बातें करते हैं ? लड़ने की, झगड़ने की, गोला, गोली या बंदूक की ?"

"अरे, बाबू !" उसने मुसकराकर कहा, "वे सभी बातें करते हैं। उनकी बातों का कोई मतलब थोड़े ही होता है। सब जवान हैं, लापरवाह हैं। जो मुँह में आता है बकते हैं। कभी-कभी तो पागलों-सी बातें करते हैं। महीना भर पहले एक दिन लड़के बहुत उत्तेजित थे। वे जब बैठक में बैठकर गलचौर करने लगते हैं, तब कभी-कभी उनका पागलपन सुनने के लोभ से, मैं दरवाज़े से सट और छिपकर खड़ी हो जाती हूँ।

"न जाने कहाँ, लड़कों को सरकार पकड़ रही है। मालूम नहीं, पकड़ती भी है या वे यों ही गप हाँकते थे। मगर उस दिन वे यही बक रहे थे। कहते थे—'पुलिसवाले केवल संदेह पर भले आदमियों के बच्चों को त्रास देते हैं, मारते हैं, सताते हैं। यह अत्याचारी पुलिस की नीचता है। ऐसी नीच शासन प्रणाली को स्वीकार करना अपने धर्म को, कर्म को, आत्मा को, परमात्मा को भुलाना है। धीरे-धीरे घुलाना-मिटाना है।'

"एक ने उत्तेजित भाव से कहा, 'अजी, ये परदेसी कौन लगते हैं हमारे, जो बरबस राजभक्त बनाए रखने के लिए हमारी छाती पर तोप का मुँह लगाए अड़े और खड़े हैं ! उफ़ ! इस देश के लोगों के हिये की आँखें मुँद गई हैं। तभी तो इतने जुल्मों पर भी आदमी आदमी से डरता है। ये लोग शरीर की रक्षा के लिए अपनी-अपनी आत्मा की चिता सँवारते फिरते हैं। नाश हो इस परतंत्रतावाद का !'

"दूसरे ने कहा—'लोग ज्ञानी न हो सकें, इसलिए इस सरकार ने हमारे पढ़ने-लिखने के साधनों को अज्ञान से भर रखा है। लोग वीर और स्वाधीन न हो सकें, इसलिए अपमानजनक और मनुष्यता-नीति-मर्दक क़ानून गढ़े हैं। ग़रीबों को चूसकर, सेना के नाम पर पले हुए पशुओं को शराब से, क़बाब से, मोटा-ताज़ा रखती है यह सरकार, धीरे-धीरे जोंक़ की तरह हमारे देश का धर्म, प्राण और धन चूसती चली जा रही है यह लूटक-शासन प्रणाली ! नाश हो इस प्रणाली का ! इस प्रणाली की तसवीर सरकार का !'

"तीसरा वही बंगड़ बोला—'सबसे बुरी बात यह है, जो सरकार रोब से, 'सत्तावनी'-रोब से, धाक से, धाँधली से, धुएँ से हम पर शासन करती है। वह आँखें खोलते ही कुचल-कुचलकर हमें दब्बू, कायर, हतवीर्य बनाती है। और किस लिए ? ज़रा सोचें तो ? मुट्ठी भर मनुष्यों को अरुण-वरुण और कुबेर बनाए रखने के लिए ! मुट्ठी भर मनचले सारे संसार की मनुष्यता की मिट्टी पलीत करें, परमात्मा-प्रदत्त स्वाधीनता का संहार करें—छिः ! नाश हो ऐसे मनचलों का !'

"ऐसे ही अंट-संट से बातूनी बका करते हैं, बाबू ! जभी चार छोकरे जुड़े, तभी यही चर्चा। लाल के साथियों का मिज़ाज भी उसी-सा अल्हड़-बिल्हड़ मुझे मालूम पड़ता है। ये लड़के ज्यों-ज्यों पढ़ते जा रहे हैं, त्यों-त्यों बक-बक में बढ़ते भी जा रहे हैं।"

"यह बुरा है, लाल की माँ !" मैंने गहरी साँस ली।

ज़मींदारी के कुछ ज़रूरी काम से चार-पाँच दिनों के लिए बाहर गया था। लौटने पर बँगले में घुसने के पूर्व लाल के दरवाज़े पर जो नज़र पड़ी, तो वहाँ एक भयानक सन्नाटा-सा नज़र आया—जैसे घर उदास हो, रोता हो।

भीतर आने पर मेरी धर्मपत्नी मेरे सामने उदास मुख खड़ी हो गईं।

"तुमने सुना ?"

"नहीं तो, कौन सी बात ?"

"लाल की माँ पर भयानक विपत्ति टूट पड़ी है।"

मैं कुछ-कुछ समझ गया, फिर भी विस्तृत विवरण जानने को उत्सुक हो उठा। "क्या हुआ ? ज़रा साफ़-साफ़ बताओ।"

"वही हुआ जिसका तुम्हें भय था। कल पुलिस की एक पल्टन ने लाल का घर घेर लिया था। बारह घंटे तक तलाशी हुई। लाल, उसके बारह-पंद्रह साथी, सभी पकड़

लिये गए हैं। सभी लड़कों के घरों की तलाशी हुई है। सबके घर से भयानक-भयानक चीज़ें निकली हैं।''

''लाल के यहाँ...?''

''उसके यहाँ भी दो पिस्तौल, बहुत से कारतूस और पत्र पाए गए हैं। सुना है, उन पर हत्या, षड्यंत्र, सरकारी राज्य उलटने की चेष्टा आदि अपराध लगाए गए हैं।''

''हूँ !'' मैंने ठंडी साँस ली, ''मैं तो महीनों से चिल्ला रहा था कि वह लौंडा धोखा देगा। अब यह बूढ़ी बेचारी मरी। वह कहाँ है ? तलाशी के बाद तुम्हारे पास आई थी ?''

''जानकी मेरे पास कहाँ आई। बुलवाने पर भी कल नकार गई। नौकर से कहलाया—'परांठे बना रही हूँ; हलवा, तरकारी अभी बनाना है; नहीं तो, वे बिल्हड़ बच्चे हवालात में मुरझा न जाएँगे। जेलवाले और उत्साही बच्चों की दुश्मन यह सरकार उन्हें भूखों मार डालेंगे। मगर मेरे जीते-जी यह नहीं होने का।''

''वह पागल है, भोगेगी।'' मैं दुख से टूटकर चारपाई पर गिर पड़ा। मुझे लाल के कर्मों पर घोर खेद हुआ।

इसके बाद प्रायः एक वर्ष तक वह मुक़दमा चला। कोई भी अदालत के काग़ज़ उलटकर देख सकता है। सी.आई.डी. ने और उसके प्रमुख सरकारी वकील ने उन लड़कों पर बड़े-बड़े दोषारोपण किए। उन्होंने चारों ओर गुप्त समितियाँ क़ायम की थीं, खर्चे और प्रचार के लिए डाके डाले थे, सरकारी अधिकारियों के यहाँ रात में छापा मारकर शस्त्र एकत्र किए थे, पल्टन में उन्होंने बग़ावत फैलाने का प्रयत्न किया था। उन्होंने न जाने किस पुलिस के दारोग़ा को मारा था, और न जाने कहाँ, न जाने किस पुलिस सुपरिंटेंडेंट को। ये सभी बातें सरकार की ओर से प्रमाणित की गईं।

उधर उन लड़कों की पीठ पर कौन था ! प्रायः कोई नहीं। सरकार के डर के मारे पहले तो कोई वकील ही उन्हें नहीं मिल रहा था, फिर एक बेचारा मिला भी, तो 'नहीं' का भाई। हाँ, उनकी पैरवी में सबसे अधिक परेशान वह बूढ़ी रहा करती। वह सुबह-शाम उन बच्चों को लोटा, थाली, ज़ेवर आदि बेच-बेचकर भोजन पहुँचाती। फिर वकीलों के यहाँ जाकर दाँत निपोरती, गिड़गिड़ाती, कहती, 'सब झूठ है। न जाने कहाँ से, पुलिसवालों ने ऐसी-ऐसी चीज़ें हमारे घरों से पैदा कर दी हैं। वे लड़के केवल बातूनी हैं। हाँ, मैं भगवान् का चरण छूकर कह सकती हूँ, तुम जेल में जाकर देख आओ वकील बाबू ! भला, फूल-से बच्चे हत्या कर सकते हैं ?'

उसका तन सूखकर काँटा हो गया, कमर झुककर धनुष-सी हो गई, आँखें निस्तेज, मगर उन बच्चों के लिए दौड़ना, 'हाय-हाय' करना उसने बंद न किया। कभी-कभी सरकारी नौकर, पुलिस या बार्डर झुँझलाकर उसे झिड़क देते, धकिया देते। तब वह खड़ी हो जाती छड़ी के सहारे कमर सीधी कर और, 'अरे ! तुम कैसे जवान हो ! कैसे आदमी हो ! मैं तो उन भोले बच्चों के लिए दौड़ती-फिरती हूँ और तुम मुझे धक्के दे रहे हो ! मैंने तुम्हारा क्या बिगाड़ा है, भैया ?'

उसको अंत तक यह विश्वास रहा कि यह सब पुलिस की चालबाज़ी है। अदालत में जब दूध-का-दूध और पानी-का-पानी किया जाएगा तब वे बच्चे ज़रूर बेदाग़ छूट जाएँगे। वे फिर उसके घर में लाल के साथ आएँगे। हा-हा, हो-हो करेंगे। उसे 'माँ' कहकर पुकारेंगे।

मगर उस दिन उसकी कमर टूट गई, जिस दिन ऊँची अदालत ने भी लाल का, उस बंगड़ लठैत को तथा दो और लड़कों को फाँसी और दस को दस वर्ष से सात वर्ष तक की कड़ी सज़ाएँ सुना दीं।

वह अदालत के बाहर झुकी खड़ी थी। बच्चे बेड़ियाँ बजाते, मस्ती से झूमते बाहर आए। सबसे पहले उस बंगड़ की नज़र उस पर पड़ी।

"माँ !" वह मुसकराया, "अरे, हमें तो हलवा खिला-खिलाकर तूने गधे-सा तगड़ा कर दिया है, ऐसा कि फाँसी की रस्सी टूट जाए और हम अमर के अमर बने रहें, मगर तू स्वयं सूखकर काँटा हो गई है। क्यों पगली, तेरे लिए घर में खाना नहीं है क्या ?"

"माँ !" उसके लाल ने कहा, "तू भी जल्द वहीं आना जहाँ हम लोग जा रहे हैं। यहाँ से थोड़ी देर का रास्ता है, माँ ! एक साँस में पहुँचेगी। वहीं हम स्वतंत्रता से मिलेंगे। तेरी गोद में खेलेंगे। तुझे कंधे पर उठाकर इधर-से-उधर दौड़ते फिरेंगे। समझती है ? वहाँ बड़ा आनंद है।"

"आएगी न, माँ !" बंगड़ ने पूछा।

"आएगी न, माँ ?" लाल ने पूछा।

"आएगी न, माँ ?" फाँसी दंड प्राप्त दो दूसरे लड़कों ने भी पूछा।

और वह टुकुर-टुकुर उनका मुँह ताकती रही। "तुम कहाँ जाओगे पागलो ?"

जब से लाल और उसके साथी पकड़े गए, तब से शहर या मुहल्ले का कोई भी आदमी लाल की माँ से मिलने से डरता था। उसे रास्ते में देखकर जाने-पहचाने बगलें झाँकने लगते। मेरा स्वयं अपार प्रेम था उस बेचारी बूढ़ी पर, मगर मैं भी बराबर दूर ही रहा। कौन अपनी गरदन मुसीबत में डालता, विद्रोही की माँ से संबंध रखकर ?

उस दिन ब्यालू करने के बाद कुछ देर के लिए पुस्तकालय वाले कमरे में गया, वहीं किसी महान् लेखक की कोई महान् कृति क्षण भर देखने के लालच से। मैंने मेज़िनी की एक जिल्द निकालकर उसे खोला। पहले ही पन्ने पर पेंसिल की लिखावट देखकर चौंका। ध्यान देने पर पता चला, लाल का वह हस्ताक्षर था। मुझे याद पड़ गई। तीन वर्ष पूर्व उस पुस्तक को मुझसे माँगकर उस लड़के ने पढ़ा था।

एक बार मेरे मन में बड़ा मोह उत्पन्न हुआ उस लड़के के लिए। उसके पिता रामनाथ की दिव्य और स्वर्गीय तसवीर मेरी आँखों के आगे नाच गई। लाल की माँ पर उस पाज़ी के सिद्धांतों, विचारों या आचरणों के कारण जो वज्रपात हुआ था, उसकी

एक ठेस मुझे भी, उसके हस्ताक्षर को देखते ही लगी। मेरे मुँह से एक गंभीर, लाचार, दुर्बल साँस निकलकर रह गई।

पर, दूसरे ही क्षण पुलिस सुपरिंटेंडेंट का ध्यान आया। उसकी भूरी, डरावनी, अमानवी आँखें मेरी 'आप-सुखी तो जग-सुखी' आँखों में वैसे ही चमक गईं, जैसे ऊजड़, गाँव के सिवान में कभी-कभी भुतही चिनगारी चमक जाया करती है। उसके रूखे फ़ौलादी हाथ, जिसमें लाल की तसवीर थी, मानो मेरी गरदन चापने लगे। मैं मेज़ पर से 'इरेज़र' (रबर) उठाकर उस पुस्तक पर से उसका नाम उधेड़ने लगा।

उसी समय मेरी पत्नी के साथ लाल की माँ वहाँ आई। उसके हाथ में एक पत्र था।

"अरे !" मैं अपने को रोक न सका, "लाल की माँ ! तुम तो बिलकुल पीली पड़ गई हो। तुम इस तरह मेरी ओर निहारती हो, मानो कुछ देखती ही नहीं हो। यह हाथ में क्या है ?"

उसने चुपचाप पत्र मेरे हाथ में दे दिया। मैंने देखा, उस पर...जेल की मुहर थी। सज़ा सुनाने के बाद वह वहीं भेज दिया गया था, यह मुझे मालूम था।

मैं पत्र निकालकर पढ़ने लगा। वह उसकी अंतिम चिट्ठी थी। मैंने कलेजा रूखा कर उसे ज़ोर से पढ़ दिया—

'माँ !

जिस दिन तुम्हें यह पत्र मिलेगा उसके ठीक सवेरे मैं बाल-अरुण के किरण-रथ पर चढ़कर उस ओर चला जाऊँगा। मैं चाहता तो अंत समय तुमसे मिल सकता था, मगर इससे क्या फ़ायदा ? मुझे विश्वास है, तुम मेरी जन्म-जन्मांतर की जननी ही रहोगी। मैं तुमसे दूर कहाँ जा सकता हूँ ? माँ ! जब तक पवन साँस लेता है, सूर्य चमकता है, समुद्र लहराता है, तब तक कौन मुझे तुम्हारी करुणामयी गोद से दूर खींच सकता है ?

दिवाकर थमा रहेगा, अरुण रथ लिये जमा रहेगा ! मैं, बंगड़, वह, यह सभी तेरे इंतज़ार में रहेंगे।

हम मिले थे, मिले हैं, मिलेंगे। हाँ, माँ ! तेरा—लाल।'

काँपते हाथ से पढ़ने के बाद पत्र को मैंने उस भयानक लिफ़ाफ़े में भर दिया। मेरी पत्नी की विकलता हिचकियों पर चढ़कर कमरे को करुणा से कँपाने लगी। मगर, वह जानकी ज्यों-की-त्यों, लकड़ी पर झुकी, पूरी खुली और भावहीन आँखों से मेरी ओर देखती रही, मानो वह उस कमरे में थी ही नहीं।

क्षण भर बाद हाथ बढ़ाकर मौन भाषा में उसने पत्र माँगा। और फिर, बिना कुछ कहे कमरे के फाटक के, बाहर हो गई। डुगुर-डुगुर लाठी टेकती हुई।

इसके बाद शून्य-सा होकर मैं धम से कुर्सी पर गिर पड़ा। माथा चक्कर खाने लगा। उस पाजी लड़के के लिए नहीं, इस सरकार की क्रूरता के लिए भी नहीं; उस बेचारी भोली, बूढ़ी जानकी—लाल की माँ के लिए। आह ! वह कैसी स्तब्ध थी। उतनी

स्तब्धता किसी दिन प्रकृति को मिलती तो आँधी आ जाती। समुद्र पाता तो बौखला उठता।

जब एक का घंटा बजा, मैं ज़रा सगबगाया। ऐसा मालूम पड़ने लगा मानो हरारत पैदा हो गई है—माथे में, छाती में, रग-रग में। पत्नी ने आकर कहा, "बैठे ही रहोगे ? सोओगे नहीं ?" मैंने इशारे से उन्हें जाने को कहा।

फिर मेज़िनी की ज़िल्द पर नज़र गई। उसके ऊपर पड़े रबर पर भी। फिर अपने सुखों की, ज़मींदारी की, धनिक जीवन की और उस पुलिस-अधिकारी की निर्दय, नीरस, निस्सार आँखों की स्मृति कलेजे में कंपन भर गई। फिर रबर उठाकर मैंने उस पाज़ी का पेंसिल-खचित नाम पुस्तक की छाती पर से मिटा डालना चाहा।

'माँ ाँ ाँ ाँ ाँ ाँ ाँ ाँ ाँ ाँ ाँ ाँ ाँ...'

मुझे सुनाई पड़ा। ऐसा लगा, गोया लाल की माँ कराह रही है। मैं रबर हाथ में लिये, दहलते दिल से, खिड़की की ओर बढ़ा। लाल के घर की ओर कान लगाने पर कुछ सुनाई न पड़ा। मैं सोचने लगा, भ्रम होगा। वह अगर कराहती होती तो एकाध आवाज़ और अवश्य सुनाई पड़ती। वह कराहनेवाली औरत है भी नहीं। रामनाथ के मरने पर भी उस तरह नहीं घिघियाई जैसे साधारण स्त्रियाँ ऐसे अवसरों पर तड़पा करती हैं।

मैं पुनः उसको—उसी को सोचने लगा। वह उस नालायक के लिए क्या नहीं करती थी। खिलौने की तरह, आराध्य की तरह, उसे दुलराती और सँवारती फिरती थी। पर आह रे छोकरे !

'माँ ाँ ाँ ाँ ाँ ाँ ाँ ाँ ाँ...'

फिर वही आवाज़ ! ज़रूर जानकी रो रही है, वैसे ही, जैसे कुर्बानी के पूर्व गाय रोवे। ज़रूर वही विकल, व्यथित, विवश बिलख रही है। हाय री माँ ! अभागिनी वैसे ही पुकार रही है, जैसे वह पाजी गाकर, मचलकर, स्वर को खींचकर उसे पुकारता था।

अँधेरा धूमिल हुआ, फीका पड़ा, मिट चला। उषा पीली हुई, लाल हुई। रथ लेकर वहाँ क्षितिज के उस छोर पर आकर पवित्र मन से खड़ा हो गया। मुझे लाल के पत्र की याद आ गई।

'माँ ाँ ाँ ाँ ाँ ाँ ाँ ाँ ाँ...'

मानो लाल पुकार रहा था, मानो जानकी प्रतिध्वनि की तरह उसी पुकार को गा रही थी। मेरी छाती धक-धक करने लगी। मैंने नौकर को पुकारकर कहा..."देखो तो, लाल की माँ क्या कर रही है ?"

जब वह लौटकर आया, तब मैं एक बार पुनः मेज़ और मेज़िनी के सामने खड़ा था। हाथ में रबर लिये उसी—उसी उद्देश्य से। उसने घबराए स्वर से कहा, "हुज़ूर, उनकी तो अजीब हालत है। घर में ताला पड़ा है और वह दरवाज़े पर पाँव पसारे, हाथ में कोई चिट्ठी लिये, मुँह खोले, मरी बैठी हैं। हाँ सरकार, विश्वास मानिए, वह मर गई हैं। साँस बंद है, आँखें खुलीं..."

नागा नरसिंह दास

"कल इस गाँव में बड़ा कोलाहल हो रहा था। क्यों ?"

"आपने कहाँ से सुना ? गाँव का कोलाहल क्या शहर तक सुनाई पड़ता है ? नक्कारखाने तक तूती की आवाज़ आती है ?"

"अजी तूती नहीं, कल तो इस गाँव में शंख और घड़ी-घंटा की तुमुल-ध्वनि हो रही थी, सरेशाम से आधी रात तक हंगामा-सा मचा मालूम पड़ता था।"

"साधुओं की जमात आई है।"

"जमात ? और साधुओं की ? अजी नहीं, 'सिंहों के लहंड़े नहीं, साधु न चले जमात।' वे कोई और होंगे। स्वादुओं की जमात आई होगी। कहाँ से आए हैं ? कितने हैं ?"

"होंगे क़रीब दो सौ साधु। जमात कुंभ पर प्रयाग गई थी, वहाँ से लौटी है ?"

"इतने दिन बीत गए, अभी तक जमात अपने अड्डे पर नहीं पहुँची ! अखाड़े का महंत कौन है ? उसका स्थान कहाँ है ?"

"महंत का नाम है बाबा धनुषधारी दास, 'स्थान' श्री अयोध्याजी में बताते हैं। कुंभ नहाकर अब ये लोग पैदल ही अवध जा रहे हैं। लगे हाथ रास्ते के ग्रामों और नगरों को भी कृतार्थ करते जाते हैं।"

"चुप भी रहो ! कृतार्थ तो यह जो कुछ करते हैं, मैं खूब समझता हूँ। मैंने कुंभ मेले में इनकी साधुता का नग्न-चित्र देखा था। सब ढोंगी हैं, पाजी हैं। इन्हें तो नगर और गाँवों की चौहद्दी के भीतर घुसने नहीं देना चाहिए। वैरागी कहाकर भी यदि ये संसार को न भूल सकें, तो संसार को चाहिए कि इन वैरागियों को भूल जाए।"

"धीरे से, धीरे से। वह देखिए, उस बगीचे के आगे दर्जनों संड-मुसंड खड़े हैं। ये सच्ची बातों से इस तरह भड़कते हैं जैसे छाता से भैंस, रक्त-पताका से बैल ! अस्तु, इन्हें सुनाकर सत्य भी मत कहिए। आपका पहनावा, चेहरा ऐसा नहीं है कि, आप इनके निकट, सकुशल इनकी निंदा कर सकें।"

"बड़े समझदार हो यार ! बहुत दूर की बात कही। इस नेक सलाह के लिए धन्यवाद। बेशक, इनसे खुदा की पनाह ! वह देखो, वे लड़ने पर आमादा हो रहे हैं, बगीचे के रखवालों से।"

"पेड़ काटने को माँगते होंगे। धूनी जलेगी न। गर्मी हो या सर्दी, धूनी तो साधु

की जलती ही रहेगी। अलख-निरंजन के लिए नहीं, तो गाँजा-गंजन ही के लिए सही। कल भी उसी बगिया से आम की हरी डाल काट ले गए थे। जीती डाल ! बेचारे रखवाले मारे डर के चूँ तक न कर सके। आज फिर उसी पर आक्रमण है। अरे, बात बढ़ती नज़र आती है। आह ! कैसी बीभत्स गालियाँ दे रहे हैं। दूसरों की संपत्ति लूटेंगे, डाका डालेंगे—और रोकने पर हत्या तक करने पर तत्पर हो जाएँगे ! वाह रे साधु ! !..."

"वे उलझ पड़े हैं—देखो न, शायद रखवालों को मार रहे हैं। मगर वह... आ-हा-हा ! वह कौन है ? देखो—वह ! सुकरात-सी दाढ़ी है, है न ? दार्शनिकों-सी देह है। चौड़ा ललाट, तेजस्वी मुखमंडल—सचमुच जैसे कोई तपस्वी हो। देखते हो, और साधुओं में यह तेज़ कहाँ ? एक ही स्थान पर साफ दो रंग देख लो।"

"भई...यह तो कोई नए महात्मा मालूम पड़ते हैं। जमात में मैंने इन्हें नहीं देखा। हाँ, अपनी स्मरण-शक्ति पर मुझे गर्व है। एक ही दृष्टि में सही, पर मैं एक-एक साधु को पहचान गया हूँ। यह मूर्ति तो अवश्य ही नव्य है, भव्य भी खूब ही है। देखने ही से भक्ति होती है। बड़ा आकर्षक व्यक्तित्व है।"

"बहुत लंबे हैं, जटाजूट, दाढ़ी, लंबी गठीली अँगुलियाँ, विशाल बाहु, बिलकुल रवि वर्मा के चित्र के विश्वामित्र मालूम पड़ते हैं। समझा-बुझा रहे हैं। आओ, पास चलें, डर क्या है ! यह महात्मा दर्शनीय हैं।"

2

उक्त दोनों बात करनेवालों में एक तो इसी शहर के रहनेवाले आर्यसमाजीय कार्यकर्ता थे और दूसरा उन्हीं का मित्र, जो निकटवर्ती करतारपुर ग्राम का निवासी है। बगिया के निकट पहुँचकर उन्होंने देखा कि लकड़ी काटने आए हुए साधुओं की संख्या चौदह-पंद्रह थी। रखवाले महज दो। सभी साधु गठीले, तंदुरुस्त, लँगोटबंद और जटा-जूटधारी थे। सबके माथे पर उर्ध्व-पुंड सजे हुए थे। किसी-किसी का तिलक स-बिंदी था और किसी-किसी का बिंदी-विहीन। अधिकांश के हाथ में चिमटा, दो के कुठार और दो-तीन के डंडे में खुरपाकृति लौहास्त्र लगे थे।

पर वह नव्य-मूर्ति बिलकुल निरस्त्र थी। उस महात्मा के गले में न तो कंठी थी, न माथे पर कोई पुंड या श्री। दो-ढाई गज की लुंगी उन्होंने कमर में लपेट रखी थी और कपड़े का एक वैसा ही टुकड़ा कंधे पर भी शोभायमान था। उनके चेहरे से अपूर्व शांति और प्रेम बरस रहा था। जिस समय उक्त व्यक्ति वहाँ पहुँचे, नए साधु लकड़ी-लुटेरे साधुओं को समझाने का प्रयत्न कर रहे थे।

"तुम समझानेवाले कौन !" अधिकांश साधुओं ने नए को फटकारा, "धूनी के लिए लकड़ी लेने हम आए हैं और लेंगे। साधु की धूनी के लिए सरकारी पेड़ तक काटे जाते हैं, स्वयं हम काट लेते हैं। तमाम इंडिया में हमें कोई नहीं रोक सकता। हम साधु हैं !"

"मगर, हे राम !" उस दिव्य देही ने नम्रता से निवेदन किया, "साधु का काम यह नहीं कि वह किसी को कष्ट दे। यदि बागवाले अपने पेड़ काटने नहीं देना चाहते तो आप..."

"चुप रहो !" एक हृष्ट-पुष्ट साधु ने डाँटा उस धवल-श्मस्रू पुरुष को—"तू हम साधुओं के बीच में बोलनेवाला कौन ? बस चुपके से चला जा, नहीं तो..."

दो साधु एक लहलहाते हुए हरे आम के पेड़ की ओर कुठार तानकर बढ़े। औरों ने भी ललकारकर उन दोनों को बढ़ावा दिया, "काट लो, वह टेढ़ी और बड़ी डाल काफी होगी—क्यों लखनदासजी ?"

लखनदासजी वृक्ष पर चढ़ने लगे। बेचारे रखवाले ने व्यग्र होकर उनका पैर पकड़ लिया, "नहीं, बाबाजी ! हम बहुत गरीब हैं। तमाम पेड़ चौपट हो जाएगा। दोहाई साधु बाबा की !"

"मत राम !" नए साधु ने गंभीरता से मुसकराते हुए पुनः निवेदन किया, "गरीब को न सताओ। इस मिथ्या के लिए अपने राम को विह्वल न करो।"

"ऐ साला बागुड़ा !" लखनदासजी ने रखवालों को धकियाते हुए नई मूर्ति को डाँटा, "तू क्यों इस बीच में पड़ता है ? क्या यह तेरे बाप की बगिया है ? तू है कौन ?"

"मैं भी आप ही का भाई हूँ राम !" दिव्य पुरुष ने कहा, "क्षुब्ध न हों, गोस्वामीजी ने कहा है—क्रोध पाप का मूल।"

"वाह रे उपदेशक ! तू हमारा भाई कैसे हुआ। हम साधु हैं, तिलक और कंठाधारी, और तू इन दिव्य चिह्नों से हीन है। तू हमारा भाई कैसे हो सकता है ?"

"गोस्वामीजी ने कहा है," उत्तर मिला—

'जप, माला, छापा, तिलक सरै न एकौ काम।
जो साँचे राँचे नहीं, तुलसी के मन राम ॥'

वही राम—हे राम !—हमारे मन-मंदिर में रात्रि-दिवा विराजते हैं। मुझे छापा-तिलक की आवश्यकता नहीं।"

"नास्तिक है।" एक साधु ने कहा।

"किसी अनार्य का वीर्य है।" दूसरे ने राय दी।

"बूढ़ा जानकर छोड़ देते हैं, नहीं तो छापा-तिलक-कंठी के विरुद्ध बोलनेवाले की दुम में रस्सा बाँधे बिना न मानते।" कुठार को परशुराम की तरह कंधे पर तानते हुए लखनदासजी ने सावेश कहा।

अभी तक रखवाले लखनदासजी के पैर पकड़े ही थे। अब उन्होंने झपटकर उन गरीबों को ज़रा दूर धकेल दिया, "बस। परे हट जा ! नहीं तो ऐसा कुल्हाड़ा जमाऊँगा कि तेरी हड्डियाँ चूर-चूर हो जाएँगी।"

नए महात्मा पुनः गंभीरता से मुस्कराए—"नहीं राम ! यह घोर अन्याय होगा, दुर्बल को न सताइए। आप साधु हो। आपका धर्म है अपनी मुक्ति बनाते हुए संसारी प्राणियों

को मुक्तिपथ की ओर बढ़ाने का प्रयत्न करना। इन गरीबों को राजा लूटता है, सिपाही लूटता है, धनिक लूटता है और वणिक लूटता है। अब यदि आप-से साधु भी वही करने लगेंगे तो इस महान् देश की सारी साधुता नष्ट-भ्रष्ट हो जाएगी। इससे हमारे प्यारे राम का बड़ा भारी अपमान होगा।''

''वैसे नहीं तो ऐसे ही सही। डाँटेहि पै नव नीच। ले साले ले।'' लखनदासजी ने कुठार के दंड से दो हाथ एक रखवाले की पीठ पर और सिर पर जमा दिए। फिर नव्यागत साधु की ओर देखकर उन्होंने ताने से कहा, ''इसके बाद तेरी भी यही ग...ग...ग... !''

बोलते-बोलते साधु का मुख देखकर लखनदासजी की घिग्घी बँध गई। उन्होंने और साधुओं तथा दोनों दर्शकों ने देखा, नए महात्मा का सिर उसी तरह रक्ताक्त हो गया जिस प्रकार उस गरीब रखवाले का जिस पर लखनदास ने प्रहार किया था। रखवाले की पीठ पर जैसी नीली रेखा उभर आई थी, ठीक वैसी ही उस वृद्ध दार्शनिक महात्मा की पीठ पर भी झलकने लगी। रखवाले की तरह महात्मा की आँखें भी अश्रुमयी हो गई थीं।

''मगर उन पर तो प्रहार नहीं हुआ था !'' ग्रामीण मित्र ने नागरिक आर्य से साश्चर्य कहा।

''चुप रहो, तुमने समझा नहीं !'' आर्यजी ने बताया, ''यह कोई बहुत बड़े महापुरुष हैं चलो, हम इनके चरण-रज को सिर पर धारण करें। यह आत्मवत् सर्वभूतेषु का स्पष्टतम अनुभव कर सकते हैं। वाह, वाह ! डंडे पड़े रखवाले पर, चोट इनके सिर और पीठ पर झलके। इनका हृदय नहीं आईना है—ऐसा आईना जो एक साथ ही आत्मदर्शी और पारदर्शी हो।''

सारे संड-मुसंड वैरागी भी इस अद्वितीय प्रदर्शन से प्रभावित हुए बिना न रह सके। सभी एकदम महात्मा के पास दौड़ गए।

हाथ जोड़कर लखनदासजी ने कहा, ''क्षमा करो, राम ! मैंने आपको पहचाना नहीं।''

आहत रखवाले की ओर इशारा कर वृद्ध महात्मा ने कहा, ''पहले क्षमा-प्रार्थना करो उनसे, उन्हें भी तुमने नहीं पहचाना। वह भी अपने राम ही हैं—प्यारे राम, राजा राम।''

3

गाँव की दक्षिण ओर खलिहान है। उसी से सटा एक संपन्न कृषक का कच्चा मकान है जिसके सामने फूस की ओसारी और आस-पास तीन-चार वट-पीपल के पुराने वृक्ष हैं; वहीं वैरागियों की जमात ठहरी थी। उसमें पंद्रह घोड़े, एक हाथी और दो ऊँट भी थे। महंत श्री धनुषधारीदासजी के विश्राम का प्रबंध उसी कच्चे घर में किया गया था। अन्य साधु ओसारी में, मैदान में और वृक्षों की छाया में, स्थान-स्थान पर धूनियाँ रमाकर

विराज रहे थे।

उस दिन प्रातः दस या ग्यारह बजे कच्चे घर की कोठरी में चौकी पर आसन लगाए महंतजी गाँव के भक्तों को उपदेश दे रहे थे। वह बता रहे थे कि, भक्तो ! आजकल कलयुग बड़े जोर-शोर से संसार की खोंपड़ी पर चढ़ बैठा है। तभी तो, अब गाँव-गाँव में साधु-निंदकों की भरमार हो गई है और पूजकों का अभाव। "अहा हा !" महंत ने बताया, "एक बार मैं इसी करतारपुर गाँव में अपने श्री गुरुजी के साथ आया था। अधिक नहीं, केवल दस वर्ष की कथा है। उस समय इस ग्राम में ऐसी भक्ति थी कि धन्य-धन्य। गाँव का एक-एक प्राणी साधु-सेवा में संलग्न दिखाई पड़ता था। घी, दूध, मक्खन, दही के तो अटान—राम दोहाई अटान—लगे रहते थे। उन्हें छकते-छकते, अग्नि की तरह सर्वभक्षी होते हुए भी, जमात के साधु छक गए थे।" बाहर कुछ कोलाहल सुनकर महंतजी बीच ही में रुक गए।

तुरंत ही पुनः वह भूत-करतारपुर का वर्णन करने लगे, "भगवान् की दया से और साधु-सेवा के प्रभाव से यही गाँव उन दिनों ऐसा संपन्न था कि चार दिन तक यहाँ वालों ने दो सौ मूर्तियों की राजसी सेवा की और तिस पर भी ऊबे नहीं, खीजे नहीं, चलने के समय एक-एक साधु को गाँव की ओर से दो-दो रुपए की बिदाई दी गई।"

फिर कोलाहल—ऐसा जैसे कोई नया व्यक्ति बाहर आया हो और उच्च स्वर से जमात के साधु उसकी आवभगत और दंडवतादि करते हों।

"हरिदास !" महंत ने सामने बैठे एक साधु को आवाज़ दी—"ज़रा देखो तो, बाहर साधुओं में कोलाहल कैसा है ?"

इसी समय बगियावाले नए महात्मा महंत की ओर, अनेक साधुओं के साथ, आते दिखाई पड़े। पहली दृष्टि में धनुषधारीदास उन्हें न पहचान सके। मगर, निकट आते ही वह आसन त्यागकर खड़े हो गए, पहचान भी गए—"ओहो ! नागा नरसिंहदासजी !" उठकर महंत ने नागाजी को साष्टांग दंडवत् प्रणाम किया। गृहस्थों की ओर मुड़कर उनका उन्हें परिचय भी दिया, "नागाजी अनोखे तपस्वी हैं। भक्तो ! आप मेरे श्री गुरुजी के गुरुभाई हैं। मेरे तो गुरु-तुल्य हैं।" ग्रामीण भक्तों ने श्रद्धया नागाजी को प्रणाम किया।

"महंत धनुषधारीदासजी !" नागा नरसिंहदास ने कहा, "मैं किसी खास उद्देश्य से आपकी सेवा में उपस्थित हुआ हूँ। यहाँ अधिक ठहरना भी नहीं चाहता, क्योंकि श्री रामचंद्रजी का कार्य पूरा करना है, और श्री राम-काज कीन्हें बिना मोहिं कहाँ विश्राम।"

"आज्ञा हो, दाता। आज्ञा हो, प्रभु।" महंत ने कहा।

"मैं आप लोगों को युद्ध-निमंत्रण देने आया हूँ।"

"युद्ध-निमंत्रण ! कैसा युद्ध ? क्या किसी नर-राक्षस ने किसी देव या देवस्थान का अपमान किया है ? क्या कहीं साधुओं पर संकट पड़ा है ? यदि ऐसी बात हो तो पंद्रह घुड़सवार, पाँच हाथी-सवार और प्रायः पौने दो सौ पैदल साधु-सेना के साथ यह

दास प्राण देने को तैयार है !"

"कुछ परस्वापहारी नर-राक्षस डेढ़ सौ वर्षों से इस तपोभूमि में आकर हमारे सनातन धर्म का ध्वंस कर रहे हैं। वे 'मदमहिष मानुष-धेनु-खर-अज' भक्षकों के सगे भाई-से हैं। वे विदेशी हैं, विधर्मी हैं, हमारी सभ्यता और संस्कृति के विपक्षी हैं। वे अंग्रेज़ हैं। उन्हीं की दुष्ट नीति से आज हमारे गाँव उजाड़ और शहर नरक हो गए हैं। उन्हीं से, रामभक्त गांधी के नेतृत्व में, अहिंसात्मक धर्म-युद्ध हमें करना है।"

"हा हा हा हा !" अनेक साधुओं के साथ महंत धनुषधारीदास हँसे, "आप भी क्या कहने लगे ! आप पहले ही ऐसे वैरागी दिखाई पड़े जिसने गांधी ऐसे धर्म द्रोही के दल में सम्मिलित होने को साधु मंडली को न्योता दिया हो। हँ हँ ! हमें गांधी के आंदोलन से कोई वास्ता नहीं। वह मिथ्याचारी गृहस्थ—बनिया। हम रामभक्त साधु..."

"गांधी मिथ्याचारी गृहस्थ ? यह झूठी बात।" नागाजी ने नम्रता से उत्तर दिया, "हे राम ! साधु को न तो मिथ्या भाषण करना चाहिए और न सुनना ही। रही बनिए की, सो वह आपके मुँह से सुंदर नहीं लगती। ऐसी बातें तो मोह-मद-मुग्ध गृहस्थों ही को शोभा दे सकती हैं। गोस्वामीजी ने कहा है, 'हरि को भजै सो हरि का होई। और कहा है 'राम ते अधिक राम कर दासू।' फिर, धर्मात्मा की न तो कोई जाति होती है और न वह किसी दल विशेष का सर्वेसर्वा होता है। स्वयं हमारे राजा राम दशरथनंदन, भानुकुल भूषण, क्षत्रिय थे। लेकिन अखिल भारत के—विश्व ब्रह्मांड के—किस सदात्मा, ब्रह्मज्ञानी और तपस्वी ने उन्हें आशीर्वाद नहीं दिया ? किसने उनकी पूजा नहीं की ? आज भी तो बड़े-बड़े तपस्वी और ब्राह्मण उस क्षत्रिय के गुण गा-गाकर मगन होते हैं। हमारे प्यारे राम के कसौटी-से श्याम-सरोज-चरणों पर अपने ब्राह्मणत्व की सर्वगुणता को कसते हैं। अतः देव ! महात्माओं की कोई जाति नहीं।"

"नागाजी लेक्चर भी दे सकते हैं।" धीरे से एक साधु ने कहा।

"बड़ी भक्ति होती है, इनकी बातें सुनने से। सच कहते हैं। ऐसा सच जो सीधे हृदय-मंदिर में पैठकर बिजली के लैंप-सी प्रकाश किरणें बिखेरता है।" दूसरे ने राय दी।

"महंतजी ने कहा, 'गांधी बनिया है।' हा हा हा ! यह उत्तर वैरागी के अयोग्य था। जय सीतापति की !" लखनदासजी ने, कहते-कहते, जम्हाई ली।

"सुनिए, महात्माजी !" लखनदासजी की ओर देखकर महंत ने उन्हें किंचित् शांत रहने का संकेत किया। फिर नागाजी से बोले, "गांधी समुद्र में अदहन देने जा रहा है। कूट-पटु अंग्रेज़ों को मुट्ठी भर साधु बल से पराजित करना असंभव है।"

"महंतजी !" नागाजी ने बताया, "जब आत्मा की पुकार हो, धर्म की गुहार हो, तब संभव-असंभव न देखना चाहिए। सत्य के संस्थापन में सदैव स्वयं श्रीराम सहायक होते हैं। नहीं तो, बंदर और भल्लुकों में उद्भट महाराज रावण का सामना करने की हिम्मत ही कैसे होती ? दुर्बल के बल राम होते हैं। और राम के बल पर दुर्बल बड़े-बड़े प्रबलों को नाक के बल नचा सकता है। गोस्वामीजी ने कहा है, 'मोटो दसकंध सो न दूबरो विभीसन सो, बूझि परी राबरे की प्रेम-पराधीनता"।

''श्रीरामचंद्र की जय !'' उमड़कर सम्मुख पैठे साधुओं और ग्रामीण गृहस्थों ने घोष किया।

अब महंत धनुषधारी सजग हो गए। उनके मन में भय बैठा कि, कहीं नागाजी सारी जमात को अपने तपःपूत व्यक्तित्व के प्रवाह में बहा न ले जाएँ। तब तो सारा महंती सम्मान ही बिखर जाएगा। यह जमात, आदर-पूजा, हाथी-घोड़े, कंठे-तोड़े, तीन-तेरह हो जाएँगे। हँ हँ ! यह कैसा धर्मयुद्ध ! कौन, कौन है यह बनिया गांधी ?

''नहीं, नागाजी !'' महंत ने कहा, ''साधु-मंडली को गांधी मतानुसार भारत-सेवा में लगाने की सलाह यह दास तो न देगा। दुनिया के लिए लड़ें वे, जो दुनियाबी हों, हम तो वैरागी हैं।''

''छिः !'' नागाजी खिन्न-से हुए, ''हे राम ! आप पर मिथ्या-अहंकार का रंग चढ़ा हुआ है। वैरागी को मंहत न बनना चाहिए, स्थान—महलों से—न रचने चाहिए। यह तो राजभूषा है। यह तो मोह और माया है। इनके बीच में, अधिकार और शक्ति की लालसा में, शांतिमय वैराग्य कहाँ ? हम-आप-से वैरागी तो पूरे गृही हैं और कोई-कोई उनसे भी दो हाथ नीचे। हम दुनिया में त्यागी की तरह नहीं, बहुत कुछ अनुरागी की तरह रहते हैं, वे असल में हम वैरागियों के अन्नदाता हैं। नमकहरामी न हो, इसलिए उनके कष्ट में पहले हमें ही उनके लिए—अपने-अपने लिए तपस्या करनी चाहिए।

इस बार के व्याख्यान से क्षुब्ध होकर महंत ने कहा, ''गांधी गोहंता है। उसके मार्ग पर चलना भी नरक की ओर बढ़ना है। मैं आपसे प्रार्थना करता हूँ, किसी और विषय पर बातें कीजिए। गांधी को लेकर साधुओं में विवाद ठीक नहीं। वह ईसाइयों को भी आदमी समझता है—म्लेच्छों को ! ही-ही-ही-ही ! उनके साथ रोटी-बेटी-संबंध तक का समर्थक है।''

''छिः ! छिः !'' एक साधु ने गांधी के प्रति घृणा प्रकट की, ''मैं भी कहता हूँ उस नास्तिक की बात बंद की जाए। हमसे और उसके आंदोलन से कोई वास्ता नहीं।''

''सचमुच उसने गाय को मरवा डाला था—कल शहर की सनातनी सभा में एक पंडित कह रहा था, जीती गाय को मरवा डाला—छिः !''

''हे राम !'' मुसकराकर नागाजी ने कहा, ''आवेश में न बोलो। आवेश वह बादल है जो अकसर सत्य के सूर्य को छिपा लेता है। राम ने, मैंने रामायणों में पढ़ा है, एक नहीं अनेक जीते हुए ब्राह्मणों को मार डाला और मरवा डाला था। रावण, अहिरावण, कुंभकर्ण, मेघनाद, नारांतक, खरदूषण—सभी, सभी तो ब्राह्मण ही थे। 'उत्तम कुल पुलस्त के नाती, सिव बिरंचि पूजेउ बहु भाँती।' ऐसे वेद-विद् ब्राह्मण और उन्हें मारा या मरवाया, 'विप्र, धेनु, सुर, संत हित उत्पन्न हुए' स्वयं राजा श्रीराम ने ! क्यों ? धर्म की रक्षा के लिए ऐसी ही ज़रूरत थी। उसी धर्म की रक्षा के लिए रामभक्त गांधी ने—जीती गाय को नहीं—मृतक प्रायः एक बछड़े के प्राणों को, विष की कुंजी से, रोग-विष-भरे देह-नरक से मुक्त कर दिया था। गांधी के इस पुण्य को पाप समझना अपने आपको न समझना है।''

“आप ही बड़े समझदार हैं !”

“राम को विप्रहंता कहता है—कैसा साधु है !”

“चुप रहो, चुप !” लखनदासजी ने बताया, “नागाजी की चरण-रज धारण करने की योग्यता भी हममें नहीं। सिद्ध हैं, परमहंस।”

“आप मेरी दुर्बलता की ओर नहीं,” नागाजी ने कहा, “अपनी साधुता की ओर देखकर इसी वक्त विदेशियों के अधर्म से धर्म-युद्ध करने के लिए तैयार हो जाइए। आज की दुनिया साधुओं को भंड समझती है। आप तपस्या से संसार का उद्धार कर अपनी महिमा का गौरव बचाइए। देश के गृही तपस्या करें, दुधमुँहे बच्चे जेलों में 'मंगल-भवन अमंगल हारी' का स्मरण करें, औरतें—माताएँ—तक, प्यारे राम के द्रोहियों से लड़ें और हम साधु का नाम लेकर आत्म-स्वार्थ-साधें ? खान की तरह केवल पेट पालें ? नहीं, ऐसा होने ही से इस देश से धर्म नाश हो जाएगा। साधु की सेवा-भक्ति उठ जाएगी। रूस देश की तरह स्वराज्य होने पर भी महंतों, धार्मिकों और मठ-मंदिरों का नाश किया जाएगा। धर्म की रक्षा के लिए त्याग और बलिदान की आवश्यकता होती है। रावण के विनाश के लिए मुनियों का अस्थि-समूह और ऋषियों का रक्त आवश्यक है। हे राम-भक्तो ! तुम ऋषि-मुनि नहीं तो और क्या हो !”

4

मगर जमात के दो सौ नामधारी साधुओं में से कुछ को छोड़ और किसी पर भी नागा नरसिंहदास के संदेश का प्रभाव न पड़ सका। साधुओं के जपमाला-छाप-तिलक निशान और स्थान के बाहर भी कोई धर्म हो सकता है यह बात उनकी समझ में न आ सकी। महंत धनुषधारीदासजी तो यह चाहते ही नहीं थे, कि साधु-मंडली गांधी के देशी आंदोलन में पड़े। यद्यपि पूर्णतः नहीं तो अंशतः अवश्य ही, वह नागाजी के रण-निमंत्रण का महत्त्व समझते थे।

न जाने क्या मन में सोचकर नागाजी ने, महंत से बाहर जाकर विश्राम करने की छुट्टी ली। कोठरी से निकल निकट के वृक्षों में जो सबसे दूर था उसी ओर वह बढ़े। कई साधु उनके साथ हो लिये, मगर थोड़ी दूर बढ़ने पर उन्हें उन्होंने मना किया। बोले, “मैं ज़रा एकांत में बैठकर प्रभु का स्मरण करना चाहता हूँ।” नागाजी जिस वृक्ष के नीचे जाकर बैठे वह पीपल का घना और पुराना पेड़ था। जमात के साधुओं ने सकौतुक देखा—उस तरु-तले पद्मासन में बैठकर नागाजी ने ध्यानावस्थित होने के लिए नैन-कपाट बंद कर लिये।

दिन ढल चला। इसी बीच में एक बार महंत ने एक टोकरी ऋतुफल, जो ग्राम से प्राप्त हुए थे, नागाजी के पास भिजवाया। पर उन्हें तल्लीन देख फल ले जानेवाले साधु ने टोकरी उनके सामने रख-भर दी। उन्हें जाग्रत करने की हिम्मत उसे न हुई।

अनेक साधु गांजे और सुलफे की चिलमें तैयार कर दम-पर-दम लगाते रहे और

दम-दम पर सोचते थे कि नागाजी भी आँखें खोलकर दो फूँक धुआँ उड़ा लेते तो बड़ा आनंद आता।

गाँववालों ने अखाड़े के कुठारी को और कुठारी ने भंडारी को 'सामान' ज़रा विलंब से दिया था, इसलिए उस दिन भंडारा तीन बजे के पहले तैयार न हो सका। अब साधु प्रसाद पाने की सोचने लगे। इस समय भी महंत ने नागाजी की सुधि ली, पर अब भी वह पहले ही-से ध्यानमग्न दिखाई पड़े। लाचार अन्य महात्मा विविध और अनंत जय-जयकार के बाद प्रसाद पाने बैठ गए। महंत के कथनानुसार एक दिव्य पात्र में भोजन की सारी सामग्रियाँ नागाजी के सामने रख दी गईं।

धीरे-धीरे दिन की उज्ज्वलता मलिन पड़ गई और संध्या की मलीनता उज्ज्वल होने लगी। उस दिन पूर्णिमा थी, श्यामा निशा-सुंदरी धवल चाँदी की चादर ओढ़कर विश्व-प्रांगण में पधारी थी।

आधी क्या, एक बजे रात तक जागकर साधु-मंडली नागाजी की समाधि-भंग की प्रतीक्षा करती रही, मगर उनका ध्यान न टूटा, न टूटा। उसे तोड़ने के लिए महंत की इच्छानुसार, बारह बजे रात के बाद, वैरागियों ने घनघोर घंटा-घड़ी-शंख-ध्वनि की, मगर व्यर्थ। नागाजी की आत्मा मानो तब तक इस नारकीय परलोक में थी ही नहीं। आखिर लाचार होकर अपने-अपने स्थान पर आसन लगा साधु लोग सोने लगे।

बड़ी मीठी नींद आई, क्योंकि चाँदनी चैत की थी, वसंत की। उस दिन अनेक कारणों से वैरागी मंडली थकी भी थी और उन अनेक कारणों में एक प्रधान स्वयं नागा नरसिंहदासजी थे। सुबह बगिया की घटना से लेकर महंत-संवाद और ध्यानावस्थित होने तक, बल्कि जब तक एक भी वैरागी जागृत था; तब तक वह एक जाज्वल्यमान समस्या बने रहे। अखाड़े में मूर्ख और रंगीले साधु अवश्य थे, मगर समझदार, दयालु, विवेकी तथा भगवद्भक्तों का बिलकुल टोटा रहा हो सो बात नहीं। महंत धनुषधारीदासजी की जमात में ऐसे दस-बीस त्यागी थे जो नागाजी से असहमत होते हुए भी उनकी तपस्या के क़ायल थे। इतना ही नहीं, गांधी के आंदोलन को लेकर नागाजी के मन में जो आंदोलन हो रहा था उसे भी समझते थे।

ऐसे सभी दिलदार साधु नागाजी की निर्विकल्प समाधि से व्यग्र हो गए। उनके हृदयों में करुणा-तरंगिणी तरंगें लेने लगी। उन्हें और भी देर में नींद आई। सारी जमात के निद्रा-निमग्न हो जाने पर भी, ढाई बजे रात तक, वैसे साधुओं में से कोई-कोई अपने आसन से उठकर धवल चाँदनी में विशाल अश्वत्थ के नीचे पद्मासन विराजमान नागाजी की ओर देखते थे। देखते थे धवल जटाजूट, धवल दार्शनिक दाढ़ी, धवल शरीर और धवल ज्योत्स्ना की सुषमा का चारों ओर धवल विस्तार। देखते थे नागा नरसिंहदासजी को पूर्ववत् तुरीयगत।

ऐसे विकल-विलोकियों को तो और भी मीठी नींद आई। निस्वप्न, निस्पंद। लेकिन वे घंटे-डेढ़ घंटे से अधिक न सो सके। ब्रह्म मुहूर्त से ज़रा पूर्व ही जमात का एक-एक साधु कुनमुनाकर जाग-सा उठा और सबके-सब वीणा-विमुग्ध मृग की तरह अलस

जागरित भाव से नागाजी की ओर देखने लगे।

नागाजी की समाधि समाप्त हो गई थी। अब वह खड़े थे। पूर्व की ओर उनका मुख था और पाँव थे ज़रा आगे-पीछे। हाथ, भिखारियों से भिक्षा-पात्र की तरह बने, आकाश की ओर उठे थे। वह प्रभाती-प्रार्थना गान कर रहे थे। 'परज' में।

द्विजराज चंद्रमा उनके पीछे 'ब्राह्मण' के हृदय की तरह, करुणा कोमल उदारता से निद्रित विश्व पर सुधा और प्रकाश बरसा रहे थे।

वैरागियों को ऐसा लगा मानो दशों दिशाएँ नागाजी के स्वर से झंकृत होकर उन्हीं के राग में बोल रही हैं, बज रही हैं, हवा तक उसी लय में सनक रही है—

"कैसे देउँ नाथहिं खोरि ?
काम-लोलुप भ्रमत मन हरि ! भगति परिहारि तोरि।
कैसे देउँ नाथहिं खोरि ?
बहुत प्रीति पुजाइबे पर, पूजिबे पर थोरि।
देत सिख, सिखयो न मानत, मूढ़ता असि मोरि,
कैसे देउँ नाथहिं खोरि ?
किये सहित सनेह जे अघ हृदय राखे चोरि,
संग बस किये सुभ सुनाए सकल लोक निहोरि।
कैसे देउँ नाथहिं खोरि ?
करौं जो कछु धरौं सचि पचि, सुकृत-सिला बटोरि,
पैठि उर बरबस दयानिधि दंभ लेत अँजोरि।
कैसे देउँ नाथहिं खोरि ?
लोभ मनहिं नचाव कपि ज्यों, गरे आसा-डोरि,
बात कहौं बनाइ बुध ज्यों बर-बिराग निचोरि।
कैसे देउँ नाथहिं खोरि ?"

अब तक सारी जमात भक्ति-विभोर होकर दीवानी-सी हो गई। गोस्वामीजी के 'विनय' के उक्त पद को वैरागियों में भला कौन न जानता रहा होगा ? अंतिम चरण को सारी जमात ने अपने-अपने आसन पर खड़े होकर नागाजी के स्वर में स्वर मिलाकर गाया—

"एतेउँ पर तुम्हरो कहावत लाज अँचई घोरि,
निलजता पर रीझि रघुबर ! देहु तुलसिहिं छोरि।
कैसे देउँ नाथहिं खोरि ?"

5

"सत्याग्रह !" आर्य-कार्यकर्ता महाशय ने करतारपुर के ग्रामीण मित्र को अपने सामने हक्का-बक्का-सा खड़ा देखकर साश्चर्य प्रश्न किया।

उत्तर मिला, "हाँ, महाशयजी ! जमात के साधुओं ने सत्याग्रह आरंभ कर दिया है। चलिए, ज़रा करतारपुर, आप ही को लिवा चलने को आया हूँ। बड़ा आनंद है। सारे गाँव में बीस जगह साधुओं द्वारा नमक तैयार किया जा रहा है। पुलिस परेशान खड़ी है। यद्यपि साधुओं ने पूर्ण अहिंसा-व्रत लिया था, फिर भी विदेशी पुलिस-अधिकारी उनकी गठीली भुजाओं से भड़कता है। कहता है, 'ये साडू लोग पुराना ग्रीस का लोगों-सा तगड़ा ज़बरदस्त आदमी है। ये अलबत्त वायले-से करेगा।' सिपाही साधुओं से भिड़ने में सकपकाते हैं।"

"वाह, भाई !" आर्य महाशय ने हर्ष प्रकट किया, "यदि हमारे साधु हमें मुक्त करने पर तैयार हो जाएँ तो हम सब गृहस्थ चुपचाप घर बैठे रहें, केवल उनके भोजनाच्छादन का प्रबंध करके; और अंग्रेजी राज़ 'नहीं' हो जाए। बावन लाख हैं ये महात्मागण—बड़े-बड़े विभूतिधारी और तपस्वी। ये संसार की किसी शक्ति को किसी तरह भी पराजित कर सकते हैं।"

"अरे, वे गाते हैं..." ग्रामीण ने गद्गद भाव से कहा, "अब लौं नसारी, अब न नसैहौं; रामकृपा भव-निसा सिरानी, जागे अब न डसै हौं।"

"वाह, वाह !"

"वे कहते हैं, 'हे गृहस्थो ! तुम अपना काम करो—तपस्या हम करेंगे। इस धर्मभूमि की रक्षा करना हमारा काम है। अपने राजा राम की लीलाभूमि की मर्यादा और मुक्ति का मसला हम स्वयं हल करेंगे। हे बच्चो ! तुम अपने होंठ न सुखाओ। हे माताओ ! तुम अपने पवित्र चरणों को अविचारियों की गंदी आँखों से मलिन न होने दो। यह सब हम विश्व-विरागी कर लेंगे। हम जानते हैं, हम मर नहीं सकते, मरने-जीने से अब हमारा कोई मनोविनोद नहीं।"

"बहुत अच्छा हुआ। अब यह युद्ध असली धर्मयुद्ध होगा। अब केवल अपने दार्शनिकों से धर्मात्मा भारत अपने भारत में मुक्ति का वह आलोक-दीपाधार स्थापित करेगा जिससे विश्व के घर-घर का एक-एक कोना जगमग हो उठेगा। पर यदि सब वैरागी अपनी महिमा समझकर मैदान में आएँ तो..."

"नागा नरसिंहदास-सा एक भी महात्मा सारे साधुओं को संग्रामभूमि में उतार सकता है। वह स्वयं कहते थे कि उन्हें राजा राम की प्रेरणा हुई कि वह लोगों को रामराज्य स्थापित करने और रावणराज का नाश करने के लिए प्रेरित करें। मगर अब चलिए भी—बातें रास्ते में होंगी।"

"अच्छा, ठहरो, चलता हूँ...आयँ ! यह 'श्रीराम ! राजा राम' की ध्वनि करतारपुर से आ रही है ?"

"जी हाँ, साधु लोग 'महात्मा गांधी या भारत माता की जय' नहीं कहते; न 'नमक क़ानून तोड़ डाला' या 'ब्रिटिश राज फोड़ डाला' ही। वे तो गद्गद होकर, सत्याग्रह करते-करते पुकार उठते हैं, 'राजा राम ! श्रीराम !' "

वह दिन

वह दिन कितना सुंदर था ! अब तक उसकी याद आने से हृदय मारे प्रसन्नता के आंदोलित होने लगता है। ऐसा जान पड़ता है मानो अभी दो घंटे पूर्व की बात है। देश के अंतःकरण के कोने-कोने में गौरव भर गया था। समाज का अधिकांश, शीघ्र ही कोई बड़ी चीज़ पाने की अभिलाषा से छटपटा रहा था। ग़रीब समझते थे कि महीने-दो महीने के भीतर हमारी दरिद्रता हवा हो जाएगी। भूखों मरनेवाले पेट देव से कहते थे कि–'धीर धारण कर दानव; शीघ्र ही तुझे संतोष होगा। बहुत हो गई, थोड़ी रही।' कर्मवीर धनिक भी प्रसन्न ही थे। वे सोचते थे कि हमारा सुंदर भविष्यत् बहुत जल्द, हमारी लाख की थैली को अरब नहीं तो करोड़ की थैली अवश्य बना देगा ! ओह ! वह दिन कितना सुंदर था !

वह दिन हाय ! वह दिन कितना सुंदर था ! अपनी जघन्य सेवा और कर्तव्य विस्मृति से विदेशी शासन को पुष्ट करनेवाले, निराशा से व्यग्र होकर उन दिनों सोच रहे थे, 'हाय, कल क्या होगा ? अधिकार पाने पर हमसे आए दिन सताए जानेवाले पीड़ित कैसा बदला लेंगे ? क्या उस समय हम धोबी के कुत्ते की तरह न घर के होंगे, न घाट के ?' पुलिस उस दिन को देखकर घबरा गई थी। दिन भर वर्दी-पेटी कसे-कसे और पेट के लिए हृदय पर पत्थर रखकर अपने खून को पीते-पीते, अपने भाई को दंड देते-देते, देश की महान् आत्माओं को गिरफ़्तार करते-करते उनके नाकों दम था। अपनी कूटनीतिज्ञता पर इतरानेवाली धूर्त लायड जार्ज की राक्षसी सरकार किंकर्तव्यविमूढ़ हो गई थी। उसकी अक्ल की शोखी हवा हो गई थी। वह रह-रहकर सोचती थी कि हमारी सोने की चिड़िया हाथ से अब गई, तब गई ! सचमुच वह दिन बड़ा ही सुंदर था !

उन्हीं आनंदमय, गौरवमय, सुखमय पवित्र और सुंदर दिनों की एक कहानी कहूँ ? हाँ, हाँ–ज़रूर सुनिए। उन दिनों की तसवीर सामने आने से संभव है आप 'इन दिनों' पर आँसू बहाएँ, हमारी अकर्मण्यता, दुर्बुद्धि और हमारे मंदभाग्य पर तरस खाएँ !

2

"प्रिंस ऑफ वेल्स परसों आएँगे, परसों सम्राट् के पुत्र का स्वागत होगा। क्यों, आनंदमोहन ?"

आनंदमोहन—"पर, कैसे स्वागत होगा ? जैसे फाका करनेवालों के घर जलती होली या चमकती दीपावली का स्वागत होता है, वैसे ही हमारे आनंदपुर में महामान्य सम्राट् के पुत्र का स्वागत होगा ? उस दिन तुम क्या करोगे, भाई जगदीश ?" जगदीश, "मैं ? मैं तो उस दिन अपने दरवाज़ों के सम्मेलन को भंग होने ही न दूँगा, आपस में—एक-दूसरे से—आलिंगित मेरे प्रेमी द्वार रात की तरह दिन भी बिता देंगे और सम्राट् के पुत्र को यह दिखाने की चेष्टा करेंगे कि 'जिनके घरों में सोने बिछे रहते थे उनके घरों में इस समय खाक उड़ रही है। इसलिए—हे देवता की तरह श्रेष्ठ सम्राट् पुत्र ! हम उन गरीबों की मर्यादा को ढाँककर खड़े हैं। रत्नाकर भारतवर्ष के सम्मुख तुम पहले ही ऐसे सम्राट् कुमार आए हो जिसके स्वागत के लिए इस महान् वृद्ध के पास एक फूटी कौड़ी भी नहीं है ! चार दाने भी नहीं हैं ! ! अस्तु, वह अपने आँसुओं से तुम्हारा स्वागत करता हुआ विश्वास दिलाता है कि शीघ्र ही युग परिवर्तन होगा।', पर यह तो बताओ उस दिन तुम क्या करोगे ?"

आनंदमोहन—"मैं शहर की हड़ताल को अधिक सफल बनाने की चेष्टा करूँगा।"

जगदीश—"और यदि गिरफ़्तार हो गए ?"

आनंदमोहन—"तो क्या परवाह है ? चलेंगे जेलखाने। दो-चार महीने उस दुनिया के मज़े भी लेंगे। मैं तुमसे पहले ही पकड़ा जाऊँगा।"

जगदीश—"क्यों ? क्या यह तुम्हारी कुंडली में लिखा है ? या प्राविंशियल गवर्नमेंट ने तुम्हें विशेष प्रकार से निमंत्रित किया है ?"

आनंदमोहन—"तुम मज़ाक समझते होगे, पर मैं निश्चयपूर्वक कहता हूँ कि मेरी गिरफ़्तारी तुमसे पहले होगी।"

जगदीश—"ऐसा निश्चय ! बाज़ी तो न लगाओगे ? क्या विचार है ?

आनंदमोहन—"तुम्हें विश्वास न हो तो मैं बाज़ी तक लगा सकता हूँ। मारो हाथ ! जो पहले पकड़ा जाए उसे बाद को गिरफ़्तार होनेवाला..."

बात काटकर जगदीश ने कहा, "...जन्म भर के लिए काले पानी की सज़ा दे ? क्यों ?"

"अजी नहीं।" आनंदमोहन ने पुनः कहना आरंभ किया, "जो पहले गिरफ़्तार हो उसे..."

फिर बीच ही में टोककर जगदीश ने कहा, "बाद में गिरफ़्तार होनेवाला हमेशा बेवकूफ कहकर पुकारा करे।"

इस बार खीजकर परंतु निर्विकार मुसकराहट के साथ आनंदमोहन ने कहा—"देखो, इस बार अगर बात काटोगे तो मारे जाओगे।"

जगदीश—"वाह रे मारे जाओगे। हिंसा करोगे क्या ?"

आनंदमोहन—"तुम्हारे ऐसे बेवकूफों के लिए हिंसा-अहिंसा का विचार करना व्यर्थ है। सुनो; जो पहले पकड़ा जाएगा उसे पीछे गिरफ़्तार होनेवाला...।"

बड़े ज़ोर से ठठाकर जगदीश ने आनंदमोहन की बात पुनः काट दी। कहा, "जो पहले गिरफ़्तार हो उसे पीछे गिरफ़्तार होनेवाला दो चपत रसीद करे !"

"नहीं सुनोगे ? नहीं सुनोगे ?" कहते-कहते इस बार आनंदमोहन ने जगदीश को अपनी बाँहों में लपेट लिया।

3

यह कहानी पूरी करने के लिए मुझे अपना परिचय भी देना ही पड़ेगा। मेरा नाम देवसिंह है। मैं जाति का क्षत्रिय हूँ। सन् 1920 के दिसंबर में मैं आनंदपुर थाने का हेड जमादार था। जगदीश मेरे एक मित्र का लड़का था और आनंदमोहन उसका अभिन्न मित्र।

जगदीश अकसर मेरे पास आया करता और अपने अनुभवहीन परंतु दृढ़ शब्दों से मुझे सरकारी नौकरी छोड़ने का उपदेश दिया करता। 'उपदेश' कहने के लिए पाठक मुझे क्षमा करें। सन् '20-'21 के लड़कों को अपने से बड़ों को उपदेश देने की आदत पड़ गई थी। उस समय के बहुत से लड़के तो अपने बड़ों को बेवकूफ भी समझते थे। ख़ैर।

मैं मित्र के युवकपुत्र को भी अपना मित्र ही समझता और उससे मित्र का ही व्यवहार करता। जगदीश मुझसे इतना हिल गया था कि अपने जीवन को छोटी-से-छोटी घटना तक मेरे सम्मुख सरल शब्दों में वर्णन करते उसे संकोच न होता। उसने मुझसे सैकड़ों बार कहा था कि उसकी ओर आनंद की मित्रता शरीर और प्राण की मित्रता है।

शाम हो गई थी ! मैं थाने में बैठा हुआ अपने अफ़सर से शाहज़ादा के आगमन-दिवस और उसकी कठिनाइयों की चर्चा कर रहा था। इतने में जगदीश बाबू आए। खद्दर का लंबा कुरता, खद्दर की टोपी, पैर में काठ की चट्टी, ऐसा जान पड़ता था मानो देवदास गांधी हैं। उन्हें देखते ही मैंने अपने अफ़सर से कहा, "मेरे मित्र आ गए हैं, मैं उनसे फुरसत लेकर अभी हाज़िर होता हूँ।"

दारोगा साहब ने मुसकराकर कहा, "यदि आपके मित्र आपको बहुत प्रिय हैं तो उन्हें यहीं हवालात में क्यों नहीं रखते ? कोई बोलनेवाला है ?"

उस दिन मुझसे जगदीश ने अंतिम बार पूछा, "तुम कब इस्तीफा दोगे ?"

मैंने कहा, "तुम्हें हथकड़ी, बेड़ी से सजाकर बड़े घर पहुँचाने के बाद !"

4

वह दिन, भारतीय दासता के सिर पर स्वतंत्रता के तांडव नृत्य का था। हम लोगों ने घूम-घूमकर दूकानदारों को धमका दिया था कि असहयोगियों के फेर में पड़ोगे तो बुरी तरह तंग किए जाओगे। पानी में रहते हुए, हम मगरों से बैर करना तुम्हारे हक़ में अच्छा न होगा। फिर सरकार की तरफ से आनंदपुर में सैन्य-प्रदर्शन भी हुआ था। प्रिंस के आने के एक दिन पूर्व, पाँच सौ गोरे और एक हज़ार कालों की एक भयंकर सेना शहर में तोपों के साथ चक्कर लगा चुकी थी। अस्तु।

उस दिन बहुत सी दूकानें खुलने वाली थीं। सूर्योदय होते ही थाने के सब सिपाही शहर में गश्त लगाने और दूकानें खुलवाने का प्रयत्न करने लगे। इधर असहयोगियों ने हड़ताल करने के लिए विज्ञापन बाँटना और हाथ जोड़कर, समझाकर दूकानों को बंद कराना आरंभ किया। वह एक प्रकार का राष्ट्रीय युद्ध ही तो था।

एक-एक क्षण पर मजिस्ट्रेट के पास सूचनाएँ भेजी जाती थीं। शहर की हालत सुनकर उन्होंने आज्ञा दी, "कांग्रेस कमेटी का स्थानीय मंत्री फौरन गिरफ़्तार कर लिया जाए !"

मंत्रीजी का गिरफ़्तार होना ही मानो हड़ताल की सफलता थी। क्षण भर में शहर में सियार रोने लगे !

उस समय मैंने अपने मन से पूछा, 'यह सब क्या हो रहा है ? क्या सचमुच देश जाग उठा ? हमारी परतंत्रता बिदा हो रही है ? ज़रूर ऐसी ही बात है। अरे, तब तो इस समय देश के विपक्ष का साथ देना आत्महत्या करना है। अपने हाथ से अपने ही मुख में कालिख पोतना है। स्वतंत्र भारत का इतिहास देशद्रोहियों को किन शब्दों में याद करेगा ? इस समय नौकरशाही का साथ देना पाप है।'

5

प्रिंस आए और आनंदपुर का कृत्रिम चित्र, जिसे चापलूसों ने और सरकार के वफ़ादारों ने तैयार किया था, देखकर चले गए। मगर देशभक्तों की गिरफ़्तारी नहीं रुकी। प्रिंस के आगमन के साथ ही मानो आनंदपुर में तूफान आ गया और एकदम पंद्रह-बीस दिनों के लिए डेरा डालकर बैठ गया। स्वयंसेवक बनाने का आंदोलन बहुत ज़ोर पकड़ गया। सरकार दमन भी मज़बूती से करने लगी। कॉलेज के पढ़े-लिखे, सुंदर और कुलीन नवयुवकों को पुलिसवाले गिरफ़्तार करने के बाद भय-प्रदर्शन के लिए जूतों तक से पीटते और अन्य अनेक प्रकार से उनका अपमान करते, पर देश की वह आग न बुझी और न बुझी !

उस दिन सुबह से लेकर दोपहर तक सौ आदमी गिरफ़्तार हो चुके थे। कोतवाली में ही पुलिस सुपरिंटेंडेंट साहब डटे थे और मजिस्ट्रेट साहब भी। वहीं अदालत का सामान था। कोतवाली में अभियुक्तों को सज़ा सुनाई जाती थी और सुनाई जाती थी दस-पाँच मिनटों में। जो पकड़कर आते थे उनके मुख पर खेलती हुई स्वतंत्रता की शोभा गुलामों का हृदय कँपा रही थी और दहला रही थी अधिकारियों के सिंहासनों को। वे देशप्रेम के मतवाले हँसते हुए हवालात में घुसते थे, प्रश्न होने पर मुसकराते हुए अपना परिचय देते थे, खिलखिलाते हुए अदालत का प्रहसन देखते थे, और; नाचते हुए 'प्रिजनवान' में बैठकर कारागार की ओर जाते थे, मानो तीर्थाटन को जा रहे हों; सैर करने जा रहे हों या किसी बारात की शोभा बढ़ाने जा रहे हों।

एक बजे दिन के क़रीब एक दल के साथ हमारा जगदीश भी गिरफ़्तार होकर आया। उस समय मैं कलक्टर साहब के पीछे खड़ा अपने कर्तव्य का निश्चय कर रहा था। जगदीश ने आते ही अपनी आदत के अनुसार मुझे सलाम किया, "सरकारी गुलाम को बलवाई का आदरपूर्ण अभिवादन !" कलक्टर साहब का शासक हृदय क्रुद्ध हो गया। मुझसे साहब ने पूछा, "टुम इसको जानटा है ?"

मैं—"जी हुजूर ! यह मेरे दोस्त का लड़का है।"

साहब—"टुमारा डोश्त का लड़का शरकार का खिलाफ़ ! इशका कान पकड़कर हवा खिलाओ !"

मैं—चुप रहा।

साहब—"खड़ा क्या है ? जो कहा है, करो !"

मैं भी निरुत्तर और अपने स्थान पर अचल रहा। मेरे हृदय में दासता और स्वतंत्रता का द्वंद्व होने लगा। दासता मुझसे झिड़ककर कह रही थी, 'मूर्ख, तेरी नौकरी !' और स्वाधीनता कह रही थी, 'मनुष्यता की ओर देख।'

साहब ने पुनः ज़रा क्रोध से कहा, "शुनटा नेई ? फौरन इस नालायक लड़का का कान पकड़ो—यू—स्टूपिड !"

इस बार हृदय की पूर्ण शक्ति लगाकर मैंने उत्तर दिया, "साहब, यह मुझसे नहीं हो सकता। मेरा इस्तीफा मंजूर हो।" लड़खड़ाती ज़बान और धड़कते हृदय ने इतना कहकर मानो मेरे सिर पर से कोई बड़ा बोझ उतार लिया। और साहब ने अपने सामने खड़े इंस्पेक्टर से मुझे गिरफ़्तार करने को कहा। मैंने सोचा, कि चलो, जगदीश के साथ ही तीर्थाटन करूँगा।

6

जेल ? वह जेलखाना था ? कौन कह सकता है ? जिस स्थान पर तीन सौ आज़ादी के पुजारी थे, वह जेलखाना था ? जिस जेलखाने में मनुष्यता पर मरनेवालों का मज़मा था, वह जेलखाना था ? फिर स्वर्ग कहाँ होता है ? उसका कोई दूसरा पता है क्या ?

जगदीश को तीन महीने की सख्त सज़ा थी। आनंदमोहन की भी उतनी ही और मेरी दो वर्षों की। जेलखाने में सोलह आने हमारा ही अधिकार था। सुपरिंटेंडेंट हमसे डरते थे, जेलर काँपता था और वार्डर तो हाथ जोड़ते थे। पुराने चोर-लुटेरे और डाकू हमारे मित्र बन गए थे। वे पूछते, 'गांधीजी का राज कब होगा, भाई ?'

जगदीश, आनंदमोहन और मैं एक ही बैरक में रहते थे। उसी में कांग्रेस कमेटी के मंत्रीजी भी थे और दस-पाँच विद्वान् असहयोगी भी। दिन कैसे बीत जाता था, रात कैसे कट जाती थी—हम जानते ही न थे। उस समय मानो हम प्रेम, सत्य, आनंद और हास्य की गोद में बैठे थे। कहीं दुख भी होगा, इसकी हमें चिंता ही न थी। कभी नाचते, कभी कूदते, कभी अध्यापक 'अ' से गीता के मर्म को समझते, कभी आयुक्त 'क' से बाइबिल के उपदेश सुनते। कभी रामायण पढ़ते और कभी आनंदमठ, कभी सूरदास के पद गाते और कभी 'आइल्स ऑफ ग्रीस' की कविताएँ। कभी-कभी उन दिनों के विचार की नक़ल की जाती जिसे देखनेवाले हँसते-हँसते लोट-पोट हो जाते।

7

महीने भर के भीतर ही हमारे उस स्वर्गसुख का अंत हो गया। जेल की चहल-पहल की ध्वनि बाहर भी पहुँची। सरकार के कान खड़े हुए। फिर क्या था ! हम सब तीन-तेरह कर दिए गए। कोई लखनऊ भेज दिया गया, कोई फैजाबाद। कोई आगरा, कोई बनारस, कोई नैनी। सरकार की दृष्टि में मेरे लिए नैनी का जेलखाना ही उपयुक्त ठहरा। मैं उस नरक में ज़बरदस्ती अपने मित्रों से अलग कर भेज दिया गया। हाय !

एकांत कोठरी में बैठकर मैं चक्की चला रहा था। सामने यमराज का दादा मुसलमान वार्डर दरवाज़े के बाहर से मुझे घूर रहा था। जब कभी उसकी मेरे ऊपर विशेष कृपा होती तो कहता, 'अबे साले ! ज़ोर से चला, टाइम हो चला।' उसकी उन बातों को मैं सुनी-अनसुनी कर देता और अपनी चक्की का सितारा बजाता रहता। उस वार्डर को सुरती खाने की आदत थी। जब कभी रूमाल में और कभी किसी कागज़ के टुकड़े में लपेटकर बनी-बनाई सुरती लाता और इच्छानुसार खाया करता। उस दिन किसी अखबार के टुकड़े में सुरती लाया था। अधिक थी भी नहीं, एक ही मात्रा थी। अस्तु, उसका फंका लगाने के बाद उसने लापरवाही से काग़ज़ ज़मीन पर फेंक दिया।

पवनदेव की कुछ और ही इच्छा थी। उन्होंने काग़ज़ के टुकड़े को सींकचों के भीतर उड़ा दिया। टुकड़ा मेरे पैरों के पास आकर 'खर-खर' करने लगा, मानो वह निर्जीव कुछ कहना चाहता था। मैंने उसे उठा लिया। देखा 'आज' अखबार के किसी कॉलम का ऊपरी हिस्सा था। ऊपर मोटे-मोटे अक्षरों में शीर्षक छपे थे—

'जगदीश की मृत्यु।'

'आनंदपुर में सनसनी।'

'जेल के कुप्रबंध से मर गए।'

मैं चक्की चलाना भूल गया, हाथ-पाँव फूल गए। हृदय बैठ गया। जिस जगदीश की कृपा से मैं मुक्ति मार्ग पर आया वह, जिस जगदीश का हँसता हुआ मुख अभी महीने भर पहले देखा था वह, जो जगदीश मुझे भाई की तरह प्रिय था वह, अब नहीं है ?

चक्की रुक जाने से वार्डर क्रुद्ध हुआ, न जाने क्या-क्या बका-झका भी, पर उस समय मुझे कुछ नहीं सुनाई पड़ता था। अंत में दरवाज़ा खोलकर वह भीतर आया और लगा डंडों से मुझे मारने। उसके न जाने कितने प्रहारों के बाद मैंने रोते हुए उससे कहा, "मुझे एक बार मुक्त कर दो ! देखूँगा किस डॉक्टर की असावधानी से मेरे जगदीश की हत्या हुई है। देखूँगा किस सरकार ने उसके प्राण लिये हैं।"

8

दो वर्ष बाद घोर यातनाओं के घर से मेरी बिदाई हुई। मैं हड्डियों के ढाँचे में इस शासन-पद्धति को नाश कर देने की भयंकर शक्ति को लेकर कारागार के बाहर आया। पर, हाय ! यहाँ क्या देखा ? परदा पलट गया था। रंगमंच से महात्मा गांधी का प्रस्थान हो गया था और हो गया था फूट का प्रवेश। अत्याचारी अपना भयंकर तांडव दिखा रहे थे और पीड़ित—जो उस दिन किसी प्रिय आशा से नाच रहे थे—तड़प रहे थे, रो रहे थे। असहयोग लंबी साँसें ले रहा था। दासता की कड़ियाँ अधिक मज़बूती के साथ कसी जा रही थीं। उक्त दृश्य से व्यग्र होकर मैंने एक आह खींची—कहाँ गया मेरा वह दिन ?

ऐसी होली खेलो, लाल !

ठाकुर बघेलसिंह को पहले-पहल जब मैंने देखा, उस समय मैं निरा बालक था, उम्र रही होगी कोई पाँच वर्ष की। मगर हमारा वह प्रथम मिलन ही अंतिम मिलन भी था; क्योंकि मुझसे परिचय होने के दूसरे वर्ष ही यह वीर क्षत्रिय रेल में किसी गोरे से भिड़ पड़ने के कारण जेल भेज दिया गया और वहीं उसने अपनी जीवन-कहानी समाप्त की।

मगर, ठाकुर साहब ने प्रथम दर्शन में ही मेरी छाती पर अपने अद्‌भुत व्यक्तित्व की जो छाप छोड़ दी थी वह आज अठारह-बीस वर्ष बाद भी ज्यों-की-त्यों बनी हुई है। यही होली का अवसर था। मैं घुटनों के ऊपर तक धोती और आधी बाँह का कुरता पहने, एक हाथ में रंग का पात्र और दूसरे में छोटी सी पिचकारी लिये मुहल्ले के बाल-सखाओं से होली खेल रहा था। मेरे बड़े रेशमी बाल अबीर और उस चमकती हुई चीज़ की बुकनी–जिसे हम लोग 'बुक्का' कहते हैं–से भरे थे। मैं सिर से पैर तक लाल रंग से भीगा था।

उसी समय घर के नौकर ने आकर मुझे पुकारा, "लालजी, लालजी ! दौड़कर चढ़ तो बैठो मेरे कंधे पर, हाँ, इस तरह ठीक है–चलो, तुम्हें बाबूजी बुला रहे हैं। तुम्हें देखने के लिए कोई भले आदमी आए हैं।"

सच्ची बात यह है कि उस वक्त मुझे उस भले आदमी से मिलने का जितना लोभ नहीं था उससे कहीं अधिक लोभ उस नौकर के कंधे पर बैठकर 'टिक्, टिक् टिक् !' करते हुए घर आने का था। वहाँ पहुँचकर मैंने देखा, मेरे पिताजी किसी सफेद बालवाले, लंबे-चौड़े व्यक्ति के साथ बातें कर रहे थे। उनकी दाढ़ी दूध की तरह सफेद और काफ़ी लंबी थी। उन्होंने उसे सिखों की तरह कान के ऊपर चढ़ाकर बाँध रखा था। उनके पैर में जयपुरी जोड़ा, सिर पर रजपूती पगड़ी और शरीर पर घुटनों से नीचे लटकता हुआ अँगरखा और चूड़ीदार पाजामा था। कमर में गुलाबी रंग का दुपट्टा पेटी की तरह बँधा था जिसमें एक लंबी-सी तलवार लटक रही थी।

मुझे हाजिर देख मेरे पिताजी ने कहा, "ठाकुर साहब यही है, मेरा सबसे छोटा बच्चा। इसका नाम है लाल बहादुरसिंह।" उन्होंने मुझसे कहा, "सलाम करो ठाकुर साहब को।"

मैंने आज्ञा पालन की। प्रेम से गद्‌गद होकर ठाकुर साहब ने मुझे गोदी में लेकर

कहा, "जीते रहो, बेटा, इधर आओ। अब हमारे साथ खेलो।" बाबूजी से उन्होंने कहा, "अब जाइए, अपना काम देखिए। मैं इस बच्चे से अपना जी बहला लूँगा।"

पिताजी के चले जाने पर ठाकुर साहब मुझे उसी कमरे में इधर-से-उधर घुमाकर अपना परिचय देने लगे।

"तुम मुझे पहचानते हो ? नहीं। नहीं न ?"

मैंने सिर हिलाकर स्वीकार कर लिया कि हाँ, मैं नहीं पहचानता।

उन्होंने कहा, "इस बार मैं सात-आठ वर्ष बाद आया हूँ तुम्हारे घर। तुम्हारे दूसरे भाई मुझे अच्छी तरह जानते हैं। जब तुम्हारे पिताजी मेवाड़ के पास की एक रियासत में नौकर थे, तभी से मेरी उनकी मित्रता है। मैं देवपुर का रहनेवाला हूँ, जो मेवाड़ की सीमा पर पड़ता है। चलोगे मेरे घर लाल ? वहाँ दूध है, दही है, चीनी है, मिठाई है।"

मैंने बीच ही में टोककर पूछा, "और कलुआ कुत्ता और भूरी बिल्ली भी है ?"

"हाँ, वह भी है," उन्होंने मुसकराकर तुरंत उत्तर दिया।

"मुझे दोगे उन्हें ?" उनकी दाढ़ी में अपना पंजा घुसेड़ते हुए मैंने पूछा।

"अरे हाँ, लाल, दूँगा क्यों नहीं ? पहले चलो भी।"

मैंने कहा, "अच्छा तो फिर चलो।"

"अभी ?"

"और नहीं तो कब ?"

"कल चलेंगे, लाल ! आज तो मैं तुम्हें होली गाकर सुनाऊँगा। एक बढ़िया कहानी कहूँगा। सुनोगे ?"

"हाँ, गाना सुनूँगा !" मचलकर मैंने कहा, "गाओ।"

"और नाचूँ भी ?"

"ओ हो हो ! तुम क्या नाचना भी जानते हो ? मुझे तो नहीं आता, नाचो !"

नाचने और होली गाने के पूर्व ठाकुर साहब ने बगल से अपनी तलवार खींचकर मुझे दिखाते हुए पूछा, "इसे पहचानते हो ?"

"हाँ, हाँ, यह तो तलवार है। मैं लूँगा इसे। मुझे दे दो इसे।" मैं मचल पड़ा।

"ठहरो।" उन्होंने कहा, "ज़रा दूर हटकर खड़े हो। वहाँ, थोड़ा और आगे—बस, अब ज़रा मेरे इस रजपूती नाच और होली को सुनो, फिर तलवार लेना।"

इसके बाद वृद्ध ठाकुर बघेलसिंह विविध प्रकार से उस तलवार को घुमा-घुमाकर पैतरें बदलने, नाचने और अपने आपको भूलकर गाने लगे—

"ऐसी होली—
ऐसी होली खेलो लाल ! ऐसी होली—
जन्मभूमि का दुख हरने को माता का मंगल करने को।
भरने को पीड़ित हृदयों में, सुख का झर-झर झरने को ॥

ले कर में कराल करवाल,
ऐसी होली–
ऐसी होली खेलो, लाल !''

2

गान समाप्त कर ठाकुर साहब ने पूछा, ''यह होली तुम्हें अच्छी मालूम पड़ी ?''

मैंने कहा, ''हाँ, अच्छी मालूम पड़ी। और गाओ, और नाचो ! खूब चमकती है तुम्हारी तलवार।''

''इस तलवार की, इस गाने की और मेरी इस अनोखी होली की एक कहानी है। बेटा, सुनोगे ?''

''हाँ, हाँ'' वृद्ध ठाकुर साहब के गले से लिपटकर मैंने कहा, ''कहानी सुनाओ। मुझे कहानियाँ अच्छी मालूम पड़ती हैं। मेरी दादी खूब सुनाती हैं।''

वृद्ध ठाकुर साहब ने कहानी आरंभ की–

''चार सौ वर्ष पहले की बात है। उन दिनों हमारे गाँव देवपुर का वह क़िला आज की तरह खंडहर और सियारों के रहने की जगह नहीं थी। उसमें गाँव के क्षत्रिय जागीरदार बड़े ठाट-बाट से रहा करते थे। क़िले के भीतर अनेक छोटे-बड़े मकान, महल और बाग-बगीचे थे।

हेमंत बीत चला था और प्रकृति के पत्ते-पत्ते पर वसंत के आगमन की सूचना छपी-सी मालूम पड़ती थी। समय सायंकाल का था। जागीरदार के सुंदर महल के सामने के उपवन में सुंदरता से सजे हुए फूलों से पेड़ों से घिरे हुए संगमरमर के चबूतरे पर बैठे दो युवक-युवती धीरे-धीरे बातें कर रहे थे–

'तुम्हारी माँ क्या कहती थीं ?' युवक ने युवती से पूछा।

'कहती थी,' युवती ने उत्तर दिया, 'इसी होली के बाद हम लोगों का ब्याह अवश्य हो जाएगा। और तुम्हारी माताजी क्या कहती थीं ?'

'उन्होंने तो,' युवक ने मुसकराते हुए उत्तर दिया, 'मेरे पिताजी से कहा था कि इन दोनों की शादी कैसे हो सकती है। महासिंह तो पद्मा को बचपन से ही बहन कहकर पुकारता है, और पद्मा भी उसे भाई कहकर प्रसन्न होती है।'

'फिर ?' युवती ने किंचित् संकोच से नेत्र नीचे कर पूछा।

'मेरे पिताजी ने माँ को जवाब दिया कि,' युवक ने कहा, 'ये दोनों एक-दूसरे को भाई-बहन कहते हैं तो क्या, हम गोत्र के भिन्न होने के कारण, एक-दूसरे के बेटे-बेटी से ब्याह कर सकते हैं। कोई हर्ज नहीं है।'

'फिर ?' युवती ने इस बार युवक की आँखों-से-आँखें मिलाकर सवाल किया।

'फिर क्या ! अब शीघ्र ही मैं तुम्हारा 'महा भैया' न रहकर 'कुछ और ही' हो जाऊँगा और तुम...' युवती के माथे से माथा सटाकर युवक ने कहा, 'और तुम मेरी

पद्मा बहन, न रहकर 'कुछ और ही' हो जाओगी। हमारा यह नाता अधिक सुंदर, दृढ़ और स्थायी होगा।'

'मगर हमारा ब्याह हो कैसे सकेगा ?' युवती ने पूछा, 'सुना है, शीघ्र ही फिर उन भयानक विदेशी और विजातियों की चढ़ाई, मेवाड़ पर होनेवाली है। ऐसे अवसर पर तुम युद्ध करोगे या ब्याह ?'

'तुम्हारी क्या इच्छा है ?'

'मैं यदि पुरुष होता तो,' युवती ने गर्व से उत्तर दिया, 'ऐसे अवसर पर विदेशियों से युद्ध करती और जन्मभूमि मेवाड़ की उद्धार-चिंता में प्राण दे देती।'

'मगर पद्मा, बुरा न मानना,' युवक ने कहा, 'मैं तो पहले तुम्हें चाहता हूँ, फिर किसी और को। यदि युद्ध हुआ भी तो मैं पहले तुमसे ब्याह करूँगा और फिर रण-प्रस्थान। हमारे माता-पिता की भी यही इच्छा है।'

'क्यों ?' भँवों पर अनेक बल देकर युवती ने पूछा।

'इसलिए कि तुम-सी युवती सुंदरियों का पता विदेशी सूँघते फिरते हैं। यदि कहीं उन्हें मालूम हो गया कि इन देवपुर रूपी गुदड़ी में पद्मा रूपी कोई मणि रहती है तो मुश्किल ही समझो !'

'छिः !' बगल से कटार निकालकर दिखाती हुई पद्मा बोली, 'तुम भी कैसी बातें करते हो ! जब तक यह माँ दुर्गा हमारे साथ है तब तक विदेशी हमारी ओर क्या आँखें उठाएँगे ! पिछले दो युद्धों में मेरी दो बड़ी विवाहिता बहनें जौहर कर चुकी हैं।'

'और मेरे तीन भाई वीर गति पा चुके हैं।'

'फिर क्या, जब तक हम राजपूत स्त्री-पुरुषों को स्वतंत्रता, स्वधर्म और स्वदेश के लिए प्राण देना आता है, तब एक विदेशी तो क्या लाख विदेशी भी हमारा कुछ नहीं बिगाड़ सकते।'

3

'हम लोग घिरे हैं, बाबा !'

'पापी विदेशियों से, अंधी राक्षसी विदेशी सेना से, उनकी कुटिल राजनीति से, उनकी पर-धन की भूख और पर-रक्त की प्यास की इच्छा से ! ओह, बेटा ! विदेशी विक्रेता, विदेशी शासक और विदेशी सैनिक कितने हृदयहीन, कैसे हिंसक और भयानक होते हैं।'

'सारी फ़सल चौपट हो गई।'

'विदेशियों के कारण...'

'देवपुर को श्मशान बना दिया...'

'इन विदेशियों का नाश हो !' बूढ़े ने इतनी ज़ोर से कहा कि खाँसी आने लगी। क्षण भर खाँसकर वह तनककर खड़ा हो गया और बोला, 'कल होली है। अनेक दिनों

से घिरे रहने, सेना के हज़ारों वीर और स्वदेश-भक्त राजपूतों के काम आ जाने, खाद्य-सामग्री समाप्त हो जाने और दुर्ग में चारों ओर हाहाकार का सिक्का जम जाने के कारण, प्रायः सबके उजड़े कलेजे में निराशा का उल्लू बोल रहा है।'

'फिर ? अब क्या होगा बाबा ?'

'होगा क्या ! हमें दो में से एक को पसंद कर लेना होगा। मृत्यु या परतंत्रता। मुझे मालूम है, मैंने सुना है, कुछ लोग संधि की चर्चा चलाना चाहते हैं। मगर नहीं होना चाहिए ऐसा—नहीं होगा ऐसा। यदि हमारे राजा ने संधि की, तो मैं उससे अलग ही रहूँगा। बल्कि उस चर्चा के चलने के पूर्व ही विदेशियों की सेना में घुसकर तलवार चलाते-चलाते मर जाऊँगा।'

'बाबा, कल होली है। कुछ लोगों का विचार है कि अगर कल हम आत्मसमर्पण कर दें तो साल का त्योहार तो शांति से बीते।'

उक्त बातें सुनकर वह वृद्ध अपनी बड़ी-बड़ी तेजस्विनी आँखें पसार-पसारकर युवक की ओर देखने लगा, 'तू क्षत्रिय है ? किसने कही तुझसे यह बात ? ऐसी बात वीर राजपूत के मुख से निकल ही नहीं सकती। ऐसी घृणित और कायरता भरी चर्चा क्षत्रिय सुन ही नहीं सकता। अरे, तूने सुन ली ऐसी बात, तू राजपूत का बालक है ? क्या हो गया है तेरे रक्त को, बच्चे ? राजपूत का खून तो युद्ध और शत्रु के भय से कभी इतना ठंडा नहीं होता था। राजपूत तो एक बार पुलकित-कलेवर हो—'जय ! एकलिंग की जय ! !' बोलकर रक्त की उष्ण गंगा में बूड़ पड़ता है, प्रलय-तांडव करने लगता है। इस पुण्य देश के रक्षक राजपूतों का गर्म रक्त जब ऐसा ठंडा पड़ जाएगा तब यह हरी-भरी, सुंदरी, प्यारी वसुंधरा परायों के अत्याचार और व्यभिचार-तांडव का क्षेत्र बन जाएगी। ना, ना, ना ! हम सपरिवार इस यज्ञ में स्वाहा हो जाएँगे, पर विदेशियों के हाथों अपनी स्वतंत्रता किसी भी दाम पर न बेचेंगे।'

बूढ़ा फूल-फूलकर साँसें लेने लगा। उसकी प्रबल कलाइयों की बूढ़ी नसें चमड़े के बाहर झाँकने लगीं—मानो, कहाँ हैं हमारी शांति के शत्रु ? आवें सामने। इस गई गुज़री अवस्था में भी, उनके सर्वनाश का मुँह भरने के लिए हममें काफी रक्त और शक्ति है।

4

'इस वक्त तुम यहाँ कैसे आए, महा भैया ?' महल के एक एकांत भाग में देवपुर के जागीरदार या छोटे-मोटे राजा की युवती कन्या पद्मा ने अपने भावी पति से पूछा, 'उफ़ ! कैसी काली रात है ! उजेला पक्ष होने पर भी न जाने कहाँ से इन भयानक काले बादलों ने देवपुर और उसके सामने के विशाल मैदान और पीछे की पहाड़ियों और इस दुर्ग को घेर रखा है। ऐं ? बोलो—बोलो ! कुछ कहते-कहते रुक क्यों गए, महा भैया ?'

'तुमसे अंतिम बार मिलने आया हूँ, पद्मा बहन।' युवक ने सजल-भाव से कहा।

'अंतिम बार !' धक्क-सी होकर युवती राजकन्या ने दुहराया, 'इसका क्या अर्थ है, भैया ? किसी से सहायता माँगने के लिए, गुप्त रीति से, तुम क़िले के बाहर भेजे जा रहे हो क्या ?'

'नहीं, तुमने शायद अभी तक सब बातें सुनी नहीं। आज ही रात को शत्रु पर धावा करो, कल सवेरे तक हम देवपुर के भाग्य का अंतिम निर्णय कर लेना चाहते हैं।'

'अभी तो कोई कह रहा था कि संधि होनेवाली है।'

'नहीं, हमारे शत्रु संधि नहीं, आत्मसमर्पण चाहते हैं। इधर देवपुर दुर्ग का एक-एक राजपूत इस वक्त, ठाकुर कृपाणसिंह के आग लगाने से भभक उठा है।'

'कौन कृपाणसिंह ? इस दरबार के वही बूढ़े और थके सेनापति ?'

'हाँ, उन्होंने आज इस क़िले में चारों ओर घूम-घूमकर लोगों को मर जाने लेकिन आत्मसमर्पण न करने के लिए ललकारा है। वह बूढ़ा वीर तलवार घुमा-घुमाकर, नाच-नाचकर और एक उत्तेजक गान गा-गाकर लोगों को शत्रुओं के विरुद्ध उभारता जा रहा है। उसका गाना सुनकर लोग मरने-मारने के लिए पागल हो उठे हैं।'

'कौन-सा गान गाते थे ठाकुर कृपाणसिंह, भैया ? ज़रा मैं भी सुनूँ।'

'पूरा तो मुझे याद नहीं, पर जितना याद है उतना ही तुम्हारे समझ लेने के लिए यथेष्ट होगा। सुनो !

'ऐसी होली—
ऐसी होली खेलो, लाल, ऐसी होली !
जन्मभूमि का दुख हरने को, माता का मंगल करने को।
भरने को पीड़ित हृदयों में, सुख के झर-झर झरने को ! !
ले कर में कराल करवाल।
ऐसी होली—
ऐसी होली खेलो, लाल !
तुम स्वतंत्रता के ज्ञाता हो, मुक्त, मुक्ति के निर्माता हो।
माता हो आरत पुकारती, उबलो, उठो ! देखते क्या हो।।
ले कर में कराल करवाल।
ऐसी होली—
ऐसी होली खेलो, लाल !'

गान गाते-गाते युवक महासिंह के नथुने फड़कने लगे, कपोल और कान सुर्ख़ हो उठे, साँस ज़ोर से चलने लगी। युवती पद्मा भी उत्तेजित हो उठी।

'अस्तु,' युवक ने कहा, 'आज रात को पिछले पहर हम धावा करेंगे।'

'हमारी विजय होगी !'

'हो सकती है—होगी ही सही। मगर हममें से शायद ही कोई उस विजय का आनंद लेने के लिए बचे।'

'देवपुर की आनेवाली पीढ़ी हमारी पूजा करेगी। हम पर गर्व करेगी। हम न बचेंगे तो क्या ?'

'स्त्रियों को हमारे रण-प्रस्थान के पूर्व ही, 'जौहर' करना होगा और बच्चों को किसी प्रकार बचाकर सुरक्षित स्थान में भेजना होगा। इसलिए मैं तुम्हें यह संदेश सुनाने के लिए आया हूँ कि मुसकराती-मुसकराती आग में कूदने को शीघ्र ही प्रस्तुत हो जाओ।'

'मैं ?' कुछ सोचती हुई पद्मा गंभीर भाव से बोली, 'मैं जौहर नहीं करूँगी।'

'फिर क्या करोगी ?'

'होली खेलूँगी !' मुसकराहट के साथ उत्तर मिला।

'किससे ?'

'विदेशी मुगल सेनापति से, विदेशी दानव से !'

'तुम्हारी बात मेरी समझ में नहीं आ रही है।'

'कल देख लोगे तो समझ में आ जाएगी।'

'तो' युवक ने धीरे से कहा, 'बिना तुम्हें 'अपनी' बनाए ही कल मुझे इस लोक से... ?'

'मत बोलो ऐसी बात !' महासिंह को रोककर पद्मा ने कहा, 'हमारा ब्याह तो होगा ही। हमें एक-दूसरे से कौन अलग कर सकता है ! हम एक हैं—एक ही रहेंगे।'

युवक कौतूहल से अपनी बाल-सखी पद्मा का मुँह देखने लगा। 'यह कहती क्या है ? कल तो जीवन-यज्ञ की पूर्णाहुति है, फिर ब्याह होगा कब ?''

5

मुझे ठाकुर बघेलसिंह की उक्त कहानी जितनी अच्छी नहीं लगी, उससे कहीं अधिक अच्छे, कभी-कभी उनके मुँह पर नाचनेवाले अनेक भाव लगे। उन्हें क्षण-भर विश्राम लेते देख मैंने पुनः उनकी धवल दाढ़ी में अपना पंज़ा घुसेड़ा और पूछा, ''फिर क्या हुआ ?''

''फिर क्या, बेटा ! उसी रात को दुर्ग में कई बड़े-बड़े अग्निकुंड तैयार किए गए। आग भभका दी गई और राजपूत ललनाओं और माताओं ने, युद्ध के लिए सजे तैयार अपने प्रिय जनों से अंतिम बिदा ले-लेकर, मुसकराते हुए उन कुंडों में कूदना आरंभ कर दिया।''

''आग में कूदने लगीं ?'' ठाकुर साहब की दाढ़ी के बाहर झटके से अपना पंजा निकालकर मैंने आश्चर्य से पूछा, ''आग में वे जल न गई होंगी ? आग में क्यों कूदीं ?

भला कोई आग में भी कूदता है ?"

"हाँ बेटा, हमारे देश की माताएँ आवश्यकता पड़ने पर मुसकराती हुई भस्म हो जाने में अपना सौभाग्य समझती हैं। खैर, कहानी सुनो। जब प्रायः सभी औरतें अग्निकुंड में कूद पड़ीं और अंगारों के विमान पर बैठकर स्वर्ग की ओर चल पड़ीं, तब राजपूतों की बची-खुची विकट वाहिनी क़िले के बाहर हुई। उस सेना का प्रत्येक सैनिक केसरिया बाने से सजा था।

"दुर्ग के बाहर सेना दो टुकड़ी में बाँट दी गई। एक भाग की संरक्षता में बच्चे एक सुरक्षित स्थान की ओर भेजे गए और दूसरा भाग असावधान विपक्ष सेना पर 'हर-हर महादेव।' पुकारकर टूट पड़ा। मच गया चारों ओर हाहाकार। पड़ गई दशों दिशाओं में मार-मार की पुकार। तलवारें नाचने लगीं—दोनों ओर की, भाले-चमकने लगे—दोनों ओर के। रुंड-पर-रुंड और मुंड-पर-मुंड गिरने, नाचने, कूदने और पागल होकर 'हो हो हो हो' करने लगे।

"जब ज़रा प्रभात का प्रकाश फैला तो शत्रु से घोर युद्ध करते हुए महासिंह ने देखा, उनसे थोड़ी दूर पर कोई तेजस्वी युवक राजपूत विचित्र तेज़ी और पराक्रम से शत्रुओं का संहार कर रहा था। महासिंह ने गद्गद होकर उसे बढ़ावा दिया, 'धन्य वीर ! तुम मेवाड़ के गौरव हो !'

"उस युवक योद्धा ने मानो अपने सहयोगी सैनिक की बातें सुन लीं। वह महासिंह की ओर देखकर मुसकराया, 'मैं कोई अपरिचित योद्धा नहीं—तुम्हारी पद्मा हूँ। महा भैया, आज होली है न ! मैं होली खेल रही हूँ। विदेशी सेनापति मेरी कृपाण-पिचकारी के प्रहार से यहीं कहीं रक्ताक्त पड़ा होगा। बड़ा आनंद है—बड़ा सुख है इस अनोखी होली...आह ! यह क्या ? आह !'

"महासिंह ने देखा, एकाएक कई मुगल पद्मा पर प्रबल रूप से झपट पड़े।

" 'बढ़ो आगे महा भैया !' एकाएक वह पुकार उठी, 'मारो अपनी खमभरी तलवार मेरे माथे पर। डालो सिंदूर, नहीं तो तुम्हारी यह दुलहिन चली—आह ! ठीक—बस—चली मैं। मेवाड़ की जय हो !'

ठीक वक्त पर पद्मा के बीच माथे पर वार कर महासिंह ने उसे रक्त-सिंदूर पहना दिया। मगर अब वह भी शत्रुओं से बिलकुल घिर गए थे। देखते-देखते चारों ओर से उन पर तलवारें बरसने लगीं। क्षण भर बाद वह भी अपनी सखी की बगल में समाप्त होकर गिर पड़े।

"ब्याह हो गया। अनोखा वर, अपनी प्रेयसी को लेकर अपने देश चला गया।"

"फिर क्या हुआ ?" इस बार न जाने क्यों काँपकर मैंने उत्तेजित बघेलसिंह से पूछा।

"इसके बाद पूरे दो घंटे तक और बचे-खुचे वीर राजपूत, विदेशियों के खंडित

सिरों से अपने प्राणों का मूल्य वसूल करते रहे। आखिर शत्रुओं के पाँव उखड़ ही गए। सेनापतिहीन। सब सेना भाग खड़ी हुई।

"उस दिन दोपहर के वक्त देवपुर स्वतंत्र था, मगर सचमुच वहाँ का एक भी प्राणी उस स्वतंत्रता का सुख देखने को नहीं दिखाई पड़ता था। चारों ओर केवल गिद्ध, शृगाल और चील उस रक्त की गंगा में नहा-नहाकर होली का उत्सव मना रहे थे। देवपुर मरघटपुर-सा दिखाई पड़ता था।

"मगर उस भयानक सन्नाटे में, उस बीभत्स सन्नाटे में बहुत देर तक किसी घायल वृद्ध सैनिक की क्षीण कंठ ध्वनि सुनाई पड़ती थी—

" 'ऐसी होली—
ऐसी होली खेलो, लाल !
ले कर में कराल करवाल ॥'

"वह वृद्ध" अंत में पुनः नाचते और गाते हुए बघेलसिंह ने कहा, "मेरे दादा के परदादा थे, भैया ! और यह तलवार उन्हीं की जवानी की सखी है—मेरी इष्टदेवी है !"

ध्रुव धारणा

"यह असंभव है।"

"कभी नहीं !"

"तुम कैसे मिलोगी ?"

"देख लेना।"

"मान लो मुझे तीन महीने की कड़ी सजा हुई।"

"हो जाए। मेरी जब इच्छा होगी तुमसे मिल लूँगी।"

"छः महीने की हुई तो ?"

"मिल लूँगी।"

"यदि एक वर्ष की हो।"

"एक ही बात को बीस बार क्यों दुहराते हो ? मैंने कह दिया कि मैं जब चाहूँगी, तुमसे मिल लूँगी।"

"मैं तुम्हारी बात कैसे मान लूँ। रमा ! वह जेलखाना है; थियेटर हॉल तो है नहीं, जो तुम अपनी इच्छानुसार वहाँ जिससे चाहो उससे मिल सकोगी ? वहाँ का प्रत्येक कार्य नियम से होता है। जिनकी सज़ा कड़ी होती है, उनसे तीन महीने से पहले कोई भेंट नहीं कर सकता और तीन महीने बाद भी केवल एक ही आदमी मिल पाता है, सो भी एक बार। फिर इसके लिए भी पचास तरह के बखेड़ों को उठाना पड़ता है। सुपरिंटेंडेंट से मिलो, जेलर से प्रार्थना करो, ज़मादार की पूजा करो..."

रमा—"मेरी बात सुनिए। मुझे बहस करना नहीं आता। मैं तो केवल इतना ही कह सकती हूँ कि मेरा मन कभी झूठ नहीं बोलता। उसकी धारणा सूर्योदय की तरह सत्य और मृत्यु की तरह निश्चित होती है। उस दिन—याद है ? वह किसी पर्व का दिवस था—शायद दीपावली थी, जब तुम मेरे भाई के साथ मेरे घर पर आए थे, और हमने एक-दूसरे को पहले-पहल देखा था, उसी समय मेरे भीतर से कोई पुकार उठा, 'ये तो मेरे हैं।' अंत में हुआ भी वही। तुम मेरे ही हुए। बस, उसी दिन से मैं अपनी अंतरात्मा पर विश्वास करती हूँ। यदि सुन सको तो कान लगाकर सुन लो; वह अभी तक चिल्ला-चिल्लाकर कह रही है कि—'हम-तुम बंधन में भी मुक्त रह सकेंगे—एक-दूसरे से मिल सकेंगे ! यही हमारा जन्मसिद्ध अधिकार है।' "

"अच्छा, मैं सुनूँ।" कहकर रमा के पति ने पहले तो उसके हृदय पर अपने कान लगा दिए। फिर—"हृदय की बात कान न समझ सकेगा।" कहकर उसे हृदय से लगा लिया।

2

सत्येंद्रप्रसाद मथुरा के एक असाधारण धनिक महाजन हैं। उनका प्रासाद—निंदक भवन कालिंदी के कूल पर ही बना हुआ है। यमुना—अनेक वर्षों से—सच बात तो यह है कि—उस भवन के जन्मकाल से ही उस पर मुग्ध जान पड़ती है, वह दिन-रात जाने किस मधुर भाषा में, न जाने किस भुवन-मोहिनी रागिनी में अपनी अप्सरा-दुर्लभ गति से नाचती हुई न जाने क्या गाया करती है ! यमुना के कारण उस घर का महत्त्व और भी बढ़ गया है। सत्येंद्रप्रसाद के अनेक मित्र केवल तरणि-नयना का गान और नृत्य देखने के लिए ही उनके यहाँ संध्या और सविता के सम्मेलन के समय आया करते हैं।

हिंदी साहित्य से सत्येंद्र का सदा स्नेह रहा है। वह मथुरा के प्राचीन नागरिक नहीं हैं। उनकी जन्मभूमि रियासत रामपुर में है। श्रीकृष्ण की अनन्य भक्ति के आग्रह से सत्येंद्र ने रामपुर का परित्याग कर दिया है। उन्होंने वहाँ की अपनी ज़मींदारी बेचकर उसके नक़द रुपए कर लिये हैं, और कोई बारह वर्षों से यहीं—मथुरा में—एक मकान बनवाकर रहने लगे हैं। यहाँ पर इस समय उनकी आठ मिलें हैं, जिनमें कपड़े, आटे और चीनी का काम होता है।

सत्येंद्र के एक ही संतान—उपेंद्र—है। कहा जाता है कि पहले उनके कोई संतान न थी। एक दिन उनसे एक महात्मा ने कहा कि तू पुत्रोत्पति के उपरांत मथुरा जाने की प्रतिज्ञा करे तो तेरे एक पुत्र होगा। सत्येंद्र ने प्रतिज्ञा की। प्रतिज्ञा के एक वर्ष बाद उपेंद्र ने जन्म ग्रहण किया। जिस समय सत्येंद्र ने रामपुर का परित्याग किया, उस समय उपेंद्र की अवस्था दस वर्ष की थी। इस समय वह बाईस वर्ष का है। वह इलाहाबाद विश्वविद्यालय के थर्ड इयर तक पढ़ चुका है। इस समय राष्ट्र की पुकार सुनकर वह असहयोग-व्रत धारण किए हुए है। सत्येंद्र अपने पुत्र पर उसके असहयोगी हो जाने के कारण अप्रसन्न नहीं हैं। उन्हें उपेंद्र के कर्तव्य-ज्ञान पर गर्व है।

उपेंद्र का विवाह इसी वर्ष, सत्येंद्र के एक सुहृद की कन्या से हुआ है। उनका भी घर-द्वार मथुरा ही में है। रमा उपेंद्र की पत्नी है।

3

रमा की कमल-कली-सी आँखें अपने जीवन-सर्वस्व को एकाएक अपने सामने पाकर हँस दीं। उनकी इच्छा उपेंद्र की आँखों से कुछ बातें करने की थी, परंतु बाहर से

'भारतमाता की जय !' 'महात्मा गांधी की जय !' का गगनभेदी घोष सुनकर उनके (आँखों के) पार्श्ववर्ती कानों ने उनको वैसा करने से रोका।

रमा बोली, "यह कैसी आवाज़ आ रही है ? क्या कोई गिरफ़्तार हुआ है ?"

उपेंद्र—"हुआ न होगा तो होनेवाला होगा। बोलो, किसे गिरफ़्तार करना चाहती हो ?"

रमा—"तुम्हें।"

उपेंद्र—"अच्छा तो मैं जाता हूँ।"

रमा—"सच ?"

उपेंद्र—"नहीं तो क्या झूठ ?"

रमा—"बैठ जाओ, मैं तुम्हारे चरण की धूल अपने सिर पर लगा लूँ। तुम जेल जाओगे ! जान पड़ता है मेरा हृदय आनंद से फट जाएगा।"

उपेंद्र—"रमा !"

रमा—"प्यारे !"

उपेंद्र—"तुम मुझे चाहती हो ?"

रमा—"प्यारे, जेल जाओ ! यह प्रश्न वहाँ से लौटने पर हल किया जाएगा। इतने दिनों से हम-तुम साथ रहे, परंतु प्रतिदिन यही सवाल उठता रहा। एक नहीं सैकड़ों बार 'हाँ' से इसका उत्तर दिया गया, परंतु अभी तक यह प्रश्न हल नहीं हो सका, हो भी नहीं सकता। इस समय जहाँ जाते हो, जाओ। वहीं इसका उत्तर मिल जाएगा।"

रमा ने जल्दी से उपेंद्र की चरण-धूलि अपने सिर-आँखों पर लगा ली।

उपेंद्र ने कहा, "रमा ! स्मरण है ?"

रमा—"मेरी स्मरण-शक्ति तुमसे कहीं बढ़कर है। तुमने एक बार कहा, 'रमा, मैं तुम्हें हृदय से प्यार करता हूँ।' यह बात अभी तक मेरे हृदय में शिलालेख की तरह अंकित है। मैं तुम्हें नित्य-प्रति 'जीवन-धन' कहती हूँ, फिर भी तुम—'मुझे चाहती हो ?' पूछना नहीं भूलते।—जाओ। मैं मिलूँगी।"

सूर्यास्त से पहले जैसे चक्रवाक पक्षी अपनी प्रियतमा को तृषित नेत्रों से देखता है वैसी ही एक दृष्टि रमा के रति-रमणीय मुख पर डालकर उपेंद्र ने अपने होंठों को उसके होंठों के हृदय से मिला दिया। बाहर से फिर आवाज़ आई—"भारत माता की जय !"

उपेंद्र जल्दी से बाहर आया !

कोतवाल ने कहा, "उपेंद्र बाबू, शीघ्रता कीजिए।"

उत्तर मिला, "मैं तैयार हूँ।"

उपेंद्र ने पिता के चरणों पर मस्तक रख दिया। सत्येंद्र ने जैसे चुंबक लोहे को गले से लगाता है वैसे ही अपने पुत्र को खींचकर हृदय से लगा लिया। वह स्वर्गीय

गर्व से फूल गए। सहस्रशः कंठों से ध्वनि हुई—

"सत्येंद्रप्रसादजी की जय !"

जब मोटर उपेंद्र के घर से कोई बीस गज के फ़ासले पर आई उस समय उन्होंने पीछे मुड़कर अपने भवन पर एक दृष्टि डाली। उन्होंने देखा—असंख्य आँखें मोटर की ओर निहार रही थीं। उनमें भिन्न-भिन्न प्रकार के भाव-भरे हुए थे। दर्शकों की आँखों में उल्लास था और थी उपेंद्र के प्रति श्रद्धा। मित्रों की आँखों में विपक्षियों पर क्षोभ था। सत्येंद्रप्रसाद की आँखों में स्वर्गीय गौरवमय वात्सल्य था। शिवा (उपेंद्र की माता) की आँखों में करुणा थी और रमा की आँखों में थी एक पहेली की तरह प्रेमपूर्वक हँसी—मानो वे कह रही थीं कि—'मैं मिलूँगी !'

4

"देवकुमार, तुम कचहरी गए थे ?" रमा ने अपने भाई से पूछा।

देवकुमार—"अभी वहीं से आ रहा हूँ। विचारपति ने फैसला सुना दिया।"

रमा—"क्या सुनाया ? उन्हें कितने दिनों की सज़ा हुई ?"

देवकुमार—"दो वर्ष की कड़ी सज़ा।"

रमा—"किस अपराध में ?"

देवकुमार—"उनके ऊपर भारतीय दंड-विधान की 124 (अ) धारा लगाई गई थी। उनका अपराध था सम्राट् के विरुद्ध अप्रीति फैलाना। इसे जासूसों ने उनके कई भाषणों से सिद्ध किया था।"

रमा—"वह जेल भेज दिए गए ?"

देवकुमार—"हाँ।"

रमा—"अच्छा ! चलो, कपड़े उतारो। अभी घर न जाना। भोजन यहीं पर कर लेना।"

देवकुमार चला गया। रमा सोच में पड़ गई। अब उसे जान पड़ने लगा कि कर्तव्य और प्रेम, बल में, एक-दूसरे के बराबर हैं। कभी-कभी तो प्रेम ही कर्तव्य से बली जान पड़ने लगता है—साधारण लोगों के लिए तो वह कर्तव्य से सदाबली है। कर्तव्य यदि पहाड़ है तो प्रेम भूकंप, जिसके आक्रमण से बड़े-बड़े भूधर काँप उठते हैं। कर्तव्य समुद्र है तो प्रेम पूर्ण चंद्र, जिसके दर्शनों से बारीश की बुद्धि लुप्त हो जाती है।

रमा पलंग पर तकिए के सहारे बैठ गई। विचारते-विचारते उसके नेत्र बंद हो गए। उसने देखा—तीन हाथ चौड़ी और आठ हाथ लंबी एक कोठरी में उपेंद्र बैठा है। कोठरी के जंगलेदार द्वार बंद हैं, उसमें ताला पड़ा हुआ है। उपेंद्र के पास की सामग्री एक लोहे की कटोरी, एक तसला, दो कंबल, एक चटाई, एक अत्यंत छोटा जाँघिया और एक कुरता मात्र है ! उसके पैरों में बेड़ियाँ पड़ी हुई हैं। कोठरी के बाहर खाकी वर्दी पर काला साफा बाँधे एक सिपाही हाथ में डंडा लिये खड़ा है। उपेंद्र उसे देखकर हँस

पड़ा। उसने कहा, 'रमा, यहाँ बड़ा सुख है। मुझसे मिलने आई हो क्या ? आओ !' रमा जैसे ही कोठरी के दरवाज़े की ओर बढ़ी वैसे ही उसकी आँखें खुल गईं।

5

गाढ़ निद्रा में पड़ी हुई अपनी प्रियतमा के शांत सौंदर्य पर मुग्ध होकर जिस प्रकार भावुक प्रेमी उसे धीरे से चूम लेता है वैसे ही प्रातःकालीन सूर्य के करों ने वसुंधरा के सरोज-मुख को चूम-चूमकर क्षण भर के लिए लाल कर दिया। कारागार की पीली दीवारों पर अरुण की लाली पड़कर ऐसी शोभा दे रही थी मानो किसी ने चंपा-पुष्प पर अबीर डाल दिया है।

उपेंद्र स्नान-संध्या से निवृत्त होकर प्रकृति की इस लीला को चुपचाप बैठकर देख रहा था। अन्य अनेक क़ैदी प्रातः कार्य से छुटकारा पाने की चेष्टा में लगे थे। उपेंद्र और दूसरे क़ैदियों में पृथ्वी-आकाश का अंतर था। वे सब डाकू, चोर, लुटेरे और बदमाश थे।

धीरे-धीरे आठ बज गए। सब क़ैदी अपने-अपने कामों में लग गए, परंतु उपेंद्र ने अपना स्थान न छोड़ा। दो बार 'हेड-वार्डर' आया और आँखें दिखाकर चला गया। उपेंद्र ट्स-से-मस ने हुआ। इतने में एक 'वार्डर' अपनी पगड़ी सँभालते हुए बोल उठा, "साहब !"

उपर्युक्त शब्द को सुनते ही सब क़ैदियों ने अपने-अपने कामों को मशीन की तरह करना आरंभ कर दिया। कुछ देर बाद जेल-सुपरिंटेंडेंट, जेलर तथा अनेक सिपाहियों के साथ, उस 'बैरक' में आए। उनका दल उपेंद्र के सामने जाकर ठहरा। जेल-सुपरिंटेंडेंट ने पूछा, "क्यों मिस्टर उपेंद्र, आज तुम अपना काम क्यों नहीं करते हो ?"

उपेंद्र—"आप जानते होंगे, आज 13 अप्रैल है। आज ही के दिन जलियाँवाला बाग़ हमारे भाइयों के रक्त से रँगा गया था। आज मैं दिन भर व्रत करके उनकी आत्मा की शांति के लिए परम पिता से प्रार्थना करूँगा। शहर में भी आज हड़ताल होगी।"

जेल-सुपरिंटेंडेंट—"उपेंद्र, तुम्हें जानना चाहिए कि यह जेल है, घर नहीं; और तुम बंदी हो, स्वतंत्र नहीं। तुम्हें जेल के नियम का पालन करना और हमें कराना पड़ेगा।"

उपेंद्र—"चाहे जो हो, मैं आज काम न करूँगा। एक बंदी भी अपनी आत्मा की आज्ञा मानने के लिए स्वतंत्र है। आप जानते होंगे, मैं प्रायः तीन महीने से बिना किसी प्रकार की हिचकिचाहट के अपना काम करता चला आता हूँ। मैंने किसी भी जेल-नियम का उल्लंघन नहीं किया है। पर आज यदि इसे आप आज्ञोल्लंघन कहेंगे तो वह भी करूँगा। दिन भर कुछ भी न करूँगा।"

जेल-सुपरिंटेंडेंट—यदि तुमसे जबरदस्ती काम कराया जाए ?"

उपेंद्र—"ऐसा भी कर देखिए ! आपको इसमें सफलता मिलेगी, इसकी मुझे आशा नहीं।"

सुपरिंटेंडेंट बहादुर 'कंबु-कुदेंदु-कर्पूर-विग्रह'—गौरांग थे। एक असितांग की दृढ़तामयी बातों ने उन्हें आपे के बाहर कर दिया। वह तमककर बोल उठे, "फाल इन !" यह शब्द सुनते ही प्रायः बीस सिपाही एक-साथ उपेंद्र पर टूट पड़े और उन्हें हाथों, लातों और घूसों से लगे मारने। पशु-बल का यह तांडव पंद्रह मिनट तक होता रहा। इतनी ही देर में सुकुमार उपेंद्र मृत-प्राय हो गया। उसके शरीर के अनेक स्थानों से रक्त निकलने लगा। सुपरिंटेंडेंट ने पुनः प्रश्न किया—"बोल ! बदमाश, अब काम पर जाएगा ?"

उपेंद्र ने दृढ़ता भरे स्वर में उत्तर दिया, "कदापि नहीं।"

सुपरिंटेंडेंट ने जेलर को हुक्म दिया, "इसके पैरों में सलाखदार बेड़ी डाल दो और इसे सालिटरी सेल (एकांत कोठरी) में तीन महीने के लिए भेज दो।"

उपेंद्र 'झन्न-झन्न' करता हुआ गज-गति से 'एकांत कोठरी' में पहुँच गया।

6

"ललिता, जेलखाने से लौट आई ? बाबूजी के साथ और कौन गया था ?" रमा ने अपने घर की दासी से उक्त प्रश्न किया।

ललिता—"बाबूजी थे, माताजी और मैं !"

रमा—"कह, वहाँ के सब समाचार कह।"

ललिता—पहले तो जेलर हम तीनों आदमियों को उपेंद्र भैया से मिलाने पर राज़ी ही नहीं होता था। जैसे-तैसे आग्रह करने पर राज़ी हुआ।"

रमा—"उनके रहने की कोठरी कितनी बड़ी थी ?"

ललिता—"यह सब हमें क्या मालूम। हम लोगों से और भैया से जेल के फाटक पर ही भेंट हुई। हम तीनों एक ऐसी कोठरी में थे जिसमें जंगले लगे थे। उसी के बाहर भैया एक सिपाही के साथ आकर खड़े हो गए। उस समय..."

रमा—"क्या हुआ ? कहती क्यों नहीं ?"

ललिता—"बहन ! उस समय हम लोगों की विचित्र अवस्था हो गई थी, जिस समय भैया ने, एक आधी बाँह का कुरता और लँगोटे की तरह जाँघिया पहने हमारे सामने आकर हँसते हुए बाबूजी और माताजी को, पृथ्वी में माथा टेककर, प्रणाम किया। हमारे बाबूजी यद्यपि बड़े धीर पुरुष हैं, परंतु उस समय उनके लिए भी अपने आँसुओं को रोकना असंभव हो गया और माताजी तो जान पड़ता था कि, जंगला तोड़कर भैया को गले लगा लेंगी। वह 'बेटा ! लाल ! मेरा राजा ! ! !' कहकर रो पड़ीं।"

रमा—"फिर ?"

ललिता—"बस, इतने में ही जेलर महोदय का एक घंटा समाप्त हो गया। ज़मादार चिल्लाने लगा, 'चलिए, समय हो गया।' बहन ! जान पड़ता है कि जेल के अधिकारियों का हृदय पत्थर होता है। हाय ! वे माताजी के आँसुओं से भी न पिघले। माताजी ने

पूछा, 'बेटा ! तुम्हें यहाँ बहुत कष्ट होता होगा ? हाय ! मेरा लाल सूखकर काँटा हो गया है !' भैया ने उत्तर दिया, 'नहीं माँ ! मैं यहाँ बहुत प्रसन्न हूँ। तुम मेरे लिए दुख न करना। यहाँ बड़ा सुख है।' ज़मादार फिर बोला, 'बस चलिए साहब ! जेलर साहब बिगड़ते हैं।' जान पड़ता था बाबूजी को ज़मादार की बात असह्य हो गई। वह भैया के ऊपर एक करुणा भरी दृष्टि डालकर लौट चलने के लिए तैयार हो गए। मारे प्रेम के एक शब्द भी न कह सके। चित्र की तरह माताजी ने भी उनका अनुकरण किया। परंतु जब तक भैया दिखाई पड़ते थे, माँ उन्हीं की ओर देखती आती थीं।"

इतना कहकर ललिता क्षण भर के लिए रुक गई। उस समय वह दुख की मूर्ति जान पड़ती थी। रमा को संतोष नहीं हुआ। वह अभी कुछ और सुनना चाहती थी। पर जब उसने देखा कि ललिता की कथा समाप्त हो गई, तब एक लंबी साँस लेकर पृथ्वी के हृदय पर नखाघात करने लगी। ललिता फिर बोली, "बहन ! जब बाबूजी और माताजी चल पड़ीं तब विवश मुझे भी उनका अनुकरण करना पड़ा। परंतु वैसा करने के पहले मैंने एक और भी काम कर लिया।"

ललिता ने और कौन-सा काम किया यह जानने के लिए रमा और भी आकुल हो गई। उसने शीघ्रता से प्रश्न किया, "क्या किया, ललिता ?"

ललिता—"मैंने धीरे से भैया से प्रश्न किया, 'बहन के लिए भी कोई संदेशा है ?' "

रमा की साँस तेज़ी से चलने लगी।

ललिता कहती गई, "उन्होंने उत्तर दिया, 'अपनी बहन से कह देना कि भैया पूछते थे—स्मरण है ?' "

7

आज कालिंदी[1] और घनश्याम रात से ही होली खेल रहे हैं। जान पड़ता है कि निशा-सुंदरी इनके आचरण से अप्रसन्न थी इसीलिए वह जहाँ तक हो सका, शीघ्रता से चली गई। उसके जाते ही उज्ज्वल हृदयवाला प्रभात प्रकृति-प्रांगण में आकर हँसने लगा। उसकी इस हँसी में तरणि-तनया और घनश्याम की होली और भी जम गई।

जैसे छोटा बच्चा अपनी सहोदरा के साथ होली खेलने में संकोच या लज्जा का अनुभव नहीं करता वैसे ही यमुना का भाई अरुण भी गुलाल की झोली लेकर प्रकृति-माता के पास आने को चल पड़ा था। अनेक लोगों ने उसे प्राची के द्वार तक आते देखा भी था। परंतु, फिर न जाने क्यों वह इस उत्सव में सम्मिलित न हो सका ! शायद कलिंद[2] ने रोक दिया हो।

जिस समय रमा की आँखें खुलीं उस समय घनश्याम की अनंत पिचकारियाँ यमुना पर पड़ रही थीं। उसकी दशा उस समय किसी मुग्धा नायिका की-सी थी। वह चुपचाप

---

1. यमुना।
2. सूर्य।

अपने प्रियतम के प्रेम-प्रहारों को सह रही थी। रह-रहकर उसके शरीर में पुलकावली हो आती थी, यह रमा ने अपनी आँखों से प्रत्यक्ष देखा।

पर यह क्या ? रमा का शरीर कंटकित क्यों हो गया ? कालिंदी की प्रेम-पुलकावली ने उसे भी क्यों पुलकित कर दिया ? उसने सकरुण नेत्रों से घनश्याम की ओर देखा।

शायद रमा के ऊपर घनश्याम को दया आ गई, इसलिए उसने उसके मुख पर वायु की ओट से एक प्रेमपूर्ण छींटा दिया पर क्या इससे रमा शांत हुई ?

वह काँप उठी। क्षण-क्षण पर उसे रोमांच होने लगा। अब तक वह वातायन से यमुना का दृश्य देख रही थी, परंतु अब वहाँ बैठना उसके लिए असंभव हो गया। वह भागकर पलंग पर चली आई।

यमुना की क्रीड़ा रमा को विष की तरह जान पड़ने लगी। घनश्याम का छींटा उसके लिए आग की चिनगारी हो गया। वह क्यों ?

रमा सोचने लगी—'लोग ठीक कहते हैं, बरसात में विरहियों को मर्मांतक कष्ट होता है। इस समय यदि वह...'

वह इसके आगे न सोच सकी। उपेंद्र का कारागार-जीवन उसके नेत्रों के सामने 'सिनेमा' के 'फिल्म' की तरह घूमने लगा। उसने उपेंद्र के तेज़पूर्ण दुर्बल बदन को देखा। उसका तसला, उसकी कटोरी भी सामने आई। मन महाराज रामबाँस का गट्ठा और मुँगेर का रखना भी न भूल सके। रमा ने देखा, उपेंद्र रामबाँस कूटते-कूटते हँसने लगा। उसने कहा, 'रमा ! स्मरण है ?'

रमा फिर व्याकुल हो उठी। अब क्या करे ? कहाँ जाए ? वह क्षण भर के लिए किंकर्तव्यविमूढ़ा हो गई। एकाएक उसकी दृष्टि कोने पर रखे हुए हारमोनियम पर पड़ी। उसके जी में जी आ गया। उसने बाजा बजाकर गाने का निश्चय किया। क्या गावे इस विषय पर बहुत देर तक उसके हृदय में विवाद होता रहा। अंत में सूरदासजी के पावस-विरह-वर्णन के पद गाने का निश्चय हुआ। पर, कौन 'पद' गावे ? वह एक पद गुन-गुनाकर मन से पसंद करने का आग्रह करने लगी। वह पद था—

> 'बदरिया बधन विरहिनी आई।'

मन को यह पसंद न आया। रमा ने दूसरा पद आरंभ किया—

> 'सिखिनि सिखर चढ़ि टेर सुनायो।
> बिरहिन सावधान होइ रहियो, सजि पावस-दल आयो।'

मन ने इस पद को भी पसंद न किया। इस बार रमा को जो पद याद आया उसे स्वर में सुने बिना ही उसने पसंद कर लिया। 'मल्हार राग' में वह गाने लगी—

> 'निस दिन बरसत नैन हमारे।
> सदा रहत पावस ऋतु हम पै जब तें स्याम सिधारे ॥
> नैन अंजन न रहत निसि वासर कर कपोल भये कारे।

कंचुकि-पट सूखत नहिं कबहूँ उर-बिच बहत पनारे ॥
ऐसे सलिल सबै भइ काया पल न जात रिस टारे।
'सूरदास' प्रभु गोकुल बूड़त काहे न लेत उबारे ॥''

'गाना' समाप्त होने पर रमा ने देखा कि उसके नेत्रों ने हारमोनियम को स्नान करा दिया है !

आज रमा ने निश्चय कर लिया कि वह कल उपेंद्र से मिलेगी।

8

प्रलय-काल की वृष्टि हो रही थी। जल-पात शब्द के सम्मुख और किसी का भी शब्द सुनाई नहीं पड़ता था। हाँ, रह-रहकर वज्रनाद अवश्य होता था। ऐसे समय में उपेंद्र अपनी 'एकांत कोठरी' में बैठा हुआ रामबाँस कूट रहा था।

एकाएक कोठरी का दरवाज़ा, जो अब तक बंद था, खुल पड़ा। एक सिपाही ने उपेंद्र से कहा, ''आप फाटक पर चलिए।''

उपेंद्र—''क्यों ?''

सिपाही—''यह मुझे नहीं मालूम। आपको साहब ने बुलाया है।''

उपेंद्र ने सोचा, शायद उसे मथुरा जेल से किसी दूसरी जेल में भेजा जाएगा। पर ऐसे समय जबकि घोर वृष्टि हो रही है। क्या जेल के अधिकारी एकदम से राक्षस होते हैं ? उपेंद्र कोठरी के बाहर हुआ।

कहाँ क्या हो रहा है, इसकी चिंता छोड़कर मेघ-गण पानी बरसा रहे थे। सूर्यदेव का कहीं पता भी न था। चारों ओर अंधकार का साम्राज्य था। पवनदेव भी पैशाचिक नृत्य कर रहे थे। आगे-आगे हाथ में लालटेन लिये और छाता लगाए सिपाही था उसके पीछे भीगता हुआ उपेंद्र।

फाटक पर आकर उपेंद्र ने देखा कि जेलर कुछ लिख रहा है। उसने उपेंद्र को देखकर क़लम रख दी और बोला, ''सुपरिंटेंडेंट साहब की आज्ञा मिली है कि आपको आज इस जेल से दूसरी जेल में भेज दिया जाए।''

उपेंद्र—''कहाँ के लिए मेरा 'ट्रांसफर' हो रहा है ?''

जेलर—''नैनी जेल।''

उपेंद्र—''क्या मुझे आज ही जाना होगा ?''

जेलर—''आज ही नहीं, अभी। मोटर बाहर खड़ी है।''

उपेंद्र सोचने लगा—''तो क्या रमा से भेंट न हो सकेगी ? नैनी जेल ! उपेंद्र का मुख क्षण भर के लिए विवर्ण हो गया। इसलिए नहीं कि नैनी जेल में कष्ट अधिक दिए जाते हैं, परंतु इसलिए कि फिर रमा से भेंट होगी या नहीं ? इस प्रश्न का उत्तर

किसी गुप्त शक्ति ने उपेंद्र को दिया। उसने कहा, 'होगी !' परंतु फिर न जाने कौन बोल उठा, "होगी कैसे ? तू तो आज, नहीं-नहीं अभी नैनी जेल जा रहा है। वहाँ रमा कैसे मिल सकेगी ?" उपेंद्र व्याकुल हो गया।

इतने में कारागार का लोहे का बड़ा फाटक एक कर्कशा स्वर के साथ खुला। उपेंद्र ने देखा, दस सिपाही उसे पहुँचाने के लिए सशस्त्र प्रस्तुत हैं। उनमें से एक ने कहा, "बाहर चलो !"

वह फाटक के बाहर आया। इस समय जल का वेग पहले से दूना हो गया था। सिपाही के हाथ की लालटेन अपनी क्षीण ज्योति से इतने बड़े अंधकार का मुक़ाबला करने में हिचकती-सी जान पड़ती थी। चंचला की ज्योति में उपेंद्र ने एक खूनी मोटर अपने सामने देखी। वह उसी पर बैठाया गया। मोटर के चलने का उपक्रम होने लगा।

उपेंद्र मन में सोचने लगा—'अब रमा न मिल सकेगी। रमा न मिल सकेगी ?' उपेंद्र की आँखों में आँसू आ गए। मोटर चलना ही चाहती थी कि फिर किसी ने उसके अंतस्तल में जोर से कहा, 'मिल सकेगी।'

इस 'मिल सकेगी' का विरोध किसी ने नहीं किया। तब ? क्या वह आती है ? राह में मिलेगी ?

मोटर चल पड़ी।

'यदि राह में वह मिली ! मान लो वह मुझसे मिलने के लिए आती हो। मेरी मोटर और उसकी गाड़ी आगे मिल जाए ! और मैं उसे देख लूँ—तब ? क्या मिल न सकूँगा ? कैसे मिल सकूँगा ? उपेंद्र की दुर्बल दृष्टि ने अपने चारों ओर दस सिपाही और दस संगीनें देखीं।

मोटर कुछ अधिक वेग से चली। हवा ने एक थपेड़ा मारकर लालटेन ठंडी कर दी। मोटर में चारों ओर अंधकार हो गया। इसी समय उपेंद्र के कानों में किसी गाड़ी के पहिए की-सी आवाज़ आई। उपेंद्र को रोमांच हो आया, 'क्या रमा आ रही है ?'

मोटर चारों ओर से बंद 'प्रिज़नवान' थी। उसमें बाहर देखने के लिए झिलमिली लगी हुई थी। उसी से उपेंद्र ने अपने कानों की बात की सत्यता जाँचने में सहायता लेने का निश्चय किया। वह सड़क की ओर देखने लगा। परंतु अंधकार ने उसके कार्य में बाधा डाल दी। उसे कुछ भी न दिखाई पड़ा। कानों ने फिर कहा, 'कोई गाड़ी आ रही है।'

अब उपेंद्र आँखें फाड़-फाड़कर देखने लगा। सहसा बिजली चमक गई। उसी के प्रकाश में उपेंद्र ने एक गाड़ी आते हुए देखी। मोटर की आवाज़ सुनकर उसके बाहर मुँह निकालकर कोई झाँक रहा था। क्या वह रमा थी ?

उपेंद्र फिर देखने लगा। वह मन-ही-मन ईश्वर से प्रार्थना कर रहा था, 'प्रभो ! एक बार पुनः चंचला को चमकने दो, जिससे मैं निश्चय कर सकूँ कि गाड़ी में रमा है या कोई और ?'

प्रार्थना स्वीकार हुई। चंचला के प्रकाश में उपेंद्र ने देखा कि गाड़ी और मोटर

में केवल बीस हाथों का अंतर है ? और...और उसके भीतर से रमा...

क्या करे ? उपेंद्र व्याकुल हो गया। रमा उससे मिलने के लिए जेल जा रही है और वह कहीं और जा रहा है। अभागा उपेंद्र करे तो क्या करे ?

उसने देखा, पीछे की खिड़की खुली हुई है। वह झपटकर उसी ओर दौड़ गया। इतने में मोटर और गाड़ी एक-दूसरे के अगल-बगल हो गईं। एक बार फिर बिजली चमकी। खिड़की के बाहर आधा धड़ निकालकर उपेंद्र ने कहा, ''रमा, ठहरो ! मैं यहाँ हूँ !'' सिपाही ''बैठ ! बैठ !'' चिल्लाते ही रहे। उपेंद्र मोटर पर से कूद पड़ा।

परंतु यह क्या ? पृथ्वी से आते-न आते उसने अपने को किसकी भुजाओं में पाया ? कौन कह रही थी, ''नाथ ! मेरी धारणा सत्य निकली न ? मैं तुमसे मिल गई।'' चपला फिर चमकी। मूर्च्छित होने से पहले उपेंद्र ने रमा को और रमा ने उपेंद्र को अपने से अभिन्न पाया ! !

मोटर रुकी, परंतु फिर उसके भाग्य में उपेंद्र को अपने हृदय में स्थान देना नहीं लिखा था। रमा की गाड़ी भी अपनी खाली गोद फिर न भर सकी ! दसों सिपाही बंदूक ताने हुए काठ मारे-से रह गए। वायु काँपकर खड़ी हो गई; उसका साँस बंद हो गया ! ! जल थम गया ! बादलों का हृदय फट गया ! ! !

नादिरशाही

दिल्ली ! तू अमरावती की कोई वेश्या तो नहीं है ? ज़रूर ऐसा ही है। अवश्य किसी देवता के अभिशाप से तू भू-खंड के रूप में भारतवर्ष की छाती पर हज़ारों, लाखों वर्षों से पड़ी है। जो तुझे देखता है वही तुझ पर मुग्ध हो जाता है। साधारण वेश्याओं का हृदय श्मशान होता है, पर तेरा हृदय महाश्मशान है। साधारण वेश्याएँ अपने दो-चार प्रेमियों का रक्तपान करके ही संतुष्ट हो जाती हैं, पर तूने आज तक अपने न जाने कितने प्रेमियों का सर्वनाश किया है ! इतिहास ने जहाँ-जहाँ तुझे याद किया है, वहाँ-वहाँ उसके पन्ने रक्त से रँगे हैं !

द्वापर में तू पूर्ण युवती थी। उस समय का तेरा रूप-यौवन देखकर देवताओं का मन भी चंचल हो जाता था। तेरे उसी रूप की ज्वाला से महाभारत की आग लगी। तेरी उसी रूप दीप-शिखा के कारण भारत के बड़े-बड़े महारथी, आपस में ही लड़कर, परमधाम को चले गए। हमारा देश बहुत काल के लिए वीर-शून्य हो गया। उस घटना के बाद न जाने कितने स्वदेशी और विदेशी सम्राटों की तू अंकशायिनी बनी और न जाने कितने तेरी छाती पर सिर रखे महाकाल के गाल में चले गए !

तेरे दो प्रेमी भारतवर्ष के इतिहास में चिरस्मरणीय रहेंगे, एक 'नादिरशाह' और दूसरे ग़दर काल के—नादिरशाह के दादे—'अंग्रेज़ !' नादिरशाह तुझसे रूप-यौवन-भिक्षा माँगने नहीं आया था। वह तो खूँखार जंगली पशु था—डाकू था। उसे तेरे अनंत धन-संपत्ति और रक्त-मांस को लेने की इच्छा थी। इधर अंग्रेज़ों ने सन् 1857 में तेरे साथ जो व्यवहार किया उसकी कथा बीभत्स और रोमांचकारिणी है। एक बार सुन। यह कथा यद्यपि तेरे ही रक्त की कहानी है, फिर भी तू भूल गई होगी।

2

गली की चौमुहानी पर पंद्रह-बीस गोरे और आठ-दस सिख खड़े थे। उनके हाथों में संगीनें थीं। सब राक्षसों की तरह भयंकर जान पड़ते थे। एक सिख ने अपने पास खड़े एक गोरे से कहा, "साहब, आपके थैले में शराब है ?"

साहब—"ओ, यस; शराब ? है टो। लेगा सरडार ?"

सिख—"हाँ, थोड़ी सी दीजिए तब लूट करने चला जाए।"

गोरे ने थैले में से शराब की एक बोतल निकालकर सिख के हाथ में दी और सरदार साहब, कच्चे दूध की तरह, गट-गटकर उसे पेट में उतार गए। फिर क्या था ! सबको शराब पीने की इच्छा हुई और सबने अपने-अपने थैले की तलाशी लेकर बोतलें खाली कीं। फिर, तीन-तीन, चार-चार के दल में वे दिल्ली के शांत नागरिकों का खून पीने और धन लूटने के लिए रवाना हुए। माँगकर शराब पीनेवाला सिख भी दो गोरों के साथ एक गली में घुसा ! थोड़ी ही दूर जाने पर एक पक्की हवेली दिखाई पड़ी जो भीतर से बंद थी। एक गोरे ने सिख से कहा—

"सरडार इसका भीटर चलो।"

"हाँ-हाँ, चलो।"

जब पुकारने से दरवाज़ा नहीं खुला तब संगीनों की सहायता से उसे तोड़कर सैनिक भीतर घुसे। मकान किसी धनिक मुसलमान का जान पड़ता था, पर उसके अंदर एक भी मनुष्य न दिखाई पड़ा। मेज़-कुर्सियों और पलंगों को छोड़ कोई मूल्यवान वस्तु भी न दिखाई पड़ी। सैनिकों ने एक-एक कमरे की तलाशी लेना आरंभ कर दी। दोमंजिले पर एक कमरा भीतर से बंद था। वहीं जाकर सैनिक ठहर गए और लगे कुंदों से दरवाज़ा तोड़ने। भीतर से किसी ने कहा, "आप अगर हमारी जान बख्श दें तो हम दरवाज़ा खोल सकते हैं।"

गोरों ने कहा, "खोलो, खोलो, हम टुम्हें छोड़ डेगा।"

अस्तु, दरवाज़ा खुला। उफ़ ! उस कमरे में पाँच-सात स्त्रियाँ और तीन मर्द बंद थे। उसी में उनकी जमा-पूँजी भी थी।

मतवाले सैनिक दरवाज़ा खुलते ही अपनी प्रतिज्ञा भूलकर अंधड़ की तरह औरतों में घुसे। इतने में उन तीनों मर्दों में से एक ने एक गोरे के सम्मुख डटकर कहा, "उधर औरतें हैं, कहाँ जाते हो ?"

गोरे ने कहा, "हाटो, हाटो !"

साथ ही एक दूसरे गोरे की संगीन उस ज़वान मुसलमान के कलेजे में घुस गई। वह जहाँ-का-तहाँ ढेर होकर तड़पने लगा। अब सर्वनाश सिर पर देखकर शेष दोनों मर्दों ने औरतों की रक्षा के विचार से अपनी तलवारें खींच लीं और टूट पड़े। क्षण भर के युद्ध में एक गोरा मारा गया। गोरे का मरना था कि बचे हुए गोरों और सिखों ने अपनी बंदूकें सीधी कर उन दोनों पर गोली दाग दीं। वे भी भूतलशायी हो गए।

इसके बाद औरतों की चिल्लाहट और सैनिकों की दानवता ही उस कमरे में रह गई। वहाँ क्या-क्या हुआ, यह ठीक कहना असंभव है, पर; घंटे भर बाद दोनों सैनिक लूट के माल से अपने थैले कसे मकान के बाहर निकले। उस समय भी स्त्रियों की करुण-कंठ-ध्वनि उनका पीछा कर रही थी !

3

सेठ बनवारीदास दिल्ली के रईसों में थे। उनके वहाँ बहुत दिनों से जवाहरात का काम होता था। बादशाह बहादुरशाह के दरबार में भी उनकी बड़ी प्रतिष्ठा थी। आवश्यकता पड़ने पर, बादशाह को वही जवाहरात दिया करते थे, मगर ग़दर आरंभ होते ही उन्होंने बादशाह के यहाँ आना-जाना कम कर दिया था। उन्हें पूरा विश्वास था कि बलवाइयों को एक-न-एक दिन अंग्रेज़ों के हाथों से स्वर्गधाम जाना होगा—पराजित होना होगा। जब अंग्रेज़ों ने चारों ओर की फौज़ बटोरकर दिल्ली पर गोला-बारी आरंभ की तब तो उन्होंने घर के बाहर निकलना भी बंद कर दिया। 14 सितंबर को गोरे शहर में घुस आए। उसी दिन से सेठ ने फाटक बंद करा दिया और पहरे पर दस-पंद्रह जवानों को तैनात कर दिया। बनवारीदास के परिवार में उनके चार युवक पुत्र, चारों स्त्रियाँ और दो विवाहिता बहनें थीं। जब से सेठ ने सुना कि गोरों ने शहर में नादिरशाही मचा दी है, जिसे जहाँ पाते हैं उसे वहीं मारते और लूटते हैं; तब से वह अपने पुत्रों, पुत्र-वधुओं और पुत्रियों को हमेशा अपनी आँखों के सम्मुख रखने लगे। मारे चिंता के उनका खाना-पीना हराम हो गया। घर की बहुमूल्य वस्तुएँ माता वसुंधरा के हृदय में गड्ढे खोदकर छिपा दी गईं।

एक-न-एक आदमी, क्षण-क्षण पर सेठ परिवार को गोरों की गतिविधि का पता दिया करता था।

घर के दालान में अपने परिवार के बीच सेठ बैठे थे। उनका छोटा पुत्र उनसे बातें कर रहा था।

सेठ—"हाँ, तो रमजान ने शाहज़ादों को गिरफ़्तार होते देखा था ? क्यों, मुकुंद ?"

मुकुंद—"उसने शहर में अफवाह सुनी है बाबूजी बड़ी ही भयानक घटना हुई, उफ़ ! गोरे बड़ी दानवता दिखा रहे हैं।"

सेठ—"रमजान क्या कहता था ?"

मुकुंद—"उसने कहा कि रज्जबअली नामक कोई मुसलमान सेनापति हडसन का जासूस बन गया है। वही शहर में घूम-घूमकर बलवाइयों का पता लगाकर हडसन को सूचना देता है। उसकी और बादशाह के बड़े बेटे दाराबख़्त के ससुर इलाहीबख्श की साज़िश से बादशाह गिरफ्तार हुए और उन्हीं दोनों ने तीनों शाहज़ादों को भी गिरफ़्तार कराया।"

सेठ—"क्या शाहज़ादे भी हुमायूँ के मक़बरे में पकड़े गए हैं ?"

मुकुंद—"हाँ, प्रधान सेनापति विलसन की आज्ञा से सेनापति हडसन सौ सवारों के साथ हुमायूँ के मकबरे पर पहुँचे। रज्जबअली और इलाहीबख्श भी उनके साथ थे। जब शाहजादों के पास मक़बरे के बाहर आने का संदेशा भेजा गया उस समय उनके

साथ भी शस्त्रधारी जवान थे। एक शाहज़ादा तो मर्दों की तरह लड़ने को भी तैयार था। पर दो उसके विरुद्ध थे। उन्होंने हडसन के पास संदेशा भेजा कि हम आत्मसमर्पण करने को तैयार हैं, बशर्ते कि आप हमारी जान बचाने का वादा करें। पर सेनापति ने वैसा करने का वचन नहीं दिया। आखिरकार ईश्वर का नाम लेकर शाहज़ादे मक़बरे के बाहर—हडसन के पास आए। उन्होंने सेनापति को सलाम कर आत्मसमर्पण करते हुए कहा कि आशा है, हमारे ऊपर मुक़दमा चलाकर विचार किया जाएगा। सेनापति ने कुछ उत्तर नहीं दिया। उन्होंने शाहज़ादों और उनके नौकरों के हथियार और घोड़े ज़ब्त कर लिये, शाहज़ादों को रथ पर बैठाया और शहर की ओर चल पड़े।

"रथ जब शहर में पहुँचा तब हडसन ने अपने सैनिकों से कहा, 'यह शाहजादे खूनी हैं। इन्होंने हमारी औरतों और बच्चों की हत्याएँ की हैं।' इसके बाद उन्होंने शाहज़ादों को रथ से नीचे उतरने की आज्ञा दी। भय-विह्वल अभागे शाहज़ादे रथ से नीचे उतरे। सेनापति ने उन्हें कपड़े उतारने की आज्ञा दी। उन्होंने धीरे से अपने कपड़े उतार दिए। इसके बाद सेनापति का रूप भयंकर राक्षसों की तरह हो गया था। वह रक्त के प्यासे हो गए थे। एक अश्वारोही के हाथ से पिस्तौल लेकर उन्होंने असहाय, निरस्त्र और शरणागत तीनों शाहज़ादों को तीन फायर में मार डाला।"

सेठ—"मार डाला ! हाय, हाय ! तैमूर के वंशज शाहज़ादों को एक साधारण अंग्रेज सेनापति ने कुत्तों की तरह मार डाला।"

मुकुंद—"हाँ बाबूजी, बड़ी निर्दयता से—राक्षसी ढंग से—हडसन ने उन अभागे शाहज़ादों की हत्या की। इसके बाद रथ का परदा हटा दिया गया जिससे शहर के लोग उस हत्याकांड को देखकर अंग्रेज़ों की धाक मान लें—काँप उठें। इस तरह चाँदनी चौक के थाने तक उस खूनी सेनापति के साथ वह रथ आया।

"थाने पर लाशें उतरवा ली गईं और कोतवाली के सामने सर्वसाधारण के देखने के लिए रख दी गईं।"

अभी मुकुंद कुछ और कहता, पर किसी के रोने की आवाज़ सुनकर वह रुक गया। थोड़ी देर में एक रोती हुई स्त्री वहाँ आई। वही सेठ के विश्वासपात्र मुसलमान नौकर रमज़ान की हृदयेश्वरी थी।

घबराकर सेठ ने उससे पूछा, "तू रोती क्यों है ? रमज़ान कहाँ है ? वह तो तुझे मेरे घर ले आने के लिए गया था न ?"

रोती हुई रमजान की बीवी ने कहना शुरू किया, "चार बजे अपने घर से मैं और मेरे पति आपके यहाँ के लिए चले। हम लोग अपने को सैनिकों की नज़रों से छिपाते गलियों से आ रहे थे। मेरा घर यहाँ से तीन मील की दूरी पर काबुली फाटक पर है। गलियों से आने में दूरी और भी बढ़ जाती है। फिर मुझसे तेज़ी से चला भी न जाता था। रेशम बाज़ार की गली में पहुँचते-पहुँचते हमें पाँच बज गए। उस गली को हम पार कर ही रहे थे कि दो सैनिकों ने हमें देख लिया। उनमें एक गोरा था, दूसरा सिख। उन्हें देखकर मेरे पति ने मुझे ज़ोर से दौड़ने को कहा और स्वयं भी दौड़े। पर

गोरे ने हमें भागते देख गोली चलाना शुरू कर दिया। हमें निश्चय हो गया कि अब प्राण न बचेंगे।

"उसी समय हमें एक दूसरी छोटी सी गली मिली। अभी सैनिक तीस-चालीस गज की दूरी पर थे। अतः हम दोनों उसी गली में घुसकर एक खंडहर में छिप रहे। सैनिकों ने भी हमारा पीछा छोड़ा नहीं। वे भी उसी गली में आए और तलाशने लगे। मेरे पति के पास तलवार थी। उन्होंने धीरे से मुझसे कहा, 'डरपोकों की तरह छिपे रहने से मैं तो मारा ही जाऊँगा, तुम्हारी इज़्ज़त भी न बचेगी। इससे अच्छी बात तो यह है कि मैं उन पर टूट पड़ूँ और जब तक वे अपने हथियार सँभालें, तब तक कुछ-न-कुछ कर डालूँ।' उन्होंने वैसा ही किया। ज्योंही वे दोनों उनकी बग़ल से गुजरे त्योंही उस सिख पर वह टूट पड़े और उसकी बंदूक छीनकर उस पर संगीन का वार किया। निशाना चूका नहीं और सिख घायल होकर गिर पड़ा। गोरे से लड़ते-लड़ते उन्होंने मुझसे भागने को कहा। मैं और कर ही क्या सकती थी ! जी छोड़कर दौड़ी। गली पार करते-करते मैंने बंदूक की आवाज़ सुनी, इसका अर्थ इसके सिवा और क्या हो सकता है कि मेरे मालिक मारे गए। इसका निश्चय करने के लिए मैं एक मकान की आड़ में छिपकर खड़ी हो गई और किसी के आने का इंतज़ार करने लगी। जो मैं सोचती थी वही हुआ। थोड़ी देर बाद ही वह गोरा दौड़ता हुआ आता दिखाई पड़ा। ज़रूर वह मेरे ही लिए दौड़ता रहा होगा। पर उसकी नज़रों से मैं बच गई और किसी तरह आपके घर तक आई हूँ। मगर बाबूजी, अब मेरा जीना-न जीना दोनों बराबर हैं। मेरे मालिक को तो उस हरामज़ादे, दोज़खी कुत्ते ने मार ही डाला। हाय ! अब मैं कहीं की भी न रह गई।"

सेठ ने उसे धीरज देते हुए कहा, "जो होना था वह हो गया। खुदा से दुआ माँगो कि वह आनेवाली मुसीबतों से हमें बचाए। तुम मेरे यहाँ मज़े में रहो। तुम्हें, जब तक हम जीते हैं, खाने-पीने की फ़िक्र न करनी होगी !"

4

उक्त घटना के दूसरे दिन की बात। सेठ के फाटक पर गोरों और सिखों की संगीनें बरस रही थीं। नौकरों में से कुछ तो मारे गए थे और कुछ अपने प्राण लेकर कहीं भाग गए थे। भीतर एक बड़े कमरे में सेठ परिवार खड़ा काँप रहा था। सब यही सोच रहे थे कि गोरे अब भीतर आए और तब आए।

सेठ बनवारीदास ने अपने लड़के मुकुंद को बुलाकर गंभीर स्वर से कहा, "बेटा, घर में जितनी तलवारें हों, ले आओ।"

"क्यों बाबूजी, क्या सैनिकों से युद्ध करना होगा ?"

"पहले ले आओ, फिर कोई प्रश्न करना।"

तलवारें आईं। उनकी संख्या पंद्रह-बीस से अधिक ही थी। सेठ ने अपने चारों पुत्रों के हाथ में एक-एक तलवार देकर एक स्वयं ली। फिर बोले—

"भैया, हम लोग हिंदू हैं। अंग्रेज़ों को हम म्लेच्छ से भी ख़राब समझते हैं। वे ही म्लेच्छ क्षण भर बाद हमारी स्त्रियों का अपमान करते दिखाई पड़ेंगे। हममें इस समय इतना बल नहीं कि उनका सामना कर—उनके अपवित्र रक्त से पृथ्वी को लाल कर—अपनी स्त्रियों की रक्षा कर सकें। अतः आज तक जिसे प्यार किया है अब उसका संहार करना होगा। जिसके गले में पुष्पमालाएँ डाली हैं उसके गले में तलवार घुसेड़नी होगी। देखो, हिचकना मत ! नहीं तो तुम्हारे पूर्वजों का मुख मलिन हो जाएगा। स्वर्ग में, मारे अपमान के, उनके मस्तक झुक जाएँगे। तुम अपनी-अपनी स्त्रियों को फौरन मार डालो। सोचने का समय नहीं है। उधर देखो, फाटक टूटना ही चाहता है।"

चारों पुत्रों की आँखों में आँसू उमड़ आए, पर उस समय सिवा इस भयानक हत्याकांड के और कोई चारा नहीं था। लाचार सब-के-सब अपनी-अपनी प्राण-पुतलियों की ओर झपटे ! सेठ का विश्राम भवन चर्रा उठा, पृथ्वी काँपने लगी ! क्षण भर में सेठ की चारों पुत्र-वधुएँ आठ टुकड़े हो गईं ! !

यह बीभत्स दृश्य देखकर सेठ की दोनों कन्याएँ और रमज़ान की स्त्री चिल्लाने लगी। चारों ओर हाहाकार मच गया। सेठ ने अपनी कन्याओं को पास बुलाकर कहा, "बेटी, तुम्हें जिन हाथों से दूध पिलाया है, जिन हाथों ने आज तक तुम्हारी रक्षा की है, आज उन्हीं हाथों से तुम्हारा अंत होगा। धर्मभ्रष्ट होने से प्राण दे देना ही अच्छा है।"

इसके बाद वृद्ध सेठ के हाथ की कराल-करवाल दो बार 'छपाछप !' बोलकर खून से नहा उठी ! उसी वक्त बाहर का फाटक हड़हड़ाकर धड़ाम से गिर पड़ा। मतवाले सैनिक संगीनें सीधी किए घर के भीतर घुसे।

भीतर क्या मिला ? रुपए ? नहीं, ये तो हफ्तों पहले पृथ्वी की छाती में छिपा दिए गए थे। तो क्या सुंदरियों का यौवन मिला ? नहीं, वह तो बीस मिनट पहले ही गोरों की नादिरशाही के चरणों पर चढ़ा दिया गया था ! ! तब कुत्ते हिंदुस्तानियों के पास मिले होंगे ? उहुक, वे भी न मिल सके। गोरों के उस कमरे में प्रवेश करते-न करते सबने खुदकशी कर ली थी।

चारों ओर निराश होकर नादिरशाह के भतीजे मुर्दों के पेट में संगीनें घुसेड़ने लगे।

निहिलिस्ट

मित्र के घर से रेटकिन का घर कोई दो फर्लांग पर था। उस दिन गप-शप में कुछ अधिक विलंब हो जाने के कारण वह रात बारह बजे के बाद अपने घर को लौटा। वह जल्द-जल्द पाँव बढ़ाता चला जा रहा था। उसे दो लंबी-लंबी गलियों को पार कर लेने के बाद एक सड़क से होकर अपने घर पर पहुँचना है।

ऊपर जिन गलियों और सड़कों की चर्चा है वे सब रूस की प्राचीन राजधानी मास्को की हैं। पृथ्वी के अन्य श्रेष्ठ नगरों की तरह ही, मास्को की गलियों में भी रात बारह बजे के बाद लोगों का आना-जाना बहुत कम हो जाता है। फिर उस गली में तो, जिससे रेटकिन जा रहा था, बिलकुल सन्नाटा था। शीत अधिक होने के कारण घरों के दरवाज़े आपस में खूब चिपककर खड़े थे। पवनदेव के लिए उनके भीतर प्रवेश करना उतना ही दुरूह था जितना कि दानवों के हृदय में दया का, ज़ार के हृदय में प्रजा-हित-चिंतन का और विदेशियों तथा शासकों के हृदय में 'लोष्ठवत् परद्रव्येषु', सिद्धांत का !

रेटकिन न जाने कहाँ-कहाँ अपने विचारों को दौड़ाता हुआ उस शून्य-शर्बरी की शांति को अपने बूट की ठोकरों से भंग करता चला जा रहा था। उसने आधा रास्ता तय कर लिया, पर अभी तक एक भी जीव के दर्शन उसे नहीं मिले। वह और भी तेजी से बढ़ा।

पीछे से किसी ने पुकारा, "भाई रेटकिन !"

कौन पुकारता है ?—रेटकिन ने पीछे मुड़कर देखा।

साथ ही, बगल से, किसी ने एक भारी लबादा उसके सिर पर डालकर उसका मुख बंद कर दिया।

बोलने में असमर्थ होने पर भी रेटकिन ने अनुभव किया कि दो-तीन आदमी उसके हाथ-पैर बाँधकर उसे कहीं उठाए ले जा रहे हैं।

2

ठीक कहना तो असंभव है, पर प्रायः दो घंटे के बाद रेटकिन के बंधन खोले गए और उसके मुख पर की पड़ी नक़ाब हटाई गई। उसकी पहली दृष्टि उन तीन आदमियों पर

गई जो उसे इस प्रकार बलात् उठा लाए थे। वह अभी तक उनके विषय में न जाने क्या-क्या कल्पना कर रहा था। उसने उन्हें डाकू समझा था। पर, नेत्र खुलने पर, वह कुछ निश्चित न कर सका कि वे कौन हैं। क्योंकि उन तीनों के मुख पर एक प्रकार की काली झिल्ली लगी हुई थी। ऐसी अवस्था में वे प्रेत छोड़कर और क्या कहे जा सकते थे !

रेटकिन को अधिक चंचल देख उनमें से एक अत्यंत नम्रता से बोला—

"रेटकिन महोदय ! आप हमें लुटेरे या बदमाश न समझिए। हम लोगों ने किसी विशेष प्रयोजन से आपको इतना कष्ट दिया है आशा है, आप हमें क्षमा करेंगे और अपने कष्टों पर ध्यान न देंगे। आपको एक घंटे का समय दिया जा रहा है। इतनी देर में आप इस कमरे के संपूर्ण साहित्य का अध्ययन कर लें। ऐसा करने पर ही आप अपने घर जा सकेंगे। आपने भोजन तो कर लिया होगा ?

रेटकिन मंत्र-मुग्ध की तरह उन छद्मवेशियों की बातों को सुन रहा था। उसने 'भोजन तो कर लिया होगा' प्रश्न पर सिर हिलाकर 'हाँ' कर दिया।

छद्मवेशी चले गए।

3

रेटकिन ने उस बड़े कमरे की चीज़ों को देखना आरंभ किया। वह कमरा कोई बीस गज लंबा और दस गज चौड़ा था। उसमें कुल चार दरवाज़े और एक खिड़की थी। सब-के-सब द्वार बंद थे। खिड़की मनुष्य की पहुँच से कोई दस फीट ऊपर थी। उसमें जंगले लगे थे जिससे कमरे में वायु आ रही थी। दो दीवारगीर और एक बड़ी बैठकी से वहाँ पर खूब प्रकाश फैल रहा था।

उसको यह देखकर बड़ा आश्चर्य हुआ कि उस कमरे में देखने की सामग्री केवल तसवीरें थीं। उनकी संख्या भी तीस-चालीस से अधिक नहीं थी। वह उन्हें ध्यानपूर्वक देखने लगा।

पूर्व की दीवार पर आदमी के क़द के बराबर एक चित्र था। रेटकिन की दृष्टि, सबसे बड़ी तसवीर होने के कारण, पहले उसी पर पड़ी। वह उसे बहुत निकट से देखने लगा—ओह ! चित्र क्या था, जादू था ! उसके रोंगटे खड़े हो गए। उसने देखा कि उस चित्र में एक ओर कोई अत्यंत बूढ़ी अबला और दीना स्त्री खड़ी है। उसके पैरों के नीचे लिखा था, 'हमारी दुखिता जन्म भूमि !' दुखिता जन्मभूमि ! क्यों ?—हाँ, चित्र से तो ऐसा ही जान पड़ता है मानो इसे पेटभर भोजन नहीं मिलता। आँखें बैठ गई हैं। वस्त्र फटे हैं। शरीर में हाड़ छोड़कर मांस है ही नहीं। और, यह ? ये सब शैतान के बच्चे-से कौन चिल्ला रहे हैं ? इनकी भी एक-एक हड्डी गिनी जा सकती है। सब-के-सब कंपित-कलेवर क्यों हैं ? क्या लिखा है, 'हमारे दरिद्र किसान और मजूर भाई-बहन !'

अच्छा ! ये राक्षस कौन हैं ? अरे, इनमें सबसे आगेवाला तो सम्राट् ज़ार से मिलता-जुलता है, फिर रासपुटिन, प्रोटोपाफ़ और अनेक मिल-मालिक, ज़मींदार, मार्शल,

पुलिस प्रिफेक्ट, सैनिक आदि। सब के सब राक्षस ! ! आश्चर्य ! चित्र के नीचे स्वर्णाक्षरों में लिखा था, 'तुम मनुष्य हो ? अपने अंतस्तल में स्थित मनुष्यता से पूछो वह तुम्हें क्या आदेश देती है ? यदि वह कहे—मेरे नाम पर दानवता का दमन करो, तो ईश्वर के लिए, रूसी अन्न-जल से पले हुए मनुष्यो ! हमारी सहायता करो !'

चिंता मग्न रेटकिन दूसरी तसवीर की ओर बढ़ा। यह तसवीर उस बड़ी तसवीर की दाहिनी ओर टँगी थी। इसमें हिम-आलय साइबेरिया के जंगल में अनेक कष्ट भोगकर तपस्या करनेवाले स्वदेश-भक्तों के चित्र थे। दुखों ने उन वीरों को असभ्य-जंगलियों से भी भयानक बना डाला था। उनमें अनेक ऊँचे घराने के लोग, अच्छे-अच्छे पत्रों के संपादक तथा किसान-नेता थे। उस चित्र के नीचे लिखा था, 'मनुष्यता देवी के अमर आराधक !'

इसके बाद जो तसवीर थी उसमें एक ओर तो पूँजीपति और अधिकारी बैठे शराब-क़बाब उड़ा रहे थे, अपने एक-एक बार के भोजन पर सहस्र-सहस्र रुपए फूँक रहे थे, यहाँ तक कि, अपने कुत्तों को भी दूध से नहला रहे थे; और...और दूसरी ओर बड़ा ही करुणाजनक दृश्य था। कहीं एक टुकड़ा रोटी को पंद्रह आदमियों का एक परिवार कातर दृष्टि से देख रहा था, कहीं पर कोई दरिद्र कृषक घास उबालकर अपने हृदय-रत्नों की रक्षा का प्रबंध कर रहा था और कहीं पर भूख के मारे तड़पकर माता के प्रेममय नेत्रों के सम्मुख बच्चे अपनी ऐहिक लीला समाप्त कर रहे थे ! हाय ! !

उस चित्र के नीचे लिखा था, 'विषमता की पराकाष्ठा !'

एक चित्र में कोई दानव एक मनुष्य की जीभ को उसके होंठों से सटाकर सी रहा था। दानव के नीचे लिखा था, 'पशु-बल', मनुष्य के मुख के पास लिखा था, 'हमारी बोलने की स्वतंत्रता।' और सूजे के पास लिखा था, 'कानून।' एक चित्र में अनेक चंद्राननी अबलाएँ; 'प्रलोभन', 'अत्याचार' और 'भय' की रस्सी में बँधी, ज़ार-सहित अनेक रूसी अधिकारियों के सामने वैसी ही खड़ी थीं जैसे कसाई के आगे गऊ। उसके नीचे लिखा था, 'पार्थिव परमेश्वर और उनके भक्तों की लीला !'

4

"तो तुम राजद्रोहियों के दल में सम्मिलित हो गए ?" रेटकिन के नवयुवक मित्र डी. श्रेंगरिफ़ ने उससे पूछा।

रेटकिन—"हाँ।"

श्रेंगरिफ़—"क्यों ?"

रेटकिन—"मनुष्यता के नाम पर। स्वदेश हित के लिए।"

श्रेंगरिफ़—"पर, रेटकिन। इसमें..."

बीच ही में टोककर रेटकिन ने कहा, "प्राणों का भय है। यही कहते हो न ? प्यारे श्रेंगरिफ़, प्राणों का भय करने से कर्तव्य का पालन नहीं हो सकता।"

श्रेंगरिफ़—"तो..."

रेटकिन—"आगे मत कहो। तुम क्या कहना चाहते हो, मैं जानता हूँ। अपने विषय में तुम स्वयं विचार कर लो। हाँ, मैं इतना कहूँगा कि प्रत्येक व्यक्ति पर उसकी जन्मभूमि का भी कोई ऋण होता है। जो उसका परिशोध करने की चेष्टा नहीं करता 'वह नर नहीं, नर-पशु निरा है, और मृतक समान है।"

रेटकिन बड़े आवेग से बातें कर रहा था। क्षण भर रुककर वह बोला, "मैं विद्रोही अवश्य हो गया हूँ, पर मेरा उद्देश्य हत्या करना नहीं है। हम लोगों की समिति में दो विभाग हैं—एक तो निरंकुश शासकों की हत्या करनेवाला और दूसरा क्रांतिकारी साहित्य और भावों का प्रचार करनेवाला। मैंने अपना नाम अंतिम दल में ही लिखाया है। मुझे हत्याओं से घृणा है; पर स्वदेश से प्रेम है। इसलिए स्वतः प्राण देकर उसकी सेवा करूँगा, स्वयं किसी पर तलवार न उठाऊँगा।"

डी. श्रेंगरिफ़ और रेटकिन बाल-सखा थे। दोनों की अवस्था एक ही, प्रायः बाईस वर्षों की थी। दोनों अविवाहित थे, दोनों मध्य श्रेणी के नागरिक थे। दोनों ही ने कॉलेज तक पढ़ा था। क्षण भर में दोनों के विचार भी एक ही हो गए।

5

हमारे प्यारे बंधु किसान,
मरते हाय ! अ-नय के कर से पाते दुख महान्।
अनियंत्रित शासन है, कारण इसका एक प्रधान।
जब तक यह न मिटेगा तब तक कहीं नहीं कल्यान।

मास्को के हेड पुलिस स्टेशन (कोतवाली) पर बैठे हुए पुलिस सुपरिंटेंडेंट ने सुना और देखा—कोई युवक उक्त गान को गाता हुआ चला जा रहा था। फौरन चार पुलिस कांस्टेबिल दौड़ाए गए। युवक पुलिस सुपरिंटेंडेंट के सामने लाया गया।

"तुम्हारा नाम ?"

"डी. श्रेंगरिफ़।"

"तुम्हारा मकान इसी शहर में है ?"

"जी हाँ।"

"तुम अभी क्या गा रहे थे ?"

"कुछ भी गा रहा था—क्यों ? उससे आपकी कोई हानि तो नहीं हुई ?"

ज़रा घूरकर सुपरिंटेंडेंट ने कहा, "कैसे बोलता है ?"

"जैसे आप पूछते हैं।"

सुपरिंटेंडेंट ने अपने सामने बैठे पुलिस इंस्पेक्टर से कहा, "इसे हवालात दो। यह राजद्रोही जान पड़ता है।"

ज़रा दृढ़ होकर श्रेंगरिफ़ ने पूछा, ''मेरे राज्य विद्रोही होने का प्रमाण ?''

''वह साइबेरिया के जंगलों में दिया जाएगा।''

बस, इसी तुच्छ अपराध पर सुपरिंटेंडेंट साहब ने अभागे श्रेंगरिफ़ को कारागार की कोठरी में ठूँस दिया।

6

पृथ्वी के विधाता (एडजस्टर ऑफ दि अर्थ) ज़ार का भेदिया-दल संसार में अद्वितीय था। उसी के सहारे ज़ारशाही अपने कमाल दिखाया करती थी। भेदियों के इशारा मात्र से अच्छे-अच्छों को ज़ार-कोपाग्नि में जलना पड़ता था। कभी-कभी तो वे केवल विनोद के विचार या अपनी शक्ति की थाह लेने की इच्छा मात्र से अनेक निरपराधियों को आजन्म द्वीपांतरवास और मृत्यु-दंड दिलवा दिया करते थे।

उन्हीं भेदियों ने श्रेंगरिफ़ के घर, उसके परिवार और मित्रों का पता लगाना आरंभ किया, पर उसके घर में उसकी माता और एक छोटे भाई को छोड़ और कोई नहीं था। उन्हें तो कृपा कर उन यमदूतों ने नहीं छेड़ा; पर रेटकिन की रक्षा नहीं हो सकी। उसकी तलाशी हुई जिसमें कुछ संदेहजनक काग़ज़-पत्र मिले। वह भी बंदी बनाया गया।

उन दिनों अत्याचारी ज़ार ने साम्राज्य भर के पुलिस अफ़सरों को आदेश दे रखा था कि कहीं राज्य विद्रोह की गंध मिलते ही मुझे सूचना दी जाए। तदनुसार मास्को के उक्त युवकों की गिरफ़्तारी का विस्तृत विवरण पेट्रोग्राड भेजा गया। वहाँ से आज्ञा आई कि वे युवक महाराजाधिराज के सम्मुख उपस्थित किए जाएँ। वैसा ही हुआ।

7

दो मंत्रियों के साथ सम्राट् ज़ार अपने प्रासाद के एक प्रांतर् में बैठा था। उसके सम्मुख बीस-पचीस कज्जाक सैनिक मूर्तिमान-काल-से सशस्त्र खड़े थे तथा उन्हीं सैनिकों से थोड़ा हटकर श्रेंगरिफ़ और रेटकिन लोहे के सींकचों में कसे चुपचाप खड़े थे।

ज़ार जहाँ बैठा था, वह एक बारहदरी थी। उसी के सामने एक बड़ा सा आँगन भी था जिसमें अनेक पुष्प तरु सजे हुए थे।

ज़ार ने रेटकिन से पूछा, ''तू निहिलिस्ट है ?''

रेटकिन—''मैं मनुष्य के सिवा और कुछ भी नहीं हूँ।''

ऐसा स्पष्ट उत्तर ! चापलूस मंत्रियों के होश उड़ गए। एक ने रेटकिन के ऊपर घृणापूर्ण कटाक्षपात कर महाराजाधिराज से कहा, ''धर्मावतार, यह बड़ा धृष्ट जान पड़ता है।''

इस चापलूस ने ज़ार के क्रोध की मंद अग्नि में मिट्टी के तेल का काम किया। इस बार वह कड़ककर बोला—

''मैं पूछता हूँ तुम राज विद्रोही हो ? तुम्हारा दल कहाँ है ? उसमें कितने लोग हैं ?''

रेटकिन ने दृढ़तापूर्वक उत्तर दिया, "मैं इसका जवाब देने में असमर्थ हूँ।"

चापलूसों का आसन पुनः हिला। उनमें से एक बोला, "ज़रूर निहिलिस्ट है।"

दूसरा कहने लगा, "अवश्य। सब कुछ जानता है, छिपा रहा है।"

ज़ार ने कहा, "बतलाएगा कैसे नहीं ? मार के आगे भूत भागता है।"

इस बार उसने श्रेंगरिफ़ से प्रश्न किया, "देखो जी, यदि तुममें से एक भी राज विद्रोहियों का पता बता देगा तो तुम दोनों पुरस्कृत किए जाओगे। नहीं तो मैं सच कहता हूँ, अभी अपने सामने तुम्हें ज़िंदा जलवा दूँगा। बताओ क्या चाहते हो--स्वर्ग या नरक ? जीवन या मृत्यु ? प्रेम या कोप ?"

श्रेंगरिफ़ ने बड़ा ही तीखा उत्तर दिया। रेटकिन भी उस उत्तर को सुनकर आश्चर्य में आ गया उसने कहा–

"नरक का कीड़ा स्वर्ग क्या देगा ? काल से किसे जीवन मिला है ? नर-रक्त-पिपासु पशु 'प्रेम' क्या जाने ? हम लोग कुछ भी उत्तर नहीं दे सकते। तुम जो चाहो करो।"

इसके बाद क्रुद्ध ज़ार के अनेक प्रश्न हुए, पर वीरों ने एक का भी उत्तर नहीं दिया। फिर क्या था ? शक्ति पर अहंकार का आक्रमण हुआ। ज़ार की पशु वृत्ति प्रज्वलित हुई। सैनिकों को आज्ञा हुई, "इन दोनों के कपड़ों पर मिट्टी का तेल छिड़ककर आग लगा दो।"

क्षण भर में आज्ञा का पालन हुआ। तेल छिड़का गया–अब आग लगाने की कसर थी। रेटकिन ने अपने अभिन्न हृदय की ओर देखा। अहा ! प्रकृत सुंदर श्रेंगरिफ़ उस समय और भी सुंदर हो गया था। रेटकिन को जान पड़ा मानो कोई देवता खड़ा है। उसने पूछा, "श्रेंगरिफ़ !"

श्रेंगरिफ़ ने मुसकराकर कहा, "कहो !"

"मृत्यु से भय लगता है ?"

"नहीं।"

"मेरे सुकुमार श्रेंगरिफ़–"यह क्यों ?"

"दूसरों के लिए मरने में न जाने क्यों बड़ा सुख मिलता है। आत्मबलि में ही स्वर्ग होता है क्या रेटकिन ?"

"कहनेवालों ने तो ऐसा ही कहा है।"

आग लगा दी गई। पहले उन दोनों वीरों के हाथों को ही अग्निदेव ने स्पर्श किया था। उन्हें ऐसा स्वर्गीय भोजन शायद ही कभी मिला हो। उनका जन्म सफल हो गया।

आग लगने के एक मिनट बाद ज़ार ने दोनों बहादुरों से पुनः कहा, "अभी बच सकते हो। बता दो।"

दोनों का उत्तर एक ही था, "कदापि नहीं।"

दानवता के दासों ने मनुष्यता-भक्तों का तड़पना हँस-हँसकर देखा। उस समय शायद पृथ्वी पर हृदय नहीं था, करुणा नहीं थी, मनुष्यता भी नहीं थी, और न ही था वह मायावी जिसे लोग 'ईश्वर' कहकर पुकारते हैं !

कर्तव्य और प्रेम

"बतलाते क्यों नहीं ?"

"क्या बतलाऊँ, उसकी मृत्यु ऐसे ही बदी थी।"

"कैसे ?"

"जेलखाने में—भीषण रोग से पीड़ित होकर।"

"वह क़ैदखाने में भेजे क्यों गए ? उनका अपराध।"

"मुझे तंग न कर, बेटी, जा सो रह, मुझे भी नींद आ रही है।"

"नींद आ रही है ? फिर वही पुराना बहाना ? अच्छा ठहरिए, मैं थोड़ी चाय बनाकर लिये आती हूँ। सोने न चले जाइएगा, मैं अभी-अभी आई।"

"ठहर ! सुन ले—डोरा ! डोराइना।"

बूढ़ा रोवस्की बुलाता ही रह गया। डोराइना चाय लेने के लिए चली गई। क्षण भर के लिए कोठरी में सन्नाटे का साम्राज्य हो गया। परंतु रोवस्की के हृदय में शांति कहाँ ? वह सोचने लगा, 'क्या डोरा को भी दीक्षा देनी होगी ? नहीं ! नहीं ? अवश्य—नहीं ! वह पथ अत्यंत भयानक है। उस पथ के पथिक सब नहीं हो सकते। डोरा पुष्प की तरह कोमल है। उससे फौलाद का काम कैसे लिया जाएगा ? जिसे कोमलता की गोद में खेलना चाहिए उसे काँटों में घसीटना क्या उचित होगा ?'

सामने की खिड़की से ठंडी हवा का एक झोंका रोवस्की की ओर आया। सहसा उसकी दृष्टि खिड़की की ओर जाते-जाते एक चित्र पर जा पड़ी। वह खिड़की की ऊपरी दीवार पर लटक रहा था। वह चित्र रोवस्की की मातृभूमि रूस का था। उसमें कोटि-कोटि रूसियों की जननी एक वृक्ष में निर्दयता से कसी हुई दिखलाई गई थी। उसके चारों ओर ज़ारशाही के बहुत से गुलाम संगीन ताने खड़े थे, मानो कह रहे थे, 'मुँह से आवाज़ निकली नहीं कि तेरी बोटी-बोटी काट डाली जाएगी।' माता के करुणा पूर्ण नेत्रों के सम्मुख उसके कितने ही बच्चे विविध प्रकार से मारे जा रहे थे। कोई आरों से चीरा जा रहा था, कोई मिट्टी के तेल से जलाया जा रहा था। कोई फाँसी पर लटकाया जा रहा था और किसी पर कोड़े बरस रहे थे। और, किसी देशभक्त की वहन-बेटी की लज्जा की हत्या की जा रही थी। चित्र के नीचे रक्ताक्षरों में लिखा था, 'अपमानिता माता !' अपमानिता माता ! रोवस्की अपने को भूल गया। दुखिता माता

का ध्यान आते ही उसकी आँखों में आँसू आ गए। वह सोचने लगा—

'जब तक मातृभूमि की छाती पर अत्याचारियों का तांडव-नृत्य हो रहा है, तब तक जननी जन्मभूमि के बच्चे 'मातृप्रेम' अपराध के कारण विविध यातनाएँ भोग-भोगकर प्राण-विसर्जन कर रहे हैं, जब तक देश पर भयंकर विषमता का राज्य है, तब तक सुख-भोग की कल्पना कायरता है, आत्महत्या—नहीं, मातृहत्या है। इस समय रूस की प्रत्येक संतान का एक—और केवल एक ही—कर्तव्य है। और वह है, माता के उद्धार की चेष्टा। मेरा पुत्र यदि माता के लिए बलि हो गया तो क्या चिंता। किसके ऐसे भाग्य हैं जो मातृ पूजन में अपने रक्त का तर्पण करे ! मेरी डोराइना यदि 'जोन ऑफ आर्क' की तरह माता के उद्धार की चेष्टा कर सके, मेरी डोराइना यदि रणचंडी का रूप धारण कर देश द्रोहियों का नाश कर सके—! ओह !! कैसा गौरवमय, कितना सुंदर यह विचार है !!'

इसी समय डोराइना चाय लेकर आई और पिता के सम्मुख प्याला रखती हुई कहने लगी, "धीरे-धीरे चाय पीते जाइए और भाई की मृत्यु की कथा सुनाते जाइए। आज बिना सुने न मानूँगी।"

"बेटी !" एक घूँट चाय पीकर बूढ़े ने कहना आरंभ किया, "तेरा भाई क्यों पकड़ा गया और क्रूर ज़ार के नाम पर उसकी हत्या कैसे की गई, यह घटना संसार के बहुत कम प्राणियों को मालूम है।"

बीच में ही रोककर डोरा ने कहा, "सुना है उनका संबंध किसी गुप्त दल से था !"

"हाँ, वह निहिलिस्ट दल का एक प्रधान कार्यकर्ता था। आज से पाँच वर्ष पूर्व दल के एक व्यक्ति को ज़ार ने जीता जलवा दिया था। जलवा दिया था केवल इसलिए कि अधिकारियों का उस पर संदेह था। उससे भेद की बातें पूछी जा रही थीं, पर उसने बतलाने से इनकार कर दिया था। उसकी हत्या के संवाद से निहिलिस्टों में बड़ा क्षोभ उत्पन्न हुआ। उन्होंने ज़ार पर बम चलवाने का निश्चय किया। दल के तीन व्यक्तियों पर उस कार्य का भार दिया गया। उनमें एक तेरा भाई था।"

क्षण भर के लिए रुककर रोवस्की चाय पीने लगा। डोराइना ने पूछा "क्या अभी तक मास्को में निहिलिस्टों का संघटन है ?"

"पहले कहानी सुन", रोवस्की ने आगे कहना आरंभ किया, "उस दिन पेट्रोग्राड में ज़ार की सवारी निकलनेवाली थी। मास्को से तेरा भाई और उसके दोनों साथी ज़ार की हत्या करने के लिए पेट्रोगाड भेजे गए थे। परंतु उनके भाग्य में दुष्ट ज़ार की हत्या का पुण्य नहीं लिखा था। मास्को स्टेशन के जासूसों को तेरे भाई और उसके साथियों पर संदेह हो गया। वे गिरफ़्तार कर लिये गए।

"जेलखाने में उन्हें अनेक प्रकार की यातनाएँ दी गईं। तुझे नहीं मालूम है बेटी, ज़ारशाही के कारागार नरक के प्रतिरूप हैं। इनकी सृष्टि केवल देशभक्तों की दुर्दशा के लिए हुई है। वहाँ पर नाखूनों में सुइयाँ चुभो-चुभोकर, बेंत मार-मारकर, अँगुलियों में तेल से भीगे चीथड़े बाँधकर और उनमें आग लगाकर, उनसे निहिलिस्ट दल की

बातें पूछने की कोशिश की गई; पर वे पर्वत की तरह दृढ़ और मूक रहे। लाचार होकर अधिकारियों ने उनकी हत्या का ही निश्चय किया। वे सब कारागार के तहखानों में डुबोकर मार डाले गए।''

''तहखाने में डुबोकर ? क्या उन तहखानों में जल था ?'' डोराइना ने प्रश्न किया।

''हाँ, यहाँ के तहखानों में कुछ तहखाने विशेष प्रकार से बनाए गए हैं। उनमें पहले अभागे क़ैदियों को बंद कर दिया जाता है और फिर पाइप के द्वारा वे जल से भर दिए जाते हैं। बेचारे बंदी, वायु के अभाव और जल के आधिक्य से, उसी में डूबकर मर जाते हैं। ऐसी ही भयानक मृत्यु तेरे भाई की किस्मत भी में लिखी थी। अब भी उस घटना की याद आ जाने से मेरे शरीर में आग लग जाती है। जी चाहता है कि भयंकर प्रलय का रूप धारण कर ज़ारशाही का क्षण भर में सर्वनाश कर डालूँ। पर हाय ! इतनी शक्ति नहीं है, बेटी—अब मैं बहुत बूढ़ा हो गया हूँ।''

2

रोवस्की की आयु का अधिकांश समय भयंकर क्रांति-कल्पना और राज-परिवर्तन-चेष्टा में व्यतीत हुआ था। वह सन् 1910 में मास्को के निहिलिस्ट दल का सभापति था। उसके नेतृत्व में मास्को में अनेक राजनीतिक हत्याएँ हुई थीं, अनेक डाके डाले गए थे। फिर भी ज़ार की सरकार की नज़रों से वह सदैव सुरक्षित था। उसके चेहरे से उसके हृदय की थाह लेना असंभव बात थी। वह बहुत कम बोलता था, हँसता तो शायद था ही नहीं। मास्को में उसे किसी ने कभी खिल-खिलाकर हँसते नहीं देखा। उसके शरीर में दानवों-सा बल था। अर्थशास्त्र, इतिहास, राजनीति और गणित शास्त्र का आचार्य तो वह था ही, साथ ही जासूसी विद्या का भी पूर्ण पंडित था। हम जिस समय की घटना लिख रहे हैं, उस समय रोवस्की के परिवार में उसकी प्यारी पुत्री डोराइना के सिवा और कोई नहीं था।

साठ वर्ष के बूढ़े रोवस्की ने—बहुत सोचने-विचारने के बाद—डोराइना को भी माता के चरणों में अर्पित करने का निश्चय कर लिया।

मास्को स्थित निहिलिस्ट दल की गुप्त समिति के नौ मुख्य सदस्यों के सम्मुख रोवस्की ने डोराइना को भी समिति में सम्मिलित कर लेने का प्रस्ताव उपस्थित किया। अपने सभापति के प्रस्ताव को सुनकर उनमें से एक सदस्य बोला—

''डोराइना की दृढ़ता पर आपको पूर्णविश्वास है ?''

रोवस्की—(दृढ़ता से) ''डोराइना क्रांतिकारी रोवस्की की पुत्री है, उसकी नसों में वही रक्त बह रहा है जो मेरी नसों में।''

किसी दूसरे सदस्य ने प्रश्न किया, ''वह प्रतिज्ञा करने और परीक्षा देने के लिए

प्रस्तुत है ?"

"अवश्य।" रोवस्की ने गंभीरता से उत्तर दिया।

"अच्छा तो डोराइना को दल में मिला लिया जाए, पर उसकी परीक्षा इसी सप्ताह में आरंभ हो जाए। जैसा कि हमने आपको कल सूचित किया था, अधिकारियों का एक जासूस हमारे हेड ऑफिस के पास कई दिनों से चक्कर लगा रहा है। डोराइना की नियुक्ति उसी पर होनी चाहिए। एक सप्ताह के भीतर डोरा उसकी हत्या कर डाले।" एक तीसरे सदस्य ने कहा।

रोवस्की–"अच्छी बात है।"

सर्वसम्मति से डोराइना निहिलिस्ट दल में मिला ली गई। उसे उसकी परीक्षा की सूचना भी दे दी गई और दे दी गई एक सात-नली पिस्तौल !

3

"डोरा !"

"बाबा !"

"आज तीन दिन हो गए, कुछ पता लगा, वह कौन है ?"

"पता तो लगा, उसका नाम रोमनोविच है और वह मास्को के जासूसी विभाग का अफ़सर है। पीटर स्ट्रीट के 30 नं. के मकान में रहता है।"

"उससे तूने बातें की थीं ? ये बातें तुझे कैसे मालूम हुईं ?"

"परसों मैंने उसका पीछा किया था और कल उसके घर उससे मिली थी। नौकरी के बहाने मैंने उससे बातें कीं। आज उसने मुझे बुलाया है। संभवतः कोई काम देगा।"

"ध्यान रहे चार दिन के भीतर ही उसकी हत्या हो जानी चाहिए।"

डोराइना ने पिता की अंतिम बात का कोई उत्तर नहीं दिया। थोड़ी देर चुपचाप खड़े रहने के बाद रोवस्की अपने कमरे में चला गया। उसे क्या मालूम था कि डोराइना के हृदय में उस समय भीषण संग्राम हो रहा था। वह गई थी रोमनोविच के प्राण लेने की भूमिका तैयार करने और तैयार कर आई अपने गले की फाँसी !!

रोमनोविच गौर-वर्ण का बलिष्ठ और सुंदर युवक था। उसकी बड़ी-बड़ी आँखों में स्त्रियों को मुग्ध करनेवाली मादकता थी। पहली ही भेंट में सुंदरी डोराइना का हृदय रोमनोविच की मुट्ठी में चला गया। वह उसके रूप-यौवन पर मुग्ध हो गई। रोमनोविच का व्यवहार भी डोराइना के प्रति अत्यंत प्रेमपूर्ण हुआ। अस्तु, डोरा के स्त्री-हृदय ने, कोमल प्रकृति ने, उसके कानों में कहा, "ऐसे सुंदर, ऐसे मनोरम, ऐसे अद्वितीय पुरुष रत्न की तू हत्या करेगी ! यह तो हृदय में छिपा रखने की चीज़ है। देख, इसका नाश न करना !' डोराइना किंकर्तव्यविमूढ़ हो गई। उसके हृदय में प्रेम और कर्तव्य का द्वंद्व होने लगा।

4

डोराइना के दुर्बल नारी-हृदय ने कर्तव्य को ठुकराकर प्रेम का आदर किया। उसने अपने प्रियतम रोमनोविच की रक्षा करने का निश्चय कर लिया। परीक्षा के सात दिनों में से छः दिनों तक वह बराबर रोमनोविच के हृदय की थाह लेती रही। रोमनोविच का व्यवहार बड़ा मधुर और प्रेमपूर्ण रहा। वह अनेक प्रकार से डोराइना के प्रति अपना प्रेम प्रकट करता था। एक दिन तो उसने यहाँ तक कह दिया कि—"मेरी ! (डोरा ने रोमानोविच को अपना परिचय इसी नाम से दिया था) मैं तुम्हारी ही तरह सुंदरी और विदुषी युवती से ब्याह करना चाहता हूँ।" रोमनोविच की इस बात ने डोराइना के हृदय पर जादू-सा प्रभाव डाला। उसने अपने मन में रोमनोविच से सब बातें बता देने का पूर्ण निश्चय कर लिया।

वह परीक्षा का अंतिम दिन था। सायंकाल के समय कपड़े पहनकर डोराइना ज्योंही रोमनोविच के यहाँ जाने को तैयार हुई, त्योंही रोवस्की ने उसे बुलाकर कहा, "देख, आज अंतिम दिन है। बिना काम पूरा किए आज न लौटना। अरे ! तेरा चेहरा उदास क्यों हो गया ? क्या तू डरती है ?"

पिता की तीव्र दृष्टि के सम्मुख डोराइना अधिक काल तक न ठहर सकी। वह—"आज सब काम तमाम करके ही लौटूँगी।" कहकर चली गई।

डोरा का उदास मुख देखकर रोमनोविच ने पूछा, "आज, इतनी उदास क्यों हो, मेरी ?"

"तुमसे कुछ कहना चाहती हूँ।"

"खुशी से कहो।"

"जो कुछ मैं कहूँगी उसे तुम्हें गुप्त रखना पड़ेगा। बोलो, किसी से कहोगे तो नहीं ?"

"कदापि नहीं, मेरी ! तुम्हें जो भी कहना हो, पूर्ण विश्वास से कहो।"

"मेरी शपथ खाओ कि किसी से न कहोगे।"

"तुम्हारी शपथ मैं किसी से भी न कहूँगा।"

"अच्छा सुनो ! मेरा असली नाम 'मेरी' नहीं, 'डोराइना' है। मैंने आज तक तुम्हें धोखा दिया था, पर अब नहीं दे सकती। तुम मेरे प्रियतम हो, प्राणाधार हो।"

"डोराइना !" आश्चर्य मुद्रा से रोमनोविच ने पूछा, "तुमने आज तक अपना नाम किसलिए छिपा रखा था ? तब तो जो कुछ तुमने अपनी जीवनी बताई थी, वह भी झूठी ही होगी। तुम्हारी बात समझ में नहीं आ रही है, मेरी !"

"अब मज़े में समझाकर कहती हूँ। मुझे पूर्ण विश्वास है तुम मुझसे विश्वासघात न करोगे। मैं स्थानीय निहिलिस्ट दल की एक सदस्या हूँ। दल की तरफ से मेरी नियुक्ति तुम्हारी हत्या करने के लिए हुई है।"

"अच्छा !" अधिक आश्चर्य से रोमनोविच ने कहा, "तब तो तुम बड़ी भयानक स्त्री मालूम पड़ती हो।"

"बड़ी भयानक ? भयानक स्त्री होती तो अब तक कभी की तुम्हारी हत्या कर चुकी होती। यह देखो ! पिस्तौल मुझे दी गई है। मुझे आज्ञा मिली थी कि सात दिनों के भीतर ही तुम्हें मार डालूँ। आज वही सातवाँ दिन है। मैं तुम्हारी हत्या नहीं कर सकती। तुम्हें देखने से मेरे हृदय में क्रोध के स्थान पर प्रेम उत्पन्न हो जाता है। तुम मेरे सर्वस्व हो।"

क्षण भर रुककर डोराइना कहने लगी ! "प्यारे चलो, हम दोनों कहीं भाग चलें। ऐसे स्थान पर भाग चलें जहाँ न तो निहिलिस्टों का भय हो और न ज़ार की चिंता हो ! चलोगे ?"

धूर्त रोमनोविच ने डोराइना की सरलता से लाभ उठाने की इच्छा से कहा, "प्रिय ! मैं यहाँ से भाग चलने को तैयार हूँ—परंतु भागने के पूर्व तुम्हें एक बात बतानी होगी—यहाँ पर निहिलिस्टों का अड्डा कहाँ पर है ?"

भय से काँपकर डोराइना ने कहा, "यह प्रश्न मुझसे मत पूछो, हाथ जोड़ती हूँ, इसका उत्तर मुझसे मत माँगो, मुझे प्रतिज्ञा से भ्रष्ट न करो।"

रोमनोविच—"प्रेम में प्रतिज्ञा कैसी ? तब तो जान पड़ता है, तुम्हारा प्रेम भी तुम्हारे उस नाम की तरह बनावटी है। तुम्हें मेरे प्रश्न का उत्तर देना ही होगा। बिना इसका उत्तर पाए मैं तुम्हारी किसी भी बात पर विश्वास न करूँगा।"

हतभागिनी डोरा रोमनोविच के प्रश्न का उत्तर देने ही जा रही थी कि पिस्तौल की आवाज़ सुनाई पड़ी। देखते-देखते तीन गोलियाँ रोमनोविच के शरीर में प्रविष्ट कर गईं ! वह जहाँ-का-तहाँ ढेर हो रहा !!

डोराइना ने पीछे फिरकर देखा—उसका पिता, तीन क्रांतिकारियों के साथ खड़ा था ! वह मारे भय के मूर्च्छित हो गई !

गुप्त समिति के सब सदस्य एकत्र थे। सभापति के आसन पर वृद्ध रोवस्की बैठा हुआ था। सामने ज़ंजीरों में जकड़ी हुई डोराइना खड़ी रो रही थी। कमरे के कोने में एक भयानक क्रूस रखा था। सभा में घोर निस्तब्धता थी। सबकी दृष्टि सभापति के मुख की ओर थी, सब पिता का पुत्री के प्रति न्याय देखने के लिए उत्सुक थे। रोवस्की ने भयंकर दृष्टि से डोराइना की ओर देखकर कहा, "डोराइना !"

डोराइना के रोदन की गति बढ़ गई, हिचकियाँ बँध गईं।

"अपराधिनी डोराइना ! विश्वासघातिनी डोराइना ! इस समय तू मुझसे दया की आशा न रख। जन्मभूमि का शत्रु—चाहे वह मेरा हृदय ही क्यों न हो—मुझसे दया-भिक्षा नहीं पा सकता। तुझे मालूम है, विश्वासघात का दंड क्या है ?" क्रुद्ध रोवस्की ने पूछा।

रोती हुई डोराइना ने कहा, "क्षमा, बाबा !"

"चुप रह ! कौन है तेरा बाबा ? देश के शत्रुओं से मिलकर तूने मेरे मुख में अमिट कालिमा पोत दी है। तू कुल-कलंकिनी है। तेरे अपराध का दंड केवल मृत्यु है। तैयार

हो जा मरने के लिए !''

एक सदस्य से रोवस्की ने पूछा, ''सब ठीक है ?''

''जी हाँ।''

''अच्छी बात है,'' उसने आज्ञा दी, ''ले चलो, मेरे शरीर के इस भीषण पाप को क्रूस पर चढ़ा दो। जल्दी करो ! इसके हाथ और पैरों में मेरे सामने ही कीलें ठोक दी जाएँ।''

रोवस्की के सामने ही डोराइना क्रूस में जड़ दी गई। पुत्री के निवेदन और रोदन का कर्तव्यशील पिता के हृदय पर कुछ भी प्रभाव नहीं पड़ा। उस स्थान को छोड़ने के पूर्व रोवस्की ने डोराइना के गले में एक तख्ती लटकाकर उस पर उसी के रक्त से लिख दिया–

'विश्वासघात का फल !'

नेता का स्थान

लड़कपन से लेकर बी.ए. पास हो लेने तक, आठ वर्ष की अज्ञान अवस्था से तेईस वर्ष की अपरिपक्व अवस्था तक वे दोनों अभिन्न मित्र रहे। दोनों तीव्र-धी थे। दोनों देश के चमकते हुए सितारे थे। दोनों का एक ही देश था, एक ही प्रदेश था, एक ही नगर था, एक ही मुहल्ला था, एक ही आसरम था और एक ही धरम था।

दोनों अत्याचार पीड़ित देश के बालक थे। दोनों ऐसे राजा की छत्रच्छाया में रहते थे जो अधिकारियों को (और अपनी झक को) अंगुलियों पर नचाता था। दोनों ऐसे शासकों की रियासत के रिआया थे जो मनुष्य होकर मनुष्य के प्रति हिंसा-द्वेष का प्रचार करते थे, आदमी होकर आदमी को खा जाने पर तैयार थे। दोनों की जननी जन्म भूमि परतंत्र थी। दोनों के नाम हम नहीं बतलाएँगे। दोनों के देश का नाम भी हम अभी नहीं बतलाएँगे।

2

दोनों के हृदय में प्रेम था, मनुष्यता के लिए; उत्साह था जीवन-संग्राम में विजय पाने के लिए; दया थी, दुख में पड़े ईश्वर के सुंदर खिलौनों (सांसारिक जीवों) के लिए; बल था, असुविधाओं से लड़ने के लिए।

दोनों स्वदेश का उपकार और उद्धार करना चाहते थे। दोनों स्वदेश प्रेमोन्मत्त थे।

"हम लोगों की पढ़ाई-लिखाई समाप्त हो गई" एक दिन उनमें से एक ने दूसरे को छेड़ा।"

"अब जीवन क्षेत्र में किधर से और किस रूप में प्रवेश किया जाए ?"

"नौकरी नहीं करेंगे।'

पहला—"नहीं उससे भी अधिक आवश्यक यह है कि शादी नहीं करेंगे।"

दूसरा—"ठीक कहते हो। अच्छा तो यह बात तय रही कि हम दोनों शादी नहीं क़रेंगे, नौकरी नहीं करेंगे। आगे—?" पहला—"मनुष्य, राष्ट्र, समाज और जीव मात्र की कल्याण-कामना और कल्याण-चेष्टा ही हमारे व्रत होंगे।"

दूसरा—"मनुष्य, राष्ट्र, समाज और जीव-मात्र की कल्याण-कामना और कल्याण-चेष्टा

ही हमारे व्रत होंगे।''

पहला—''हम सत्य के प्रचारक होंगे, असत्य के विरोधी। हम न्याय के प्रचारक होंगे अन्याय के विरोधी। हम प्रेम के प्रचारक होंगे, द्वेष के विरोधी।''

दूसरा—''और, हम मनुष्य की पीठ पर हाथ-हाथ रखकर उसे ठोंकते हुए उससे कहेंगे--'अरे आदमी ! तू डरता किससे है ? तेरा बादशाह कौन हो सकता है। तेरे ऊपर शासन कौन कर सकता है ? तुझे अपमानित करने का अधिकार स्वर्ग के देवताओं तक को नहीं है। फिर तू डरता किससे है, भाई ? आँखें खोल ! तू मामूली प्राणी नहीं है—

मत सहल हमें जानों, फिरता है फ़लक बरसों,
तब खाक के परदे से इनसान निकलते हैं' ।''

पहला—''सारा देश हमारा परिवार होगा। हम बिना आत्म विज्ञापन की चेष्टा किए—चुपचाप—अपने निर्धारित मार्ग पर चलेंगे।'' थोड़ा ठहरकर और सोचकर दूसरे ने कहा—''मगर भाई साहब, यहाँ पर हमारा मतभेद है। मैं जीवन में एक बार 'नेता' होना चाहता हूँ।''

पहला—''चाहते हो तो हो जाओगे, मगर सेवामार्ग में कामना-कामिनी के साथ चलने का अर्थ है शराब पीकर देव स्थान में जाना। नेता से अनुयायी का स्थान किसी प्रकार भी छोटा नहीं है।''

दूसरा—''सभी नेता नहीं हो सकते। नेता होने के लिए अवसर, भाग्य और बुद्धि की आवश्यकता होती है।''

पहला—''इस तरह तो सभी अनुयायी भी नहीं हो सकते। संसार में कुछ भी होने के लिए—किसी-न-किसी हद तक अवसर, भाग्य और बुद्धि की आवश्यकता होती है। ऐसे—यदि लोकमत स्वयं चुनकर किसी को अपना नेता बना लें तो इससे बढ़कर और क्या होगा, मगर नेता बनने के लिए उद्योग करना, रूपक बाँधना ठीक नहीं। नेता—मनुष्यता का उपदेशक होता है, शिक्षक होता है। नेता ईश्वर का प्रतिनिधि होता है। वह देवस्थान की तरह पवित्र और धर्म की तरह ग्रहणीय होता है। नेता सब नहीं हो सकते, वे बनाए भी नहीं जाते। नेता होना खिलवाड़ नहीं है।''

दूसरा—''तुम्हारी इस परिभाषा से संसार में कोई नेता ही न रह जाएगा। अजी हम मनुष्य, राष्ट्र और समाज की सेवा कर साबित कर देंगे कि हम औरों से अधिक बुद्धिमान चतुर और दक्ष हैं। हमें लीडर बनाओ—तुम्हारा मंगल होगा।''

पहला—''अच्छी बात है। जाओ, देश की सेवा कर उससे बदले में 'लीडरी' माँगो। भगवान तुम्हारा सहायक हो। मैं तो चुपचाप काम करने का उपासक हूँ। हमारा-तुम्हारा ध्येय एक ही है। पथ दो हैं। इससे कुछ बनता-बिगड़ता नहीं। हम दोनों यथा समय 'लीडर' और 'सेवक' हो जाने पर भी एक-दूसरे के प्रेमी, बंधु और शुभाकांक्षी रहेंगे।''

3

उस देश में मुट्ठी भर आदमियों ने सबके पाप-पुण्य, धर्म-अधर्म, सुख-दुख, जीवन-मरण आदि को अपने काबू में कर रखा था। वे मुट्ठी भर आदमी विदेशी नहीं स्वदेशी थे—'प्रभुता पाइ कहि मद नाहीं ?' प्रायः ऐसा देखा जाता है कि अधिकार पा जाने पर स्वदेशी-विदेशी दोनों प्रकार के निरंकुश शासकों का रूप एक ही प्रकार का हो जाता है। कभी-कभी तो स्वदेशी शासक तो विदेशियों के भी कान काटते हैं। उस देश की भी यही अवस्था थी। स्वदेशी स्वेच्छाचार का बाजार गर्म था। राजा अपने ओछे विचार के चापलूस सहायकों से जो कुछ सुनता उसी को ब्रह्मास्त्र की तरह पकड़कर बैठ जाता। इसका फल यह हुआ कि व्यर्थ के और नए-नए करों से प्रजा व्यग्र हो उठी। जगह-जगह से धीरे-धीरे पर, गंभीर विरोध की आवाज आने लगी। निरंकुशों ने सोचा—"रिआया को विरोध करने का क्या हक है ? उन्हें गिड़गिड़ाना, हाथ-पैर जोड़ना चाहिए। हम शक्तिशाली हैं। जो हमारी बात काटेगा हम उसका सर काट लेंगे।" उन्होंने किया भी ऐसा ही। जिस प्रदेश से, जिस नगर से या जिस मुहल्ले से विद्रोह-सूचक समाचार आए—सच्चे या झूठे—वह नष्ट कर दिया गया, उड़ा दिया गया। उस स्थान विशेष के बूढ़े, जवान, बच्चे, स्त्रियाँ, अपराधी, निरपराध सभी पीस डाले गए। शासकों को और शासन के विरुद्ध बोलना मज़ाक नहीं था।

यह उस देश की राजनीतिक अवस्था थी। उस देश के मुट्ठी भर आदमियों ने सरकार की कृपा से राष्ट्र की संपूर्ण संपत्ति अपने हाथ में कर रखी थी। देश की एक-दो नहीं कोटियों-करोड़ जनसंख्या थी। पर देश की अनंत संपत्ति के भोक्ता प्रति करोड़ सौ से भी कम थे। याने वहाँ एक लाख मनुष्य गरीब थे और एक मनुष्य भयानक अमीर; यह विषमता की चरमसीमा थी। अमीर और अमीरों के कुत्ते-साथियों ने समाज में अनर्थ मचा रखा था। चारों ओर स्वेच्छाचारिता और नगद-नारायण के बल पर जुल्म करने का रोग फैला हुआ था। मजूर और किसान, गरीब और अनपढ़ खून देकर भी पेट भर भोजन नहीं पाते थे। गरीबों की स्त्रियाँ, बेटियाँ, बहनें, अमीरों के उन्माद की दासियाँ थीं। शासकों और अमीरों ने गुट बनाकर घर-घर में फूट डाल रखा था। अपमानित महिलाओं का, प्रताड़ित पुरुषों का और पेट-पीड़ित ग़रीब परिवारों का खोज लेना कोई नहीं था—ईश्वर भी नहीं था। उस देश की सामाजिक अवस्था थी। मुट्ठी भर धर्म के ठेकेदारों ने—पंडे-पुरोहितों और ईश्वर के नाम पर संसार को ठगनेवालों ने—प्रथा, पुराण और धर्म के नाम पर और भी भयानक उत्पात मचा रखा था। उनमें से कोई भी अपने को नहीं पहचानता था। पर ईश्वर-दर्शक होने का दावा सबका था। ईश्वर के निवास-स्थानों, (देवालयों, मठों) को उन्होंने होटल और वेश्यालय बना रखा था, त्यागियों और संन्यासियों की विभूति देखकर गृहस्थ चकरा जाते थे। विरागियों का वासनानुराग संसारियों को दहला देता था। सच्चे साधु, सच्चे पंडे और सच्चे धर्माध्यक्षों का कहीं पता नहीं था। चारों ओर धूर्तों, कामुकों आततायियों और दुष्टों

का बोलबाला था। ये पुरोहित पुजारी भी अत्याचारी सरकार से मिले थे। कारण ये सब भी धनी थे। ये सरकार की मदद करते थे—राजा और राजा के प्रतिनिधियों को ईश्वर का अवतार या अंश बताकर। सरकार इनकी मदद करती थी—प्रथा की पुराण, की दोहाई देकर। धर्म की आड़ में उस धर्माध्यक्षों ने न जाने कितने घर तबाह कर डाले, न जाने कितनी कुमारियों का कौमार्य नष्ट कर डाला, न जाने कितनी सतियों का सतीत्व लूट लिया, न जाने कितने गरीबों का गला रेत डाला। यह उस देश की धार्मिक अवस्था थी।

4

उस देश में गौतम बुद्ध, महावीर तीर्थंकर या गांधी जैसे अहिंसाप्रिय महापुरुषों में किसी युग में भी जन्म न लिया था। अस्तु, वहाँ का आंदोलन युद्ध अहिंसात्मक नहीं था। वहाँ जब उपद्रव हुए, सशस्त्र हुए। राक्षसों को राक्षसी भाषा में, दानवों को दानवी ढंग से ठीक करने की नीति वहाँ के यदा-कदा, यत्र-तत्र, असत्य के अंधकार के विरुद्ध सत्य के प्रकाश की तरह टिमटिमा उठनेवाले—नेताओं ने ग्रहण किया।

अनेक वर्षों तक जनता के साथ रहकर, अखबारों से प्रचार कर जेल और निर्वासन का दंड भोगकर हमारे पूर्व-कथित नवयुवक 'नेता' ने अपने उद्देश्य की प्राप्ति कर ली। जिन दिनों हमारे नेता को (अब हम दूसरे नवयुवक को इसी नाम से पुकारेंगे) नेतृत्व मिला उन दिनों लीडरी का भाव कुछ सस्ता भी था। पहले के नेताओं ने अपनी तपस्या से यशैषणा का मार्ग साफ कर रखा था। नए नेताओं को कुछ साधारण परीक्षा पास कर लेने ही—किसी समाचारपत्र की नीति के संचालक हो जाने से और उत्तेजित भाषा में—"भाइयो और बहनो !" कहकर गर्ज लेने से ही—नेतृत्व सुलभ था। नेता हो जाने के बाद; अपढ़, श्रद्धालु और उत्तेजनाप्रिय मूर्ख जनता की नकेल हाथ में आ जाने के बाद एक दिन 'नेता' और 'सेवक' दोनों दोस्तों की भेंट हुई।

"मैं नेता हूँ।" नेता ने सेवक से कहा।

"तुम राक्षस भी हो, देवता भी।" सेवक ने उत्तर दिया।

"मैं देवता हूँ, राक्षस नहीं, राक्षस के पीछे मनुष्यता के सुंदर-सुंदर खिलौने 'जय-जय' पुकारते हुए नहीं चलते।"

"नहीं, यदि तुम अपने पथ पर, अपने स्थान पर, अपनी प्रतिज्ञा पर, दृढ़ रहे तो तुम धन्य हो पूज्य हो, देवता हो। और, यदि समय आने पर प्राणों की बाजी लगने पर गरीब जनता को भूल अपने फेर में पड़ गए तो तुमसे बढ़कर कोई राक्षस नहीं। राक्षस तो स्पष्ट होते हैं। तुम नेतृत्व की खाल में राक्षसता का व्यापार करनेवाले हो जाओगे। जो बहुत ऊँचे चढ़ता है गिरने पर उसका पतन भी उतना ही नीचा होता है।"

"सेवक" नेता ने अभिमान से कहा—"देखोगे एक दिन सारा संसार मुक्त कंठ से कहेगा कि मेरा पथ-निर्णय ठीक है। मैं इतिहास में अमर हूँ।"

"नेता !" सेवक ने नम्रता से उत्तर दिया—"ईश्वर तुम्हारी बातें सच करें। पर, भाई मैं जानता हूँ कि तुम ज्वालामुखी के मुख पर खड़े हो। कब आग भड़केगी और तुम मुँह के बल गिरोगे, इसका कोई ठिकाना नहीं। नेता का स्थान ज्वालामुखी में भयानक मुख पर होता है, इसका ध्यान रखना।"

5

एक दिन नेता ने विचार किया—'इतना बड़ा दल मेरे साथ है कि अन्यायकारी अमीर धर्माध्यक्ष और राजा तक मेरी परवाह करते हैं। विरोध करते हुए भी गालियाँ और दंड देते हुए भी वे मुझसे डरते हैं। जनता मेरे इशारे पर मरने और मारने को तैयार है। फिर...फिर ?

'क्या बुराई है अगर एक बार आग लगा दूँ ? क्या बुराई है अगर एक बार गरीबों को अमीरों के विरुद्ध, प्रजा को राजा के विरुद्ध और पीड़ित को पीड़ा के विरुद्ध उभाड़ दूँ ? अगर एक बार लोहा बजवा देने से इतने बड़े देश का 'उद्धारक' पद मुझे मिलता हो तो इसे क्यों छोड़ दिया जाए ? क्रांति के बाद विजयी नेता की कैसी पूजा कैसी प्रतिष्ठा होती है। संसार के इतिहास इसके प्रमाण हैं।'

'मगर, मगर' नेता हिचका—'यदि जनता में काफ़ी बल न हुआ ? यदि मुझमें ही काफ़ी बल न हुआ ? यदि राष्ट्रीय पक्ष की हार हुई ?

'उहं ! यह सब मन की दुर्बलता है। जरूर हमारी विजय होगी। जरूर हमारे भाग्य चमकेंगे। जय उद्योग की ! जय साहस की !!'

नेता ने उस देश की सरकार के विरुद्ध सशस्त्र युद्ध की घोषणा कर दी। अधिकारियों के ताप से जनता सूखे पुआल की तरह हो रही थी, नेता ने उसमें आग लगा दी 'सेवक' ने हाथ जोड़कर नेता से कहा—"नेता जल्दी न कर। हाथ से छूट जाने पर तीर लौटाया नहीं जाता। अभी समय नहीं है, युद्ध न छेड़।"

"सेवक"—नेताओं की राजनीतिक मुसकराहट के साथ नेता ने कहा—"तेरा विषय सेवा है, अनुगमन है, तू अपने रास्ते जा।" नेता के चापलूस अनुयायियों ने कहा—"सत्य वचन, धर्मावतार। यह कायर है, डरपोक है।"

"नेता, आग न लगा। देश के नौनिहाल तबाह हो जाएँगे, माताएँ मर मिटेंगी, बहनें सताई जाएँगी, विधवाओं की आहों से आकाश हिल जाएगा।"

"सेवक, तेरी सलाह ठीक नहीं। तेरी आत्मा कमजोर है। तू केवल तमाशा देख चुप रहा। मैं अपनी जिम्मेदारी समझता हूँ।" नेता ने कहा।

"सेवक, तू देशद्रोही है, नीच है, पतित है। हमारी आँखों से दूर हो जा। नेता देवता है, नेता सर्वशक्तिमान् है, उसकी जय हो।" नेता के अनुयायियों ने कहा।

जाते-जाते आँखों में आँसू भरकर सेवक कहता गया—"नेता भाई ! इस समय तेरा सिंहासन ज्वालामुखी के मुख पर है। सावधान !"

6

सरकार काँप उठी, देश दहल उठा, संसार चकरा गया। नेता का नाम ईश्वर के नाम की तरह लोगों की जबान पर फिरने लगा। इन सब बातों का एक कारण नेता की चतुर बुद्धि थी।

देश में विद्रोह—सशस्त्र विद्रोह हुआ। सब जगह नहीं, केवल उन्हीं स्थानों पर जहाँ नेता ने चाहा। जनता ने जरा सी छेड़खानी की सरकार ने पृथ्वी को रक्त से प्लावित कर दिया। कुछ सरकार का बिगड़ा, बहुत कुछ जनता का। मगर नेता दूध का धोया साफ था। कानून की पहुँच उस तक न हो सकी। सारे देश में खलबली मच जाने के डर से सरकार, नेता को सारी खुराफातों की जड़ मानते हुए भी गिरफ़्तार नहीं कर सकती थी।

अनेक स्थानों पर जनता के रक्त से होली खेलने के बाद आग अधिक भड़कते देख सरकार ने नेता को याद किया। राजा ने अपना विशेष प्रतिनिधि भेजकर नेता को निमंत्रित किया।

एक दिन रात्रि दस बजे नेता राजा के प्रासाद में पहुँचा। बड़ी तैयारी थी—उसके स्वागत के लिए बड़ी धूमधाम थी। बड़े-बड़े सरदारों और दरबारियों से घिरा नेता राजा के सामने पहुँचा। सुवर्णदीपक जल रहे थे। सुगंधवाली पवन भवन के कोने-कोने में घूमकर पंखा झल रहा था। माया की ज्योति से राजभवन देदीप्यमान था। विविध रूप-रंग की सुंदरियाँ और शराबें अपने-अपने स्थानों पर शोभित हो रही थीं। नेता का आसन राजा के पास ही, कुछ नीचे था।

उस दिन नेता महामान्य राजा का अतिथि था। राजा ने इशारा किया; दरबारियों ने अपने-अपने प्याले ऊँचे किए। लाल परी शीशे में नाच उठी। मगर नेता ने अपना प्याला न छुआ। उसके हृदय ने कहा, 'तू नेता है और यह शराब है।'

दाहिनी तरफ बैठे हुए राजा के प्रतिनिधि ने नेता के कान में कहा—"क्षमा कीजिएगा। आप इसे न पीजिएगा तो राजा का अपमान होगा। इसमें हानि ही क्या है ?" 'इसमें हानि ही क्या है ?' नेता के हृदय में यह बात एक बार प्रतिध्वनित हुई। उसी समय सुंदरियों ने मधुरतान लेना आरंभ किया। उसी समय मंद-मलय समीरण का एक झोंका नेता के कपोलों को स्पर्श करता हुआ निकल गया। उसी समय भवन की बड़ी और हरे मखमल की कामदार झालरों से जड़ी खिड़की से चंद्रदेव ने भीतर झाँका। 'इसमें हानि ही क्या है ? मैं इतना दुर्बल-हृदय नहीं...।' नेता के मन ने उसे फिर चेताया—'तेरे ही शब्दों में यह 'गरीबों का ख़ून है।' सँभाल ! देख, तू गिर तो नहीं रहा है ?' नेता को इस तरह इतस्ततः करते देख राजा ने इशारा किया। एक अनुपमा सुंदरी अपनी गति से शराब के भी होश उड़ाती हुई नेता की बाईं ओर कुर्सी पर जा बैठी। नेता को रोमांच हो आया।

जिसके आगे जगद्गुरु हिंदुओं के ब्रह्मा, विष्णु और महादेव ने विश्वामित्र, पराशर

और नारद ने हार मानकर मस्तक झुका लिया था, उसी के आगे उस देश का नेता कब तक ठहर सकता था ?

सुंदरी के हाथ से शराब लेते हुए उसके मन ने कहा—'कोई हर्ज नहीं, मैं नेता हूँ। औरों से अधिक शक्ति-संपन्न हूँ।' उसके मुख ने कहा—

"बात साकी की न टाली जाएगी,
करके तोबा तोड़ डाली जाएगी।"

दूसरे दिन नेता अत्याचारी राजा के मंत्रियों में—धन के कुत्तों में—था।

7

जब से नेता 'मिनिस्टर' हुआ, उसकी आन-बान का क्या पूछना। पहरा भी, चौकी भी मोटर भी, महल भी। सेवक के साथ की हुई सब प्रतिज्ञाएँ उसे भूल गईं। दुष्ट शासन के सहायकों ने उसे बिलकुल अपने काबू में कर लिया। अब नेता, सताई हुई जनता के लिए कराहता नहीं, अखबारों में कभी-कभी कुछ लिखता है। अब नेता की बातों में वह जोर भी नहीं जो पहले था।

एक दिन 'सेवक' उसके बँगले के फाटक पर से लौटा जा रहा था। पहरेदारों ने उसे घुसने नहीं दिया। वह थोड़ी ही दूर गया था कि उसे एक बहुत बड़ी भीड़ आती दिखाई पड़ी। उस भीड़ में गरीब थे, मजूर थे, स्त्रियाँ थीं, बच्चे थे और अनेक अन्य पुरुष थे। सेवक ने भीड़ के अगुआ से पूछा—"किधर ?"

"मिनिस्टर बने हुए नेता के घर।"

सेवक भीड़ के साथ-साथ एक बार फिर नेता के फाटक पर पहुँचा।

पहले पहरेदारों ने आनाकानी की मगर, फिर भीड़ को नेता से मिलने के लिए अत्यंत उत्सुक देख उसने उसे (मिनिस्टर नेता को) सूचना दी। नेता बाहर आया।

"नेता," गरीबों ने पुकारा—"तू हमें भूल क्यों गया ? हम तो हमेशा तेरे भक्त रहे। तू आजकल हमारी सुधि क्यों नहीं लेता ?"

"यह तुम लोगों ने बड़ा बुरा किया" नेता ने भीड़ को फटकारा—"इतने बड़े दल में आने की क्या जरूरत थी ? यह तो मुझे धमकाना है। इस तरह तुम्हारी हक की बात नहीं सुनी जाएगी। एक-एक, और शांत होकर मुझसे मिलने आओ।"

"तू तो मोटरों में घूमता है हम गरीब पैदल चलनेवाले हैं। तू राजा के पास रहता है, हम गरीबों के साथ रहते हैं। हमसे तुझसे भेंट ही कब होती है ?" भीड़ से एक आदमी ने कहा।

"नेता," दूसरे ने कहा—"सरकार ने—उसी सरकार ने जिसका तू मंत्री है, मेरे भाई को फाँसी पर टँगवा दिया है—तेरे कारण, तेरे चलाए हुए आंदोलन में। अब तू उसी

राक्षसी सरकार से सहयोग कर रहा है। तू तो पहले मिनिस्टरी को बुरा समझता था।''

''चुप रहो।'' नेता ने कहा—''राजनीति में सदा एकमत नहीं रहता। उस वक्त मंत्रित्व से दूर रहने की जरूरत थी, आज उसे स्वीकार करने की आवश्यकता है। तुम मूर्ख हो, राजनीति क्या जानो।''

''नेता'' एक ओर से किसी स्त्री ने कहा—''उस बार के आंदोलन में सरकारी आज्ञा से राजा के सैनिकों ने हमारा घर लूट लिया था और चुन-चुनकर पुरुष प्राणियों को मार डाला था। अब हम स्त्री और बच्चे भूखे मर रहे हैं। नेता हमारी रक्षा कर।''

नेता—''इस वक्त मैं तुम्हारी एक बात भी न सुनूँगा। तुम लोग मुझे भय दिखाने आए हो ? उलटे पाँव लौट जाओ, नहीं तो अनर्थ हो जाएगा।''

''तू हमारी रक्षा कर हम तुझे अपनी ओर लौटाने आए हैं। तू सरकारी सोने और प्रतिष्ठा पर आज मुग्ध है। तू हमें भूल गया है, अपने को भी भूल गया है।''

''हम कुछ नहीं सुनते।'' नेता ने झिड़की दी—''सचमुच तुम सब दुष्ट हो !'' मिनिस्टर ने अपने नौकर की ओर देखकर कहा—''टेलीफोन से पुलिस को बुलाओ। ये बदमाश सीधी तरह नहीं जाएँगे।''

''हमारे लिए पुलिस ?''—एक ने कहा।

''तू मिनिस्टर होते ही बदल गया ?''—दूसरे ने कहा।

''हम जनता हैं !'' एक उत्तेजित नवयुवक ने आगे बढ़कर कहा—''हम मूर्ख भले ही हों, गरीब भले ही हों, शक्तिहीन भले ही हों—फिर भी हम सम्राटों के सम्राट और बादशाहों के बादशाह हैं। हम देवता की तरह दयालु और भोले हैं। हम दानव की तरह क्रूर और भयानक हैं। हम जब बिगड़ते हैं, आकाश काँप उठता है, पृथ्वी हिल जाती है। तू हमारे विरुद्ध हो रहा है ? हमारे खून से शक्ति पाकर हमारे ही विरुद्ध शक्ति-प्रयोग ? मूर्ख !'' उत्तेजित भीड़ ने कहा—''मूर्ख ! धोखेबाज !''

''अपना कुशल चाहते हो तो लौट जाओ, कुत्तो !'' नेता ने कहा।

''हम कुत्ते हैं ?'' नवयुवकों ने क्रोध से पूछा।

''हम कुत्ते हैं ?'' बूढ़ों ने घृणा से पूछा।

''हम कुत्ते हैं ?'' बच्चों ने मचलकर पूछा।

नेता ने अपने नौकर को टेलीफोन की ओर भेजा। वह स्वयं भी बँगले की ओर मुड़ा। उत्तेजना बढ़ी। एक ने भीड़ में से ललकारा—''कहाँ जाता है ?'' दूसरे ने कहा—''आज हमारा और तुम्हारा फैसला होकर रहेगा।'' तीसरे ने कहा—''मारो इस मनुष्य रूपधारी राक्षस को। कौन सोचता है ? कौन विचार करता है ? भीड़ के सर पर शैतान सवार हो गया था। अच्छे-बुरे का खयाल जाता रहा। देखते-देखते वह नेता पर टूट पड़ी। चारों ओर हल्ला मच गया। पुलिस के आने के पहले ही नेता टुकड़े-टुकड़े कर दिया गया।

उत्तेजित जनता ने नेता के शव को टाँगों के सहारे सड़क पर घसीटती हुई पागलों की तरह चली जा रही थी। 'सेवक' हजार चेष्टा करके भी उस क्षुब्ध समुद्र को शांत नहीं कर सकता था। इसी समय सामने से सशस्त्र घुड़सवार आते दिखाई पड़े। सेनानायक ने ललकार कर पूछा—"यह कौन है ? इसे इस तरह कहाँ लिये जा रहे हो ?"

सेवक ने उत्तर दिया—"यह ज्वालामुखी से खेलनेवाला नेता है, अपने स्थान पर पहुँचाया जा रहा है।"

पागल

''क्रोडेकाफ़''—पेट्रोगाड सेंट्रल जेल के जेलर ने कहा—''अनर्थ हो गया भाई !''

''अनर्थ हो गया ? कैसा ? स्मरनोफ़ तो कुशल से है ?'' व्यग्र भाव से क्रोडेकाफ़ ने जेलर से पूछा।

जेलर—''उन्हीं की बात तो कहता हूँ। मामला बड़ा टेढ़ा हो गया है, बात कहीं-से-कहीं पहुँच गई है। ईश्वर ही रक्षा करे।''

क्रोडेकाफ़—''जरा स्पष्ट कहो तो कुछ पता भी चले। मेरी उत्सुकता बरसाती नदी की तरह बढ़ रही है।''

जेलर—''यह तो आप जानते ही हैं कि उन पर 'पेट्रोगाड-टाइम्स' में 'दुर्बलों की आह' शीर्षक से लेख लिखने के कारण यह भयंकर वज्रपात हुआ है।''

क्रोडेकाफ़—''हाँ, इस विषय की सब बातें मुझे विदित हैं। आज यह भी सुना है कि 'पेट्रोगाड टाइम्स' पर सात सौ पचास रुपयों का जुर्माना हुआ है और इस पर 'पूर्व निरीक्षण' (प्रीवियस सेंसर) की आज्ञा भी हुई है।''

जेलर—''इधर स्मरनोफ़ के बारे में हमारे महामान्य सम्राट् जार की आज्ञा हुई है कि—'वह उसी पत्र में अपने लेख के लिए पश्चात्ताप करें तथा क्षमा प्रार्थी हों।' ''

क्रोडेकाफ़—''स्मरनोफ़ ने तो इस प्रस्ताव को न स्वीकार किया होगा ?''

जेलर—''नहीं। और, क्योंकि वह लेख सम्राट् के शासन की पोल खोलता है इसलिए उनका विशेष हठ है कि लेखक क्षमा प्रार्थी होवे ही। स्मरनोफ़ सत्य की तरह दृढ़ है। उसकी आज इसी जेल में मेरे सामने ही बड़ी दुर्गति हुई है—शायद वह अभी तक अस्पताल में मूर्च्छितावस्था में ही पड़ा होगा। पर लक्षण से जान पड़ता है कि प्राण दे देने पर भी वह क्षमाप्रार्थी न होगा।''

स्मरनोफ़ की बड़ी दुर्दशा हुई है ? वह अभी तक मूर्च्छित होगा। क्रोडेकाफ़ के चेहरे पर हवाइयाँ उड़ने लगीं। उसने व्याकुल होकर जेलर से प्रश्न किया—''उसकी क्या दुर्दशा हुई है भाई ? क्या मुझे उससे मिला सकते हो ?''

जेलर—''हमारे सुपरिंटेंडेंट गोस्पोडिन (मिस्टर) गिलिंस्की ने प्रधानमंत्री द्वारा सम्राट् के सम्मुख यह संदेश कहलाया है कि मैं युवक स्मरनोफ़ को क्षमा-प्रार्थना के लिए विवश करके ही छोड़ूँगा। सुना है, ऐसा हो जाने पर उन्हें (जे. सु. को) एक बड़ी रकम पुरस्कार

रूप में मिलेगी। अस्तु आज दोपहर को वे अनेक जेल-कर्मचारियों के साथ स्मरनोफ़ की काल-कोठरी के द्वार पर गए। उन्हें क्षमा-प्रार्थना के लिए लोभ और भय दिखाया। पर स्मरनोफ़ ने एक भी न सुनी। उन्होंने दृढ़ता से बार-बार यही कहा कि–'मैंने सत्य ही लिखा है। उसके लिए क्षमा-प्रार्थना करने से मर जाना श्रेयस्कर है।' अंत में क्रुद्ध सुपरिंटेंडेंट ने उन्हें कोड़ों से इतना पिटवाया कि देखनेवालों के भी देवता कूच कर गए। स्मरनोफ़ की देह कोड़ों की मार से लोहू-लोहान हो गई हैं। और; वह अभागा संज्ञा शून्य हो गया है। क्रोडेकाफ़ ! आप मेरे मुँह की ओर क्या देख रहे हैं ?''

क्रोडेकाफ़–''देख रहा हूँ कि आप हमारे और स्मरनोफ़ के सहपाठी और मित्र होकर भी यह लीला कैसे देखते रहे ? क्या मित्रता और मनुष्यता से भी रुपए बड़े हैं ?''

जेलर कुछ भी उत्तर न दे सका। क्रोडेकाफ़ ने पुनः कहा–''मुझे स्मरनोफ़ से मिला सकते हो ?''

''यह जेल है भाई क्रोडेकाफ़ ! घर नहीं। और यह जेल है संसार के उस सम्राट् के अधीन जो अपनी क्रूरताओं के लिए विश्वविख्यात है।''

''और मैं तुम्हारा भाई हूँ–भाई ! मैंने आज तक तुमसे कुछ भी नहीं माँगा है। आज हाथ जोड़कर घुटने टेककर मित्र के दर्शनों की भिक्षा माँगता हूँ। बोलो देते हो ?''

क्रोडेकाफ़ ने नेत्रों में अश्रु भरकर जेलर के आगे घुटने टेक दिए, प्रेम की विजय हुई। जेलर की अंतरात्मा क्रोडेकाफ़ के प्रेम से मुग्ध हो गई। उसने कहा–''ऐसे तो नहीं। आप कृपा कर जेल के एक वार्डर की पोशाक पहनकर मेरे साथ स्मरनोफ़ के पास चल सकते हैं। पर क्षमा कीजिएगा आप उनसे बातें नहीं कर सकते। जेलर के पद की–जब तक मैं उस पर हूँ–मर्यादा बचानी होगी।''

भगवान भुवन-भास्कर अपनी प्रियतमा पश्चिमा के पास गए, पक्षी अपने प्रिय बच्चों के पास गए, और उत्सुक क्रोडेकाफ़ वार्डर के वेश में अपने प्रियतम स्मरनोफ़ के पास गया।

2

मेरीना क्रोडेकाफ़ की छोटी भगिनी थी। उसकी अवस्था उससे कोई आठ-नौ वर्ष कम थी। अर्थात् वह षोड्शी थी। क्रोडेकाफ़ का ऐसा विश्वास था कि उसकी सहोदरा स्मरनोफ़ पर एक विशेष भाव रखती है, प्रेम करती है। अभी हम इस बारे में अपने पाठकों को ठीक पता नहीं दे सकते।

जेल से लौटने पर, घर में घुसते ही, खिन्न-हृदय क्रोडेकाफ़ ने सुना कि मेरीना पियानों बजाकर कुछ गा रही है। क्या यह विरह संगीत है ? क्रोडेकाफ़ कमरे के बाहर से ही मेरीना के हृदय का भेद लेने लगा। वह गा रही थी–

''सुमन मेरा जीवन आधार,
चुना गया अनयी माली से, मम यौवन-शृंगार।

आज नहीं बजते हैं मेरे, दुखित हृदय के तार,
व्यथित-बिंदु नयनों के बाहर आते बारंबार
हृदयवान अ-बलों पर पशुबल का यह अत्याचार,
कब तक देखोगे करुणामय ! अब तो सुनो पुकार।
सुमन मेरा जीवन आधार।

मेरीना की स्वर-लहरी कमरे भर में 'जीवन आधार। जीवन आधार !' चिल्ला रही थी। शायद क्रोड़ेकाफ़ का हृदय भी वैसा ही कुछ कह रहा था। गान रुकने के साथ ही क्रोडेकाफ़ कमरे के द्वार की ओर बढ़ा।

"जेलखाने से आते हो—भैया !"

"हाँ।"

"स्मरनोफ़ से मिले थे ?—वह कैसे हैं ?"

क्रोडेकाफ़ क्या उत्तर देता ? मेरीना ने पुनः प्रश्न किया—"उन्हें वहाँ पर कष्ट है क्या ? बताते क्यों नहीं ? इस बार क्रोडेकाफ़ बोला—"मेरीना ! जान पड़ता है अब हमारा स्मरनोफ़ हमें न मिल सकेगा। अत्याचारी दल उसके रक्त का प्यासा है—उसे स्मरनोफ़ के मांस की भूख है।"

मेरीना—"उनसे आपसे भेंट हुई थी ? जेलर महाशय तो आप कहते थे—आप लोगों के बाल-सखा हैं। फिर ?"

क्रोडेकाफ़—"भेंट हुई थी, जेलर के बाल-सखा होने से ही भेंट हुई थी। पर, उसे भेंट से क्या ? स्मरनोफ़ बेहोश एक लोहे की चारपाई पर पड़ा था। उसके शरीर पर कोड़ों के अनेक घाव थे। कपड़े रक्तमय थे। आह। बड़ा ही दुखद दृश्य था। मेरीना तुझे याद है ? हमारा छोटा भाई... ओफ !!"

क्रोडेकाफ़ के नेत्रों में जल आ गया।

मेरीना—"आप 1905 ई. की बात कहते हैं ?"

क्रोडेकाफ़—"हाँ, वह केवल तमाशा देखने के लिए ही तो ज़ार के महल के बाहर सुधार माँगनेवालों के साथ खड़ा था। पर अत्याचार ने उसे भी नहीं छोड़ा, हजारों निरीहों के संग उस कत्लेआम में—वह भी मारा गया था। जान पड़ता है अब इस छोटे भाई से भी प्रियमित्र स्मरनोफ़ की हत्या भी देखनी होगी।"

3

ज़ारशाही के यमालयों (कारागारों) में राजनीतिक बंदियों की यंत्रणाओं का कोई ठिकाना न था। अनेक प्रकार के आसुरिक यंत्रों की कल्पनाएँ और सृष्टि हुई थीं और यह सब हुआ था केवल इसलिए कि कोई ज़ार की सरकार के विरुद्ध स्वप्न में भी आवाज़ न उठाए। पशुबल के लाड़ले जान पड़ता है इतिहासों पर विश्वास नहीं करते। यदि वे ऐसी करते होते तो लंका के रावण की कथा उक्त यंत्रों के निर्माण में अवश्य बाधा

उपस्थित करती। सोलहवें लुई की कहानी उनसे पुकारकर कह देती कि ये यंत्र और ये कारागार 'व्यर्थ' के पर्याय छोड़ और कुछ भी नहीं हैं।

पशुबल सचमुच बड़ा भारी मायावी होता है। वह जिसे अपना कहता है, वह कानों के रहते हुए भी बधिर नेत्रों के रहते हुए भी अंधा और बुद्धि के रहते हुए भी मूर्ख—घोर मूर्ख हो जाता है !!

यह एक काँटेदार यंत्र है। आप इसे पहिया रूपी पैरों से चलनेवाली एक लौह-कंटक नई कालकोठरी कह सकते हैं। इसके भीतर, आज अभागा स्मरनोफ़ बाँधकर खड़ा किया गया है। जेलर और अन्य कर्मचारियों—सहित जेल सुपरिंटेंडेंट गिलिंस्की सामने खड़ा है। आज वह स्मरनोफ़ को 'क्षमा-प्रदान' के लिए विवश करेगा ही।

गिलिंस्की का भाषण आरंभ हुआ—

"स्मरनोफ़, सम्राट् के प्रति घृणा फैलाना पाप है।"

स्मरनोफ़—"परंतु मैंने सम्राट् के विषय में कुछ भी नहीं लिखा है। मैंने जो कुछ भी लिखा है ज़ारशाही—शासन पद्धति के विरुद्ध है।"

गिलिंस्की—"खैर, मैं तुमसे बहस नहीं करना चाहता। बताओ तुम क्षमा-प्रार्थना के लिए प्रस्तुत हो ? तुम जानते हो इस यंत्र के गुण क्या हैं ? बोलो।

स्मरनोफ़—"सुपरिंटेंडेंट ! क्षमा-प्रार्थना के लिए कहते हो ? जरा देश के किसानों को मेरे साथ चलकर एक बार देख आओ। अरे वे भी तुम्हारे भाई हैं। वे सिर का पसीना पैर तक लाकर, शीत, ग्रीष्म, भूख-प्यास, रोग-शोक—सब कुछ झेलकर; अन्न उत्पन्न करते हैं। पर हाय। जरा इस शासन प्रणाली को तो देखो—उन अभागों के पास खाने तक का ठिकाना नहीं। अधिकारी मजे से बैठकर होटलों में डबल रोटी और शराब-कबाब उड़ाते हैं। जमींदार कृषकों को लूट-लूटकर उनके रक्त से अपने महल बनवाते हैं। और बेचारे किसान भूखों मरते हैं। यह अन्याय नहीं है ? एक मनुष्य की हैसियत से कह सकते हो—यह अन्याय नहीं है ? जरा हृदय पर हाथ रखकर—ईश्वर की शक्ति पर विश्वास रखकर—कहो तो यह अन्याय नहीं है ?"

गिलिंस्की क्रुद्ध होकर बोला—"मैं यह सब नहीं सुनना चाहता। मेरे प्रश्न का उत्तर दो।"

स्मरनोफ़—"उसका उत्तर तो मिलेगा ही, जरा इसे भी सुन लो। गत सप्ताह में एक गाँव में गया था। उस दिन भयंकर सर्दी थी। मैंने देखा एक झोंपड़ी में एक कृषक की स्त्री पड़ी थी और पड़ा था उसके वस्त्रहीन वक्ष पर एक बे-वस्त्र हाड़ का बच्चा। माता को जान पड़ता था कई दिनों से भोजन नहीं मिला था। फिर भी अज्ञान क्षुधातुर बालक जननी के स्तनों में से दूध निकालने का व्यर्थ प्रयत्न कर रहा था। अपनी असफलता के कारण वह रह-रहकर चिल्ला उठता था—पर, हाय ! अभागे से चिल्लाया भी नहीं जाता था। यह पूछने पर कि उसके परिवार में और भी कोई है, ज्ञात हुआ कि उसका एक मात्र सहायक पिता जमींदार के यहाँ बेगार पकड़कर गया है। भला सोचो तो सुपरिंटेंडेंट साहब; तुम्हें यदि उक्त स्थिति में निर्वाह करना होता, तो क्या

तुम इस शासन के हिमायती होते ? तुम्हारे बच्चे हैं ? स्त्री है ? क्या तुम उनकी ऐसी अवस्था देख वज्र की तरह भयंकर और व्याघ्र की तरह हिंस्र नहीं हो जाओगे ? बताओ।"

बालू के भीमकाय स्तूप पर एक बूँद जल का जितना प्रभाव पड़ सकता है अपार पारावार में एक खंड मिसरी अपना जितना असर पहुँचा सकती है—उतना प्रभाव और उतना असर भी स्मरनोफ़ की बातों का गिलिंस्की के दानव-गर्व-प्रहारी हृदय पर नहीं हुआ। वह केवल रूबल (रूसी सिक्का) से प्रभावान्वित हो सकता है।

उसने सिपाही से कहा—"यह सीधे नहीं मानेगा; यंत्र चलाओ।" यंत्र चला। अनेक लौह-कंटक चारों ओर से अपनी जीनें पसारकर स्मरनोफ़ के कुसुम-कोमल-कलेवर से सट गए। उन्हें रक्त की प्यास थी ! स्मरनोफ़ के शरीर से कंटकों के साथ ही व्यथा भी आकर चिपट गई। उसे अनुभव हुआ कि क्षण भर बाद उसकी देह भर में लोहे की कीलें धँस जाएँगी।

मारे पीड़ा के उसका मुँह प्रभात के सूर्य की तरह रक्त-वर्ण हो गया। गिलिंस्की ने समझा कि अब स्मरनोफ़ उसका प्रस्ताव स्वीकार कर लेगा। उसने पूछा भी—"बोलो, अब क्षमा-प्रार्थना करोगे ?"

"करूँगा, पर; तुम्हारे पापों के लिए।"

पैर पटककर गिलिंस्की बोला—"हमारा कैसा पाप जी ! साफ कहो।" स्मरनोफ़ को इस समय बड़ी पीड़ा हो रही थी। काँटे उसके शरीर में धँस गए थे। फिर भी उसने दृढ़ होकर कहा—"मैं इन शब्दों में क्षमा-प्रार्थना करूँगा—हे हमारे स्वर्गीय पिता ! तू इन्हें क्षमा कर दे। क्योंकि, ये नहीं जानते कि यह क्या कर रहे हैं।"

इस बार गिलिंस्की का क्रोध मर्यादा का अतिक्रमण कर गया। उसने गरज़कर कहा—"चलाओ, जोर से चलाओ। इस नीच पादरी की जीवन-लीला समाप्त कर इसे यहीं गाड़ दो ! स्वर्गीय पिता से क्षमा-प्रार्थना करेगा।"

यंत्र के क्रूर लौह-कंटकों को भरपेट रक्त मिला। वीर स्मरनोफ़ ने क्षमा-प्रार्थना नहीं की। नीच गिलिंस्की के माथे पर एक स्वदेश-सेवक की हत्या की टीका लगी थी। स्वार्थ ! धन !! तुम्हें किस मूर्ख ने बनाया है ?

4

स्मरनोफ़ से जितनी मित्रता क्रोडेकाफ़ से थी उतनी तो उस जेलर से नहीं थी, फिर भी, दोनों में खासा परिचय था। स्मरनोफ़ की भयंकर मृत्यु से जेलर बड़ा ही व्यथित हुआ। उसे निश्चित हो गया कि अब क्रोडेकाफ़ जीवित न रहेगा। क्योंकि वह (क्रोडेकाफ़) स्मरनोफ़ को उतना ही प्यार करता था जितना मलय समीर सौरभ को, सूर्य प्रभा को, सुधांशु ज्योत्स्ना को और घनश्याम चंद्रमा को। तुरंत ही तो नहीं, पर स्मरनोफ़ की मृत्यु के पंद्रह दिनों के बाद ही जेलर ने धीरे से अपनी नौकरी से इस्तीफा दे दिया।

एकाएक पदत्याग करने से निश्चय ही ज़ार-शाही जेलर को भी स्मरनोफ़ के पास (स्वर्ग) भेज देती।

जेलर ने यह दुखद संवाद क्रोडेकाफ़ और मेरीना के कानों तक पहुँचाया। आह ! उस समय मेरीना ने क्रोडेकाफ़ की ओर और क्रेडोकोफ़ ने मेरीना की ओर जिस दृष्टि से देखा था उसका वर्णन करने के लिए भाषा के भंडार में शब्द नहीं है। दोनों के नेत्र अपने अंतस्तल-स्थित एक्सरे द्वारा एक-दूसरे के भीतर का आंदोलन देख रहे थे। मेरीना को ज्ञात हुआ क्रोडेकाफ़ उसका प्रिय सहोदर-पागल हो जाएगा। और क्रोडेकाफ़ की विक्षिप्तता ने उसे स्पष्ट बतला दिया कि अब मेरीना भी वहीं जाना चाहती है जहाँ पर उसका सर्वस्व स्मरनोफ़ गया है !!

उस दिन आकाश में काले बादल घिरे थे। उनका रह-रहकर गरजना यह घोषित कर रहा था कि वे बरसना चाहते हैं। जैसे पशुओं के हृदय में दानवता खेला करती है वैसे ही उन भयंकर बादलों के हृदय में रह-रहकर चपला चमक जाया करती है। जब वह चमकती थी तो जान पड़ता था मानों किसी ने जलमुहीं कसौटी पर सुवर्ण की रेखा खींच दी है—किसी काले राक्षस के गले में पीला दुपट्टा डाल दिया है—असली पयून-राशि पर चंपक-मलिका डाल दी है। आधी रात से अधिक बीत चुकी थी, पर क्रोडेकाफ़ के नेत्रों में निद्रा नहीं थी। उसका व्यथित हृदय रह-रहकर किसी की प्रतीक्षा कर रहा था। क्रोडेकाफ़ की यह प्रतीक्षा कभी पूर्ण न होनेवाली आशा की तरह, अमृत प्राप्ति की इच्छा की तरह, सदेह स्वर्ग के राज में प्रवेश करने की कामना की तरह—मधुर, किंतु असाध्य;-सुंदर, किंतु भयंकर थी।

चिंतामग्न क्रोडेकाफ़ ने सुना—कोई गा रहा है। कौन ? मेरीना ? अरे, अभी वह भी जागती है !! हाय, हाय ! स्वरों में कितनी करुणा है ? कलेजा मुँह को आ रहा है। अभागी मेरीना। वह गाती थी—

"तुम बिन जियत बहुत दिन बीते !
हे प्रियतम अब रहि न जात है जग में रीते हीते।
तुम बिन जियत बहुत दिन बीते।
मैं आवति तुम गए जहाँ हो, नेह तोड़ि सब ही ते,
तनक सरन चरनन में दीजो मेरे प्रान पिरीते।
तुम बिन जियत बहुत दिन बीते।"

मेरीना के साथ ही चंद्र-विरह-विधुरा श्याम-कलेवरा-निशा भी गा रही थी—'तुम बिन जियत बहुत दिन बीते।' मिन-वियोग-व्याकुल-क्रोडेकाफ़ का हृदय भी हाहाकार कर

चिल्ला रहा था—'तुम बिन जियत बहुत दिन बीते।' दूसरे दिन क्रोडेकाफ़ ने देखा कि उसकी सहोदरा ने आत्महत्या कर ली है। उसके बिछौने पर एक पत्र भी मिला था। अब क्रोडेकाफ़ एकदम पागल हो गया !!

5

आज रविवार है। पागल क्रोडेकाफ़ भी गिरजाघर जा रहा है। आज उसकी वेशभूषा देखने लायक है। फटी कमीज़, एक पुराना कोट जिसमें अनेक छिद्र ? और बड़ा भारी पुराना फौजी बूट ! सिर के बाल रूखे और बिखरे—जान पड़ता था महीनों से नहीं नहाया है। वह गिरजाघर के पास बैठकर बड़बड़ाने लगा—"हा हा हा हा खूब समझता हूँ। खूब ! जर्मनी की तोप—रूस का ज़ार—फ्रांस की विलासिता—नरक का दृश्य; इंग्लैंड की पार्लमेंट शैतान की आँत ! हा हा हा—खूब !"

पागल के चारों ओर अनेक खेलवाड़ी लड़के और दर्शक एकत्र हो गए। वह फिर बोला—"बाप रे ! दादा रे—हाय-हाय ! मरा, मरा ! बचाओ ! यह फ्रांस का युद्ध क्षेत्र है। हा हा हा हा !! लालची ! संसार-संहारक राक्षस चाहते हैं कि किसका पाऊँ और लूटकर अपनी जेब भर लूँ। बला से जेब मुँहेमुँह भरी हो—ठूँस-ठूँसकर भरूँगा—हा हा हा हा ! नीचो ! शैतानो!"

चतुर मनुष्य जाति दूसरों की मूर्खता पर हँसना खूब जानती है। प्रार्थना का समय सन्निकट आ गया, पर हँसनेवाले अभी पागल को उल्लू बनाने में ही लगे हैं। इतने में पादरी महाशय भी पधारे। क्रोडेकाफ़ से उनका बहुत दिनों से परिचय था। उन्हें उसके पागल हो जाने पर दुख था।

पादरी को देखते ही पागल ठठाकर हँसा—"स्कूल में अध्यापक प्रश्न करता है—'पादरी शब्द की व्याख्या करो !' एक लड़का उत्तर देता है—'पवित्र जल्लाद'। अध्यापक ने पूछा, 'कैसे ?' हा, हा, हा, हा, अध्यापक लाला पादरी का एजेंट जान पड़ता था। पर, वाह रे लड़के !—उसने उत्तर दिया—'रासपुटिन को देखिए—फ्रांस की राज्यक्रांति पढ़िए'। तीसरा लड़का बोला—'पादरी का ठीक-ठीक अर्थ है—परस्वपहारी शैतान।"

पागल जोर से हँसा—"हा, हा, हा, हा, ! वाह लड़के !"

पादरी की अवस्था सत्तर पार कर गई थी। वह पेट्रोगाड ही नहीं, रूस के अनेक प्रांतों में अपनी सज्जनता के लिए प्रसिद्ध था। क्रोडेकाफ़ ऐसे व्यक्ति की ऐसी दुर्दशा देखकर उसके नेत्रों में अश्रु आ गए, वह क्रोडेकाफ़ के रूखे बालों को सुधारता हुआ बोला—"वत्स !" "हट जाओ—हट जाओ—मैं नास्तिक हो गया हूँ। मुझे मत छुओ ! अजी हटते ही नहीं—हा, हा, हा, हा ! ढोंग ! तुर्क क्यों लड़ते हैं ? रिआया बेवकूफ है। जर्मनी क्यों लड़ता है ? खाने को खूब मिलता है। बेलजियम ने जर्मनी को रास्ता क्यों नहीं दिया ? वह राक्षस है, संसार-संहार का दृश्य देखेगा। हा, हा, हा, हाँ !

स्मरनोफ़ क्यों मारा गया ? हाय, हाय ! क्यों मारा गया ? पादरी, धर्मपिता ! बता सकते हो वह क्यों मारा गया ? यदि बता दो तो मैं अभी चर्च में चलूँ। स्मरनोफ़ ! स्मरनोफ़ !!"

पागल फूट-फूटकर रोने लगा। मित्र की स्मृति आते ही उसका पागलपन क्षण भर के लिए काफ़ूर हो गया। पादरी ने बड़े स्नेह से कहा—"क्रोडेकाफ़ मुझे पहचानते नहीं। मैंने तुम्हें वप्तिस्मा दिया था। मैं तुम्हारा गुरु हूँ।"

"दूर हटो ! गुरु हो ? नहीं; नहीं। सुनो तो, मैं एक धर्मग्रंथ लिख रहा हूँ। देखोगे ?"

पागल ने पाकेट से एक छोटी सी कापी निकालकर पढ़ना आरंभ किया—"बायबिल में लिखा है—'अगर कोई तुम्हारे बाएँ गाल पर तमाचा लगाए तो उसके सम्मुख अपना दाहिना गाल भी कर दो।' इसका सुधार यों होना चाहिए—यदि तुम्हें कोई शांतिप्रिय व्यक्ति दिखाई पड़े तो ईश्वर के नाम पर उसकी शांति अवश्य भंग करना। ऐसे लोगों को तमाचा ही नहीं; लात, जूते, तलवार, तोप सबसे मारना। इसी से स्वर्ग पाओगे।"

पादरी ने कहा—"क्रोडेकाफ़ पवित्र पुस्तक का अपमान न करो।"

क्रोडेकाफ़—"मैं अपमान करता हूँ ? आप ज़ार से यही बात क्यों नहीं कहते ? पर वहाँ कैसे कहिएगा। वहाँ तो रूबल्स (रुपए) आपका मुँह बंद कर देते हैं। एक दिन उससे कहिए—वह भी तो ईसाई है। यह लोगों के खून का प्यासा क्यों है ? जरा ईसाइयों पर दृष्टि कीजिए। यह भीषण संग्राम क्यों हो रहा है ? ईसाई खून चाहते हैं—जर्मनी, फ्रांस, बेलजियम और वह लंबा-चौड़ा, मोटा-ताजा इंग्लैंड—सभी खून के प्यासे हैं ? क्या यही धर्म पुस्तक की प्रतिष्ठा है ? हा हा हा हा ! पादरी जानते हो मैं पागल क्यों हो रहा हूँ ?" पादरी—"मित्र-वियोग के भीषण आघात से।"

क्रोडेकाफ़—"नहीं नहीं—खून से—खून से। तुम्हारे पार्थिव परमेश्वर—और हमारे राक्षस—ज़ार ने, हमारे भाई का खून किया था। सन् 1905 ई. में। भाई से भी प्रिय स्मरनोफ़ का खून किया 14 नवंबर, 1915 ई. को। और मेरी बहन का खून भी उसी 'दि पीस एंड गुडविल ऑन अर्थ' (संसार के शांति-संपादक) के सिर पर है। हा, हा, हा, हा—पादरी धर्म पुस्तक में लिखा है—"नर-हिंसा मत कर।"

पादरी—"हाँ लिखा है।"

क्रोडेकाफ़—"पर ईसाई क्या करते हैं ? पादरी ! धर्म पुस्तक में लिखा है—'अपनी संपत्ति बेचकर कंगालों को दे—तू स्वर्ग में धन पावेगा।' पर ईसाई क्या करते हैं ? कंगालों की कुटिया तक बेचकर अपना कोषागार भरते हैं। यह धर्मग्रंथ की प्रतिष्ठा है ? सुनो, मैं नास्तिक हूँ। मैं भी खून करूँगा।"

पादरी—"किसका ?"

क्रोडेकाफ़—"जिसने हमारा सोने का संसार मिट्टी में मिला दिया है उसी का। उसका नाम है—'लिख लो, बड़ा पवित्र नाम है। वह भी ईसा की भेड़ है। हाँ—उसका नाम है मोशिये गिलिंस्की।' और वह पेट्रोगाड सेंट्रल जेल का सुपरिंटेंडेंट है।"

पादरी—"वत्स क्रोडेकाफ़ ! हत्या में शांति नहीं है। देखो, तुम हत्या से अपने पवित्र

हाथों को कलुषित न करना; खून करके तुम स्मरनोफ़ के रक्त का बदला नहीं ले सकते। हाँ, यदि आकाश की तरह विशाल हृदय से—क्षमा कर सको, तो सच कहता हूँ—बदला मिल जाएगा। गिलिंस्की को मार डालने से स्मरनोफ़ को जिला तो सकोगे नहीं। फिर पवित्र ईश्वर की कृति को नष्ट करने पर उद्यत हो ? न हत्या न करना !

क्रोडेकाफ़—"तुम क्या जानो पादरी मित्र कैसा होता है। तुम क्या जानो पादरी भाई कैसा होता है—बहन कैसी होती है। इस विषय में हम तुम्हें जन्म भर पढ़ा सकते हैं।" यदि तुम्हारे भी ऐसा कोई मित्र होता जिसे दुख में छाती से लगाकर संसार को भूल सकते, तो, आज तुम ऐसा न कहते। आह ! तुम क्षमा करने को कहते हो ? मैं खून करूँगा खून ! हा, हा, हा, हा, पादरी ! हा, हा, हा, हा !" पागल भाग गया।

6

रूस में सन् 1915 खून से नहाकर चला गया और चला गया 1916 भी। आगे की घटना संसार के इतिहास में अद्वितीय सन् 1917 ई. की थी। इसी साल में रूस की कायापलट हुई—ज़ारशाही का अंत हुआ—और अंत हुआ साइबेरिया के कारागारों के राजनीतिक कैदियों के भीषण दुःखों का।

पेट्रोगाड में क्षण-क्षण भर पर क्रांतिकारियों की विजय और ज़ार के पक्षपातियों की पराजय हो रही है। एक-एक व्यक्ति और एक-एक स्थान जहाँ पर अत्याचार के नाटक खेले गए थे—अपनी-अपनी करनी के फल भोग रहे हैं। वह पेट्रोगाड के सेंट्रल जेल पर क्रांतिकारियों की लाल पताका फहराई। यह जेल सुपरिंटेंडेंट गिलिंस्की पकड़ा गया।

गिलिंस्की पर बहुतों का क्रोध था। उसने अनेक स्त्रियों के पति, माताओं के पुत्र और भाइयों के भाई को अपने क्रूर-कर्मों से परलोक भेजा था ! अब देखना है वह कहाँ जाता है ?

"पागल ! ओ पागल !" दस-बारह स्कूली लड़कों ने क्रोडेकाफ़ को पुकारा। क्रोडेकाफ़—हा, हा, हा, हा, ! खून ! चारों ओर खून ! राक्षस मर रहा है।

लड़का—"पागल ! सेंट्रल जेल चलेगा ?"

क्रोडेकाफ़—"हाँ ! हाँ ! हाँ !!! क्या वह पकड़ा गया ? हा हा हा—चलो। लड़कों के साथ क्रोडेकाफ़ सेंट्रल जेल की दीवारों के भीतर आया। उस समय वहाँ के सब पुराने बंदी मुक्त हो गए थे और सौ-दो सौ क्रांतिकारियों के बीच में बंदी गिलिंस्की खड़ा था। प्रश्न यह उपस्थित था कि उसके प्राण कैसे लिये जाएँ ? पागल की सम्मति भी माँगी गई।"

वह बोला—"उसी काँटेदार यंत्र से ! उसी से न तुमने मेरे अभिन्न हृदय स्मरनोफ़ की हत्या की थी ? क्यों गिलिंस्की ! हा हा हा हा !"

दुरात्मा गिलिंस्की मारे डर के काँप रहा था। उसके चेहरे पर स्याही-सी फिर गई थी।

यंत्र आया। उसमें भूतपूर्व जेल सुपरिंटेंडेंट गिलिंस्की खड़ा किया गया। उसके सामने पागल क्रोडेकाफ़—यंत्र चलानेवालों को आज्ञा देने के लिए खड़ा हुआ। पास ही कई सौ उत्तेजक दर्शक भी थे। पागल ने कहा—"यंत्र चलाओ।" यंत्र चला—वही भयंकर यंत्र जो कल तक गिलिंस्की का मित्र था आज शत्रु हो गया। "जोर से चलाओ। हा हा हा हा ? मोशिये, ऐसे ही दूसरों को भी कष्ट होता होगा। अरे, अब तो तुम्हारा कपड़ा खून से तर हो गया। जान पड़ता है क्षण भर में तुम्हारे मुख से भी खून निकलने लगेगा। आह, हाय; तुम्हारी आँखें दया चाहती हैं। पर, पर नहीं। स्मरनोफ़-मेरीना असंभव ! जोर से चलाओ।"

पागल नाच-नाचकर हँसने लगा। पीड़ा अधिक होने के कारण गिलिंस्की हृदय को दहला देनेवाली आर्तनाद करने लगा। उसकी पीड़ित पुकार से शायद पागल को दया आ गई। वह बोला—गिलिंस्की ! ऐसे ही हमारे हृदय को भी तुमने मारा होगा अरे ! तुम रोते हो ? छिः, वीर की तरह मरो। पर तुम नरक के कीड़े वीर की तरह मरना क्या जानो ! यह स्मरनोफ़ का काम था। हाय, हाय ! तुम्हें बड़ा कष्ट है—ऐसा ही मेरे स्मरनोफ़ को भी—छोड़ दो, मत चलाओ !! पादरी ने मना किया था—हिंसा से शांति नहीं मिलती, छोड़ दो !!

पागल एक साँस में जेल के बाहर भाग गया। मालूम नहीं क्रांतिकारियों ने गिलिंस्की को मारा या छोड़ दिया।

जल्लाद

प्रातः आठ बजे का समय था। रात को किसी पारसी कंपनी का रद्दी तमाशा अपने पैसे वसूल करने के लिए दो बजे तक झख मारकर देखते रहने के कारण सुबह नींद कुछ विलंब से टूटी। इसी से उस दिन हवाखोरी के लिए निकलने में कुछ देर हो गई थी और लौटने में भी।

मैं वायु-सेवन के लिए कोई चार मील की दूरी तक रोज़ ही आया-जाया करता था। मेरे घर और उस रास्ते के बीच में हमारे शहर का जिला जेल भी पड़ता था, जिसकी मटमैली, लंबी-चौड़ी और उदास चहारदीवारियाँ रोज़ ही मेरी आँखों के आगे पड़तीं और मेरे मन में एक प्रकार की अप्रिय और भयावनी सिहर पैदा किया करती थीं।

मगर उस दिन उसी जेल के दक्षिणी कोने पर अनेक घने और विस्तृत वृक्षों की अनुज्ज्वल छाया में मैंने जो कुछ देखा, उसे मैं बहुत दिनों तक चेष्टा करने पर भी शायद न भूल सकूँगा। मैंने देखा, मुश्किल से तेरह-चौदह वर्ष का कोई रूखा, पर सुडौल, दरिद्रता से सूखा, पर सुंदर लड़का, एक पेड़ की जड़ के पास अर्द्धनग्नावस्था में पड़ा तड़प रहा है और हिचक-हिचककर बिलख रहा है। उसी लड़के के सामने एक कोई परम भयानक पुरुष असुंदर भाव से खड़ा हुआ, रूखे शब्दों में उससे कुछ पूछताछ कर रहा था। यह सब मैंने उस छोटी सड़क पर से देखा जो उस स्थान से कोई पचीस-तीस गज की दूरी पर थी। यद्यपि दिन की बाढ़ के साथ-साथ तपन की गरमी भी बढ़ रही थी, और यद्यपि मैं थका और अनमना-सा भी था, पर मेरे मन की उत्सुकता उस दयनीय हृदय का भेद जानने को मचल उठी। मैं धीरे-धीरे उन दोनों की नज़र बचाता हुआ उनकी तरफ बढ़ा।

अब मुझे ज्ञात हुआ—ओह ! अब मुझे ज्ञात हुआ कि वह लड़का क्यों बिलख रहा था। मैंने देखा, उसके शरीर के मध्य भाग पर जो खुला हुआ था, प्रहार के अनेक काले और भयावने चिह्न थे। उसे बेंत लगाए गए थे। बेंत लगाए गए थे उस कोमल-मति गरीब बालक को अदालत की आज्ञा से ? उफ ! मेरा कलेजा धक से होकर रह गया। न्याय ऐसा अहृदय, ऐसा क्रूर होता है ?

अब मैं आड़ में लुककर उस तमाशे को न देख सका। झट मैं उन दोनों के सामने

आ खड़ा हुआ और उस भयानक प्राणी से प्रश्न करने लगा—"क्या इसको बेंत लगाए गए हैं ?"

"हाँ !" उत्तर देने से अधिक गुर्राकर उस व्यक्ति ने कहा—"देखते नहीं हैं आप ? ससुरे ने ज़मींदार के बाग़ से दो कटहल चुराए थे।"

लड़का फिर पीड़ा और अपमान से बिलबिला उठा। इस समय वह छाती के बल पड़ा हुआ था, क्योंकि उसके घाव उसे आराम से बेहोश भी नहीं होने देना चाहते थे। वह एक बार तड़पा और दाहिनी करवट होकर मेरी ओर देखने की कोशिश करने लगा। पर अभागा वैसा कर न सका ! लाचार फिर पहले ही-सा लेटकर अवरुद्ध कंठ से कहने लगा—"नहीं बाबू चुरा कहाँ सका। भूख से व्याकुल होकर लोभ में पड़कर मैं उन्हें चुरा जरूर रहा था, पर जमींदार के रखवालों ने मुझे तुरंत ही गिरफ़्तार कर लिया।"

"गिरफ़्तार कर लिया तो तेरे घरवाले उस वक्त कहाँ थे ?" नीरस और शासन के स्वर में उस भयानक पुरुष ने उससे पूछा—"क्या वे मर गए थे ? तुझे बचाने—ज़मींदार से, पुलिस से, बेंत से—क्यों नहीं आए ?' "

"तुम विश्वास ही नहीं करते ?" लड़के ने रोते-रोते उत्तर दिया—"मैंने कहा नहीं, मैं विक्रमपुर गाँव का एक अनाथ भिखमंगा बालक हूँ। मेरे माता-पिता मुझे छोड़कर कब और कहाँ चले गए, मुझे मालूम नहीं। वे थे भी या नहीं, मैं नहीं जानता। छुटपन से अब तक दूसरों के जूठन और फटकारों में पला हूँ। मेरे अगर कोई होता तो मैं उस गाँव के जमींदार का चोर क्यों बनता ? मेरी यह दुर्गति क्यों होती ?...आह ! बाप रे...बाप..." वह गरीब फिर अपनी पुकारों से मेरे कलेजे को बेंधने लगा—कि किस रूप से मैं इस बेचारे की कोई सहायता करूँ। मगर उसी समय मेरी दृष्टि उस भयानक पुरुष पर पड़ी, जो जरा तेज़ी से उस लड़के की ओर बढ़ रहा था। उसने हाथ पकड़कर अपना बल देकर उसको खड़ा किया। "तू मेरी पीठ पर सवार हो जा ?" उसी रूखे स्वर में उसने कहा—"मैं तुझे अपने घर ले चलूँगा।"

"अपने घर ?" मैंने विवश भाव से उस रूखे राक्षस से पूछा—"तुम कौन हो ? कहाँ है तुम्हारा घर ? और इसको अब कहाँ लिये जा रहे हो ?"

"मैं जल्लाद हूँ बाबू !" लड़के को पीठ पर लादते हुए खूनी आँखों से मेरी ओर देखकर लड़खड़ाती आवाज में उसने कहा—"मैं कुछ रुपयों का सरकारी गुलाम हूँ। मैं सरकार की इच्छानुसार लोगों को बेंत लगाता हूँ तो प्रति प्रहार कुछ पैसे पाता हूँ और प्राण ले लेता हूँ तो प्रति प्राण कुछ रुपए।"

"फाँसी की सज़ा पानेवालों से तो नहीं, पर बेंत खानेवालों से सुविधानुसार मैं रिश्वत भी खाता हूँ। सरकार की तलब से मैंने तो बाबू यही देखा है—बहुत कम सरकारी नौकरों की गुजर हो सकती है। इसी से सभी अपने-अपने इलाकों में ऊपरी कमाई के फेर फैलाए रहते हैं। मैं गरीब छोटा सा गुलाम हूँ, मेरी रिश्वत की चर्चा वैसे चमकीली है भी नहीं कि किसी के आगे कहने में मुझे कोई भय हो। मैं तो सबसे कहता हूँ कि मुझे कोई पूजे तो मैं उसके सगे-संबंधियों को 'सुच्चे' बेंत न लगाकर

'हलके' लगाऊँ। और नहीं—और नहीं तो सडासड ! सडासड !'' उसने ऐसी मुद्रा बना ली, मानों किसी को बेंत लगा रहा हो। वह भूल गया कि उसकी पीठ पर उसकी सडासड का शिकार एक ग़रीब काँप रहा है।

''मगर इस अनाथ को धोखे में सुच्चे बेंत लगाकर मैंने ठीक काम नहीं किया। इसने जेल ही में बताया था कि मेरे कोई नहीं है। मगर मैंने विश्वास नहीं किया। मैं अपने जिस शिकार का विश्वास नहीं करता, उसके प्रति भयानक हो उठता हूँ, और मेरा भयानक होना कैसा बीभत्स होता है, इसे आप इस लड़के की पीठ पर देखें। मगर इसे काटकर मैंने गलती की है। यही न जाने क्यों मेरा मन कह रहा है।''

''इसी से बाबू मैं इसे अपने घर ले जा रहा हूँ, वहाँ इसके घाव पर केले का रस लगाऊँगा और इसको थोड़ा आराम देने के लिए 'दारू' पिलाऊँगा। बिना इसको चंगा किए मेरा मन संतुष्ट न होगा। यह मैं खूब जानता हूँ।''

भैंसे की तरह अपनी कठोर और रूखी पीठ पर उस अनाथ अपराधी को लादकर वह एक ओर बढ़ चला। मगर मैंने उसे बाधा दी—''सुनो तो, मुझसे भी यह एक रुपया लेते जाओ। मुझको भी इस बालक की दुर्दशा पर दया आती है।'' ''क्या होगा रुपया बाबू ?'' भयानकता से मुसकराकर उसने रुपए की ओर देखा और उसको मेरी उँगलियों से छीनकर अपनी उँगलियों में ले लिया। ''इसको 'दारू' पिलाना, पीड़ा कम हो जाएगी। अभी एक ही रुपया जेब में था, मैं शाम को इसके लिए कुछ और देना चाहता हूँ।'' तुम्हारा घर कहाँ है ? नाम क्या है ?'' ''मैं शहर के पूरब इस कब्रिस्तान के पास के डोमाने में रहता हूँ, डोमों का चौधरी हूँ। मेरा नाम रामरूप है। पूछ लीजिएगा।''

2

उस अनाथ लड़के का नाम अलियार था, यह मुझे उक्त घटना के सातवें या आठवें दिन मालूम हुआ। ग्रामीणों में 'अलियार' शब्द 'कूड़ा-कर्कट' के पर्याय-रूप में प्रचलित है। उस लड़के ने मुझे बताया। उसके गाँववालों का कहना है कि उसे पहले-पहल गाँव के एक 'भर' ने 'अलियार' पर पड़ा पाया था। उसी ने कई वर्षों तक उसको पाला भी और उसका उक्त नामकरण भी किया।

अलियार के अंग पर बेतों के घाव बधिक रामरूप के सफल उपायों से तीन-चार दिनों के भीतर ही सूख चले, मगर वह बालक बड़ा दुर्बल-तन और दुर्बल-मन था। संभव है, उसको बारह बेतों की सज़ा सुनानेवाले मजिस्ट्रेट ने, पुलिस की मायामयी डायरियों पर विश्वास कर, उसकी उम्र अठारह या बीस वर्ष की मान ली हो, मगर मेरी नजरों में तो वह बेचारा चौदह-पंद्रह वर्षों से अधिक का नहीं मालूम पड़ा। तिस पर उसकी यह रूखी-सूखी काया ! आश्चर्य ! किसी डॉक्टर ने किस तरह उसको बेंत खाने योग्य घोषित किया होगा। जेल के किसी जिम्मेदार और शरीफ़ अधिकारी ने किस तरह अपने सामने उस बेचारे को बेतों से कटवाया होगा।

जब तक अलियार खाट पर पड़ा-पड़ा कराहता रहा, अपने बेंत खाने के उस भयानक अनुभव का स्वप्न देख-देखकर अपनी रक्षा के लिए करुण दुहाइयाँ देता रहा, तब तक मैं बराबर, एक बार रोज़ रामरूप की गंदी झोंपड़ी में जाता रहा था और अपनी शक्ति के अनुसार प्रभु के उस असहाय प्राणी की मन और धन से सेवा करता था, मगर मेरे इस अनुराग में एक आकर्षण था और वह था जल्लाद रामरूप। न जाने क्यों उसका वह 'अलकतरा' रंग, उसकी वह भयानक नेपालियों-सी नाटी काया, उसका वह मोटा बीभत्स अधर और पतला ओष्ठ जिस पर घनी, काली, भयावनी तथा अव्यवस्थित मूँछों का भार अशोभायमान था, मुझे कुछ अपूर्व-सा मालूम पड़ता था। न जाने क्यों उसकी बड़ी-बड़ी डोटीली, नीरस और रक्तवर्ण आँखें मेरे मन में एक तरह की सिहर-सी पैदा कर देती थीं। पर आश्चर्य ! इतने पर भी में उसे अधिक-से-अधिक देखना और समझना चाहता था।

उसकी मिट्टी की झोंपड़ी में उसके अलावा उसकी प्रौढ़ा स्त्री भी थी। एक दिन जब मैंने रामरूप से उसकी जीवनी पूछी और यह पूछा कि उसके परिवार का कोई और भी कहीं है या नहीं तो उसने अपनी कहानी मुझे विचित्र सुनाई।

"बाबू" उसने बताया—"पुश्त-दो पुश्त से ही नहीं, मेरे खानदान में तेरह पुश्त से यही जल्लादी का काम होता है। हाँ, उसके पहले, मुसलमानी राज में मेरे पुरखे डाके डाला करते थे। मेरे दादा के दादा ऐसे प्रतापी थे कि सन् '57 के ग़दर में उन्होंने इसी शहर के उस दक्षिणी मैदान में सरकार बहादुर के हुकुम से पाँच सौ और तीन पचीस और दो दस आदमियों को चंद दिनों के भीतर ही फाँसी पर लटका दिया था। उन दिनों वह आठों पहर शराब छाने रहा करते थे। और कैसी शराब ? मामूली नहीं बाबू, गोरों के पीनेवाली—अंग्रेजी।" मैंने उसे टोका—"रामरूप ! क्या अब भी फाँसी देने के पूर्व तुम लोगों को शराब मिलती है ?"

"हाँ, हाँ मिलती क्यों नहीं बाबू, मगर 'देसी' की एक बोतल का दाम मिलता है, विलायती का नहीं, जिसको छान-छानकर मेरे दादा गाहियों के गाही लोगों को काल के पालने पर झुला देते थे। वही मेरे खानदान में सबसे अधिक धनी और ज़बरदस्त भी थे। लंबे-चौड़े तो वह ऐसे थे कि बड़े-बड़े पलटनिए साहब उनका मुँह बकर-बकर ताका करते थे। मगर उनमें एक दोष भी बहुत बड़ा था। वह शराब बहुत पीते थे। इसी में वह तबाह हो गए और मरते-मरते ग़दर की सारी कमाई फूँक-ताप गए। हाँ, मैं भूलकर गया बाबू ! वह मरे नहीं, बल्कि शराब के नशे में एक दिन बड़ी नदी में कूद पड़े और तब से लापता हो गए। नदी के उस ऊँचे घाट पर हमारे दादा ने उनका 'चौरा' भी बनवाया है, जिसकी सैकड़ों डोम पूजा किया करते हैं, और हमारे वंश के तो वह वीर ही हैं।" अपने 'वीर' परदादा के प्रति श्रद्धा प्रकट करने के लिए, उनकी कहानी समाप्त करते-करते रामरूप ने धीरे से अपने दोनों कान उमेंठे।

"रामरूप !" मैंने कहा—"जाने दो अपने पुरखों की कहानी। वह बड़ी ही भयानक है। अब तुम यह बताओ कि तुम्हारे कोई बच्ची-बच्चा भी है ?" "नहीं बाबू" किंचित

गंभीर होकर उसने कहा—"मेरी औरतिया को कोई सात बरस हुए—एक लड़का हुआ जरूर था, मगर वह दो साल का होकर जाता रहा। बच्चे तो वैसे भी मेरे खानदान में बहुत कम जीते हैं। न जाने क्यों, जहाँ तक मुझे मालूम है, मेरे किसी भी पुरखे का एक से ज्यादा बच्चा नहीं बचा। मुझको तो वह भी नसीब नहीं। मेरी लुगैया तो अध-बूढ़ी हो जाने पर भी अभी बच्चा-बच्चा रिरियाया करती है। मगर यह मेरे बस की बात तो है नहीं। मैं तो आप ही चाहता हूँ कि मेरे एक 'वीर' बच्चा हो, जो हमारे इस पुश्तैनी रोजगार को मेरे बाद सँभाले, पर जब दाता देता ही नहीं, तब कोई क्या करे ?" "जब तक तुम्हारे और कोई नहीं है," मैंने जल्लाद के हृदय की थाह ली—"तब तक तुम इसी भिखमंगे को क्यों नहीं पालते-पोसते ? तुमने कुछ अंदाज लगाया है ? कैसा है उसका मिज़ाज ? यह तुम्हारे यहाँ खप जाने लायक है ?" "है तो, और मेरी लुगैया उसको चाहती भी है।" रामरूप ने जरा मुसकराकर कहा—"पर मेरे अंदाज से वह अलियार कुछ दब्बू और डरू है। और मेरे लड़के को तो ऐसा निडर होना चाहिए कि जरूरत पड़े तो बिना डरे काल की भी खाल खींच ले और जान निकाल ले। यह मँगन छोकरा भला मेरे रोज़गार को क्या सँभालेगा ?" "कोई दूसरा रोज़गार देखो रामरूप।" मैंने कहा—"छोड़ो इस हत्यारे व्यापार को, इसमें भला तुम्हें क्या आनंद मिलता होगा। गज़ब की है तुम्हारी छाती, जो तुम लोगों को प्रसन्न भाव से बेंत लगाते हो और फाँसी के तख्ते पर चढ़ाकर अपने परदादा के शब्दों में काल के पालने पर झुला देते हो। मगर यह सुंदर नहीं।" "हा हा हा हा !" रामरूप ठठाया—"आप कहते हैं यह सुंदर नहीं। नहीं बाबू, हमारे लिए तो यह परम सुंदर है। आप जानते ही हैं, मैं आप लोगों की 'नीच जाति' का एक तुच्छ प्राणी हूँ। आप तो नए खयाल के आदमी हैं, इसलिए न जाने क्या समझकर इस लड़के के प्रेम में मेरी झोंपड़ी तक आए भी हैं, नहीं तो मैं और मेरी जाति इस इज्जत के योग्य कहाँ ? मेरे घरवाले यदि जल्लादी न करते, तो आप लोगों के मैले साफ करते और कुत्तों को मारते। मगर हा हा हा हा—कुत्तों को मारने से तो आदमी को मारना कहीं अच्छा है, इसे आप भी मानेंगे, यद्यपि मेरी समझ से कुत्ता मारना और आदमी मारना, जल्लाद के लिए एक ही बात है। हमारे लिए वे भी अपरिचित और निरपराध और ये भी। दूसरों के कहने से हम कुत्तों को भी मारते हैं, और कुत्तों से ज़्यादा समझदारों—आदमियों—को भी !"

3

इसके बाद मुझे एक काम के सिलसिले में बंबई चला आना पड़ा और वहाँ पूरे दो महीने रुकना पड़ा। वहाँ से लौटने पर मैं भूल गया उस जल्लाद को और उसके विचित्र परिचित उस अलियार को। प्रायः दो बरस तक मुझे उनकी कोई खबर न थी। फुरसत भी, अपनी मानसिक हाय-हायों से इतनी न थी कि उनकी ओर ध्यान देता।

मगर उस दिन अचानक अलियार दिखाई पड़ा, और मैंने नहीं, उसी ने मुझको

पहचाना भी। मुझे इस बार वह कुछ अधिक स्वस्थ प्रसन्न और सुंदर मालूम पड़ा। "कहाँ रहते हो आजकल अलियार ?" मैंने दरियाफ़्त किया, "और तुम्हारे अद्‌भुत मित्र कैसे हैं, जिनको तुम शायद सपने में भी न भूल सकते होंगे ?" "वह मज़े में हैं" उसने उत्तर दिया—"और मैं तभी से उसी के साथ रहता हूँ। तभी से उसकी वह स्त्री मुझको अपने बेटे की तरह मानती और पालती है।"

"तो क्या-क्या अब तुम भी वही व्यापार सीख रहे हो और रामरूप की गद्‌दी के हकदार बनने के यत्न में हो ?" "मुझे स्वयं तो पसंद नहीं उसका वह हत्या-व्यापार, मगर उसकी रोटी खाता हूँ तो बातें भी माननी ही पड़ती हैं। वह अब अकसर मुझे फाँसी या बेंत लगाने के वक्त अपने साथ जेल में ले जाता है और अपने निर्दय व्यापार को बार-बार मुझे दिखाकर मुझको भी अपना ही-सा बनाना चाहता है।"

"तुम जेल में जाने कैसे पाते हो ?" मैंने पूछा—"वहाँ तो बिना अफ़सरों की आज्ञा के कोई भी नहीं जाने पाता। फिर खासकर बेंत मारने और फाँसी के वक्त तो और भी बाहरी लोगों की मनाही रहती है।" "मगर" उसने उत्तर दिया—"अब तो मैं उसे मामा कहकर पुकारता हूँ और वह मुझे अपनी बहन का लड़का और अपना 'गोद लिया हुआ बेटा' कहकर अफ़सरों के आगे पेश करता है। कहता है, हमारे खानदान के सभी लड़कों ने इसी तरह देख-देखकर इस विद्या का अभ्यास किया था।" "तो तुम भी अब," मैंने एक उदास साँस ली—"जल्लाद बनने की धुन में हो ?"—"वही जल्लाद, जिसके अस्तित्व के कारण उस दिन जेल के उस कोने में पड़े तुम तड़प रहे थे और अपने भावी मामा की ओर देख-देखकर उसकी क्रूरता को कोस रहे थे। बाप रे ! तुम उस भयानक रामरूप को प्यार करते हो—कर सकते हो ?" मेरे यह कहने पर कुछ देर तक अलियार चुप और गंभीर रहा। फिर बोला—"नहीं बाबूजी, मैं उस पशु को तो कदापि नहीं प्यार करता, बल्कि आपसे सच कहता हूँ, उससे घृणा करता हूँ। जब-जब मेरी नज़र उस पर पड़ती है, तब-तब मैं उसे उसी रूप में देखता हूँ, जिस रूप में उस दिन देखा था, जिसकी आप अभी चर्चा कर रहे थे। पर मैं उसकी स्त्री का आदर करता हूँ, जो हत्यारे की औरत होने पर भी हत्यारिणी नहीं, माँ है। बस उसी के कारण वहाँ रुका हूँ, नहीं तो मेरा बस चले तो उस रामरूप को ही एक दिन में इस पृथ्वी पर उठा दूँ। जो लोगों की हत्या कर अपनी जीविका चलाता है। और आप से छिपाता नहीं, मैं शीघ्र ही किसी- न-किसी तरह उसको इस व्यापार से अलग करूँगा, इसमें कोई भी संदेह नहीं।" "वह ऐसा कपड़ा नहीं है अलियार" मैंने कहा—"जिस पर कोई दूसरा रंग भी चढ़ सके। रामरूप को जहाँ तक मैंने समझा है, स्वयं भगवान भी उसके व्यापार से अलग नहीं कर सकते। दूसरे जल्लाद चाहे कुछ कच्चे अधिक हों, मगर तुम्हारा यह मामा तो ज़रूर ही सभी जल्लादों का दादा-गुरु है। बचना तुम उससे—और उसको उसके पथ से विरत करने से, नहीं तो सावधान ! वह ऐसा निर्दय है कि कुछ उलटी-सीधी समझते ही तुम्हारे प्राणों तक को मसल डालेगा।" "पर बाबू" अलियार ने सच-सच कहा—"अब तो वह भी मुझको प्यार करने लग गया है। मुझे

तो कभी-कभी ऐसा ही मालूम पड़ता है। आश्चर्य से चकित होकर कभी-कभी मेरी वह नई 'माँ' भी ऐसा ही कहा और सोचा करती है। वह क्रुद्ध होने पर अब भी अक्सर मेरी माँ को बुरी तरह मारने लगता है, पर मेरी ओर—बड़ा-से-बड़ा अपराध होने पर भी न जाने क्यों, तर्जनी उँगली तक नहीं उठाता। मुझे अपने ही साथ खिलाता भी है, और यहाँ-वहाँ जेल में और छोटे-मोटे अफसरों के पास ले भी जाता है। मगर इतने पर भी मैं उससे घृणा करता हूँ। उसका अमंगल और सर्वनाश चाहता हूँ।" "क्यों ? क्यों ?" मैंने साश्चर्य पूछा। "न जाने क्यों—न जाने क्यों !" उसने उत्तर दिया—"मैं उस पशु को कभी प्यार नहीं कर सकता। अच्छा बाबू, आपको भी देर हो रही है, मुझे भी। यहाँ रहा तो फिर कभी सलाम करने आऊँगा। इस वक्त जाने दीजिए—सलाम !"

4

मुझको विश्वास नहीं था कि वह दुबला-पतला भिखमंगा बालक अपने निश्चय का ऐसा पक्का निकलेगा कि एक दिन सारे शहर में तहलका मचाकर छोड़ेगा। पर वह विचित्र निकला। एक दिन प्रातः काल होते ही शहर में जोरों की सनसनी फैली कि आज स्थानीय जिला-जेल से कोई बड़ा मशहूर फाँसी का कैदी भाग निकला है। यद्यपि उसके भागने के वक्त पहरेदार वार्डरों को कुछ आहट मिल गई थी, पर उससे कोई फ़ायदा न हो सका। भागनेवाला तो भाग ही गया। हाँ, भगानेवालों में से एक नवयुवक पकड़ा गया है।

समाचार तो आकर्षक था, खासकर इसलिए कि फाँसी का कोई कैदी भागा था। मेरे जी में आया कि ज़रा जेल की ओर टहलता हुआ चलूँ। देखूँ, वहाँ शायद रामरूप या अलियार मिले। उन दोनों में से किसी के भी मिलने से बहुत सी भीतरी बातों का पता चल सकेगा।

कपड़े पहन और टहलने की छड़ी हाथ में लेकर जब मैं जेल के पास पहुँचा तो वहाँ का हंगामा देखकर एक बार आश्चर्य में आ गया। फाटक के बाहर क्वाटरों के सामने मैदान में ड्यूटी से बचे हुए अनेक वार्डर हताश और उदास खड़े गत रात्रि की घटना पर मनोरंजक ढंग से वाद-विवाद कर रहे थे।

"भीतर बड़े साहब और कलेक्टर" एक ने दरियाफ़्त किया—"उसका बयान ले रहे हैं, गज़ब कर दिया उस लौंडे ने। ऐसे जालिम आदमी को भगा दिया, जिसे कि अब सरकार पा ही नहीं सकती। मैंने पहले इस छोकरे को ऐसा नहीं समझा था।" "अरे उसको छोकरा कहते हो ?" दूसरे मुसलमान वार्डर ने कहा—"साला चाहे तो बड़े-बड़ों को चराकर छोड़ दे। मगर उस पाज़ी की वजह से बेचारा रामरूप पिस जाएगा, क्योंकि अपना-अपना बोझ हलका करने के लिए सभी गरीब रामरूप पर टूटेंगे। उसी की वजह से वह जेल में आने-जाने और उसके भेद पाने लायक हुआ था। अब देखना है, रामरूप की डोंगी किस घाट पर लगती है।"

"वह भी भीतर अफ़सरों के सामने साहब द्वारा बुलाया गया। शायद उसको भी बयान देना होगा।" "नहीं" किसी गंभीर वार्डर ने कहा—"जेल के कर्मचारियों से जब कोई गलती हो जाती है, तब अपनी सारी ताकत लगाकर वह उसे छिपाने की कोशिश करते हैं। मुझे ठीक मालूम है, जेलर ने जेल के प्रत्येक आदमी को समझा दिया है कि उस लड़के के सिलसिले में रामरूप का नाम लिया ही न जाए और यह साबित ही न होने दिया जाए कि वह पहले से यहाँ आता-जाता था। यह बात रामरूप को और उस लौंडे को भी समझा दी गई है।"

"मगर वह पाज़ी छोकरा, जिसने उस मशहूर डाकू को भगाकर हमारे सर पर आफ़त का पहाड़ ढा दिया है, जेलर की सलाह मानेगा ही क्यों ? अगर अपने बयान में वही कुछ कह दे ?" "अजी कहेगा ज़रूर ही !" किसी बूढ़े वार्डर ने राय दी—"आखिर इस भगाई में एक खून भी तो हुआ है। माना कि खून लड़के ने नहीं, उस डाकू के किसी साथी ने किया होगा, पर अगर दूसरे न पकड़े गए तो उस वार्डर का खून तो इसी छोकरे के माथे मढ़ा जाएगा। उफ़ ! बड़े जीवट की यह घटना हुई है। मैं तो तीस साल से इस नौकरी में हूँ इस बीच पचासों कैदियों के भागने की बातें मैंने सुनीं, मगर उनमें ऐसी घटना एक भी नहीं। फाँसी के कैदी का भाग जाना और भाग जाने पाना—कमाल है ! अरे इस मामले में जेल का सारा 'स्टाफ' बदल दिया जाएगा—बड़े साहब से लेकर छोटे ज़मादार तक। लोग तनज़्ज़ुल होंगे, सो अलग।"

इसी समय रामरूप जेल के फाटक के बाहर आता हुआ दिखाई पड़ा। सबकी नज़र उस पर पड़ी।

"वह देखो !" एक ने कहा—"वह बाहर आया। ओह ! कैसी लाल हैं आज उसकी आँखें। कैसे उसके होंठ फड़क रहे हैं ! ज़रा बुलाओ तो इधर ! पूछा जाए कि भीतर क्या हो रहा है।" "क्या हो रहा है रामरूप ?" अपनी ओर बुलाकर वार्डरों ने उससे दरियाफ़्त किया—"क्या कलेक्टर के आगे तुम्हारा नाम भी लिया जा रहा है ?" "नहीं बाबू" उसने दाँत किटकिटाकर कहा—"आप लोगों की दया से मेरा नाम तो नहीं लिया जा रहा है। वह छोकरा भी इस बारे में चुप है। कुछ बोलता ही नहीं, सिवा इसके कि 'हाँ, मैंने ही उस डाकू को भगा दिया है। मैंने ही मारा भी है उस वार्डर को। मेरी सहायता में और लोग भी थे, मगर मैं उन्हें इस बारे में नहीं फँसाना चाहता। मेरी सज़ा हो, मुझे फाँसी दी जाए। मैं तैयार हूँ'।" "फिर क्या होगा रामरूप ?" एक ने पूछा—"लच्छन कैसे दिखाई पड़ते हैं ?" "क्या होगा, इसे आज ही कौन बता सकता है जमादार साहब ?" उसने नीरस उत्तर दिया—"अभी तो सरकार उस डाकू और उसके साथियों को पकड़ने की कोशिश करेगी। इसके बाद उस साले भिखमंगे को फाँसी दी जाएगी। इसमें कोई संदेह नहीं, वह पाज़ी जरूर फाँसी पर लटकाया जाएगा। मैं फाँसी पानेवालों की आँखें पहचान जाता हूँ। एक जमाने से यही काम कर रहा हूँ और सच कहता हूँ। भैरव बाबा की दया से मैं ही उस शैतान के बच्चे को मृत्यु के झूले पर टाँगूँगा।" न जाने क्या विचार कर रामरूप एकाएक उत्तेजित हो उठा—"इन्हीं हाथों

से मैंने अच्छे-अच्छे और बड़े-बड़ों को फाँसी पर टाँग दिया है। सच मानना जमादार साहब ! आज तक चार-बीस और सात आदमियों को लटका चुका हूँ। अब यह साला आठवाँ होगा; हाँ, हाँ, आठवाँ होगा। आठवाँ होगा !!'' उत्तेजित रामरूप उस भीड़ से दूर एक ओर तेजी से बड़बड़ाता हुआ बढ़ गया। उस समय उससे कुछ पूछने की हिम्मत न हुई।

5

मगर आश्चर्य की बात तो यह है कि धीरे-धीरे वह क्रूर-हृदय ज़ल्लाद उस अलियार को प्यार करने लग गया था। अलियार ने उस दिन बिलकुल सच कहा था। क्योंकि जब सेशन अदालत से, और किसी प्रामाणिक मुज़रिम के अभाव में और प्रमाणों के आधिक्य से, अलियार को फाँसी की आज्ञा सुनाई गई, तब वही रामरूप कुछ ऐसा उत्तेजित हो उठा कि पागल-सा हो गया।

''हा, हा, हा, हा ?'' वह अदालत के बाहर ही निस्संकोच बड़बड़ाने लगा—''अब लूँगा—अब बच्चू से लूँगा बदला। क्यों न लूँ बदला उससे ? मैंने सरकारी हुक्म से उसको, उस दिन बेंत मारे थे, जिसका उसने मुझसे ऐसा भयानक बदला लिया है। मेरी रोज़ी मारते-मारते बचा। वह तो बचा ही, उस पापी ने मेरी औरत को अपने प्रेम में खाट पकड़वा दी है। अब भागो बेटे; अब झूलो पालना बच्चू ! हा, हा, हा, हा !!''

यद्यपि अलियार की फाँसी की आज्ञा सुनकर जल्लाद रामरूप अट्टाहास कर उठा पर मेरा तो कलेजा धक् से होकर रह गया। मुझको ऐसी आशा नहीं थी कि जिस कहानी का आरंभ उस दिन जेल के कोने में, अलियार और जल्लाद से मेरे परिचित होने से हुआ था, उसका अंत ऐसा बीभत्स होगा। मैंने बड़े दुख के साथ, उस दिन यह निश्चय किया था कि अब मैं कभी उस रामरूप के सामने न जाऊँगा।

मगर संयोग को कौन टाल सकता है ? जिस दिन अलियार को दुनिया के उस पार फेंक देने का निश्चय हो गया था, उससे एक दिन पूर्व मैंने उसको अंतिम बार पुनः देखा। हाथ में एक हांडी लिये परम उत्तेजित भाव से वह शहर की एक चौमुहानी पर खड़ा था और उसको घेरे हुए लड़कों, युवकों और बेकारों की एक भीड़ खड़ी थी। अजीब-अजीब प्रश्न लोग उस पर बरसा रहे थे और वह उनको रोमांचकारी उत्तर दे रहा था। किसी ने पूछा—''तुम कौन हो भाई ?'' ''मैं ?'' वह मुसकराया—''मैं महापुरुष हूँ। आह ! तुम आश्चर्य कर रहे हो कि मैं महापुरुष क्योंकर हो सकता हूँ, क्योंकि मैं तो खानदानी जल्लाद रामरूप हूँ। पर अफ़सोस ! तुम नहीं जानते कि प्रत्येक जल्लाद महापुरुष होता है।'' ''अच्छा यार'' एक ने कहा—''हमने मान लिया कि तुम, महापुरुष हो। पर यह तो बताओ कि आज यहाँ इस तरह क्यों खड़े हो ? यह तुम्हारे हाथ में जो हांडी है, इसमें क्या है ?''

''यह हांडी...'' उसने हांडी का मुँह भीड़ के सामने किया—''इसमें फाँसी की रस्सी

है जरूर, यह असली नहीं है। असली रस्सी तो दुरुस्त करके आज ही जेल में ऐसे ही एक बरतन में रख आया हूँ। वह रस्सी इससे कहीं सुंदर, कहीं मजबूत है। इसको तो केवल अभ्यास के लिए अपने साथ लेता आया हूँ। आज रात भी इन उस्ताद हाथों को फाँसी देने का अभ्यास ज़ोर-शोर से कराऊँगा ! क्योंकि इस बार मामूली आदमी को नहीं लटकाना है। इस बार उसको लटकाना है, जिसके झूलते ही कोई आश्चर्य नहीं, जो मेरी औरतिया भी इस दुनिया से कूच कर जाए; क्योंकि वह उस पापी को प्यार करती है।" 'किसी ने कहा—"ज़रा अपने गले में इस रस्सी को लगाकर बताओ तो रामरूप कि फाँसी की गाँठ कैसे दी जाती है ?" "हाँ, हाँ" उसने रस्सी को अपने गले के चारों ओर लपेटकर गाँठ देना शुरू किया। यह देखो, यह गले का कंठा है और यह है मेरी मृत्यु-गाँठ। बस, अब केवल चबूतरे पर खड़ाकर झुला देने की कसर है। जहाँ एक झटका दिया कि बच्चू गए जम-धाम। यह देखो ! यह देखो !" अपने गले में उस रस्सी को उसी तरह लपेटे वह उन्मत्त रामरूप हांडी फेंककर, भीड़ को चीरता हुआ एक ओर बेतहाशा भाग गया।

दूसरे दिन अलियार को फाँसी देने के लिए जब सशस्त्र पुलिस, मजिस्ट्रेट, जेल सुपरिंटेंडेंट और अन्य अधिकारी एकत्र हुए तो मालूम हुआ कि जल्लाद रामरूप हाज़िर नहीं है।

पुलिस दौड़ी, जेल के वार्डर दौड़े, उसको ढूँढ़ने के लिए मगर वह मिल न सका। न जाने कहाँ गायब हो गया। अलियार को उस दिन फाँसी नहीं हो सकी।

मगर उसी दिन दोपहर को कुछ लोगों ने रामरूप को शहर के बाहर एक बरगद की डाल में फाँसी पर टँगे देखा। उसकी गरदन में वही रस्सी थी, जिसको कुछ घंटे पूर्व शहर के अनेक लोगों ने उसके हाथ में देखा था। उस समय भी उसकी आँखें खुलीं, भयानक और नीरस थीं। जीभ मुँह से कोई बारह अंगुल बाहर निकल आई थी और उसका दानवी रूप ऐसा रोभांचकारी हो गया था कि बड़े-बड़े हिम्मती तक उसकी ओर देखकर दहल उठते थे।

मुनीश्वरदत्त अवस्थी की कहानियाँ

क्रांति कामना

हरसुख का बाप सरकारी सेना में नौकर था। गाँव के लोगों का कहना है कि जिस समय रामसुख फौज में भरती होने गया उस समय उसके बाप, चचा और माँ ने बहुत मना किया। पड़ोसियों ने भी रामसुख को कहा कि ईश्वर की कृपा से तुम्हारे पास रुपया है, जमींदारी है, दस-पाँच खुशामदी हैं, तुम्हारा दूसरे की ताबेदारी करना अच्छा नहीं मालूम देता। पर रामसुख ने किसी की बात पर कान नहीं दिया और मेरठ जाकर सिपाहियों में नाम लिखा ही तो लिया। इधर रामसुख के बाप ने अपनी ज़मींदारी ठेके पर दे दी। कभी-कभी मानसिक उद्वेग में वह बूढ़ा कह उठता—"जिस लड़के के लिए कंपनी की नौकरी के जमाने में बेइमानी-ईमानदारी का ध्यान नहीं किया, न जाने किस-किस तरीके से रुपया जमा किया कि लड़का सुख से रहे, वह कुछ न हुआ। उसे पराई ताबेदारी में ही सुख दिखाई पड़ता है।" बात भी यही थी। कंपनी के साहब का अर्दली होने के कारण जैसुख की बड़ी चलती थी गुमास्ते और किरानी महीने में कुछ-न-कुछ उसकी भेंट चढ़ाया ही करते थे। इसके अतिरिक्त वह खुद भी देहात के जुलाहों और पेशावरों से बहुत कुछ कमा लेता था। इस प्रकार जैसुख ने कई गाँवों की जमींदारी कर ली थी।

रामसुख अपने बाप का अकेला था। उसके फौज में भरती हो जाने पर बूढ़े जैसुख का मन दुखित हो गया। उसके भाई उसे समझाते; किंतु जैसुख बहुत छेड़छाड़ करने पर अपना रोना रो देता। इस प्रकार दो-तीन वर्ष गुजरे। अफगानों की दूसरी लड़ाई छिड़ी। जिस सेना में रामसुख नौकर था, उसे मोरचे पर भेज दिया गया। जैसुख ने जब यह समाचार सुना तो उसका दुख चौगुना हो गया और धीरे-धीरे वह इतना रोगी हो गया कि उसे चारपाई से उठने की भी शक्ति न रही। कुछ दिनों बाद एक सरकारी लिफ़ाफ़ा जैसुख को मिला, जिसमें रामसुख के युद्ध में काम आने की सूचना थी और सरकार ने समवेदना और सहायता के रूप में एक हजार रुपए का चेक उसके नाम भेजा था। पुत्र के मरने का समाचार जानकर उस पर वज्र-सा गिर पड़ा। किंतु फिर उसने होश सँभाला और जमींदारी अपनी पतोहू रामसुख की स्त्री के नाम लिखने का

विचार प्रकट किया। शहर से दूर उसका ग्राम था और शायद इसी कारण वह अपने विचारों को कार्यरूप में न देख सका और इसी बीच में उसकी भी मृत्यु हो गई।

जिन दिनों कराल काल अपनी यह लीला दिखा रहा था, हरसुख ने उन दिनों पृथ्वी माता के दर्शन न किए थे। इन दुर्घटनाओं के पाँच मास बाद हरसुख का जन्म हुआ। उधर सरकार के यहाँ इस ज़मींदारी की लावारिशी का सवाल उठा। अधिकारियों ने पहले ही रामसुख निःसंतान लिख भेजा था। बड़ी दौड़धूप के बाद तय यह हुआ कि जायदाद कोर्ट ऑफ वार्डन के सुपुर्द कर दी जाए और हरसुख बालिग होने पर उसका मालिक हो। उचित-अनुचित क्षुद्र परिधि के बाहर रहकर कमानेवाले जैसुख के माल पर अर्ध-सरकारी दखल हो गया। महीनों के बाद वर्षों बीतने लगे। किंतु कोर्ट की ओर से रामसुख के परिवार को एक कौड़ी की भी सहायता नहीं दी गई। जैसुख के मर जाने से एक हज़ार के चेक को भुनाने में भी बड़ी खींचातानी हुई। बालक हरसुख और उसकी माता का गुज़र घर के संपत्ति पर होने लगा। कुछ दिनों बाद स्थायी रकम ने भी जवाब दे दिया। अर्थाभाव के कारण उस परिवार के दिन बड़ी मुसीबत में कटते थे। एक-दो नहीं, दस-बीस बार अधिकारियों से प्रार्थना की गई कि दुखी परिवार को कुछ सहायता कोर्ट से दिलाई जाए, किंतु सब बेकार। धन, जन-विहीन विधवा की भला कौन सुनता है। बेचारी निराश हो गई।

विधवा माता ने कैसे ही, अपने मायकेवालों की मदद से अपना पेट काटकर हरसुख को पढ़ाने-लिखाने का ध्यान रखा। उसने इंट्रेस परीक्षा पास की। वह आगे और भी पढ़ना चाहता था और दूसरे लोग भी उसे ऐसी सलाह देते थे, किंतु उसकी आशा के आगे अर्थाभाव का पहाड़ था। इतने ही में उस पर कई सौ का कर्जा हो गया था। उसे और उसकी माता को आशा थी कि बालिग होने पर सरकार अपनी उदारता से जमींदारी सौंप देगी और तब वह आनन-फानन ऋण भुगतान कर सकेगा। अब हरसुख की आयु इक्कीस वर्ष की हो चुकी थी। उसने सरकार में बालिग होने की दरख़्वास्त दी और ज़मींदारी पर कब्जा दिलाने की भी बात कही। किंतु अदालत ने यही उत्तर दिया कि वह पहले अपना हक़ साबित करे, तब उसका दख़ल हो सकता है। हरसुख यह अच्छी तरह जानता था कि इन दिनों न्याय का पक्ष नहीं होता है, बल्कि न्याय का जीवन पैसों पर अवलंबित है। इधर इक्कीस वर्ष तक कोर्ट ने उसे एक कौड़ी तक दी ही न थी। इस कारण उसने दावा न करना ही निश्चय किया। उसके महाजन ने जब यह देखा तब वह रुपयों के लिए सख़्ती करने लगा। हरसुख पर इन दिनों चारों ओर से विपत्तियों का आक्रमण था। आगे न पढ़ सकने की आत्मग्लानि, रियासत से दस्तबरदार हो जाने का मनो-वैकल्य, महाजन की जूती और पेट का सवाल।

हरसुख चार पैसा पैदा करने के विचार से मेरठ आया। एक-एक करके बहुतेरी दुकानों पर नौकरी के लिए फेरी लगाई, लेकिन वह सफल मनोरथ न हुआ। कई दिन इसी प्रकार खोने के बाद उसने कानपुर जाने की ठानी। सोचा कि वहाँ पर बहुत सी मीलें हैं कहीं-न-कहीं कुछ जैसा लग ही जाएगा, किंतु उसके पास खाने तक को पैसे नहीं थे, रेल का किराया कैसे देता। पैदल चलकर पहुँचना भी उसके लिए असाध्य था। पेट की ज्वाला शरीर को जलाए दे रही थी। निदान वह बिना टिकट रेल पर बैठा। दो स्टेशन भी पार न कर सका था कि रेल के भूतों ने उसकी गरदन दबाई। भूखे हरसुख ने अपना दुख रोया, खाली पेट दिखाया, किंतु हृदय और दया तो अब पाप का रूप धारण करके कर्तव्य के नाम पर रेल कंपनी के हाथों बिक चुकी थी। ग़ाजियाबाद स्टेशन पर हरसुख पुलिस के हवाले कर दिया गया और मजिस्ट्रेट की हुक्म से किराए के नाम पर बदन के कुरते ने भी उसका साथ छोड़ दिया। अपना छः रुपये का कंबल उसने दो रुपए में बेचा और उसने दिल्ली का रास्ता पकड़ा।

सैकड़ों बी.ए. पास, जिस दिल्ली में जूतियाँ घसीटते फिरते हैं वहाँ इंट्रेस पास को कौन पूछता है। हरसुख को कहीं भी पेटभर भोजन नहीं मिला, लाचार उसने एक होटलवाले के यहाँ दो रु. नकद और खुराक पर नौकरी कर ली। उसके कर्जदारों ने घर का लोटा-थाली कुर्क करा लिया। उसकी माँ किसी तरह लड़के के भेजे हुए दो रुपयों पर आधे पेट रहकर गुज़र करती थी। छः मास पहले की बात है वह अपनी माता की बीमारी की खबर सुनकर गाँव गया था, किंतु घर पर पहुँचने से पूर्व ही पर्याप्त चिकित्सा और भरपेट भोजन न मिलने से उस बुढ़िया का देहांत हो गया। हरसुख ने माँ की लाश को काली नदी के किनारे जलाया। उसके चित्त में प्रश्न उठा कि अब गाँव में ही रहकर खेती करे। किंतु उसका स्वास्थ्य तो पहले ही नष्ट हो चुका था। एक बार उसने आत्महत्या करने की भी सोची। काली नदी के ऊँचे कगारे से वह कूदना ही चाहता था कि किसी ने उसे पीछे खींच लिया, वह था उसका विवेक। वह कह उठा, हमारी दुर्दशा का कारण यह शरीर नहीं है। वस्तुतः सरकार की कृपा से ही मैंने स्वास्थ्य खोया, धन खोया, माता खोई, दर-दर धक्के खाए। शरीर को दंड देना अन्याय है। कुछ क्षण पश्चात् उसके चित्त में क्रांति की कामना उत्पन्न हुई और वह उन्मत्त की भाँति तेजी से दिल्ली की ओर चल दिया।

मायाजाल

उसने भी अच्छे दिन देखे थे। रास्ते में जब कभी वह निकल जाता था तो लोग तामील के लिए खड़े हो जाते थे। उसके चेहरे पर शिकनें तब भी थीं, किंतु उसके 'तब में' और 'अब में' बड़ा अंतर है उतना ही अंतर, जितना कि आकाश और पाताल में, दिन और रात में, नौकरशाही और अनारकिस्टों में। वह तब हाथीनशीन था, आज उसके बैठने के लिए नंगी जमीन पर भी ठिकाना नहीं। तब उसके किसी के घर—किसी भाग्यवाले के घर—पहुँच जाने में शोभा बन जाती थीं, उसके भाग्य खुल जाते। आज इसके निकल जाने से गलियाँ घिना जाती हैं, लोग मुँह फेर लेते हैं। चलते में वह कभी-कभी हँस देता है, उसकी हँसी में करुण रस का मिश्रण होता है। फिर भी छोटे-छोटे बच्चे उसकी हँसी से काँप जाते हैं, रास्ता छोड़कर भाग जाते हैं। उसको अब लोग बुधुआ कहकर पुकारते हैं। जब कोई उसको 'अबे बुधुवा' कहकर बुला देता है, तो मानो उसे द्रव्य मिल जाता है। वह 'सरकार' कहकर बड़े ही अदब से रुककर खड़ा हो जाता है। उसके हृदय में आशा की तरंगें उठने लगती हैं और बाँध तोड़कर आँखों के मार्ग से उस पुकारनेवाले के सामने नाचने लगती हैं। बुधुआ गाँव में मेहनत-मजूरी करता और उसी से अपने 'पापी पेट' को भरा करता है।

उस गाँव में एक जमींदार रहते थे। उनका नाम था मुंशी शिवरतन लाल। जात के वह कायस्थ थे। उनकी जवानी उनसे जाने के लिए बार-बार आज्ञा माँगती, किंतु वह उसे जाने न देते थे। उसके लिए खिजाब का सेवन करते थे, अपने दाँतों को उन्होंने महीन तारों से मढ़ा रखा था, साधारणतः तार किसी को दिखाई न देते थे। वह प्रायः कहा करते—"बचपन की बीमारी ने मुझे कहीं का न रखा, दाँत हिला दिए, बाल सफेद कर दिए, उस जमाने से आई हुई कमजोरी आज तक पूरी न हुई। पास बैठनेवाले सब उनकी हाँ में हाँ जरूर मिला देते थे। गाँव के जवानों की भाषा में वह भले आदमी थे। गाँव में कोई चोरी हो जाती, किसी प्रकार का बखेड़ा होता, पुलिस के दारोगाजी आते तो मुंशीजी कुछ ले-दे के तस्फिया करा देते। किंतु न जाने क्यों गाँव के बूढ़े बेचारे से खफा थे। कहते—'यह पुलिस का मुखबिर है, दलाल है। किंतु खुले तरीके

से वह भी कुछ बुरा न कहते थे। मुंशीजी वेश्यागामी नहीं थे, कभी-कभी वेश्याएँ उन्हें स्वयं सलाम करने आ जाती थीं। वे शराब भी न पीते थे, लेकिन बच्चों की दवा और आने-जानेवालों की मेहमानी के लिए दो-एक बोतल डाले रखते थे। बुधुवा उन्हीं के दरवाजे पर बैठा आशा की डोरी का ताना-बाना बुरा करता था। उस समय उसके मुख मंडल पर विभिन्न प्रकार का ज्वार-भाटा आता था, किंतु वह जो कुछ सोच रहा था, उसी में मस्त था।

वह महँगी के दिन थे। किसी को रोटी देना साधारण बात न थी। कोई किसी का नहीं था। ऐसे समय बुधुआ मुंशीजी के दरवाजे नौकरी की आशा में बैठा था। भीख माँगने से भीख में उसे कुछ मिलता न था। शायद वह संतोषी न था, इसलिए पेट भर रोटी के लिए नौकरी की खोज में था, वह पेट भर रोटी चाहता था, किंतु पेट भर रोटी बड़ी मुश्किल की बात है। इस जमाने में सभी को अपनी-अपनी पड़ी थी। मुंशीजी उदार थे। उन्होंने बुधुवा को पेट भर रोटी देने का वचन दिया। बुधुवा उनके दरवाजे पड़ा रहता और जब मुंशीजी कहीं गाँव-गिराँव जाते तो लाठी लेकर उनके साथ हो लेता। कभी बाजार जाकर सौदा ला देता, किसी आसामी को बुला लाता, मुंशीजी के थके होने पर हाथ-पाँव दाब देता। कुआँ दरवाजे पर ही था, स्त्रियाँ बेचारी परदानशीन थीं। इसलिए पानी भर देता। बस, इतना ही उसका काम था। उनको खाना ठीक समय पर दोपहर को दो-ढाई बजे और संध्या को ग्यारह-बारह बजे पर मिल जाता था। वह मुंशीजी के यहाँ चैन करता था। एक वर्ष हो गया इन दिनों बुधुवा की मुंशीजी के दिल में बड़ी पूछ है, वह प्रत्येक काम में उससे राय लेते हों या न लेते हों, किंतु बुधुवा को रखते अपने साथ ही हैं।

उधर दस-पंद्रह दिनों से मुंशीजी बुधुवा से नाखुश हैं। अपने पास बैठनेवालों से वह कहते हैं—"बुधुवा को रोटी लग गई है। देखते नहीं हो कितना मोटा हो गया है। आया तब कितना सीधा था। अनाज सस्ता हो गया है न तभी तो अब आँखों में चर्बी छा गई है। किसी काम को कहो बहका-बहका जाता है।" बुधुवा भी इन दिनों कुछ चिंतित-सा रहता है। एक दिन रात को वह अपनी टूटी चटाई पर पड़ा हुआ कुछ सोच रहा था शायद अतीत की बातें। इतने में मुंशीजी अंदर से निकले। ठोकर मारकर बोले—"हरामजादे। अभी गया नहीं ?" बुधुवा उठकर खड़ा हो गया। वह गया नहीं, खड़ा रहा। अबकी बार मुंशीजी का पारा और गरम हो उठा। वे कहने लगे, "सूरतहराम ! बोल जाएगा या नहीं ?" इस बार बुधुवा ने साहस करके उत्तर दिया—"सरकार ! मैं यह काम नहीं कर सकता।" "तेरी यह हिम्मत ! काम से इनकारी !! गुस्ताख !!!" और, इतना कहकर लगे तमाचे मारने। "मार डालो सरकार ! लेकिन यह कुकर्म नहीं

हो सकता। "बदमाश ! मालिक का हुक्म मानना कुकर्म है ?" "हुजूर का हुक्म मानना कुकर्म नहीं है, लेकिन जो हुक्म सरकार ने दिया है वह पाप है।" "क्या ?" मुंशीजी ने लाल-लाल आँखें निकालकर पूछा। "किसी की बहू-बेटी को बुरी निगाह से देखना पाप नहीं तो क्या पुण्य है ?" बुधुवा ने साहस करके कहा—"आपके धोखे में पड़कर मैंने क्या नहीं किया ? न जाने कितनों को चोरी में सजा करवाई, एक बैल स्वयं बदलकर पुलिस के ज़रिए उनकी बेइज्जती कराई। मकानों में आग लगाई। बेकसूरों को पीटा सताया।" उसकी आँखों से आँसू निकल रहे थे, वह इसके आगे और कुछ भी न कह सका।

बुधुवा हवालात में बंद हो गया। उस पर अपने मालिक (मुंशीजी) के घर चोरी करके माल ले भागने का आरोप है। मुकदमे की पेशी हुई। उसे छः मास की सजा मिल गई। जैसे-तैसे उसने दिन काटे। गाँववालों को अब जानो, उसके प्रति सहानुभूति थी। किंतु, किसी ने उससे कुछ पूछा नहीं। मानो कभी देखा न हो। कदाचित् मुंशीजी के भय से। वह अपनी पुरानी झोंपड़ी के पास गया, अब वहाँ उसका कोई चिह्न शेष न था। एक मात्र बरगद का पेड़ खड़ा था। वह वहीं बैठ गया। उसने अपने जीवन का सिंहावलोकन किया। 'जब मैं रईस था, अत्याचार करता था, दुराचार करता था, लोग मेरा आदर करते थे। आज मुंशीजी का भी आदर करते हैं। वह लाख अवगुणों की खान हैं, किंतु अमीर तो हैं। मैं ईश्वर से डरने लगा तो मान से गया और लक्ष्मी ने भी रास्ता लिया। कलयुग में लक्ष्मी भी पतिभक्त नहीं रहीं। यह कैसा मायाजाल है ? लोग पाप-पुण्य जानते हैं, समझते हैं; किंतु साहस करके स्पष्ट नहीं कह सकते...'। बुधुवा उठा और न जाने कहाँ चला गया। सुनते हैं वह अब अनेक स्थानों में भ्रमण कर लक्ष्मी के विरुद्ध प्रचार करता है।

चमेली का चौरा

बचपन में वह बड़े लाड़-प्यार से एक धनी साहूकार के घर पली थी। दूर-दूर के ब्राह्मणों ने आकर उसकी जन्मकुंडली बनाई थी और सेठजी से उसके भाग्य की सराहना की थी। सेठजी आगंतुकों की बातें सुनकर खिल उठते और नम्रतापूर्वक उन सभी की बातों का उत्तर देते। यद्यपि चमेली सेठजी की कन्या नहीं थी, किंतु कोई भी इस बात को नहीं जानता था। स्वयं चमेली भी इस बात से अजानकार थी, कि वह सेठजी को बैजनाथ यात्रा के मार्ग में प्राप्त हुई है।

सेठजी के कोई संतान नहीं थी, इस कारण उनका चमेली पर अपरिमित प्रेम था। जैसा कि स्वाभाविक होता है, लाड़-प्यार में एक अमीर के घर पलनेवाले बच्चे प्रायः हठी हो जाते हैं। चमेली पर भी यह हवा बह चुकी थी। चमेली जिस समय जिस प्रकार की इच्छा प्रकट करती, सेठजी तथा उनके नौकर-चाकर लाख प्रयत्न करके उसे लाकर हाजिर करते। इस कारण चमेली के अंतःकरण में यह बात बिलकुल पक्की हो गई थी कि संसार में कोई वस्तु अप्राप्य नहीं है। और न कोई कार्य असंभव ही। तेरह वर्ष की आयु में चमेली का ब्याह हो गया।

मुर्शिदाबाद के नवाब सिराजुद्दौला की जीवन-ज्योति विदेशी-वणिकों के अंधेर में विलीन हो चुकी थी। अब उस प्रांत की नवाबी मनुष्य के हाथों नहीं, बल्कि एक ऐसी कठपुतली के हाथों थी, जिसकी डोरी हिलानेवाले सात समुद्र पार के निवासी थे।

चमेली का भाग्य जिनके साथ बाँधा था, वह उस नवाब के दरबार में गुमाश्ता थे। कहने के लिए तो वह नवाब के दरबारी थे; किंतु जो काम उनके जिम्मे था, उसका संबंध अधिकतर विदेशी व्यापारियों के साथ था। वस्तुतः वे उन्हीं व्यापारियों के ही गुमाश्ता थे। रामजीवन समझदार आदमी थे। उनके अंतःकरण में दया भी थी। वे न्याय-अन्याय की मीमांसा भी कर सकते थे, किंतु हृदय के दुर्बल थे। किसी न्यायरहित कार्य को स्वामी के विरुद्ध न करने की उनमें क्षमता न थी। वे धनहीन थे, ऐसी बात भी न थी, किंतु उनमें साहस ही न था।

उस जमाने में कपड़ा बुननेवाले व्यक्तियों को कुछ धन पेशगी दिया जाता था,

और वे इस बात के लिए लाचार किए जाते थे कि अपना सारा कपड़ा विदेशी व्यापारियों के ही कोठी में आकर बेचें। वे अपनी इच्छा से अपने माल का मूल्य नहीं लगा सकते थे। मूल्य का निर्णय करना भी उन्हीं कोठीवालों के हाथ में था, जोकि उनका माल खरीदते थे।

उस दिन चमेली के दरवाजे पर बड़ी भीड़ थी, कुछ स्त्रियाँ घर के भीतर भी पहुँच गई थीं। चारों ओर चीत्कार मचा हुआ था। छोटे-छोटे बच्चे धूप की गरमी से दरवाजे पर खड़े बिलबिला रहे थे, लेकिन कोई उनकी खोज-खबर लेनेवाला न था। सबको अपनी-अपनी पड़ी थी।

बात यह थी कि गिरधरपुर में कपड़ा बुननेवालों की बस्ती अधिक थी। कायदे के अनुसार उन सभी को पेशगी धन बाँटा गया था। यद्यपि उनमें से बहुतों ने धन लेने से इनकार भी कर दिया था तो भी उनसे जबरदस्ती वचन लिया गया था, कि वह अपना कपड़ा कोठी में ही लाकर बेचें, क्योंकि ऐसा ही नियम था।

कल उस गाँव के बुननेवालों का कपड़ा बेचने का दिन था, किंतु उस दिन बहुत थोड़े आदमी ही कपड़ा लेकर आए थे, और जो आए भी थे, उनका कपड़ा कोठीवालों के माप के अनुसार पूरा न था। कोठीवालों ने सभी लोगों को घर जाने से रोक रखा था और अपने सिपाही भेजकर उनके घरों से जबरदस्ती सामान लुटवा लिया था। इसी कारण गिरधरपुर के सभी स्त्री-बच्चे अपनी फरियाद लेकर रामजीवन के घर आए थे। रामजीवन जानता था कि उसके द्वारा निरपराध समाज के साथ अन्याय हो रहा है, किंतु इसके साथ वह यह भी जानता था कि इस समय न्याय करना अपना प्राणघात करना है। उस पर उस गाँव के पीड़ित समाज के क्रंदन का कुछ भी व्यावहारिक प्रभाव न पड़ा।

चमेली ने पूछा—"तुम्हारे हृदय नहीं है ? तुम नहीं देखते कि बेचारे जुलाहे दिन भर मेहनत करके भी कोठीवालों के हाथ कपड़ा बेचकर अपने बच्चों का पालन करने भर का पैसा नहीं पाते। आखिर उन्हें भी जिंदगी काटनी है, यह रोग कितने दिन तक चल सकेगा।" "मैं सब जानता हूँ, किंतु मैं कर ही क्या सकता हूँ।" निराशा की स्वाँस लेकर रामजीवन ने कहा। चमेली के तेवर बदल गए। उसने घायल सर्पिणी की भाँति फुफकारकर उत्तर दिया—"पुरुष होकर कहते हो क्या कर सकते हो ? मैं पुरुष होती तो दिखा देती। खैर, अब ही देखना।"

रामजीवन से कुछ उत्तर न बन पड़ा। उसके मन में विचारों का द्वंद्वयुद्ध होने लगा। वह सोचता, 'निश्चय ही मैं अपने हाड़-मांस की रक्षा के लिए सैकड़ों प्राणियों की हत्या कर रहा हूँ।' साथ ही दूसरा विचार उसके मन में आता कि 'यदि मैं इस स्थान पर

न रहा तो जो कोई भी होगा, वही यह सब करेगा। मेरे न रहने से भी उन गरीबों का त्राण नहीं हो सकता, तो फिर क्यों व्यर्थ में अपने प्राणों को संकट में डालूँ।' उसने संतोष से ऊपर सर उठाया, तो चमेली की मूर्ति सामने दिखाई दी। उसके विचारों ने पलटा खाया—'मेरी कायरता ने मुझे संसार की आँखों से गिरा दिया है। मेरी अर्धांगिनी चमेली, जिसे मैं कल ब्याह कर लाया हूँ, उसकी नज़रों में भी मैं तुच्छ हूँ। बला से, दूसरे मेरे स्थान पर आकर कर्तव्य को भूल जाएँ, किंतु मैं तो अब अपना कर्तव्य नहीं भूल सकता।' रामजीवन आज अपने समय से बहुत पहले ही दरबार से चला गया।

इस घटना को दो मास हो गए। रामजीवन के एकदम कार्य त्याग देने पर दरबारियों को आश्चर्य हुआ, किंतु कारण अधिक दिनों तक छिपा न रह सका। कारण का पता लगते ही धन-लोलुप व्यापारियों ने नवाब की मदद से रामजीवन को गिरफ्तार कर लिया और उसका सारा धन लूट लिया।

बेचारी चमेली बड़े असमंजस में पड़ी। वह बेचारी बालिका क्या जानती थी कि उसकी सहृदयता का इतना भयंकर दुष्परिणाम हो सकता है।

घटनाक्रम से वह कुछ समय के लिए अधीर हो गई, वह अपना कर्तव्य निश्चित न कर सकी। इतने में गिरधरपुर के जुलाहों ने आकर कहा—"बहन, मकान छोड़ भागो, अन्यथा अंग्रेजों के सिपाही तुम्हें भी पकड़ ले जाएँगे।"

वह अपरिचित भविष्य से काँप उठी। उसका जीवन सुख से बीता था। गरमी की तेजी ने उसे घर से बाहर निकलने से रोका और मन ने सलाह दी कि दरबारियों से माफी माँग ले। दूसरे ही क्षण उसके विचारों ने पलटा खाया और अपनी स्वाभाविक दृढ़ता के साथ गिरधरपुरवासियों के साथ वह घर से निकल पड़ी। उसने अंग्रेजी हवालात पर छापा मारा और थोड़े ही परिश्रम में अपने पति को छुड़ा लिया। यद्यपि उसने रामजीवन को छुड़ा लिया, तथापि वह उस युद्ध में मारी गई।

जिस स्थान पर उसने वीरगति प्राप्त की उस स्थान पर अब एक चबूतरा है जो 'चमेली का चौरा' के नाम से विख्यात है।

स्वदेश के लिए

आज उस दिन पार्क में पकड़े गए आसामी का मुकदमा है। उसकी आयु छब्बीस-सत्ताईस वर्ष की है। उसका सारा शरीर रूखा, किंतु मुख·मंडल कांतिमय है। आँखों से ज्योति फूट निकलती है, मस्तक चम-चम कर रहा है। न जाने क्यों उसे देखकर हृदय में कुछ प्रेम उत्पन्न होता है। उसका नाम रासियों पेटिट है। रासियो पेटिट का नाम परिचित-सा है। उसे देखने और पहिचाननेवालों की संख्या चाहे कम हो, किंतु हिलेना प्रांत का कदाचित् ही कोई ऐसा अभागा होगा, जिसने उसका नाम न सुना हो। वह एक साधारण कुल में जन्मा था। उसका पिता हद दर्जे का शराबी था। बेचारा करे क्या ? दिन में दस घंटा जुटकर मिल में काम करने के बाद जब वह घर आता था तो उसके घर में मन बहलाने और थकावट दूर करने का और कुछ जरिया ही नहीं था। रूस के मजूर और किसानों की यही तो दशा है कि उनसे काम लेने के लिए, उन्हें परेशान करने के लिए, जिसे देखो वही चला आता है। लेकिन थकावट में उनकी खबर लेनेवाला, कष्ट में उनसे दो बातें पूछनेवाला कोई भी तो नहीं दिखाई देता। कहते हैं, शराब पीने से उनकी थकावट दूर हो जाती है, उनका दुख कुछ समय के लिए भूल जाता है, इसीलिए तो वे लोग अपना पेट काट-काटकर भी परिवार का पेट भरते हैं। पेटिट की माँ अपने पति की इस लीला से मन-ही-मन जलती और विशेषकर उस समय जब कि वह मतवाला होकर उस अस्विचर्माविस्ट को बिना बात की बात में डंडों से पीटने लगता; किंतु वह उसका इलाज करने में असमर्थ थी।

पेटिट के दो भाई और एक बहन और थी। पेटिट सबसे बड़ा था, उसकी आयु अठारह वर्ष की थी। माँ बेचारी लाख प्रयत्न करने पर भी अपने बच्चों तक को आराम से नहीं रख पाती थी। बोतलवासिनी की कृपा से उसके पास इतना पैसा बच ही नहीं पाता था कि वह बच्चों के लिए यथायोग्य दूध तक दे सके। यह दशा केवल उसकी ही न थी, वरन् सारा अड़ोस-पड़ोस और लगभग सारा देश ही इसी हवा में बह रहा था। छोटे-छोटे गाँव में भी छलारों की दुकानें थीं। संध्या को वहाँ पर मेला-सा लग जाता और कभी-कभी तो ग्राहकों की ठेला-ठेली में गाली-गलौज और मार-पीट तक की नौबत आ जाती। रात को शोरगुल तो नित्य का नियम हो गया था। पेटिट इसी कारण अशिक्षित ही रह गया था।

चौदह वर्ष की आयु में ही पेटिट के पिता का देहांत हो गया। उस समय वह भी गृहस्थी के गड्ढे को भरने के लिए मिल में जाने लगा था। अपने मिस्त्री की प्रेरणा से पेटिट ने पढ़ना आरंभ कर दिया था। थोड़े ही समय में यह साधारण पुस्तकों को पढ़कर उनके भाव समझने लग गया। एक दिन वह अपने घर एक पुस्तक लेकर गया, जिसमें रूस के गरीबों की दुर्दशा और ज़ार की उदासीनता का चित्रों द्वारा परिचय कराया गया था।

पेटिट के पिता का देहांत हो चुका था। अब घर का मालिक नहीं था। शराब नहीं पीता था। इससे उसकी माँ समझती थी कि उसकी चढ़ती उम्र है, मिल का श्रम इसे अखरता नहीं। जिस दिन वह पुस्तक लेकर आया उस दिन संध्या को बाहर फिरने भी नहीं गया। पुस्तक खोलकर पढ़ने लगा। माँ ने कौतूहलपूर्ण दृष्टि से उसे देखा और पेटिट के पास खड़ी होकर कुछ क्षण तक पुस्तक के चित्र देखती रही। न जाने क्यों थोड़ी देर में उसका भाव इस प्रकार बदल गया जैसे किसी भावी आशंका से उसका दिल दहल गया हो। उसने कहा—"पेटिट...क्या तुम पढ़ लेते हो ?"

"हाँ माँ ! मैंने अपने मिस्त्री से पढ़ना सीखा है।" माँ ने एक ठंडी साँस ली। पेटिट ने माँ की ओर देखकर किंचित मुसकराकर पूछा—"क्यों माँ ?" अब तो माँ आँसू न रोक सकी। उसने कहा—"बेटा ईश्वर के लिए बुढ़ापे में मेरी जान संकट में न डालो।"

पेटिट ने प्रश्न किया—"माँ, क्या मैं तुम्हारी जान संकट में डाल रहा हूँ ?" माँ ने उत्तर दिया—"जानते नहीं हो ? पढ़े-लिखे आदमियों को जार निहिलिस्ट कहकर फाँसी दे देता है या साइबेरिया भेज देता है।

लापरवाही से पेटिट ने कहा—"तुम पागल हो गई हो माँ। हमारे मिल में तो बहुत से बाबू हैं, सभी पढ़े-लिखे हैं, लेकिन कोई भी तो साइबेरिया नहीं भेजा गया।" "मैं क्या जानूँ बेटा, जो सुनती हूँ वही कहती हूँ।" कहकर बुढ़िया ने संतोष की साँस ली। कुछ देर रुककर फिर पूछा—"पेटिट, इस पुस्तक में क्या लिखा है ?" पेटिट उत्साह से माँ के पास सरक गया और चित्र दिखा-दिखाकर समझाने लगा। गरीबों के दैनिक जीवन, उनके कठिन परिश्रम उनके अशांतिमय वातावरण और राज्य की उदासीनता तथा उस अवस्था के लिए परोक्ष रीति से शासनकर्ताओं का चित्र देखकर माँ को रात भर नींद नहीं आई। उसे मानों अपनी अवस्था का ज्ञान हो गया हो। वह नित्य ही उसी परिस्थिति में समय बिताती थी, किंतु उसकी ओर से अनभिज्ञ-सी थी। वह रात उसके लिए एक नई रात थी मानों वह किसी दूसरी दुनिया में गई हो। पति के समय का अशांत वायुमंडल उसकी आँखों के सामने आ गया। इधर दो वर्ष से उसके घर में शांति का राज्य था। वह अशांति की स्मृति से भयभीत हो गई। अपने हाथों से उसने आँखें बंद कर लीं। इस घटना को दो वर्ष और बीत गए। पेटिट के पड़ोसियों को उसके घर की शांतिमय स्थिति देखकर कुछ अनोखी-सी बात जान पड़ती थी। उन्हें पेटिट पर कुछ ईर्ष्या-सी हुआ करती थी। पेटिट पड़ोसियों की दृष्टि में अनोखी-सी चीज़

था। निर्लज्जतापूर्ण कार्यों में रंगरलियाँ न मचाने और भाग न लेने के कारण वह पेटिट को अभिमानी समझते थे। इधर पेटिट के घर दो-चार पढ़े-लिखे आदमी आने-जाने लगे। उसकी माँ कभी तो उनके आने पर कुढ़-सी जाती, किंतु कभी-कभी वह कहने लगती कि बेचारे कितने सीधे बालक हैं। अभी निरे बच्चे ही तो हैं। देखो न, माँ कहते-कहते उनका मुँह नहीं थकता। पेटिट को कितना प्यार करते हैं ? इन विचारों के आते ही उसका हृदय वात्सल्य स्नेह से भर जाता और वह कुछ क्षण के लिए बेसुध-सी हो जाती। क्रमशः वह बच्चों को घर आने के लिए आदी हो गई और फिर एक दिन तो वह आ गया, कि उन लोगों के घर न आने पर वह कुछ उदास दिखाई देती। पेटिट के घर आनेवालों में हेनरी लाक्सो, वीया और पेडरिन मुख्य थे। पेटिट के साथ जब यह सभी जमा होते तो प्रायः पुस्तकें पढ़ते और उन पर वाद-विवाद किया करते। हेनरी अपनी तर्कपूर्ण भाषा में जब अपने विचार प्रकट करने लगता तो उसकी भवें तन जातीं, नेत्र लाल हो जाते। उसके इस रूप के सामने दूसरों को कुछ बोलने का साहस ही नहीं होता। रूस की राज्यतंत्र की आलोचना करते हुए उसने कहा—"दूसरे देशों के विप्लव में और हमारे देश के विप्लव में अंतर होगा। फ्रांस और अमेरिका की क्रांति में प्रयोग किए गए उपाय पूर्णरूपेण अपने देश में व्यवहृत नहीं किए जा सकते, क्योंकि वहाँ की परिस्थिति और अपनी परिस्थिति में बड़ा अंतर है।"

पेडरिन ने उत्तर दिया—"मैं भी तो यही कहता हूँ। हाँ, हमारे मत से इतनी बात और भी आवश्यक है कि अपने कार्यकर्ताओं को इस ढंग से नियुक्त करें, जिसमें जार के विभाग में कुछ-न-कुछ हमारे आदमी अवश्य हों। विकास और क्रांति में तो यही अंतर है। विकास धीरे-धीरे होता है और क्रांति एकदम से ही स्थिति बदल देती है। हम अपने देश में क्रांति चाहते हैं।" पेडरिन अपने मत पर दूसरों का भाव जानने के लिए कुछ क्षण रुक गया। जब किसी ने कुछ नहीं कहा तो वह फिर बोला—"हमारे देश में क्रांति ऐसे ही होगी कि हम अपने आदमियों को कई भागों में बाँट दें। जार के प्रति, राज्य की धींगाधींगी के प्रति असंतोष उत्पन्न करनेवालों का एक दल रहे, दूसरा दल ज़ार के प्रत्येक विभाग में अपने आदमी पहुँचाने अथवा बनाने का काम करे, मजदूरों और गरीबों को संगठित करने का काम तीसरा दल करे, अत्याचारियों को भयभीत करने का तथा उसके लिए अस्त्र-शस्त्र एकत्रित करने का काम एक दल के सुपुर्द हो और इसके अतिरिक्त भी एक दल ऐसा हो जो दूसरी आवश्यक बातों का पता लगाता रहे।" पेटिट ने कहा—"पेडरिन आज तो बड़े पते की बातें कह रहे हो।" बूढ़ी माँ भी उनके पास ही बैठी। बच्चों के लिए चाय बना रही थी। वह जितना भी समझती थी उससे सहमत होते हुए भी भावी आशंका से उसे उचित न समझती थी, किंतु वह चुप थी। कदाचित् वह जानती थी, कि बच्चे किसी बुरे मार्ग की ओर नहीं जा रहे हैं।

पेटिट लोहे की जंजीरों से बाँधकर कटघरे में लाकर खड़ा किया गया। मजिस्ट्रेट ने अपनी भूरी आँखों से एक बार उसकी ओर देखा और सरकारी वकील की ओर कुछ इशारा किया। सरकारी वकील ने कहा—"हुजूर यह एक पोलिटिकल बदमाश है। आज से पंद्रह दिन पूर्व यह हेलना के ग्रेट एसिन पार्क में संदिग्ध अवस्था में पाया गया। उस समय इसने सरकारी आदमियों पर गोलियाँ चलाईं, जिससे एक आदमी मर भी गया। इसने अपना नाम बताने से इनकार किया। किंतु इसकी हुलिया से पता लगा है कि यह पेटिट नाम का भयानक बदमाश है, जिसको निहिलिस्ट लोगों ने इस प्रांत के भय-प्रदर्शन विभाग का मुखिया बनाया था। यह अपनी माँ की सहायता से प्रजा में अशांति फैलाता था, सरकारी आदमियों के विरुद्ध षड्यंत्र रचता और उनकी हत्या कराता था। इसकी गिरफ्तारी के लिए सरकार को पंद्रह हजार रूबल का इनाम नियत करना पड़ा था।"

वकील के इस बयान को कई व्यक्तियों ने आकर दोहराया। इसके बाद मजिस्ट्रेट ने कैदी की ओर देखकर पूछा—"तुम्हें क्या कहना है ? कुछ सफाई देनी है ?" सारी अदालत गूँज उठी। अभियुक्त ने गरजकर कहा—"जिस राज्य में दगाबाज और बेईमानों की इज्जत की जाती है, जो जितना मक्कार है, उतना ही वह राज्य का प्रिय पात्र है, उस राज्य की भाषा में बदमाश शब्द का गौरव है। मुझे अभिमान है कि मैं राज्य की दृष्टि में बदमाश हूँ। जिस राज्य ने गरीबों का सत्यानाश कर दिया, जिस राज्य में काम करनेवाले एक-एक दाने को मोहताज हैं, उनका तन वस्त्रहीन है, उनके शरीर में हड्डी और खाल के अतिरिक्त कुछ नहीं रहा, जिस राज्य ने प्रजा का धन लूटकर मक्कारों में, बेईमानों और बदचलनों में बाँट दिया, जिसने शिक्षा और स्वास्थ्य, शिल्प और वाणिज्य, कला और कौशल—सभी का नाश कर दिया; उस राज्य का शत्रु होना, उसके विरुद्ध षड्यंत्र करना पुण्य है, स्वदेश सेवा है। मुझे संतोष है कि मेरे प्रमुख को हमारे विरोधी भी सफल मानते हैं। मैंने जो कुछ भी किया अपने कर्तव्य के लिए और स्वदेश के लिए। मैं राज्य का बागी हूँ और बाग़ी होने में मुझे अभिमान है। प्रत्येक व्यक्ति को स्वदेश के लिए कुछ-न-कुछ करना ही चाहिए। चाहिए तो यह कि वह—जिये तो स्वदेश के लिए और मरे तो स्वदेश के लिए।

मजिस्ट्रेट ने घुड़ककर कहा—"बकबक मत करो। फाँसी का दंड दिया गया। सिपाहियो इसे ले जाओ।"

दहाड़कर पेटिट ने कहा कि "स्वदेश के लिए मुझे सब मंजूर है।" सिपाही उसे लेकर चल दिए। इतने में एक धड़ाका हुआ। देखा, तो सारे तमाशबीन भाग गए हैं। मजिस्ट्रेट पृथ्वी पर खून से लथ-पथ पड़ा है और एक वृद्धा वहीं पर खड़ी कह रही थी—"इसकी जरूरत थी, स्वदेश के लिए।"

ऋणी-परिशोध

आयरलैंड के माइकेल कालेंस की आयु उन दिनों अठारह वर्ष की थी। इतनी छोटी उम्र में ही जब उसे अपने देश पर इंग्लैंड के अत्याचारों की याद आती तो वह क्रोध से पागल हो उठता। उसने अपने साथी ग्रेहम स्टीव से जिसकी आयु अठारह वर्ष की थी, "कहा—क्या इंग्लैंड ने पृथ्वीमंडल के अत्याचारों का ठेका ले लिया है। संसार में कौन ऐसा देश शेष है, जिसको इंग्लैंडवासियों की ओर से शिकायत न हो।" ग्रेहम ने कहा—"तुम नहीं जानते, कालेंस ! शासित वर्ग को दबाए रखना ही शासक का मुख्य कर्तव्य है।" कालेंस को उसके समाधान से संतोष न हुआ। वह फिर बोला—"तो क्या शासित समुदाय को दबाए रखने के मानी उस पर अन्याय करना है ?" "तो तुम क्या कर सकते हो कालेंस ?" ग्रेहम ने उत्तेजित होकर कहा।

कालेंस की आँखें बदल गईं। उसने उत्तर दिया—"एक नौजवान आयरिस क्या नहीं कर सकता ? ग्रेहम ! तुम हमारे शरीर को देख रहे हो, हृदय तक तुम्हारी दृष्टि नहीं पहुँचती।"

ग्रेहम ने प्रश्न किया—"क्रोधित होने की बात नहीं है, कालेंस ! निश्चय ही हम तुम्हारा हृदय नहीं देख पाए। तुम्हीं बताओ, आखिर क्या कर सकते हो ?"

"मैं सब कुछ कर सकता हूँ। मैं इंग्लैंडवासियों की शैतानियत मिटा सकता हूँ। ब्याज और दरब्याज के साथ बदला चुका सकता हूँ। यदि और कुछ नहीं तो कम-से-कम अपनी कौम के लिए, प्यारे आयरलैंड के लिए मर तो सकता हूँ।" माइकेल कालेंस ने आवेश में आकर उत्तर दिया।

"मैंने अपने मित्र के सामने, अपनी जन्मभूमि के सामने, अँधेरे का नाश करनेवाले सूर्य के सामने, चारों दिशाओं के सामने, अपने अंतःकरण के सामने देश की स्वाधीनता का व्रत लिया है। उस व्रत को हमें निभाना है। पिता कहते हैं कि अभी पढ़ते रहो मास्टर और संबंधी—सभी की भी यही राय है, किंतु मैं पढ़कर क्या करूँगा ? अपनी प्रतिज्ञा के यह अमूल्य-दिन एक प्रकार से नष्ट ही होंगे। लोग सलाह देते हैं कि पढ़ने से जानकारी बढ़ जाएगी, किंतु जितनी जानकारी मुझमें है, उतनी ही मेरे लिए पर्याप्त

है। मेरे आयरलैंड पर दूसरों का शासन है और शासक वर्ग मेरी मातृभूमि को पददलित करता है, क्या इससे अधिक और भी कुछ मुझे जानने की जरूरत है ? मेरे व्रत-पालन के लिए इतनी ही जानकारी चाहिए। जिसके प्यारे देश और देशबांधवों का भविष्य अंधकार में हो, वह अपने भविष्य की चिंता में व्रत-पालन के अमूल्य समय का नाश करे। पिता और माता, गुरु और स्नेहीवृंद ! तुम्हारे इस भोले-भाले उपदेश पर अब मैं नहीं चल सकता, असमर्थ हूँ, मेरे सर प्रतिज्ञा का ऋण है अपने अंतःकरण का ऋण है। पुस्तको ! तुम हमारे ऋण-परिशोध में बाधक हो। लो, मैं तुम्हारा त्याग करता हूँ।"

माइकेल कालेंस ने आगे कहा—"हो सकता है कि आज में, कल में, दस-बीस दिन में मेरे प्राण निकल जाएँ। उस समय भगवान के सामने खड़े होकर मैं क्या कहूँगा ? जब वहाँ मेरी जन्मभूमि, परमपिता के सामने मेरे कृतघ्नी और व्रतभंगी होने की फरियाद करेंगी, उस समय मैं अपनी सफाई में क्या उत्तर दूँगा ? क्या यह कह देने से मेरी बचत हो सकेगी कि मैं पढ़ रहा था। नहीं, वह तो बहाना समझा जाएगा। बस, अब बहुत तर्क हो चुका। अपने व्रत पालन के लिए मैं सिनफिनर बनूँगा, विद्रोही कहलाऊँगा और राजपलटाऊ दल में नाम लिखाऊँगा। इस पराधीन देश में क्रांति से शांति होगी।" इस घटना को दो वर्ष हो गए। ग्रेहम और कालेंस फिर उसी मकान में बैठे थे। दोनों मौन थे। कालेंस ने निस्तब्धता भंग करते हुए कहा—"क्या चुप रहने से काम चल जाएगा ?"

ग्रेहम ने कहा—"मैं तो पहले ही जानता था कि क्रांतिकारी दल में सम्मिलित हो जाना कोई सरल बात नहीं है। यह चालाक सिनफिनर किसी को अपने दल में तब तक सम्मिलित नहीं करते, जब तक उन्हें पूरे तरीके से विश्वास न हो जाए। जो व्यक्ति दलमुक्त होने के पूर्व कुछ काम कर दिखाता है, उस पर ही वे विश्वास करते हैं। हाँ, वह बातचीत करने में संकोच नहीं करते।"

"तो क्या करना चाहिए ? ग्रेहम !" कालेंस ने प्रश्न किया। ग्रेहम ने इसका उत्तर स्पष्ट नहीं दिया। उसने कहा—"जैसा मैं करूँगा, तुम भी करते जाना।" तीसरे दिन वे दोनों एक पहाड़ी चट्टान पर बैठे थे। उनके पास दो बंदूकें रखी थीं और दो आदमी बँधे पड़े थे। ग्रेहम ने कहा—"कालेंस इनको कहीं छिपाने के पहले इनकी वर्दी उतार ली जाए; किंतु जलाई न जाए, बल्कि हम दोनों उसे पहन लें। क्योंकि ऐसा करने से दोनों को बंदूक लेकर सुरक्षित चले जाने का सुभीता होगा। और कोई इस बात का संदेह भी न कर सकेगा कि इन दोनों ने डंडों द्वारा पुलिसवालों को मारकर बंदूकें छीन ली हैं।" कालेंस ने उस सलाह को मान लिया और दोनों सिपाहियों को कंदरा में छिपाकर बस्ती की ओर चले गए। उत्तरी आयरलैंड में यह खबर बिजली की भाँति फैल गई।

दो दिन बाद दूसरी खबर यह सुनने को मिली कि कंटीन नामक स्थान से सिपाहियों के पहरे में भेजा गया खजाना रास्ते से ही गायब हो गया।

ग्रेहम ने देखा कि उसकी वर्दी की जेब में एक डाकेट है। वह बहुत प्रसन्न हुआ और कालेंस से कहा—"देखो, भाग्य-परीक्षा का दूसरा अवसर भी मिल गया।" दोनों कंटीन गए और वह डाकेट वहाँ के अधिकारी को दिया। अधिकारी ने बिना विशेष पूछताछ के बीस हजार पौंड तथा अपने यहाँ से तीन सिपाही और उन लोगों के साथ भेज दिए। रास्ते में ग्रेहम और कालेंस ने उन तीनों सिपाहियों को गोली मार दी और खजाना लेकर पहाड़ियों से घिरे एक सुनसान मैदान में चले गए। आयरलैंड की सरकार ने बहुत प्रयत्न किया, किंतु उसे लुटेरों का पता नहीं लगा। संदेह में बीसियों पहचाने हुए क्रांतिकारी पकड़े गए। आयरलैंड के प्रसिद्ध जासूस जेम्स इस मुकदमे की जाँच के लिए नियुक्त किए गए, किंतु उन्हें भी असली अपराधी का पता नहीं लगा।

कालेंस ने ग्रेहम से कहा—"भाई, हम लोगों के छिपे रहने से देश की अधिक हानि है। यदि सरकार क्रांतिकारियों को न पकड़कर साधारण लोगों को पकड़ती, तब तो विशेष हानि न थी, किंतु इससे तो अच्छे-अच्छे कार्यकर्ता देश से छूटे जा रहे हैं।

माइकेल की बात ग्रेहम को पसंद आ गई। उसने बहुत आग्रह से कालेंस को रोका और स्वयं एक रिवाल्वर लेकर जेम्स के बँगले पर गया। वह तलाश में था कि अवसर मिले तो जेम्स को मार दे, किंतु वह पकड़ लिया गया। अदालत में उसने सभी बातें स्वीकार कर लीं और ब्यौरेवार सब हाल बता दिया, लेकिन कालेंस का नाम जानबूझकर नहीं बताया। ग्रेहम को 7 अप्रैल को फाँसी दे दी गई।

फाँसी का कैदी

ऊँची-नीची पहाड़ियों से घिरे त्रिभुजाकार पेड़ों के झुरमुट के बीच वेदवंती नदी अपनी सलिल गति से बह रही थी। उसकी गति अवरोध करने के लिए पृथ्वी से सर उठाए हुए पत्थर उसके सामने पड़े थे। कुछ समय तक नदी के जल ने अपने धीमे शब्दों में, पत्थरों की सामने से हट जाने की प्रार्थना की, स्वयं जल कतराकर निकल गया। किंतु अभिमानी पत्थर पत्थर ही जो ठहरे टस-से-मस न हुए। यह दशा देखते-देखते मुझे दोपहर से संध्या होने आई। मैं लक्ष्यहीन, मुझे जाने की चिंता तो थी ही नहीं। उसी युद्ध को देखकर अपना समय काट रहा था। मैं कुछ सोचने लगा। कहा—'मुझे नदी के जल की पराजय की चिंता थी।' मेरे मन में आया कि 'क्यों न मैं स्वयं ही पत्थरों को प्रयत्न करके मार्ग से हटा दूँ और नदी के लिए रास्ता साफ कर दूँ।' इतने में एक हिलोर आई। हिलोर थी या पत्थरों का मान-मर्दनकारी प्रलय घटा। सामने के पत्थर तेज वायु में उड़नेवाले पत्तों के सदृश क्षण भर में अदृश्य हो गए। उनकी सहायता के लिए टीले पर के पत्थर कूदे। किंतु वह भी एक गहरी चीख मारकर बेहोश हो गए।

नदी के जल ने उनको न जाने कहाँ से जाकर डाल दिया। मैं इन अभिमानी पत्थरों की पराजय और वेदवंती की शक्ति-संपन्न धाराओं की प्रशंसा कर गीत गाने लगा। इतने में किसी ने आकर पीछे से मेरे कंधे पर हाथ रखकर कहा—"वीरबलि ! तुम यहाँ कहाँ ?" मेरा गाना समाप्त हो गया। पीछे मुड़कर देखा तो वह सरला थी।

एक ही दिन देखा-देखी होने पर मैं सरला से प्रेम करने लगा। सरला का सहयोग मुझे कैसे प्राप्त हुआ यह कहानी बड़ी लंबी है। सरला को पाने के पूर्व मैं बड़ा ही निर्भीक था। स्वतंत्रता युद्ध के समय फिरंगियों के अत्याचारों की कहानी सुनकर मैं उत्तेजित हो उठता और बदला लेने की धुन में उपाय सोचा करता। अपने गाँव से दूर मीलों की झोंपड़ियों में जाकर तीर चलाने का अभ्यास करता और अपने कार्य की आर्थिक चिंता से दूर रखने के विचार से उनसे डकैती करने की भी शिक्षा प्राप्त करता। किंतु सरला के प्रेम ने मुझे बदल दिया। दो-चार दिन साथ रहने के बाद वह प्रेम मेरे लिए बोझ हो गया। एक ओर देश की चिंता, बदला लेने की आग और दूसरी ओर प्रेमाग्नि

की लपटें। दोनों अपनी-अपनी ओर खींचती। इस खींचतान से मैं पागल हो गया। घर से निकले चार दिन हो गए। वह दिन हमने इसी वेदवंती के किनारे जंगल में काटे थे। आज एकाएक सरला को देखकर मैं कैसा हो गया कुछ कह नहीं सकता। सरला के प्रश्न कों सुनकर मेरे मुँह से भी निकल गया—"और तुम ?" मैं आगे न बोल सका। मेरे प्रश्न के उत्तर में सरला ने कहा—"मजनूँ जो सौदाई था, लैला क्या दीवानी न थी ?" उसने मेरा हाथ पकड़ा और चल दी।

सरला ने पूछा—"प्यारे जो मेरा प्रेम तुम्हारे लिए इतना दुखदाई था तो क्यों तुमने इस बला को पाल लिया ?" मैंने इसका कुछ उत्तर नहीं दिया। मानों वह किसी दूसरे से कह रही हो। किंतु वह चुप नहीं हुई। मुझे देखकर वह फिर बोली—"मैं जानती हूँ तुम्हारी खामोशी का कारण। तुम मुझे बंधन समझते हो।" मेरे मुँह से व्याकुलता में निकल गया—"सचमुच"। उसने पुनः कहा—"यह तुम्हारा भ्रम है, मैं महाराष्ट्र जाति की पुत्री हूँ—उसी महाराष्ट्र जाति की, जिसमें प्रातः स्मरणीय लक्ष्मीबाई ने जन्म लिया था। मैं तुम्हारा साथ दूँगी। तुमने मुझे एक अन्य प्रांतीय होकर अपना संगी बनाया है, मैं धोखा नहीं दे सकती।" मेरी आँखें प्रसन्नता से चमक उठीं। मैं सरला की ओर एकटक ताकने लगा। माइकेल कालेंस को आयरलैंड में दल का प्रभाव जमा लेने पर अथवा टामकाका को पुनः अपनी कुटिया प्राप्त कर लेने पर जो आनंद हुआ होगा उससे भी अधिक मैं प्रसन्न था। कौतूहलवश में पूछ बैठा—"क्या सचमुच ?" सरला बोली—"क्या मैं तुमसे झूठ भी बोलती हूँ।" प्रसन्नता के आनंद में न जाने और कितना समय बीता। मुझे होश तब आया जब सरला ने कहा—"देखो, अँधेरा हो गया है, जंगल में रात व्यतीत करने से कुछ लाभ नहीं। इन शरीरों पर अब अपना या तुम्हारा अधिकारी नहीं है। यह तो देशमाता के भेंट हो चुकी है। यहाँ पास ही एक ग्राम है—यह ग्राम जहाँ महारानी लक्ष्मीबाई के गुरु श्री हरिनारायण रावजी की नब्बे वर्ष की वृद्ध माता और पाँच वर्ष के छोटे बालक को क्रूर फिरंगी सैनिकों ने फाँसी दी थी। चलो, आज की रात्रि वहीं बितावें।" मैं उठ खड़ा हुआ।

वह इमली का कुल कलंक वृक्ष आज भी बासठ वर्ष बाद उसी प्रकार छाती फुलाए खड़ा है। उसकी सहायता प्राप्त करनेवाले भी उसी प्रकार स्वेच्छा का तांडव नृत्य कर रहे हैं। किंतु वह समय, उस समय की रानी, उस समय के 'विद्रोही' नामधारी सैनिक आज कहाँ हैं ? वह नहीं रहे। उस समय की वीरता भी नहीं रही। मैंने एक नौजवान से पूछा—"प्यारे ! क्या वह समय तुम ला सकते हो ?" उसने निराश की हँसी हँसते हुए कहा—"पागल हो गए हो क्या ? हम लोगों ने तो शस्त्र आँखों से देखे नहीं, फिर वह समय कैसे ला सकते हैं।" एक बूढ़े से बातें हुईं। उसने कहा—"जानते हो भइया !

हमारी गुलामी का कारण ? हमने वह दिन अपनी आँखों देखे हैं। मेरी उम्र उन दिनों दस-बारह वर्ष की रही होगी, फिर भी मुझे सब बातें मीठे स्वप्न की भाँति याद हैं। उस समय के सिपाही बड़े वीर थे; किंतु उनमें बड़ी कमियाँ भी थीं। वे सैनिक थे; लेकिन विजय के बाद बिना सुदृढ़ प्रबंध किए आमोद-प्रमोद में ही मस्त हो जाते थे। उनके मुखिया थे; किंतु उनमें नेतागिरी की बू थी। वे सेनापति थे, किंतु शासक नहीं। वे युद्ध कर सकते थे; किंतु शांति स्थापना नहीं।' मैंने बूढ़े से कहा—"बाबा ! कुछ खुलासा करके कहो।" तीन मिनट तक साँस भर बूढ़ा बोला—"जिस समय सैनिकों ने युद्ध आरंभ किया, उस समय साधारण जनता को कष्ट न होने पावे इसका अथवा उसकी रक्षा का वे प्रबंध कर सके। डाकुओं ने प्रजा को लूटा और फिरंगियों ने जनता में सैनिकों को भी डाकुओं का साथी कहकर शरण पाई। भइया ! यह भेद है, उस असफलता का।" बूढ़ा इसके आगे बातें करने में असमर्थ था, उसकी खाँसी उसे परेशान किए हुए थी। बहुत इच्छा रखते हुए भी मैं आगे न सुन सका।

और भी न जाने उस बुंदेलखंड के कितने स्थानों को देखा जिन्हें परदेशी राज्य स्थापन के दिन से आज तक वीरों ने घड़ों रक्त से सींचा था। उस पवित्र भूमि पर पैर रखते मुझे संकोच होता। झाँसी कोट पर विजय करने के हेतु जिस पहाड़ी पर अंग्रेजों ने तोपें लगाई थीं उसे देखकर मेरे हृदय में क्रोध आया कि क्यों न पहले उसे खोदकर फेंक दूँ। किंतु मेरे दो साथी थे—एक तो अंतःकरण में डेरा लगाए हुए क्रांति कामना। दूसरा साया की भाँति साथ रहनेवाली सरला। दोनों ने एक स्वर से मत दिया—'साँप निकल गया अब लकीर पीटने में क्या धरा है। ऐसे न जाने कितने राष्ट्रकलंक अब सशरीर जीव धारण करके विचर रहे हैं। यदि जड़ खोदना है तो उनकी जड़ खोदो।' मैं कहाँ-कहाँ गया, यह कथा विचित्र है। सरला मेरे साथ ही थी। बुंदेलखंड की तराई में एक भदारमा को तपस्या करते देख मेरे मन में उनसे ज्ञान प्राप्त करने की इच्छा हुई, मैं उनके पास गया। साधु से मैंने दंडवत करके इधर-उधर की दो-चार बातें कीं। अवसर पाकर मैं प्रश्न किया—"महाराज ! आप अकेले स्वर्ग पाने अथवा मोक्ष पाने का प्रचलन कर रहे हैं, किंतु आपको क्या यह चिंता है कि देश के कितने करोड़ आदमी शारीरिक पराधीनता में फँसे हैं।" साधु ने मुसकरा दिया। उस एक सेकेंड की मधुर-मुसकान ने ही व्याख्या सहित मेरे प्रश्न का उत्तर दे दिया। मैंने सरला से पूछा—"समझी ?" वह मौन थी। मैंने कहा—"बाबाजी की मुसकान का अर्थ है कि संसार माया है।" बीच ही में साधु ने रोककर कहा—"भूलते हो बच्चा। करोड़ों प्राणियों के दासता बंधन काटने की तपस्या सैकड़ों जीवों की मोक्ष से अधिक पुण्यकारी है। मैं वही कर रहा हूँ। यह समय न तो खुल्लमखुल्ला युद्ध करके जय प्राप्त करने का है और न मौलिक विरोध अथवा करुणा-क्रंदन के चीत्कार करने से ही प्राण पाने का अवसर है। महाराज शिवाजी

का विधान भी काम आता दिखाई नहीं देता, क्योंकि उसके लिए भी देश में काफी जागृति चाहिए।" मैंने उकताकर पूछा—"महाराज ! आप कर क्या कर रहे हैं ?" यह जानना चाहते हो ?" साधु ने कहा—"तो आँखें बंद्र करो।" मैंने आँखें बंद कीं। देखा, बुंदेलखंड की उसी पहाड़ी की तराई में कई आदमी हैं। कोई धन-विभाग का इंचार्ज है, कोई शस्त्र-विभाग का, कोई परदेश-विभाग का, कोई प्रचार-विभाग का और कोई संगठन-विभाग का। सबके सब संयोजक एक-दूसरे को जानते हैं। किंतु कार्यकर्ताओं को नहीं। साधु ने कहा—"सबका मैं यही संगठन दृढ़ कर रहा हूँ। अब खोल दो आँखें।" मैंने आँखें खोलीं तो न तो प्यारी सरला थी और न बाबाजी। न पहाड़, न जंगल। जेलखाने का वार्डर फाटक के सींखचों पर डंडा जमाकर कह रहा था—"जल्द उठो।"

बागी की बेटी

उस समय अँधेरी रात थी और पानी बरस रहा था। बिठूर जेल की पुरानी हवालात की एकांत कोठरियों में चौवालीस कैदी बंद थे। इनमें सात स्त्रियाँ थीं और सैंतीस मर्द। कोठरियों में मोटे-मोटे सींखचे लगे हुए थे और मजबूत ताले उनके दरवाजे पर लटक रहे थे। सामने संतरी बंदूक पर संगीन चढ़ाए पहरा दे रहा था। लगभग दो पहर इसी प्रकार बीत गए। पहरा बदला, दूसरे सिपाही ने दरवाजों के ताले देखे और रोशनी डाल-डालकर प्रत्येक कोठरी के कैदियों को देखा। सभी कैदी मृतवत् पड़े थे। एक घंटा और बीता, घड़ियाली ने दो बजाए। इस आवाज के साथ ही हवालात वार्ड के बाहरी दरवाजे पर किसी ने हाथ मारा। धीरे से आवाज आई—पांडुरंग। इस आवाज के सुनते ही संतरी दरवाजे पर पहुँचा और पूछा—"नंबर ?" बाहर से आवाज आई—"बत्तीस।"

संतरी ने दरवाजा खोल दिया। आगंतुक ने वार्ड में प्रवेश किया। सिपाही उसके पीछे-पीछे हो लिया।

उसके बदन में शरीर से चिपका हुआ अँगरखा था, पैर में मरहठी जूती, चुस्त पाजामा और सर पर दक्षिणी पगड़ी थी। शरीर बलिष्ठ था और देखने में उसकी आयु बीस-इक्कीस से अधिक की नहीं जान पड़ती थी। उसने भी रोशनी के सहारे से प्रत्येक कोठरी में निगाह डाली। पंद्रह-बीस कोठरियों के बाद वाली कोठरी के पास वह रुका और पहरेदार से कहा—"कैदी को जगाओ।" कैदी जगा दिया गया। आगंतुक ने कैदी से पूछा—"क्या हाल है मि. फ्रेनर ?" उस बंदी का शरीर गोरा और बलिष्ठ था, उसके चेहरे से रोब प्रकट होता था, उसकी उम्र अट्ठाईस-उन्तीस साल की होगी। शरीर पर फौजी वस्त्र थे। ऐसा जान पड़ता था कि किसी अंग्रेजी सेना का ऊँचा ओहदेदार है। भूरी-भूरी आँखों से निकलती हुई ज्योति से वह बड़ा ही मुस्तैद और फुर्तीला प्रकट होता था। उस मरहठे सरदार के उत्तर में उसने कहा—"अच्छा ही हूँ।" इतना कहकर उसने अपनी गरदन झुका ली।

वे सन् 1857 के दिन थे, जबकि संसार के पूर्वी भाग—भारत में स्वतंत्रता की आभा-सी निकल रही थी। गुलामी के अँधेरे में वर्षों रहते हुए प्राणियों के प्राणों पर बन आई थी और चमकती हुई तलवारें आशा की ओर इशारा कर रही थीं। रक्त की धारा का प्रतिबिंब आकाश में अरुणा का रूप धारण कर रहा था। इस नवीन युग के प्रमुख पात्र धुंधुपंत नाना साहब पेशवा का कानपुर और उसके आस-पास अधिकार हो चुका था। बिठूर उसकी राजधानी थी। वीर सेनापति तात्या टोपे ने झाँसी की महारानी लक्ष्मीबाई की सहायता से कालपी के मैदान में लेफ्टिनेंट बौकर को मैदान से भगा दिया। बौकर के सहायक फ्रेनर साहब तथा उनके उन्तीस साथी गिरफ्तार करके बिठूर भेजे गए थे। कानपुर के युद्ध में पकड़े गए सैनिकों के साथ कर्नल फ्रेनर अपनी आयु के दिन बिठूर जेल में व्यतीत कर रहे थे। उस मरहठे सरदार ने फ्रेनर से और प्रश्न नहीं किए। वह उदासीन की भाँति जेल के बाहर हो गया।

दो-चार दिन इसी प्रकार और बीत गए। नाना साहब पेशवा अपनी सेना सहित दिल्ली की ओर चले गए थे। सेनापति तात्या पहले ही ग्वालियर जा चुका था। अप्पा साहब कानपुर से दूर राज्य की सीमा पर खेमा लगाए पड़े थे। नाना साहब के छोटे भाई राव साहब बिठूर की रक्षा के लिए रह गए थे। एक दिन दोपहर के समय जेल के पहरेदार ने दरबार में आकर सूचना दी कि महाराज सभी कैदी हवालात से गायब हैं।

राव साहब यह संवाद सुनकर आहत से हो गए। उनके मुँह से कोई शब्द नहीं निकला और वे सिंहासन पर लेट गए। जवानों से भरे मरहठे दरबार में सन्नाटा छा गया।

इतने में 'कुमारी की जय' के गगनभेदी शब्द सुनाई दिए। दरबारी उठ खड़े हुए और पेशवा की एकलौती पुत्री के स्वागत के लिए मस्तक झुका लिया।

अरेखा नवयुवक की भाँति सर पर मराठी पगड़ी और कमर पर तलवार लगाए मैना ने दरबार में प्रवेश किया। आते ही उसने अपने चाचा से उदासीनता का कारण पूछा। समाचार सुनने पर उसने वेदांती की भाँति मुसकराकर कह दिया—"वे लोग अब जिस पाश में बँध गए हैं, वे जेल की जंजीरों से बहुत अधिक मजबूत और टिकाऊ हैं।"

कर्नल फ्रेनर वाली कोठरी में आज भी एक कैदी बंद है। वह मर्द नहीं स्त्री है। उसका उन्नत ललाट इस बात की गवाही दे रहा है कि कैदी किसी उच्च परिवार का है और यद्यपि इन दिनों कष्ट के कारण उसका मुख उदासीन है, तथापि यह प्रकट हुए बगैर नहीं रहता कि इसने भी कभी अच्छे दिन देखे हैं।

हवालात के दरवाजे पर किसी ने पहरेदार को पुकारा। दरवाजा खोला गया और अंग्रेज सेनापति ने भीतर प्रवेश किया। सेनापति ने बंदी की कोठरी के सामने जाकर

कहा—"तुमको मृत्युदंड की आज्ञा हुई है। कैदी ! तुम मरने के लिए तैयार हो।"

"किस अपराध के बदले"—उस स्त्री ने प्रश्न किया। व्यंग्य की हँसी हँसते हुए सेनापति ने उत्तर दिया—"नहीं जानती हो ? तुम अंग्रेजी सरकार के बागी सरगना की लड़की हो।"

"किंतु मैं तो बागी नहीं हूँ ?" स्त्री ने पुनः पूछा।

"हो सकता है कि तुम बाग़ी न हो, लेकिन हमारी सरकार विषवृक्ष बनाए रखने की कायल नहीं है।"

"किंतु सरकार पर कुछ मेरे एहसान भी तो हैं, क्या उनके बदले प्राण-भिक्षा नहीं मिल सकती ? फ्रेनर, क्या दो मास पहले के दिन भूल गए। तुम्हारे ऐसे बीसियों सैनिकों की जान के बदले क्या सरकार एक भी जान नहीं बचा सकती ?"

"कैदी, तुम्हारा एहसान हम पर है और है छोड़े गए सैनिकों पर। हमारी सरकार को इससे क्या गरज़ ?" नतमस्तक हो मैना ने कहा—"तो तुम्हीं दया करो और हमारे प्राण बचा दो।"

"तुम हिंदुस्तानी कर्तव्य और दया को नहीं पहचानते। इसलिए तुमको बताना पड़ेगा। कैदी ! दया और कर्तव्य साथ-साथ नहीं रह सकते। शत्रु पर दया दिखाने के अर्थ हैं मूर्खता, युद्ध में दया करने का अर्थ है कायरता और बंधन में पड़े हुए शत्रु पर दया के अर्थ हैं कर्तव्यहीनता। हम अंग्रेज यदि तुम्हारी भाँति कर्तव्य और दया को साथ-साथ रखते तो कभी के विलायत लद गए होते। हम कंपनीवालों का भारत आने का कारण है 'संपत्ति-प्राप्ति।' जिस प्रकार हमारा उद्देश्य सिद्ध हो उसी का नाम कर्तव्य है। कर्तव्यपालन करते रहने के कारण ही हम अपने देश से भारतीय माल को देश निकाला दिला सकें। भारत में अपना माल खपा सकें। कोठीदार हुए, जागीरदार हुए और मुल्कदार भी हो गए। हिंदुस्तानियों की बग़ावत का खात्मा हम लोग कर्तव्यपालन से ही कर सके। आज तुम्हारी शक्ति को तहस-नहस करने का श्रेय हमारे कर्तव्यपालन को ही है। नंदकुमार, टीपू, सिराजुद्दौला, बाजीराव, गंगाधरराव आदि-आदि को पराजित कर सकने का कारण दया नहीं है, 'कर्तव्य' है।" कैदी ने भी सर झुकाए फ्रेनर की बातों को दोहरा दिया। वह बोली—"हमारी दया, धर्म और फूट ने ही पृथ्वीराज के हाथों भारत खो दिया।"

तीन दिन और बीत गए। चौथे दिन जंजीरों से जकड़ी हुई मैना, स्वाधीनता के उपासक नाना साहब की एकलौती कन्या मैना, पराक्रमी महाराज शिवाजी के वंशज बाजीराव पेशवा की पोती मैना, अंग्रेजी सिपाहियों की संरक्षता में नीम के पेड़ से बाँधकर जिंदा जलाकर राख कर दी गई ! तेज चलनेवाली वायु से उड़-उड़कर आज भी वह राख कह रही है—

'कर्तव्य और दया साथ-साथ नहीं रह सकते।'

प्रतिरोध

मैनर्स का असली नाम एच. हापर्स था। जब उसने निहिलिस्ट दल में प्रवेश किया तो दीक्षा के समय दल की ओर से उसको मैनर्स का नाम दिया गया। वह बड़ा साहसी और कार्यपटु था। अपनी कार्यदक्षता के कारण थोड़े ही समय में वह दल का मुख्य सदस्य गिना जाने लगा। सदस्यगण उसकी राय की उपेक्षा नहीं करते थे। सन् 1916 की बात है, जबकि रूस सरकार जर्मन से युद्ध कर रही थी, दल ने निश्चय किया कि रूस को जार के खूनी पंजों से मुक्त करने का यही शुभ अवसर है, और इसी अभिप्राय से दल ने अपने को कई भागों में विभक्त कर प्रत्येक के अधीन एक-एक भाग सौंप दिया। मैनर्स भी एक भाग का अधिपति बनाया गया। उसके अधीन था, विपक्षियों को भयभीत करना और विश्वासघाती सदस्यों को दंड देना।

उस समय डूमा के सरकारी मनोनीत सदस्य ब्रामले पूजा के विरुद्ध बहुत विष उगला करते थे। मैनर्स के विभाग ने उसका बध करना निश्चय किया। कोई कार्य किसके सुपुर्द किया जाए, इसका निश्चय चिट्ठी (लाटरी) डालकर किया जाता था। संयोगवश ब्रामले के बध करने की चिट्ठी मैनर्स के ही नाम निकली।

यद्यपि मैनर्स का ब्याह हो चुका था, तथापि वह एक प्रकार से अविवाहित-सा था। वह अपने घर और परिवार की चिंता न करता था और प्रायः वर्षों तक घर न जाता था। ब्रामले को दंड देने की चिट्ठी उसके नाम निकली तो उसकी इच्छा हुई कि घर जाकर माता-पिता और स्त्री से अंतिम भेंट कर आवे। लाख प्रयत्न करने पर भी वह अपनी इच्छा और उत्सुकता को संवरण न कर सका। वह घर पहुँचा। किंतु रात-दिन वह अपने कार्य-सिद्धि का उपाय सोचा करता। एक दिन उसकी स्त्री ने उसकी मूक गंभीरता का कारण पूछा। मैनर्स ने हँसकर बहला दिया। जिस दिन वह घर से बिदा हुआ, उसकी स्त्री ने पूछा—"अब कब मुलाकात होगी ?" मैनर्स ने गंभीरता से उत्तर दिया—"इसका कुछ ठीक नहीं।"

अनिश्चित समय तक के वियोग के लिए वह अपने को तैयार न कर सकी और उसने मैनर्स के साथ जाने का निश्चय किया। इस प्रस्ताव को उसने मैनर्स के सामने रखा भी, किंतु मैनर्स ने उपेक्षा की हँसी हँसकर कह दिया कि—

"वीर शृंगार करे रण को,
तब नारि शृंगार पर ध्यान धरे ना।"

वह घर से निकल पड़ा। उस समय स्त्री के कानों में वही शब्द गूँज रहे थे। 'वीर शृंगार करे रण को...।' कुछ समय विचार करने के बाद वह बोली—'इन शब्दों में कुछ रहस्य है, यह वीर शृंगार कैसा ?' दरवाजा छोड़कर वह अपने कमरे की ओर तेजी से बढ़ गई। मैनर्स अपने विचारों में मस्त यूराल नदी के किनारे-किनारे बढ़ता चला जा रहा था। उस बीहड़ स्थान में कदाचित उसे यह होश नहीं था कि वह कहाँ जा रहा है। तीन-चार घंटे लगातार चलने के बाद भी न तो सुस्ताने के लिए बैठा ही और न मार्ग ही परिवर्तन किया। इतने में उसे ऐसा समझ पड़ा कि कोई उसका पीछा कर रहा है। उसने रिवाल्वर निकाला और पूछा, "कौन है ?" दूसरी ओर से उत्तर आया कि "तुम्हारा साथी।"

आश्चर्यचकित हो मैनर्स ने पुनः प्रश्न किया। आगंतुक इतनी देर में सामने आ गया। उसने मैनर्स का हाथ पकड़कर प्रेमपूर्वक उत्तर दिया—"मैं तो ऐसा साथी हूँ, जिसकी प्रतिक्षण आवश्यकता रहती है।" मैनर्स ने बलपूर्वक अपना हाथ छुड़ा लिया और पूर्वकथित "वीर शृंगार करे रण को..." कहते हुए अपना मार्ग आरंभ कर दिया। स्त्री ने आगे बढ़कर पूछा—"प्राण नाथ। यह वीर शृंगार शब्द में क्या रहस्य है ?" मैनर्स ने उत्तर दिया—"इसका उत्तर देना हमारी शक्ति के बाहर है, घोर पाप है।" इतना कहा और अपना रास्ता लिया।

सरकारी डूमा का सदस्य ग्राम में धनी व्यक्ति था। वह पीट्सवर्ग के एक सुंदर मुहल्ले में रहता था। उसके एक कन्या थी, जिसकी आयु उन दिनों अधिक-से-अधिक सोलह वर्ष की होगी उसे गाना सीखने का बड़ा शौक था। स्थानीय पत्रों में 'गायक की आवश्यकता' कई मास से निकल रही थी। दो-एक गायक आए भी, किंतु ब्रामले के अशिष्ट तथा उद्दंड व्यवहार से कोई टिक नहीं सका। वह अपने नौकरों को कुत्ते-बिल्ली से भी बदतर समझता था। गाली और मार-पीट करना उसके लिए साधारण सी बात थी, किंतु इधर दस दिन से एक महोदय आए हैं। यद्यपि इनके प्रति भी ब्रामले का वैसा ही भीषण व्यवहार होता है, किंतु वे ऐसी अवस्था में भी डटे ही हैं। इस सहनशीलता का कारण लोग दबी जबान से बहुत कुछ कह रहे हैं। अस्तु, यह हम छिपाना नहीं चाहते कि यह गायक मैनर्स ही है। उसने ब्रामले का वध करने के लिए ही गायक का वेश बनाया था, किंतु इसी बीच कई बार सुविधा होने पर भी अपने विचारों को कार्यान्वित नहीं किया।

मैनर्स की पत्नी ने सोचा, 'संसार में अनेक मनुष्य हैं, सैकड़ों प्रकार के स्वभाव हैं, किंतु इनका-सा स्वभाव आज तक नहीं देखने को पाया। क्या मैनर्स पागल है ? नहीं, वह किसी से लड़ता नहीं, गालियाँ भी नहीं बकता। तो वह क्यों लक्ष्यहीन-सा है ? लेकिन उसने कहा था 'वीर शृंगार करे रण को...' अवश्य ही इसमें रहस्य है। क्या रहस्य होगा ?' वह उस कमरे में गई, जिसमें रात को मैनर्स सोया था। उसने देखा कि चारपाई के पास टेबल पर एक खुली पुस्तक रखी है। उसका नाम था "..." उसको उलट-पलटकर देखा तो उसने कई स्थानों पर चिह्न लगाए गए थे। जिन लाइनों के नीचे चिह्न थे, उनको पढ़ने से मैनर्स की पत्नी के दिल में गुदगुदी पैदा हो गई। जापानियों ने अपने देश की स्वाधीनता के लिए अनेक युद्ध स्थानों में अतुलनीय वीरता का परिचय दिया है। मैनर्स की स्त्री की खोज समाप्त हुई। वह बोल उठी–'अवश्य ही मेरे पतिदेव ने देशसेवा का व्रत लिया है। सचमुच वर्तमान रूस को वीरों की ही आवश्यकता है।' वह धीरे-धीरे गुनगुनाने लगी–

"जब वीर शृंगार करे रण को
तब नारि पर ध्यान धरे ना।"

मेरी एटरसन ने भी अपना कर्तव्य निश्चय कर लिया। निस्तब्ध रात्रि में वह घर से निकल खड़ी हुई और उसी मार्ग पर चलना आरंभ कर दिया, जिस पर कि सवेरे पतिदेव के पीछे-पीछे गई थी। यूराल नदी की प्रलयकारी लहरों का शोर और जंगली जानवरों की भयानक दहाड़ें उसे विपथ न कर सकीं। पाँच-छः घंटे लगातार चलने के बाद एक पेड़ के नीचे मनुष्य का-सा अस्फुट शब्द सुनाई दिया। वह थम गई। वहीं–पेड़ की आड़ में–बैठकर उन शब्दों को सुनने लगी।

स्वर उसको मैनर्स का-सा जान पड़ा। वह उनके सामने जाने के लिए उठी, किंतु कुछ सोचकर रुक गई। भावों की उत्तेजना में मैनर्स का स्वर स्पष्ट हो गया। वह कह रहा था, कुछ भी हो, हमें तो दल की आज्ञा पूर्ण करनी ही है। देश, जाति और निहिलिस्ट दल का शत्रु ब्रामले किसी प्रकार नहीं बच सकेगा।

सवेरे–बड़े तड़के–वह चल पड़ा। मेरी भी उसके पीछे छिपे-छिपे ब्रामले के घर पहुँची। जब मैनर्स ने सोफिया को गाना सिखाने की नौकरी कर ली, तो वह भी दासी के रूप में गुजर करने लगी। दस-बारह दिन बाद उसे इस बात का पता चल गया, कि मैनर्स सोफिया पर आसक्त हो गया है। वह इस घटना से दुखित हुई और स्वयं ही ब्रामले को मारने का प्रण किया।

रात के नौ बजे थे। मैनर्स आरामकुर्सी पर पड़ा गहरी चिंता में निमग्न था। कभी-कभी कोई शब्द उसके मुँह से निकल पड़ता। धीरे-धीरे उसका स्वर साफ सुनाई देने लगा।

मैनर्स ने कहा—'सोफिया का प्रेम तो मुझसे छोड़ा नहीं जा सकता और यदि उसको छोड़ता नहीं तो दल की आज्ञा और देश के कार्य को संपन्न नहीं कर सकता क्या दोनों काम साथ नहीं हो सकते ?'

कुछ क्षण के बाद खुद ही उसने उत्तर दिया कि 'नहीं। ब्रामले का खून छिप न सकेगा और अपने पिता के हत्यारे को सोफिया कैसे स्वीकार करेगी ? तो क्या आत्महत्या कर लूँ ? किंतु यह भी न हो सकेगा। मैंने तो सोफिया का प्रेम बड़े परिश्रम से पाया है। उसे ऐसे, मिट्‌टी के मोल में नहीं फेंका जा सकता।' मैनर्स के मन में इसी तरह की एक बात आती और एक जाती थी। इसी समय एक बड़े पटाखे की-सी आवाज सुनाई दी और सारे मकान में कोहराम मच गया।

मैनर्स के भी विचार भंग हुए और वास्तविक बात जानने के लिए वह दरवाजे की ओर लपका। किसी ने कहा—"सरकार ब्रामले का खून हो गया।" इसी समय किसी ने मजबूत हाथों से मैनर्स का हाथ थामकर डपटकर कहा—"प्रेम के पथिक यही तेरा वीर शृंगार है ? तूने देश के कार्य को अपने व्यक्तिगत विषय-लोलुपता से हानि पहुँचाई है, उसका दंड ले।"

मैनर्स ने ऊपर निगाह उठाई तो अपनी स्त्री को पुरुष भेस में देखा और कुछ कहना ही चाहता था कि उसकी स्त्री तेजी से उसको घसीटते हुए आगे बढ़ गई।

समर्पण

वह दिन भी आज ही का-सा था। जब आकाश में उठे हुए मेघों ने पृथ्वी पर पड़े हुए एक गरीब परिवार सी गरजकर रहा था—"तुम्हारे लिए संसार में स्थान नहीं है।" उस तीन दिन से भूखे परिवार को संतोष दिलाने के बदले संसार के बढ़े हुए प्राणियों की भाँति मेघराज ने भी सताने पर कमर बाँध ली। आँसुओं से भीगे हुए वस्त्रों को उन मेघों ने निर्दयता से सराबोर कर दिया था। तब सर्दी से कटकटाते हुए परिवार ने अपनी टूटी झोंपड़ी के एक कोने में शरीर की रक्षा करनी चाही थी। अत्याचारी शासकों की भाँति पूँजीपति वायु भी मेघों की सहायता के लिए, अपनी सेना लेकर सनसन अस्त्र छोड़ने लगी थी। बेचारे अन्न-वस्त्रविहीन परिवार की टूटी झोंपड़ी उसके तीखे तीरों से तहस-नहस हो गई। तब उस बरसते हुए; मूसलाधार पानी में उस गरीब ने सामने के जमींदार की चौपाल में भागकर प्राणरक्षा करनी चाही थी। ओफ ! आठ बरस बीत जाने पर भी हमें जैसा-का-तैसा ही याद है कि जमींदार ने उसे आश्रय देना तो दूर उलटे उससे लगान का तक़ाजा किया था। एक घंटे बरसते पानी में खड़ा रखकर जब उससे कुछ न पाया तो बदाखलत बेजा के अपराध में (पुलिस) के हवाले कर दिया और आठ दिन बाद अमीरों के टुकड़ों पर नाचनेवाली पुलिस की रिपोर्ट पर उस अक्ल के अंधे, हृदयहीन मजिस्ट्रेट ने उस पर दो सौ रुपए जुर्माने का दंड कर दिया।

उस समय उस निरपराध बंदी का हृदय क्या कहता होगा ? ईश्वर के न्यायी और उसके अंतर्यामी होने की बात पर। तभी तो उसने व्यंग्य की हँसी हँसी थी। एक नहीं, बीसियों और सैकड़ों की मिसालें देकर उस रक्त-मांसविहीन पुरुष ने मानों आँखें फाड़ और डाँट कर हमसे कहा था—"धर्म और न्याय की खिल्ली न उड़ाओ। जब तक पूँजीपति और उनके पृष्ठ-पोषक शासकगण पृथ्वी तल पर वर्तमान हैं, तब तक न्याय और धर्म कहने की चीजें हैं, करने की नहीं।" उसी दिन उसकी बात पर हमें भी हँसी आई थी; किंतु वह हँसी करुणा की थी। तब हमने अपने मन को यह कहकर समझा लिया था कि बहुत कष्ट भोगने के कारण इस मनुष्य की विवेक शक्ति नष्ट हो गई है। किंतु महंतों और मठाधारियों के उपदेश ने उस दिन आँखें खोल दीं। यह धर्म और

सदुपदेशों के ठेकेदार बननेवाले एजेंट अपने सिर में लंबी जटाओं के भीतर पूँजीवाद का खांत लिये हैं। सचमुच, इनके कपड़े गरीबों के रक्त से रँगे हुए हैं और घुटी हुई खोपड़ी के साथ न्याय और विवेक की बातों की भाँति भी अपना नाता तोड़ चुके हैं। मंदिर, मसजिद, गिरजा और ठाकुरद्वारों में भी तो ईश्वर के स्थान पर किंग की तसवीर पर ढले हुए चाँदी और ताँबों के टुकड़ों का ही बोलबाला है और उस दिन हमने उद्धारकों पर भी उसी पूँजीवाद का भूत देखा तब तो मेरे मुँह से अनायास निकल गया कि उस गरीब प्राणी की बात उसकी जानकारी से भी अधिक सत्य है।

किंतु उस गरीब परिवार के कष्टों से मेरे हृदय पर धक्का क्यों लगता है ? रह-रहकर मेरे हृदय में टीस क्यों उठती है मैं यह नहीं मान सकता कि आकेतु हिमाचल और आराकन पर्वत से हिंदूकुश तक करोड़ों प्राणियों के दुखी होने से ही मेरा अंतःकरण हिल गया है। इन सबों से हमारा वास्ता ? कोई रिश्तेदारी नहीं। वे दुखी हैं बने रहें...। किंतु, यह मान लेने से तो मन नहीं मानता और मन के न मानने का कारण भी कुछ समझ में नहीं आता। कोई कहता था कि ये सब हमारे भाई हैं। लेकिन...हाँ, हाँ, अवश्य ही यह सत्य है। एक ही पृथ्वी और जलवायु, रीति और सभ्यता धर्म और भाषा के वायुमंडल की भूमि हमारी जननी है। काश्मीर से कन्याकुमारी, हिंदूकुश और सुदूर-आराकान पर्वत के बीच विचरण करनेवाली भारतभूमि हमारी जननी है। आओ झुकाएँ सर को भारत हमारी माँ है। तब तो यह स्वाभाविक ही है कि इन सगे भाइयों के दुःख में हमारे भी आँसू निकल पड़ें। भाइयों के कष्ट में सहायक होना कोई आश्चर्य युक्त बात नहीं है, बल्कि ऐसा न करना ही अमानुषिक व्यापार है। स्नेहमयी जननी का पात्र बनने के लिए आवश्यक ही है कि भाइयों के प्रति प्रेम हो। क्या यह सत्य है ?

वह उन्मत्त अपने भावावेश में और भी न जाने क्या-क्या बकता रहा। उसने पुनः उसी दिन की याद करके कहा—'वह दिन था कि आज का दिन, ठीक आठ वर्ष हो गए, किंतु जो प्रश्न उस दिन उठा था वह आज भी पत्थर की भाँति दृढ़ता से हमारे सामने खड़ा है। उस दिन मैं सोच रहा था कि इन पीड़ित बंधुओं के लिए मैं क्या करूँ। संसार में आदि से विचरनेवाले ही तीनों उपाय मेरे सामने आए और सभी ने अपनी ओर मेरा मन फेरने की कोशिश की। अनुनय-विनय, संबंध-विच्छेद और रक्त-पात, एक-एक करके सभी ने अपने गुणों की प्रशंसा की। अपनी सार्थकता प्रकट करने के लिए उदाहरण दिए। रक्त-पात ने तो बड़ा ही जोर बाँधा, किंतु मैं तो कुछ भी निश्चित न कर सका। उन्मत्त कुछ समय तक मौन बैठा रहा। तत्पश्चात् वह उसी गाँव की ओर चल दिया, जहाँ के गरीब परिवार की करुण दशा ने उसे भावोन्मत्त कर दिया

था। आज भी बूढ़े की झोंपड़ी के पास वाला पेड़ वैसा ही खड़ा है, लेकिन झोंपड़ी नहीं हैं। वहाँ पर जमींदार के मोटर ठहरने का घर बना दिया गया है और वह परिवार अपने बाल-बच्चों के लिए उस पेड़ से कुछ दूर पर, झुरमुट में—एक छप्पर डाले पड़ा है। कितना निष्ठुर काल-चक्र !

युवक उस झोंपड़ी के पास गया तो उसने देखा कि बूढ़ा पृथ्वी पर रोगी पड़ा अपनी अंतिम साँसें पूरी कर रहा है और उसकी पत्नी उसके पास ही बैठी रोगी की घड़ियाँ गिन रही है और उसके बच्चे अलग अपने पेट के लिए तड़प रहे थे। मनोहर ने यह दशा देखी। वह सहमकर एक किनारे खड़ा हो गया। स्त्री ने कहा—"मालिक दया करो, देख रहे हो हमारे जीवन की आशा, पति—मर रहा है, बच्चे भूख से व्याकुल हैं और तुम बेगार में लेने के लिए आए हो।" स्त्री आगे न कह सकी और मूर्च्छित होकर गिर पड़ी। अब मनोहर ने समझा कि जो कुछ मैंने अभी तक समझा था, उससे भी आगे समझने की अभी गुंजाइश है। हृदयहीन शासक और पूँजीपति मृतकों की ठठरी पर अपना तांडव नृत्य करके आनंद मनाते हैं। बूढ़े और उसकी स्त्री, दोनों ने दम तोड़ दिया तब मनोहर पृथ्वी पर बैठकर कहने लगा—'मातृभूमि ! मैंने देखा, नित्य ही हमारे सैकड़ों भाई इसी प्रकार पूँजीपतियों की पीड़ा से मृत्यु की भेंट हो जाते हैं। उनसे रक्षा करने के लिए जो भी उपाय मैंने सोचे हैं उनमें से किसी का भी पथिक होने के पूर्व हे देवि ! मैं अपने को तुम्हारे 'समर्पण' करता हूँ। जिस प्रकार तुम्हारा काम हो और हमारा कल्याण हो माँ ! उसी मार्ग पर चलाना और शरणागत की लाज रखना।' मृत देहों का उसने संस्कार किया और अभागे परिवार के बच्चों को लेकर चला गया।

संकल्प

'ऐं आज नींद क्यों नहीं आती ? सारा शरीर किसी भावी आशंका से व्यथित हो रहा है। वह कौन सी आशंका है ? यह भी कुछ समझ में नहीं आता। दिन भर आखेट में घूमने की थकावट होने पर भी इन मखमली गद्दों पर लेटने को जी नहीं चाहता। सारा नगर राजमहल और रनिवास सुनसान है। सभी प्राणी निस्तब्ध हैं। किंतु मेरे हृदय में न जाने क्यों एक विचित्र ढंग का कोलाहल है। अंतःकरण में मनोभावों का उपद्रव मचा हुआ है। शरीर भी वेदनायुक्त है। किंतु यह वेदना तो श्रम (शर्म) की थकावट से भिन्न है। यह कोलाहल कैसा ? ओह, उपद्रव। कैसा उपद्रव और इसका कारण ? कुछ भी तो समझ में नहीं आता। यह रोशनी कैसी ? हमारे शयनागार में अर्धरात्रि के समय किसी का प्रवेश-सा होता दिखाई देता है। परंतु द्वार तो बंद हैं। ऐं, उजाला तो बढ़ता ही जाता है और वह मेरी ही ओर बढ़ता-सा जान पड़ता है।' मैं सोता हुआ स्वप्न तो नहीं देख रहा हूँ ? उस नवयुवक ने चुटकी से अपनी जाँघों को मसला शायद इसलिए कि परीक्षा कर ले कि वह सो रहा है अथवा जाग रहा है। चुटकी काटने पर उसे जागृति का विश्वास हो गया। वह पुनः बोला—'मैं चेतनाहीन तो नहीं हूँ, फिर यह आश्चर्ययुक्त स्वप्न-सा क्या देख रहा हूँ ? इस इंद्रजाल से मैं भयभीत हो रहा हूँ। त्राहिमाम् ! एकलिंगजी त्राहिमाम् !!' युवक पृथ्वी पर गिर पड़ा।

राजपूताने के प्रसिद्ध राज्य चित्तौड़ पर अकबर ने आक्रमण किया था। उस समय वहाँ के अधिपति उदयसिंह ने स्वर्गवासी वीर पिता संग्रामसिंह का अनुकरण नहीं किया। जिस राणा साँगा ने अपनी प्यारी मातृभूमि की रक्षा के लिए थोड़े से इने-गिने राजपूतों सहित युद्ध क्षेत्र से पग पीछे नहीं हटाया, शरीर पर छोटे-बड़े मिलाकर अस्सी घाव खाए जिसको परास्त करने के लिए पराक्रमी बाबर को अपनी प्रिय वस्तु मदिरा का त्याग करना पड़ा, तपस्या करनी पड़ी, और मिन्नतें माननी पड़ीं। उस प्रातः स्मरणीय साँगा के एकलौते पुत्र उदयसिंह ने गढ़ पर आक्रमण होते देख कायरता का आश्रय लिया। उस समय स्वामिभक्त जयमल के सामने दो प्रश्न थे—'वहाँ अपने स्वामी की रक्षा के लिए उसके साथ रहे अथवा स्वामी तथा मातृभूमि की रक्षा के लिए चित्तौड़ में।' किंतु

वह वीर था, वह मनुष्य नहीं देवता था। वह अपने आराध्यदेव का भक्त ही नहीं, पुजारी भी था। गढ़ के फाटक को बंद करवा के उसने युद्धारंभ कर दिया। अपरिमित मुगल सेना के सामने राजपूती सेना क्रमशः नष्ट होने लगी। किंतु जयमल प्रसन्न था, सामने मृत्यु अपनी विकराल जीभ लपलपा रही थी और वह मुसकरा रहा था। दिन भर के आक्रमण से जो छेद कोट पर हो गए थे रात में उन्हीं को स्वयं बंद कर रहा था। इतने में शत्रु की गोली वीर जयमल की जय कहती हुई आई और जयमल के शरीर के साथ सती हो गई। फिर क्या था, मुगलों का झंडा चित्तौड़ पर फहराने लगा।

उपर्युक्त घटना को दस वर्ष बीत गए। टूटे-फूटे, भाँय-भाँय करते हुए किले पर हरा झंडा उड़ रहा है। राणा उदयसिंह के परिवार का डेरा कंडा राज्य के दूसरे नगर में पड़ा है। राणा प्रतापसिंह इन दिनों उस राज्य के अधिपति हैं और उन्होंने उस नए बरो हुए नगर का नाम उदयपुर रखा है। राणा प्रतापसिंह को शिकार का बड़ा शौक है। वे अपना बरछा और धनुष-बाण लिये कभी-कभी तो अकेले ही राजधानी से दूर जंगलों तक चले जाते हैं। राजकाज के सिवा यह उनका नित्य काम है। नगरवासी राजपूत गण राज प्रणाली से प्रसन्न हैं, तथापि अपने पूर्व स्थान चित्तौड़ के छूटने के कारण दुखी रहते हैं। आज उस वीर जयमल की स्मृति का दिन है जिसने बीस वर्ष पूर्व अपनी मातृभूमि की रक्षा में प्राण अर्पण किए थे। राणा प्रताप आज भी नियमानुकूल आखेट को गए थे। लौटने पर बहुत थके थे, तथापि न जाने क्यों उन्हें रात को नींद नहीं आई।

"भय करते हो मुझे देखकर ?" उस प्रकाश से शब्द हुआ और क्रमशः बढ़ने लगा। प्रताप ने अपनी आँखें बंद कर लीं। उस दिव्य ज्योति से पुनः शब्द प्रकट हुए—"प्रताप ! आँखें बंद करके भी तुम मुझसे छुट्टी नहीं पा सकते, मैं प्रतिक्षण तुम्हारे साथ हूँ। तुम मुझसे दूर रहकर अपना निर्वाह नहीं कर सकते। तुम्हारे एकलिंगजी भी जो तुम्हारे इष्टदेव हैं, मृत्युलोक में हमारे ही आश्रित हैं। पुराणों में जिसको रिद्धि और सिद्धि कहते हैं वे हमारे गर्भ से उत्पन्न हुई कन्याएँ हैं। कल्याणकारी शिव हमारी करुणा का नाम है। पालनहार ब्रह्मा हमारे स्वभाव को कहते हैं और प्रलय है हमारा क्रोध ! बोलो, तुम भला हमसे छूट सकते हो।" प्रताप ने आँखें खोल दीं। दोनों हाथ जोड़कर वह उठ खड़ा हुआ और उस दिव्य प्रकाश को साष्टाग नमस्कार करने लगा। इस बार उसने जो आँखें खोलीं तो उस शयनागार में एक अत्यंत सुंदरी स्त्री को मलिन और द्वेष वस्त्रों से आच्छादित देखा। प्रताप घबरा गया। स्त्री की ओर मुड़कर उसने प्रश्न किया—"तुम कौन हो ?" स्त्री ने कहा—"नहीं पहचानते हो प्रताप ! मैं तुम्हारा पोषण करनेवाली माता हूँ।" घबराकर प्रताप ने प्रश्न किया—"इतनी रात को तुम हमारे एकांत शयनागार में कैसे ?" स्त्री ने इसका कुछ भी उत्तर नहीं दिया।

"आखिर रोती क्यों हो माँ !" प्रताप ने प्रश्न किया, कुछ उत्तेजित होकर उस स्त्री ने उत्तर दिया—"तुम्हारे कार्यों पर। तुम मुझे पहचानते भी नहीं ?" प्रताप कुछ कहना ही चाहता था कि उसके कमरे में कई मनुष्य दिखलाई दिए जो कपड़े खींचकर और डंडों के प्रहार से उस स्त्री पर आक्रमण करने लगे। प्रताप ने आश्चर्यचकित होकर प्रश्न किया—"यह क्या मामला है कुछ समझ में नहीं आता।" स्त्री ने कहा—"लो मामला समझो ! मैं वही दिव्य प्रकाश हूँ, जिसे तुमने अभी देखा है। मैं तुम्हारी माता से भी बड़ी चित्तौड़ की मातृभूमि हूँ, मैं भारतभूमि हूँ, मैं पालन करनहारी अन्नपूर्णा हूँ, मैं सरस्वती हूँ। मेरी रक्षा के लिए प्राण देनेवाले साँगा और जयमल की संतापभूमि हूँ, राम-कृष्ण की स्वर्गभूमि हूँ। प्रताप ! तुम्हें अपनी माता पर इस प्रकार अमानुषिक अत्याचार देखकर लज्जा नहीं आती ? क्रोध नहीं आता ?" प्रताप ने माता को नमस्कार किया और शत्रुओं को मारने के लिए ज्योंही म्यान से तलवार खींचा तो देखा कि वहाँ कोई नहीं। कुछ क्षण इस घटना क्रम पर विचार करके उसने कहा—"आज वीर जयमल की पुण्य स्मृति का दिन है। अतः ब्रह्मा, विष्णु, महेश आदि विभिन्न देव नामधारिणी मातृभूमि तेरी ही शपथ खाकर संकल्प करता हूँ कि जब तक मैं मातृभूमि का उद्धार न कर लूँगा तब तक न सोने-चाँदी के बरतन में भोजन करूँगा और न चारपाई पर सोऊँगा और उस मातृभूमि सेवक को मूँछों पर हाथ फेरने पर लानत है, जिसका देश पराधीन हो। अतः अब आज से मैं मूँछों को ऐंठूँगा भी नहीं।

तरुण तापसी

बंगाल के नदिया जिले में पुरुषपुर नामक एक ग्राम है। वहाँ कुछ समय पहले घोष वंशवाले बड़े प्रतिष्ठित् नागरिक थे। जिन दिनों की यह बात है उन दिनों सुबोध घोष नाम के वहाँ एक बहुत बड़े नागरिक रहते थे। वह ईस्ट इंडिया कंपनी में किरानी का काम करते थे। कंपनी को उन दिनों नवाब के हाथों से दीवानी में अधिकार प्राप्त हो चुके थे और कंपनी की आज्ञानुसार एक घोषणा यह भी निकल चुकी थी कि देश में कपड़े का व्यापार करनेवाले तथा जुलाहे अपना सारा कपड़ा कंपनी के हाथों बेचें। जो कोई इसकी अवज्ञा करेगा उसे दंड दिया जाएगा। इस हुक्म से सारा बंगाल प्रांत परेशान हो गया था, गाँव-गाँव में खलबली मच गई थी। कंपनी के नौकर इस आज्ञा की ओट में मनमानी रिश्वत लेकर माला-माल हो रहे थे। सुबोध घोष ने भी इस अंधेर की कमाई में काफी से ज्यादा धन पैदा कर लिया। कंपनी की ओर से आपको दारोगा की पदवी दी गई थी। साल में दो मास के लिए दारोगा साहब अपने घर जाते थे। इस साल जिन दिनों घर आए गरमी के दिन थे। शादी-बारातों की धूमधाम थी। दारोगाजी के आठ साल की लड़की थी और दस वर्ष का लड़का था, घोष महाशय की स्त्री बड़ी धर्मभीरु थी। उन्होंने अपने स्वामी से कन्या का पाणिग्रहण इसी साल कर देने के लिए लाचार किया। कहा, नौवें वर्ष में या उसके बाद कन्या का ब्याह करने से पाप लगता है। सारांश यह कि उसका ब्याह गाँव के दस कोस की दूरी पर एक धनाढ्य के यहाँ हो गया। ब्याह के बाद छुट्टी खत्म हो गई और दारोगाजी अपने काम पर मुर्शिदाबाद लौट गए।

इस बार दारोगाजी सुशील को भी अपने साथ लेते गए थे। वह कहा करते थे कि मुर्शिदाबाद में थोड़ी बहुत अंग्रेजी सिखाकर लड़के को कंपनी में किसी काम पर नौकर करा देंगे। न होगा तो नए हुक्म के मुताबिक जो जगहें बढ़ेंगी उसी में इसे भरती करवा देंगे। बात यह थी कि कंपनी की ओर से मनमाने मूल्य पर कपड़े की खरीद के मारे जुलाहे अपना काम छोड़ रहे थे और इससे कंपनी को घाटा हो रहा था। इस घाटे को रोकने के लिए एक कानून ऐसा बननेवाला था कि कोई व्यक्ति जो कपड़ा बुन

सकता है अपना कार्य नहीं छोड़ सकता। कानून मसविदा कौंसिल में पेश था और आजकल में उस पर निर्णय होनेवाला था। सुशील इन बातों को कुछ नहीं समझता था। अपने मुहल्ले के लड़कों के साथ खेला करता। बाल-मंडली से उसकी इतनी घनिष्ठता बढ़ गई थी कि वह दिन में मुश्किल से दो-तीन घंटे से भी कम जब उसके पिता घर में रहते थे—घर में बैठता था, बाकी वक्त वह मंडलीवालों के घर पर ही बिताता। उसके पड़ोस में एक जुलाहे का घर था। शनिवार के दिन जुलाहे के यहाँ माँ काली की पूजा थी। राखाल जुलाहे ने अपने वंशजों को उसमें आमंत्रित किया था। इधर सुशील भी अपने बाल-मित्र के अनुरोध से सम्मिलित हुआ था। पूजन के हो जाने के बाद राखाल ने आमंत्रित बंधुओं से नए कानून के मसविदे की चर्चा की और सम्मति चाही। बूढ़े अनिल ने कंपनी को रिश्वत देकर कानून मंसूख करने की सलाह दी। सुरेश ने कहा—"जो होगा आगे देखा जावेगा।" विश्वास ने नवाब पर हमला करने की बात कही; फणींद्र ने कानून तोड़ने की सलाह दी। इसी समय एक ने माँ काली की ओर संकेत करते हुए कहा कि माँ के रूप से शिक्षा क्यों नहीं लेते। बालक सुशील ने भी काली के रणभेष को देखा और सहम गया।

इस घटना को बीते चार वर्ष हो गए। किंतु सुशील अब राखाल के घर नहीं जाता। पिता के क्रूर कर्मों से उसका हृदय इतना कायर हो गया था कि वह माँ काली के स्मरण मात्र से काँप उठता है। अब सुशील काफी बड़ा हो गया था और उसके पिता ने उसे अंग्रेजी का भी काम चलाने योग्य ज्ञान करवा दिया था। अनिवार्य कामगीरी कानून भी पास हो चुका था और उसी विभाग में उसे नौकरी भी मिल गई थी। यद्यपि सुशील का हृदय कायर था; किंतु कुटिल नहीं। दो-तीन मास काम करने के बाद उसके हृदय में कंपनी के कार्य से असंतोष उत्पन्न हुआ। वह अपने मन में सोचता, 'क्या इसी को व्यापार कहते हैं और यदि वह व्यापार है तो लूट किसका नाम है ? क्या ज़बरदस्ती सौदा खरीदना व्यापार है ?' उसे इस व्यापार में योग देना असंभव हो गया। वह अपने विचार पिता से प्रकट करना चाहता, किंतु चिरसंचित कायरता उसे रोक देती। एक दिन उसके हृदय में भय पैदा हुआ कि कहीं जुलाहों ने सचमुच काली रूप से शिक्षा ली और तब तो सर्वनाश हो जाएगा। वह उद्विग्न हो गया और सोचा कि आज ही जाकर नौकरी से त्यागपत्र दे दूँगा। दफ्तर गया, देखा कि आज माल लानेवाले जुलाहों का विकट रंग है। कोई दो घंटे भी नहीं हुए होंगे कि दफ्तर के कर्मचारियों में, फिरंगी एजेंटों में, भगदड़ मच गई। सुशील भी भागकर घर आया। शाम को मालूम हुआ कि मूल्य पर झगड़ा होने के कारण जुलाहों ने एजेंट और गुमाश्ता सुबोध को बाँसों की मार से यमलोक भेज दिया। वह सन्न हो गया।

सुशील अपने घर आया और कभी अपने पिता की हृदयहीनता कभी नवाब की बेवकूफी, कभी फिरंगी व्यापारियों की बदमाशी की मन-ही-मन आलोचना किया करता। उसने निश्चय किया कि पिता के कार्यों का प्रायश्चित्त और व्यापारी लूट दूर करने का भरसक उद्योग करूँ। इन्हीं दिनों उसे अपनी बहन की मृत्यु का समाचार मिला। मृत्यु के कारणों ने उसे पागल बना दिया। मृत्यु के दिनों वह गर्भवती थी और जिस दिन उसकी मृत्यु हुई उस दिन एकादशी का दिन था। पेट के दर्द से घबराकर उसने जल माँगा। सनातन धर्मी ससुर ने एकादशी व्रत भंग के कारण जल से उसे वंचित रखा और अंत में यही धर्म प्रेम उसके मृत्यु का कारण बना। अब सुशील के हृदय में दो प्रश्न उठे। समाज के कष्टों को दूर करे अथवा पहले व्यापारी लूट से भारत की रक्षा की जाए। धनी समाज के अंधेपन पर उसे क्रोध आता और कभी परदेशी व्यापारियों की लूट पर दाँत पीसता। उसके हृदय में विद्रोह की अग्नि सुलग उठी। नवाब की बेवकूफी पर भी उसे कम गुस्सा न आता। लेकिन जब वह भारत की दया और उदारता की ओर निगाह डालता तो मंदी श्वास लेकर गर्म-गर्म आँसू बहा देता। वह भरी जवानी सोलह वर्ष की आयु में सुख और विषय भोग से उदासीन हो गया। उसने घर की सब वस्तुएँ जुलाहों को भेंट कर दीं। राजसी कपड़े उतार फेंके। सन् 1662 ई. के मई मास में वह एक नदी के किनारे बैठा था। उसके बाल बढ़ गए थे। पैरों में रक्षा के लिए कोई वस्तु न थी। गले में था कुरता, बगल में कंबल, हृदय में था दर्द और प्रेम। उसने समाज का कार्य दूसरों पर छोड़कर राजनीतिक सुधार का बीड़ा उठाया। वही सुशील अब बदल गया। यह तरुण तापसी निर्धनों की आँखों का तारा है और परदेशियों के हृदय का शूल।

धर्म-दृष्टि

आयरलैंड के पूर्वीय भाग में कैराटन नाम का एक नगर है। जिन दिनों वह प्रदेश पूर्णतया इंग्लैंड के अधीन था और समस्त आयरलैंड में स्वतंत्रता के लिए युद्ध लड़ा जा रहा था; इस नगर में कुछ भी जीवन न था। वहाँ के नागरिक अपने प्राणों की रक्षा के लिए परदेशियों के पैर पूजना तो दूर और भी जघन्य कार्य करने को प्रस्तुत रहते। एक समय की बात है कि डबलिन की क्रांतिकारिणी कमेटी की ओर से एक परचा 'रण-निमंत्रण' निकला जिसमें अंग्रेजों के अत्याचारों का भंडाफोड़ था और साथ ही उसके प्रतिकार के लिए नवयुवकों को गुप्त समिति में सहयोग देने का निमंत्रण भी था। उसमें यह भी दिखाया गया था कि किसी देश में जब खुले आंदोलनों को चलाने में पग-पग पर रुकावट डाली जाती है तो वहाँ गुप्त रूप से कार्य करना उचित और अनिवार्य हो जाता है। इस परचे को निकले चार दिन भी नहीं गुजरे थे कि वहाँ की सरकार की ओर से वह परचा जब्त कर लिया गया। डबलिन के स्कूल में एक लड़का पढ़ता था, जिसका नाम था ग्रेहम। वह कैंटन नगर का ही निवासी था। यद्यपि अभी उसकी आयु अठारह वर्ष से अधिक न थी, किंतु उसके हृदय में रह-रहकर यह प्रश्न उठ खड़ा होता कि देश के स्वातंत्र्य युद्ध में हमारा कैंटानी इतना उदासीन क्यों है ? इस युद्ध में योग देना अधिक श्रेय है अथवा विद्याध्ययन करना। इस घटना के चौथे दिन सरकार ने संदेह में इसी स्कूल के कई विद्यार्थियों को गिरफ्तार किया और इनको वर्षों के लिए जेल में डाल दिया। अब ग्रेहम के लिए सोचने योग्य कोई बात न रही। उसे जो निश्चय करना था, उसने कर लिया। वह वहाँ से चल दिया।

ग्रेहम ने स्कूल से पढ़ना छोड़ दिया और घर पहुँचा। उसके हृदय में एक चिंता थी कि कैंटन में राष्ट्रीयता का कैसे प्रचार हो और कैसे यह नगर भी राष्ट्र के स्वातंत्र्य युद्ध का एक आवश्यक अध्याय बने। इन्हीं दिनों डबलिन अंग्रेज अधिकारियों को कैंटन में विद्रोहात्मक भाव की दुर्गंधि जान पड़ी और एक सेना ने आकर बड़े-प्रतिष्ठित घरों की तलाशियाँ लीं और बहुत से राजमल लोगों को अपमानित किया। अब ग्रेहम के विचारों को मार्ग मिल गया। उसने सोचा कि यह अवसर है जबकि नवयुवकों में

देशाभिमान भरा जा सकता है। वह अपने को समिति का सदस्य बनाने के अभिप्राय से डबलिन, वोसेट आदि कई स्थानों पर गया। किंतु यकायक किसी पर विश्वास न करने के नियम के कारण गुप्तदल वालों ने दलमुक्त नहीं किया। उसने निश्चय किया कि कर्तव्य और कार्य ही विश्वास करने के लिए प्रमाण हैं। वह घर लौट आया और अपने गाँव में ही तीन नवयुवकों को अपने साथ मिलाकर विद्रोह के कार्य को सफल बनाने लगा। उसी गाँव में एक गिरजाघर था जिसके पादरी हेमिल्टन यद्यपि आयरस-भ्रष्ट न थे, किंतु वह परदेशी सरकार का गीत गाने और देश के लिए विद्रोह करनेवालों को धर्म विरुद्ध घोषित करने से कभी न थकते थे। उन्होंने इस बार भी सरकार द्वारा किए गए अन्यायों को धर्म-दृष्टि से उचित घोषित किया।

ग्रेहम ने कहा—"मित्र पोलक ! पादरी हेमिल्टन को दंड देने के लिए क्या करना चाहिए ?" पोलक ने उत्तर दिया—"मैं तो किसी भी देश-रिपु को दंड देने में नहीं हिचकता, किंतु हेमिल्टन तो आखिर पादरी है और धर्म-दृष्टि से उसका कार्य उचित कहा जा रहा।" ग्रेहम की आँखें लाल हो गईं। बोला—"पोलक सचमुच तुम निरे बच्चे हो। धर्म क्या किसी जन समुदाय पर किए गए अत्याचारों का समर्थन कर सकता है। वह धर्म ही क्या वस्तु रहा, जिसकी सम्मति से लाखों प्राणियों को दिन-दहाड़े लूट लेना, बेइज्जत करना और निरपराध सताना क्या न्यायानुकूल है।" कुछ क्षण रुककर ग्रेहम ने पुनः कहा—"पोलक ! जानते हो किसी देश को गुलाम बनाए रखने के लिए स्वार्थी धर्म का ढोल पीटते हैं। जो स्वयं धर्मपतित है उसे धर्म की दुहाई लगाने का अधिकार ही क्या। जाओ, मैं तुम्हें आज्ञा देता हूँ कि हेमिल्टन का कहा कर दो। बोलो क्या कहते हो ?" पोलक ने इसका उत्तर नहीं दिया। कदाचित् वह मन-ही-मन ग्रेहम के शब्दों पर विचार कर रहा था। इतने में मिस जिबेथ ने आगे बढ़कर कहा—"बंधु ग्रेहम ! तुम मेरे धर्मबंधु हो। यद्यपि पादरी हेमिल्टन मेरे पिता हैं। किंतु धर्म की ओर से उसके धर्मद्रोही कार्य का समर्थन मैं नहीं कर सकती। मैं स्वयं उसका बध करने को प्रस्तुत हूँ।" ग्रेहम अवाक् रह गया। मिस जिबेथ को यकायक यहाँ देखकर वह सोच रहा था कि 'यह कहाँ से आ पहुँची और इसका आना कितना भयानक और अहितकर होगा।' किंतु मिस जिबेथ की बातें सुनकर वह आश्चर्य और प्रेम भरी दृष्टि से देखने लगा। पोलक की भी आँखें खुल गईं। समझ गया धर्म की दुहाई लगानेवाले अधिकारियों का वध करना कोई पाप नहीं।

हेमिल्टन की हत्या के बाद से कैंटन सरकारी सेना का केंद्र-सा बन गया। वह गिरजाघर इन दिनों ईश्वर या पादरियों के रहने का स्थान नहीं है, बल्कि वहाँ महाप्रभु सरकार के निवास करते हैं। कैंटन की गुप्त समिति में अस्त्रों की कमी थी। गिरजाघर को

डाइनामाइट से उड़ा देने और वहाँ के सैनिकों का वध कर देने से काफी युद्ध सामग्री प्राप्त हो सकेगी। ऐसा ही किया गया। दूसरे रविवार को संध्या की प्रार्थना के बाद एक स्वयंसैनिक ने गिरजाघर पर बम फेंका। सरकारी सेना के सिपाही अपनी रक्षा के स्थान खोजने लगे। इतने में दूसरे स्वयंसैनिकों ने पहुँचकर सारा माल-असबाब लूट लिया। जब यह समाचार डबलिन पहुँचा तो वहाँ से एक बृहद सेना दमन करने के लिए भेजी गई। उसने आते ही ग्रेहम, पोलक आदि के मकान पर छापा मारा। जब यह लोग सेना के हाथों न लगे तो सेना ने उनके परिवारों का बध करवा दिया। मिस जिबेथ ने बड़े दुखद शब्दों में यह संवाद जाकर ग्रेहम को दिया। बहन ! स्वतंत्रता कोई सस्ती वस्तु नहीं हैं। इसके मूल्य में सर्वस्व देना ही पड़ता है। कैंटन के हत्याकांड से आयरलैंड में उत्तेजना फैल गई। डबलिन की गुप्त समिति के सदस्य ग्रेहम के पास पहुँचे। उन्होंने उसे देखकर पूछा, मैंने तुमको नहीं देखा है। ग्रेहम ने मुसकराकर उत्तर दिया—"अवश्य, मैं वही हूँ जो एक वर्ष पूर्व अपरिचित समझा गया था। मुझसे अपना विश्वास दिलाने के लिए कहा गया था।" डबलिन के प्रतिनिधि ने ग्रेहम को छाती से लगाकर कहा कि "वस्तुतः सच्चा प्रमाण अथक कार्य करना ही है।" इस घटना से दस वर्ष तक लगातार आयरलैंड का स्वातंत्र्य युद्ध जारी रहा और वह कैंटन नगर उस आंदोलन का मुख्य अंग रहा।

आश्रयदाता

जिन दिनों शांति और अमन के नाम पर आयरलैंड में वहाँ के शासक निरंकुश शासक मनमानी कर रहे थे, डबलिन नगर के समीपवर्ती ग्राम में लारेंस नाम का एक गरीब मनुष्य रहता था। उसके एक एकलौता बेटा था कालेंस। अपने बचपन की अवस्था में वह स्कूल पढ़ने जाता। वहाँ अपने मास्टरों द्वारा प्रायः सुना करता कि आयरिश बड़े ही कायर होते हैं। अपनी किताबों से इस विषय में राय लेता, तो वहाँ भी उसको वही उत्तर मिलता। होते-होते उसकी आयु अठारह वर्ष की हुई और न जाने क्यों उसके मन में यह भावना उत्पन्न हुई कि किताबों की बातें सत्य नहीं हैं, वह सोचता कि क्या कोई भी संपूर्ण जाति और पूरा देश कायर हो सकता है ? उसे आश्चर्य होता और तुरंत ही उसके मुँह से निकल पड़ता कि ऐसा संभव नहीं। वह अपने पूर्वजों की कलंक कालिमा पर लज्जित होता किंतु उसका हृदय पूर्वजों पर आरोप लादने के लिए राजी न होता। वह चंचल प्रकृति का था अपने सहपाठियों से इसकी चर्चा करता तो वे इसकी हँसी उड़ाते। एक दिन उसने अपने पिता से इस संबंध में चर्चा की। उस बूढ़े ने उत्तर दिया—"बेटा ! हम लोग गरीब हैं, हम लोगों को इस प्रश्नोत्तर में नहीं पड़ना चाहिए।" पिता के उत्तर से उसके चित्त में संतोष के बदले चंचलता बढ़ गई। पिता की पहेली को वह समझ न सका। उसकी आयु बढ़ने के साथ ही हृदय के प्रश्न भी बढ़ने लगे।

आयरलैंड में स्वाधीनता की लड़ाई छिड़ चुकी थी। शासन के विरुद्ध प्रायः दबी भाषा में और कहीं पर प्रत्यक्ष रूप में विरोध होने लगा था। डबलिन में किसी नए सरकारी कानून के विरुद्ध सभा होने वाली थी। कालेंस भी इसी में सम्मिलित होने के लिए गया था। दो-एक भाषणों के उपरांत कालेंस ने वक्ता से अपने हृदय में वर्षों से खटकनेवाले प्रश्न को छेड़ दिया। उसने कहा—"जाति और देश में कायरों के अतिरिक्त वीरों का कभी जन्म ही नहीं हुआ, जहाँ के निवासी गुलामी की हवा में ही पैदा होते और मरते रहें उसकी मुँह से स्वतंत्रता की बातें सुनकर हँसी आती है।" वक्ता ने उत्तर दिया—"ओह पराधीनता के मुल्क में जन्म लेने वाले आयरिश शेर ! तुम्हें अपनी जाति का ज्ञान नहीं है। तुम साम्राज्य-सत्ता के मदमाते झूठे इंग्लैंडवासियों तथा उनके चरण

सेवक, कुलकलंक आयरिशों के लिखे हुए इतिहासों पर विश्वास करते हो। तुमने यूरोप विजयी ब्रामले का नाम नहीं सुना, हापर्टन की कहानी नहीं सुनी ! यह लोग कौन थे ?" आयरिश कालेंस अपने स्थान पर चुपचाप खड़ा वक्ता की बातें सुन रहा था। इतने में पुलिस के अफसर ने आकर वक्ता को बाँध लिया।

जाते-जाते वक्ता ने फिर कहा—"किसी भी जाति को पराधीन रखनेवाले नरपिशाच, उस जाति की भाषा, भाव और इतिहास को नष्ट कर देते हैं।" पुलिस के सिपाहियों ने उसका मुँह बंद कर दिया और घसीटते हुए उसको ले गए।

कालेंस का विद्यार्थी जीवन समाप्त हो चुका था। और उसका बाप उससे कुछ कमाने के लिए आग्रह करता था। काम की खोज में एक दिन फिर वह डबलिन गया। वहीं उसने रिचर्ड की सजायाबी की खबर अखबार में पढ़ी। रिचर्ड को एक मास पूर्व, डबलिन की सभा में एक व्यक्ति के प्रश्नों के उत्तर देने के कारण राजद्रोह के अभियोग में दंड मिला था। कालेंस का माथा ठनका और उसको सभा की घटना याद आ गई। काम खोजने की फिक्र उसके दिमाग से उड़ गई और वह सोचने लगा कि यह कैसा शासन है, जो विद्यार्थियों को गलत बातें सिखाता है और कहनेवाले को दंड देता है। ऐसा शासन क्या उचित हो सकता है ? और शासित वर्ग। कालेंस के अंतःकरण में कर्तव्य का प्रश्न उठा। वृद्ध पिता और माता की दीन-दशा भी उसकी आँखों के सामने घूम गई। आजन्म निर्धन कष्टदायक अवस्था में रहने की मूर्ति भी उसे दिखाई दी, किंतु उसने मन को समझाया। यदि हम दो-तीन प्राणी कष्ट झेलकर अपने देश के दो कोटि मनुष्यों का कष्ट मिटा सकते हैं तो अच्छा है कि हम लोग इसी दशा में रहें। वह उसी दिन वहाँ से अपने गाँव वापस लौट गया।

दस वर्ष बाद की बात है आयरलैंड की सरकार और आंदोलकों में संधि की चर्चा हो रही है। सरकार के प्रतिनिधि और आंदोलकों ने एक खरीता तैयार किया है। बहुत कुछ नाही-नूही करने के बाद ब्रिटेन की सभा ने उस खरीते को स्वीकार किया।

आंदोलकों में दो दल बन गए। आयरलैंड का डीवेल्स एक पक्ष में है, दूसरे में है फेनगार्ड। एक दल का कहना है कि सुधार स्वीकृत करना चाहिए। दूसरे की दलील है कि जिस संधि से जनसाधारण की स्थिति नहीं बदलती, उससे देश का क्या लाभ ? माइकेल कालेंस इसी दूसरे दल में है। उसका कहना यह है कि देश सर्वसाधारण का दूसरा नाम है। इने-गिने थोड़े से आंदोलकों का नहीं है। इने-गिने को राजनीतिक अधिकार मिल जाने से देश को लाभ नहीं हो सकता और न शांति ही हो सकती है।

कालेंस ने खुला आंदोलन छोड़ दिया है। वह अब गुप्त आंदोलन करता है। उसके एक सहकारी का नाम ड्यूक है। अपने कार्य में उसे ड्यूक से बड़ी मदद मिलती है।

गुप्त रीति से कार्य आरंभ करने की अड़चनों से ऊबकर एक दिन ड्यूक ने कालेंस से खुले कार्य करने की बात कही तो कालेंस ने उत्तर दिया—"हमारे देश में राष्ट्रीय कार्यकर्ताओं को दंड मिलते हैं, अतएव हमें चुपचाप काम करना ही ठीक है।"

कालेंस के पास इन दिनों आंदोलन के सभी साधन हैं। उसके नाम से समाचार पत्र निकलते हैं, विज्ञप्तियाँ प्रकाशित होती हैं, समय-समय पर छिट-पुट युद्ध भी हो जाते हैं, किंतु पुलिस को उस दल का पता नहीं लगता। एक दिन पुलिस को न जाने कैसे कालेंस के घर का पता लग गया और उसने उस दफ्तर को जाकर घेर लिया। नीचे टाइपराइटर की दुकान है ऊपर कालेंस बैठा काम कर रहा है। पुलिस के सिपाहियों ने सीढ़ी पर पैर रखा कि ऊपर से बंदूक के फैर होने लगे। दो सरकारी अधिकारी किसी भाँति ऊपर पहुँचे, देखा, वहाँ न कोई मनुष्य है न सामान।

कुछ वर्षा इसी भाँति खेल-खेलते बीत गए। कालेंस की गिरफ्तारी के लिए बीसियों बार प्रयत्न किए गए, किंतु वह इसी प्रकार बाल-बाल बचता रहा। न तो कालेंस ही पुलिस के हाथ पड़ा और न उसके साथी ही।

राष्ट्रीय सरकार ने भी इस दल को बने न देने के लिए कुछ कम उपाय नहीं किया। अंत में वह समय आया, जब ब्रिटेन से दूसरा समझौता हुआ और माइकेल कालेंस तथा उसका दल विजयी हुआ। पच्चीस वर्ष की मुद्दत बीत गई। कालेंस का घर अब भी उसी स्थान पर जैसा का तैसा—गरीबी की दशा में—कायम है। लेकिन कालेंस वह तो अब बदल गया। वह है इन दिनों गरीबों का सर्वस्व, आश्रयदाता और प्राण कालेंस।

भीषण प्रतिकार

मई सन् 1899 ई. की बात है। रूस के सिंहासन पर जार निकोलस आसीन थे। सेंटपीटर्सबर्ग में बड़ी सनसनी फैली। अमीर-गरीब, सरकारी नौकर और भिखमंगों तक के मुँह से यही एक बात सुनाई देती—ऐसा तो कभी नहीं हुआ। बात यह थी कि लूसेस नाम के एक निर्वासित कैदी ने ब्रूलास के सरकारी खजाने को लूट लिया और घोषित कर दिया कि मैं वही हूँ, जिसे आज से तीन वर्ष पहले इलीज की मदद करने के अपराध में निर्वासन का दंड मिला था। इन दिनों अंधाधुंध गिरफ्तारियाँ हो रही थीं। नगर में कोई भी परदेशी आदमी बिना जमानत दिए दाखिल नहीं हो सकता था; यहाँ से जानेवालों की भी रोक थी। जरा-सा भी सुबहा हुआ या जिसे पुलिसवालों ने चाहा पकड़कर हवालात में बंद कर दिया। दूसरे ही दिन उसे बंद कमरे में बैठे हुए जज महाशय निर्वासन की आज्ञा सुना देते थे। यदि कोई अपराधी कभी अपराध पूछता तो डाँटकर कह दिया जाता—'यह देशरक्षा कानून है, अपराध बताया नहीं जा सकता।' हजारों भले आदमियों को दंड मिला। 14 ता. की बात है कि मोशियो बिलमोर भी पकड़े गए। यह उत्तरी रूस के निवासी थे और व्यापारिक काम से सेंटपीटर्सबर्ग गए थे। इन्होंने बहुत कहा कि हमारे पिता जापान युद्ध में सरकार की ओर से लड़कर मरे थे, हजारों रुपया दिया था, मगर वहाँ पसीजता ? उन्हें भी पूर्व निश्चयानुसार साइबेरिया भेजे जाने की आज्ञा हो गई।

यद्यपि उस समय मैं बच्चा ही था, मगर मेरे जी में रह-रहकर एक यही सवाल उठता था कि क्या कृतघ्नता और अन्याय का ही नाम संसार है ? सच कहता हूँ, मुझे ईश्वर अस्तित्व में भी संदेह होने लगा। मैं सोचता कि क्या ईश्वर इन अत्याचारियों से डरता है या उसने भी अन्य कर्मचारियों की भाँति रिश्वत लेना शुरू कर दिया है। सोचते-सोचते सहसा मेरे मुँह से निकल पड़ता—

"ईश्वर कहीं नहीं है। तो फिर क्या मनुष्य ही सृष्टि के क्रम का जिम्मेदार है ? क्या अन्यायियों को दंड देना उसके ही लिए आवश्यक और अनिवार्य है ?" कभी-कभी मेरे हृदय में खाना, पीना और मौज करना ही कर्तव्य का अर्थ हो जाता है। परंतु फिर

तुरंत ही दिल से आवाज उठती अत्याचार पीड़ित होकर जीना भी क्या कोई जीवन है ? नहीं, वह मृत्यु है और उससे भी बदतर तो क्या क्रांति का झंडा खड़ा कर दूँ, राक्षसों को गोली मार दूँ ? मगर इससे तो बुरी तरह प्राण लिये जाएँगे। इन लगातार विचारों के आक्रमणों से मैं बेहाल हो उठा। जितना ही मैं इनसे बचने की कोशिश करता, उतना ही न जाने कौन हमें उन्हीं विचारों में ढकेल देता था। मैं कहता था कि वह कौन सा उपाय होगा और कौन शुभ दिन होगा, जब ये अत्याचार संसार से अदृश्य हो जाएँगे।

जून के महीने में सूचना निकली कि बिलमोर नाम का एक कैदी अपने दो कैदी साथियों सहित साइबेरिया जाते हुए रास्ते से ही भाग गया। वह अपने साथ दो सरकारी घोड़े भी उड़ा ले गया। उसे गिरफ्तार करानेवाले को तीन हजार रूबल इनाम दिया जाएगा। लोगों में चर्चा चली कि हथकड़ी-बेड़ियों से मजबूत कैदी भाग कैसे गए। आठ दिन भी न बीते थे कि एक नोटिस पर बिलमोर का नाम दिखाई दिया। लोगों ने पढ़ा तो मालूम हुआ कि जब सिपाही चारों ओर से इन कैदियों को घेरे हुए सो रहे थे और एक पहरा दे रहा था, तो इन कैदियों ने पहले जागते हुए पर हथकड़ी का हाथ जमाया और जब वह बेहोश हो गया तो जमादार के पाकेट से चाभी निकालकर हथकड़ियाँ खोल लीं और सिपाहियों के घोड़ों में से दो को लेकर चंपत हो गए। बिलमोर का काम था अब देश में क्रांति कराना।

छः साल बाद तक कोई विशेष घटना नहीं घटी। गिरफ्तारियाँ और निर्वासन तथा डकैतियाँ तो नित्य की बातें हो गईं। जनता इन सब कार्यों और कारणों से अपरिचित-सी थी। मगर 28 जून, 1905 को एक ऐसी घटना हो गई जिससे फिर सनसनी फैली। वह घटना थी मोशियो बिलमोर की गिरफ्तारी।

26 जून की रात को सोते समय उनके एक विश्वासी साथी ने उन्हें गिरफ्तार करा दिया। मैं भी उस समय उसी मकान में था। परंतु पुलिसवाले मुझे साधारण नौकर और उस दलवाले मुझे साधारण मनुष्य समझा करते थे। बिलमोर अलबत्ता मेरी ओर एक गहरी निगाह से देखा करता था। मगर कभी कोई बात न होती थी। बिलमोर के 'विश्वासी' ने एक रमणी से प्रेम कर लिया था और उसी के कारण उसका इतना पतन हो गया कि उसने अपने पकड़े जाने के बाद माफी मिलने की शर्त पर बिलमोर को पकड़वा दिया।

मैं पहले ही बता चुका हूँ कि लूसेस ने सरकारी खजाना लूटा और वह लुटेरा के नाम से पकड़ा नहीं गया। वह दूसरे ही नाम से पकड़ा गया और बिना बिचारे उसे फाँसी दे दी गई। मैं विचारों में विद्रोही उसी दिन से हो गया था, क्योंकि मैं जानता था कि

लूसेस को फाँसी डकैती के अभियोग में नहीं हुई, बल्कि संदेह मात्र में हुई। मगर मैंने उसके बाद कुछ किया नहीं।

उस समय मेरी आयु सिर्फ सोलह साल की थी, परंतु जब मैंने देखा कि एक 'विश्वासी' बिलमोर को पकड़वा दिया, तब तो इस देशद्रोह के प्रतिकार के लिए मैं पागल हो उठा। मैं एक हथौड़ा लेकर चुपचाप चल दिया। दो दिन लगातार चलने तथा सोचने के अतिरिक्त और कुछ न किया। न खाया, न पानी पिया। दो दिन बाद मैं एक गाँव में गया, जहाँ थाना था। उस समय शाम के सात बजे थे। पुलिस के सिपाही ने मुझे पकड़ा कि इतनी रात को घूमने के लिए दारोगा की मनाही है। खैर, मैं एक शख्स की चौपाल पर पड़ रहा। जब दस बज गए तो एक रस्सी के सहारे थानेदार के घर के भीतर पहुँचा और हथौड़े से थानेदार का काम तमाम कर दिया। उनका रिवाल्वर और उनकी गोलियाँ लीं और चौदह रूबल लिये खर्च के वास्ते। चुपचाप उसी व्यक्ति के घोड़े पर सवार हुआ, जिसके दरवाजे पर शाम को लेट रहा था और ग्रॉटर्सबर्ग पहुँचा। उसी रात एक डॉक्टर के यहाँ से पोटाशियम क्लोरेट, मैगनेशिया, पिफ्रिक एसिड आदि चीजें चुराईं। क्योंकि मैंने सुन रखा था कि कुछ चीजें और मिलाने से इनसे 'बम' बन जाता है। मेरे हृदय में व्रिदोह था, और थी प्रतिकार की इच्छा। बस, मैं फिर दस दिन बाद पीटर्सबर्ग पहुँचा और जिस भाँति मैंने उस 'विश्वासी' तथा मोशियो पिदेट को जिन्होंने बिलमोर को फाँसी दी थी, मारा आप जानते ही हैं।

अदालत ने कड़ककर कहा कि यह विद्रोही है, इसे कुत्तों से नुचवा दो। दूसरे ही दिन कुत्तों के सामने बाँध दिया गया। जनता की काफी भीड़ थी। उनमें प्रत्येक के मुँह से यही शब्द निकल रहे थे—"ओह ! भीषण प्रतिकार।"

बलिदान

उस बूढ़े की आँखों में तेज था। उसने अकबर की ओर देखा। दोनों की आँखें चार हुईं। सांकेतिक शब्दों में दोनों के भाव एक-दूसरे पर प्रकट हो गए। कुछ समय तक निस्तब्धता रही। इतने में दरबान ने आकर प्रार्थना की—"जहाँपनाह। फैजी साहब आ रहे हैं।" बात कहने की देर थी, फैजी खुद ही आ गए। उन्होंने आते-ही-आते कहा—"गरीबपरवर। आपने अहमदनगर के हादसे के बारे में क्या तय किया है ?" बूढ़े ने फैजी की ओर देखा और फिर कहा—"बादशाह सलामत तो इन दिनों हिर्स की दरिया में गोते लगा रहे हैं। उनकी अक्ल पर मुल्क रानी का परदा पड़ गया है। फैजी, तुम्हारे खयाल से भी क्या अहमदनगर पर हमला क्या दानिशमंदी है ?" फैजी ने इसका कुछ उत्तर नहीं दिया। बूढ़े ने पुनः प्रश्न किया—"फैजी ! जो शख्स रुपए की खातिर अपने जमीर का खून करता है या ज़र के लालच में अपनी दूरंदेशी और काबलियत से दस्तबरदार हो जाता है या अपने आका को आफते-नागहानी से आगाह नहीं करता वह सिर्फ अपना ही नुकसान करता है।" बादशाह ने आँखें ऊपर उठाई और फैजी से कहा—"दोस्त फैजी ! सख्त कशमकश में पड़ा हूँ। महात्माजी की सलाह है कि मैं अहमदनगर पर हमला न करूँ। आपकी इस पर क्या राय है ? आप न सिर्फ मेरी हुकूमत के कारपरदाज हैं, बल्कि एक दोस्त भी हैं।"

दूसरे दिन अकबर के दरबार में सभी दरबारी जमा हुए। अहमदनगर पर चढ़ाई की जाए या न की जाए ? यही एक प्रश्न हल करना आज के दरबार का था। एक हिंदू संन्यासी ने मुख्य-मुख्य दरबारियों से मिलकर इस विषय की चर्चा की थी और अपनी ओर से यह सलाह दी थी कि बादशाह को पहले यह चाहिए कि अपने अधीनस्थ प्रदेशों की अशांति दूर करें। असंतोष के कारण का पता लगाएँ, उसे नाश करें। जब इतना काम समाप्त हो जाए तब उसके बाद जिस प्रदेश का शासक अपनी प्रजा को कष्ट देता हो, उस पर चढ़ाई करने का आयोजन करें। ऐसा न करके और अभी ही चढ़ाई करने से अकबर को क्षति पहुँचेगी। मेवाड़ पर आक्रमण करके अकबर ने कुछ फल नहीं पाया। वीर श्रेष्ठ महाराणा प्रताप को अपना शत्रु अवश्य ही बना लिया। याद

रखना, यदि अकबर ने अहमदनगर पर धावा किया, तो वहाँ के वीर पठान सहज ही में किला न दे देंगे। महात्माजी की बातों से प्रभावित होकर बहुत से दरबारी युद्ध के विरुद्ध हो गए। अकबर जो कुछ करता था अपने साथियों और दरबारियों से सलाह लेकर ही। दरबार में युद्ध का प्रस्ताव रखा गया। यद्यपि बादशाह स्वयं भी महात्माजी के आदेश से प्रभावित हो गए थे, किंतु अन्य दरबारियों ने बहुमत से युद्ध करना ही तय कर दिया। संध्या समय बिगुल बजा और सैनिकों को अहमदनगर की यात्रा की सूचना दे दी गई।

बहमनी राजवंश के नष्ट-भ्रष्ट हो जाने के कारण दक्षिण का वह भाग अब पाँच भागों में विभक्त हो गया था। बीदर, बरार, गोलकुंडा आदि शेष चार भागों की अपेक्षा अहमदनगर का भाग बड़ा तो था, किंतु ऐतिहासिक दृष्टि से उसका महत्त्व कम भी न था। उन दिनों उस छोटे से राज्य की बाग एक मुसलमान स्त्री चाँद बीबी सुल्ताना के हाथ में थी। वह अभी नौजवान थी। अर्द्ध-शिक्षित चाँद सुल्ताना आराम-पसंद मुसलमान कुल में जन्म लेकर भी क्षत्राणियों की भाँति वीर थी। उसकी वेशभूषा भी प्रायः वैसा ही रहता था। मुगल वंश अवतंश अकबर की चढ़ाई की सूचना उससे छिपी न रह सकी। उसने भी अपने दरबारियों को किले में बुलाकर परामर्श किया। प्रायः लोगों ने यह राय दी कि किले की कुंजी अकबर को दे देनी चाहिए, क्योंकि भारत सम्राट् के सामने अहमदनगर की तुच्छ सेना रुई की भाँति उड़ जाएगी। चाँद बीबी ने दरबारियों को उत्तर देते हुए कहा—"रियासत आपकी है और उसे आप जिस किसी को चाहें, दे सकते हैं। किंतु क्या एक बेगाने के सामने भारत के स्वाभिमानी जलवायु में पली हुई, क्षत्राणियों की प्रकृतिवाली तुर्क सुल्ताना, अबला की भाँति सर झुका दे—यह भी आप लोगों की राय है ?" दरबारियों ने मौन धारण कर लिया। उस दिन कुछ निश्चय न हो सका।

दृढ़प्रतिज्ञ अकबर की फौजें अहमदनगर के किले से दस कोस की दूरी तक आ गईं। छत पर चढ़कर सुल्ताना ने दूर से चमकते हुए इसलामी झंडे को देखा। वह अपने देश की चिंता से व्याकुल हो गई। रात ही को उसने प्रमुख दरबारियों को बुलाकर सलाह ली। धर्म के धुँधले संसार में विचरनेवालों ने उत्तर दिया कि इसलाम के झंडे के विरुद्ध शस्त्र लेकर निकलना एक मुसलमान के लिए लज्जा की बात है। सुल्ताना ने उत्तर दिया—"यह प्रश्न धर्म का नहीं है, यह देशरक्षा का सवाल है और यह पुकार है अपने बेगाने के मुकाबले की। यदि अहमदनगर के कोट पर इसलाम का झंडा गड़ा देखकर अकबर—भारत सम्राट् अकबर—आक्रमण करता है, तो इसी से स्पष्ट है कि यह स्वार्थ और बेगानेपन में डूबा हुआ है। यदि इन परदेशियों को मजहब का प्रेम होता तो

इब्राहिम लोदी के विरुद्ध बाबर फौजकशी करके सैकड़ों मुसलमान भाइयों का खून न बहाता। सिवाय इसके कि जब तक मैं सुल्ताना हूँ, तब तक मेरा मजहब और धर्म इसलाम की खिदमत नहीं, बल्कि अपनी रिआया की—हिंदू रिआया की—खिदमत है। मैं हिंदुस्तान में रहती हूँ, इसलिए हिंदू हूँ," दरबारियों पर सुल्ताना का कुछ असर न पड़ा।

अकेली सुल्ताना थोड़ी सी फौज लेकर वीर-भेष से स्वयं रणभूमि में गई। मुगलों की फौज उस समय रणभूमि से भाग खड़ी हुई और कुछ समय के लिए अहमदनगर साम्राज्य के चंगुल से बचा रहा। इसके बाद एक दिन वह आया कि जब चाँद बीबी अपने कमरे में पड़ी सो रही थी और धर्मांध कठमुल्ले की प्रेरणा से एक फौजी अफसर ने जाकर उसके रक्त से मातृभूमि का अंचल सराबोर कर दिया। संसार ने उसकी हत्या का कारण 'फौजी' अफसर से अनुचित प्रेम कहकर उस पवित्र लाश को कलंकित किया। किंतु उस मरती महिला के उद्‌गार शयनागार की दीवारों को तोड़कर पार कर गए। वे शब्द जिज्ञासुओं के कान में आज भी गूँज रहे हैं कि चाँद बीबी ने कहा था—"इसलाम की वह गलत परिभाषा जो कठमुल्लों को धर्मांध बना चुकी है हमें सिखाती है कि इसलाम की खिदमत मुल्क की खिदमत से अलग है, मैं यह नहीं मानती। परदेशी के मुकाबले में अपने देश का अन्यधर्मी आदरणीय है, यह बात उस दिन हमारी समझ में आ जाती जिस दिन चित्तौड़ का वीर प्रताप हल्दी घाटी में लड़ रहा था, तो आज एक पापी के हाथों यह कायर मृत्यु मेरी कभी न होती। यह देह व्यर्थ जा रही है, इसका मुझे इसीलिए दुःख है। वैसे तो आज भी शरीर उसी को भेंट हुआ जिसके लिए मैंने प्रण कर रखा था।"

पश्चात्ताप

वह बचपन में बड़ा फुर्तीला था और जवानी में बड़ा साहसी। अपने गाँव से दो मील की दूरी पर वह रोज सवेरे पढ़ने जाता था। उसने अपने मास्टरों को कभी शिकायत का मौका नहीं दिया, इसलिए उसका अपनी कक्षा में बड़ा आदर था। कोबा को ब्याह के नाम से चिढ़ थी। कहते हैं कि एक बार उसकी अपने माता-पिता से इसी संबंध में खटपट हो गई थी और तभी से उसने अपना घर छोड़ दिया था। जिन दिनों उसे अपना घर त्याग करना पड़ा, उसकी आयु सत्रह वर्ष की थी। कोबा की शिक्षा का अंत आरंभिक अवस्था में ही हो गया था। इस कारण घर छोड़ने के बाद उसे अपने पेट के लिए बड़ी मुश्किल का सामना करना पड़ा। वह अपने गाँव से दूर पीट्र्सबर्ग में चला गया और वहाँ अखबार बेचने का काम करने लगा। सवेरे उठना, मुँह-हाथ धोकर अखबार के ऑफिस में जाकर अखबार लाना और ग्यारह बजे दोपहर तक उन्हें बेच-बाच कर ठिकाने लगा देना। संध्या समय लाइब्रेरी में जाकर पुस्तकें और दूसरे समाचार पत्र पढ़ना। यही उसका दैनिक कार्य था, इसी में वह मस्त रहता था।

खोजते-खोजते एक बार उसके पिता पीट्र्सबर्ग पहुँचे। उस समय वह अखबार बेच रहा था। पिता ने पास पहुँचकर कहा—''हैरिन, तुम्हें लज्जा नहीं आती। तुम राबिंसन जैसे धनाढ्य के घर में जन्म लेकर गली-गली में पेट के लिए चिल्लाते फिरते हो ?'' हैरिन ने किंचित उग्र भाव से उत्तर दिया—''हैरिन बंधन में पड़े रहकर मोहन भोग उड़ाने में ही लज्जा करता है। उसे पेट के लिए गली-गली चिल्लाने में लज्जा नहीं बोध होती।''

तीव्र स्वर में राबिंसन ने कहा—''पितृभक्ति के अर्थ हैं बंधन ! यही तुम्हारा धर्म ज्ञान है। हैरिन ! तुम्हें जन्म देकर मैंने बड़ा पाप कमाया।'' हैरिन ने बिना विचलित हुए उत्तर दिया—''पशुओं की भाँति टुकड़ों पर पालन करके उसकी नकेल मन माफिक चलाने का भी नाम पितृस्नेह नहीं है। पितृभक्ति दूसरी वस्तु है और गुलामी दूसरी वस्तु।'' और भी रूखे स्वर में राबिंसन ने कहा—''तो क्या तुम्हारे कहने का अर्थ यह है कि शादी और गुलामी एक ही चीज़ है ?''

"निःसंदेह, इच्छा के विरुद्ध शादी करने का प्रयत्न करने का अर्थ है अत्याचार।" हैरिन ने निर्भयता से उत्तर दिया।

पिता ने "अब भी समय है, हैरिन" कहकर कुछ क्षण उत्तर की प्रतीक्षा की। जब उन्हें कुछ भी उत्तर न मिला तो वे घर को वापस लौट गए।

'निहिलिस्ट' के प्रचार से उस समय की सरकार बड़ी भयभीत हो रही थी और उसने उसकी खोज में स्थान-स्थान पर अपने जासूस नियुक्त कर रखे थे। फिर भी पता न लगता था। उसी दिन के दूसरे दिन की घटना है जिस दिन कि 'निहिलिस्ट' की घोषणानुसार मिल के मैनेजर की हत्या हो गई थी।

हैरिन पर्चे लेकर मिल के फाटक पर पहुँचा। पुलिस का काफी प्रबंध था और प्रत्येक मजदूर की सावधानी के साथ तलाशी ली जाती थी। दूर से ही हैरिन ने यह सब देखा। इतने में उसे मिल में सौदा बेचनेवाला ठेकेदार दिखाई दिया। हैरिन ने तुरंत ही पीछे घूमकर ठेकेदार के ऐसी ठोकर लगाई कि वह गिर पड़ा। हैरिन ने एक गाड़ी पर घायल राहगीर को अस्पताल पहुँचाने के बहाने ले जाकर एक मकान में बंद कर दिया और उसका सौदा तथा लाइसेंस अपने कब्जे में किया।

'नेहिलिस्ट' की प्रतियाँ उसने अपने समस्त अंग में लपेटी और एक काला कपड़ा पहनकर ऊपर से ठेकेदार की वर्दी पहन ली।

पुलिस ने उसकी तलाशी ली। और वह मिल में घुसकर अपने बँधे हुए एजेंटों को प्रतियाँ दे आया।

हैरिन पर उसके दलवाले बड़ा विश्वास करते थे। 'निहिलिस्ट' की स्थान-स्थान पर एजेंसियाँ बनाना प्रतियाँ वितरण करना, सामान और अस्त्र-शस्त्र एक स्थान से दूसरे स्थान पर पहुँचाना, उसका ही काम था। इस काम में उसकी एकमात्र सहायक थी मिस जैनी।

संसार की दृष्टि में जैनी 'दी रायल सिगरेट' कंपनी में काम करके पेट पालन करती थी। उन दिनों उक्त कंपनी के ऊपरी भाग में ही हैरिन रहा करता था। पुलिस को सुराग लग चुका था कि हैरिन निहिलिस्ट दल का सदस्य है। अतः उसके गिरफ्तारी के लिए चिंतित थी।

एक दिन पुलिस ने कंपनी में घुसकर पूछा ऊपर के कमरे में कौन रहता है ? मिस जैनी ने उत्तर दिया—"कोबा।"

पुलिस ने पूछा कि इस समय क्या वह अपने घर पर है ? और बिना उत्तर पाए ही वह फिर बोला—"मैंने सुना है कि हैरिन यहीं रहता है।"

इस बार जैनी कुछ-कुछ रुकी और पुलिसवाले छत के लिए अग्रसर हुए।

जैनी ने बटन दबाया, ऊपर की बिजली जल उठी और हैरिन रस्सी के सहारे दूसरी ओर कूद गया।

हैरिन ने कहा—"मैं तुमको प्यार करता हूँ। जैनी ! मेरे अंधे जीवन की तुम ही एकमात्र सहारा हो।" जैनी ने इसका कुछ उत्तर नहीं दिया। उसका मुँह लज्जा से लाल हो गया हैरिन भी कुछ समय तक मौन रहा और उसका मौन तब भंग हुआ जब जैनी ने घड़ी की ओर देखकर व्याकुलता से कहा—"अब जाने दो हैरिन ! दो सप्ताह से 'निहिलिस्ट' मिलों में नहीं पहुँच रहा है।

हैरिन ने जैनी का हाथ पकड़ लिया और कहा—"तुम नहीं जानती जैनी, मेरे जीवन में कितनी क्रांति रही है। संसार के प्राणियों का जीवन है प्रेम और मेरे प्राण की जीवन है प्रेमस्वरूप जैनी।" दोनों बैठे रहे।"

उसी दिन पीट्र्सबर्ग प्रांत के निहिलिस्ट दल के अंतरंग सदस्यों की एक आवश्यक बैठक हुई थी। सभापति ने कहा—"उस दिन सभा के पास एक शिकायत आई थी और उस पर जाँच कमेटी बिठा दी गई थी। कल उसकी रिपोर्ट आ गई है और आरोप सत्य है। निश्चय ही ऐसे उच्च आदर्श की संस्था में ऐसे कुत्सित-कर्मी घातक हैं।"

सभा के सातों मेंबरों ने बारी-बारी से रिपोर्ट पढ़ी और निश्चय किया कि हैरिन से उत्तर माँगा जाए, कि "वह जोसेफ की हत्या के लिए क्यों नहीं गया और मिस जैनी से पूछा जाए कि उस दिन का 'निहिलिस्ट' मिलों में क्यों नहीं बँटा ?"

हैरिन एक आरामकुर्सी पर लेटा हुआ विचारों में तन्मय था। अकस्मात् वह बड़बड़ाने लगा। मैं मैंने अपने बाप की नहीं सही नहीं तो राजा बना होता ! किंतु, जैनी ! वह भी तो मुझ पर आसक्त है, मेरे ही कारण वह मिलों तक नहीं गई। फिर, मैंने भी तो उसके साथ कम एहसान नहीं किया। लेकिन वह तो मेरी ही है।

करुणादृष्टि से उसने दरवाजे की ओर देखा। कुछ क्षण बाद आँखें फेर लीं और कहने लगा। दो मास पूर्व भी इसी प्रकार चारपाई पर कुछ सोच रहा था, उस समय भी किसी की खोज थी। आज भी विचार है और खोज भी। किंतु तब और अब में अंतर है, आकाश-पाताल का अंतर है। तब उद्देश्य सिद्धि की लगन थी, उसी का विचार था और स्वतंत्रता की, राजनीतिक स्वतंत्रता की खोज थी। आज यह विचार है कि मूल पथ पर किस प्रकार पहुँचूँ और खोज है—उस पुराने पागलपन की। उस दिन किसी ने पुकार कर कहा था—ओ मतवाले, दुनिया की ओर देखकर चल। सहसा मेरी आँखें घूम गईं। ओह उस घूमने में ही तो पतन था। पुकारनेवाले में आकर्षण था। उस ओर

मुड़ा कि अचानक तह में, रसातल में आ गिरा।

मतवालापन क्या छूटा हमारी तो आत्मा छूट गई। बेहोशी से होश में आने की बात थी किंतु इस होश की दशा में तो मैं लुट गया। हाय ! मेरे दिल का पता नहीं है, दिमाग ढूँढ़े नहीं मिलता, प्राण से प्यारा सिद्धांत किसी धुँधली कोठरी से हमारी ओर आँखें मटका रहा है और मुँह चिढ़ा रहा है। युवक मदोन्मत्त होकर न जाने क्या-क्या बक रहा था, उसे होश नहीं था कि कोई उसकी बातें सुन रहा है। बकते-बकते शायद थककर उसने अपनी आँखें बंद कर लीं।

जैनी ने हैरिन के सिर से चद्दर उतार दी। बोली—"हो चुका पश्चात्ताप। हैरिन देश माता की ओर देखो। उसका बहुमूल्य समय व्यर्थ न खोओ, जानते हो तुम अपने पतन का कारण ?"

गद्‌गद कंठ से बीच ही में हैरिन ने टोककर कहा, "प्यारी जैनी ! क्या सचमुच ही माता ने अपराधों को क्षमा कर दिया ? क्या मैं उसकी सेवा के योग्य अब भी हूँ ?"

जैनी ने कहा—"हैरिन पहले हमारी सुन लो। तुम पूछते हो कि माता ने मुझे क्षमा कर दिया ? माता तो अपने प्रत्येक पुत्र से प्रेम करती है, किंतु जब उसका प्रेमी और सेवक पुत्र किसी के बहकावे में आकर पथभ्रष्ट हो जाता है, तो वह स्वयं ही उसका पश्चात्ताप करती है। हृदय रखनेवाले पुत्र उसके पश्चात्ताप से स्वयं ही मर्माहत हो दुखी होते हैं और पुनः कर्तव्यपथ में आ जाते हैं। अब पश्चात्ताप में अपना समय न खोओ और कार्य में डट जाओ।"

गुरु दक्षिणा

अवध की नवाबी के दिन हो चुके थे। उसका सूर्यास्त हो रहा था। इधर पश्चिमवाले पूर्वीय भारत में अपना काफ़ी सिक्का जमा चुके थे। मुर्शिदाबाद में अप्रत्यक्ष रूप में तथा बंगाल, मद्रास, मध्यप्रदेश आदि प्रदेशों में जहाँ-तहाँ अंग्रेजी झंडा फहरा चुका था। बड़े लाट उपाधिधारी अंग्रेज उस राज्य का संचालन करते थे। सहसा एक दिन अंग्रेजों के एक दूत ने आकर नवाब के भरे दरबार में उपस्थित होकर एक पत्र दिया। पत्र था या काल का संदेशा। नवाब वाजिदअली शाह ने पत्र पढ़ा, पैरों के नीचे धरती खिसक गई। मुँह का पान कुम्हला गया, होश बेहोश हो गए। गजब सारा दरबार सन्न था। किसी के मुँह से शब्द न निकलता था। पत्रांकित टेढ़ी लकीरों ने साक्षात् तक्षक का रूप धारण करके डँस लिया था। सारी सभा मौन थी। इस घटना के थोड़े ही दिन बाद अंग्रेजी सेना के कई अफसरों ने तथा कुछ और साहबों ने जाकर नवाब वाजिद अली शाह के सामने एक परवाना रखा और बिना किसी उत्तर की प्रतीक्षा किए उनको कलकत्ता पहुँचा दिया।

बुरका सँभालते हुए मेहरुन्निसा ने कहा—"मर्दे आदमी टूक सबर कर। महलसरा में जाने की ऐसी क्या उजलत है ? यह शाही जनानखाना है, इसमें दखल करना बेजा है।" कड़ककर राबिंसन ने अपने सहकारी स्मिथ से अंग्रेजी में कहा—"कायर मत बनो। तुम इसके कहने पर सरकारी काम में देर करते हो ?" कंधे के धक्के से स्मिथ ने मेहरुन्निसा को हटा दिया और अंदर मकान के घुसने लगा। मेहरुन्निसा ने पुनः दरवाजा रोककर आर्त स्वर में विनय की। कहा—"टूक रहम खाओ। मालिकि मुल्क खुदा के लिए, मस्तूरातों कोहूनों के लिए गज भर जमीन तो बख़्श दो।" "चुप रहो हरामजादियो ! इस महल पर सरकारी कब्जा है। तुम लोग इसमें अब नहीं रहने सकता।"

"शाही हरम में मदाख़लत करना अख़लाकी जुर्म है। ऐसे संगदिल न बनिए। सरकार मैं आपके कदम चूमती हूँ।" "सरकारी इंतजाम में खलल करोगे तो तुम्हारे बेंत मारे जावेंगे। हट जाव, अब बादशाह का इस मकान में कोई हक नहीं। तुम, तुम्हारे

मकान तुम्हारे पास के जेवर सभी सरकारी मिल्कियत हैं।''

''मैं क्या सुन रही हूँ, पाक परवरदिगार। मेरे नवाब की सभी बेगमों का—सारा माल-असबाब आज गैर मुल्की किरानियों का हो गया। अब हम लोगों के बैठने के लिए चप्पा भर जमीन भी नहीं।''

''मैंने माना लखनऊ पर अंग्रेजी झंडा लहरा गया। लेकिन क्या इसके यह भी माने हैं कि लखनऊ से इनसानियत भी छुट्टी ले गई।'' विश्वेश्वर ने अपने साथी की बातों का उत्तर देते हुए प्रश्न किया। रामसिंह ने सोचकर कहा—''तुम्हारा यह कहना ठीक है कि इनसानियत के खयाल से बेगमों को धक्के देकर महल से न निकालना चाहिए था। लेकिन यह कहे कौन ? खुद नवाब ने यह सब सुनकर क्या कहा था, जानते हो ?''
''हाँ-हाँ, जानता हूँ। उन्होंने ठंडी साँस भरकर कहा था—

'बुलबुल ने आशियाना चमन से उठा दिया।
उसकी बला से बूम बसे या हुमा रहे।।' ''

''तो फिर समझे इसके माने ?''

''नज़रबंदी की क़ैद से मजबूर और दुश्मनान जाल की संगीनों से लाचार नवाब, गरीब नवाब और कर ही क्या सकता था ?''

''अच्छा, खैर इन बातों से नतीजा ?''

''इन बातों से नतीजा ! सुनोगे इस विषय के छेड़ने का मतलब ?'' विश्वेश्वर कुछ देर चुप रहा। रामसिंह उसके मुँह की ओर एकाग्र दृष्टि से ताकता रहा। ठंडी साँस भरकर विश्वेश्वर ने कहा—''जब नवाब की मस्तूरातों के साथ इन फिरंगियों को ऐसे हरकात अमल में लाने में पशोपेश नहीं होता तो मामूली औरतों के साथ वह न जाने क्या से क्या कर सकते हैं...''

दूर से आते हुए एक मुसलमान ने बात काटते हुए कहा—''बंगाल के वाक़यात उनकी स्याहदिली के सबूत हैं।'' वह मुसलमान भी वहीं आकर खड़ा हो गया। विश्वेश्वर ने फिर कहना आरंभ किया—''दोस्तो ! क्या करूँ ? मैं तो बूढ़ा हो गया, नहीं तो अपने मुल्क से इन लोगों को निकाल बाहर करने के लिए तलवार का सहारा लेता।'' इसी समय पर कुछ दूर पर धूल उड़ती हुई दिखाई दी और बात-की-बात में कुछ अंग्रेजों ने आकर इन तीनों को बाँध लिया।

ब्रह्मावर्त के समीप जंगल में गंगातट पर महावीरजी का मंदिर था उसमें शिवचरण गिरि नाम के एक वृद्ध संन्यासी आज से करीब डेढ़-दो साल से आकर रहने लगे हैं। उनके योगाभ्यास की चर्चा चारों ओर हो रही है। रोज़ दस-बीस आदमी उनके दर्शन के लिए

उस वन में आया ही करते थे। महाराष्ट्र नरेश बाजीराव पेशवा के दत्तक पुत्र धुंधुपंत नाना साहब का निवास वहाँ से छः मील दूर पूर्व की ओर था। अपना राज्य अथवा पेंशन फिरंगियों से मिलने के निमित्त उनके सारे प्रयत्न व्यर्थ हो चुके थे। एक दिन नाना साहब भी महात्माजी के दर्शन के लिए गए। उदासीन होकर धुंधुपंत ने बाबाजी से अपना शिष्य बना लेने का अनुरोध किया। नाना साहब ने कहा—"महाराज ! मैं तो जीवन संग्राम में पराजित हो चुका हूँ और अब तक हमारी सभी आशाएँ और चेष्टाएँ व्यर्थ हो गई हैं।" बाबा ने ढाढ़स देते हुए उत्तर दिया—"राजन ! जितने बड़े कार्य का तुमने बीज उठाया था, जितनी महान् तुम्हारी आशा थी तुमने उसका उपयुक्त मूल्य नहीं दिया।"

"अर्थात् ?"

"अर्थात् यह कि राज्य का मूल्य धन नहीं है। मानसिक महत्त्वाकांक्षा भी नहीं है और भी एक अन्यायी के सन्मुख !"

"तो फिर ?"

"उसका मूल्य है बलिदान—पवित्र और वीरत्वपूर्ण बलिदान !" नाना और उसके साथी तात्या तथा सदाशिव के मस्तक महात्मा के चरणों पर नत हो गए। उनका मोहभंग हो गया।

महावीर के मंदिर पर सदाशिव नित्य प्रातः संस्कृत का अध्ययन करने जाता है। वहाँ के आस-पास के गाँवों के और भी कई ब्राह्मण बालक व्याकरण पढ़ने जाया करते हैं। महात्माजी के नित्य नैमित्तिक व्यवहार और त्याग का उन बालकों पर काफी प्रभाव पड़ा है। संस्कृत में दक्ष होने के कारण इधर-उधर के निवासियों को महात्माजी पर और भी अधिक श्रद्धा बढ़ गई है। एक साल इसी भाँति और बीता। ज्येष्ठ का दशहरा था। ब्रह्मावर्त के पुण्य तीर्थ पर लाखों यात्रियों की भीड़ लग रही थी। महात्मा शिवचरण गिरि भी अपने शिष्यों सहित ब्रह्ममुहूर्त में स्नान करने गए। स्नानादि से निवृत हो शिष्यगण ज्योंही अपना अध्ययन करने बैठे महात्माजी ने सबों को संबोधित करके कहा—"पुत्रो ! तुम्हारी शिक्षा पर्याप्त हो चुकी है। इधर हम भी समाधि लेना चाहते हैं। आज ही इसका मुहूर्त है।" महात्माजी के समाधि ध्यान का नाम सुनकर सभी शिष्य मर्माहत हो गए। सदाशिव ने हाथ जोड़कर प्रार्थना की—"महाराज, आपकी यह इच्छा आज से पूर्व कभी नहीं प्रकट हुई थी। अब कृपा कर हम सबों को इतना अवकाश तो अवश्य दीजिए जिसमें आपकी गुरु दक्षिणा देकर ऋणमुक्त हो सकें।"

"मनुष्य को कार्य पूर्ण होने के पूर्व अपनी इच्छा न प्रकट करनी चाहिए। रही गुरु दक्षिणा, संध्या तक समय काफी है।"

तीसरे पहर मंदिर में बड़ी भीड़ थी। अपने हितेच्छु तपस्वी शिवचरण गिरी की समाधि ग्रहण की बात सुनकर नर-नारी उस जंगल में पिल पड़ते थे। शिष्यगण अपनी-अपनी शक्ति के अनुसार सोने, चाँदी आदि बहुमूल्य आभूषणों और वस्त्रों को गुरु दक्षिणा में भेंट करने के लिए जुटे थे। सदाशिव भी मोतियों से चमकते हुए वस्त्रों को धारण कर आ चुका था। किंतु हरिदास नाम का एक शिष्य अनमना-सा इधर-उधर घूम रहा था। उसके भाव और विकार से उसका चेहरा खिल उठता और कभी मुरझा जाता। महात्मा शिवचरण गिरि एक कुशासन पर बैठे मुसकरा रहे थे। सबों ने पारी-पारी से अपनी गुरु दक्षिणा भेंट की। सदाशिव और हरिदास अभी तक चुप थे। महात्मा ने मुसकराकर कहा—''सदाशिव तुम्हारी गुरु दक्षिणा ?'' ''महाराज, गुरुदेव ! मैंने ढूँढ़ा—खूब ढूँढ़ा। इस खड्ग से बढ़कर मुझे कोई वस्तु भेंट योग्य न मिली।''

''तुम क्या देते हो हरिदास ?'' महात्मा ने प्रश्न किया। हरिदास की आँखों से आँसू निकल रहे थे। न जाने शोकावेग से अथवा हर्षावेग से गद्गद हो उसने खड़े होकर विनयपूर्वक कहा—''महाराज ! इस कंगाल के पास इस शरीर के अतिरिक्त और क्या है ? यह गुरु दक्षिणा में समर्पित है।''

दौड़कर महात्मा ने हरिदास को उठा लिया और आसन पर लाकर सदाशिव को बुलाकर सब लोगों से कहा—''वस्तुतः इन्हीं दोनों ने हमें गुरु दक्षिणा दे संतुष्ट किया है। आज से तीन-चार वर्ष पूर्व फिरंगियों से पीड़ित हो हमने सोचा कि इस बुढ़ापे में क्या कर सकता हूँ। उस दिन क्या जानता था कि मैं यह कर सकूँगा। बेटा हरिदास ! तुम भारत के हर एक भाग में फिरंगियों की कुटिलनीति का भंडाफोड़ कर दो। जाओ, हमारा आशीर्वाद है। अपने कर्तव्य पर दृढ़ रहो।''

विजयोत्सव

ऊँचे परकोटावाले मकान के दूसरी मंजिल के एक सुसज्जित कमरे में दूध फेन-सी एक चारपाई बिछी थी। उसमें इधर-उधर दीवारों पर नाना प्रकार के अस्त्र-शस्त्र रँगे हुए थे। कुछ कलमी तसवीरें भद्‌दे आदम पर रँगी थीं। रात्रि के लगभग दस बज चुके थे। किंतु वह कमरा जनशून्य था। धीमे-धीमे जलती हुई एक कंडील किसी के आने की पल-पल बाट जोह रही थी। कमरे के बाहर एक दरबान एक लंबी अचकन पहने झंडा-सा बाँधे नंगी तलवार लिये टहल रहा था। नाँद में पड़ी हुई कटोरी डूब गई। द्वारपाल ने दस की घंटी बजाई। द्वारपाल का मुख कुछ चिंतित-सा दिखाई देने लगा। रह-रहकर वह ठहर जाता और किसी के आने की आहट लेने लगता। इसी प्रकार लगभग एक घंटा और बीता। अब तो वह उत्तेजित-सा हो उठा। उसी समय किसी के आने की आहट सुनाई दी। द्वारपाल के पैर रुक गए। आगंतुक एक सुदृढ़ शरीरवाला नवयुवक था। उसकी मुश्किल से पच्चीस-छब्बीस वर्ष की उम्र होगी, उसके शरीर पर हथियार और विभिन्न हरबे कसे हुए थे। हाथ में नागदौन का माला थी। द्वारपाल ने पीछे हटकर प्रणाम किया। आगंतुक ने आँखें फेरीं और बोला—"काका कोई नई बात तो नहीं है।" द्वारपाल ने उत्तर दिया—"कुँवरजी कोई नई बात तो नहीं, लेकिन इतनी देर तक आपके बाहर रहने से चित्त चंचल हो उठता है।" नवयुवक बिना रुके—"आज सचमुच कुछ देर हो गई है"—कहते हुए भीतर चला गया। नवयुवक ने अस्त्र-शस्त्र खोले। यथास्थान टाँगा और सुस्ताने के लिए चारपाई पर बैठ गया।

नवयुवक अभी अच्छी तरह सुस्ता भी नहीं पाया था कि एक-वृद्ध पुरुष को साथ लिये एक दूसरे नवयुवक ने उसी कमरे में प्रवेश किया। इन नवागंतुक सज्जनों में वृद्ध का वेश साधुओं जैसा था और दूसरे नवयुवक राजकुमार जैसे दिखाई देते थे। इन दोनों को प्रवेश करते ही पहला नवयुवक चारपाई से उठ खड़ा हुआ और उसने वृद्ध साधु को प्रणाम किया। वृद्ध ने आशीर्वाद देते हुए कहा—"पुत्र ! छत्रसाल विजयी हो।" नवागंतुक राजकुमार ने छत्रसाल के चरण छुए। प्यारपूर्वक छत्रसाल ने उसकी पीठ पर हाथ फेरकर पूछा—"आज दिन भर कहाँ रहे विजय ?" "कुछ शिकार में देर हो गई।" कहकर विजय वृद्ध साधु के सामने खड़ा हो गया। सामने पड़ी हुई चौकी पर साधुजी बैठ गए और दोनों को बैठने का आदेश दिया। साधु ने प्रश्न किया—"छत्रसाल ! तुम

कुछ चिंतित से दीखते हो ? हमें जान पड़ता है कि तुम्हारा शरीर अच्छा नहीं है।''

"नहीं गुरुजी ! शरीर तो अच्छा है।''

"तो कोई चिंता होगी जो शरीर गलाए दे रही है।'' विजय हाथ जोड़कर बोला "महाराज ! परतंत्रता के जीवन में सुख किसे हो सकता ? आत्माभिमान शून्य नरकंकालों को ही परदेशी शासकों के होते हुए चैन रह सकती है।''

"यह तो ठीक है बेटा विजय !'' गुरुजी ने उत्तर दिया—"किंतु स्वाधीन होना तो हम लोगों के जीवन का व्रत है। जन्म भर चिंतित रहकर अपना व्रत कैसे निभा सकते हो।'' इसी समय एक दासी ने आकर निवेदन किया कि "कुँवरजी ! भोजन बड़ी देर से तैयार है।'' छत्रसाल ने उत्तर दिया—"भोजन से अधिक मूल्य के कार्य में लगा हूँ।'' महाराज के आदेश देने पर छत्रसाल वहाँ से उठा और बाहर चला गया।

भोजनोपरांत छत्रसाल पुनः महाराज के पास आए। फिर वही बात छिड़ गई। छत्रसाल ने कहा—"महाराज ! जो कार्य हमें करना है उसकी चिंता न रखने से कैसे काम चल सकता है।''

"बेटा ! चिंता और स्मरण में अंतर है। व्रत का स्मरण रखना चाहिए। चिंता तो एक घातक वस्तु है।'' "हाँ महाराज ! मैं व्रत को तो स्मरण ही रखता हूँ, किंतु इन दिनों चिंतित होने का एक प्रबल और विशेष कारण है।'' विजय की भी आँखें छत्रसाल की ओर फिर गईं। वृद्ध ने पूछा—"वह क्या है ? कौन सी चिंता वत्स।''

"महाराज ! विजयादशमी के दिन समीप हैं, इसी की चिंता है।''

वृद्ध मुसकराए और बोले—"तेरी चिंता सफल हो।'' विजय का कौतूहल बढ़ गया। वह कभी छत्रसाल की ओर, कभी वृद्ध साधु की ओर ताकता। अंत में वह अपनी जिज्ञासा का संवाद न कर सका। उसने पूछा—"विजयादशमी की कैसी चिंता कुँवरजी ?'' छत्रसाल ने उत्तर दिया—"भाई विजय ! कैसे अनजाने-से पूछते हो कि विजय की कैसी चिंता ?'' इस बार विजय और भी आश्चर्यचकित हो गया और सकरुण नेत्रों से छत्रसाल की ओर देखने लगा। छत्रसाल ने पुनः कहना आरंभ किया—"नहीं याद आया तो सुनो। भगवान राम ने रावण पर विजयादशमी के दिन विजय पाई थी, उसी की उस दिन स्मृति मनाई जाती है। किंतु जानते हो भैया। सच्चे क्षत्रिय स्मृति मनाते नहीं स्मृति छोड़ जाते हैं। अब समझे ?'' छत्रसाल की बात पूरी होते-न होते विजय उछल पड़ा।

कुँवरजी इस साल परदेशी शासकों के पंजे से भारतभूमि को स्वतंत्र करके विजय स्मृति की लाज रखेंगे। द्वारपाल ने बारह की घंटी बजाई और साधु महाराज की आज्ञानुसार दोनों युवक सोने के लिए चले गए। वृद्ध महाशय ने भी वहीं आसन जमाया।

एक बड़े से सुंदर चौपाल में पचासों चौकियाँ पड़ी थीं। बीच में एक ऊँचा सिंहासन बिछा था। हरे मखमल की चादर बिछी हुई थी। उस दिन प्रातः से ही लोग वहाँ आने

लगे। सात बजते सारी चौकियाँ भर गईं। संतरी दरवाजे पर पहरे दे रहे थे। इतने में 'महाराज छत्रसाल की जय' का घोष सुनाई दिया। दरबारी आसन छोड़कर खड़े हो गए। वही दोनों कलवाले नौजवान वृद्ध साधु को साथ लिये आए। सभी ने अभिवादन किया। एक बार पुनः जयघोष हुआ। फिर सन्नाटा छा गया। छत्रसाल, विजय और साधु बाबा भी यथास्थान जा विराजे। सभा में सन्नाटा हो जाने पर वृद्ध महाशय खड़े हुए और उन्होंने कहा—"दरबारी गण ! आपके कुँवर छत्रसाल ने निश्चय किया है कि इस वर्ष विजयादशमी की स्मृति मनाने के स्थान पर विजय उत्सव ही मनाया जावे—आप सबका इस विषय में क्या मत है ?" सभी ने एक स्वर से उत्तर दिया—"अति उत्तम। अवश्य ऐसा ही हो।" सभा में दूसरा प्रश्न उठा। विजय ने कहा—"हमारे मत में यह बात आती है कि चरखारी पर ही धावा बोला जावे !" कुछ लोगों ने रामनगर की बात उठाई। लेकिन अंत में चरखारी पर ही आक्रमण करने की बात तय हुई। एक हरकारा के द्वारा चरखारी के सूबेदार सरफराज अली के नाम चिट्ठी भेजी गई कि वह अपनी राज़ी से किले की चाभी छत्रसाल को सौंप दे अथवा युद्ध के लिए तैयार हो। सरफराज अली ने उस चिट्ठी के उत्तर में कहला भेजा कि काफ़िरों पर हुकूमत करने के लिए ही हम सभी को खुदा ने पैदा किया है। आखिर चढ़ाई करना निश्चय हो गया।

"प्रियतम ! इस बरसते हुए मेह में भयंकर अँधियारी में मुझे अकेली छोड़ आप किधर जा रहे हैं ? प्राणनाथ ! स्त्री की रक्षा करना भी तो कर्तव्य है ?" छत्रसाल ने उत्तर दिया—"प्यारी ! क्षत्राणियों को रक्षा के लिए किसी पुरुष की आवश्यकता होती है ? यह बात मुझे आज ही मालूम हुई, बोलो क्या यह सच है ?"

"सच नहीं, झूठ।" कमला बोली—"प्यारे ! बिलकुल ही मिथ्या, क्षत्राणी तो अपनी रक्षा स्वयं कर लेती हैं।"

"फिर मेरे रोकने का कारण ?"

"कारण प्यारे ! बताऊँ कारण ? शत्रु के टिड्डी दल में आपका दो हजार सैनिकों के बल पर जाना मुझे भयभीत करता है।"

"भयभीत करता है प्यारी ! किसको ? तुमको, क्षत्राणी को ! अरि केहरी छत्रसाल की धर्मपत्नी को ! ओफ़ !" "प्रियतम ! बरसात के बढ़े हुए मार्ग के नद-नाले आप कैसे पार कर सकेंगे ? केवल इतनी ही चिंता है।"

"उसकी चिंता मत करो प्यारी !"

जो हिचका के रह गया सो रह गया इधर।
जिसने लगाई ऐड़ वह खंदक पार था।।

"मैं भी चलूँगी नाथ ! युद्ध क्षेत्र में।"

"तुम कोमलांगिनी रणक्षेत्र में जाकर क्या करोगी ?"

"प्राणनाथ ! क्या करूँगी ? क्षत्राणी क्या कर सकती है ? वह मैं भी करूँगी।"

"तुम स्त्री होकर युद्धभूमि में क्या कर सकती हो ?"

"मैं अपनी, अपने प्राणनाथ की रक्षा कर सकती हूँ।"

"तो क्या छत्रसाल इतना कायर और कमजोर हो गया जो स्त्रियों की रक्षा से अपना प्राण बचावे। छत्रसाल अपने जीते जी इतना पतित नहीं हो सकता।"

"स्वामी ! यह बात नहीं है। मैं शत्रुमुंड की माला विजयोत्सव पर देवी को भेंट करने की प्रतिज्ञा कर चुकी हूँ। उसके पालन के निमित्त में युद्धक्षेत्र में जाकर स्वयं ही शत्रु का शिरच्छेदन करूँगी।"

"मैं ला दूँगा तुझे शत्रुमुंड !"

"विजयोत्सव के पहले ?"

"हाँ, विजयोत्सव के पहले ही।"

"प्रतिज्ञा करो।"

"वीर भूमि-भारत के क्षत्रीय आत्माभिमानी वीर परतंत्र होने पर भी शत्रुओं के सामने नत मस्तक नहीं होते। आकाश और आकाश में चमकनेवाले नक्षत्रो ! मैं प्रतिज्ञा करता हूँ कि विजयोत्सव के पूर्व ही शत्रुमुंड कमला को ला दूँगा।"

कमला ने आँचल छोड़ दिया। दही से तिलक किया। छत्रसाल ने रास्ता लिया।

चरखारी पर डेरा डाले सात दिन हो गए, लेकिन अब तक छत्रसाल को सफलता के चिह्न नहीं दिखाई दिए। मुगलों की अपरिमित सेना के सामने छत्रसाल के दो हजार सिपाही मात्र थे। विजयादशमी के केवल ग्यारह दिन शेष रह गए थे। छत्रसाल को चरखारी विजय की चिंता व्याकुल कर रही थी। अंत में रात के समय एक सभा की गई और बीड़ा रखा गया। जो कोई बीड़ा को खाए वह दूसरे दिन के युद्ध में विजय प्राप्त करे। घड़ी भर तक बीड़े की ओर किसी ने ताका भी नहीं। विजय भी इस युद्ध के साथ था। उसने बीड़ा उठा लिया और विजय की प्रतिज्ञा की। दूसरे दिन घनघोर युद्ध हुआ। मुग़लों की सेना बहादुर बुंदेलों के सामने काई-सी फट गई। तीन घंटे के लगातार युद्ध और तलवारों की मार ने किले का रास्ता साफ कर दिया। देखते-देखते विजय ने लपक किले का हरा झंडा गिरा दिया और उसके स्थान पर भगवा झंडा खड़ा कर दिया। सरफराज़ ने अपने घोड़े को छत्रसाल के मुकाबले किया। इतने ही में उस बाँके बुंदेले का भाला उसके भाल के पार हो गया। चरखारी पर विजय हो गई। जिस दिन विजयोत्सव में देवी की पूजा थी उसी दिन सेना राजधानी में पहुँची। छत्रसाल अपने रनिवास में गए। इस पर खड़ी रानी ने आँचल पसारकर कहा—"प्राणनाथ ! लाइए हमारा उपहार ! विजय का प्रसाद।" छत्र ने सरफ़राज़ का सर आँचल में डाल दिया। कमला ने देवी की पूजा की। देव स्थान से किंचित दूर कोई वृद्ध गा रहा था—

'लोग कहते हैं बदलता है जमाना अकसर।
मर्द हैं वे जो ज़माने को बदल देते हैं ।।'

बलिदान की भावना

यह उस ज़माने की बात है, जबकि आयरलैंड पराधीन था। आयरिश जाति पर उसके चचेरे भाई अंग्रेज मनमाना अत्याचार करते थे। आयरलैंड में न केवल राजनीतिक पराधीनता ही थी, बल्कि शासन और व्यवस्था के नाम पर बेचारों की सामाजिक और धार्मिक रिवाजें भी खतरे में आ गई थीं। संपत्तिवादी लोग आयरिश शासनकर्ताओं के पृष्ठपोषक हो रहे थे और पढ़े-लिखे, समझदार कहे जानेवाले व्यक्ति, पेट पालने के लिए उस मंडली के खुशामदी टट्टू। गरीब बेचारों का न तो कोई सहायक था और न तो कोई बात सुननेवाला ही। भाँति-भाँति के नियम और उपनियमों की सृष्टि वहाँ के विधाता करते। धनाभाव उन मरभुक्खों की जबान बंद कर देता। उनकी इच्छा नियमों के विरुद्ध होती, किंतु साहस की कमी थी। वे मन मसोसकर उनके आगे सर झुका देते। धर्म और मजहब के ठेकेदार उन्हीं गरीबों को आकर शांति और त्याग की शिक्षा देते। उनके अकर्मण्य जीवन को पाप और पुण्य की असामयिक व्याख्या से निरर्थक और पंगु बना देते। जनता के विरोध को वे शासन प्रणाली के विरुद्ध विद्रोह का नाम देते और जनता के इस कार्य को अधार्मिक क़रार देते। शांति और शासन का ढोल पीटनेवाली सरकार की ओर से और भी कई संस्थाएँ थीं, जिनका काम था, 'राज्य के प्रत्येक कानून को न्यायानुकूल बताना।'

डबलिन के पास एक छोटा सा गाँव था—पेटर्निया। उस गाँव में एक किसान का लड़का राबट्र्स रहता था। कहते हैं, जिस समय वह आठ वर्ष का था तो उसके पिता ने उसे स्कूल भेजा। दो-चार दिन स्कूल जाने के बाद उसने कहा "पिताजी, मैं न पढ़ूँगा।" उसके पिता ने इसका कारण पूछा तो उसने बताया—"कल हमारे मास्टर साहब के एक मित्र आए थे, जिनसे बातचीत करते हुए मास्टर साहब ने कहा था कि आजकल पढ़ाई में सिवाय गुलामी के और रखा ही क्या है ? इसलिए पिताजी मैं गुलाम नहीं बनूँगा।"

उसका पिता लड़के के भोलेपन पर मुसकरा पड़ा। दूसरे दिन वह पढ़ने नहीं गया। माता-पिता के बहुत कहने-सुनने, समझाने-बुझाने, मारने-पीटने पर भी वह अपने निश्चय से नहीं डिगा। अस्तु, इस समय राबट्र्स की आयु अठारह वर्ष की थी। वह घर का

काम तो देखा करता था लेकिन अनमना-सा रहता। माता-पिता, यार-दोस्त कोई भी उसके गुप्तभेद से परिचित न थे। वह स्वयं कभी किसी के पास अधिक न बैठता। घर के कामकाज से छुट्टी मिलने पर, गाँव से बाहर नदी के किनारे वह बैठा करुण रस के गीत गाया करता। धीरे-धीरे उसकी दशा इससे भी विचित्र हो गई। वह काम करते-करते एकदम चौंककर कह उठता—'क्या यह भी कोई जीवन है ?'

गाँववाले उसे पागल कहते, मित्रगण उसे सनकी समझते, घर के लोग यह खयाल करते कि इसे कोई बीमारी है। एक डॉक्टर ने उसे देखकर बताया—"इसका मर्ज लाइलाज है।

उसने भी धीरे से कह दिया—"होश भी जिस पर फड़क जाएँ, यह सौदा और है।" कुछ दिन बाद घर के कामों से भी उनका चित्त उचट गया। वह अपने स्कूल में मास्टर साहब के पास जाता और वहीं चुपचाप बैठा रहता। एक दिन राबर्ट्स ने कहा—"मास्टर साहब आपको याद है जब आपने कहा था कि इस पढ़ाई में गुलामी के सिवाय और क्या धरा है ?"

"हमारा तो अब भी यही मत है।" मास्टर साहब ने उत्तर दिया।

राबर्ट्स ने पुनः प्रश्न किया—"तो क्या मूर्ख रहना अच्छा है ?"

"हाँ।"

"ऐसा क्यों ?"

"इसलिए कि यदि वह राष्ट्रप्रेमी न बन सका तो राष्ट्रशत्रु भी तो न होगा।"

राबर्ट्स की हृदतंत्री झनझना उठी। वह बोल उठा—"राष्ट्रप्रेमी कैसे होते हैं मास्टर साहब ?" "पराधीन देश में पले हुए बच्चे !" मास्टर साहब ने करुण स्वर में कहा—"तुम नहीं जानते इन दिनों तुम्हारे देश पर नाना प्रकार के प्रहार होते हैं। इन प्रहारों से समाज की रक्षा करनेवाले को राष्ट्रप्रेमी कहते हैं।" "मास्टर साहब, देश के धर्मगुरु तो बताते हैं कि जन-समाज की दुर्दशा का कारण अपने कर्मों का फल है।"

"ठीक है बेटा तुम्हारी अकर्मण्यता का कर्म ही निस्संदेह तुम्हारी सबकी दुर्दशा का कारण है। इसमें कुछ भी झूठ नहीं।"

रात भर पड़े-पड़े राबर्ट्स सोचता रहा। सारी रात उसने आँखों में ही बिताई। सवेरा होते ही मास्टर साहब के पास पहुँचा। उसने मास्टर साहब से पूछा—"तो फिर हमको क्या करना चाहिए, मास्टर साहब ?" "प्रत्येक नवयुवक का कर्तव्य अपना देश पराधीन है, उसके उद्धार का प्रयास करना है। तुम भी वही करो।" "मैं क्या कर सकता हूँ ?"

"इन दिनों देश में पर्याप्त असंतोष फैल चुका है, किंतु जन-साधारण पाप और पुण्य की नीरस विवेचना के कारण अपने मार्ग पर नहीं आता। सबसे पहले तुम्हें

राज्य-प्रणाली के विरुद्ध उस असंतोष को प्रज्वलित करना चाहिए उसके बाद कुछ दूसरा काम होगा।'' बीच में रोककर उस नौजवान ने पूछा—''वह दूसरा काम क्या होगा ?''

''यही कि जब समाज को समझा दिया जाए कि अधिकारों की रक्षा करना और उसके लिए लड़ना, पाप-पुण्य की परिधि से अलग की बात है। इसमें पाप का दखल नहीं है।'' राबट्र्स ने आश्चर्यान्वित होकर पूछा—''क्या आप धर्मगुरुओं के विरुद्ध उपदेश देने की बात कह रहे हैं ?''

''हाँ, हाँ, निस्संदेह ! जो धर्म मनुष्य को, समाज को—पंगु, कायर, कर्तव्यहीन बनाता है वह धर्म नहीं, ढोंग है, और उसकी शिक्षा देनेवाला धर्मगुरु नहीं, बल्कि पापी और पाखंडी है।''

राबट्र्स कुछ क्षण सोचता रहा। इसके बाद नगर की ओर चला गया।

उपर्युक्त घटना को बीते सात-आठ मास हो चुके हैं। इस बीच उसके घरवालों ने उसकी बड़ी खोज की, किंतु उसका पता नहीं लगा। गाँववाले तो उसे पागल समझते ही थे। कहा, 'कहीं नदी में डूब गया होगा।' दो-चार मास ढूँढ़ने पर जब कुछ भी हाल न मिला, तब घरवाले रो-धोकर बैठ रहे।

आज डबलिन में बड़ी सनसनी फैली है। अखबारों में छपा था कि गुरुवार के दिन किसी नौजवान ने गोली से गिरजाघर के पादरी और पुलिस कमिश्नर का खून किया है। एक अभियुक्त पकड़ा गया है। उसकी कचहरी में पेशी होगी।

दर्शकों में ठठ-के-ठठ जमा होने लगे। अदालत बैठी और कई फौजी सिपाहियों के पहरे में हथकड़ियों से कसा एक नौजवान कटघरे में खड़ा कर दिया गया। अदालत के प्रश्नों के उत्तर में उसने कहा—''हम आज प्राणदंड की आज्ञा पाकर प्राण त्याग करेंगे। इससे हमारा प्रयोजन यह है कि देश में बलिदान की भावना जग जाए।''

अदालत ने उसे बध कर देने का हुक्म दिया। कोई भी व्यक्ति आगे से ऐसा दुस्साहसी कार्य न करे, इस अभिप्राय से फाँसी देने का प्रबंध आम सड़क के समीप किया गया।

तख्त पर खड़े होकर अभियुक्त ने कहा—''हमारा उद्देश्य देश को उनके घात से बचाना था। मुझे संतोष है कि मैंने अपने देश के दो शत्रुओं का नाश कर दिया।''

जल्लाद की रस्सी खिंची और दर्शक समूह में कोलाहल मच गया।

निहिलिस्ट

उसकी गज़ब की चाल थी, हवा के झोंके से उसके सर पर के बाल उड़-उड़कर उसकी आँखों पर आ जाते थे; किस लापरवाही से वह उन्हें हटाता था। याद करके दिल बेकाबू हो जाता है। उसके बचपन की स्मृति में कितना आनंद है, किंतु उस आनंद में भी एक नीरव वेदना छिपी है। ओह, उस जमाने में वह निरा बालक था। स्कूल जाता था, कुछ-न-कुछ पढ़ता भी था, किंतु न जाने क्यों वह उन दिनों कुछ उचाट-सा रहने लगा था। एक दिन घेर-घारकर मैंने उससे उसकी उदासीनता का कारण पूछा। उसने आना-कानी की थी। मेरे बहुत सताने पर वह धोखा देकर मेरा हाथ छुड़ाकर भाग गया था—वह दिन ज्यों-का-त्यों मेरी आँखों के सामने नाच रहा है। तब वह भावना की मूर्ति था और अब है सफलता की प्रतिमा। तब उसके व्यवहार से मैं उसे पागल समझता था और अब मेरा अंतःकरण मुझे ही पागल बनाता है। उस दिन के राबिंसन और आज के राबिंसन में बड़ा अंतर है। उस व्यक्ति की आँखों से दो बूँद आँसू टपक पड़े। भावावेश में उसने आँसुओं को पोंछा नहीं और अपने साथी से कहा—''उन दिनों राबिंसन एकमात्र मुझसे ही प्रेम करता था, जान पड़ता था कि उसके प्रेम का आधार एकमात्र मैं हूँ। आज मेरे भाग्य पर सैकड़ों, हजारों ने अधिकार कर लिया है। राबिंसन अब केवल हैक्सले की संपत्ति नहीं रहा, वह किसानों और मज़दूरों में बँट गया है।'' किंचित् रुककर हैक्सले ने, मानो किसी मामूली बात की स्मरण आ जाने की भाँति कहा—राबिंसन जिन दिनों स्कूल में पढ़ता था वह अपनी कक्षा के तेज विद्यार्थियों में था। वह कभी फेल नहीं होता था। उसके अपर सेकेंडरी में अचानक फेल हो जाने से उसके पिता बड़े अचंभित हुए, वे दुखी भी हुए। किंतु उन्होंने राबिंसन से कुछ कहा नहीं। राबिंसन उन दिनों कुछ उदासीन रहा करता था, माता-पिता और दूसरे दर्शक यही जानते थे कि इसका कारण उसकी असफलता है। पिता ने एक-दो बार समझाया भी—'बेटा ! सफलता और असफलता तो भाग्य की चीज़ें हैं, मेहनत करना अपने हाथ की बात है।' राबिंसन को इस उपदेश से संतोष हुआ भी या नहीं, किंतु इतना अवश्य है कि वह मुसकराकर वहाँ से चल देता था। उसकी मुसकान में रहस्य था और शायद वह हँसता था इस बात पर कि बेचारे वृद्ध पिता उसकी मर्म वेदना को क्या जाने ? मैं इतना अवश्य जानता था कि असफलता उसकी उदासीनता का कारण नहीं है। किंतु

असली कारण से मैं भी अनभिज्ञ था। पुलिस के दारोगा से राबिंसन ने दोस्ती कर ली थी। प्रायः वह उन्हीं के घर आया-जाया करता था। यह बात गाँववालों को यद्यपि अच्छी नहीं लगती थी। क्योंकि दारोगा के राक्षसी कार्यों से आस-पास की जनता तबाह थी। किंतु किसी का इतना साहस न था कि राबिंसन को दारोगा से मिलने से मना करता, उससे सब डरने लगे। मैं पहले ही कह चुका हूँ कि वह मुझे प्यार करता था। एक दिन मैंने गोल-मोल शब्दों में उसे दारोगा की दोस्ती से रोका। उसने कौतुक से मुझे मुँह चिढ़ा दिया। मैं डर गया और उस दिन से मैंने उससे इस संबंध में कोई बात नहीं कही। उसके स्कूल जाने में कमी आ गई और सब लोगों को निश्चय हो गया कि अब इसके शिक्षा संचय का समय बीत गया। कुछ दिन बाद उक्त दारोगाजी का तबादला हो गया। राबिंसन भी गाँव से दो-तीन मील दूर तक उन्हें भेजने गया था। राबिंसन उन्हें भेजकर लौटा, किंतु उसके चेहरे पर पहले की-सी उदासीनता न थी और न कुछ ऐसा ही भाव प्रदर्शित होता था जैसाकि एक मित्र को अपने साथी के वियोग के समय हुआ करता है। वरन् वह पहले से अधिक प्रसन्न था मानो दारोगा के जाने से उसे कुछ मिल गया हो। सचमुच ही उसका शिक्षा-जीवन समाप्त हो गया। अब वह मार्नी के घर प्रायः आया-जाया करता है और सवेरे-शाम उसी के साथ घूमने-घामने फिरने भी जाता था। मार्नी एक साधारण स्थिति के व्यक्ति का एक एकलौता बेटा था, उसकी आयु राबिंसन से एकाध वर्ष अधिक होगी। वह गाँव से अठारह-बीस मील दूर केसिनवर्ग के कॉलेज में पढ़ता था और उन दिनों छुट्टी में घर आया था। एक दिन मार्नी और राबिंसन दोनों पास ही अठखेलियाँ करती हुईं नदी के किनारे गए थे।मुझे न जाने क्यों उस दिन उनके साथ लगने की सूझी। मेरी इच्छा थी कि आज एकांत में राबिंसन से उसके इस प्रकार के परिवर्तन की चर्चा करूँगा और उसका कारण पूछूँगा। जहाँ तक मुझे स्मरण होता है, यही कारण था कि मैं उसके पीछे-पीछे नदी तक चला गया। उसने मुझे देखा नहीं। नदी पर पहुँचकर मैंने जो कुछ देखा उस पर पहले तो मुझे विश्वास नहीं हुआ, मैंने रूमाल से अपनी आँखें साफ कीं, फिर एक-डेढ़ मिनट तक एकटक देखता रहा, मैं भयभीत हो गया। मैं पीछे की ओर लौटा इतने में ही एक धड़ाके की आवाज हुई और मानो उसकी सारी आवाज मेरे ही कान में समा गई। मैं भयभीत तो था ही चिल्लाकर गिर पड़ा और अचेत हो गया।''

मेरी आँखें जिस समय खुलीं उस समय कुछ अँधेरा हो चुका था। राबिंसन और मार्नी मेरे पास कुछ चिंतित से बैठे थे। मुझे होश में आया देखकर वे कुछ कहना ही चाहते थे कि मैंने प्रश्न किया—''मैं कहाँ हूँ ?'' इसका उसने कोई उत्तर न दिया, वरन् खिलखिलाकर हँस दिया। मुझे अपनी दशा पर बड़ा पश्चात्ताप हुआ।

मैं इतना कायर क्यों हूँ ? वह घटना आज तक मुझे नहीं भूली और सच पूछो तो उसने मेरे जीवन में भयानक परिवर्तन कर दिया। मेरी आज की दशा का सीधा

तार उसी घटना से लगा हुआ है। उस दिन से मेरे अंतःकरण में बल आ गया। दो महीने हो गए, उस संबंध में मार्नी और राबिंसन किसी से भी मेरी कोई बात नहीं हुई। उस दिन मैं बाग में था, राबिंसन उधर से जाता हुआ दिखाई दिया। मैंने उसे पुकारा, उसने बहाना नहीं बताया। मेरे पास आ गया। मैंने कहा—"राबिंसन ! आज तुम जा नहीं सकते। मैं बिना यह जाने तुम्हें जाने न दूँगा कि उस दिन तुम नदी के किनारे क्या कर रहे थे ?" मानो वह भी मुझसे बातें करने का अवसर खोज रहा था। उसने उत्तर दिया। "यदि तुम भी बता दो कि तुम नदी के किनारे क्यों गए थे और फिर बेहोश कैसे हो गए ?" मैं प्यार करता था। मैं उसे बहला न सका, हृदय ने बहलाने की आज्ञा नहीं दी। फौरन ही कह बैठा तुम्हें नदी के किनारे जाते देख तुम्हारे पीछे-पीछे गया था, मेरी इच्छा थी कि...तुमसे तुम्हारी उदासीनता का कारण पूछूँ। किंतु वहाँ जाकर तुमने तमंचा निकाला मैं आश्चर्य में आ गया कि तुम्हारे पास तमंचा कहाँ से आया और तुमने रखा ही क्यों ? मैं इसी उधेड़बुन में था कि तमंचा छूटा और मुझे मालूम हुआ कि वह मुझे ही लक्ष्य करके चलाया गया है। बस, मैं अचेत हो गया। राबिंसन ने गंभीर होकर उत्तर दिया कि तुम्हारा ही उत्तर हमारा उत्तर है। फिर उसने कहा—देखो, किसी से उस घटना का जिक्र न करना।" मैंने 'अच्छा' कह दिया। मैं आगे कहने ही वाला था कि तुमने तमंचा कहाँ से पाया। इतने में उसने मेरी ओर हँसकर कहा कि 'शेष फिर कभी' और उठकर चल दिया। मैं उसे रोक नहीं सका।

2

पेटोर्निया के लंबे-चौड़े मैदान से होकर सरकारी डाक जाया करती थी। दस-बारह मील की दूरी पर पड़ाव थे, जिसे पुलिस चौकी भी कह सकते हैं। उन दिनों चौकियों पर छः-छः सिपाही रहा करते थे, उनके पास बंदूकें थीं। सरकारी डाक के साथ उस दिन एक पुलिस का सिपाही था, शायद उस दिन किसी जरूरी काम से वह पास की चौकी में जा रहा होगा। अभी पेटोर्निया चार मील के लगभग दूर होगा कि एक गड्ढे से निकलकर किसी ने उन सरकारी यात्रियों पर आक्रमण किया। आक्रमणकारी ने गोली पैरों में मारी थी, उनका निशाना बैठ गया और सिपाही गिर पड़ा। ठीक इसी समय डाकवाले की आँखों में किसी ने धूल उड़ा दी और पीछे घूमकर उसकी कमर पकड़कर गिरा दिया। आक्रमणकारी दो थे। प्रत्येक ने एक-एक को बाँधना आरंभ किया। हाथ-पैर मजबूती से बाँधकर एक ने अपने पाकेट से एक शीशी निकाली और दोनों को जबरदस्ती सुँघा दी। पाँच-दिन मिनट चुप बैठे रहने के पश्चात एक ने कहा—"मार्नी ! इनको आम सड़क पर पड़ा रखना उचित नहीं।" मार्नी ने उत्तर दिया—"खींचते हुए सड़क से हटा ले चलो।"

"खींचने से रास्ते में निशान बन जाएँगे।" कहकर उसने सिपाही को पीठ पर लाद लिया और मार्नी ने दूसरे आदमी को। सड़क से हटकर थोड़ी दूर पर दोनों ने

अपना बोझा उतारा और उनकी तलाशी लेने लगे। सिपाही की जेब में एक लिफाफा था और उस पर पेटोर्निया की पुलिस के बड़े अफसर का नाम लिखा था। मार्नी बोला—"राबिंसन, देर करने से कार्य में अनिष्ट होगा।" राबिंसन ने भी गरदन हिला दी और पुलिसवाले की वर्दी पहनने लगा। मार्नी ने डाक का थैला फाड़ डाला और उसके अंदर के बीमे तथा हरकारे की वर्दी लेकर चल दिया। राबिंसन ने पुकारकर कहा कि "सीधे गाँव पर जाना और कार्यों में ऐसे व्यस्त हो जाना जिसमें किसी को संदेह भी न हो कि तुम कहीं गए थे और मेरे संबंध में कोई जिक्र न करना। मैं भी शाम तक आ जाऊँगा।" राबिंसन सरकारी डाक लेकर पेटोर्निया चला गया, वहाँ चौकी पर ठहरा। नया सिपाही देखकर दूसरे सिपाही उससे प्रश्नोत्तर करने लगे—"कहाँ से तबदील होकर आए, कब आए, साहब कैसा है ?" आदि-आदि प्रश्नों के उसने संतोषजनक उत्तर दिया। कुछ खाया-पिया और लंबी तानकर सो गया।

रात को पेटोर्निया डाक नहीं पहुँची, कोई सूचना भी नहीं आई थी। वहाँ के पोस्टमास्टर ने पुलिस को इसकी इत्तिला दी। थानेदार ने एक हथियारबंद सिपाही डाकवाले की खोज करने के लिए केसिनवर्ग की ओर भेजा। छद्मवेशी सिपाही राबिंसन को भी केसिनवर्ग लौटकर जाना था। अस्तु दोनों साथ-साथ चले। सवेरा नहीं होने पाया था कि उधर से दो व्यक्ति आते हुए दिखाई दिए। राबिंसन को अब अपनी भूल याद आई। उसने सोचा कि बेहोश सिपाही और डाकवाला होश में आने पर अपने बंधन खोलकर चले आ रहे हैं। सामने विकट विपत्ति देखकर भी घबराया नहीं। दो-चार कदम पीछे हटकर उसने अपने साथी पर गोली चलाई और जब वह धराशायी हो गया तब तक दोनों आनेवाले उसके समीप आ चुके थे। राबिंसन अपने साथी की बंदूक लेकर भाग खड़ा हुआ। पिछले दिन घायल सिपाही यद्यपि अधिक चोट न लगने के कारण चल-फिर सकता था, किंतु दौड़ने योग्य न था। और बेचारा हरकारा—उसका तो इस घटना से दम खुश्क हो गया। पिछले दिन की विपत्ति से वह इतना भयभीत था कि रास्ते के दूसरी ओर भाग खड़ा हुआ। राबिंसन के लिए रास्ता साफ था। दो-तीन घंटे उपरांत जब पिछले दिन का घायल सिपाही पेटोर्निया चौकी पर पहुँचा तो वहाँ वालों को सारी घटना का पता लगा। पुलिसवाले अपने साथी की लाश लेने गए। यह देखकर उन्हें और भी आश्चर्य हुआ कि उसकी लाश का वहाँ पता भी नहीं है। साधारण घटना नहीं थी। जार के शासनकाल में किसी सरकारी व्यक्ति पर आक्रमण करना तो दरकिनार उसकी आलोचना करना भी भयानक अपराध था। घटना के अभिनेताओं की खोज होने लगी। उनके लिए ईनाम की घोषणा की गई।

राबिंसन उधर से छुट्टी पाकर सीधे अपने घर आया। मार्नी उसकी प्रतीक्षा कर रहा था। बेचारे मार्नी की दशा शोचनीय था। राबिंसन ने रात में लौट आने की बात कही थी, किंतु बारह घंटे की लंबी-चौड़ी रात उसने दरवाजे की ओर ताक-ताककर

काटी। सवेरा भी हो गया राबिंसन नहीं पहुँचा। वह अंतर्पीड़ा किसी से कह भी नहीं सकता था। दोपहर को राबिंसन के पहुँचने पर उसकी इच्छा तो हुई कि उसके गले लिपट जाए, किंतु एक गुप्त कार्यकर्ता का जीवन ही विचित्र था। देखनेवाले न जाने क्यों प्रश्न कर बैठते, क्योंकि वह नहीं प्रकट होने देना चाहता था कि राबिंसन उससे अलग कहीं गया था। किंचित विश्राम मात्र ही हो सका था, किसी ने एक-दूसरे से कुछ पूछा नहीं था कि हैक्सले आ गया और उसने मार्नी को संबोधित करके कहा—"सुना है कुछ तुमने पेटोर्निया की डाक लूट ली, वहाँ एक पुलिस का आदमी मार डाला गया।" किंचित आश्चर्यभाव प्रकट करते हुए राबिंसन ने कहा—"यह समाचार असत्य है।" एक ही बात से हैक्सले का उत्साह फीका पड़ गया। मार्नी ने परिस्थिति का रुख पलटते हुए कहा, "हैक्सले, यदि सत्य भी है तो भी हम लोगों को ऐसी बातें करने से क्या मतलब ? जारशाही है, यहाँ तिल का ताड़ बनाया जाता है और तिल कहनेवाले को फाँसी दे दी जाती है।" हैक्सले ने उत्तर दिया—"बात तो तुम्हारी ठीक है, किंतु यह भी तो एक सोचने की बात है कि अत्याचार को देखकर आँखें बंद कर लेने से भी तो विपत्ति दूर नहीं होती।" "तो विषय की चर्चा करने से ही क्या लाभ उठा सकते हो ?" मार्नी ने आवेश में कहा। हैक्सले मार्नी से दबनेवाला व्यक्ति न था। वह बोला—"हमारे कहने का अर्थ यह था कि अब जारशाही के विरुद्ध कार्य आरंभ हो गया।"

"तुम कैसे कह सकते हो हैक्सले ! यह काम निहिलिस्ट दल का है" मार्नी ने कहा, "संगठित शक्ति के विरुद्ध होना साधारण बात नहीं है।"

"न हो निहिलिस्ट दल का कार्य, तो भी इससे स्पष्ट है कि भूखे किसानों के धैर्य का समय बीत गया और वे पेट के लिए जानबूझकर सरकारी रकम को लूट लेने या मर-मिटने के लिए तैयार हो गए हैं।"

"और यदि यह धोखा हो ?"

"कैसा धोखा ?"

"सरकार ने निहिलिस्टों और दूसरे नवयुवकों को फँसाने के लिए अपने ही आदमियों द्वारा यह काम करा दिया हो। क्या यह कोई नई बात है ?" "हो सकता है, किंतु इसमें तो सिपाही की मृत्यु भी हुई है।" कुछ क्षण उपरांत मार्नी ने कहा—"यह काम निहिलिस्ट दल का नहीं हो सकता ?"

"क्यों ?"

"क्योंकि इधर की ओर शायद निहिलिस्ट हैं नहीं।" किंचित हँसकर हैक्सले ने कहा—"निरे बच्चे हो मार्नी ! निहिलिस्ट बननेवाले तो हमीं-तुम हैं। जिसके अंतःकरण में मातृभूमि के प्रति प्रेम हुआ, जिस किसी ने किसानों के कष्टों का अंत करने का दृढ़निश्चय किया, जिसने आत्मबल का संचय किया वही निहिलिस्ट बन गया।"

"तुम तो मानो निहिलिस्ट के प्रचारक हो, ऐसे समझाते हो।" मुसकराकर मार्नी ने कहा।

"हो सकता है।" गंभीरता से उत्तर मिला।

"किंतु तुम्हें तो बेहोशी का रोग है।"

भूली हुई स्मृति जागृत हो गई। हैक्सले शरमा गया। कुछ क्षण रुककर हैक्सले ने उत्तर दिया—"अब मैं बहुत बदल गया हूँ, समय आया तो इसका परिचय भी दूँगा।"

परिस्थिति की गंभीरता बदल गई। इस वाद-विवाद में राबिंसन ने कुछ भाग नहीं लिया। थोड़ी देर बाद सभी एक-दूसरे से अलग हो गए।

3

निश्चय ही हैक्सले की दुनिया बदल गई है। अब वह कायर और डरपोक नहीं रहा। वह इन दिनों कुछ चिंतित-सा रहता है। अपने खेत के पास वाले पेड़ के नीचे बैठा एक दिन वह कुछ सोच रहा था। आधे घंटे तक वह मूर्तिवत बैठा रहा मानों उसमें प्राण ही नहीं। फिर कुछ स्पष्ट स्वर में सुनाई दिया, क्रमशः वह स्वर बढ़ने लगा। हैक्सले कहता था—'जारशाही में गरीबों की दुर्दशा देखकर रोना आता है, उनके पास कपड़े नहीं हैं, खाने को नहीं है, ठठरियाँ शेष रह गई हैं। फिर भी जार के दूत और चापलूस उन पर अत्याचार करते हैं, बिना मेहनत दिए काम लेते हैं, उनकी पैदावार छीन लेते हैं, उनकी स्त्रियों की बेइज्जती करते हैं और वह कृषक समाज ? हाय कितना निकम्मा समाज है, वह अपने दुखों का कारण नहीं जानता। आंतरिक कारण के बदले बाहरी कारण ढूँढ़ रहा है, वे कष्टों को भूल जाने के लिए उधार लेकर शराब पीते हैं। ज़ार और अमीरों के वेतन-भोगी-विषय-धर्म के ठेकेदार बनकर शांति का उपदेश देते हैं, राजनीतिक आंदोलनकारी, भी तो इन्हीं गरीबों को ठगते हैं। आह ! कितनी हृदय-विदारक अवस्था है। निरपराधों को जेल भेज दिया जाता है। अपना काम कम करने के लिए दूसरे के बदले दूसरे फाँसी पर झुला दिए जाते हैं। रोने की आज्ञा नहीं है, फ़रियाद का द्वार बंद है। ओह !...हम क्या करें ?...निहिलिस्ट... बन तो सकता हूँ, किंतु मेरे पास अस्त्र कहाँ ?... दलवाले कहाँ मिलेंगे ?...'

"क्या पागलपन की बातें बक रहे हो।"

हैक्सले चौंक पड़ा। उसने राबिंसन को देखा, "तुम कितनी देर से सुन रहे थे ?"

"इसकी कुछ चिंता न करो," राबिंसन ने उत्तर दिया—"तुम इतने भावुक क्यों हो गए हो हैक्सले ?"

"यह भावुकता नहीं है, यह गंभीर विचार है।" हैक्सले बोला। "संगठित जारशाही के विरुद्ध षडयंत्र करना भावुकता प्रलाप नहीं तो क्या है ?"

"तो क्या चुपचाप अत्याचारों को बढ़ने दिया जाए ?"

"अत्याचारों के रोकने के लिए तो खुला आंदोलन भी हो सकता है और उससे लाभ भी है।" हैक्सले उत्तेजित हो उठा—"खुला आंदोलन हो सकता है, यह सोचना भावुकतामय प्रलाप है। जिस शासन में बोलने, चलने-फिरने, लिखने-पढ़ने पर बंदिशें

लगी हैं। खुले आंदोलनकारियों को साइबेरिया की हवा खानी पड़ती है। जहाँ दीन-हित के विचार हृदय में रखना भी भयानक अपराध है, वहाँ खुला आंदोलन !"

"तुम जानते नहीं हैक्सले खुले आंदोलन से जनता में जीवन पैदा किया जा सकता है, उसमें शक्ति आती है।" राबिंसन ने गंभीरता से कहा।

"मैं मानता हूँ कि जागृति उत्पन्न करना भी आवश्यक है, किंतु इसमें सभी व्यक्ति क्यों लग जाएँ। षड्यंत्र रचकर शासक समाज की हत्या करने से जनता में बल का संचार होता है। वे शासन की दृढ़ता के स्वप्न से जग जाते हैं।"

"हो सकता है किंतु पहले खुला आंदोलन आवश्यक हैं।"

"खुले आंदोलन में भी अपने कुछ व्यक्ति रहे और जनता को जागृत करें, किंतु यह तो हो रहा है। अस्तु, शेष षड्यंत्र के कार्य में लग जाएँ।"

"आखिर यह नहीं मालूम हुआ कि षड्यंत्र आवश्यक क्यों है। क्या खुले आंदोलन से काम न चलेगा ?"

"हाँ, न चलेगा काम। जारशाही का तबाह खुले और शांतिमय उपायों से नहीं हो सकता, उसके लिए तो षड्यंत्र ही करना पड़ेगा।"

"पता भी तो लगे कैसे ?" क्रोधित स्वर में उत्तर मिला।

"ऐसे कुछ देशभक्त, सेना, जो पुलिस में भरती हों और भीतर-ही-भीतर सेना और पुलिस को विद्रोही बनाने का प्रयत्न करें, कुछ षड्यंत्रकारी अब मुहकमों में घुसें, अन्य कुछ बाहर रहकर उनको गुप्त प्रचार कार्य में सहायता दें और समय आने तक या तो वे आधे से अधिक नौकरों को जार विरोधी बना लेंगे अथवा ऐसी दशा में उन्हें जारशाही उलटने में बड़ी सहायता मिलेगी, क्योंकि वे सेना के सभी भेद और गुप्त बातें जानते होंगे।"

कुछ क्षण सोचकर राबिंसन ने कहा—"बात तो कुछ समझ में आ सकती है। किंतु बड़ी कष्टपूर्ण गली। इसको भी कभी सोचा है ?"

"मैं खूब सोच चुका हूँ।" हैक्सले ने कहा।

हैक्सले की परीक्षा हो गई। उसके बाएँ हाथ में गोली मारकर देखा गया कि वह कितना कष्ट सहन कर सकता है। गोली पार हो गई, वह हिला नहीं, आँखों से आँसू नहीं निकले, उसने उफ़ तक न की। वह मार्नी और राबिंसन का साथी हो गया। कुछ दिनों बाद पेटोर्निया की पुलिस की सम्मति अनुसार तीनों के नाम वारंट निकले। कहते हैं, रासर्नवर्ग को जानेवाले सरकारी खजाने को इन तीनों ने लूट लिया था और उसके रक्षक पुलिस सिपाहियों को गोली से मारकर उनकी बंदूकें और बरछियाँ छीन लीं। अपराधियों की खोज में आस-पास की पुलिस परेशान है, किंतु उनमें से किसी का भी पता नहीं चलता। केसिनवर्ग के मिलों में हड़ताल होने की संभावना थी, इसलिए पुलिस का पहरा लगा दिया गया था। मार्नी और राबिंसन वहीं पर पहरा दे रहे थे। हैक्सले 'निहिलिस्ट' की

विज्ञप्तियाँ ले जाता है और उन्हें मजदूरों में बाँटता है। खुफिया के एक सिपाही को जो कि मजदूरों में काम करता था पर्चे बाँटने की खबर लग गई और वे तीनों पकड़ लिये गए। हवालात में उन्होंने अपना अपराध स्वीकार किया, किंतु नाम व पता गलत बताया। उनसे राबिंसन आदि के संबंध में पूछा भी गया, किंतु उन्होंने इनकार कर दिया और अपनी आकृति से यही प्रकट किया कि वे बिलकुल बेवकूफ हैं। अलबत्ता हैक्सले ने पुलिसवालों से बात करने से इनकार कर दिया। उन दोनों ने पुलिस की पेटियों के नंबर बदल रखे थे। अतः पुलिसवालों को रासर्नवर्ग की घटना का स्वप्न में भी ध्यान न आया। वे तीनों जेल भेज दिए गए, हैक्सले उनमें अधिक भयानक समझा गया।

केसिनवर्ग जेल की कोठरियों में तीनों अलग-अलग बंद थे। अभी उनका फैसला नहीं हुआ था। राबिंसन ने सोचा, न जाने जेल में कितने दिन रहना पड़ेगा ? उधर सारा बना बनाया काम बरबाद हो जाएगा। दलवालों को बड़ी कठिनता से पा सका था, अब तक तो परीक्षा में ही दिन बीते। रिवाल्वर चुराया, डाक लूटी, सिपाही मारा, बंदूक छीनी, खजाने पर हाथ मारा, पुलिसवालों की हत्या करके गोली-बारूद लूटे, तब कहीं दलवालों ने पर्चे बाँटने का काम दिया। निहिलिस्ट दल की कितनी विकट परीक्षा है...। उनका काम भी तो भयानक है। ज़रा सा चूके नहीं कि भंडा-फोड़ सत्यानाश ! यदि किसी प्रकार बाहर निकल सकता...। हैक्सले की परीक्षा कुछ पर्याप्त नहीं हुआ। कष्ट सहना उतना कठिन नहीं उसके स्वभाव, सहिष्णुता, गंभीरता की भी परीक्षा लेनी थी. ..इस समय तो यह सोचने का नहीं है...अच्छा...वार्डर को मिलाया जा सकता है...दूसरे कैदियों से भी सहायता मिल सकती है।'' उस दिन मुकदमे की पेशी थी। जेल के फाटक पर तीनों मिले। उनका एक वकील भी पैरवी के लिए आया था लेकिन मजिस्ट्रेट नहीं आ सका था। तारीख टल गई चौथे दिन कैदी दिन में ही पिंजड़े से गायब हो गए, जेल की चहारदीवारी पर एक मोटी रस्सी पड़ी थी।

हैक्सले ने आगे कहना आरंभ किया—''अब परिस्थिति बदल गई इसलिए यह बातें आज तुमसे प्रकट कर रहा हूँ। वैसे तो यह बातें अपने दल के साथ काम करनेवालों के सामने भी प्रकट करना देशद्रोह है और इसका दंड है मृत्यु। किंतु, आज राबिंसन बागी नहीं, प्रतिष्ठित नागरिक है। उसकी गिरफ्तारी के लिए इनाम नहीं है, बल्कि उसकी आज्ञा ही इनाम का काम करती है। जेल से मैं भाग न सका था। एक बार मेरे हृदय में विचार आया कि ये लोग जानबूझकर मुझे छोड़ गए हैं—बस फिर क्या था ? द्वेष पैदा हो चला, मैं भी स्वार्थ कर सकता हूँ... चाहूँ तो सारा भंडा फोड़ दूँ।... दूसरे ही क्षण बाद आया कि इसमें राबिंसन का क्या बिगड़ेगा, वह तो निकल ही गया पकड़ा भी

जा सकता था, कितु वह तो मरने ही को फिरता है। फिर... राबिंसन तो देश का कार्य करता है। मैं यदि दुश्मन हो सकता हूँ तो राबिंसन के स्वार्थ का देश के स्वार्थ में हानि पहुँचाना तो अन्याय है। हाँ, मैं अपने प्राण बचा सकता हूँ, किंतु दूसरों को फँसाकर। तो उनके साथी, जिनको मैं फाँसी दूँगा उनके घरवाले क्या मुझे जीता छोड़ेंगे ? मेरे विचार बदल गए। मुझे सजा हो गई। जेल से लौट आने पर भी मेरे दिल की सफाई नहीं हुई। मैं यही समझता रहा कि राबिंसन जानबूझकर मुझे नहीं भगा ले गया था। एक रात को सोते समय मेरा कपड़ा किसी ने उतार दिया, मैंने देखा राबिंसन है। मेरा प्रेम उसके प्रति होनेवाले द्वेष को तोड़कर उमड़ पड़ा मैंने उसका हाथ पकड़ा और अंदर ले जाकर पूछा—'तुम कहाँ ?' एक ही बात में उसने उत्तर दिया—कांटेन के कमिश्नर को मारकर आ रहा हूँ, मुझे भूख लगी है।' मेरे हृदय की सफाई हो गई। कितना सरल हृदय राबिंसन ! मैं इस पर स्वार्थ का संदेह करता था। मैंने उसे कुछ खाने को दिया और उसके पैरों पर गिर पड़ा। वह झिझककर खड़ा हो गया। मुझसे न रहा गया। मैंने अपना अपराध की क्षमा-याचना की। रात को ही राबिंसन चला गया।'' दूसरे दिन के समाचार पत्रों में प्रकाशित हो गया कि—मोशियो रासिन जो कि कांटेन के कमिश्नर थे, गत रात्रि को उनकी हत्या हो गई है। उसी समय से उनका नौकर फ़्रेजी गायब है, उसी पर हत्या का संदेह हो रहा है। उसके दूसरे दिन अखबारों में दूसरी खबर पढ़ने को मिली कि नगर में एक लाल नोटिस कई जगह चपका हुआ मिला कि यद्यपि मेरा उद्देश्य राष्ट्रव्यापी क्रांति करनी है तथापि रासिन के अत्याचारों का दंड देना आवश्यक समझकर यह कृत्य किया गया। पता लगानेवाले को इनाम मिलेगा। नीचे निहिलिस्ट दल के सभापति का नाम था। उस दिन से राबिंसन मुझे नहीं मिला। मैं असंबद्ध होने के कारण कार्य से अलग ही रह सका। इसके बाद राबिंसन मुझे उस दिन मिला जिस दिन बाजे-गाजे के साथ वह इस नगर में आया और वह दिन राष्ट्रीय क्रांति का पंद्रहवाँ दिन था।

ऋषभचरण जैन की कहानियाँ

हड़ताल

एक था भगतसिंह, एक सुखदेव और एक शिवराम। 23 मार्च सन् 1931 ई. को शाम के सात बजे तीनों को फाँसी पर लटका दिया। या यों क्यों कहें, कि फाँसी पर लटका दिया गया, बल्कि कहें जान के बदले जान ले ली गई, अब यह कौन कहे, और कौन जाने कि कैसे जान ली गई। और फिर जानने या कहने की आवश्यकता भी क्या है। मार दिया गया, उन्हें कत्ल कर दिया गया, या कहें कानून की नजर में उन्हें सजा दे दी गई, और जनता की नजर में उन्हें शहीद बना दिया गया।

बात क्या थी ? और क्यों इस सजा या शहादत का मौका आया यह बात आज सब जानते हैं। पर क्या जाने, हमारी यह कहानी पचास साल बाद के बच्चों को इतिहास की तरह दी जाए। तब उन्हें जो दिक्कत, इस शहादत, फाँसी, या सजा का कारण समझने में पड़ेगी, उसी का खयाल रखकर संक्षेप में कुछ इतिहास लिखते हैं।

साइमन कमीशन आया था, भारत की योग्यता या कहें पैंतीस करोड़ भारतवासियों की अयोग्यता का निरीक्षण करने, और फोटो खींचने। भारतवासी तो अयोग्यता का फोटो खिंचवाना चाहते थे, उन्होंने कहा चले जाओ वापस। जहाँ यह कमीशन गया, ऐसी करारी फटकार लगी कि बस। तब भारत की पुलिस में भारत की अयोग्यता का स्फोट हुआ, और लाहौर में लाजपतराय और उनके साथी डिमांस्ट्रेटर्ज पर लाठियाँ चलाकर स्टेशन पर ही उसने कमीशन को अपनी इस योग्यता का फोटो दे दिया।

लोग कहते हैं इन लाठियों की मार से ही लाजपतराय का शरीरांत हो गया, और कुछ दिन बाद सांडर्स और चाननसिंह नाम के दो निर्दोष पुलिस कर्मचारियों की जो हत्या कर दी गई, लोग कहते हैं, वह भी इसी के फलस्वरूप हुई !

एक गोरे के खून के लिए हजार कालों का खून भी क्या हस्ती रखता है। सारा हिंदुस्तान भी अगर तोप के मुँह पर उड़वा दिया जाए तो भी बदला पूरा नहीं हो सकता। पर नहीं, यह कानून है, बदला नहीं। और कानून भारत का है, इसलिए इसमें अंग्रेज हिंदुस्तानी एक-से। तो बस, असल अपराधी से मतलब है। चाहे एक हो या हजार।

पर, यह कानून तो अंग्रेजों ने ही बनाया है न—जिनकी विवेक बुद्धि और जिनकी पक्षपातहीनता नष्ट न हुई थी, और हम यह कहें, तों अन्याय न होगा कि शायद जिन्होंने कानून बनाते वक्त ऐसी किसी दुर्घटना की कल्पना न की थी, और यह न

सोचा था कि उनके कानून का उपयोग ऐसे वक्त पर होगा। अतएव अंग्रेज तो पक्के डिसिप्लिनवादी हैं, वे तो असल अपराधी को माँगते हैं जैसे उनके बड़े लिख गए उसी के अनुसार। क्या मुजायका है अगर दिक्कत पड़ती है तो आगे बदला जाएगा कानून, पर जब तक बदला न जाए उसी पुराने के आधार पर चलेंगे। सांडर्स का असल खूनी चाहिए काला हो, गोरा हो, चाहे जो हो मिल जाए, अपराध उस पर साबित हो जाए और गप-से फाँसी की रस्सी से उसकी जान ले ली जाए।

खैर कानून अंग्रेजों ने गढ़ा, ठीक किया ! पर पुलिस कर्मचारी, खुफिया के महात्मा, तो हिंदुस्तानी हैं—और हिंदुस्तानी ठहरे चीन के पड़ोसी। पीनक न सही असर तो है। कौन लगाए खोज, कौन निकाले बाल की खाल और कौन जान बवाल में डाले, असल अपराधी के पीछे ! बस रिकार्ड हो जाए, थोड़ी देर की सरगर्मी हो जाए, नाम हो जाए, और फिर जेल या फाँसी हो जाए, बस हो गई छुट्टी।

वह पार्लियामेंट का छिलका है न असेंबली, उसमें फेंका भगतसिंह ने बम। जवान बहादुर था, तर्रार था, शेर-दिल था, बस, पकड़ मँगाया। शिनाख्त में देर क्या थी और अदालत अपनी, अपने बाप की। जब अदालत का पहिया भी कर्ण के रथ की तरह फँसा अदालत में, तो झट वायसराय साहब ने ट्रिब्यूनल की मोटर भेज दी। या मुलाहिजे में बेचारों से मँगवा ली गई या कहें, अच्छा खासा कोर्ट मार्शल हुआ।

हम यह नहीं कहते कि कत्ल करना अच्छा है, या कत्ल का दंड न दिया जाए। पर जरा सोचा जाए। कहीं की ईंट, कहीं का रोड़ा भानमती ने कुनबा जोड़ा।

कत्ल जब हुआ तो भगतसिंह था कलकत्ते में, शिवराम पूना में या बनारस में, और सुखदेव ने खून किया ही नहीं। वह तो पंजाब विद्रोही दल का नेता था, इसीलिए उसे फाँसी दे दी गई, यह बेशक जजों ने भी माना है कि वह जानबूझकर हत्या के कामों से अलग रहता है।

पर, जब न्याय पाना नहीं, जेल जाना, या फाँसी पड़ना ही है, तो गिड़गिड़ाते हुए क्यों मरें, और जब एक यतींद्र की आहुति देकर भी सरकार अन्याय से नहीं शर्माती तो न्याय की आशा क्यों रखें, यह सोचकर वे फूल-से नौजवान चुपचाप जेल में बैठकर इस न्याय नाटक के ड्राप सीन की राह देखने लगे।

उक्त तीनों ने पाई फाँसी, और कुछ ने पाया कालापानी। या कहें कुछ नर्क यातना का अनुभव करने इधर-उधर की जेलों में चले गए।

कम-से-कम ये तीनों दूसरा जन्म लेने को व्याकुल थे ? कालेपानी में, या जेल में सड़कर तो उनका जीवन व्यर्थ हो जाता, और इतने, दूसरा जन्म लेकर वे दोबारा देश हित करते, इतने उन्हें यहीं सब तरह के कष्ट उठाने पड़ते। पर यह तो उन्हीं के समझने की बात थी, जिन्होंने प्राण को प्राण नहीं समझा, और शरीर को शरीर, जिन्होंने स्टेज के कोने पर धुआँधार स्पीच झाड़ने से परहेज किया और दो सप्ताह की कैद में पूरे पृष्ठ के फोटो छपवाने से नफरत की। उन्होंने तो गलत किया, या सही किया, चुपचाप मर जाने और आग भड़का जाने में ही अपने जीवन का सदुपयोग समझा। वह बहादुर

शिवराम जिसके चरित्र की कल्पना करना संसार के बड़े-से-बड़े औपन्यासिक के लिए दुरूह है, और शुरू से आखिर तक न एक शब्द बोला और न जिसके माथे पर एक बल पड़ा। और वे साहसी भगतसिंह और सुखदेव, जो अपनी शेरदिली के कारण भारत भर के प्यारे बन गए, ये तीनों तो फाँसी को या दंड को शहादत न समझकर भी कुछ न समझते थे, और अपने जीवन का काम हत्या हो जाने से मरने में प्रसन्न थे, पर सारे देशवासी तो वैसे नहीं हैं, वे प्राण मोह से पागल हैं, वे तो उन आदर्श मूर्तियों को भी अपने जैसा समझते हैं और बनाना चाहते हैं, उन्होंने अपनी वह जबानदराजी शुरू कर दी, 'बंदेमातरम्' और 'भगतसिंह जिंदाबाद' के नारे लगाए, झट-झट उँगलियाँ हिलाकर लाखों हस्ताक्षरों से रहम का प्रार्थना पत्र भेजा। या कहें भीख माँगकर बहादुरी का मुँह काला किया। और न जाने क्या किया। फाँसी हो गई, तो यह हो जाएगा, वह हो जाएगा। आसमान टूट पड़ेगा, पृथ्वी हिल जाएगी, पहाड़ फट पड़ेंगे, बिजलियाँ कड़कड़ा पड़ेगी। पर जो प्रवीण थे वे रोते थे और इस भाँड़पन पर हँसते थे।

खैर, पहाड़ खोदा, चूहा भी न निकला। गांधीजी तो सुलह कर चुके थे, और अपने महात्मापन को पूर्णता दे चुके थे, और अपने महान् व्यक्तित्व के बल पर देश के हाथ-पैर सुलह की जंजीर में बाँध चुके थे। सरकार ताक में थी ही। दंड चाहे मिला हो न्याय के अनुसार, जान लेकर तो अवश्य ही बदला पूरा करना था और फिरा जरा गौर तो कीजिए दो करोड़ रुपया व्यय हुआ, सैकड़ों आरामतलब अफसरों की नींद हराम हो गई, बेहद परेशानी, फिक्र और जिम्मेवारी सिर पर सवार हो गई, और किसी तरह साँस रोककर घेर-घारकर यह दिन नसीब हुआ तो भला, कैसे इस तरह मेहनत पर पानी फेरा जाए। उन छटाँक-छटाँक भर की हड्डीवाले छोकरों की जान भला बख्शी जा सकती हैं। क्या इज्जत रह जाएगी, क्या मुँह रहेगा दिखाने को, क्या नतीजा निकलेगा, उनकी जाँफिशानी, उनकी दौड़धूप, उनके झूठ-सच और उनके करोड़ों रुपया बहाने का। और फिर सोचिए तो, ये नन्हे-नन्हे से छोकरे, जो ढाई पसली के कुछ पागल लौंडों की फौज बनाए फिरते हैं, इतनी महान् गवर्नमेंट इनके मुँह लग सकती हैं, और किसी को इस बात का आभास दे सकती हैं कि इनकी वह परवाह करती हैं, या उनसे किसी तरह की सुलह करने का विचार भी मन में रखती हैं। और अब तो चकमें में आकर उस विकाररहित गांधी ने देश के हाथ बाँध दिए हैं, अब क्या हो सकता है। मूछों पर ताव देकर जो जी चाहेगा, करेंगे। और हमें परवाह क्या है, इनकी ! एक मशीनगन खड़ी कर दी कि भागे। वह तो यों कहो, कि हमीं ने इनको मुँह लगा रखा है। हाँ, गांधी से यों ही कुछ कह दिया था, कोई वचन थोड़ा ही दिया था, कोई लिखा थोड़ा ही था, सोचने की बात थी, सोचकर खिलाफ निर्णय किया। इसमें किसी का इजारा है। गांधी, अजी बका करें गांधी। पहले अफसर लोग है, सरकार है, हम हैं या पहले गांधी। पहले हम हैं, हमारा हित है, हमारे अफसरों का हित है, हमारे देशवासियों का हित है, हमारे नौकरों का हित है, हमारे कुत्ते का हित है, उसके बाद कहीं गांधी का, और उसके साथियों के हित का विचार करने की गुंजाइश निकल सकती है। गांधी

कोई रिश्तेदार थोड़ा ही हैं, जो उसकी बात सिर आँखों पर रखें, वह तो जनाब, हमारा दुश्मन है सोलह आने दुश्मन पक्का राजद्रोही। क्या करें। बस नहीं चलता, वरना इसी को सबसे पहले फाँसी पर लटका दें। पट्ठे ने पकड़ा ही सूत ऐसा है कि छः महीने से आगे गुंजाइश ही नहीं। छः-छः महीने के लिए तो इस पैंतीस करोड़ के बेकार और भूखे मरते देश में लाखों निकल आएँगे। और तो और जनाब, अगर सारे फकीर ही पिल पड़ें। तो लेने के देने पड़ जाएँ। सारी दुनिया की जेलें उधार लेनी पड़ें, तब कहीं इज्जत रहे।

और यह दोस्ती, यह हाथ मिलौवल, यह ग्रुप का फोटो। ठहरें जी, चुपके से कहो और कान में सुनो। यह तो भेद की बात है। उधर तो तीन साल की कहत साली ने किसानों को कंगाल कर छोड़ा था, सब जेल जाने को तैयार थे, दिवाला निकल जाता दिवाला, उधर जनाब, विलायती जनानेखाने में लंकाशायरवालों ने वह दुलत्तियाँ झाड़ीं, कि मिस्टर बेन और मैकडानल्ड की जान हलक में आ गई। करो बाबा, किसी तरह इस नंगे फकीर को बस में करो, चाहे जिस तरह कर लो, हम कुछ न कहेंगे, और हिंदुस्तानियों को डराने के लिए चर्चिल सुर छेड़ देंगे। मैं तो जब साफ-साफ यह हुक्म पा चुका हूँ, तभी इतनी खातिर-तवाजो है। वरना धत्तेरे गांधी की, उसकी क्या मजाल कि आकर फटक भी जाए। अजी, अपनी गरज को तो गधे को बाप बनाया जाता है यह तो मनुष्य है। पता नहीं अमरीकावाले हम पर क्या गिद्ध दृष्टि लगाए बैठे हैं, और वहाँ कैसा जहर फैल रहा है। अब ये जो सहस्रों अमरीकन रोज-रोज आते हैं, ये क्यों आते हैं। अरे भाई टूरिस्ट का तो भेष-ही-भेष है, ये सब जासूस हैं। समझे आप। तो बस, गांधी को हमने इसीलिए मुँह लगाया था। इन लौंडों को क्यों छोड़ा जाए, और क्यों इनकी जाँ-बख्शी की जाए। आखिर कानून, प्रेस्टिज, शासन—सभी कुछ तो हैं।

खैर, वह रहम की भारी प्रार्थना ठुकरा दी गई, और हुक्म हुआ दे दो फाँसी। फाँसी लगी, लाशें जलीं, और छः घंटे के भीतर-भीतर इन तीनों जवानों की राख तक नष्ट कर दी गई !

हुआ क्या ? वहीं, प्रवीणों ने जिसकी कल्पना की थी और दूसरी तरह देश को जिसकी आवश्यकता थी। लंबे-लंबे लेख निकले, लाखों मनुष्य नंगे सिर करके जलूस में रवाना हुए, और उस पार्लियामेंट के छिलके या असेंबली की बंदरियाओं ने वह मजेदार ठुमका लगाया कि तबीयत फड़क गई। जी नहीं, इस्तीफा नहीं दिया, बल्कि केवल रूठकर एक रात का असहयोग कर डाला।

और क्या हुआ। जगह-जगह हड़तालें हुईं, कांग्रेसी वालंटियरों ने, और जोशीले नौजवानों ने कूद-कूदकर दूकानें बंद कराईं, और 'भगतसिंह तुम्हें फिर से आना पड़ेगा।' कहकर आकाश गुँजा दिया और सिद्ध किया मानों भगतसिंह पर इनका पिछले जन्म का कोई ऋण है।

और इस राक्षसी हड़ताल ने कानपुर के अभागे हिंदू-मुसलमानों पर कैसा पहाड़ ढाया उसकी कहानी कहते हैं।

2

नौ बजे से पहले ही खबर आ गई थी--फाँसी लग गई। कानपुर की कांग्रेस कमेटी में रात भर हलचल मची रही। जत्थे-के-जत्थे गली-गली घूमकर 'सरदार भगतसिंह शहीद हो गए।' की गगनभेदी आवाजें लगा रहे थे। जो सुनता था कलेजा थाम लेता था। कोमल हृदया स्त्रियाँ तो धाड़ें मार-मारकर रोने तक लगी थीं। नासमझ बच्चे कुछ न समझकर हक्के-बक्के देखते थे, और अवाक् रह जाते थे। सारा शहर जैसे शोक के दरिया में गोते खा रहा था।

वह बिजली न कड़क उठी थी, आकाश न फट पड़ा था हिमालय क्षार-क्षार न हो गया था, न कुछ होने या करने की संभावना या इच्छा थी। सिर्फ एक लंबा-चौड़ा चुप्प-जुलूस, और हजारों-लाखों आदमियों की नंगे सिरी मौन सभा।

पर, भीतर-ही-भीतर कैसा भयानक पलीता रखा था। या रखा गया था--इसका पता कितनों को था। बहुत थोड़ों को। जो आँखें फाड़े राह देख रहे थे, कब आग ठंडी पड़े, कब पहलू जरा दबे और कब उस पलीते में चिनगारी छुआ दी जाए।

खैर, सुबह हुई, कांग्रेस कमेटी का दरवाजा चौपट खोल दिया गया। कांग्रेस के सिपाही, आज बदला लेंगे। कैसे लेंगे बदला। अजी वाह, आप नहीं जानते ? देखिए पहले तो गली-गली घूमकर कराएँगे हड़ताल, फिर निकलेगा जलूस, फिर होगी सभा, और बस ! अजी वाह ! यही बस और क्या कर सकते हैं। गांधीजी का हुकुम ही ऐसा हैं। अरे तो पागलो, बदला क्यों कहते हो। और भला बदला किस बात का। दो निर्दोष आदमियों के हत्याकारियों को दंड दे दिया गया इसमें बदले की क्या बात हुई। खैर, अब जो आप कहें !

अच्छा जी, जुलूस चला हड़ताल कराने को। कैसे-कैसे ठाठ हैं कुछ न पूछो। यह देखो, लाल पल्टन चली जा रही है, आगे-आगे जैसे कोई किला फतह करने की तैयारी है। यह देखो, पीछे-पीछे घघरिया पल्टन का दस्ता है, हाथ में टोपियाँ हैं इन्हीं से लड़ेंगे। शरीर पर खद्दर के कुरते हैं, यह कवच का काम देंगे। अजी, कुछ पूछो मत इनके दिल का हाल। ये कुछ लोग जो हँसी-दिल्लगी करते जा रहे हैं, ये तो इस तरह मानों ताजे जख्म की पीर को भुलाना चाहते हैं, वरना भला इस वक्त कैसा हँसना और कहाँ की दिल्लगी।

अस्तु--

हड़ताल करो। हड़ताल करो ! आज क्या होगी ? हड़ताल होगी। आज स्कूल कॉलिजों में कौन बोलेगा ? उल्लू बोलेगा। आज अदालतों में कौन लौटेगा ? गधे लौटेंगे। इत्यादि-इत्यादि इसी तरह की अनर्गल आवाजकशी में भारत के बहादुर लाड़ले अपनी शक्तियों का ह्रास कर रहे थे। दुकानें बंद करने में लोगों का क्या बिगड़ता है। असल में बड़ी-बड़ी दुकानों का बंद होना है, छोटी तो हो ही जाती हैं, करनी ही पड़ती हैं और इन बड़ी-बड़ी दुकानों पर मालिक लोग तो बैठते ही नहीं, नौकर हैं सो उनके

लेखे महीने में तीस दिन हड़ताल रहे सो मजा। अगर लालाजी ने कहा भी अरे जरा ताली ले आओ देखो तो, क्या हाल-हवाल है बाजार का, तो झट ये नौकर-चाकर कूदकर खैरख्वाही जताते हैं या साहब, आज तो दुकान लुट जाएगी। मार डालो, तो भी दूकान न खोलें, कहो तो सारे दिन उठक-बैठक करते रहें। मालिक लोग भी कुछ डर जाते हैं, कुछ तरह दे जाते हैं कि चलो, कल बाल-बच्चों को मोटर में बिठाकर इधर-उधर की सैर करा देंगे, तफरीह हो जाएगी। हाँ, सभी बुरे कैसे हो सकते हैं, कुछ को सहानुभूति भी होती ही है। कुछ इसे अपना कर्तव्य भी समझते ही हैं। पर हमें आप क्यों रोकते हैं यह कहने से, कि ऐसे पुरुष श्रेष्ठ बहुत कम हैं। अधिकतर भेड़ चाल हैं।

खैर, चीखती-चिल्लाती, रोती-गाती, मुक्त भगतसिंह को फिर इस नर्क में बुलाती, यह रंगीन मंडली...सड़क पर पहुँची। मुसलमानों की दुकानें भी यहाँ हैं, और यूरोपियनों की भी। यूरोपियन क्यों बंद करते। उन्हें भगतसिंह से क्यों हमदर्दी हो सकती है। और जहाँ यूरोपियनों की छाया है, उनकी थपकी है, उनकी आशा है, वहाँ मुसलमानों को भी दुकानें बंद करने की क्या जरूरत। हिंदू अमीर हैं वे दुकानें बंद करें और सरकार के अकृपा पात्र बनें, पर वे लोग ऐसी बेवकूफी न करेंगे, न करेंगे।

और रंगीन हड़तालिए इन दुकानों को खुली देखते हैं तो जैसे खून खौल उठता हैं। यूरोपियनों की दुकानें खुली देखी थीं तो खैर खून की घूँट पीकर चुप रह जाना पड़ा था, या कहें दुम दबानी पड़ी थी, पर ये मुसलमान क्यों खोले हैं। इन्हें कैसे मुआफ किया जाए। इन्हें अवश्य दुकानें बंद करनी पड़ेंगी। न करें। अजी, कैसे न करें ! जानते हो, हम कांग्रेसी हैं, सत्याग्रही हैं। हम जेल होकर आए हैं, हमारी बात और ये लोग न मानें भला ! हमें कोई मामूली आदमी समझा है क्या ?

"ऐ ! तुम्हें हड़ताल करनी होगी।...कैसे नहीं करोगे। तुम देशद्रोही हो...तुम्हें शर्म नहीं आती। तुम डूब नहीं मरते। आज सरदार भगतसिंह की आत्मा तुम्हें शाप देगी। तुम गारत हो जाओगे, समझे। देखो, भला चाहते हो तो कर दो दुकान बंद। क्या नहीं तो क्या करोगे...देखो, आज शोक का दिन है, आज गुस्सा न दिलाओ। क्या...गाली देते हो। ऐसी फोश...ऐसी वाहियात गाली। पाजी हैं। देशद्रोही हैं। सी.आई.डी. का है। मार दो जान से। लूट लो दुकान। बहा दो खून के दरिया। इस पाजी ने समझा क्या है। कांग्रेस से बगावत करेगा। भगतसिंह की आत्मा को कष्ट देगा ? हम बहुत तरह दे चुके ! अजी मार दो, बड़ा पाजी है ! यह है..."

जब लूट-पाट होने लगी, गोलियाँ चलने लगी, रक्त बहने लगा तो जो दो-तीन आदमी सबसे ज्यादा उत्तेजित हो रहे थे वे गांधी कैप सँभाले नजर बचाते खुफिया पुलिस के दफ्तर की तरफ भागे चले जा रहे थे।

उधर जो अनर्थ और निर्मम रक्तपात हो रहा था उससे भगतसिंह, शिवराम और सुखदेव की आत्मा को क्या अनुभव हो रहा होगा; आप इसकी कल्पना कर सकते हैं।

3

इन अनर्थों की झाँकी के लिए कुछ दृश्य दिखाते हैं।

(अ)

26 की सुबह है। कर्मवीर गणेशशंकर नंगे सिर, नंगे पाँव कल से मारे-मारे फिर रहे हैं। न भूख है, न प्यास है, कपड़े खून से सराबोर हैं, ऐनक टूट गई है, शरीर पर जख्म के निशान हैं, कितने मील की दौड़ लगा चुके हैं, पता नहीं। हिंदू मोहल्लों में घुसते हैं, मुसलमानी घरों में जाते हैं, बच्चों को स्त्रियों को वृद्धों को, सहारा देकर, कंधे पर रखकर, गोद में लेकर बाहर आते हैं, और सुरक्षित स्थानों पर पहुँचाते हैं। लोग कहते हैं, पंडितजी भोजन। पंडितजी कहते हैं लानत हैं मेरे भोजन पर। और उदास हो जाते हैं। लोग कहते हैं पंडितजी पानी। पंडितजी कहते हैं हाय मेरे मुसलमान भाई आफत में पड़े हैं, और 'मैं पानी पिऊँ ?' और रो पड़ते हैं।

खबर उड़ी है पिस्तौल-रिवाल्वरवाले एक मुसलमान दुकानदार ने सारे हथियार गुंडों को बाँट दिए। पद-पद पर गोलियों की बौछार हैं, जगह-जगह पर ऊँची-ऊँची अट्टालिकाओं का होलिका दाह किया जा रहा है, क्षण-क्षण पर अनेक निर्दोषों की हत्या की जाती है।

पर पंडितजी को कुछ होश नहीं है। वे तो भगवान गांधी के सच्चे भक्त हैं, सच्चे अनुयायी हैं, हृदय से सत्याग्रही हैं, हिंदू-मुसलमान दोनों के सेवक हैं।

हिंदू उनके त्याग से प्रसन्न हैं, पर काम से नाराज हैं। पर बोल नहीं सकते। गणेश शंकर का व्यक्तित्व उस वक्त कितना चमक उठा था उसकी मैं कल्पना नहीं कर सकता।

अकस्मात एक हिंदू कहता है बस पंडितजी दो सौ मुसलमानों की रक्षा आप कर चुके। अब हिंदुओं की भी खबर लीजिए, आप जानते हैं उधर क्या अनर्थ हो रहा है।

पंडितजी वैसे के वैसे चल देते हैं। साथ में चार स्वयंसेवक हैं, दो हिंदू दो मुसलमान। वह भगतसिंह के बदले की हुंकार करनेवाली रंगीन फौज गायब हो गई है। उनका पता अब ढूँढ़े न मिलेगा। वे तो राम जाने किस तहखाने में जा छिपे हैं। भगतसिंह का बदला तो हड़ताल में, जलूस में, स्पीच में था, वह वे कर सकते थे, यह करने को वे थोड़ा ही हैं।

पर पंडितजी को इसका होश नहीं। दो हैं तो दो ही, चार हैं तो चार ही, कोई नहीं हैं तो न सही। उनका प्राण तो इस वक्त अपने पास नहीं है, वह तो अरक्षित हिंदू-मुसलमानों की छाया करने के लिए उड़ा-उड़ा फिरता है।

मोटर में बैठते हैं। दो सिपाही मिलते हैं। उनसे मदद माँगी जाती है, अनिच्छापूर्वक वे बैठते हैं।

हैं ! पंडितजी को क्यों मारते हो ? अरे-अरे, जालिम क्या करता है। अरे दो सौ मुसलमानों को बचाया है, इन्होंने तो अरे खुदा के नाम पर। ओ जालिम ओ।

मारो, इस कांग्रेसी काफिर को। हिंदुओं को बचाने आया है पाजी !

अरे, ओ भाई, इसकी बातों में मत आओ, यह तो खुफिया पुलिस का आदमी है। पंडितजी को मत मारो।

प्रहार पड़ता है, वालंटियर बीच में आकर सहता है, दूसरे सिपाहियों को बुलाता है। पीठ फेरता है, तो दोनों गायब।

अरे बचाओ पंडितजी को। क्यों इस सितारे को तोड़ते हो, जालिमो, ये तो हमारे दोस्त हैं।

सहसा पंडितजी का धीर गर्जन सुन पड़ता है—मेरे भूले मुसलमान भाइयो, अगर तुम्हें खून की प्यास है तो लो यह मेरा सिर हाजिर है। इसे काट... प्यास....

प्रहार-पर-प्रहार होता है और पंडितजी गिरते हैं—'बंदेमारतम् की ध्वनि के साथ !'

दो स्वयंसेवक गिरते हैं, दो जान बचाकर भागते हैं।

(आ)

बुंदू चप्पल बेचता है। उम्र सत्तर को पार कर गई है, कमर कमान हो गई है, दाढ़ी जमीन छूती है। दो जवान बेटे मर चुके हैं। घर में पचास-पचास बरस की दो बेटियाँ हैं, स्त्री है। चार प्राणियों के पेट के लिए कुछ कमाने घर से निकला है। गरीब आदमी है, हड़ताल करे तो भूखा मर जाए। आप मरे तो मरे तीन प्राणी और मर जाएँ। अब तक अभी सभी हड़तालों के दिन उसने बाजार किया है। क्या करे, मजबूर है। पेट बुरी बला है।

हाथ में लकड़ी है, सिर पर फटी टोपी है, बदन नंगा है, टाँगों में घुटनों तक की सिलवार है, बदन में तिनके-तिनके पर झुर्रियाँ हैं, छाती, भौंह और मूछें सन की तरह सफेद हैं।

सहसा भगतसिंह जिंदाबाद का नारा और सैकड़ों आदमियों के दौड़कर आने की आवाज सुनता है। कम सुनता है, इसलिए उन लोगों के पास आने पर ही आवाज कान में पड़ती है।

पीछे देखता है और भीड़ देखकर काँप जाता है। यह कैसी हड़ताल है हमेशा तो लाठियाँ और तलवारें नहीं होतीं। रंग-बेरंग हैं।

भागता है सामने ही एक मसजिद है, दर्जनों गरीब मुसलमान उसमें छिपे हैं। दरवाजे पर कुछ प्रमुख व्यक्ति खड़े हुए निराश्रय मुसलमानों को भीतर ले रहे हैं।

बुड्ढा भी आता है और भीतर घुस जाता है।

और पीछे-ही-पीछे कुछ पापिष्ठ, नासमझ और गुंडे हिंदुओं का रेला आता है, और भीतर घुसता है।

फिर उन कसाइयों ने हिंदू धर्म को किस प्रकार कलंकित किया और कर्मवीर गणेश शंकर के बदले के नाम पर जिस नृशंसता का परिचय दिया, उसका उल्लेख करते कलम

काँपती है।

स्त्रियाँ, बच्चे, बूढ़े—सभी को कत्ल कर दिया गया और निर्दोष मुसलमानों के रक्त से मसजिद का फर्श सुर्ख हो उठा; लाशें तड़पने लगीं।

बूढ़ा बुंदू यह कहता हुआ मरा—हाय...मेरी बेवा बेटियाँ।

यह हाय गणेशशंकर और भगतसिंह की आत्मा को कितना कष्ट दे रही होगी !!

(इ)

मुरलीधर पति है, और चंदो स्त्री। तीन साल ब्याह को हुए हैं, दो छोटे-छोटे बच्चे हैं।

सुबह गजरदम मुरलीधर ड्यूटी पर चले गए थे। रोज ही जाते हैं। चंदो घर पर अकेली है। शहर में दंगा हो गया है। हिंदू पड़ोसी कुछ ताले बंद करके घरों में पड़े हैं, कुछ इधर-उधर भाग गए हैं।

अजब वीरानी है।

पाँच बज गए, और मुरलीधर न आए। चंदो थरथर काँप रही है। खिड़की से बार-बार झाँकती है। बार-बार कुछ मुसलमान गुंडे उधर आते हैं और आपस में कुछ परामर्श करते, खिड़की की तरफ ताकते-ताकते चले जाते हैं।

अभी दिन है। सामने ही सड़क है। सरकारी राज है। दिन में कौन छोड़ेगा। चंदो ने हिम्मत बाँधी, और दोनों बच्चों को लेकर चल पड़ी अपनी माँ के घर।

गुंडों ने देखा शिकार निकला। इसे बुला, उसे बुला। आओ जल्दी, चिड़िया उड़ रही है।

सदर सड़क आ गई है। सब सुनसान है। चंदो का दम ऊपर-का-ऊपर, और नीचे-का-नीचे है। बलि की गाय की तरह इधर-उधर ताकती है और चलती है।

वह सामने दो सिपाही खड़े हैं उन तक पहुँचना है, पर पीछे आहट हुई। देखा वे ही गुंडे। हाथों में छुरे, मुँह पर पिशाचों का-सा भाव, आँखों में पागलपन।

चंदो चिल्लाई सिपाही, सिपाही बचाओ। सिपाहियों में एक हिंदू है एक मुसलमान। हिंदू के चेहरे पर रंग है ऐंठी हुई मूँछें हैं, हाथ में बंदूक है।

हिंदू औरत की आवाज़ सुनता है, उधर बढ़ता है, सहसा दढ़ियल मुसलमान सिपाही रोक देता है।

देखो ठाकुर....

हाँ।

अपनी दफा क्यों भागे।

अरे भाई औरत है।

देखो, मजहब का सवाल हो तो पहले हमसे निबट लो याद रखो उस बेकसूर मुसलमान लड़के की कुर्बानी की बात। कप्तान साहब का हुक्म...। देखो, हम एक लफ्ज भी न बोले थे।

ठाकुर रुक जाता है और पीठ फेरकर चल देता है।

चंदों की क्या दुर्दशा हुई उसका वर्णन करेंगे तो कलेजा फट जाएगा।

अगले दिन कुछ आदमी वहाँ गए तो चंदो का अंग-अंग क्षत-विक्षत पाया, और दोनों स्तन कटकर दो मांस के टुकड़ों की तरह अलग पड़े देखे।

दोनों बच्चों को टाँगे पकड़कर चीर दिया गया है।

(ई)

बाजार के एक वीरान कोने में कुछ फौजी खड़े हैं। किसी की बंदूक कंधे पर है, किसी की जमीन पर, किसी की बगल में।

एक अंगेज फोटोग्राफर उनका फोटो ले रहा है।

दूसरे बाजार में दूकानें जल रही हैं, मार-काट हो रही है, शोर मच रहा है और इधर ये मिलिटरी के जवान उधर से बेखबर मुसकराते हुए फोटो खिंचवा रहे हैं।

यह हुआ भगतसिंह का बदला और नाम की हड़ताल तथा झूठे प्रदर्शन का परिणाम।

4

भगतसिंह की फाँसी और कानपुर के बीभत्स कांड का कुछ प्रदर्शन हमने किया। अब कुछ अपनी बात कहते हैं।

देखिए, हिंसा में तीव्र आकर्षण है। या कहें बम-पिस्तौल में है यह आकर्षण। जो नौजवान हैं, अधीर हैं, अनुभवहीन हैं, वे अनायास ही उसकी ओर आकृष्ट होते हैं। भगतसिंह और उसके साथी हिंसा के अपराध में फाँसी पर चढ़ गए। पर हम जानते हैं, भगतसिंह कभी रक्तपात और निर्दोषों की हत्या करने के पक्ष में न था। और शिवराम। जिसके प्रति लोगों की बहुत कम हमदर्दी है, वह उन्नीस बरस का बालक तो रक्त देखना भी नहीं चाहता था। हम भगतसिंह के दृष्टिकोण से इस विषय पर विचार करेंगे। भगतसिंह कहता है, मजदूरों को संगठित करो, उन्हें समझदार बनाओ किसानों की उन्नति करो, उनमें शासन करने और शासन प्रणाली जानने की योग्यता पैदा करो। देश को एक शक्तिशाली राष्ट्र बनाओ।' भगतसिंह यह नहीं कहता कि 'पिस्तौल, बम चटकाकर किसी निर्दोष आदमी की हत्या करो, और अपनी आत्मा को कलुषित बनाओ, उसका उद्देश्य तो भीतर-ही-भीतर मजदूरों और किसानों को इतना उन्नत बना देना है, कि वे समय आने पर पूँजीपतियों के सामने सीना तानकर खड़े हो सकें। भगतसिंह अंग्रेज अफ़सरों का दुश्मन नहीं है, उनकी जान लेना नहीं चाहता, उनको बम से उड़ाना नहीं चाहता। वह तो संसार से पूँजीवाद की सत्ता उखाड़ फेंकना चाहता है। वह तो आज अंग्रेजों से लड़ता है, कल हिंदुस्तानी माडरेटों से लड़ेगा, परसों अन्याय करनेवाले कांग्रेसवादियों से लड़ेगा। स्वराज्य, या पूर्ण स्वाधीनता से, या इर्विन को हटाकर तेजबहादुर सप्रू को वायसराय बनाने से या फौज की अफ़सरी हिंदुस्तानियों को देने से, उसका युद्ध समाप्त नहीं होगा। वह तो चाहता है, 'मजदूर और किसान एक दम उभरकर ऊपर आएँ और पूँजीपतियों को रास्ते से हटाकर खुद देश की बागडोर

अपने हाथ में लें।' हम भगतसिंह के उद्देश्य को जहाँ तक समझे हैं उससे यही नतीजा निकालते हैं कि अंग्रेजों की हत्या करना या अफ़सरों को बम से उड़ाना उसके कार्यक्रम का कोई अंग नहीं था। कुछ बम-पिस्तौलों का संग्रह था केवल आत्मरक्षा के लिए, किसी की हत्या के लिए नहीं।...ये जो रोज बम-पिस्तौल चटकते हैं, ये भगतसिंह के कार्यक्रम में बाधा डालते हैं, इसलिए हम तो नौजवानों से प्रार्थना करते हैं कि वे विवेक से काम लें; हिंसा से परहेज करें, भगतसिंह को, और उसके उद्देश्य को समझें और अपनी शक्तियों को मजदूरों और किसानों के ठोस संगठन में लगावें।

हम सरकार से, या जेल से डरकर नौजवानों से ऐसी प्रार्थना नहीं करते, बल्कि देहात का कुछ अनुभव प्राप्त करने और भगतसिंह के सिद्धांत का तथ्य और महत्त्व समझ लेने के कारण सच्चे हृदय से अपने विचारों का प्रकाशन और प्रचार करना चाहते हैं, और कहते हैं उन भारत के अधीर और बेशकीमत लालों से कि वे एक बार देहातों का चक्कर लगाकर भूखे मरते कंकाल किसानों के झोंपड़ों का निरीक्षण करें, और अपने धर्म को समझें और अपने जीवन के महत्त्व को समझें और फिर, अगर अपने ऊपर वे दया करना न चाहें तो उन अफ़सरों की निर्दोष स्त्रियों और अबोध बच्चों पर रहम खाएँ, जो अपने स्वामी, या पिता के लिए बिलख-बिलखकर रोते हैं। माना कि कुछ अफ़सरों की नृशंसता से उनका खून खौल उठता है। पर यह सदा याद रखिए कि आपको उन्हें दंड देने का कोई अधिकार नहीं है, अपने किए का फल वे अवश्य पाएँगे, और जितना ज्यादा जुल्म शासितों पर करेंगे, उनके अन्याय का प्याला उतना ही शीघ्र भरेगा।

कांग्रेस के कुछ झूठे बहादुरों और जरा सी बात से गरीबों पर भड़क उठनेवाले महापुरुषों से हम क्या कहें। हड़ताल के हम सदा विरोधी रहे हैं। जब तक जनता हड़ताल के महत्त्व को नहीं समझती, केवल दुकानें बंद करने से कोई लाभ नहीं, और जब तक कांग्रेस के कर्मचारी स्वयं हड़ताल का तरीका नहीं समझते, उन्हें जोर-जबरदस्ती करने, और जोश में आकर हड़ताल कराने का कोई हक नहीं है। अगर वे लोग सच्चे भारतीय हैं तो अपने भूले मुसलमान भाइयों को प्रेमपूर्वक समझाएँ, हम शोर मचाने, और दुकानें बंद कराने में कोई बहादुरी नहीं समझते। बहादुरी तो वह है जिसका परिचय गणेशशंकर ने दिया। उस वीर पुरुष श्रेष्ठ के लिए जितना गौरव और आदर प्रदर्शित किया जाए, थोड़ा है और उस पर जितनी श्रद्धा की जाए कम है। वही है भगवान गांधी का सच्चा भक्त, जनता का सच्चा प्रतिनिधि और हिंदू-मुसलमानों के लिए आदर्श।

पुलिस और सरकार की निंदा न की जाए। व्यर्थ है। उनकी इस लापरवाही से शिक्षा ग्रहण की जानी चाहिए। फौज के लिए साठ करोड़ रुपया खर्च करके इंग्लैंड के चालाक नीतिज्ञ जो इस बात का ढोल पीटते हैं कि सारी सेना हिंदुस्तानियों की रक्षा के लिए है; इस घटना ने उसकी पोल खोल दी है। हिंदू-मुसलमान, प्रत्येक भारतवासी को समझ लेना चाहिए इंग्लैंडवाले हमारे हितैषी नहीं है, उनसे रक्षा की आशा

हमें नहीं रखनी चाहिए, हमें तो अपने व्यक्तित्व इतने उज्ज्वल और विकाररहित बना लेने चाहिए, कि एक-दूसरे के गले मिलकर रह सकें, और समय आने पर एक दूसरे की रक्षा और सहायता कर सकें।

हम भगतसिंह के उद्देश्य और व्यक्तित्व को समझें।

छोटी बेटी

'हड़ताल करो ! हड़ताल करो !!'

कुछ बच्चे थे गोरे, गोरे सलोने मुँहवाले, जिनके दूध के दाँत कच्चे चावलों की तरह चमक रहे थे, कुछ स्त्रियाँ थीं, जिनकी गोरी-गोरी कलाइयों में सुहाग की नई चूड़ियाँ चमक रही थीं, कुछ पुरुष थे, जिनकी गहरी लंबी काली मूँछें धूल-धूसरित हो रही थीं। और इनमें से भी, कुछ हिंदू थे, कुछ मुसलमान थे, कुछ ईसाई थे, कुछ सिख थे।

हाथ में सब के तिरंगा झंडा, और मुँह पर खाक और पसीने की लकीरें, शरीर में उत्साह और उमंग का अद्‌भुत प्रवाह, और जबान पर सब की—'हड़ताल करो। हड़ताल करो'—का घोर निनाद गूँज रहा था।

5 मई सन् '30 का प्रभात था। भारतवर्ष के प्राण महापुरुष गांधीजी की गिरफ्तारी का समाचार अभी मिला है। हड़ताल करो, हड़ताल करो कह-कहकर स्वयंसेवक तिरंगे झंडे थामे, सारा बाजार बंद कराकर आ रहे हैं।

यह सामने जो गर्ल्स-स्कूल बंद है, अब इसमें हड़ताल करानी है।

2

स्कूल में लड़कियाँ आ गई हैं, शिक्षिकाएँ भी सभी आ चुकी हैं। ग्यारह बजे का समय है।

शहर के सारे स्कूलों के बंद होने की खबर आ चुकी हैं। सेकेंड हेड मिस्ट्रेस के साथ सारी अध्यापिकाएँ हेड मिस्ट्रेस के पास गई हैं।

सबके शरीर पर खद्दर की साड़ियाँ हैं, सभी उमंग से फूल रही हैं, पर चेहरों पर सबके आशंका की एक अस्पष्ट छाप है।

सेकेंड हेड मिस्ट्रेस रामदुलारी ने हेड मिस्ट्रेस मिसेज सरकार के पास जाकर कहा...''जी, सारे स्कूलों में हड़ताल हो गई है।''

मिसेज सरकार ने इस सारे जमघटों को आते देख लिया था, और कहें इसीलिए सिर नीचा करके वे कुछ पढ़ने में लग गई थीं। अब उन्होंने सिर उठाया, और गुर्राकर

पूछा, "फिर ?"

मिसेज सरकार की उम्र पचास वर्ष की है। राय बहादुर एन.एन. सरकार की वे पत्नी हैं। गोरा रंग है, मोटा शरीर है, चेहरे पर रोब है, आँखों पर ऐनक और बढ़िया विलायती रेशम की चमकती हुई साड़ी पहने हुए हैं।

रामदुलारी ने हिम्मत करके कहा, "लोग इधर भी हड़ताल कराने आ रहे हैं, आपकी क्या सम्मति है ?"

"सम्मति !" मिसेज सरकार ने क्षण भर ठहरकर दाँत पीसे, और तब कहा, "मैं कदापि हड़ताल न करूँगी।"

एक बार तो सन्नाटा हो गया, फिर किसी अध्यापिका ने पीछे से मुँह छिपाकर कहा–"मगर वे लोग तो जबरदस्ती हड़ताल करा रहे हैं।"

"हूँ, मिसेज सरकार ने कहा, पता है, यहाँ की बागडोर मेरे हाथ है, मेरे जीते जी किसकी हिम्मत है, जो हड़ताल करावे।...हूँ ! देखें, कैसे जबरदस्ती हड़ताल कराते हैं, मैं अभी पुलिस स्टेशन को फोन करती हूँ।'

कहकर मिसेज सरकार ने टेलीफोन की तरफ हाथ बढ़ाया।

अब रामदुलारी ने कहा "देखिए, क्या करती हैं...?"

मिसेज सरकार ने रुककर कहा–"क्यों ! पुलिस की सहायता माँगती हूँ।"

"देखिए," रामदुलारी ने कहा, "वे लोग ऐसी जबरदस्ती कभी न करेंगे, जिसके प्रतिकार के लिए पुलिस की सहायता हो, वे तो सत्याग्रही हैं, आपके आगे हाथ जोड़ेंगे, पैरों में लौटेंगे, और मार खाएँगे, परंतु अपना आग्रह कदापि न छोड़ेंगे।"

"अच्छी बात है।" मिसेज सरकार ने कहा, "देखूँगी, उनका आग्रह।" फिर सहसा कठोर शासन का भाव स्वर में भरकर बोली, "खबरदार, हड़ताल-फड़ताल की जरूरत नहीं है, सब लोग अपनी-अपनी क्लासों में जाएँ, देखो, लड़कियाँ कमरों से निकल-निकलकर बाहर आ रही हैं, शोर मचने लगा है।"

3

सहसा 'हड़ताल करो ! हड़ताल करो !' का गगनभेदी निनाद सुनाई पड़ा और तिरंगे झंडे लिये स्त्री-पुरुष बच्चे स्कूल में घुस आए।

मिसेज सरकार अपनी सारी कठोरता और दृढ़ता को चेहरे पर छिड़ककर खड़ी हो गईं। सारी अध्यापिकाएँ, सिटपिटाई-सी जिनके हृदय में आशंका और आनंद का तुमुल युद्ध हो रहा था, एक तरफ को सिमट गईं, छात्राएँ, कमरों से निकल-निकलकर, एक बड़े भारी झुंड की शक्ल में चारों ओर एकत्र हो गईं।

हड़ताल करानेवालों की नेता एक स्त्री थी। लाल साड़ी जिसके शरीर पर थी, हाथ में तिरंगा झंडा और चेहरे पर करने या मरने की उल्लासपूर्ण भावना थी। उसने आगे बढ़कर कहा, "बहनजी, स्कूल बंद कर दीजिए।"

रामदुलारी ने डपटकर कहा—“क्यों ?”

“अरे ! आपको पता नहीं आज भारत के सर्वस्व सत्याग्रह संग्राम के सूत्रधार, संसार के सर्वश्रेष्ठ महापुरुष गांधीजी गिरफ्तार हुए हैं।”

“हा ! हा ! और दो-चार लंबे-लंबे विशेषण जोड़ो...छिः कैसी अंधभक्ति है।”

“अच्छा, अब कृपाकर स्कूल बंद कीजिए।”

“क्यों ?”

“गांधीजी के प्रति सम्मान प्रदर्शन करने के लिए।”

“अगर मैं कहूँ मेरे मन में गांधीजी के प्रति कोई सम्मान की दृष्टि नहीं है।”

“तो आप अकेली स्कूल में बैठी रह सकती हैं। प्रत्येक भारतवासी का धर्म है, कि आज वह सब काम बंद करके सत्याग्रह आंदोलन में सहयोग करे और...”

“अच्छा, न मुझे तुम्हारे गांधीजी से सहानुभूति है, न आंदोलन से कोई वास्ता। आप जाइए, मुझे हड़ताल नहीं करनी है।”

“हड़ताल तो आपको करनी होगी।”

“करनी होगी ! तो क्या आप मुझे हुक्म देती हैं ?”

“हुक्म नहीं, मैं अपनी एक भूली बहन से स्नेहपूर्ण आग्रह करती हूँ।”

“मेरी समझ में तो तुम्हीं भूली हुई हो, जो व्यर्थ इन लड़के-लड़कियों की शिक्षा में विघ्न डाल रही हो। जाओ, इसी दम स्कूल कंपाउंड से बाहर हो जाओ।”

“बगैर हड़ताल कराए, तो हम यहाँ से डिग नहीं सकती हैं।”

“देखिए !” मिसेज सरकार ने उत्तेजित स्वर में कहा, “मैंने अपने स्टाफ और छात्राओं को खद्दर पहनने की छूट दे दी है, आपको इसी में संतोष करना चाहिए, अगर आप अधिक शैतानी करेंगी, तो मैं प्रत्येक लड़की और अध्यापिका के लिए विदेशी कपड़ा पहनकर आना अनिवार्य कर दूँगी।”

“खैर, आपकी इस बात का तो कोई उत्तर हमारे पास है नहीं, हम तो हड़ताल कराने आई हैं, और बिना काम पूरा किए, आगे बढ़ेगी नहीं।”

“जाइए, मैं आपको यह अंतिम चेतावनी देती हूँ कि आप अपना यह प्रचार और किसी जगह जाकर कीजिए, वरना मुझे और कुछ कार्रवाई करनी पड़ेगी।”

उत्तर कुछ नहीं, केवल ‘हड़ताल करो ! हड़ताल करो !’ का घोर निनाद।

4

मिसेज सरकार ने क्रोध से उबलकर टेलीफोन का चोंगा हाथ में लिया और कोतवाली का नंबर खटखटाया।

“हैलो ! जी मेरे स्कूल में बहुत से आदमी हड़ताल कराने घुस आए हैं, मैं हड़ताल कराना नहीं चाहती। वे लोग यहाँ से जाते नहीं। अशांति का भय है। शीघ्र पुलिस की सहायता मिलनी चाहिए। जी। बहुत अच्छा, धन्यवाद।”

टेलीफोन रखकर मिसेज सरकार ने कहा—''देखो, तुम सब अब भी चली जाओ। अभी समय है।''

''बस, अब तो जेल में जाएँगे। धन्यवाद, आपको अनेक धन्यवाद।''

अब रामदुलारी ने आगे बढ़कर कहा, ''श्रीमतीजी स्कूल बंद करा दीजिए।''

''अच्छा, अब मुझे उपदेश देने चली हो। हाँ, बताओ क्यों करा दूँ ?''

''देखिए, अगर ये लोग यहाँ पकड़े गए, तो स्कूल की बड़ी सख्त बदनामी होगी।''

''जानती हो, स्कूल बंद करने से क्या होगा ?''

''क्या होगा ?''

''सरकार से जो साठ हजार रुपए साल की सहायता मिलती है, वह बंद हो जाएगी।''

''मगर और स्कूल भी तो बंद हुए हैं।''

''उन सबकी सरकारी सहायता बंद होगी।''

''और आप यह नहीं सोचती कि आप इन लोगों को गिरफ्तार कराकर जनता की सहानुभूति खो देंगी।''

''मैं लाचार हूँ—मुझे पहले सरकार की परवाह है, पीछे जनता की। इस गांधी के आंदोलन ने सन् 1921 में हजारों होनहार युवकों के जीवन नष्ट कर दिए, सैकड़ों वकील, बैरिस्टरों को तबाह कर दिया, लाखों अनाथ स्त्री, बच्चों को अन्न-कष्ट से तड़पाया...नहीं, मैं जानबूझकर कदापि ऐसी मूर्खता न करूँगी।''

इतने में हड़ताल करानेवालों में से किसी ने कहा—''श्रीमतीजी आप साठ हजार रुपए की सरकारी सहायता की परवाह करती हैं और जनता ने जो तन-मन-धन से इस स्कूल की सेवा की है, उससे इस कदर विरक्ति प्रकट करती हैं। आपको पता है, जनता की सहानुभूति खोकर यह स्कूल चौबीस घंटे भी नहीं चल सकता।''

''अच्छा तो आप मुझे धमकी देते हैं।''

अब उसी नेता स्त्री ने कहा, ''नहीं बहन, धमकी नहीं, यह प्रार्थना है, आप व्यर्थ का हठ न कीजिए...''

''नहीं, मैं तो इस अहमक से पूछती हूँ, किस बूते पर यह मेरे स्कूल को चौबीस घंटे में बंद करा देने की धमकी देता है ?''

''धमकी देना बहन, सत्याग्रही का काम नहीं है। पर आप स्वयं सोचिए, अगर जनता अपनी लड़कियों को पढ़ने न भेजे तो।''

''ओह ! सारी जनता आपकी तरह झक्की नहीं, मेरे स्कूल में पढ़नेवाली लड़कियाँ बुद्धिमान माता-पिता की बुद्धिमती पुत्री हैं। ना, मैं इन लोगों का जीवन नष्ट न होने दूँगी। देखिए, अभी पुलिस आकर आपको गिरफ्तार करेगी। अभी समय है, आप चली जाएँ।''

''कदापि नहीं।''

इस 'कदापि नहीं।' ने अच्छी खासी गूँज पैदा कर दी।

5

'पुलिस आ गई। पुलिस आ गई।'

पच्चीस-तीस हट्टे-कट्टे सिपाही हैं, हाथों में लाठियाँ हैं, शरीर पर वर्दियाँ हैं और चेहरे पर तुच्छ अधिकार मद का भयानक क्रूर भाव।

एक आतंकपूर्ण दढ़ियल सिक्ख इनका सरदार है उसने मिसेज सरकार से सारा माज़रा सुना और उच्च स्वर से हड़तालियों की तरफ मुँह करके कहा, "मैं आप लोगों को चेतावनी देता हूँ कि अगर आप पाँच मिनट के भीतर स्कूल कंपाउंड से बाहर न हो गए तो आप सबको मैं गिरफ्तार कर लूँगा।"

बस, दूसरी तरफ वही 'हड़ताल करो ! हड़ताल करो !' का गंभीर नाद सुन पड़ा।

पाँच-सात-दस मिनट बीत गए, और कोई टस-से-मस न हुआ।

हथकड़ियाँ पड़ने लगी हैं, गिरफ्तारियाँ शुरू हो गई हैं और भयानक कोलाहल मचने लगा है।

तिरंगे झंडे छीन-छीनकर क्रूरतापूर्वक फेंक दिए गए हैं, फाड़ दिए गए हैं, तिरस्कृत किए गए हैं।

आखिर एक सिपाही उस पत्थर की तरह जमी हड़तालियों की नेत्री के समीप भी पहुँचा, जिसके हाथ में खूब ऊँचा तिरंगा झंडा फहरा रहा था।

"बस वहीं खड़े रहो। झंडे को अपने अपवित्र हाथ न लगाना। चलो, कहाँ चलते हो।"

"झंडा फेंक दो, वरना जबरदस्ती की जाएगी।" यह आवाज दढ़ियल पुलिस कप्तान की थी।

"कभी नहीं, झंडा मेरे साथ रहेगा।"

कई सिपाही उस निस्सहाय कृशकाय स्त्री की तरफ झाँकते हैं और गुँथ जाते हैं।

बस, उस दृश्य का वर्णन करते मेरा भारतीय हृदय काँपता है। झंडा छीन लिया गया और फेंक दिया...

पर यह सहसा क्या चमत्कार हो गया।

रामदुलारी सेकेंड हेड मिस्ट्रेस बिल्ली की तरह आगे बढ़ी और गिरते हुए झंडे को थाम लिया।

अध्यापिकाओं और छात्राओं की ओर मुँह फेरकर उसने कहा, "लानत ऐसी नौकरी पर, और धिक्कार ऐसी शिक्षा पर। देश की लाज, इस झंडे को मैंने थाम लिया है अब जो मेरा साथ देना चाहें, वे मेरे साथ आवें।"

सबसे पहले एक लड़की, लाल खद्दर की धोती पहने, न जाने कहाँ से कूदकर रामदुलारी के पास आकर खड़ी हुई और झंडा अपने हाथ में लेकर बोली, "आओ, और कौन आती हैं।"

मिसेज सरकार ने जो देखा उसकी आँखें खोलने को काफी था। यह कैसा व्यापार।

यह कैसा चमत्कार।

यह लड़की कौन थी।

मिसेज सरकार की छोटी बेटी।

मिसेज सरकार की आँखें फटी रह गईं, सिर चकराने लगा, बदहवास होकर धम से कुर्सी पर बैठ गईं।

देखा, सारा आँगन छात्राओं, अध्यापिकाओं, पुलिसवालों और हथकड़ी बेड़ी से मजबूर हड़तालियों से भरा है। और सबके आगे तिरंगा झंडा लिये उसकी छोटी बेटी खड़ी मुसकरा रही है।

ओफ, यह क्या हो गया।

मिसेज सरकार उछलकर मेज पर चढ़ गईं, और चिल्लाकर बोलीं, "मैं स्कूल बंद करने की आज्ञा देती हूँ, पुलिस से मैं कोई शिकायत नहीं करती, छोड़ दो सबको, बोलो महात्मा गांधी की जय।"

एक अभूतपूर्व अलौकिक कलरव उठा, "बोलो, महात्मा गांधी की जय।"

पाँच मिनट बाद ही एक बड़ा भारी जलूस 'हड़ताल करो ! हड़ताल करो !' चिल्लाता जा रहा था। सुर्ख साड़ी पहने, आगे-आगे मिसेज सरकार की छोटी बेटी थी।

और हाँ, वह देखिए—

खुद मिसेज सरकार भी चीखती जा रही हैं।

'हड़ताल करो ! हड़ताल करो !!'

फरार

बड़ी मुश्किलों से मैं गिरफ्तार हुआ था।

राजद्रोह का अभियोग था। मुकदमा चल रहा था।

जेल का वातावरण कुछ दिन तक बहुत अखरा, फिर धीरे-धीरे मैं वातावरण के अनुकूल बनने की चेष्टा करने लगा।

मेरी कोठरी पर तीन बार पहरा बदलता था। सुबह चार बजे करीम आता था। जिसकी लंबी मूँछें थीं और दाढ़ी घुटी हुई थी। आँखों में सुरमा लगाए रहता था, जिससे उसकी प्राकृतिक भयंकरता दबी-सी रहती थी, शक्ल सूरत का गोरा, सुंदर, शरीर का बलिष्ठ और बड़ा ही कठोर जान पड़ता था। सदा मुझे क्रूरतापूर्वक घूरा करता था और आठ घंटे की ड्यूटी में एक बात भी नहीं बोलता था।

बारह बजे रामसिंह आता था। उम्र कोई पचास वर्ष मूँछें बेतरतीब बाल अधपके, गालों पर हलकी झुर्रियाँ, और शरीर का दुबला-पतला था। यह सदा किसी गहन चिंता में निमग्न रहता था।

तीसरा पहर, रात को आठ बजे बदलता था।

मैं बड़ा भयंकर कैदी था न, इसी से ऐसा सख्त पहरा था।

2

तीसरा पहरा बदले घंटा भर हो गया था। मैं अपनी खाट पर लेटा हुआ आकाश-पाताल की बातें सोच रहा था। सहसा...

"क्यों भैया कैदी, सो गए क्या ?" किसी ने बाहर से कहा।

मैंने सिहरकर उसी तरफ देखा। पहरेदार ने उपरोक्त शब्द कहे थे। मैंने दरवाजे के पास जाकर कहा—"कैसा सोना भाई ?...बड़ी तकलीफ है। कंबल में जूँएँ भरी हैं, चारपाई में खटमलों का राज्य है, बिछावन सड़ रहा है। भला कैसे नींद आवे ?"

"दो-चार दिन की तकलीफ है भाई, फिर तो सब आदत पड़ जाएगी। क्या पहली बार ही जेल में आए हो ?"

"हाँ, एकदम नया ही तो हूँ।"

"तभी !... किस मामले में... ?"

मैं एक क्षण ठहरा। फिर हिम्मत करके बोला—"बेकुसूर फँस गया हूँ, भाई, जानें क्या दुश्मनी निकाली जा रही है।"

"तो आखिर बात क्या थी ? किस मामले में...!"

"अरे भाई, सरकार ने मेरे ऊपर यह इल्जाम लगाया है कि, मैं इस सरकार को उलट देने की कोशिश कर रहा हूँ...।"

पहरेदार ने साँस खींचकर मेरी बात सुनी, और प्रत्युत्तर में असाधारण देर लगा कर बोला, "सच्च ?"

"क्या सच्च ?"

पहरेदार ने कुछ उत्तर न दिया, और इधर-उधर टहलने लगा।

पाँच मिनट बाद ठहरकर अचानक बोला—"क्यों भाई, तुम कौन बिरादरी हो ?"

मैंने कहा—"ब्राह्मण !"

उसने सभक्ति कहा, "पालागन महाराज पालागन।"

मैंने ब्राह्मणोचित स्वर में कहा, "सुखी रहो।"

पहरेदार बोला, "क्या करूँ महाराज, यह पापी पेट ही ऐसे पाप करा रहा है नहीं जी तो ऐसा चाहता है कि इसी समय तुम्हारे पैर छू लूँ...ब्राह्मण पर पहरा... हे राम ! मुझे किस नर्क में जाना पड़ेगा !"

पहरेदार की ब्राह्मण भक्ति देखकर मैं चकित रह गया।

तब तो मैं खुल गया। बहुत सी बातें हुईं। देखा, तो पहरेदार को विशुद्ध देशभक्त पाया। नाम उसका गरीबा था और जाति का राजपूत था। कुटुंब में माँ थी, स्त्री थी, तीन छोटे-छोटे बच्चे थे। यूरोप समर में दो जवान बेटों की आहुति दे चुका था। इन दो बलिदानों के फलस्वरूप सोलह रुपया मासिक सरकार से मिलता था और शायद इसी कारण जेल में पहरेदारी मिल गई थी।

जवान बेटों की बात कहता-कहता बेचारा रो पड़ा।

"बाबला महाराज यह बखत मेरा भगवद् भजन करने का था जिसमें मैं गुलामी कर रहा हूँ। सोचिए, महाराज मेरे बेटे जीते होते तो क्या सोलह रुपए महीना ही कमाकर लाते ? जरा कोई न्याय करे। मेरे बेटों की कीमत सोलह रुपया !"

बातों-ही-बातों में चार बज गए, और पहरा बदल गया।

खटमल शायद सो रहे थे, जूँएँ शायद आराम कर रही थीं, मुझे पड़ते ही नींद आ गई।

3

इसके बाद कई सप्ताह बीत गए। मुकदमा चल रहा था।

सहसा एक दिन गरीबा पुनः मेरे पहरे पर आया। अब की बार उसकी ड्यूटी दिन

में बारह से आठ तक थी। उसने आते ही कहा, ''पंडितजी पालागन।''

मैंने आशीर्वाद दिया।

अब की बार बातें उतनी स्वतंत्रतापूर्वक तो न हो सकीं तो भी वह हर चक्कर में एकाध बात करने से चूका नहीं।

चार बजे के करीब अचानक मेरे पेट में दर्द उठा। मैंने कहा, ''अरे यार गरीबसिंह पाखाने की हाजत है।''

गरीबसिंह ने प्रश्नसूचक स्वर में मेरी बात दुहराई और तब ताला खोलकर कहा, ''आइए।''

इससे पहले किसी पहरेदार ने इतनी मुस्तैदी के साथ मेरी आज्ञा का पालन नहीं किया था। समझ गया—गरीबा को मुझ पर श्रद्धा है।

अभ्यासानुसार मैंने हाथ आगे बढ़ा दिए। कहा, ''लाओ भाई हथकड़ी।''

पहरेदार एक क्षण मेरा मुँह ताककर बोला—''महाराज मरने पर कहीं तो जाने की ठौर छोड़ दो।... क्या मेरा सारा धरम-करम मिट्टी में मिलाने पर उतारू हुए हो।''

कैदी को स्वतंत्र खड़ा देखकर कई सिपाही आ गए। सारा माजरा सुनकर एक ने कहा, ''अरे गरीबा, यह नौकरी है, इसमें धर्म-कर्म को ताक पर रख आना होता है। क्यों बुढ़ापे में आबरू बिगड़वाने की कोशिश करता है, लगा हथकड़ी।''

धर्मभीरु गरीबा किसी तरह इस प्रस्ताव को स्वीकार न कर सका और बोला—''नहीं भाई, मेरे बस का यह काम नहीं है...जाओ पंडितजी, दिशा-फरागत से निबटकर आ जाओ।''

मैं दंग रह गया। ऐसी भक्ति ! ऐसी श्रद्धा ! ऐसी धर्मभीरुता।

तब मैं गंतव्य स्थान की ओर चला।

जेल की चहारदीवारी के एक कोने में साधारण जंगल-सा था। सब कैदी यहीं नित्य कर्म से छुट्टी पाते थे। हाथों में हथकड़ी, पैरों में बेड़ी डाल दी जाती थी और कैदी इस प्रकार परतंत्रावस्था में अपने सब काम करते थे।

यहाँ आकर मैंने देखा दीवार के पास ही एक पतला-सा पेड़ है। 'वाह ! जरा साहस ... फिर मुझे कौन पा सकता है। फिर मैं स्वतंत्र हूँ। बला से रूपोश रहना पड़ेगा, पर दस साल की जेल ! या कालापानी ! साक्षात नरक... अहा ! एक छलाँग मारूँ और स्वतंत्र हो जाऊँ।'

शरीर में एक अजीब गरमी और फुरती आ गई, मन में अपूर्व उत्साह आ गया, मस्तिष्क में स्वतंत्र जीवन का सुखमय चित्र खिंच गया।

मैं उन्मत हो उठा...

...और दूसरे ही क्षण छलाँग मारकर दीवार पर चढ़ गया।

अलार्म भी घनघनाई, शोर भी मचा, पर मैं अब सब खतरों के लिए तैयार था।

4

दौड़कर, भागकर, कष्ट सहकर किसी तरह मैं सुरक्षित स्थान में पहुँच ही गया। यहाँ आकर मैंने साँस ली, और दिया ईश्वर को धन्यवाद...

अगले दिन मेरे एक मित्र उस दिन का अखबार मुझे दे गए। उसकी एक खबर पढ़कर चौंक पड़ा।

मोटे-मोटे शीर्षक और अक्षरों में मेरे भागने की खबर थी। साथ में यह भी छपा था, गरीबा पकड़ा गया और कई सिपाहियों ने उसके विरुद्ध गवाही दी। गरीबा पर इल्जाम लगा था कि उसने जानबूझकर कैदी भगा दिया।

यह खबर पढ़कर मेरा ऊपर का दम ऊपर और नीचे-का-नीचे रह गया।

गरीबा पकड़ा गया। बेचारा श्रद्धालु निरपराध गरीबा ? बेचारा... निर्धन।... दोनों बेटों का बलिदान... तीन छोटे बच्चे स्त्री...माँ...वजीफा...जब्त।

इन्हीं सब शब्दों ने एक-एक करके मेरे मन पर ठोकर लगाई।

अरे, रे ! बड़ा पाप किया !

अखबार मेरे हाथ से छूट गया।

5

सारी रात करवट बदलते और झपकी लेते बीती। जहाँ जरा आँख लगी, कि बूढ़े गरीबा के घर का काल्पनिक दृश्य दिखाई पड़ने लगता। देखता, छोटे बच्चे रो रहे हैं, वृद्धा माँ बेहोश हो गई है। स्त्री सिर पीट-पीटकर फरार को (मुझे) कोस रही है। सारे घर में वेदना...

दूसरी बार गरीबा मानो मेरी कोठरी में हथकड़ी-बेड़ियों से जकड़ा हुआ, दिखाई दिया। मुँह पर उसके चिंता का भाव था और एक प्रकार की वेदना, निराशा और थकान मौजूद थी। कभी बेचारा कमरे की छत ताकता, कभी हाथ की हथकड़ी, कभी खाट का बिस्तर।... फिर चिंता में डूब जाता।

तीसरी बार जो झपकी आई, वह जरा लंबी थी। अदालत का कमरा था। मजिस्ट्रेट, वकील, मुंशी मौजूद थे। गरीबा हथकड़ियों से मजबूर सामने खड़ा था। इस समय उसके चेहरे पर जेल की कोठरीवाला चिंता का भाव न था, इस समय उसकी आँखों में एक अपूर्व तेजस्विता, शरीर में दृढ़ता और मुख पर अपूर्व चमक थी, मानों सब चिंताओं को भगाकर वह दंड के लिए तैयार है।

सवाल शुरू हुए—

"कैदी नं...... को तुमने भागने में मदद दी ?"

"नहीं।"

"जब वह पाखाने के लिए गया, उस समय तुम उसके पहरे पर थे ?"

"हाँ।"

"तुमने उसे बगैर हथकड़ी-बेड़ी पहने जाने दिया ?"

"हाँ।"

"नूरदीन, अहमद, रामबिलास इन्होंने तुमसे हथकड़ी बेड़ी पहनाने को कहा ?"

"हाँ।"

"तुमने ऐसा नहीं किया ?"

"हाँ।"

"अपनी जिम्मेवारी पर ?"

"हाँ।" गरीबा ने गंभीर सतेज स्वर में कहना आरंभ किया—"हुजूर, मैंने जानबूझकर उसे हथकड़ी-बेड़ी नहीं पहनाई। मैं राजपूत हूँ, ब्राह्मणों पर सच्ची श्रद्धा रखता हूँ। मैं ब्राह्मण को हथकड़ी-बेड़ी पहनाकर अपना आपा कलंकित करना नहीं चाहता था। मैं इस बात को मानता हूँ—कि कैदी इसी कारण भाग गया, पर मुझ पर यह कलंक नहीं लगना चाहिए कि मैंने जानबूझकर उसे भागने में मदद दी। इस अदालत से मुझे चाहे जो दंड मिल जाए, पर उस परमात्मा की अदालत से अवश्य मेरी श्रद्धा का समुचित पुरस्कार मुझे मिलेगा। उस अदालत का न्याय या पुरस्कार पाने से कोई नहीं बच सकता, न मैं, न वह कैदी।"

मानो किसी ने जोर से थप्पड़ मारकर मुझे जगा दिया। सारा शरीर पसीने में भीग गया था, कलेजा जोर-जोर से धड़क रहा था आँखों में पानी भर आया था।

उफ ! कैसा स्वप्न !

मैं पंद्रह मिनट बैठा स्वप्न की बात सोचता रहा। ओफ ! मैं पापी !!... विश्वास और श्रद्धा का घोर दुरुपयोग !... कैसा महापाप !.. बेसोचे-समझे क्या कर बैठा ! ...ओफ ! मैं खूनी हूँ। मैं पिशाच हूँ !... मुझे धिक्कार है !

गरीबा को बचाऊँगा। गरीबा को बचाऊँगा। जाकर मजिस्ट्रेट के सामने आत्म समर्पण कर देने ही से तो काम हो जाएगा।

उसके बाद

कुछ दिनों से रामसिंह के स्वभाव में बड़ा अंतर देख रही हूँ। वह चपलता और वह उत्फुल्लता... राम जाने कहाँ गई ! पहले स्कूल, खेल और पुस्तकें... बस, इन्हीं सबमें लगा रहता था। और अब ? पता नहीं, किस चिंता में डूबा रहता है कि बस...। हँसता है, तो मन मारकर, खाता है, तो जबरदस्ती, पढ़ता है, तो...

...यहाँ तक कि मेरे आज्ञा पालन में भी अब अकसर प्रमाद कर जाता है।

रामसिंह मेरा एकलौता बेटा है, और मुझ गरीबिनी का सब आशा-भरोसा उसी पर है। मैं चाहती हूँ कुछ पढ़ लें, तो ब्याह कर दूँ। कमाकर लावे मुझे भी खिलावे, आप भी खावे। बहू मेरी टहल करे। और फिर बहू-बेटे से टहल कराती-कराती ही सूखपूर्वक मरूँ बस, यही मेरी इच्छा या भावना है।

दसवीं जमात में पढ़ता है, एक साल बाद स्कूल की परीक्षाएँ पास कर लेगा। नौकरी भी कहीं मिल ही जाएगी, जिस परमात्मा ने पढ़ाया, वही नौकरी भी दिलाएगा। इच्छा थी, इसके बाद कोई अच्छी सी दुलहिन ढूँढ़कर विवाह करूँगी।

पर उसके ये रंग-ढंग देखे, तो माथा ठनका। क्या बताऊँ, मेरे पापी मन ने एक दिन सोचा कहीं मेरा जवान बेटा ब्याह की चिंता में तो नहीं है।

मैंने अपनी कल्पना के अनुसार लड़की की खोज शुरू की। एक नजर भी आ गई। आखिर एक दिन बेटे से कहा—"बेटा, इम्तिहान में कितने दिन हैं ?"

बेटे ने संक्षेप में कहा, "अभी-अभी बहुत दिन हैं कोई आठ-नौ महीने।"

असल में मेरा यह प्रश्न उसके विवाह संबंधी वार्तालाप की भूमिका थी। अतएव बोली, "बात यह है..."

"क्या ?"

"एक लड़की है साक्षात् लक्ष्मी। कहो तो कर डालूँ। एक दिन करना तो है ही।...इतने दिन वे ठहरेंगे नहीं-नहीं तो इम्तिहान के बाद ही कर देती।"

जैसे रोगी आँख मींचकर डॉक्टर की कड़वी दवा पी जाता है, ठीक उसी तरह, आँख मींचकर, बिना यह देखे कि मेरी बात सुनकर बेटे के चेहरे पर क्या रंग आ-जा रहा है, मैंने अपनी बात समाप्त कर दी। पर जब आँख खोली नो देखा...

बेटा कड़ी नजर से मुझे घूर रहा है।

सहमी तो मैं बहुत, पर आखिर बेटा था। जी कड़ा करके बोली, "क्यों बेटा क्या..."

बेटे ने एक बार मेरी तरफ देखा, और तब घृणा से पैर पटककर मुँह से कहा "छिः।" और वह कमरे से बाहर चला गया।

उसका यह अभूतपूर्व भाव मेरे लिए अत्यंत विस्मयजनक था। दो-तीन दिन बाद मैंने मौका पाकर कहा, "क्यों बेटा, आखिर यह बात क्या है ?"

बेटे के मन में भी शायद वही बात थी। तुरंत बोला—"माँ मुझे क्षमा करो, मैं ब्याह नहीं करने का।"

बात उसके अंतस्तल से निकल रही थी, और इरादा पक्का मालूम पड़ता था। पर हे मेरे राम ! फिर यह उदासीनता, अन्यमनस्कता और गंभीरता क्यों ?

2

अब मैं दिन-रात भूली-भूली-सी रहती हूँ। हृदय में जैसे कोई रह-रहकर चुटकी भरता हो। बेटे का गंभीर मुख देखती हूँ तो धक से रह जाती हूँ। आखिर इसे हो क्या गया ? रोटी खाई और चल दिया। ऐसी गंभीरता कि चेहरा मुरझाया रहने लगा... आखिर पैदा कैसे हुई ?

अब उसके दो-चार मित्रों ने भी आना शुरू किया है। कोई नंगे सिर, कोई मैले कपड़े पहने, कोई परेशान सूरत बनाए। सब एक-से-एक अनोखे ! और वह उनके साथ जाता है, उन्हें बैठाता है, बड़े स्नेह सान्निध्य के साथ मिलता है, और बैठक का दरवाजा बंद कर कभी-कभी न जाने घंटों क्या-क्या बातें किया करता है।

मेरे मन में तो चोर है न ! मैं बैठक के दरवाजे पर कान चिपकाकर घंटों खड़ी रहती हूँ और उन लोगों का वार्तालाप सुनने की चेष्टा किया करती हूँ। पर ये लोग बड़े सतर्क हैं, बड़े धीमे-धीमे बोलते हैं। मैं चेष्टा करने पर भी कुछ सुन नहीं पाती।

आखिर चुपके-चुपके बातें क्या होती हैं ?

एक दिन वे असावधान हो ही गए, मैंने सुन ही लिया। क्या सुना ? आपको बताते भय लगता है। कैसे कहूँ ! सचमुच ऐसा ज्ञात हुआ मानो पैरों तले की जमीन सरकी जा रही है।

उस दिन वे लोग कुछ उत्तेजित हो रहे थे। इसीलिए तो मैं सुन पाई ! क्या कह रहे थे ?

'नहीं, यह ठीक नहीं,' आवाज से मैंने पहचाना, वह एक नंगे सिर का बंगाली लड़का था। 'रामसिंह (मेरा बेटा) का जीवन इससे अधिक महत्त्वपूर्ण काम के लिए सुरक्षित रहना चाहिए। इस साधारण काम के लिए...'

'यह तुम्हारी बुजदिली है।' यह एक सलवारी पंजाबी था। 'सबका जीवन बराबर अहमियत (महत्त्व) रखता है। तुम्हें पक्षपात से काम न लेना चाहिए।'

बंगाली छोकरा कड़ककर बोला, 'यह तुम्हारी नीचता है, जो तुम मुझ पर ऐसा कलंक लगाते हो। मैं पक्षपात करनेवाले के साथ ही तुम्हारे इन विचारों पर हजार बार लानत भेजता हूँ।'

पंजाबी बालक क्रोध में भरकर कुछ कहना चाहता था, ऐसा मुझे ज्ञात हुआ, पर इसी समय मेरे बेटे ने बोलकर विवाद का अंत कर दिया बोला, 'वाद-विवाद बुरा है। मुझे स्वीकार है।'

सब एक बार चुप हो गए। मेरा बेटा बोला, 'पिस्तौल और बम कल संध्या तक मेरे घर पहुँच जाने चाहिए।'

हाँ ! बस, यही सुनकर मेरे पैरों तले की मिट्टी निकली थी !!

फिर धीरे-धीरे उनकी बहुत सी बातें हुईं। जब वे लोग उठने को हुए, तो मैं हट गई। और क्या करती ? कम-से-कम उस परेशान हालत में तो कुछ स्थिर कर न सकी।

3

मेरा बेटा अपने साथियों को बिदा करके मेरे पास आया। मैं बुत-सी उसे देर तक निहारती रही। आखिर कहूँ क्या ?

मेरी स्थिर दृष्टि देखकर एक बार वह चौंक पड़ा और फिर चुपचाप लौटकर जाने लगा।

ओफ ! सहसा मेरे कानों में उस तारीख वाला शब्द सुनाई देने लगा। पाँच ही छः दिन तो हैं। जिस दिन पुलिस के अफ़सर मिस्टर को उड़ा देना मेरे बेटे ने स्वीकार किया है। ओफ ! कुल पाँच-छः दिन ! कोई सौ-सवा सौ घंटे !!

जब बेटा लौटने लगा तो मैं उछलकर उसके पास पहुँची और उसका हाथ पकड़कर घुटने टेककर जमीन में बैठ गई।

जैसे आग पर पैर पड़ गया, ऐसे चौंककर उसने मुझे देखा। ज्यादा देर उससे आँखें मिलाने की ताव मैं न ला सकी और दो-जानूँ होकर घिघियाकर कहने लगी, "बेटा, मुझ दुखिया को किसके भरोसे छोड़ता है।"

बेटे का चेहरा एक बार फक्क हो गया। कुछ न समझकर या सब कुछ समझकर कहने लगा—"क्या ?"

"तुम्हारे क्या इरादे हैं ?" मैंने कहा—"मैंने सब सुना है। बेटा किसके भरोसे छोड़ता है ?"

"तुमने सुना है ?" बेटा भिन्न प्रकार से मेरी बात दोहराकर बोला, "अच्छा, खैर... पर माँ, तुमने बड़ा भारी अपराध कर डाला है।"

"अरे बेटा !" मैंने रंभाकर कहा—"यों कहाँ मैं डूबनेवाली थी..."

"नहीं माँ, ऐसा न कहो...बेटे का कंठ भी गद्‌गद हो गया।"

मैंने कहा—"मुझे किसके भरोसे छोड़ते हो ?"

"परमात्मा के !" अब उसने जैसे साफ जवाब दे दिया।

"नहीं, ऐसा नहीं..."

"क्यों ?"

"तेरे बिना संसार मेरे लिए शून्य है, एक क्षण भी जीवित न रहूँगी।"

"अच्छा होगा," बेटा ठठाकर बोला, "मेरी माँ भी देश पर बलि हो जाएगी।"

"नहीं, ऐसा नहीं... मुझे कोई तर्क ही न सूझा।"

"क्यों नहीं ? माँ, अनेक माई के लाल नित्य मर रहे हैं मुझे क्यों रोकती है ?"

"बेटा, उनकी माताओं को कुछ और सहारा है..."

बेटे ने मेरी बात काटकर कहा—"तुझे परमेश्वर का सहारा है, शांत होकर बैठ मेरे कर्तव्य में बाधक न बन !"

और कोई तर्क न सूझा, तो मैंने कहा—"तेरे बाद मुझे भोजन देने वाला कौन है ?"

अब की बार उसने मुझे घूरा और कहा, "तो क्या तू मुझे सिर्फ इसीलिए जीवित रखना चाहती है ? ऐसी माँ पर धिक्कार है, और ऐसे पापी पेट पर हजार बार लानत है !"

वह पीछा छुड़ाकर चला गया। मैं बात मुँह से तो कह गई, पर उसे कैसे बताऊँ कि उसका विचार गलत है ? हाय मेरा बेटा !!

4

उस दिन के बाद वह घर नहीं आया। मैं सारे शहर में घूमी कहीं उसका पता न मिला। उसका कोई संगी-साथी भी नजर न पड़ा। मुँह में अन्न का एक दाना न दिया। चार दिन बीत गए। हाय ! दो ही दिन तो बाकी हैं। हाय कहाँ ढूँढूँ ! हाय मेरा बेटा !! गया !

पाँचवें दिन थककर बेहोश पड़ गई। पता नहीं कितनी देर तक कितने घंटों तक या कितने दिनों तक मैं बेहोश पड़ी रही। हाँ, बीच-बीच में मेरी मूर्च्छा कुछ भंग हो जाती थी, तंद्रावस्था में घर में सुनसान देख मुँह से एक बार बेटा रामसिंह कहकर फिर मूर्च्छा में डूब जाती थी।

आखिर मैं होश में आई। पास ही डॉक्टर बैठा उपचार कर रहा था। चारों ओर अड़ोसी-पड़ोसी जमा थे।

बड़ी कोशिशों से मालूम हुआ। मेरे धनवान दयालु पड़ोसी पंडित जी संयोग वश मेरे घर आए। उन्होंने मुझे इस अवस्था में देखा और उनके कारण ही डॉक्टर ने आकर मुझे होश में किया।

और रामसिंह ?

कहीं स्वप्न तो नहीं देखा ? हाँ, स्वप्न ही था, रामसिंह सही-सलामत होना चाहिए। स्कूल गया होगा। नहीं, बीमार माँ को छोड़कर स्कूल तो कैसे गया होगा ?

ओह ! समझी ! डॉक्टर साहब ने दवा लेने दवाखाने भेजा होगा। परंतु...!

ऐसे विचार मेरे मन में आए। और मैंने लोगों से पूछा—"रामसिंह कहाँ ?..."

जिसकी तरफ मैंने प्रश्न किया था, उसने मेरे प्रश्न पर मुँह फेरकर छिपने की कोशिश की, उत्तर देना तो कैसा ?

तब मैंने दूसरे की तरफ देखकर वही प्रश्न किया। वह भी उत्तर देते हिचका, तो एक वयोवृद्ध सज्जन बोले, "घबराइए नहीं रामसिंह राजी खुशी है, आप सो रहिए कमजोरी बहुत अधिक है।"

मैंने कुछ उत्तेजित होकर कहा—"कहाँ है वह ? उसे मेरे सामने लाओ, मैं उसे देखकर प्यार कर लूँ, आँखें ठंडी हो जाएँ।"

फिर भी उत्तर न मिला। एक आदमी ने धीरे से दूसरे से कहा, "बेचारी पागल हो गई है।"

दूसरे ने कहा—"अफसोस...।"

ये लोग मुझे पागल समझ रहे थे। पागल की बात का कौन उत्तर दे ? अच्छा, समझा करें, मैं तो पागल हूँ नहीं। अच्छी तरह जानती हूँ। मैं होश में हूँ, फिर क्यों इनके मन में यह भाव जमने दूँ ?

यह सोचकर मैंने यह सिद्ध करने की कोशिश की कि मैं होश हवास में हूँ।

पर हाय ! मैं अपनी चेष्टा में असफल ही न हुई, वरन् फल विपरीत हुआ।

इतने में मैंने सुना। कोई चुपके-चुपके कह रहा था—"हाय ! बेचारी का एक ही बेटा था ! अभी से इसकी यह हालत है...।"

मेरे कान खड़े हो गए। दूसरे ने कहा, "चुप-चुप ! बेचारी सुन लेगी, तो अभी जान दे देगी...। चुप... !"

पर मैं समझ गई थी। कलेजे पर जैसे किसी ने पत्थर खींचकर मारा ! एक बार मेरे मुँह से हाय बेटा ! निकला और मैं तिलमिलाकर बेहोश हो गई।

5

सब समझते थे, मुझे भी विश्वास था कि मैं मर जाऊँगी। पर मैं नहीं मरी और सच ही है ! मर जाती तो बेटे के मुकदमे, बेटे के बयान और फाँसी के दंड का फैसला सुनकर मर्मांतक कष्ट का अनुभव कैसे करती ? असल में तो परमात्मा ने बेटे को गिरफ्तार ही इसलिए कराया था, जिससे मुझे कष्ट हो। अगर उसे यह मंजूर न होता, तो इस बुढ़ापे में उसे गिरफ्तार ही क्यों कराता ? या अगर मान लूँ, किसी और कारण गिरफ्तार कराया था ? और परमात्मा मुझ पर अनुग्रह करना चाहता था, तो परमात्मा ने मुझे मार क्यों नहीं दिया ? उस क्षण से पूर्व मेरी साँस बंद क्यों न कर दी ? जब किसी ने आकर मुझसे कहा, 'तेरा बेटा...ता.... को फाँसी पर लटका दिया जाएगा।'

हाय रे ! देखो लोगो, देखो ! मेरे देखते-देखते मेरा बेटा मेरी गोद सूनी किए जाता

है। हाय ! हाय !! हाय !! मेरा बेहया प्राण निकलता क्यों नहीं ? मेरे कान फट क्यों नहीं जाते ? हाय ! मैं क्या करूँ ? अरे कोई मेरी सहायता करो ! मैं मरी, मरी, मरी...

6

फाँसी से कुछ दिन पहले बेटे का एक पत्र आया था। जिसने सुना वाह-वाह कर उठा। कैसा दृढ़ ! कैसा वीर !! कैसा देशभक्त !!!

उसने लिखा था—

'माँ,

कल जेलर मेरे पास आया था। उसने मुझसे कहा, 'तुम्हें ता.... को फाँसी दे दी जाएगी।' अच्छा है, एक दिन मरना सभी को है। जिनके जवान बेटे—हैजे, प्लेग और अन्य बीमारियों के शिकार होकर मर जाते हैं, वे भी संतोष कर लेती हैं, जिन ग्रामीण माताओं के अबोध बालक ओषध और अन्न के बिना भूखे-प्यासे तड़प-तड़पकर मर जाते हैं, वे भी अंत में कलेजे पर पत्थर रख ही लेती हैं, जिनके जवान सर्वस्व, पानी में डूबकर, बिजली गिरने से, अथवा साँप के काटने से मर जाते हैं वे भी किसी प्रकार दिन काट लेती हैं। और माँ, तुम जानती हो, ऐसे मृतकों के साथ सहानुभूति प्रकट करनेवाले उँगलियों पर गिने जा सकते हैं। और यह भी तुम जानती हो माँ, कि क्या मुझे तुमसे यह पूछने की जरूरत है कि तुम अपने उस बेटे की मृत्यु पर शोक मनाओगी, जिसके साथ सारे देश की सहानुभूति है और जो अपने किसी व्यक्तिगत स्वार्थ के लिए नहीं मर रहा है और माँ, संभव है, जिसके मरने से देश उस कंटकाकीर्ण पथ पर एक कदम आगे बढ़े, जो शुरू से आखिर तक खून और तकलीफों से भरा है, और जिसके दूसरे सिरे पर पहुँचने पर समस्त देशवासी उस वस्तु का लाभ कर सकते हैं, जिसके आगे मेरे जैसे लोगों का जीवन नगण्य और तुच्छ है।

'बस माँ, मेरा अंतिम प्रणाम स्वीकार करो, और फाँसी पाने के बाद मेरे शव का माथा चूमकर तुम सच्चे हृदय से मुझे आशीर्वाद देना, यही मेरी अंतिम कामना है।

तेरा प्यारा बेटा'

7

मेरा प्यारा बेटा, अपनी अंतिम कामना पूरी कर, खाक में मिल गया। लोगों ने उसके शव को फूलों से लाद दिया। मेरा सिर और वक्षःस्थल भी फूलों से भर उठा। जय-जयकार करते हुए लोग उसे उठाकर श्मशान में ले चले। और हाय ! मेरी छाती न फटी ! उन्होंने उसे चिता में रखकर मेरे देखते-देखते जला दिया।

हाय, मेरा बेटा ! हाय, मेरा बेटा !! हाय, मेरा बेटा !!

हाय, मेरा बेटा, अब कहाँ था ? कोई मुझे उसके पास पहुँचा दे ! या कोई मुझ पर दया करके उसके पास पहुँचने की राह ही बता दे ! हाय ! बेटा तो गया– अब ...?...अब ?...अब ??

घर लौटी, तो सैकड़ों तार थे, जिनमें सहानुभूति थी, समवेदना थी, बधाई थी, सान्त्वना थी, पर हाय ! मेरा बेटा तो चला गया। इन संदेशों के भेजनेवाले क्या जानें मेरे मन में क्या आग लगी हुई थी और ये संदेश उसे कहाँ तक बुझा सकते थे ?

हाय मेरा बेटा अब कहाँ मिलेगा ?...ओफ क्या अब मैं उसका मुँह न देख सकूँगी ?...नहीं....हाँ...हाँ।

8

बेटे की समाप्ति को छः महीने हो गए हैं और हाय ! मैं अभी तक नहीं मरी हूँ। खैर, किसी पूर्व संचित पाप का खूब कठोर दंड सह रही हूँ। देखती हूँ कब तक यह मनस्ताप मुझे जलाता है !

पर, अब तक तो मनस्ताप ही था अब तो शरीर कष्ट भी है, अन्न-कष्ट भी है, वस्त्र कष्ट भी है। हाय इस कष्ट से कैसे छुटकारा पाऊँ ?

लोग मुझे मजदूरी नहीं देते, पुलिस से डरते हैं, क्रांतिकारी की माँ हूँ न ! अड़ौसी-पड़ौसी भी आँखें चुराते हैं। उनका वह उत्साह, जो उन्होंने मुझे फूलों की माला पहनाकर, और अपनी माता कहकर प्रकट किया था, नष्ट हो चुका है। भला देश को मुझे याद रखने का अवकाश कहाँ ? बात आई और गई, किधर मैं, और किधर मेरा बेटा !!

अब क्या करूँ ? तीन दिन की भूखी हूँ। घर में दाना नहीं बेशक, घड़ा भर जल है। पर कब तक उसके सहारे रहूँ ? क्या इस प्रकार मरूँगी ?

वे जो सहानुभूति के तार और पत्र आए थे, वे सब ज्यों-के-त्यों बंडल में बँधे, रखे हैं। जरा उन्हें देखूँ तो।

ओफ ! दो-चार को पढ़कर ही रोना आता है। कैसी मार्मिक भाषा ! कैसी हार्दिक समवेदना ! कैसी रुलानेवाली सहृदयता !!

पर, मेरे लिए यह रही–हाँ, रही ही किस काम की ? ये सब तार, पत्र और संदेश किसी प्रकार रोटी बन जाएँ...!!

हाय ! आज मेरा बेटा होता। हाय ! हाय ! कोई मुझे उसके पास पहुँचने का रास्ता बतला दे !!... हाय...!!

और मेरे भी

क्या करें ? बिना कुछ इतिहास सुने आपको कहानी में मजा नहीं आएगा। इसलिए प्रस्तावना के रूप में कुछ कहते हैं—

दक्षिण अफ्रीका में कई जातियाँ बसती हैं। अंग्रेज, बोअर, मलायी, भारतीय, हब्शी आदि। इनमें से मलायी और बोअर लोगों का संबंध हमारी कहानी से नहीं है।

भारतीय भी कई तरह के हैं। मुक्त भारतीय व्यापारी भारतीय और गिरमिटिए भारतीय। दक्षिण अफ्रीका में बहुत सी सोने की खाने हैं। उनमें काम करने के लिए जो गरीब भारतीय तीन या पाँच साल के एग्रीमेंट या गिरमिट पर जाते थे वे गिरमिटिया और मियाद खत्म होने पर वहीं बस जानेवाले मुक्त भारतीय कहलाते हैं।

एक नई खच्चरी जाति और चल निकली है। हब्शिन युवतियों और गोरों के व्यभिचार-स्वरूप उत्पन्न हुए बालक-बालिकाएँ कलर्ड कहलाते हैं।

बस, हमारी कहानी की इतनी प्रस्तावना काफी होगी।

2

मनसुख गौड़ की स्त्री अभी-अभी मरी है। खान में काम करते-करते बेचारी तपेदिक का शिकार हो गई।

बुढ़ापे के वियोग में कैसी कसक होती है, यह आप क्या जानें ? पच्चीस वर्ष साथ रही और पैंतालीस वर्ष की उम्र में ले-दे हो गई। अब यहाँ परदेश में मनसुख को एक बार तो सब तरफ अँधेरा-ही-अँधेरा दीखने लगा। पर फिर उस अँधेरे में बेटी ने टिमटिमाते हुए दीपक की तरह क्रमशः दीखने लायक प्रकाश कर दिया।

बेटी का पैदायशी नाम बड़ा अजीब था झझरो ! मगर जब से परदेश आए हैं उसके नाम का बहुत सुंदर संस्करण कर दिया गया है जसरानी।

स्त्री मरी, उस समय जसरानी सोलह वर्ष की थी। मनसुख का विचार एक वर्ष बाद गिरमिट पूरी होने पर, देश जाकर बेटी ब्याहने का था। पर होना यह थोड़े था ?

हब्शिन माँ से असहयोग करके कलर्ड हंबूल ने अपने नाम को जरा खींचकर हंबेल किया। अंग्रेजी थोड़ी और सीखी, और कोट-पतलून पहनकर एक सब्जी की दूकान का

मालिक बन गया। उम्र उसकी तेईस वर्ष की थी। रंग गोरा, और नक्श अच्छे। दिल का भी बुरा नहीं था। और एक लंबे डैश के बाद कहना यह है कि जसरानी से धीरे-धीरे उसका प्रेम हो गया।

3

"तो फिर ?"

"क्या ?"

"मेरी जिंदगी बरबाद करोगी ?"

"वाह ! कैसे ?"

"अब बार-बार समझाऊँ ?"

"न ! जिंदगी नष्ट कैसे होगी ?"

"तुम्हारे बिना मेरा जीवन क्या जीवन है ?"

"फिर क्या है ?"

"कुछ नहीं है ! क्यों जलाती हो।"

"क्या जलाती हूँ ?"

"उस दिन कहती थी, बल्कि एक उसी दिन क्यों हमेशा ही कहती रही हो।"

"क्या ?"

"कि हमारा-तुम्हारा ब्याह हो चुका है, मैं और किसी से ब्याह न करूँगी और आज ऐसी उखड़ी-उखड़ी बातें !"

"न। कोई उखड़ी-उखड़ी बातें नहीं।"

"फिर ?"

"ब्याह तो हमारा-तुम्हारा हो चुका, अब भी कहती हूँ।"

"और किसी से ब्याह न करोगी ?"

"वाह ! और किसी से कैसे करूँगी ?"

"क्या तमाशा करती हो ?"

"क्या ?"

"ब्याह हमारा-तुम्हारा हो चुका है तब मेरे साथ चलती क्यों नहीं ?"

"कहाँ ?"

"जहाँ मैं ले चलूँ।"

"यह नहीं होगा। बाप के प्रति भी तो कुछ कर्तव्य है।"

"कब तक कर्तव्य है ?"

"जब तक वह जीवित है।"

"पर अगले साल तो वह अपने देश जा रहा है।"

"फिर क्या हुआ ?"

"तुम भी जाओगी ?"

"अवश्य।"

"और मैं ?"

"तुम ! तुम ! यही रहना। मुझे चिट्ठी लिखा करना।"

"छिः, कैसी बच्चों की-सी बातें करती हो ? और भई, ब्याह के बाद तो तुम मेरी हो !"

"छिः ! तुम कैसी बातें करते हो ? क्या ब्याह के बाद बेटी पर बाप का कुछ अधिकार नहीं रहता ?"

"रहता क्यों नहीं ?"

"फिर ?"

"यह तो ठीक है, पर देखो तो उतनी दूर भारतवर्ष से मैं तुम्हें कैसे लाऊँगा ?"

"मत लाना।"

"न लाऊँ ?"

"हाँ, वहीं छोड़े रखना। राजी-खुशी की चिट्ठी लिखते रहना।"

"न हाँ मगर देखो तो यदि तुम्हें जाने की आज्ञा न दूँ ?"

"मैं आज्ञा माँगती ही कब हूँ ? मेरा जो धर्म है वह करती हूँ।"

"तो तुम जाओगी जरूर।"

"जरूर ! जरूर !!"

"और जो मैं दूसरा ब्याह कर लूँ ?"

"कर लो।"

"तो तुम भी दूसरा ब्याह कर लोगी ?"

"न, कभी नहीं, मेरे तो तुम पति हो चुके।"

मिनट भर की निस्तब्धता, और फिर।

"तुम तो बड़ी अद्भुत हो।"

"और तुम बड़ी अद्भुत के पति हो, जो अपना धर्म नहीं समझते।"

'तुम अपना धर्म समझती हो, जो पति के साथ विश्वासघात कर रही हो।"

"विश्वासघात। न, यह मत कहो। मैं इस जीवन में किसी परपुरुष को न देखूँगी। पर देखो तो बाप की सेवा करना तो मेरा धर्म है।"

"हूँ !!"

इस गहरी हूँ ! के बाद फिर थोड़ी देर की गंभीर निस्तब्धता !

"तब–"

"अच्छा, अगर तुम्हारा बाप यहाँ से न जाए।"

"तो मैं भी न जाऊँगी।"

"फिर मेरे पास रहो।"

"न, बाप के जीते जी नहीं।"

"अगर वह अपनी खुशी से तुम्हें आज्ञा दे।"

"हाँ, तब रहूँगी।"

"अच्छी बात है।"

4

"जानती हो ? क्या जवाब दिया ?"

"बताओ।"

"रहने ही दो तो अच्छा।"

"अच्छा।"

"सुनो, मेरे दोस्त मुखराम ने जाकर तुम्हारे बाप से कहा।" तब वह कहने लगा—"उस साले दोगले को मैं अपनी बेटी ब्याहूँ ? राम ! राम ! कैसा प्रस्ताव लेकर तुम मेरे पास आए हो ? कहकर उसने बेचारे मुखराम को खूब जलील किया।"

"अच्छा !"

"हाँ, अब कहो, मेरा और तुम्हारा धर्म क्या है ?"

"तुम्हारा धर्म यहाँ रहना, मेरा बाप के साथ देश जाना।"

"निश्चय है ?"

"निश्चय।"

"तुम अपने बाप से यह नहीं कह सकती कि मैं भारत नहीं जाऊँगी। यहीं रहूँगी और हंबेल के साथ विवाह करूँगी।"

"न ! मैं ऐसा करके बाप का दिल दुखाना नहीं चाहती।"

क्षण भर के लिए चुप ! और फिर—

"पिशाचिनी ! मुझे धोखा देती है !"

"धोखा कैसे ?"

"जब तुम यहीं बाप से यह नहीं कह सकती तो वहाँ कैसे कहोगी ?"

"कहाँ ? स्वदेश में ?"

"हाँ।"

"ओह ! उसका उपाय मैंने सोच लिया है।"

"क्या उपाय ?"

"अफसोस ! अभी तुमको बता नहीं सकती।"

"तू झूठी है। तू दगाबाज है। तू पिशाचिनी है।"

मूक आत्मसमर्पण और अव्यक्त वेदना का एक शीतल उच्छ्वास।

"बोल।"

"क्या ?"

"तू मेरे साथ रहेगी या नहीं ?"

"जब तक बाप जीता है तभी तक नहीं न ?"

"हाँ (सहसा काँपकर) पर देखो, इस जन्म में शायद ही मैं तुम्हारे पास रह सकूँ। क्योंकि भारत से यहाँ मेरे लिए आना और तुम्हारे लिए वहाँ जाना असंभव होगा। अच्छा हो, तुम मुझे त्यक्ता बनाकर दूसरा ब्याह कर लो।"

पर हंबेल उसकी पूरी बात सुनने को वहाँ नहीं ठहरा, और बड़बड़ाता चला गया।

5

मनसुख मर गया। मनसुख मर गया। खान में पत्थर सिर पर गिरने से मनसुख मर गया।

क्रियाकर्म हो चुका है। बाप को मिट्टी देकर जसरानी घर आई है अब तक न रोई है, न चिल्लाई है, न किसी से बोली है। केवल एक बार टकटकी लगाकर आकाश की ओर देखती या सहसा चौंककर इधर-उधर ताकती रही है, मानो किसी को खोजती है।

पर घर में घुसते ही पानी जोर करके आँखों में उछल आया है। नंगी खाट पर पड़कर और खुरदुरे बानों से माथा रगड़-रगड़कर वह खून और पानी एक करने लगी है।

सहसा 'बहन ! बहन !' कहता मुखराम अहीर घर में घुस आया।

खूनम-खून चेहरा उठाकर जसरानी ने मुखराम की तरफ देखा।

मुखराम के चेहरे पर रक्त का नाम नहीं है, आँखें लाल हो रही हैं, शरीर काँप रहा है, जैसे अनुताप की अग्नि ने उसका सब कुछ सोख लिया है। आकर उसके पैरों के पास बैठ गया और जमीन में माथा रगड़कर बोला, "बहन ! मुझ पापी को क्षमा करो !"

"क्षमा ! क्या हुआ ?"

"मैंने तुम्हारे बाप को मारा है।"

"तुमने ?"

"हाँ, मैंने।"

"तुमने ? तुमने क्यों ?"

"मुझ पर लोभ सवार हो गया।"

"कैसा लोभ ?"

हंबेल ने पचास पौंड का लोभ दिया।"

"हूँ।"

जसरानी मूर्च्छित है। कोई उसे न छेड़े तभी ठीक है। मुखराम भी छेड़ने का साहस न कर सका।

बहुत देर के बाद जसरानी ने एक गहरी और लंबी साँस छोड़कर कहा, "जाओ

भाई, परमात्मा तुम्हारा भला करे।''

"बहन, मैंने बड़ा पाप किया, मुझे क्षमा करो !''

"जाओ, चले जाओ, परमात्मा तुम्हें क्षमा करे।''

"बहन !''

"क्या ?''

"तुम अकेली हो।''

"फिर ?''

"अगर उचित समझो तो।''

"तुम्हारे यहाँ ? असंभव। जाओ, इसी वक्त यहाँ से चले जाओ। इसी वक्त यहाँ से चले जाओ।''

पापी मुखराम अब वहाँ कैसे ठहरता ?

6

हंबेल आया है, जसरानी से समवेदना प्रकट करने। रूमाल आँखों से लगाए हुए है। जाने, उमड़ते हुए आँसू या उमड़ती हुई हँसी-किसको रोकने के लिए यह रूमाल लगा है।

"जसरानी !''

"कौन ? आओ।''

जसरानी भोला, गंभीर, उदास चेहरा बनाकर, सतर्क होकर बैठ गई। न क्रोध, न संदेह, न मलामत कुछ उसकी आँखों में नहीं है।

"जसरानी, मुझे बड़ा रंज हुआ, सुनते ही दौड़ा आया हूँ।''

बेचारे कच्चे दिलवाले हंबेल का गला भर आता है।

जसरानी भी ऐसे समय के उपयुक्त रोते कंठ से कहती है "क्या किया जाए हंबेल ? ईश्वर को यही मंजूर था। अफसोस करने से क्या होता है।''

हंबेल ने अपने जीवन भर इसके जोड़ का आश्चर्य नहीं देखा है। कैसे रोती-बिलखती प्रेमिका को धीरज बँधाऊँगा, अपने ऊपर जरा सा भी संदेह करने पर कैसे कैफियत दूँगा, यह सब नक्शा बनाकर लाया था। गरीब की सारी मेहनत बेकार हुई।

और फिर सबके बाद और भी जो कुछ कहना चाहता था वह भी मुँह से निकलने को नहीं होता !

बहुतेरी कोशिश करता है। वह बात कहे, मगर कैसे कहे ? फूटे हुए फोड़े को तो मरहम लगाकर छूने का साहस करता, पर उसे बिना मरहम लगाए कैसे छुए ?

आखिर बोला "तो मैं चलूँ ?''

"अच्छा !''

"कोई काम ?''

"नहीं, कुछ नहीं।"

"कुछ रुपए-पैसे की जरूरत ?"

"नहीं, कुछ जरूरत नहीं।"

"खैर, जरूरत हो तब माँग लेना, मेरे सिवा अब है और कौन ?"

"परमात्मा !"

"हैं। क्या ? हाँ, परमात्मा तो हैं ही। अच्छा, चलता हूँ शाम को आऊँगा !"

"अच्छा !"

7

शाम को।

"अरे। यह क्या ?"

"क्या ?"

"घर का सामान क्या किया ?"

"दे दिया।"

"किसे ?"

"गरीब हब्शियों को बाँट दिया।"

"वाह। बाँट दिया। क्यों ?"

"मैं अब इस घर में नहीं रहूँगी।"

"खैर, तुम्हारी खुशी, नहीं रहना चाहती तो चलो तुम्हारा घर पड़ा है, मगर सामान क्यों बरबाद कर दिया ?"

जोर की अट्टाहास ध्वनि हुई और जसरानी ने कहा "ओहो। तुम क्या मुझे अपने घर ले चलने का इरादा रखते हो ?"

"और क्या ? मेरा घर कहाँ ? अब तो तुम्हारा घर है। चलो।"

"न ! मैं तो और जगह जा रही हूँ ?"

"कहाँ ?"

"जेल में।"

"जेल में ?"

"हाँ, तुम्हें मालूम है कि हर एक भारतीय को तीन पौंड सालाना कर देना पड़ता है।"

"हाँ।"

"और तुम्हें यह भी मालूम है कि इस कर के विरुद्ध हमारे नेता गांधीजी ने सत्याग्रह युद्ध आरंभ किया है।"

"हाँ फिर ?"

"उस सर्वत्यागी महापुरुष की स्त्री तक जेल में चली गई है, और अनेक गण्यमान्य

स्त्रियाँ सर्वस्व त्याग कर रही हैं, तब मैं बाहर क्यों रहूँ ?"

"अरे, तो तुम जेल जाओगी ?"

"हाँ, जा रही हूँ, पहले गांधीजी के पास, फिर जेल में।"

"अरे नहीं, चलो, घर चलो।"

"घर ? घर नहीं जेल।"

"वाह ! तुम मेरी स्त्री हो। मैं तुम्हें जबरदस्ती जेल जाने से रोकूँगा।"

तब जसरानी तनकर खड़ी हो गई, और आँख-से-आँख मिलाकर बोली, "तुम ? तुम्हारी शक्ति इतनी है ?"

हंबेल ने घिघियाकर मुँह फेर लिया।

एक गठरी हाथ में उठाकर जसरानी चल दी।

हंबेल ने पुकारा, "जसरानी, क्या जेल से छूटकर मेरे घर आओगी ?"

"नहीं, मेरी आशा छोड़ो। दूसरा ब्याह कर लो।"

जसरानी की आवाज में जैसे आकाशवाणी हुई।

8

इस चार महीने के समय में कैसे उलटफेर हो गए हैं। हंबेल ने एक सुंदर कलर्ड युवती से ब्याह कर लिया है। मजे में रहता है।

और जसरानी ?

जसरानी जेल गई, छूट भी आई है।

पर साथ ही इस चोले से भी छूटने की तैयारी कर आई है।

तपेदिक हो गया है। लोग कहते हैं माँ को हुआ इसी से बेटी को भी हुआ। पर कोई क्या जाने, उसके जीवन की जड़ में कौन सा था ? अस्पताल में पड़ी है मौत का इंतजार है। अब आई कि अब आई। जेल के साथी-साथिन सब मिलने आते हैं, और आँसू बहाते हुए चले जाते हैं। पर जसरानी की आँखों में आँसू क्या, नमी का भी नाम नहीं। पता नहीं, वे आँसू किसके लिए सुरक्षित हैं ?

आया, आखिर वह आया।

हंबेल ही तो था, और साथ में एक गोरी, सुंदर, सुकुमार युवती थी। हंबेल का चेहरा लाश की तरह जर्द था और वह युवती नाक पर रूमाल रखे एक-एक कदम चलती चली आ रही थी।

दोनों रोगी के पलंग के पास पहुँचे। काँपते स्वर में हंबेल ने पुकारा, "जसरानी।"

ओठ हिलकर रह गए धँसी हुई आँखें हंबेल के चेहरे पर जम गईं।

"जसरानी।" हंबेल ने बहते हुए आँसू न पोंछकर कहा, "कैसी हो ?"

जसरानी फिर भी कुछ न कह सकी।

"जसरानी, यह मेरी स्त्री है। तुम्हारे आदेशानुसार मैंने ब्याह कर लिया है।"

जसरानी स्थिर नेत्रों से युवती को ताकने लगी।

उन भयानक नेत्रों की ओर देखते ही कलर्ड युवती काँप गई और यह कहती हुई बाहर चली गई, "तुम आओ, मैं बाहर हूँ।"

तब हंबेल ने जमीन पर गिरकर जसरानी का हाथ पकड़ लिया और उसे चूमकर कातर स्वर में कहने लगा, "मुझे क्षमा करो। क्षमा करो।"

फिर भी वह कुछ न बोली।

जसरानी के धँसे हुए नेत्रों को मिनट भर ताककर हंबेल जोर से रो पड़ा, और उसकी छाती पर सिर रखकर बोला, "तुम्हारे पिता का घातक मैं ही हूँ।"

अब जसरानी के मुँह से निकला, "और मेरे भी।"

वे सुरक्षित आँसू तब उदारतापूर्वक उपयोग में आए।

रहस्य

एक छोटी कोठरी है जिसमें दिन का प्रकाश बड़ी जद्दोजहद के बाद आने पाता है। कोठरी भीतर से बंद है। भीतर एक युवक चिंतित अवस्था में बैठा है। सामने एक चौकी धरी है, जिस पर कुछ सादे मैले कागज, एक सोने का कलम और एक गंदी और घटिया दवात ये चीजें रखी हैं।

युवक एक लेखक है।

उसने आप ही आप कहा, 'आज पाँच दिन का फाका हो चुका। क्या करूँ ? क्या मरना ही होगा ? लेख का पुरस्कार तो परसों ही आ जाना चाहिए था, हद-से-हद कल, अगर लापरवाही की गई हो तो। मगर...मैंने बहुत-बहुत लिख दिया था--पुरस्कार तुरंत भेज दीजिए। कैसे दुष्ट हैं। दूसरे की आवश्यकता नहीं देखते। अशर्फियाँ कमाकर कौड़ियाँ देते हुए झीकतें हैं। परमात्मा इन पूँजीपतियों को नाश करे।... पर वे बेचारे भी करें क्या, इतना काम होता है। मेरी तरह उन्हें एक ही तो काम नहीं है। एक ही को पत्र तो नहीं लिखना है, एक ही को पुरस्कार तो नहीं भेजना है।... और उन बेचारों को पता भी क्या कि मैं पाँच दिन का भूखा बैठा उनके पुरस्कार की राह ताक रहा हूँ। हः ! हः ! हः मैं भी कैसा पागल हूँ कैसा अनुदार हूँ।'

पाँच दिन का भूखा...भावुक लेखक सूखे मुँह से हँस पड़ा।

पर उसकी भूख और उसकी चिंताएँ हँस पड़ने से थोड़े ही दूर होती थीं। कहने लगा...'देखो, कैसा समय है। यह सेठ कैसा क्रूर है ! यह मुझे मदद देना चाहता है, पर बीस रुपए उधार नहीं दे सकता। कहता है कलम बेच दो, दो सौ रुपया ले लो। छिः कैसा नीच हूँ...कलम दे दूँ, यह कलम...।'

लेखक ने कलम को बोसा दिया, और स्नेहपूर्वक उसे ताकते हुए कहता रहा...यह कलम जो सब अवस्थाओं में मेरे साथ रही। मैं धन कुबेर रहा तो उसने मेरा साथ न छोड़ा, गरीब हो गया हूँ; भूखों मर रहा हूँ तो भी यह मुझे छोड़ना नहीं चाहती।...यह कलम जिसने आज तक ऐसी बहुमूल्य सामग्री उगली है, जिसे पढ़-पढ़कर देशवासी उन्मत हो रहे हैं। जिसे पढ़कर आज युवकों के खून में उबाल आ रहा है। हूँ। इसे मैं बेच दूँ !! हूँ। बला से मैं मर जाऊँ कोई चिंता नहीं, पर तुझे न छोड़ूँगा मेरी प्यारी कलम ! तुझे न बेचूँगा, न बेचूँगा।'

लेखक ने यह कहते-कहते पुनः कलम को चूम लिया।

अब उसमें बैठने की शक्ति न रही। खुरदुरी जमीन पर लेट गया। आँखें उसकी छत की कड़ियाँ गिन रही थीं, और मन अखबार के ऑफिस में विचर रहा था।

अचानक बाहर से अखबारवाले के चिल्लाने की आवाज आई, "आइए ताजा परचा ! ताजे लेख।...का नया निबंध। खरीदकर पढ़िए।"

किसी ने कहा, "ठहरो ए अखबारवाले।"

"जी ?"

"किसका निबंध है ?..."

"...का ताजा निबंध ! बिलकुल मौलिक !"

"ली...।"

"लाओ, लाओ, जल्दी लाओ।"

पाँच दिन का भूखा युवक लेखक उछलकर बैठ गया। किसका निबंध ?... का ? यह तो उसी का नाम है।...अच्छा ! तो उसका निबंध प्रकाशित हो गया ? बस आज निश्चय पुरस्कार आ जाएगा।

युवक फिर भी बैठा न रह सका, पहले की तरह जमीन पर लेट गया।

इतने में किसी ने द्वार थपथपाया। युवक ने बड़े कष्ट से उठकर साँकल हटा दी। द्वार खुला। सेठ ने कोठरी में प्रवेश किया।

युवक की आँखें लाल हो गईं। आगंतुक को देखकर उसे पीछे ढकेलने लगा। बिगड़कर बोला, "हट पीछे दुष्ट।"

हृष्ट-पुष्ट सेठ उसके विरोध की परवाह न करके भीतर घुस आया और दरवाजा बंद करके मुसकराता हुआ बोला, "क्यों जी...सोचा ? बेचोगे ?"

क्षोभ ने जबान रोक ली।

भूखे न मरो, पागल न बनो। सेठ ने जेब से कुछ निकालकर कहा, "ये दो सौ रुपए के नोट हैं खाओ, पिओ, मजा करो। क्या करोगे ससुरी सुनहरी कलम का। क्या लोहे की से नहीं लिखा...।'

लेखक ने उछलकर सेठ की गर्दन पकड़ ली, और दाँत किटकिटाकर कहा, "तू मुँह बंद कर, कमीने। जा, मैं तुझसे रोटी नहीं माँगता। अब मुझे रुपए नहीं चाहिए जा तू यहाँ से भाग जा।"

सेठ का चेहरा फक हो गया। ओठ पर उँगली रखकर बोला—"नहीं चाहिए ? क्यों क्या पुरस्कार आ गया ?"

लेखक ने कहा, "तुझसे मतलब ? जा, मैं कलम नहीं बेचूँगा। मुझे रुपए की जरूरत नहीं है।"

सेठ ने कहा, "अरे मेरे भाई ऐसे नाराज क्यों होते हो ? मैं कोई डाकू तो हूँ नहीं ?"

युवक ने कड़ककर कहा, "तू डाकू से भी बुरा...।" "तुम्हें धोखा नहीं दे रहा

हूँ। मुझे पसंद आ गया है, इसे मुझे बेच दो। तुम्हारा पुरस्कार आ गया है, तो भी कोई गम नहीं, दो सौ रुपए अपने स्थायी कोष में रखना।''

''नहीं बेचूँगा। मैं कह चुका।'' युवक बोला ''पुरस्कार नहीं आया तो अब आ जाएगा।...मेरा निबंध प्रकाशित हो गया है, पुरस्कार आता ही होगा।...जाओ।''

सेठ सिर नीचा करके सोच में डूब गया। फिर कहने लगा, ''क्यों भाई, अगर आज भी नहीं आया तो ?''

युवक कुछ झिझका। ''तो ?'' उसने कहा, ''नहीं, आज जरूर आ जाएगा। नहीं आएगा, तो भी कलम नहीं बेचूँगा।''

सेठ ने कहा, ''क्यों भाई ? आखिर इस कलम को बेचते क्यों नहीं ? कलम क्या जान से भी प्यारा है ?''

''हाँ, प्यारा है ?'' युवक ने गरजकर कहा, ''जाता क्यों नहीं मूर्ख ?''

''जाता हूँ भाई, जाता हूँ,'' सेठ ने जाते हुए कहा, ''दो घंटे बाद फिर आऊँगा। इतने में और विचार लो।''

''तुम नरक में जाओ, और तुम्हें आना नसीब न हो।'' युवक ने बड़बड़ाते हुए दरवाजा बंद कर लिया।

इधर सेठ उस तरफ चला, जिधर से डाकिया आया करता था।

युवक ने माथे का पसीना पोंछा, और कमजोरी के कारण चक्कर खाकर गिर पड़ा।

पाँच दिन का फाका ! चिंता-पर-चिंता ! तिस पर यह उत्तेजना, युवक चक्कर खाकर न गिरता ?

पर-पर थोड़ी देर बाद आवाज के साथ साँस चलनी शुरू हो गई, और युवक बोला, 'आह ! बड़ा कष्ट है। हाँ पापी। आखिर दम तक तंग किया जा रहा है।... हूँ। कलम बेच दूँ ? माँ की निशानी उफ ! निर्दयी ! तू खूनी है। तू नर पशु है।'

युवक थककर चुप हो गया।

एक हलकी पूर्व परिचित आवाज़ ! खट-खट-खट। युवक के कान खड़े हो गए। डाकिया। मनीआर्डर निबंध। पुरस्कार !

युवक उत्तेजित, उत्साहित उठकर बैठ गया। रुपया लेकर बाजार जाना होगा। आह भगवान बड़ी देर में सुना।

खट-खट-खट डाकिया बढ़ा आ रहा था। अचानक आवाज रुक गई। डाकिए ने एक पड़ोसी को आवाज देकर कहा, ''मनीआर्डर ले जाइए।''

युवक ने दरवाजा खोला, और किवाड़ पर सहारा देकर सतृष्ण कृश नेत्रों से डाकिए की तरफ ताकने लगा।

पड़ोसी ने नीचे उतरकर दस्तखत किए और रुपए ले लिये।

डाकिया मुड़ा। सहसा युवक से उसकी चार आँखें हुईं। डाकिया ठिठका। उसके गालों पर एक अजीब जर्दी थी। क्यों थी ? इसे कौन जाने।

डाकिए ने गरदन झुका ली, और चुपचाप सामने से गुजर गया।

युवक ने बेताब होकर पुकारा, "पोस्टमैन, ए पोस्टमैन।"

डाकिया लौटा। आकर बोला "जी ?"

पुरस्कृत निबंध युवक ने बड़े कष्ट से आँसू रोककर कहा, "मेरे नाम का मनीआर्डर है ?"

डाकिए ने हाथ हिलाकर संक्षिप्त उत्तर दिया "नहीं है।"

"नहीं है ? नहीं है ? अरे भाई रहम करो, जरा देखो तो जरूर होगा।"

डाकिए ने फिर कहा, "नहीं है।" और सिर झुकाए हुए वह पलटकर चल दिया।

दो बूँद आँसू डाकिए की आँखों से टपक पड़े यह हमने देखा। क्यों टपके ? इस रहस्य को कौन जाने ?

युवक की आँखें फटी रह गईं, मुँह खुला रह गया, शरीर शिथिल हो गया। दूसरे क्षण उसका अवसन्न शरीर जमीन पर गिर पड़ा।

आठ घंटे बाद सेठ चुपचाप द्वार पर आया। द्वार खुला था। धीरे-धीरे भीतर पहुँचकर उसने देखा, लेखक पृथ्वी पर मरा पड़ा है और सुनहरी कलम चौकी पर रखा है।

लेखक वास्तव में मर चुका था। उसकी नाड़ी छूकर भी सेठ ने निश्चय कर लिया।

"मर गया। उफ सेठ के मुँह से निकला उफ। मर गया। मैं खूनी हूँ। आह बेचारा। डाकिए के उत्तर से निराश हो गया। आह मैं इसका घातक हूँ। मेरी ही करतूत से मेरी ही रिश्वत से आह। डाकिए ने इसे धोखा दिया। आह एक हीरे के लिए... ऐसा पाप...।"

सेठ दौड़कर चौकी के पास गया। कलम उठाया थोड़ी देर निर्निमेष दृष्टि से उसकी सुंदर बनावट देखता रहा फिर...

अचानक कलम के दो टुकड़े हो गए।

सेठ ने एक टुकड़े का खोल हथेली पर उलट दिया, उसमें कुछ न था, तब दूसरा...

एक चमकदार झल-झल करता लंबोतरा हीरा उसकी हथेली पर पड़ा था।

सेठ ने चिहुँककर हीरे को टटोला। 'अरे, एक हजार की चीज़ हाय ! अभागे युवक...'

आँखें फाड़कर सेठ ने युवक की मृत देह की तरफ देखा।

सेठ चीख पड़ा। 'यह क्या ?'

मृत युवक की आँखें उस हीरे की तरह चमक रही थीं, और देह धीरे-धीरे हिल रही थी।

इतने में हवा चली, दरवाजा जोर से बंद हो गया और तेज सीटी बजने की आवाज आई। घोर अंधकार हो गया।

मृत युवक की आँखें तारे-सी चमकने लगीं, देह अधिक जोर से हिलने लगी।

सेठ का शरीर काँपने लगा। हीरा और कलम छूट गए, और सेठ चीखता हुआ

पीछे हटने की कोशिश करने लगा।

परंतु आवाज बंद हो गई थी। पैर मन-मन भर के हो गए थे।

सहसा जोर की हवा चली। फिर सीटी बजी, फिर आँखें चमकीं, फिर देह हिली।

सेठ की आँखें फट गईं, और वह औंधे मुँह गिर पड़ा।

सवेरे बहुत से सिपाही उस कोठरी में आए। दोनों मुर्दे जला दिए गए। हीरा और कलम सरकारी खजाने में पहुँच गए।

कई जासूस इस रहस्य का पता लगा रहे हैं, पर अब तक असफल हैं।

अन्य लेखकों की कहानियाँ

दोस्त

• *यशपाल*

मेरी बहुत पुरानी साध पूरी हुई, जब मुझे देहरादून की बदली का ऑर्डर मिला। देहरादून के प्रशांत उपवन के प्रति मेरे मन में बहुत पुरानी अनुरक्ति है। उन पहाड़ियों की गोद में रहना मुझे माँ की गोद में आँख मूँदकर सोने के समान जान पड़ता है। वे स्वच्छ सूनी वृक्षाच्छादित सड़कें, परेड का विस्तृत मैदान और चारों ओर मनोहर पहाड़ियाँ, यह सब मुझे चित्र के समान सुंदर जान पड़ता है। रात में पहाड़ी पर मंसूरी की बिजली—मानो 'सूर्य की रानी' दिन में वहाँ क्रीड़ारत हो अपना सतलड़ा हार भूल गई है, वही रात में पड़ा चमक रहा है। वातावरण की वह आर्द्रशीतलता कैसी प्राणपोषक जान पड़ती है। संसार की व्यग्रता, उथल-पुथल तथा भयंकर संघर्ष से परे देहरा किसी साधनारत वानप्रस्थी के आश्रम के समान जान पड़ता है। मैंने न जाने कब से निश्चय कर लिया है कि मेरी 'क़ब्र'—अगर ऐसा हुआ, तो देहरे के दामन में ही बनेगी। हृदय के 'गुप्त प्रेम' की तरह देहरा मेरे मन में सदा के लिए एक मीठा दर्द लेकर बस गया है।

सबसे बड़ी बात तो यह है कि देहरे में मि. प्रसाद के अतिरिक्त न कोई मेरा मित्र है, न परिचित। इसी से मेरे जैसे असामाजिक अहदी के लिए देहरे से बढ़कर और कौन स्थान हो सकता है ! मेरे जीवन की बड़ी महत्त्वाकांक्षा थी—और अब भी है, देहरे के ऊपरी भाग में फुलवाड़ी से घिरे हुए एक छोटे से बँगले के बरामदे में शाल ओढ़े आरामकुर्सी पर लेटे रहना। वहाँ बैठा मैं हलकी धूप में फूलों और तितलियों का प्रेम-अभिनय देखा करूँ और सूर्यास्त के समय वनराशि के बीच से दावानल के समान अरुण वरण पश्चिम दिशा को देखने के पश्चात्...रजनीगंधा, देहरादून की रजनी गंधा...उसी में मैं भी समा जाऊँ।

...तुमने कभी देहरे में छावनी की नई सड़क से सूर्यास्त का दृश्य देखा है !...नहीं। तो तुमने संसार में कुछ नहीं देखा। मन चाहता है, एक दफ़े वहाँ बरामदे में बैठ जाऊँ, तो फिर उठूँ नहीं। कोई दया कर पास पड़ी तिपाई पर कुछ सिगार लाकर रख दे, तो मैं उसे इसके बदले स्वर्ग का राज्य मिलने की दुआ दे सकता हूँ। कोई दिन में दो-चार दफ़े चाय पहुँचा दे, तो उसे भी बहुत बड़ा आशीर्वाद दूँगा। हाँ, 'दोस्त' की बात कह रहा था—

मुझे देहरे में आठ तारीख़ को हाज़िर होना चाहिए था और फिर बारह तारीख़

से विजयादशमी की दस छुट्टियाँ थीं। इधर सात तारीख तक मुझे बदली के लिए सात दिन का अवकाश मिला था। इतने दिन निष्क्रिय हो, बरामदे में बैठ धुआँ पीने की आशा से मेरा मान आनंद से विभोर हो उठा। ऑर्डर मिलते ही मैंने मि. प्रसाद को किसी निराले स्थान में एक बँगला हमारे लिए ले लेने को तार दे दिया। तीस को रविवार था, इसलिए मैं विशेष यत्न से तैयारी कर शनिवार की संध्या को ही देहली से चल देना चाहता था। परंतु 'रानी' के किए बिना, तो कुछ हो नहीं सकता और मेरी इस उतावली में रानी का सहयोग बिलकुल नहीं था। प्रथम तो वह देहली के सुसभ्य परिचित समाज़ को छोड़ देहरे जाने के लिए प्रसन्न नहीं थी, और फिर सप्ताह भर का समय जो हाथ में था, उसे वह यों नहीं छोड़ देना चाहती थी। उसे किसी सहेली के यहाँ जाना था, किसी को वह आमंत्रित किए हुए थे, किसी को वह भेंट देना चाहती थी और किसी से भेंट मिलने की भी उसे आशा थी। एकाध दावत में उसे शामिल होना था और कुछ सामान ख़रीदना भी अनिवार्य था, जिसकी कि देहरे जैसे उजाड़ स्थान में मिलने की आशा नहीं थी।

'बिल्ली के भागों छींका टूटा'—शनिवार सुबह की डाक से लाहौर से एक भारी लिफ़ाफ़ा आया। मायके के पत्रों पर रानी ऐसे टूटती है, जैसे मांस पर चील ! पत्र पढ़कर चेहरे पर भारी चिंता के भाव से उसने कहा—"तुम्हारा बहुत जल्दी देहरे जाना किसी तरह नहीं हो सकता।"

कुछ न समझ विस्मय से मैंने पूछा—"क्यों, क्या मतलब ?"

"घर की तो तुम्हें कुछ फ़िक्र ही नहीं रहती। बैठकर इस पत्र को सुनो।" उसने आज्ञा दी और पत्र पढ़ने लगी।

मैं मन में अपना प्रोग्राम बनाते हुए पत्र को सुनने लगा। आधी पंजाबी और आधी हिंदी के इस पत्र को सुन मैं केवल इतना ही समझ सका कि रानी के मायके में उसकी भाभी, बहन या अन्य कोई 'प्रथम प्रसव' की महाभयंकर और आनंदमय परिस्थिति में है और रानी का वहाँ तुरंत पहुँचना बहुत ज़रूरी है। न पहुँचने से जो बदनामी होगी, उसका पारावार नहीं और फिर उसका जो परिणाम होगा वह...।

देहरे में कुछ दिन बिलकुल अकेले रहने की आशा से मैं मन-ही-मन पुलकित हो उठा था, इस अपराध को छिपाकर कहा—"बेशक, तुम आज ही चली जाओ। जब तक ज़रूरत हो, वहाँ रहो और फिर सीधी देहरादून आ जाना।"

मेरी कम समझी पर खीजकर रानी ने कहा—"मैं चली जाऊँ ! तुम भी क्यों नहीं चलते ? छुट्टी तो है ही, वहाँ क्या करोगे ? तुम्हारे खाने-पीने का इंतज़ाम कैसे होगा ? और तुम्हें कुछ समझ भी है ? समय पर ही अपना आदमी पहचाना जाता है। वहीं से सीधे देहरे चले चलेंगे या मैं किसी दूसरे आदमी को तुम्हारी देखभाल के लिए साथ भेज दूँगी।"

मेरा मन बुझ-सा गया। मैंने कहा—'यों चाहो तो मुझे घसीटकर जहाँ ले जाओ, पर मैं डॉक्टर नहीं, नर्स नहीं। मेरी उपस्थिति से साली की प्रसव-वेदना में किस प्रकार

कमी हो सकेगी; यह भी मैं नहीं समझ सकता। तुम मिल्खी नौकर को साथ ले जाओ। मैं वहाँ सब ठीक कर, न होगा—विजयादशमी में लाहौर आ जाऊँगा। सात-आठ दिन रह भी लूँगा।"

जज की तरह मेरी ओर देखकर रानी ने पूछा—"तो तुम वहाँ अकेले कैसे रहोगे ?"

ब्याह हो जाने से पहले माँ समझती थी, संसार में उनकी नज़रों से ओझल होते ही मेरा जीवन ख़तरे में पड़ जाएगा। ब्याह हो जाने के पश्चात् से यही रानी का भी विचार है। परंतु मैं अपने आपको इतना अपदार्थ नहीं समझता। साहस कर कहा—"मकान प्रसाद ने ले ही लिया होगा।"

झुँझलाकर रानी बोली—"मकान क्या करेगा, खाना कौन पकाएगा ? मेरे बिना सब मिट्टी हो जाएगा।"

जवाब दिया, "घबराओ नहीं, जाते ही नौकर रख लूँगा।"

"हाँ, नौकर ऐसे ही मिल जाते होंगे।" उसने जवाब दिया।

अस्तु, रानी को मना लिया। एक-दो ऐसे नुसख़े हैं, जो रानी पर अव्यर्थ हैं, लेकिन अभी उनका भेद नहीं खोला जा सकता। मेरा विचार है, यह सब महत्त्व की बातें मैं अपने पुत्र को जवान हो जाने पर सिखा दूँगा, ताकि बहू उसे बिलकुल निरुपाय न कर दे।

सहारनपुर तक हम दोनों पंजाब मेल में एक साथ ही आए और रानी मुझे समझाती आई। उसने कहा—"मकान प्रसाद से दूर मत लेना। केवल ज़रूरत का ही सामान खुलवाना और सब वैसे ही सँभला रहने देना। नौकर स्वयं मत रखना। प्रसाद के यहाँ से एक आदमी ले लेना और देखो—मेरी क़सम है, तुम खाना प्रसाद के यहाँ ही खाना। कुछ खयाल कर संकोच मत करना। मैं उसकी लड़की के लिए कुछ बनवाकर तुम्हारी सब लज्जा धो दूँगी और ज़रा भी तकलीफ़ या उदासी मालूम हो, तो मेरे पास दौड़ आना, नहीं तो तार दे देना। मैं एक मिनट देर नहीं करूँगी।"

रानी की आँखें भींगती देख मैं डरा, कहीं वह लाहौर जाने का विचार बदल न दे। सहारनपुर के स्टेशन पर भी मैं उसे साहस देता रहा। आख़िर मेल के चली जाने पर मैं निश्चित हो स्टेशन से बाहर निकला। स्वतंत्र हो पर फड़फड़ाने से एक अपूर्व आनंद का अनुभव हुआ।

मि. प्रसाद ने जो मकान मेरे लिए लिया था, उसे देख मेरी प्रसन्नता का ठिकाना न रहा। छावनी की नई सड़क पर, पहले पुल के पास बिलकुल एकांत में छोटा सा बँगला था।

मि. प्रसाद भीतर अपने आदमियों से सामान रखवा रहे थे, उसी समय एक अनजान आदमी ने बरामदे में आ सलाम कर कहा—"बाबूजी, नौकर रखोगे ?"

चतुरता से मैंने पूछा—"तुम नौकरी करोगे ? पहले कभी नौकरी किया है ?"

उस आदमी ने सिर हिलाकर कहा—"हाँ"। उस आदमी के उदास चेहरे को देख मैंने सोचा, यदि इसे नौकर नहीं रखूँगा, तो यह बेचारा कहाँ जाएगा। घर उसका दूर

पहाड़ में टीहरी-राज में था। नाम उसने बताया, 'फ़तेहसिंह' और जाति ब्राह्मण। तनख्वाह उसने माँगी आठ रुपए। मुँह-माँगी क़ीमत देना मूर्खता में शामिल है, इसलिए मैंने कहा सात मिलेंगे। दीनता से उसने कहा—''बाबूजी काम देख लेना।''

अब इनकार करने की गुंजाइश नहीं रह गई थी, मैंने कह दिया—''अच्छा।''

उपदेश देते समय रानी ने कहा था, अनजाना आदमी रखोगे, तो वह सब चुराकर भाग जाएगा। निश्चय से मैंने कहा—'और जो हो, यह आदमी चोर नहीं हो सकता, आख़िर मैं फ़िलासफ़ी का प्रोफ़ेसर हूँ।' बाहर आकर जब मि. प्रसाद को मालूम हुआ कि इसी बीच में मैंने नौकर भी रख लिया, तो उसने कहा—''यदि भाभी (रानी) तुम्हें उल्लू समझती हैं, तो कोई अचरज नहीं।'' पर आदमी तो रख लिया गया था, उसे वचन दे दिया गया था।

फ़तेहसिंह की देख-रेख में मेरी गृहस्थी चलने लगी। एक दफ़े सामान ढंग से लग जाने पर कुछ भी कठिन न था। मेरा समय प्रायः बरामदे में आरामकुर्सी पर लेटे-लेटे ही कटता। फ़तेहसिंह सब काम सँभाले था। पहले तीन-चार रोज़ कुछ चख़-चख़ ज़रूर हुई। मैं उसे बात-बात पर डाँटता रहा, यह देखो, दरी पर मिट्टी पड़ी है, बरामदा मैला है, पानी के गिलास में उँगली मत डालो, तौलिया वहाँ पर मत पड़ा रहने दो, कपड़े खूँटी पर लटकाओ। परंतु हफ़्ते भर में वह मेरे काम लायक़ हो गया था, मैं उसके काम लायक़ हो गया।

विजयादशमी में—जैसा कि मेरा पहले ही विचार था मैं लाहौर नहीं गया। मैंने लिख दिया—'मैं सब प्रकार आराम से हूँ और आना कई कारणों से संभव नहीं।' बाद में रानी का आना भी एक मास तक न हो सका। यह दिन मेरे और फ़तेहसिंह के बड़ी शांति से कट गए।

फ़तेहसिंह में अक्ल की ज़रा कमी थी, वरना वह आदमी सोने का था। बिना बुलाए वह कभी न बोलता और हाथ का निहायत सच्चा। दो-तीन काम उससे अकसर बिगड़ जाते थे। सुबह की चाय में उससे देर हो जाती। जल्दी के लिए कहना फ़िज़ूल था। जल्दी करने पर उसके हाथ से बरतन ही छूट पड़ते थे। दोपहर का खाना भी कुछ उलझन का काम था। चाय अलबत्ता, वह दिन में कई दफ़े तैयार कर सकता था। जूते पर पालिश करवा लेना, टोपी झाड़ना, हाथ धुलाकर तौलिया देना, मेज़ झाड़ देना यह छोटे-छोटे काम थे, जो उसे प्रायः भूल जाते थे। उसमें एक ऐब भी था, जहाँ उसे डाँटा, उसकी रही-सही अक़्ल भी दफ़ा हो जाती थी। आख़िर करता क्या ? अकेला आदमी था, क्या-क्या देखता ?

वह प्रायः अपनी भूल से स्वयं ही दुखी हो जाता था। उस समय कुछ भी कहना संभव नहीं था। वह कहा करता था—''बीबीजी आएँगी, तो मैं सब सीख जाऊँगा।'' लेकिन 'बीबीजी' ने उसे खूब सिखाया।

कभी-कभी मैं दिल बहलाने के लिए उसे समीप बैठाकर बातचीत करने लगता। उसके यहाँ कितनी ज़मीन है; कितने बाल-बच्चे हैं; कुछ कर्ज़ है या नहीं ? यह सब

बातें दुहरा-दुहराकर मैंने कितनी ही दफ़े उससे पूछीं। इस बातचीत से उसे एक आत्मीयता का बोध होता था और कुछ ही दिन में हम दोनों आत्मीयों की भाँति समीपी हो उठे। मुझे भी उसके व्यवहार में एक सहानुभूति और समवेदना अनुभव होती थी। मुझे चुपचाप पड़े देख वह कुछ सोचने लगता और संतुष्ट हो खाना खाते न देख उसकी आँखें भींग जातीं। वह प्रायः पूछता था—''बीबीजी कितने रोज़ में आएँगी ?'' बीबीजी के दर्शनों की उसे बड़ी साध थी। आख़िर एक दिन 'बीबीजी' आ गई।

रानी ने आते ही कहा—''हैं, तुम्हें क्या हो गया ?''

''कुछ भी तो नहीं।'' मैंने जवाब दिया।

''वाह आधे भी नहीं रहे। मुँह सूखकर कैसे काला पड़ गया है।'' यह कहकर रानी क्षुब्ध दृष्टि से मेरी ओर देखने लगी। अपना मुख तो मैं उस समय दर्पण में नहीं देख सका। हाँ, अलबत्ता रानी के मुख पर ज़रूर चिंता की छाया दिखाई दी। परिहास के लिए मानकर मैंने कहा—''तुम तो माँ की गोद में जा मुझे भूल गईं, क्या करता ?''

झूठे अपवाद से खीजकर उसने कहा—''झूठ-झूठ लिखते रहे मैं मोटा हो रहा हूँ।'' इतने में बदक़िस्मत फ़तेहसिंह ने आ हाथ जोड़ 'निमस्ते' की।

रानी ने पूछा—''यही है तुम्हारा समझदार आदमी ?'' रानी को निश्चय हो गया, सब खुराक़ स्वयं खाकर फ़तेहसिंह ने मुझे कमज़ोर कर दिया है। वह उससे नाराज़ हो गई। रानी के साथ मिल्खी भी था। फ़तेहसिंह ने मिल्खी को ऐसे देखा, जैसे वह उसका बड़ा भाई हो, और मिल्खी ने उसे देखा प्रतिद्वंद्वी की दृष्टि से।

फ़तेहसिंह को मैंने तुरंत कुछ बना लाने को कहा। वह चाय बना लाया। रानी ने ट्रे की ओर देखकर कहा—''यह क्या ? घर में खाने के लिए कुछ नहीं ?'' फ़तेहसिंह अपराधी की तरह काँपने लगा। उसे ढाँढ़स देने के लिए मैंने कहा, ''जाओ, पाव रोटी काटकर टोस्ट सेक लाओ।'' टोस्ट के नाम से फ़तेहसिंह डर जाता था। वह कहता था—'यह तो रूई की तरह जल जाते हैं।' इसलिए मैं चाय यों ही पी लेता था। मिल्खी की ओर देखकर मैंने कहा—''जाओ, तुम जाकर करवा दो।''

प्याले में चाय छोड़ते-छोड़ते रानी ने एक प्याली को उठा यों नाक सिकोड़कर देखा, मानो गंदी नाली में से उठाकर बिना धोए उसे वहाँ रख दिया गया हो। झुँझलाकर उसने कहा—''यह क्या गंद तुमने पाल लिया है ?'' और मिल्खी को पुकार उसने हुक्म दिया—''यह सब ले जाओ, साफ़ करके लाओ।''

पंद्रह-बीस मिनट में नए सिरे से झक ट्रे आ पहुँची, परंतु नहीं कह सकता, क्यों, मुझे उन खस्ता टोस्टों और ढंग से बनी हुई चाय में वह मज़ा नहीं आया, जो अल्हड़ फ़तेहसिंह के हाथों आता था। मिल्खी की चुस्ती-फुर्ती देख फ़तेहसिंह मुँह बाए रह गया। रानी मिल्खी को ले घूम-घूमकर कमरों में सफाई करवा ढंग से सामान रखवाने लगी और फ़तेहसिंह को डाँट-फटकार दे पूछती जाती—''यही तरीक़ा है ? यही सफ़ाई है ?''

सोने के कमरे में पलंग के सामने दस-पंद्रह पुस्तकें और अखबारों के पन्ने फैल रहे थे। उन्हें उठाने की न फतेहसिंह को सुध रहती थी, न मुझे चिंता ! धोबी के यहाँ

से जो कपड़े आए थे, वे अलमारी के सामने ढेर-के-ढेर पड़े थे और उतारे हुए कपड़े गुसलखाने में। यह सब देख-देख रानी ऐसे खीजती थी, जैसे बिल्ली पानी के छींटे से। फ़तेह यह सब देख-देख काँप रहा था।

तीसरे दिन—मैं कॉलेज से अभी नहीं लौटा था—रानी बरामदे में बैठी कुछ सोज़नकारी कर रही थी। उसने आवाज़ दी—"फतेहसिंह, एक गिलास पानी लाओ।" एक गिलास को यत्न से माँज ऊपर तक भर हथेली पर टिका फ़तेहसिंह ने फौरन रानी के सामने हाजिर किया। रानी ने एक दफ़े गिलास की ओर देखा और तीव्र दृष्टि से वह एक क्षण फ़तेहसिंह की ओर देखती रही। फ़तेहसिंह समझ गया, ज़रूर कुछ अपराध बन पड़ा है। परंतु वह अपराध क्या है, सो वह कुछ समझ न सका। उसने आँखें झुका लीं।

रानी ने गंभीरता से पूछा—"तुम्हें पानी लाने की भी तमीज़ नहीं ?" और फिर सुई की नोक से संकेत कर समझाया—"जब पानी लाओ, गिलास को एक तश्तरी में रख उसे ढाँककर लाओ।" उस समय दया कर रानी ने वह गिलास उसके हाथ से स्वीकार कर लिया। गिलास के सिरे से पानी की एक बूँद धीरे-धीरे नीचे फिसलती आ रही थी। एक घूँट रानी ने लिया था कि वह बूँद उसके हाथ की सोज़नकारी पर गिर पड़ी। बूँद क्या गिर पड़ी बिजली गिर पड़ी। क्रोध में गिलास फुलवाड़ी में फेंक उसने डाँटकर कहा—"निकल जाओ यहाँ से बत्तमीज़, जानवर !"

उस एक बूँद के बदले न जाने कितनी बूँदें फ़तेहसिंह की आँखों से गिर गईं, इसका लेखा किसी के पास नहीं है। फ़तेहसिंह चला गया। चतुर नौकरपेशा लोगों की तरह वह अपमान सहने का आदी नहीं था, नहीं तो क्षमा माँगकर वह टिक रहता। तुरंत उसका हिसाब कर दिया गया। कॉलेज से लौटकर सब वृत्तांत सुना। मन को बहुत चोट लगी, परंतु मुख से कुछ न कह सका। इच्छा हुई फ़तेहसिंह को ढूँढ़ उसे सब समझाकर लौटा लाऊँ। परंतु कर न सका, उससे रानी की हेठी हो जाती।

उस शनिवार को लड़कों का कोई मैच था, इसलिए सूर्यास्त के पश्चात परेड के मैदान को चीरता हुआ चला आ रहा था। उस समय सहसा दोनों हाथ जोड़ फ़तेहसिंह सामने आ खड़ा हुआ। मन के आवेश में मैंने उसके दोनों हाथ अपने हाथों में ले लिये और गद्‌गद स्वर में कहा—"कहाँ चला गया था तू ?"

फ़तेहसिंह ने लज्जा से अपने हाथ खींच लिये। मुझे भी बोध हुआ, परंतु समीप किसी भी परिचित को न देख अधिक अव्यवस्थित हुए बिना ही मैंने कहा—"अरे, अब कहाँ हो।"

आँखें पोंछते हुए उसने कहा—"कहीं नहीं," अब वह गाँव को लौट जाएगा। उस समय यदि बस चलता, तो फ़तेहसिंह को घर ही लिवा लाता।

हम दोनों उस झुटपुटे अँधेरे में पास-पास खड़े रहे। भीगे हुए गले से फ़तेहसिंह ने कहा—"बाबूजी ग़लती माफ़ करना, आप माँ-बाप हो।" उसकी बात से चोट खा उसके कंधे पर हाथ रख मैंने जवाब दिया—'अरे क्या कहता है, यह सब कुछ नहीं'

और जेब से एक दस का नोट निकाल उसके हाथ में थमाते हुए मैं आगे बढ़ गया।

लौटकर मैंने देखा, वह खड़ा आँसू पोंछ रहा था। मैंने पुकारा—"फ़तेहसिंह !" वह लपककर समीप आ गया। मैंने कहा—"घबराओ मत।"

उसने कहा—"भूलना मत बाबूजी !" हँसकर मैंने कहा—"अच्छा चिट्ठी लिखेगा ?"

सिर हिलाकर उसने हामी भरी।

सात-आठ बरस के बच्चे के-से अक्षरों में कभी-कभी फ़तेहसिंह की चिट्ठी आती है। 'श्री' से आरंभ कर उसमें अपने कल्याण की सूचना और हमारी कल्याण कामना वह करता है। बड़े आदर से वह सदा रानी के लिए जयरामजी की वंचना लिखता है, परंतु रानी को वह मैंने कभी नहीं बताया।

कड़ा जाड़ा आरंभ हो जाने पर रानी जब मोटे कोट निकाल हलके कोट अलमारी में बंद करने लगी तो जेबों की तलाशी में वह एक चिट्ठी उसके हाथ लग गई। अनेक बार पढ़ने पर भी जब वह उसे न समझ सकी, तो हँसती हुई मेरे पास आकर बोली—"वाह रे, मेरे फ़िलासफ़र, अब तुम लोगों के कूड़े-करकट में से उनकी चिट्ठियाँ बीन-बीनकर मनस्तत्त्व के किसी सिद्धांत का आविष्कार करनेवाले हो क्या ? देखती हूँ देख-रेख के लिए मुझे अब प्रतिक्षण साथ रहना पड़ेगा।"

चाहता तो रानी को हँसकर टाल देता, परंतु हम दोनों के बीच एक कड़ी प्रतिज्ञा है—हम दोनों परस्पर कोई रहस्य छिपाकर नहीं रख सकते। परंतु फ़तेहसिंह और अपने संबंध के रहस्य को उसकी अनुमति के बिना खोल डालना भी क्या एक प्रकार का विश्वासघात न होगा...

सितंबर '32, नैनी सेंट्रल जेल — *विप्लव, अप्रैल, 1939*

लावारिस लाश

• *लक्ष्मीचंद्र वाजपेयी 'चंद्र'*

दिन भर के संगठित परिश्रम से थककर संध्या समय जब हरखू अपनी बाँस की बनी टूटी चारपाई पर लेटा, तो उसकी आँखों में आँसू डबडबा आए। उसे ऐसा मालूम पड़ा जैसे उसके चारों ओर अँधेरा छा गया हो ! जी कहने लगा ज़िंदगी अभिशाप है। ऐसी ज़िंदगी, जहाँ सुख की छाया भी दुर्लभ हो, से छुटकारा पाना ही भला ! दिन-रात हाय-हाय ! सुबह से शाम तक मेहनत करना, धूप, बरसात में अपनी देह को सड़ाना और फलस्वरूप दुःख-दैन्य, नालिश-कुड़की ! और गरीबों के बल पर ही बड़ी-बड़ी हवेलियों में ठाठ के साथ रहनेवाले, मोटरों में चलनेवाले बाबू लोग उसे घृणा और उपेक्षा की दृष्टि से देखें—छिः छिः ! ऐसी जिंदगी भी क्या ?

दुख के भारी बोझ को हरखू जैसा दुबला-पतला किसान कैसे सह सकता था ? साथ ही अत्याचार के विरुद्ध आवाज बुलंद करने की भी उसके पास ताक़त न थी। फूट-फूटकर रो पड़ना ही इस बीमारी का निदान था। सोचने लगा सारी-की-सारी, ज़िंदगी हवा की तरह तेजी से उड़ गई और एक क्षण को भी उसे वास्तविक सुख के दर्शन न प्राप्त हो सके ! हाँ, उसने अपना सारा जीवन रो-रोकर ही बिता डाला ! और आज सोचता है, यह उसकी कमजोरी थी, काहिली थी। झंझटों और कठिनाइयों के विरुद्ध आवाज उठाना, बलि दे देना, और मरते दम तक लड़ना एक मात्र उसका काम है। उसके लिए कोई दूसरा लड़ने नहीं आवेगा। किसी के लिए कौन दूसरा आया है, क्यों आवे कोई ? किसी दूसरे को गरज ही क्या ? जिसके पैर में काँटा लगे वही उसे निकाले, पथ पर रुके-ठहरे ! पर दूसरे तो हँसते-खेलते और निर्विघ्नता के साथ आगे बढ़ते जावेंगे।

अभी दुख का एक घाव भरा भी नहीं था, कि दूसरा सर पर आ पहुँचा। पंद्रह दिन पहले उसकी पत्नी मर चुकी है। कफन के लिए पैसे भी न थे, उधार लाया। किसी प्रकार काम चला। भाई बिरादरी को खिलाने-पिलाने में कुछ रुपए उड़े। और आज दोपहर के समय जब वह मड़नी चला रहा था, जमींदार के दो लट्ठबंद सिपाही उसके नज़दीक आँखें तरेरकर खड़े हो गए। उसकी दस साल की छोटी लड़की साग और मोटी-मोटी रोटी लिये बैठी थी। सोचती थी अब आए, अब खाया ! परंतु दुर्भाग्यवश उसका पिता उन दो रूखी-सूखी रोटियों की ओर, दुखभरी दृष्टि से टुकुर-टुकुर देखता

ही रह गया, एक ग्रास भी उसके मुख के अंदर न जा सका। सिपाही बोले चल हरामजादे ! आज एक भी नहीं चलेगी ! रुपए लेते बड़ा मजा आया होगा और देते जान निकलती है, नीच !

दोनों सिपाही हरखू को घसीटते, जलील करते, कटु गालियों की वर्षा करते मालिक के यहाँ ले चले। रास्ते भर वह हाथ जोड़-जोड़कर पैरों पर गिरता रहा, परंतु उन्होंने उसकी एक भी न सुनी। सुनना क्या था ? उन्हें तो बकाया लगान, सूद और दंड के रुपए चाहिए। मालिक की लाल-लाल आँखों को देख हरखू काँप गया। एक क्षण के अंदर सैकड़ों डाँटें महाजन ने बताई। अपना झूठा खाता खोल, जिस पर हरखू के जबरन दस्तखत करा लिये गए थे, महाजन महाशय अपने कब्र रूपी पेट पर हाथ फेरकर बोले, "साढ़े तीन सौ कुल हुए। पाया केवल साढ़े बाईस !" तब हरखू का एक अंग काँप उठा। आश्चर्य से बोला, "केवल साढ़े बाईस ?"

"हाँ रे, क्या मैं झूठ कहता हूँ ? रामभरोसे, लगा तो साले के।" पाँच-सात जूतियाँ उसके सर पर टूट गईं। हरखू को भोजन मिल गया। मुरगा बनाया गया। पीठ पर ईंटें लादे गए। उसकी लड़की अपने बप्पा को पिटते देख रोती रही। उसका क्या बस था ?

घंटे भर बाद हरखू जब अपने खलिहान पहुँचा, तो देखा सारा अनाज गायब है। लड़की से पूछने पर पता चला जमींदार के सिपाही उसे उठा ले गए। साल भर की आशाएँ मिट्टी में मिल गईं। उसके बदन से ऐसा पसीना छूटा कि सारे कपड़े भीग-से गए। हताश-सा वह अपने बैलों को ले घर को लौट पड़ा।

हरखू को याद है, उसके वृद्ध बाप ने, एक समय में महाजन से केवल पंद्रह रुपए कर्ज़ लिये थे। और धीरे-धीरे वह कर्ज़ स्पंज की तरह, हरखू के धन को, खून को अपने में जज़्ब करता रहा ! आज उसका स्वरूप कितना भयंकर था ?

प्रायः आठ दिन की कठिन बीमारी के पश्चात, पैसे-पैसे की दवा के लिए मोहताज लड़की भी महायात्रा कर गई, तो घर का सूनापन जैसे हरखू को खा जाने के लिए तैयार था अब उसके मन-प्राण यहाँ ऊबते थे। रात्रि को सोता तो ऐसा मालूम होता, घर के एक कोने से लड़की की प्यार भरी, आत्मीयता से सनी आवाज आ रही है, 'बापू तुम भी यहीं, मेरे पास चले आओ !' और वह घंटों सोचता रहा आखिर वह किस प्रकार अपनी पुत्री के निकट पहुँच सकता है ? मौत भी उसके चाहने पर नहीं आती।

उस दिन जब वह सोकर उठा, तो देखा आज का प्रभात बहुत सुंदर है। बादलों के टुकड़े इधर-उधर आसमान में घूम रहे हैं। गाँव के लड़के-लड़कियाँ पुलकित हो-होकर ताली पीटते तथा वृष्टि की प्रतीक्षा और अपनी पुत्री, स्त्री का स्मरण कर वह रो पड़ा था। अवसाद के बादल उसके नेत्रों में छाकर रह गए थे।

बाहर आकर देखता है उसके बैल-भैंस और खेत सभी महाजन के घर में समा गए हैं। कुड़की आई थी। सभी कुछ हाथ से जा चुका था। सरकारी कर्मचारियों ने

हरखू से कहा, "तुम्हारी जायदाद कुड़क हो चुकी है।" वह चुपचाप खड़ा सोचता रहा, 'तुम्हारी जायदाद कुड़क हो चुकी है।' तब उसी क्षण उसके ह्यदय में यह भी आया ईश्वर ने ही उसकी सारी संपत्ति स्त्री, पुत्री आदि को ले लिया है उसके चारों ओर घना अंधकार छाने लगा, और वह उसी में विलीन-सा होने लगा।

अब हरखू के पास कुछ भी नहीं है। जो कुछ भी था वह सब कुछ समय-समय पर लुट चुका है, जबरदस्ती छीना जा चुका है। कुछ हड्डियाँ और ढाँचा शेष है। रहता है अपनी बहन के यहाँ—उसकी ससुराल में ! सो भी अभी उस दिन उसके बहनोई ने कहा था—"इस मुस्टंडे की दवा में हमारा सब कुछ नाश हो चुका है अब भी...।" शायद वह आगे यह कहना चहाता था—'नहीं मरता...' फिर बोला—"लड़की को लिया, स्त्री को खत्म किया, अब हम पर नंबर है।"

टूटी चारपाई पर लेटा, आँसू बहाता, हरखू अपने बहनोई के अंतिम वाक्य को न सुन सका। बीमार है प्रायः दस दिन से। उसके जी में आया क्यों न विष खाकर वह मर जाए। पर ऐसा भी न कर सका। चलने को मोहताज जो था !

तब हैजे का प्रकोप हुआ। सैकड़ों लोग काम आए। कीड़े की मौत मर रहे थे गाँववाले !—और हरखू भी हैजे के आक्रमण का शिकार हुआ। परंतु एक बात आज दिन भी मेरे मानस में खटकती है—हँसी भी आती है। हरखू के धन-दौलत के महाजन हकदार हो गए। खेत-पात भी कर्ज़े में गए। पत्नी, पुत्री के लिए स्थान मिला मृत्यु के भयानक मुख में ! परंतु हरखू की लाश सुबह से शाम तक एक ही स्थान पर—जहाँ पर वह मरा था—ज्यों-की-त्यों पड़ी रही। किसी ने उसे छूने की आवश्यकता नहीं महसूस की। हैजे से मरे आदमी की लाश को आखिर छुए तो कौन ? कोई ऐसा फालतू न था कि उसके शव को छूकर हैजे के भयानक रोग को अपने निकट बुलाता।

सूर्य अस्त हो रहे थे। उसकी बहन, लाश पर हाथ-सर पटक-पटककर रो रही थी। उस नारी के शोक को शब्दों में व्यक्त करना उसके प्रति अन्याय होगा।

पर हाँ, यह मैं जरूर जानता हूँ, मैंने देखा भी है, उसकी जमीन-जायदाद के बहुत से लोग हकदार थे, परंतु उसकी लाश...

शायद वह लावारिस लाश थी !

[क्रांति, अक्तूबर, 1939]

भिखारिन

• *मुक्त*

(क)

बालक के कोमल अधरों पर मुसकान की एक हलकी रेखा नाच उठी। किलककर उसने भिखारिन की ओर उँगली उठाई। दबी हुई आवाज़ में बोला—'भिखारिन ! भिखारिन !!'

सड़क के एक किनारे से, नीची निगाह किए, भिखारिन चली जा रही थी। खद्दर के मैले गूदड़ से, उसका शरीर लिपटा हुआ था। उसने बालक की ओर—नेह भरी आँखों से देखा। न जाने किस अलक्षित आकर्षण से खिंचकर, उसके पैर आगे की ओर चल पड़े। क्षण भर में ही, वह बालक के सामने आ गई।

और समय होता तो बालक दौड़कर माँ की आँचल में छिप जाता, अथवा भय से विह्वल होकर रो पड़ता, पर उस दिन भिखारिन को देखकर वह भागा नहीं, रोया भी नहीं। चुपचाप खड़ा रह गया।

भिखारिन ने बालक के सम्मुख हाथ फैला दिया। वह अकसर भिखारियों को पैसे दिया करता था। बोला—"पैसा लेगी ?"

भिखारिन ने मुँह बनाकर कहा—"पैसा ? ना ! खद्दर का एक टुकड़ा दोगे लाला ?"

"खद्दर ! आ दुत्तू !!" बालक ने भागने का उपक्रम किया, मगर उसके सामने ही भिखारिन की बाँहें फैली हुई थीं। अपने को उसने—उसी में डाल दिया।

बालक को गोद में लेकर, शंकित नेत्रों से भिखारिन ने एक बार चारों ओर देखा। फिर, झपटकर एक ओर चल पड़ी।

भिखारिन की यह करतूत परदे के अंदर छिपी हुई किसी की दो आँखें देख रहीं थीं। भिखारिन जब बच्चे को लेकर चली गई तो, वह चीख़कर गिर पड़ी। कई नौकर, बच्चे को ढूँढ़ने के लिए निकल पड़े। किंतु उस समय तक भिखारिन आँखों की ओट हो चुकी थी।

(ख)

सन् 1921 का साल था और फरवरी का महीना। दमन नीति की भयंकर लपट से सारा हिंदुस्तान झुलस गया था। वर्तमान शासन प्रणाली के विरुद्ध राष्ट्र ने अपनी आवाज़ उठायी थी। राष्ट्र की इस आवाज़ में संघ की शक्ति थी और या देश का

खौलता हुआ खून। विद्यार्थियों ने स्कूल कॉलेज छोड़ दिए थे, वकील-बैरिस्टर कचहरी का बायकाट कर रहे थे, नौकरी पेशावालों ने सरकारी नौकरियों को लात मार दी थी। सारा देश-दमन का करारा तमाचा खाकर—तिलमिला उठा था, सारा देश स्वतंत्रता के लिए पागल हो रहा था, और सारे देश में तहलका-सा मच गया था।

बरेली के पं. जगदीश मिश्र वहीं की एक कचहरी में वकालत करते थे। वकीलों में उनकी अच्छी प्रतिपत्ति थी। हाकिम उनकी दलीलों पर कान देते थे। शहर में उनकी साख थी।

असहयोग आंदोलन का ज़बरदस्त प्रभाव देशव्यापी था, फिर भला पंडितजी का घर उससे क्यों अछूता रह पाता ? पंडित की धर्मपत्नी चुन्नी की असहयोग पर बड़ी आस्था थी, पर पंडितजी की दृष्टि में असहयोग का कोई मूल्य न था। देश की राजनीति के लिए, देश के स्वार्थ के लिए असहयोग आंदोलन की सफलता को वे घातक समझते थे, और लगी हुई रोजी को छोड़ना निरी मूर्खता। किंतु साथ ही चुन्नी के स्वतंत्र विचारों में हस्तक्षेप करना भी वे उचित न समझते थे। फलतः घर में कोई झगड़ा-झंझट न था। चुन्नी खद्दर पहनती, पंडितजी विलायती वस्त्रों का व्यवहार करते, चुन्नी कांग्रेस में काफी रक़म दिया करती, पंडितजी कांग्रेसवालों को दरवाजे पर खड़ा भी न होने देते, और इस तरह चुन्नी अपनी राह जाती थी, पंडितजी अपनी।

इन दिनों चुन्नी की मानसिक अवस्था अत्यंत शोचनीय हो गई थी। खाना-पीना उसने छोड़ रखा था, रात में उसे नींद न आती थी, आँखें बराबर गीली रहती थीं। टोले-मुहल्लेवाले पंडितजी की कड़ी आलोचना करते, उन पर फबतियाँ कसते, उनसे मुँह फेर लेते थे। मुहल्ले की स्त्रियों में मुँह दिखाना चुन्नी के लिए मुश्किल हो गया था। वह पति की समझ पर झुँझला उठी थी।

साँझ हो गई थी। कचहरी से लौटकर अपने कमरे में बैठे हुए पंडितजी स्टेट्समैन पढ़ रहे थे। किवाड़ खोलकर धीरे-धीरे चुन्नी उनके पास आई।

अखबार से आँखें हटाकर उन्होंने चुन्नी की ओर देखा। बोले—"चुन्नी !"

चुन्नी ने कुछ उत्तर नहीं दिया। आँसू भरी आँखों से उनकी ओर देखती रही।

पंडितजी ने फिर चुन्नी की ओर देखा। बोले—"कुछ कहना है ?"

"बहुत कुछ।" संक्षेप में चुन्नी ने उत्तर दिया।

"कहो।" उसकी बात सुनने के लिए तैयार होकर पंडितजी ने कहा।

"तुम वकालत छोड़ दो।" चुन्नी की आँखों से आँसू के दो बूँद गिर पड़े।

"तुम रोती हो ?" चौंककर पंडितजी ने कहा—"तुम रोती हो ? यह क्या चुन्नी ? क्या हुआ है तुझे ?"

चुन्नी ने कुछ उत्तर न दिया। उस समय उसने बैंजनी रंग की खद्दर की एक साड़ी पहन रखी थी। उसके होंठ सूख गए थे, मुँह कुम्हला गया था, आँखों में आँसू भरे

हुए थे। पंडितजी को वह मूर्तिमती विषाद की प्रतिमा-सी जँची। एक बार जी में आया कि चुन्नी की बात मान लें, पर क्षण भर में ही उनके व्यक्तित्व ने इस विचार को परास्त कर दिया। उन्होंने साफ कह दिया कि "चुन्नी, तुम्हारा यह परिश्रम व्यर्थ है। तुमसे भी अधिक बुद्धि रखनेवाले लोग इस विषय में मुझसे बातचीत कर चुके हैं। ऐसी अवस्था में तुम्हारी दलीलों का कोई मूल्य न होगा।"

"तो, मेरी बात न मानोगे ?" चुन्नी ने उत्तर माँगा।

"नहीं।"

"नहीं ?"

"ना।"

"मैं जाऊँ ?" चुन्नी ने फिर कहा।

"जा सकती हो।" उत्तर देकर पंडितजी ने फिर अखबार की ओर दृष्टि लगाई।

चुन्नी धीरे-धीरे दरवाजे से बाहर हो गई।

दूसरे दिन घर में चुन्नी का कहीं पता न था। पंडितजी हैरान हो गए। थाने में इत्तिला दी। स्वयं भी खोज-ढूँढ़ की, पर कोई लाभ न हुआ। चुन्नी का पता न चला।

कुछ दिन बाद अब चुन्नी की ओर से बिलकुल निराश हो गए, तो मित्रों के आग्रह से उन्होंने दूसरी शादी की। समय पाकर उनके एक पुत्र हुआ। जीवन के बाकी दिन सुख के व्यतीत होने लगे। यों ही कई साल बीत गए।

(ग)

"वह भिखारिन नहीं थी बाबूजी !" दरवाज़े पर से ही बालक चिल्ला उठा।

बालक की आवाज़ सुनते ही घर में हलचल मच गई। पंडितजी ने आकर उसे गोद में उठा लिया। बच्चे की माँ—शारदा—ज़ोर से रो पड़ी। आनंद की अधिकता में बरबस रुलाई आ जाती है।

"बेटा !" बच्चे के लाल-गाल गालों को चूमते हुए पंडितजी ने कहा—"तू कहाँ चला गया था ?"

"वह बड़ी अच्छी भिखारिन है बाबूजी !" वर्णनीय बातों की अधिकता से बच्चा यह निश्चय न कर सका कि पहले क्या कहना चाहिए। व्यस्त होकर कहने लगा—"वह मुझे अपने घर ले गई थी। कहती थी मैं ही माँ हूँ। वह कभी-कभी मुझे देखने आया करेगी। उसने मुझसे खद्दर की धोती पहनने को कहा है बाबूजी !"

क्षण भर में चुन्नी की तसवीर पंडितजी की आँखों के सामने आ गई। तब क्या वह चुन्नी जीवित है ? हे भगवान ! आज मेरी चुन्नी दर-दर की भिखारिन है !!

पंडितजी को चक्कर आने लगा। वे माथा पकड़कर जमीन पर बैठ गए। अपने पिछले जीवन में चुन्नी के प्रति वे जो अपराध कर चुके थे, वह प्रेत के समान उनके

सिर पर नाचने लगा। अतीत की वेदनापूर्ण स्मृति से उनका चित्त अस्थिर हो उठा। घरवाले कुछ समझ न सके।

किंतु एक ही दो दिनों के बाद पंडितजी इस घटना को भूल से गए थे। कचहरी की झंझटों ने, इस बात का स्मरण रखने के लिए, उनके मस्तिष्क को अवकाश ही न दिया।

उसके बाद कई दिनों तक भिखारिन का पता न चला। सभी उसकी बात भूल गए थे, पर बच्चा न भूल सका था। भिखारिन के प्रति उसके हृदय में एक प्रकार का विचित्र प्रेम, एक प्रकार का अजीब आकर्षण उत्पन्न हो गया था। मन-ही-मन वह भिखारिन की बात सोचता रहता था।

दोपहरिया की निर्जनता में बालक दरवाजे पर खेल रहा था। सहसा किसी के कर-स्पर्श से वह चौंक उठा। हिरन की-सी चकित आँखों से उसने देखा कि भिखारिन उसके सामने खड़ी है। उसके सूखे हुए अधरों पर मुसकान की एक म्लान रेखा उद्‌भासित हो उठी है।

बालक को गोद में लेकर भिखारिन ने स्नेह से उसका मुँह चूम लिया। उसके उस चुंबन में हृदय का छलकता हुआ वात्सल्य था, स्नेह की उमड़ती हुई धारा !

इसी प्रकार मौका पाकर भिखारिन रोज बच्चे को प्यार कर जाया करती थी। कभी उसे कुछ मेवे दे जाती, कभी कुछ मिठाइयाँ, और कभी उसके कोमल कपोलों का चुंबन करके ही वह तृप्त हो जाती थी।

(घ)

कचहरी से लौटकर अखबार पढ़ते-पढ़ते ही पंडितजी की आँखें लग गईं। सपने में उन्होंने देखा कि आज से कई वर्ष पहले चुन्नी उनसे वकालत छोड़ने की कातर-प्रार्थना कर रही है, और उनके द्वारा कोरा उत्तर पाकर सदा के लिए उनके घर से जा रही है। इसके बाद ही भिखारिन के रूप में उन्हें चुन्नी की सूरत नजर आई। वे घबराकर चिल्ला उठे—'चुन्नी ! चुन्नी !!'

उनकी आँखें खुल गईं। उन्होंने देखा, सचमुच ही भिखारिन के रूप में चुन्नी उनके सामने खड़ी है।

उनका हृदय उन्मत्त हो उठा। गला रुँध गया। कलेजा धड़कने लगा। काँपती हुई आवाज़ में उन्होंने कहा—"चुन्नी ! तुम भिखारिन हो ?"

"हाँ, मगर फिर भी तुम्हारा अभिमान नहीं दूर हुआ, फिर भी तुमने खद्दर नहीं पहना, फिर भी तुमने वकालत नहीं छोड़ी !!! छिः !" एक साँस में इतनी बातें कहकर घृणापूर्वक पंडितजी की ओर देखती भिखारिन कमरे से बाहर निकल गई।

'भिखारिन !' केवल एक शब्द कहकर पंडितजी मूर्च्छित हो गए। भिखारिन उस समय गोधूलि के घने अंधकार में मिल गई थी।

[सैनिक, 8 फरवरी, 1928]

मज़दूरिन

• *लीलावती बी.ए.*

मुलिया उस वर्ग की स्त्रियों में से नहीं थी, जिनको समय काटने के लिए रेडियो, ताश, कैरम आदि की आवश्यकता पड़ती है। न ही उसे पड़ोसिनों को यह कहने की जरूरत पड़ती थी–'अरे कभी तो आ जाया करो, यहाँ तो ज्यों ही बाबू दफ़्तर और बच्चे स्कूल की ओर रवाना हुए, घर काटने को दौड़ने लगता है। बैठे-बैठे तबीयत उकता जाती है।'

उसके विषय में तो ऐसा प्रतीत होता था कि समय आगे-आगे भागता था और वह उसे 'थोड़ा ठहर, थोड़ा ठहर' कहकर रोकने की व्यर्थ चेष्टा किया करती थी। सारा दिन ख़ाली बैठने या इधर-उधर की गप-शप में ही व्यतीत कर देने का वह स्वप्न में भी खयाल नहीं कर सकती थी। वह मज़दूरिन है। उसका काम सुबह से शाम तक कोल्हू के बैल की तरह जुते रहना है। सारा दिन पसीना बहाकर ही उसे पेट भरने को अन्न नसीब होता है। आप काम करती है, पति काम करता है, बच्चे भी कुछ-न-कुछ साथ देते ही हैं।

बड़ी लड़की अपने दोनों छोटे भाइयों की देख-रेख करती है और वह नन्हा सा बच्चा जब भूख से व्याकुल होकर चारों ओर सिर घुमा-घुमाकर माँ के स्तन खोजता फिरता है, तो बहन 'आ ! आ !' कर उसे चुप कराने का निष्फल प्रयत्न करती रहती है। रो-रोकर बच्चे की घिग्घी बँध जाती है, पर माँ अपना काम छोड़कर कैसे उसकी पुकार सुने ? अभी ऊपर से मालिक की फटकार पड़ने लगे और पेट भरने के इस ठौर से भी वह वंचित हो जाए, तो पेट क्या बच्चे का मुँह देखकर भरेगा ?

हाँ, वह मज़दूरिन ! शहर के किनारे एक अधबना बँगला था। जो हिस्सा बन चुका था, उसमें मालिक अपने परिवार सहित रहते थे। बाक़ी का हिस्सा अभी बन रहा था। इसी की इमारत में मुलिया अपने परिवार सहित लगी हुई थी। जहाँ मदद लग रही थी, उसके ठीक सामने ही मालिक के मकान का बरामदा। मुलिया दोपहर को जब खाने की छुट्टी में हारी-थकी-सी बच्चे को गोद में लेकर पुचकारने लगती, तो उसकी दृष्टि अनायास ही परले छोर तक दौड़ जाती। गृहस्वामिनी भी अपने बच्चे को खिला रही है। बच्चा खिल-खिल कर उठता है। माँ बच्चे के हाथों में जबरदस्ती कोई फल थमा देती है। बच्चा झटककर दूर फेंक देता है। मुँह की ओर ले जाती है, तो वह

मुँह फेर लेता है। इधर इसकी गोद का बच्चा रो उठा। सूखे स्तनों को बार-बार दबाने से भी तो दूध की एक बूँद नहीं निकलती। वह आँखें मूँदकर अंदर से उमड़ती हुई रुलाई को प्राणपण से रोककर बच्चे को कसकर छाती में छिपा लेती।

आज भी वह ऐसे ही उदासीन भाव से सामने की ओर ताक रही थी। आह ! वे गोल-मटोल स्वस्थ बच्चे कैसे कुलक-कुलककर खेल रहे थे। नौकर फल-मिठाई लिये पीछे-पीछे घूम रहे हैं और वे भागते फिरते हैं। भला खाना भी कोई आवश्यक काम है। जब अवकाश मिलेगा खा लेंगे।

मुलिया ने अपने बच्चों की ओर नज़र डाली। सींखों जैसे हाथ-पैर, पेट बाहर निकला हुआ, औंधा भूमि पर पड़ा था। लड़की, जो तनिक समझदार थी, अपने निष्प्रभ, सूखे मुँह को लिये एकाग्रचित से उन्हीं सौंदर्य की मूर्तियों और उनके खाद्य-पदार्थों की ओर दृष्टि जमाए बैठी थी, मानो वह मन-ही-मन इस दार्शनिक तथ्य तक पहुँचने का प्रयत्न कर रही थी कि इन पदार्थों को पाने का अधिकार ग़रीब लोगों को तो हर्गिज़-हर्गिज़ नहीं है।

मुलिया को, जो अपनी जाति की अन्य मज़दूरिनों की अपेक्षा ज़रूरत से अधिक समझदार थी, ऐसा प्रतीत हुआ कि उस खाद्य सामग्री में से एक टुकड़ा, एक कण भी उन लोगों के भाग्य में नहीं बदा। उसके हृदय को छेदती, मथती, उसे सिर से पैर तक झकझोरती एक लंबी गरम साँस ऐसे निकली कि वह एकबारगी ही सिहर उठी। उसने चट से मुँह फेर लिया। आँचल में से एक टुकड़ा रोटी का निकाल, दो टुकड़े कर दोनों बच्चों के हाथ में थमा दिए। आज बच्चे भी कुछ झिझके। अरे ! वे जो मिठाई खा रहे थे। वह कितनी मीठी होगी ! मन में मिठास का स्वाद लेते हुए वे मुँह बिचका-बिचकाकर वह रूखी-सूखी रोटी ही गले के नीचे उतारने लगे।

कई दिन बीत गए। अब मुलिया का यह नित्य का क्रम हो गया कि दोपहर को वह ठीक वहीं बैठती थी, जहाँ से मालिक के मकान का अधिक-से-अधिक हिस्सा दिखाई पड़ता था। एक दिन उसने देखा, बहुत सी औरतें रंग-बिरंगी साड़ियों में बल खा रही थीं। आज शायद कोई उत्सव था। बात-बात में वे खिली पड़ती थीं। मुलिया एकटक नज़र से उनकी ओर निहार रही थी। अचानक उनमें से एक उस तक चली आई।

"अरी चल, तुझे मालकिन बुलाती हैं। आज उनके लड़के का जन्मदिन है न ! हम आज ज़रा देहाती गाना सुनना चाहती हैं। हाँ, वही जब तुम सब मिलकर 'हो ! हो !' कर गाती हो।" कहती-कहती वह खिलखिला उठी।

मुलिया सहमी-सी, अपनी ही व्यथा के बोझ से दबी कभी उसके बहुमूल्य कपड़ों और कभी उसके प्रफुल्लित मुख की ओर ताक़ने लगी। वह फिर बोली—

"अरी मुँह बाए क्या बैठी है। चल न !" पीछे से मिस्त्री की आवाज़ आई—

"जा न ! आज तो तू काम से बच गई।" चली तो वह गई ही, पर उसके मुँह से बोल न फूटा। कुछ देर तक भद्र महिलाओं ने ज़ोर दिया, पर जब किसी प्रकार

भी उसकी चुप्पी भंग न हुई, तो एक ने बिगड़कर कहा—

"जा मर, नहीं बोलती तो गूँगी कहीं की !" वह जान बचाकर उलटे पैरों लौट आई। आज उसका हृदय अपने वश में नहीं रह गया था। इन मैले-कुचैले वस्त्रों और गिलट के कड़ों, छड़ों को पीछे ढकेलकर वह रंग-बिरंगी साड़ियाँ और सोने, मोती के आभूषणों के स्वप्न ले रही थी। आह ! इनके पास कैसे सुंदर गहने हैं, कपड़े हैं। हँसी, उल्लास इनके अंग-प्रत्यंग से फूटा पड़ता है। कैसी खिलखिला उठती हैं। एक मैं हूँ, जो सारा दिन ईंटें ढोने में ही लगी रहती हूँ। रात को जब सोने लगी, तो अचानक पति से पूछ बैठी—

"भगवान् को देखो, किसी को सोना बखेरने को देते हैं और किसी को मुँह देकर दाना भी नहीं देते।" पति हँस पड़ा—"अपना-अपना भाग्य है भई।" थोड़ी देर चुप्पी रही। वह फिर कुछ कहने को थी कि पति के खर्राटों की आवाज़ उसके कान में पड़ी। 'अरे ! ये कैसे मस्त हैं। क्या वे लोग भी ऐसे ही सो जाती होंगी ? क्या वे भी कभी थक जाती होंगी ? पर—हाँ ! मुझे दुःख किस बात का है। बच्चे हैं, पति है, न किसी के लेने में, न देने में। काम करते हैं और खाते हैं। पर वे फल, मिठाई, चमकदार गहने, कपड़े, वह लंबा-चौड़ा मकान, अहाता ! वे सब तो धन बिना नहीं प्राप्त होते ! भगवान् किसी को धनवान बना देते हैं और किसी को कंगाल !'

ऐसी अनर्गल बातें सोचते-सोचते वह प्रत्यक्ष देखने लगी—'वह एक बड़े मकान में रहती है, चारों ओर नौकर-चाकर फिर रहे हैं। उसके बच्चे रंग-बिरंगे कपड़ों में सुसज्जित इधर-उधर खेल रहे हैं। स्वयं भी वह एक बढ़िया साड़ी पहने है। भला अब कभी दुख देवता यहाँ आने का साहस भी कर सकेंगे। आज इतने दिन बाद उसकी इच्छा पूर्ण हुई।' अचानक उसकी सारी देह हिल उठी।

"अरी उठ न, रोटी नहीं पकाएगी क्या ? फिर काम पर भी तो जाना है।" कहता हुआ उसका पति उसे हिला-हिलाकर जगा रहा है। आँखें फाड़-फाड़कर वह चारों ओर कुछ इस ढंग से देखने लगी कि उसके पति को कुछ डर-सा लगा। "क्या हुआ, क्या हुआ, कहता वह उसे और ज़ोर से झकझोरे देने लगा। मुलिया हाथ छिटका दूर जा खड़ी हुई। उसका वह ऐश्वर्य-भोग सब मिट चुका था। कहाँ, वह तो मज़दूरिन है मज़दूरिन ! ओह ! वह तो केवल स्वप्न था। हाँ, स्वप्न ! ऐसा स्वप्न, जिसने उसके मन-प्राण को वश में कर लिया था। अटकते गले से वह बोली—

"मुझे अभी स्वप्न आया था कि मैं रानी हो गई और तुम राजा।"

डरकर उसके पति ने ग़ौर से उसकी आँखों की ओर देखा।

"पगली हो गई है, पगली ! चल जल्दी कर, देरी हो रही है।"

आज मुलिया का काम में ज़रा भी मन न लग रहा था। उसकी आँखें रह-रहकर सामने की कोठी पर अटक जाती थीं। आह ! उस कोठी की स्वामिनी कितनी भाग्यशालिनी होगी ! आज जब छुट्टी मिली वह उसी ओर चल दी। सामने के कमरे का द्वार भीतर से बंद था। शाम का झुटपुटा था। अंदर रोशनी हो रही थी। वह एक

दरार में आँख लगाकर भीतर झाँकने लगी। देखा, स्वच्छ, मुलायम बिस्तर लगा है। मालकिन उस पर आराम से पड़ी है। सहसा उसने करवट ली। वह मुँह देखकर मुलिया अचकचा गई। 'अरे ! क्या यह भी दुखी है।'

मालकिन कह रही थी–

'हर वक्त पैसा, पैसा ! कभी आराम से घर न बैठना। न स्त्री की चिंता, न बच्चों का मोह ! भला कोई केवल पैसे का ही भूखा होता है ! इतना धन भरा पड़ा है, अभी 'और, और' की धुन लगी रहती है। इससे तो मैं एक मज़दूरिन होती, तो सारा दिन परिश्रम कर पति-पुत्रों सहित चैन से तो सोती।'

मुलिया ने यह सब सुना। कुछ समझती और कुछ न समझती, वह धीरे-धीरे वापस लौट आई।

ईंटों के ढेर पर बैठकर वह सोचने लगी–'भगवान् यह भी क्या दुख है। जनम भर मैंने दुख सहा, पर यह दुख न जाना। क्या भगवान् ही रुपएवालों को रुपया छोड़ने नहीं देते ?'

अब मुलिया के मन का भाव बदल गया। अब तक वह मालिक के पिछले जन्म के पुण्य का प्रभाव समझकर, भगवान् का न्याय समझकर चुप थी। अब उसे जान पड़ा कहीं बड़ी भारी भूल हो गई है। उसके मन में इच्छा होने लगी, मालकिन से कहे, आओ बहन, अदला-बदली कर लें !

परंतु कभी कोई शब्द उसके मुँह से न निकल सका। वह टूटी हुई ईंटों के ढेर पर बैठकर हथौड़ी से रोड़े तोड़ना और मालिक के वैभव को ललचाई आँखों से देखना जारी रहा।

जब मैं मुलिया की बात याद करती हूँ, तो सोचती हूँ अच्छा ही हुआ, वह मदरसे में बैठकर अंग्रेज़ी नहीं पढ़ी, नहीं तो वह समाजवाद का प्रचार कर मुसीबत खड़ी कर देती।

[क्रांति, सितंबर, 1939]

विद्रोही के चरणों पर

• *जनार्दन प्रसाद झा 'द्विज'*

"आप चुप क्यों हो रहे मंत्रीजी ?" "उत्तर सोच रहा हूँ श्रीमन् ?" "उत्तर सोचना भी अभी बाकी ही था ?" राजा ने कुछ उदास-सा होकर पूछा—"मालूम होता है आप इससे सहमत नहीं हैं, क्यों ?" "मेरा यह चुप रहना असम्मति का सूचक नहीं है श्रीमन् !" मंत्री ने हाथ जोड़कर बड़ी दीनता से उत्तर दिया—"मैं अपने को इतने बड़े सौभाग्य का विद्रोही नहीं बना सकता।" "फिर बात क्या है ?"

"केवल यही कि न जाने क्यों मैं इसे एक सपना-सा समझ रहा हूँ।"

"आपका आशय ठीक-ठीक मेरी समझ में नहीं आ रहा है। क्या आपके कहने का मतलब यह है कि मेरी इस बात पर आप अपना विश्वास नहीं टिका सकते ?" "नहीं श्रीमन् !" मंत्री ने उसी तरह नम्र होकर जवाब दिया—"आपकी इस बात पर नहीं, अपने इतने बड़े सौभाग्य पर ! मैं अब भी समझ रहा हूँ कि राजकुमारी शीला देवी को अपनी पुत्र-वधू बनानेवाला भाग्यशाली पुरुष मेरे जैसा नहीं हुआ करता। इसी से आपकी दी हुई यह अयाचित कृपा-भीख, राज-सम्मान की यह महिमामयी माधुरी मुझे आनंद-विभोर और विस्मय-विमुग्ध बनाए जा रही है। मैं समझ नहीं रहा हूँ, इस अवसर पर मुझे आपकी सेवा में क्या निवेदन करना चाहिए ?"

अपने मंत्री की इस विनयशीलता पर प्रसन्न होकर राजा ने कहा—"वैभव की विषमता ही सब कुछ नहीं है मंत्रीजी, और-और बातें भी ध्यान में लाई जानी चाहिएँ। कुँवर करुणेंद्र जैसा रूपवान, गुणवान और विद्वान पुत्र पाकर कोई भी पिता अपने को उस वैभवशाली सम्राट् से बढ़कर भाग्यवान समझ सकता है, जिसके भाग्य में बेटे का मुँह देखना बदा ही न हो।" राजा की अंतिम वाणी में एक अभावजन्य वेदना की करुण अभिव्यक्ति थी, अपमान की ज्वाला में झुलसते हुए हृदय की एक मार्मिक पुकार थी। मंत्री ने उसको सुना और समझा। राजा का वह कारुणिक संकेत किसी की सहानुभूति और सांत्वना की भीख माँग रहा था। मंत्री का हृदय द्रवीभूत हो गया। आर्द्रवाणी में उसने कहा—"स्वामिन् ! करुणेंद्र आपके पुत्र हैं और शीला मेरी पुत्री, आपकी जो आज्ञा होगी, यह दास सिर झुकाकर उसका पालन करेगा।"

"इस विनिमय से मुझे बड़ा ही सुख मिल रहा है मंत्रीजी !" राजा ने एक प्रकार से कृतज्ञता-ज्ञापन का भाव दिखाते हुए कहा—"यदि मेरा अनुमान ग़लत नहीं है तो

मैं आपको विश्वास दिला सकता हूँ कि राजकुमारी शीला और कुँवर करुणेंद्र एक-दूसरे को चाहते भी बहुत हैं। राजकुमारी की माँ भी इस विवाह संबंध के लिए बहुत लालायित हो रही हैं। वे किसी राजघराने में अपनी बेटी का ब्याह नहीं करना चाहतीं, उनकी आँखों में आपके कुँवर साहब समा गए हैं। इन्हीं बातों पर विचार करते हुए मैं इस निर्णय पर पहुँचा हूँ कि राजकुमारी को आप अपनी पुत्रवधू के नाते अंगीकार करने की कृपा करें। वर-कन्या दोनों ही को अपनी-अपनी रुचि की चीज़ मिल जाएगी। वे लोग सदैव सुखी रहेंगे और उनके सहयोग से दिनोंदिन यह राज्य समृद्धशाली होता जाएगा।'' ''मुझे अपने इस सौभाग्य पर गर्व हो रहा है प्रभो !'' मंत्री ने गद्गद होकर कहा—''परमात्मा आपकी यह इच्छा शीघ्र ही पूरी करें—वह दिन शीघ्र ही आवे जब राजकुमारी की रूप-किरणों से मैं अपनी वैभवहीन कुटिया को जगमगाती हुई देखूँ।'' राजा कुछ बोलने ही वाले थे कि नौकर ने आकर निवेदन किया—''कुँवर साहब बहुत देर से बाहर खड़े हैं, श्रीमान् से मिलने की आज्ञा चाहते हैं।'' ''आदरपूर्वक उन्हें यहाँ लिवा लाओ।'' कहकर राजा ने नौकर को बिदा किया और मंत्री की ओर देखकर चकित भाव से पूछा—''बात क्या है ? इस समय उन्हें मुझसे मिलने की कौन सी ज़रूरत आ पड़ी ?'' ''कह नहीं सकता श्रीमन् !'' कहकर मंत्री ने सिर झुका लिया। उनका हृदय धड़क रहा था।

''कहिए कुँवर साहब ! अरे, आज तुम्हारा चेहरा इतना उतरा हुआ क्यों है बेटा ?''—कुँवर करुणेंद्र के पहुँचते ही राजा ने प्यार के शब्दों में उतावली से पूछा।

''आप यदि इस महल से बाहर निकलकर एक बार अपने राज्य में घूमने का कष्ट करें ?'' कुँवर करुणेंद्र ने निर्भीक भाव से अपनी काँपती हुई वाणी में उत्तर दिया—''तो आप देख सकेंगे कि आपके इस सुव्यवस्थित शासन ने कितने चेहरों की नूर लूट ली है। मेरा चेहरा तो सौभाग्यवश आपको केवल उतरा हुआ ही नज़र आता है, किंतु औरों के चेहरे पर तो आपको धधकती हुई चिंताएँ भी दीख पड़ेंगी। आप देखेंगे कि आपकी प्रजा के वे दमकते हुए मुख-प्रदेश आज श्मशान की तरह काले और भयंकर हो रहे हैं।'' मंत्री की आँखों के आगे अँधेरा छा गया वे उसी तरह चुपचाप सिर झुकाए बैठे रहे। राजा ने इन बातों का मर्म जानकर भी अनजान की तरह मंत्री से पूछा—''पता नहीं, कुँवर साहब क्या-क्या कह गए ! आप कुछ समझ सके मंत्रीजी ?'' ''क्षमा कीजिएगा श्रीमन् !'' मंत्री के कुछ कहने के पहले ही मंत्री-पुत्र ने कहा—''मैं आज आपकी सेवा में कुँवर के नाते नहीं आया, आज मैं एक साधारण प्रजा के नाते, उनके अपार कष्टों का संदेशा लेकर आपके आगे खड़ा हूँ, जिनका खून चूस-चूसकर राज-कर्मचारी मोटे हुए जा रहे हैं; जिनकी गाढ़ी कमाई से आपका राजकोष भरा जा रहा है; जिनकी आकांक्षाएँ और आवश्यकताएँ उपेक्षा और अत्याचार के चरणों से कुचली जा रही हैं, जो आप लोगों को खिलाकर स्वयं भूखों मर रहे हैं और जिनकी पुकार सुननेवाला कोई नहीं है। मुझे दृढ़ विश्वास है आपके मंत्री महोदय खूब अच्छी तरह समझ रहे हैं। मैं इनके उत्तर में संतोष की झलक देखना चाहता हूँ।'' युवक की इस

निर्भीक गर्जना से राजप्रासाद का वह कमरा गूँज उठा। मालूम होता था, उसकी दीवारें काँप रही हों। मंत्री के बोलने की शक्ति जैसे किसी ने छीन ली। अपनी शिकायत सुनकर राजा का अहंकार सजग हो उठा। उन्होंने दर्प के साथ अपने स्वर को कुछ कठोर बनाकर कहा—"तुमसे इस प्रकार की धृष्टता भरी बातें सुनकर मुझे क्रोध आ रहा है कुँवर ! मैं तुम्हें अपने पुत्र की तरह अपना चुका हूँ, इसीलिए इस उमड़े हुए क्रोध पर मुझे शासन करना पड़ रहा है। और कोई होता तो उसे दिखला देता कि मेरी राज-व्यवस्था की झूठी निंदा करने का परिणाम कितना भयंकर हुआ करता है।"

"किंतु मैं तो कोई झूठी निंदा कर नहीं रहा हूँ।" करुणेंद्र ने दृढ़ता के साथ कहा—"जो कुछ कह रहा हूँ उसका एक-एक अक्षर सत्य है, वह सत्य जिसे आप जानकर भी नहीं जानते और जिसके लिए मेरा नम्र निवेदन है कि आप उसे जानें और शीघ्र ही जानें—नहीं तो अनर्थ हो जाएगा।"

"सहनशीलता की भी एक सीमा होती है करुणेंद्र।" राजा ने क्रोध से तमतमाते हुए चेहरे पर रोब चढ़ाकर कहा—"मुझे भय है, अब ये तुम्हारी विद्रोहपूर्ण बातें शांति और धैर्य के साथ न सुन सकूँगा। अतएव आशा करता हूँ, इसके आगे अगर तुम्हें कुछ बोलना हो, तो होश में आकर, बड़ी सावधानी के साथ शब्दों का उच्चारण करना, नहीं तो अनर्थ की पहली भेंट तुम्हारे ही साथ होगी।" "इसके लिए तो मैं सब तरह से तैयार होकर आया हूँ श्रीमन् !" कुँवर साहब ने बड़ी गंभीरता के साथ जवाब दिया—"और आपको यह विश्वास दिलाना चाहता हूँ कि इस समय, जब मैं आपके साथ बातें कर रहा हूँ, मेरा होश मेरे साथ है। मैं बड़ी सावधानी के साथ अपने शब्दों को सँभाल-सँभालकर आपके आगे रख रहा हूँ, जिससे सत्य का असली रूप आपकी आँखों के सामने आ जाए।" "बस बहुत हो चुका।" राजा ने ज़ोर से कड़कते हुए कहा—"मैं इस संबंध में अब कुछ नहीं सुनना चाहता। आज न जाने तुम क्यों इस तरह बढ़-बढ़कर बातें कर रहे हो ? मैं तुम्हें जैसा समझता था, तुम ठीक उसके विपरीत निकले। तुम क्या जानो राज्य की शासन व्यवस्था किस चिड़िया का नाम है ? मालूम होता है, किसी राजविद्रोही ने तुम्हें बहका दिया है। याद कर लो, ये सब विनाश के लक्षण हैं।"

"हाँ भगवन् !" युवक ने उत्तर दिया—"मैं भी तो यही निवेदन कर रहा हूँ कि ये सब (राज के) विनाश के लक्षण हैं, आपको इन्हें दूर करने का उचित उपाय सोचना चाहिए।" क्रोध की भभकती हुई ज्वाला ने राजा की नस-नस में आग लगा दी। भूखे शेर की तरह गुर्राते हुए उन्होंने कहा—"तुम इसी दम मेरे सामने से हट जाओ। तुम्हारी सूरत से मुझे घृणा हो गई है। अभी एक क्षण पहले मैं राजकुमारी के साथ तुम्हारे विवाह की बात सोच रहा था, किंतु अब देखता हूँ तुम्हारे लिए जहाँ तक जल्दी हो सके, मुझे हथकड़ियों और बेड़ियों का प्रबंध करना पड़ेगा।" "राजकुमारी के साथ मेरा ब्याह कराके..." कुँवर साहब ने वीर-दर्प के साथ उत्तर दिया—"अथवा मुझे अपने राज्य का उत्तराधिकारी बनाकर आप वह सुख और शांति नहीं पा सकेंगे स्वामिन्, जो सुख और

शांति मुझे हथकड़ियाँ-बेड़ियाँ पहनाकर या फाँसी पर लटकाकर आप पा सकते हैं। अच्छी बात है, मैं आपके सामने से दूर हट जाता हूँ; अब यदि भाग्य में बदा होगा तो उसी दिन फिर सेवा में उपस्थित हो सकूँगा, जब आप मेरे लिए हथकड़ियों और बेड़ियों का प्रबंध कर चुकेंगे।'' इतना कहकर युवक तेजी के साथ कमरे से बाहर निकल गया। राजा ने रोष भरी आँखें गुँडेरकर मंत्री की ओर देखा और उनसे पूछा—''सुन लीं इस छोकरे की बातें ?'' ''हाँ स्वामिन्'' अपराधी की तरह अपनी रोनी सूरत बनाकर मंत्री ने जवाब दिया—''सुन लीं, ठीक उसी तरह जैसे कोई अबोध बालक किसी बेहोश रोगी का बड़बड़ाना सुन लेता है।'' ''मैंने उसे पहचानने में भूल की थी। वह एक विषैला साँप है, जो आज तक फूलों के नीचे छिपा था। उसका यह पहला ही फुफकार मुझे राज के अमंगल की सूचना दे रहा है। इसको कुचले बिना काम न चलेगा।'' मंत्री के होश हवा हो गए। कहाँ तो अभी कुँवर को उपहार में राजकुमारी दी जा रही थी और कहाँ अब उसे कुचल देने की बात सोची जाने लगी। भयभीत होकर उन्होंने कहा—''श्रीमन् ! उसकी ओर से मैं क्षमा की भीख माँग रहा हूँ। अभी पल भर पहले ही आप उसे अपना पुत्र अंगीकार कर चुके हैं। मेरा विश्वास है, आपके इस प्रकार का असर खाली न जाने पाएगा। वह बड़ा ही सहृदय युवक है। मालूम होता है किसी दुष्ट ने उसे बहका दिया है।'' ''मैं जानता हूँ मंत्रीजी,'' राजा ने कहा—''हमारे राज में धीरे-धीरे ऐसे दुष्टों की संख्या बढ़ती जा रही है। कुँवर करुणेंद्र भी अगर उन्हीं का साथी बन गया तो मुझे अपने कठोर कर्तव्य का पालन करना पड़ेगा। अच्छा हो, अगर आप समझा-बुझाकर उसे ठीक रास्ते पर ला सकें, नहीं तो आप मुफ़्त में बरबाद हो जाएँगे। अगर यह मान जाए तो मैं, जहाँ तक जल्दी हो सके, राजकुमारी के साथ उसका ब्याह करा दूँ। संभव है शीला देवी को पत्नी रूप में पाकर वह अपने दायित्व को समझ ले और व्यर्थ ही इधर-उधर दृष्टि दौड़ाने का उसे अवसर ही न मिले।'' ''मैं शीघ्र ही उसे आपके चरणों पर लौटता हुआ देखूँगा। श्रीमन् !'' कहकर मंत्री ने सिर झुका दिया और घर जाने की आज्ञा माँगी। राजा ने मंत्री को बिदा किया और एक ऐसा लंबा उसास काढ़ा, जिसमें उनके जीवन भर की वेदना तलमला रही थी। वे व्यथित होकर उसी जगह बेंच पर लेट गए। उनकी आँखों के आगे राज्य भर के अत्याचारों की तसवीरें नाच रही थीं, कानों में कुँवर करुणेंद्र के वे करुण और रोष भरे शब्द गूँज रहे थे, हृदय में बेचैनी की लहरें दौड़ रही थीं।

2

''मेरा क्या अपराध है करुण ?'' राजकुमारी शीला ने आँखों में आँसू भरकर पूछा—''मेरे जन्म-जन्मांतर के संचित प्यार को तुम इस निर्दयता से क्यों ठुकरा रहे हो ?'' ''तुम्हारा अपराध राजकुमारी !'' कुँवर करुणेंद्र ने अपनी विह्वल भावनाओं को बलपूर्वक दबाते हुए उत्तर दिया—''केवल इतना ही कि तुम मेरे जैसे अभागों के लिए नहीं बनाई गई

हो। मैं तुम्हारे प्यार को ठुकराने वाला अंतिम पुरुष होऊँगा। किंतु वह मेरे भोग की वस्तु नहीं है, उसकी तो मैं उपासना किया करता हूँ और चाहता हूँ कि तुम मुझे आशीर्वाद दो जिससे जीवन भर मैं ऐसा ही कर सकूँ।" "मुझे भय है, यही आशीर्वाद मेरे लिए अभिशाप का काम करेगा।" "नहीं, यह मिथ्या है। आशीर्वाद ? कभी अभिशाप नहीं हुआ करता। अभिशाप को आमंत्रित करनेवाली चीज़ तो है आकांक्षा।"

"किंतु आकांक्षा से दूर हटकर जीवन में कोई स्वाद भी रह जाता है ?" "अपनी-अपनी रुचि के अनुसार लोग जीवन में स्वाद ढूँढ़ा करते हैं, राजकुमारी। किसी को त्यागमय, कष्टमय, तपस्यामय जीवन ही स्वादिष्ट मालूम होता है और किसी को वह जीवन जो सुख, भोग, विलास और वासना की धाराओं में बिना केवट की नाव की तरह, लापरवाही से बहता चला जा रहा हो। मैं नहीं जानता, तुम्हारी आकांक्षा क्या है, और तुम अपने जीवन में कैसा स्वाद बनाए रहना चाहती हो।" "मेरी आकांक्षा और कुछ नहीं है प्रियतम !" राजकुमारी घुटने टेककर हाथ जोड़ती हुई सजल स्वर में बोली—"मैं केवल इतना ही चाहती हूँ कि तुम्हारी चरण-सीमा से कभी दूर न हटाई जाऊँ। चाहे मेरी यह आकांक्षा अभिशाप ही बन जाए, मैं इससे अपने को कभी अलग न कर सकूँगी। ऐसा करने से मेरे जीवन का सारा स्वाद जाता रहेगा।" कुँवर करुणेंद्र का छिपा हुआ प्यार आँखों की राह से बाहर छलक पड़ा। रुँधे हुए स्वर में उसने कहा—"मुझे विचलित न करो राजकुमारी ! उठो ! इस तरह मुझ अभागे के सामने घुटने टेककर न बैठो। मेरा मन अधीर हुआ जा रहा है। मेरी रक्षा करो।" "मैं तो अबला हूँ नाथ ! मेरे रक्षक तो आप ही हैं।" "तुम्हारी यह दीनता मुझे पागल बना रही है राजकुमारी।" कुँवर ने बड़ी बेचैनी से कहा—"उठो, मेरे ऊपर दया करो।" "और तुम भी मेरे ऊपर दया करो देव !" राजकुमारी खड़ी होकर बोली—"मुझे अब से राजकुमारी कहकर लज्जित न किया करो; मैं तुम्हारे चरणों की दासी हूँ।"

"नहीं, तुम राजकन्या हो।" "हाँ," किंतु केवल पिताजी के राजप्रासाद में, तुम्हारे आगे नहीं।" "यह क्यों ?" "यह नहीं जानती।" "इसी को बनना कहते हैं।" "इसी को बनना कहते हैं ?" राजकुमारी का नारी-दर्प सजग हो उठा। वेदना-विह्वल वाणी को कंपित करती हुई वह बोली—"कहते होंगे, तुम्हारे ही जैसे हृदयहीन पुरुष, नारी-जीवन के इस एकलौते सत्य को 'बनना' कहते होंगे। बचपन से लेकर आज तक साथ रहते हुए भी जो एक अबला के हृदय की भूख नहीं पहचान सका उसे यह अधिकार है कि वह मेरी इस बिलखती हुई आकांक्षा का अपमान करे, मेरे तड़पने को बनना समझे।"

"क्रोध न करो शीला।" कुँवर ने उसके दोनों हाथों को अपने हाथ में लेकर कहा—"मैं तुम्हारे क्रोध का पात्र नहीं, तुम्हारी करुणा का भिखारी हूँ, तुम्हारे प्यार का भूखा हूँ; किंतु..."

"किंतु क्या करुण ?"

"किंतु हम दोनों के बीच जो बाधा आ खड़ी हुई है, उसे दूर होते अभी कुछ

दिन लगेंगे। तब तक अपनी-अपनी अधीरता पर हमें कठोर अधिकार रखना पड़ेगा।''

''यह बाधा तुम्हारी खड़ी की हुई है। तुम चाहो तो पल भर में दूर हो सकती है।''

''यह तो सुनी बातें दोहरा रही हो शीला।'' राजकुमारी के मुखड़े पर अपनी जीवनमयी आँखों से पुरुषत्व की आभा बिखेरते हुए कुँवर करुणेंद्र ने जवाब दिया। तुम्हें क्या मालूम कि इस बाधा का निर्माण करनेवाला मैं हूँ या वह, जिसके अत्याचारपूर्ण शासन से आज सारे राज्य में हाहाकार मच रहा है। मेरे लिए यह हाहाकार असह्य हो उठा है। मैं प्राण देकर भी प्रजा की पीड़ाओं का प्रतीकार करूँगा।'' ''किंतु दो-चार दिनों के बाद भी तुम इस काम को शुरू कर सकते हो और मैं समझती हूँ, उस समय तुम बड़ी आसानी से सफलता प्राप्त कर सकोगे।''

''मैं इस काम में बहुत पहले ही से हाथ डाल चुका हूँ शीला।'' कुँवर ने गंभीर भाव से उत्तर दिया—''बहुत देर हो गई, अब पीछे नहीं लौट सकता। जिस काम के लिए तुम मुझे दो-चार दिनों तक ठहरने को कह रही हो वह इस महान् कार्य के आगे अपना कोई महत्त्व नहीं रखता।'' ''मगर मेरी ओर भी तुम देख रहे हो या नहीं ?'' ''मेरी आँखें तुम्हारी ओर से फिर न सकेंगी; किंतु हृदय इस समय प्रेम की मदिरा पीकर बेहोश नहीं होना चाहता, वह कर्तव्य की वेदी पर बलिदान न होकर अमरत्व की धारा बहाना चाहता है।'' ''तुम बड़े ही कठोर हो प्रियतम !'' ''ठीक उसी तरह प्रिये।'' कुँवर ने उसका हाथ चूमते हुए कहा—''जिस तरह वह शिलाखंड, जिसके नीचे सदैव निर्मल जल का स्रोत उमड़ता रहता है। अच्छा हो, अगर तुम मुझ निष्ठुर को बिलकुल भूल जाओ।''

''कोशिश करूँगी।''

''कोशिश ही नहीं, पूरी तपस्या करनी होगी।''

''करूँगी, अब मैं सब कुछ करूँगी; और केवल इसीलिए कि तुम्हारी मनोकामना पूरी हो, तुम्हारा यह अनुष्ठान सफल हो।'' ''ईश्वर तुम्हारी इस इच्छा-शक्ति को अमर बनाएँ।'' ''आशीर्वाद दो'' कहकर राजकुमारी उसके पैरों पर माथा टेकती हुई बोली—''इन चरणों की धूलि मेरे सुहाग की रखवाली करे।''

3

''मैं तुम्हारा अंतिम निर्णय सुनना चाहता हूँ करुण !'' ''मुझे बहुत ही दुःख है पिताजी !'' करुणेंद्र ने विनीत भाव से उत्तर दिया—''मेरे विचार तब तक दूसरे नहीं हो सकते जब तक भूख की ज्वाला से तड़पनेवाले उन करोड़ों निरीह प्राणियों की पीड़ा का पूर्ण प्रतिकार न हो जाए—जब तक राजकीय अत्याचारों की 'इति' न हो जाए और जब तक मैं राज्य व्यवस्था के साथ जनता की उमंग भरी सहानुभूति का मेल न देख लूँ।'' ''किंतु क्या तुम समझते हो।'' मंत्री ने राजदर्प दिखलाते हुए कहा—''कि तुम इतनी

बड़ी राजसत्ता के विरुद्ध घड़ी भर भी खड़े रह सकोगे ? तुम अपने को इतना महान् कब से समझने लगे ?'' ''उसी दिन से,'' करुणेंद्र ने कहा—''जिस दिन मुझे मालूम हुआ कि आप लोग केवल गरीब प्रजाओं का रक्त ही चूसना जानते हैं—उनकी सूखी हुई रसहीन हड्डियों में रुधिर की सृष्टि करना बिलकुल नहीं जानते; उसी दिन से, जिस दिन देखा कि जिनकी कमाई के बल पर राजप्रासादों में मदिरा की नदियाँ बहाई जा रही हैं। उन बेचारों को कहीं पानी पीने का भी ठिकाना नहीं है; और पिताजी, उसी दिन से, जिस दिन मुझे मालूम हुआ कि महानता का आधार ऐश्वर्य अथवा राजपद नहीं, बल्कि मनुष्यता और मनुष्यता के प्रति प्रेम है। मैं नहीं जानता इतनी बड़ी राजसत्ता के विरुद्ध मैं घड़ी भर भी खड़ा रह सकूँगा या नहीं; हाँ, इतना जानता हूँ कि मैं सत्य और न्याय की उपासना करने जा रहा हूँ और परमात्मा मेरी सहायता करेंगे।'' ''संभव है, परमात्मा तुम्हारी सहायता करें; किंतु तुम्हारे पिता होने के नाते मेरा भी कर्तव्य है कि मैं तुम्हें उचित राह पर लाने की चेष्टा करूँ, तुम्हें आग में कूदने से रोकूँ और तुम्हारे कल्याण की चिंता करूँ...'' कहते-कहते मंत्री की आँखें डबडबा आईं। ''सच है पिताजी !'' करुणेंद्र ने अविचलित भाव से कहा—''आप अपना कर्तव्य कीजिए, मैं अपने कर्तव्य को पहचानता हूँ।'' ''और अपने माँ-बाप को अपार कष्ट में डालना ही शायद तुम इस समय अपना कर्तव्य समझ रहे हो ? मंत्री ने व्यंग्य किया, ''नहीं, माँ-बाप के माया-मोह की परवाह न करते हुए सारे देश को क्लेशमुक्त करना।''

''नरक मिलेगा—कहे देता हूँ, मुझे रुलाकर सुख न पा सकोगे।'' ''पिता का आशीर्वाद सिर-आँखों पर; किंतु देशसेवा के नाते यही नरक मेरे लिए स्वर्ग होगा। आपको रोते देख मैं कभी सुखी नहीं हो सकता, मगर देखता हूँ आपके रोने का कोई कारण नहीं है।'' ''इससे बढ़कर और कौन सा कारण होगा।'' मंत्री ने विदग्ध वाणी में कहा—''कि कल ही मैं जिस बेटे को राजसिंहासन पर बैठाने की बात कर रहा था उसी को शायद अब जेल की नरक में सड़ता हुआ देखूँगा। तुम नहीं जानते राजधर्म कितना कठोर और निर्मम होता है।'' ''जानता हूँ।'' करुणेंद्र ने उत्तर दिया—''राजधर्म बड़ा ही कोमल और स्वच्छ होता है। कठोरता और निर्ममता तो स्वार्थ-पूजा के निमित्त काम में लाई जाती है।'' ''अभागे हो।'' मंत्री ने कहा—''राजकुमारी शीला देवी के साथ-साथ इतना बड़ा समृद्धिशाली राज्य खोने जा रहे हो।''

''इतना ही या और कुछ ?'' ''बहुत कुछ'' मंत्री ने आँखों में रोष की लालिमा जगाकर उत्तर दिया—''यदि तुम चौबीस घंटे के अंदर अपनी विचारधारा न बदल सके तो मुझे राजाज्ञा का पालन करना पड़ेगा, तुम्हें पुत्र के रूप में नहीं, राजद्रोही के रूप में देखने को विवश होना पड़ेगा और मुझे भय है, तुम इस नगर में नहीं रहने दिए जाओगे।''

''बहुत अच्छा।'' कुँवर अपने शरीर का वस्त्र उतारता हुआ बोला—''राजाज्ञा का पालन करने के लिए आपको चौबीस घंटे की लंबी परीक्षा नहीं करनी पड़ेगी। लीजिए, मैं इसी समय यहाँ से चला जाता हूँ। अब मुझे दीन-दुखियों के हृदय में अपना बैकुंठ

बसाना है, आपके इन मूल्यवान वस्त्रों की आवश्यकता नहीं रह गई। इन्हें भी मैं छोड़े जाता हूँ, मेरे लिए गाढ़े का यह टुकड़ा ही बहुत है।

"प्रणाम... !"

देखते-ही-देखते ऐश्वर्य की गोद में पला हुआ वह युवक केवल एक लँगोटी पहनकर उस महल से बाहर निकल गया।

मंत्री माथा ठोककर रह गए।

4

"ज्यों-ज्यों विप्लव बढ़ता जा रहा है, त्यों-त्यों आप ढीले होते जा रहे हैं मंत्रीजी।" "हो सकता है श्रीमन् !" "क्यों ? क्या मैं इसका कारण जान सकता हूँ ?" राजा ने अपनी भौंहें टेढ़ी करके पूछा।

"मैं स्वयं नहीं जानता, क्या कारण हो सकता है।" "क्या आप यह भी नहीं जानते कि आप ही का पुत्र इस विप्लव का प्राण है ?" "इस विप्लव के प्राण को तो मैं पहचानता हूँ, किंतु उस पर मेरा अब कोई अधिक़ार नहीं, वह जनता की चीज़ हो गया है।" "किंतु उसे राजदंड देते हुए आपका हृदय तो काँप रहा है न ?" "इसे मैं अस्वीकार नहीं कर सकता श्रीमन् !" मंत्री ने गंभीर होकर निवेदन किया—"मेरी छाती के भीतर हृदय नाम की एक ऐसी वस्तु है जो मुझे स्नेह और ममता की ओर खींच लेती है। मैं सब तरह से लाचार हूँ।"

"आपको जैसे हो, यह विद्रोह दबाना पड़ेगा।" राजा ने क्रोध से काँपते हुए कहा—"नहीं तो इसका परिणाम अच्छा नहीं होगा।" "यह तो मैं भी देख रहा हूँ श्रीमन् ! मंत्री ने नम्रता से उत्तर दिया—"किंतु इसकी दवा मेरे पास नहीं है। दमनचक्र चलाकर यह प्रलयंकर विद्रोह शांत नहीं किया जा सकता। आपको जनता के सामने झुकना पड़ेगा !" "मुझे जनता के सामने झुकना पड़ेगा ?" राजा क्रोध से पागल होकर चिल्ला उठे—"मैं सब समझ गया मंत्री, इस विद्रोह के संचालन में तुम्हारा भी हाथ है। तुम्हीं यह सब करवा रहे हो।" "मैं इसका विरोध करता हूँ।" मंत्री ने शेर की तरह गरज कर प्रतिवाद किया—"मैं इस राज्य का सबसे बड़ा हितेच्छु हूँ। मैं वही कह रहा हूँ जो आपके लिए कल्याणप्रद समझता हूँ। मगर आपकी आँखें फूट गई हैं, आपके सिर पर विनाश मँडरा रहा है। अत्याचार करने पर आप तुले हुए हैं, यही अत्याचार आपको ले बैठेगा। अब भी समय है, सँभल जाइए।"

"अच्छी बात है" कहकर राजा ने सीटी बजा दी। बजाते ही पच्चीस-तीस हथियारबंद सैनिक वहाँ आ खड़े हुए। राजा ने क्रोध से काँपते हुए कहा—"सेनापति ! मंत्री को गिरफ्तार करो। यह विद्रोहियों का सरदार है।" सैनिकों की तलवारें झनझना उठीं। मंत्री के हाथों में हथकड़ियाँ डाल दी गईं। राजा ने मंत्री की ओर देखकर रोष भरे शब्दों में कहा—"जाओ, तुम्हारी नमकहरामी का यही पुरस्कार है।" मंत्री ने हँसकर

कहा—"नमकहलाली का कहिए श्रीमन् ! आप भी तो सत्य से प्रेम करना सीख लीजिए। मुझे तो अपना पुरस्कार मिल गया, अब आप अपना पाने के लिए तैयार रहिए।" "बस अब तुम अधिक नहीं बोल सकते।" राजा ने तलवार खींचकर कहा—"बंदी के मुख से मैं कोई बात नहीं सुनना चाहता।" "ईश्वर आपको सत्पथ दिखावे।" कहकर मंत्री ने तलवार के आगे अपना सिर झुका दिया।

5

"तुम यहाँ कैसे राजकुमारी ?" "क्या अब भी मैं राजकुमारी ही हूँ ? राजकुमारी भी क्या मेरी ही जैसी राह की भिखारिणी हुआ करती है ?" "वही तो पूछता हूँ, तुमने यह बाना क्यों धारण किया ? राजप्रासाद का सुख छोड़कर तुम हम विद्रोहियों के बीच क्योंकर आ गईं ? पिता के विरुद्ध तुम्हारा यह आचरण मुझे आश्चर्यचकित कर रहा है।" "सच है सरदार।" करुणेंद्र को संबोधित करके राजकुमारी शीला ने कहा—(करुणेंद्र को विद्रोही दल के लोग 'सरदार' कहकर पुकारा करते थे।) "आज मुझे अपने अत्याचारी पिता के विरुद्ध ऐसा आचरण करते देख आपको आश्चर्य हो रहा है, किंतु उस दिन अपने ऊपर आपको आश्चर्य न हुआ होगा, जब आप स्वयं अपने पिता का विरोध कर घर से निकल गए थे। आपके हृदय में आज जो आग धधक रही है उसी ने मेरे अंतर में भी अब घर कर लिया है। राजा के इस नाटकीय अत्याचार का उत्तर देना मैंने भी अपना धर्म समझा और इसी कारण यह बाना धारण कर, आपकी सेवा में आ खड़ी हुई। सरदार ! मैं और किसी लायक नहीं हूँ, केवल आपकी सेविका के नाते इस विप्लव की आराधना करने आई हूँ, मेरी पूजा स्वीकार हो।"

"प्रिये !" विद्रोहियों का सरदार प्रेमार्द्र होकर कह उठा—"तुम मुझे 'सरदार' और 'आप' कहकर न पुकारो, मैं तुम्हारा वही 'करुण' हूँ जो जीवन के इस दारुण संग्राम में लिपटा रहकर भी, तुम्हें कभी एक क्षण के लिए भी अपनी स्मृति से दूर नहीं हटा सका, कदाचित् उसी के प्रभाव से इस समय तुम मेरे सामने आ पहुँची हो। आओ, पहले तुम्हें एक बार गले लगाकर विप्लव के इस कंटकाकीर्ण आँगन में तुम्हारा स्वागत करूँ।" सरदार ने अपनी बाँहें फैला दीं; किंतु शीला उनसे दो कदम दूर हटकर बोली—"सरदार ! होश में आ जाओ ! तुम इस समय एक बड़े भारी यज्ञ के पुरोहित बने हुए हो। यह विह्वलता तुम्हें शोभा नहीं देती। यह यज्ञ समाप्त कर लो, फिर मुझे गले लगाना। तुम्हारे प्रेम की भीख मेरे कलेजे के भीतर है, उसे इस समय निकालकर दिखाने की मुझे जरूरत नहीं। आज तो मैं तुम्हें अपने कर्तव्य की छवि पर रिझाने आई हूँ। अभी मुझे मत छुओ, पिता के शोणित से मैं अपनी माँ का तर्पण कर लूँ, एक सच्ची क्षत्री-बालिका की तरह माता के ऋण से उऋण हो लूँ, फिर मेरा कोई काम नहीं रह जाएगा, मैं तुम्हारे छूने लायक हो जाऊँगी।"

"इसका क्या अर्थ शीला ?" सरदार ने सँभलकर, चौंककर और कुछ लजाकर

पूछा। "इसके अर्थ में अनर्थ की गाथा है।" राजकुमारी ने क्रोध से काँपते हुए जवाब दिया—"पिताजी—नहीं, इस राज्य के अत्याचारी राजा के मन में संदेह हुआ कि मेरी माँ का भी हाथ इस राज-विप्लव में था, वे तुम्हारे साथ हमदर्दी दिखाने के अपराध में चुपके से मार डाली गईं ! मेरे लिए भी षड्यंत्र रचा जा रहा था, किंतु मुझे मालूम हो गया और मैं चुपके से यहाँ चली आई।" सरदार तड़प उठा। "क्या माताजी के साथ भी उस पापी ने यही सुलूक किया ?" "केवल मेरी माताजी के साथ ही नहीं।" राजकुमारी ने कहा—"तुम्हारे पिताजी भी जेल के भीतर सड़ रहे हैं और तुम्हारी माताजी इसी शोक में चल बसीं।" "माँ, मेरी चल बसीं और पिताजी बंदी बनाकर जेल में डाल दिए गए हैं, यह तो तुम्हारे आने के घंटे भर पहले ही सुन चुका था, किंतु इससे मैं विचिलत नहीं होने का। राष्ट्रीय यज्ञ में कितनी ही प्यारी और मूल्यवान वस्तुओं की आहुति देनी पड़ती है। कौन जाने किस समय हमारे प्राण भी कर्तव्य की इसी वेदी पर चढ़ जाएँ..."

"अब बिलकुल देर नहीं है" कहकर इसी समय अचानक राज्य का प्रधान सेनापति उन दोनों के आगे तलवार खींचकर खड़ा हो गया। उसके साथ सशस्त्र सैनिकों की एक टोली भी थी। "खबरदार सेनापति !" राजकुमारी ने डपटकर कहा—"एक पग भी अगर आगे बढ़ाया तो कुशल नहीं है। राजकुमारी शीला देवी तुम्हें आज्ञा दे रही हैं कि तुम इसी समय यहाँ से दूर हट जाओ।" "खेद है राजकुमारी।" सेनापति ने क्रूरता की हँसी हँसकर जवाब दिया—"अब आपकी आज्ञा का कोई मूल्य नहीं रह गया। मैं राजाज्ञा पाकर आपको और इस विद्रोही को गिरफ्तार करने आया हूँ। भला चाहें, तो शांतिपूर्वक आप लोग आत्मसमर्पण कर दें। व्यर्थ की बातें बघारने से अब कोई लाभ नहीं होगा।" "अच्छी बात है सेनापति !" करुणेंद्र (सरदार) ने धीरता के साथ कहा—"इस समय हम लोग फँस गए। यहाँ हमारी सहायता करनेवाला कोई है नहीं, इसलिए बड़ी आसानी से तुम हमें गिरफ्तार कर लो। मगर अपने राजा से कह देना कि हमारी गिरफ्तारी से यह विप्लव शांत नहीं होगा, लोग राजमद को चूर करके ही दम लेंगे।"

"कोई चिंता नहीं।" सेनापति ने अकड़कर कहा—"आगे की बात फिर देखी जाएगी, इस समय राजमद तुम्हारे खून का प्यासा है, चुपचाप चलकर उसकी प्यास बुझाओ।" "चलो।" कहकर शीला और करुणेंद्र ने एक साथ ही अपने हाथ बढ़ा दिए।

6

"तुम्हारे ही कारण राज्य भर में यह मार-काट मची हुई है, इसे स्वीकार करते हो ?" राजा ने डपटकर पूछा। "मेरे कारण नहीं, आपके कारण—आपके इन नाटकीय अत्याचारों के कारण"—विद्रोही करुणेंद्र ने उत्तर दिया ! "तुम्हारी इस गुस्ताखी की क्या सज़ा है, जानते हो ?" "गुस्ताखी नहीं जानता, सज़ा जानता हूँ और उससे मैं डरता नहीं।"

"अब डरकर भी तुम उससे छुटकारा नहीं पा सकते !" कहकर राजा ने अमानुषिक रूप से चिल्लाकर आज्ञा दी—"कहाँ है जल्लाद ! ले जाओ, इस नमकहराम कुत्ते को फाँसी पर लटका दो।"

इसी समय हाँफता हुआ सेनापति राजा के सामने आ खड़ा हुआ और बोला—"आप कहीं जाकर छिप रहें हुजूर ! बागियों की सेना ने जेल की दीवारें तोड़ दीं ! अब वह महल की ओर दौड़ी आ रही हैं।" "और तुम्हारी सेना कहाँ गई ?" राजा ने भयभीत होकर पूछा।

"मेरी सेना के सभी लोग उसी दल में जा मिले।" सेनापति ने भय-विह्वल होकर कहा—"मैं आपको कहीं छिपा रखने के लिए वहाँ से भाग आया हूँ। अब मेरे हाथ में एक भी सैनिक नहीं रह गया। आप जल्दी करें कहीं जाकर छिप रहें। वह देखिए, सेना का समुद्र उमड़ा आ रहा है। भागिए, छिपिए, अपने प्राणों की रक्षा कीजिए।" "किले का दरवाजा बंद करो।" कहकर राजा रंगमहल की ओर भाग खड़े हुए। वे अभी भीतर पहुँच भी नहीं सके थे कि विद्रोहियों की सेना किले में घुस आई। बेचारा सेनापति पकड़ लिया गया। "जल्दी बताओ।" विद्रोहियों के एक मुखिया ने सेनापति से पूछा—"वह अत्याचारी, कायर और दगाबाज़ राजा कहाँ छिपा हुआ है ? हमें उसके राजदर्प की प्यास बुझानी है।" "मैं नहीं जानता।" सेनापति ने कहा।

"नहीं जानते ?" एक साथ ही बहुत से लोगों ने चिल्लाकर कहा—"झूठे हो। जल्दी बताओ, नहीं तो बोटी-बोटी अलग कर दी जाएगी।"—"जरूर कर दी जानी चाहिए," क्रुद्ध लोग चिल्ला उठे—"इसी राक्षस ने हमारे सरदार और कुमारी शीला देवी को धोखे से गिरफ्तार किया था।" "वह हत्यारा महल में जा छिपा है।" कहकर अचानक विद्रोहियों का खोया हुआ सरदार (करुणेंद्र) उसी जगह आकर खड़ा हो गया।

उन्हें पाकर उनके हौसले और भी बढ़ गए। जेल में उन्होंने अपने सरदार को बहुत ढूँढ़ा था, पर वे मिले नहीं। लोगों ने समझा वे फाँसी पर लटका दिए गए। इससे उनकी उत्तेजना और भी बढ़ गई थी। अब अपने उसी सरदार को सामने देखकर वे चिल्ला उठे—"महल को मिट्टी में मिला दो। उस शैतान राजा को पकड़कर उसी फाँसी की डोरी से लटका दो, जो हम लोगों के लिए बनाई गई थी। अत्याचार का अंत कर दो। इसके बाद ही हमें एक राम-राज्य क़ायम करना है।" कहकर सेना का दल महल की ओर टूट पड़ा।

7

जेल से निकलते ही शीला अपने सरदार (करुणेंद्र) की खोज में लग गईं। मगर उसे कहीं पता नहीं चला। वह मूर्च्छित होकर एक जगह गिर पड़ी। विद्रोहियों का दल बहुत आगे निकल चुका था। करुणेंद्र के पिता धीरे-धीरे आ रहे थे, उनकी नज़र पड़ गई। उन्होंने उसे पहचान लिया। उन्हीं के प्रयासों से उसकी बेहोशी दूर हो गई। आँखें खोलते

ही उसने पूछा—"मंत्रीजी ! कुँवर साहब का भी कुछ पता है ?" "कह नहीं सकता बेटी !" उस बेचारे ने बड़े कष्ट से कहा, "जाकर देख आओ, शायद उसी दल में मिल जाए। अब मालूम होता है सारा मामला शांत हो गया। आकाशमंडल में हर्ष की ध्वनि गूँज रही है। अगर जा सको तो जाओ, करुणेंद्र को खोज लो। मैं कहीं बैठता हूँ, उसे मेरे पास ले आना।"

शीला उठी और विद्युतवेग से राजमहल की ओर दौड़ पड़ी। "हटो रास्ता कर दो।" पीछे की भीड़ से आवाज उठी—"राजकुमारी शीला देवी आ गईं, इन्हें सरदार (करुणेंद्र) के पास जाने दो।" "रास्ता आपसे आप खुलता जाएगा देवीजी। आप आगे बढ़ती जाएँ।" कहकर दो-चार आदमी लोगों को इधर-उधर हटाने में लग गए।

लोगों के हर्ष की सीमा नहीं थी। भीड़ को चीरती-फाड़ती शीला उस स्थान पर पहुँची जहाँ एक अत्याचारी राजा की वैभवहीन काया फाँसी पर झूल रही थी और उसका राजमुकुट लोट रहा था लँगोटी पहने हुए उस विद्रोही के चरणों पर।

शीला यह दृश्य देखकर खड़ी न रह सकी। लोगों ने आँखों में आँसू भरकर देखा, वह भी उन्हीं चरणों पर बेहोश होकर गिर पड़ी।

[चाँद, फाँसी अंक, नवंबर, 1928]

फंदा

• *आचार्य चतुरसेन शास्त्री*

सन् 1917 का दिसंबर था। भयानक सर्दी थी। दिल्ली के दरीबे मुहल्ले की एक तंग गली में—एक अँधेरे और गंदे मकान में तीन प्राणी थे। कोठरी के एक कोने में एक स्त्री बैठी हुई अपने गोद के बच्चे को दूध पिला रही थी; परंतु यह बात सत्य नहीं है, उसके स्तनों का प्रायः सभी दूध सूख गया था और उन बे-दूध के स्तनों को बच्चा आँख बंद किए चूस रहा था। स्त्री का मुँह परम सुंदर होने पर भी इस वक़्त ज़र्द और सूखा हुआ दिखाई दे रहा था। यह स्पष्ट ही मालूम होता था कि उसके पहले शरीर का अब अस्थिपंजर ही रह गया है। गाल पिचक गए थे, आँखें धँस गई थीं और उनके चारों ओर नीली रेखा पड़ गई थी तथा होंठ मुर्दे की तरह विवर्ण हो गए थे। मानो वेदना और दरिद्रता मूर्तिमती होकर उस स्त्री के आकार में प्रकट हुई थी। ऐसी उस माता की गोद में वह कंकालावशिष्ट बच्चा अध-मुर्दा पड़ा था। उसकी अवस्था आठ महीने की होगी, पर वह आठ सप्ताह का भी तो नहीं मालूम होता था। स्त्री के निकट ही एक आठ वर्ष का बालक बैठा हुआ था, जिसकी देह बिलकुल सूख गई थी, और इस भयानक सर्दी से बचाने के योग्य उसके शरीर पर एक चिथड़ा मात्र वस्त्र था। वह चुपचाप भूखा और बदहवास अपनी माँ की बगल में बैठा टुकुर-टुकुर उसका मुँह देख रहा था।

इनसे दो हाथ के फासले पर तीन साल की बालिका पेट की आग से रो रही थी। जब वह रोते-रोते थक जाती तब सो जाती अथवा चुपचाप आँख बंद करके पड़ जाती थी, पर थोड़ी देर बाद वह फिर तड़पने लगती थी। बेचारी असहाय अबला विमूढ़ बनी अतिशय विचलित होकर अपने प्राणों से प्यारे बच्चों की यह वेदना देख रही थी। कभी-कभी वह अत्यंत अधीर होकर गोद के बच्चे को घूर-घूरकर देखने लगती। दो-एक बूँद आँसू ढरक जाते और कुछ अस्पष्ट शब्द मुख से निकल पड़ते थे, जिन्हें सुन और कुछ-कुछ समझकर पास बैठे बालक को कुछ कहने का साहस नहीं होता था।

इस छोटे से असहाय परिवार को इस मकान में आए और इस जीवन में रहते पाँच मास बीत रहे थे। पाँच मास पूर्व यह परिवार सुखी और संपन्न था। बच्चे प्रातः काल कलेवा कर गीत गाते, स्कूल जाते थे। इसी मुहल्ले में इनका सुंदर मकान था और है, पर एक ही घटना से यहाँ तक नौबत आ गई थी। इस परिवार के कर्णधार,

एकमात्र स्वामी, बच्चों के पिता और दुखिया स्त्री के जीवन धन मास्टर साहब जिन्हें सैकड़ों अमीरों और गरीबों के बच्चे अभिवादन कर चुके थे, जो मुहल्ले भर के सुजन, हँसमुख और नगर भर के प्यारे नागरिक और सार्वजनिक नेता थे, आज जेल की दीवारों में बंद थे। उन पर जर्मनी से षड्यंत्र का अभियोग प्रमाणित हो चुका था और उन्हें फाँसी की आज्ञा हो चुकी थी, अब अपील के परिणाम की प्रतीक्षा थी।

प्रातःकाल की धूप धीरे-धीरे बढ़ रही थी। स्त्री ने धीमे, किंतु लड़खड़ाते स्वर में कहा—"बेटा विनोद ! तुम क्या बहुत ही भूखे हो ?"

"नहीं तो माँ ! रात ही तो मैंने रोटी खाई थी ?"

"सुनो-सुनो, एक-दो-तीन (इस तरह आठ तक गिनकर) आठ बज रहे हैं किराए वाला आता ही होगा।"

"मैं उसके पैरों पड़कर और दो-तीन दिन को टाल दूँगा माँ ! इस बार वह तुम्हें जरा भी कड़ी बात न कहने पावेगा।" स्त्री ने परम करुणा-सागर की ओर क्षण भर आँख उठाकर देखा, और उसकी आँखों से दो बूँदें ढरक गईं। यह देखकर छोटी बच्ची रोना भूलकर माता के गले में आकर लिपट गई और बोली—"अम्माँ ! अब मैं कभी रोटी नहीं माँगूँगी। हाय री माता का हृदय ! माता ने दोनों बच्चों को गोद में छिपाकर एक बार अच्छी तरह आँसू निकाल डाले। इतने ही में किसी ने कर्कश शब्द से पुकारा—"कोई है न ?" बच्चे को छाती में छिपाकर काँपते-काँपते स्त्री ने कहा—"सर्वनाश ! वह आ गया।"

एक पछैया जवान लट्ठ लेकर दरवाजा ठेलकर भीतर घुस आया। उसे देखते ही स्त्री ने अत्यंत कातर होकर कहा—"मैं तुम्हारे आने का मतलब समझ गई हूँ।"

"समझ गई हो तो लाओ किराया दो।"

"थोड़ा और सब्र करो।" बालक ने कहा—"दो-तीन दिन में हम किराया दे देंगे ?" बालक को ढकेलते हुए उद्दतपन से उसने कहा—"सब्र गया भाड़ में, अभी मकान से निकलो। मकान क्या दिया, जान को बवाल मोल ले लिया, पुलिस ने घर को बदनाम कर दिया है। लोग नाम धरते हैं, सरकार के दुश्मन को घर में छिपा रखा है। निकलो, अभी निकलो।"

स्त्री खड़ी हो गई। धक्का खाकर बच्चा गिर गया था। उसे उठाकर उसने कहा—"भाई मुसीबतवालों पर दया करो, तुम भी तो बाल-बच्चेदार हो।" "मैं दया-मया कुछ नहीं जानता; मैं तुमसे कहे जाता हूँ कि आज दिन छिपने से पहले-पहले यदि भाड़ा न चुका दिया गया तो आज रात को ही निकाल दूँगा।" इतना कहकर वह व्यक्ति एक बार कड़ी दृष्टि से तीनों अभागे प्राणियों को घूरता हुआ जोर से दरवाजा बंद करके चला गया। दुखिया स्त्री इसके बाद ही धरती में धड़ाम से गिरकर मूर्च्छित हो गई।

2

उपरोक्त घटना के कुछ ही मिनट बाद एक अधेड़ अवस्था के सभ्य पुरुष धीरे-धीरे मकान में घुसे। इनके आधे बाल पककर खिचड़ी हो गए थे—दाँत सोने की कमानी से बँधे थे। साफ ऊनी वस्त्रों पर एक दुशाला पड़ा था। हाथ में चाँदी के मूठ की पतली सी एक बेंत थी। रंग गोरा, कद ठिगना और चाल गंभीर थी। उन्होंने पान कचरते-कचरते बड़ा घरौआ जताकर बालक का नाम लेकर पुकारा—"बेटा विनोद !"

विनोद ने गरदन उठाकर देखा, बच्चे की माता ने सावधानी से उठकर अपने वस्त्र ठीक कर लिये। आगंतुक ने बिना प्रश्न किए ही कहा—"देखो, अपील का नतीजा क्या निकलता, हम विलायत तक लड़ेंगे, आगे भगवान की मरज़ी।"

स्त्री चुपचाप बैठी रही, सब सुनकर न बोली, न हिली-डुली। इस पर आगंतुक ने अनावश्यक प्रसन्नता मुख पर लाकर कहा—"क्यों रे विनोद, तेरा मुँह क्यों उतर रहा है ? क्यों बहू, यह क्या बात है—बच्चों का यह हाल बना रखा है, अपना तो जो कुछ किया, सो किया। इस तरह जान खोने से क्या होगा ? तुमसे इतना कहा, मगर तुमने घर छोड़ दिया। मानो हम लोग कुछ हैं ही नहीं। भाई सुनेंगे तो क्या कहेंगे ? मैं परसों जेल में मिला था, बहुत खुश थे। अपील की उन्हें बड़ी आशा है। तुम्हें भी खुश रहना उचित है। दिन तो अच्छे-बुरे आते हैं और जाते हैं, इस तरह सोने की क़ाया को मिट्टी तो नहीं किया जाता।"

इतनी लंबी वक्तृता सुनकर भी गृहिणी न बोली, न हिली-डुली। वह वैसी ही अचल बैठी रही।

आगंतुक व्यक्ति ने कुछ रुककर दो रुपए निकालकर बच्चे के हाथ पर धर दिए और कहा—"लो बेटा, जलेबियाँ खाना।" बच्चे ने क्षण भर माता के मुख की ओर देखा और तत्काल हाथ खींच लिया। रुपए धरती पर गिरकर खन्न से बज उठे। बच्चा पीछे हटकर माँ का आँचल पकड़कर खड़ा हो गया। आगंतुक रुपए उठाकर उन्हें फिर देने को आगे बढ़ा। गृहिणी ने बाधा देकर कहा—"रहने दीजिए वह जलेबी नहीं खाता। हम गरीब विपत्ति के मारे हुए लोग हैं, एक टुकड़ा रोटी ही बहुत है। पर आप कृपा करें तो या तो उनके बैंक के हिसाब में से या मकान के हिस्से को आड़ करके कुछ रुपए मुझे उधार दे दीजिए।"

"उनके बैंक के हिसाब में तो बिना उनके दस्तखत कुछ मिलेगा नहीं, फिर मुझे मालूम हुआ है कि वहाँ ऐसी कुछ रकम है भी नहीं। रहा मकान, सो उसका तुम्हारा वाला हिस्सा रहन रखकर ही तो मुकदमा लड़ाया है, मुकदमे में क्या कम रक़म खर्च हुआ है ?" गृहिणी चुप बैठी रही। आगंतुक ने कहा—"मैं अपने पास से जो कहो दे दूँ। तुम्हें कितने रुपए चाहिए ?" गृहिणी ने धीमे स्वर में कहा—आपको मैं कष्ट नहीं देना चाहती।"

"मैं क्या गैर हो गया ?"

स्त्री बोली—“नहीं ?”

अब आगंतुक जरा और पास खिसककर बोला—“मेरी बात मानो, घर चलो, सुख से रहो। जो होना था हुआ, जो होना होगा हो जाएगा। किसी के साथ मरा तो जाता ही नहीं है। मेरा जगत् में और कौन है, तुम क्या सब बातें समझती नहीं हो ?”

“खूब समझती हूँ, अब आप कृपाकर चले जाएँ।”

“पर मैं जो बात बारंबार कहता हूँ, वह समझती क्यों नहीं ?”

“कब की समझ चुकी हूँ। तुम मुझ दुखिया को सताकर क्या पाओगे ? मेरा रास्ता छोड़ दो, मैं यहाँ अपने दिन काटने आई हूँ, आपका कुछ लेती नहीं हूँ। उनका मकान, जायदाद सभी आपके हाथ, आपका रहे मैं केवल यही चाहती हूँ कि आप चले जाइए।”

आगंतुक ने कड़े होकर कहा—“क्या मैं साँप हूँ या घिनौना कुत्ता हूँ ?”

“आप जो कुछ भी हो, मुझे इस पर विचार नहीं करना है।”

“और तुम्हारी यह हिम्मत और हेकड़ी अब भी ?”

गृहिणी चुप रही।

“यहाँ भी मेरे एक इशारे से निकाली जाओगी, फिर क्या भीख माँगोगी ?”

गृहिणी ने उत्तर न दिया। आगंतुक ने उबाल में आकर कहा—“लो साफ-साफ कहता हूँ, तुम्हें मेरी बात मंजूर है या नहीं ?” गृहिणी चुपचाप बच्चे को छाती से छिपाए बैठी रही। आगंतुक ने उसका हाथ पकड़कर कहा—“आज मैं इधर-उधर करके जाऊँगा !”

स्त्री ने हाथ झटककर कहा—“पैरों पड़ती हूँ, चले जाओ।”

“तेरा हिमायती कौन है ?”

“मैं गरीब गाय हूँ।”

“फिर लातें क्यों चलाती है ? बोल चलेगी ?”

“नहीं।”

“मेरी बात मानेगी ?”

“नहीं।”

“तुझे घमंड किसका है ?”

“मुझे कुछ घमंड नहीं है।”

“तुझे आज रात को ही सड़क पर खड़ा होना पड़ेगा ?”

“भाग्य में जो लिखा है, होगा !”

“लोहे के टके की आशा न रखना !” गृहिणी खड़ी हो गई। उसने अस्वाभाविक तेज स्वर में कहा—“दूर हो, ओ पापी ! भगवान से डर, मौत जिनके घर मेहमान बनी बैठी है उन्हें न सता, भय उन्हें क्या डरावेगा ? विश्वासघाती भाई ! भाई को फँसाकर फाँसी पहुँचाने वाले अधर्मी ! उन्हें फँसाया, जमीन-जायदाद ली, अब उसकी अनाथ दुखिया स्त्री की आबरू भी लेने की इच्छा करता है ? अरे पापी ! हट जा—हट जा !” आवेश में आने से स्त्री का वस्त्र खिसककर नीचे गिर गया। वह दशा देख दोनों बच्चे रो उठे। बड़े बच्चे के मुँह पर जोर से तमाचा मारकर आगंतुक ने कहा—“तेरी पारसाई

आज ही देख ली जाएगी। मुसलमान गुंडे...'' वह और कुछ न बोल सका–वह दोनों हाथ भींचकर क्रोध से काँपने लगा। स्त्री ने कहा–''जा ! जा !! पापी–जा !'' और वह बदहवास चक्कर खाकर गिर गई। दोनों बच्चे ज़ोर-ज़ोर से रो उठे। आगंतुक तेज़ी से चल दिया।

3

वही दिन और वही प्रातःकाल था, परंतु उस भाग्यहीन घर से लगभग पौन मील दूर दिल्ली की जेल में एक और ही दृश्य सामने था। जेल के अस्पताल में बिलकुल एक ओर एक छोटी सी कोठरी थी। जिन कैदी रोगियों को बिलकुल एकांत में रहने की आवश्यकता होती थी, वे ही इसमें रखे जाते थे। इस वक्त भी इसमें एक कैदी था। उसकी आकृति कितनी घिनौनी, वेश कैसा मलिन और चेष्टा कैसी भयंकर थी कि ओफ़ ! कई दिन से यह कैदी भयानक आत्मिक ज्वर से तप रहा था और कोठरी में रखा गया था।

कोठरी बड़ी काली, मनहूस और कोरी अनगढ़ें पत्थरों की बनी हुई थी, और उसमें अनगिनत मकड़ियों के जाले, छिपकलियाँ तथा कीड़े-मकोड़े रेंग रहे थे। उसमें न सफाई थी, न प्रकाश। ऊपर एक छोटा सा छेद था। उसी में से सूरज की रोशनी कमरे में पड़ते ही उसकी नींद टूट गई। प्यास से उसका कंठ सूख रहा था। वह बड़े कष्ट से चारपाई के इर्द-गिर्द हाथ बढ़ाकर कोई पीने की चीज़ ढूँढ़ने लगा। पर उसे कुछ भी न मिला। तब प्यास की तकलीफ़ से छटपटाकर वह बड़बड़ाने लगा–'कौन देखता है ? कौन सुनता है? हाय ! इतनी लापरवाही से तो लोग पशुओं को भी नहीं रखते। डॉक्टर मेरे सामने ही उस वार्डर से थोड़ा दूध दो-तीन बार देने और रात में दो-तीन बार देखने को कह गया था। पर कोई क्यों परवाह करता ? मेरी नींद तो रात भर टूटती रही है। मैंने प्रत्येक घंटा सुना है। यह पहाड़-सी रात किस तकलीफ़ से काटी है ! ओफ़ ! यह कष्ट तो कहीं फाँसी से अधिक है।'

रोगी अब चुपचाप कुछ सोचने लगा। धीरे-धीरे प्रकाश ने फैलकर कमरे को बिलकुल स्पष्ट प्रकाशमान कर दिया। धीरे-धीरे उसकी प्यास असह्य हो चली, पर वह बेचारा कर ही क्या सकता था। वार्डर की खूँखार फटकार से भयभीत होने पर भी वह एक बूँद पानी के लिए गला फाड़कर चिल्लाने लगा। पर न तो कोई आया और न किसी ने जवाब ही दिया। वह प्यास से बेदम हो रहा था–उसका प्राण निकला जाता था। वह बारंबार 'पानी-पानी' चिल्लाने लगा। कभी अनुनय-विनय भी करता, कभी गालियाँ बकने लगता।

''ईश्वर के लिए थोड़ा पानी दे जाओ, हाय ! एक बूँद पानी, अरे मैं तुम लोगों को बड़ा कष्ट देता हूँ। पर क्या करूँ, प्यास के मारे मेरे प्राण निकल रहे हैं। अरे मैं भी तुम्हारे जैसा मनुष्य हूँ। मुझे इस तरह क्यों तड़पा रहे हो–इतनी उपेक्षा तो कोई

बाजारू कुत्तों की भी नहीं करता। अरे—आओ—नहीं तो मैं बिछौने से उठकर सब दरवाजे तोड़ डालूँगा और इतनी जोर से चिल्लाऊँगा कि सुपरिंटेंडेंट के बँगले तक आवाज पहुँचेगी।'' इस पर एक घिनौने मोटे-ताजे अधेड़ व्यक्ति ने छेद में से सिर निकालकर कहा—''अरे अभागे क्यों इतना चिल्लाता है, क्यों दुनिया की नींद खराब करता है ?''

''मैं प्यास से मर रहा हूँ।''

''फिर मर क्यों नहीं जाता ? तू क्या समझता है कि मैं तेरा नौकर हूँ, क्या रात भर तेरी सेवा में हाज़िर रहना ही मुझे चाहिए ?'' इसके बाद वह एक नौकर को पुकार कर बोला—''अरे देख तो ! थोड़ा पानी लाकर इस बदमाश के मुँह में डाल दे।'' इतना हुक्म देकर वह निष्ठुर फिर चल दिया। पानी पीकर रोगी थकान के मारे बेसुध होकर सो गया। यह कैदी उस दुखिया का सौभाग्य बिंदु मास्टर साहब थे। अचानक उसी वार्डर की कर्कश आवाज सुनकर वह चौंक पड़ा। उसने चाबियों से कोठरी का द्वार खोला। रोगी एकटक देखने लगा। पादरी और जेलर ने कोठरी में गंभीर भाव से प्रवेश किया। कुछ जरूरी कागजात पर लिखा-पढ़ी की गई और कैदी को सुना दिया गया कि उसकी अपील नामंजूर हो गई है और आरोग्य-लाभ होते ही उसे फाँसी दे दी जाएगी।

कैदी ने आँख बंद कर सुना-समझा और फिर उसकी आँखें एक टक छत पर अटक गईं। धीरे-धीरे दोनों व्यक्ति कमरे से बाहर निकल गए। इसके कुछ क्षण बाद ही डॉक्टर ने कमरे में प्रवेश करके सावधानी से रोग-परीक्षा की। फिर एक-दो मीठी बातों के बाद कहा—''तुम्हारे बच्चे और स्त्री तुमसे मिलने आए हैं।'' रोगी एक बार तड़पा और नेत्र उठाकर द्वार की ओर देखने लगा।

डॉक्टर ने कहा—''इस समय ज्वर नहीं है। मैं आशा करता हूँ, इसी सप्ताह में तुम अच्छे हो जाओगे।''

''इसी सप्ताह में ?...'' रोगी ने विकल होकर पूछा।

डॉक्टर ने अपनी बात का समर्थन किया और धीरे से चला गया।

4

दस बज रहे थे। धूप खूब फैल रही थी। जेल के सदर फाटक पर वह अभागिनी रमणी अपने दोनों बच्चों को साथ लिये बैठी थी। उसे लगभग एक-डेढ़ घंटा हो गया था। वह अपने पति के दर्शन करने आई थी। इतनी देर बाद एक वार्डर उन्हें जेल के भयानक फाटक में लेकर चला। फाटक को पार करने पर एक अंधकारपूर्ण दालान में वे लोग चले। वहाँ से एक अँधेरी गली में कुछ देर चलकर एक लोहे का छोटा सा फाटक वार्डर ने पास के भारी चाबियों के गुच्छे से खोला। इसके बाद वे कुछ सीढ़ियाँ चढ़कर एक बड़े से गंदे दालान में पहुँचे। उसके सामने ही बड़े से मकान का पिछवाड़ा

था जिसकी ऊँची और छोटी-छोटी खिड़कियों से कुछ शोर-गुल और बकझक की आवाज़ आ रही थी। सामने कुछ कैदी अपनी बेड़ियाँ झनझनाते इधर से उधर जा रहे थे। थोड़ी दूर चलने पर उन्हें अस्पताल की काली इमारत दीख पड़ी, जहाँ भिन्न-भिन्न प्रकार के रोगी बिछौने पर पड़े थे। कमरे की हवा गरम और बदबूदार थी। बिस्तरे फटे-कटे, मैले-कुचैले और घृणित थे। यह सब देखते-देखते रमणी का सिर चक्कर खा गया। वह घबराकर वहीं बैठ गई यह देख छोटी बच्ची रो उठी। थोड़ी देर बाद वह उठी और इस बार स्वामी की कोठरी के पास पहुँच गई। पर भीतर ऑफिसर लोग थे। उसे कुछ ठहरना पड़ा। उनके निकलने पर ही डॉक्टर ने भीतर प्रवेश किया और डॉक्टर ने बाहर आकर उन लोगों को भीतर जाने की इजाजत दी।

दरवाज़े के निकट जाकर उसके पैर धरती पर जम गए। पहले तो वह रुग्ण पति को देख ही न पाई। पीछे उसने साहस कर एक बार देखा। हाय ! यही क्या वे—उसके पतिदेव हैं ? जीवन के ग्यारह वर्ष सर्द-गरम जिनके साथ व्यतीत किए, वह उठता हुआ यौवन, वे जीवन की उद्दीप्त अभिलाषाएँ, वे रस-रहस्य की अमिट-रूप रेखाएँ हठपूर्वक एक के बाद एक नेत्रों के सामने आने लगीं। उसकी आँखों में अँधेरा छा गया, वह वहीं बैठ गई।

रोगी ने देखा। उसने चारपाई से उठकर दोनों हाथ फैलाकर उन्मत्त की तरह कहा—"आओ बेटा ! अरे, तुम इतने ही दिन में बिना बाप के ऐसे हो गए।" यह कहकर रोगी-कैदी ने अपनी भुजाओं में बच्चे को लपेट लिया और फूट-फूटकर रोने लगा।

सती बैठी-ही-बैठी आगे बढ़ी। वह पति के दोनों पैर पकड़ उन पर सिर धरकर मूर्च्छित हो गई। वह रो नहीं रही थी, वह संज्ञाहीन थी। यह सब देखकर छोटी बालिका भी ज़ोर से रो उठी।

उसे गोद में लेकर पिता रोना भूल गया। उसकी आँखों में क्षण भर आँख मिलाकर हँस पड़ा। कैसी विकट, करुण और कथानक वह हँसी थी। अंत उसने भर्राई आवाज़ में कहा—"लीला मेरी बेटी, मेरी बिटिया !" इसके बाद उसे छाती से लगाकर कैदी चुपचाप रोने लगा। बड़ी देर तक सन्नाटा रहा। फिर बच्चों को अलग करके वह स्वस्थ होकर पत्नी की ओर देखने लगा। बलपूर्वक उसने शोक के उमड़ते हुए वेग को रोका। उसने क्षण भर आकाश में दृष्टि करके एक बार सर्वशक्तिमान परमेश्वर से बल-याचना की। फिर उसने मधुर स्वर में कहा—"इतना अधीर मत हो। ध्यान से मेरी बात सुनो।"

रमणी ने सिर नहीं उठाया। पति ने धीरे-धीरे उसके सिर पर हाथ फेरते हुए कहा—"नादानी न करना, वरना इन बच्चों का कहीं ठिकाना नहीं है। ईश्वर पर विश्वास रखो—मेरा विनोद बड़ा होकर तुम्हारे सभी संकट काटेगा। सब दिन होत न एक समान !"

साध्वी सिसक-सिसककर रो रही थी। उसे ढाँढ़स देना बड़ा कठिन काम था, परंतु अभी कुछ मिनट पहले मृत्यु का संदेश पाकर भी कैदी वह कठिन काम कर रहा था।

वह पूछना चाहती थी—'क्या अब कुछ भी आशा नहीं है ?' परंतु उसमें बोलने और पति को देखने तक का साहस न था। समस्त साहस बटोरकर उसने एक बार पति को और आँख भरकर देखा। वे आँखें आँसू और प्रश्नों से परिपूर्ण, मूक वेदना से अंधी और मृत-अभिलाषाओं की श्मशानभूमि प्रतिक्षण क्या-क्या कह रही थीं ?

परंतु मानव हृदय जितना सुख में दुर्बल बन जाता है, उतना ही दुख में सबल हो जाता है। मास्टर साहब ने उसका हाथ पकड़कर कहा—"अब इस तरह मुझे देखकर इस दशा में कायर न बनाओ ! तुम बच्चों की माता हो। जैसे पति की पत्नी रहीं, वैसे ही बच्चों की माँ बनना ! प्रतिज्ञा करो, तुमने मुझे कभी नहीं ठगा, अब भी न ठगना !"

सती की वाणी फटी उसने कहा—"स्वामीजी ! मुझे सहारा दो। मैं चलूँगी, नहीं, मैं चलूँगी।" एक अति मधुर उन्माद उसके होठों में फड़क रहा था। मास्टर साहब विचलित हुए, उन्होंने संकोच त्याग, धीरे से उस उन्मुख उन्माद का एक सरल चुंबन लिया। वह वासनाहीन, इंद्रिय-विषय और शरीर भावना से रहित चुंबन क्या था, दो प्राणों का विनिमय था, दो अमर तत्त्व प्रतिबिंबित हो रहे थे। मास्टर साहब ने कुछ कहने की इच्छा से होंठ खोले थे, पर वार्डर ने कर्कश आवाज़ में कहा—"चलो, वक्त हो गया।" रोगी कैदी ने मानो धक्का खाकर उसे एक बार देखा, और कहा, "ज़रा और ठहर जाओ भाई !"

"हुक्म नहीं है।" कहकर वह भीतर घुस आया। उसने एकदम रमणी के सिर पर खड़े होकर कहा—"बाहर जाओ।" लज्जा और संकोच त्यागकर वह कुछ कहा चाहती थी, मास्टरजी ने संकेत से कहा—"उससे कुछ मत कहना ! अच्छा अब बिदा प्रिये ! बेटे ! अम्माँ को दुखी न करना, मेरी बिटिया !" यह कहकर और एक बार बेसब्री से उन्होंने उसे पकड़कर अनगिनत चुंबन ले डाले। रमणी की गंभीरता अब रह न सकी, वह गाय की तरह डकारती वहीं गिर गई और निष्ठुर वार्डर ने उसे घसीटकर बाहर किया और ताला बंद कर दिया, दोनों बच्चे भी चीत्कार कर रो उठे। यह देखकर मास्टर साहब असह्य वेदना से मूर्छित होकर धड़ाम से चारपाई पर गिर पड़े !

5

रविवार ही की संध्या को इसकी सूचना अभागिनी को दे दी गई थी। वह रात भर धरती में पड़ी रही, क्षण भर को भी उसकी आँखों में नींद नहीं आई थी। चार दिन से उसने जल की एक बूँद भी मुँह में नहीं डाली थी।

सोमवार के प्रातःकाल बड़ी सर्दी थी। घना कोहरा छाया हुआ था। ठंडी-ठंडी हवा चल रही थी। ठीक साढ़े छह बजे का वह समय नियत किया गया था। ठीक समय पर फाँसी का जुलूस अंध-कोठरी से चला। मास्टर साहब धीर-गंभीर गति से आगे बढ़ रहे थे। इस समय उन्होंने हजामत बनवाई थी। वे अपने निजी वस्त्र पहने थे। दूर

से देखने में दुर्बल होने के सिवा और कोई अंतर न दीखता था। वे मानों किसी गहन विषय को सोचते हुए व्याख्यान देने रंग-मंच पर आ रहे थे। उनके आगे खुली पुस्तक हाथ में लिये पादरी कुछ वाक्य उच्चारण कर रहा था। उनके पीछे जैसा अपने पूरी पोशाक में थे। उनकी बगल में मजिस्ट्रेट और डॉक्टर भी चल रहे थे। क्षण भर तख्ते पर खड़े रहने के बाद जल्लाद ने उनके गले में रस्सी डाल दी। पादरी ने कहा—''मैं प्रार्थना करता हूँ कि ईश्वर तुम्हारी आत्मा को शांति प्रदान करे।''

मास्टर साहब ने कहा—''चुप रहो, मैं प्रार्थना करता हूँ कि ईश्वर मेरी आत्मा को ज्वलंत अशांति दे, जो तब तक न मिटे जब तक मेरा देश स्वाधीन न हो जाए और मेरे देश का प्रत्येक व्यक्ति शांति न प्राप्त कर ले।'' इसके बाद उन्होंने गीता की पुस्तक को हाथ में लेकर आँखों और मस्तक से लगाया और दोनों हाथों में लेकर पीछे-पीछे हाथ कर लिये। जल्लाद ने उसी दशा में हाथ बाँध दिए। मास्टर साहब नेत्र बंद करके कुछ अस्फुट उच्चारण करने लगे। जल्लाद ने तभी एक काली टोपी से उनका मुँह ढँक दिया और वह चबूतरे से नीचे कूद पड़ा। पादरी कुछ उच्चारण करने लगे। मजिस्ट्रेट और जेलर ने टोपियाँ उतार लीं। हठात् तख्ती खींच ली गई और उनका विवश शरीर शून्य में झूलने और छटपटाने लगा। पर थोड़ी ही देर में आवेग शांत हो गया।

इस घटना के आध घंटा बाद वही पूर्व-परिचित भद्र पुरुष (?) लपके हुए, सती की कुटिया पर गए। द्वार खुले थे। दोनों बच्चे बेतहाशा रो रहे थे, और उनकी माता रसोई के कमरे में एक रस्सी के सहारे निर्जीव लटक रही थी !!!

[चाँद, फाँसी अंक, नवंबर, 1928]

फाँसी

• विश्वंभर नाथ शर्मा कौशिक

बाबू रेवतीशंकर तथा पंडित कामताप्रसाद में बड़ी घनिष्ठ मित्रता थी। दोनों एक ही स्कूल तथा एक ही क्लास में वर्षों तक साथ-साथ पढ़े थे। बाबू रेवतीशंकर एक धन-संपन्न व्यक्ति थे। उनके पिता रियासतदार तथा ज़मींदार आदमी थे। पंडित कामताप्रसाद मध्यम श्रेणी के व्यक्ति थे। उनके केवल दो मकान थे। एक में वह स्वयं रहते थे, दूसरा तीस रुपए मासिक पर किराए पर उठा हुआ था। पंडित कामताप्रसाद के परिवार में केवल चार प्राणी थे। एक तो वह स्वयं, उनकी पत्नी, माता तथा पिता। उनके पिता एक बैंक में हेड क्लर्क थे। पंडित कामताप्रसाद लखनऊ मेडिकल कॉलेज से एल.एम.एस. की परीक्षा पास करके आए थे, और उन्होंने डॉक्टरी करना आरंभ ही किया था।

पंडित कामताप्रसाद अपने छोटे से औषधालय में बैठे हुए थे। उनके सामने मेज़ पर सर्जरी (जर्राही) के औज़ारों का एक बक्स खुला हुआ रखा था। कामताप्रसाद उसमें की एक-एक वस्तु उठा-उठाकर बड़े ध्यानपूर्वक देख रहे थे। इसी समय उनके मित्र रेवतीशंकर आ गए। रेवतीशंकर ने कुर्सी पर बैठते हुए पूछा—"क्या हो रहा है ?"

कामताप्रसाद मुसकराकर बोले—"कुछ नहीं, कुछ सर्जरी का सामान मँगाया था। वह आज आया है, वही देख रहा था।"

रेवतीशंकर भी उन वस्तुओं को देखने लगे। तीन-चार बड़े-बड़े चाकुओं को देखकर रेवतीशंकर बोले—"यह चाकू तो यार बड़े सुंदर हैं। जी चाहता है, इनमें से एक मैं ले लूँ।"

कामताप्रसाद हँसकर बोले—"तुम क्या करोगे ?"

"करूँगा क्या, रखे रहूँगा।"

"यह तो चीर-फाड़ के काम के हैं।"

"हाँ-हाँ, और नहीं क्या, इनसे साग-भाजी थोड़े ही कतरी जाएगी !"

"मैंने सोचा कदाचित् तुम इसीलिए चाहते हो।" कामताप्रसाद ने हँसकर कहा।

"अरे नहीं, ऐसा बेवकूफ़ मत समझो। मुझे अच्छे मालूम हो रहे हैं, इससे जी ललचा रहा है।"

"तो एक ले लो।"

"तुम्हारा सेट तो खराब न होगा ?"

"नहीं, सेट खराब नहीं होगा। मैंने एक चाकू अधिक मँगा लिया था।"

"तब ठीक है !" कहकर रेवतीशंकर ने एक चाकू ले लिया।

"बड़े तेज़ चाकू हैं !" रेवतीशंकर ने उक्त चाक़ू की धार पर उँगली फेरकर कहा।

"सर्जरी में तेज़ ही की आवश्यकता होती है। जितना ही तेज़ औज़ार होगा, ऑपरेशन उतना ही शीघ्र तथा अच्छा होगा।" रेवतीशंकर चाक़ू को एक काग़ज़ में लपेटकर जेब में रखते हुए बोले—"यदि मुड़ने वाला होता तो बड़ा ही सुंदर होता।"

"सर्जरी के चाक़ू मुड़ने वाले बहुत कम होते हैं, इतना बड़ा चाक़ू तो कभी भी मुड़ने वाला नहीं होता।"

"ख़ैर ! कुछ रोगी-ओगी आने लगे या नहीं ?"

"अभी बैठते हुए दिन ही कितने हुए !"

"एक महीने से अधिक तो हो गया होगा ?"

"तो फिर ? क्या बहुत दिन हो गए !"

"साल-छः महीने में कुछ प्रैक्टिस चमकेगी, अभी तो केवल हाज़िरी है।"

"कुछ हर्ज़ न हो तो आओ चलें घूम आवें !"

"मुझे काम ही कौन है, चलो चलें। किधर चलोगे ?"

"चलो इधर बाज़ार की ओर चलें।"

"बाज़ार की तरफ़ चल के क्या लोगे ? चलना है तो इधर बाहर की ओर चलो। संध्या का समय है, खुली वायु का आनंद लें।"

"बस, तुम तो वही डॉक्टरी की बातें करने लगे। कौन हम रोगी या दुर्बल हैं। यह शिक्षा आप रोगियों के लिए ही सुरक्षित रखिए।"

"खुली वायु तो सबके लिए लाभदायक है, इसमें रोगी-निरोगी की कौन सी बात है ?"

"ख़ैर, इस समय तो बाज़ार की ओर चलो, फिर देखा जाएगा।"

"अच्छी बात है, जैसी तुम्हारी इच्छा।"

कामताप्रसाद ने औज़ारों को बक्स में बंद करके अलमारी में रख दिया और नौकर से बोले—"रामधन, हम घूमने जाते हैं। तुम साढ़े सात बजे बंद करके चाबी घर पहुँचा देना।" यह कहकर कामताप्रसाद ने अपनी टोपी उठाई और रेवतीशंकर से बोले—"चलो।"

दोनों व्यक्ति चले और घूमते-फिरते चौक पहुँचे। चौक में प्रविष्ट होते ही रेवतीशंकर ने कहा—"देखिए कितनी रौनक़ है। जंगल में यह आनंद कहाँ ?"

कामताप्रसाद मुसकराकर बोले—"निस्संदेह, जंगल में तो यह भीड़भाड़ नहीं मिलेगी।"

"आदमियों ही की तो रौनक़ होती है; जहाँ आदमी नहीं, वहाँ क्या रौनक़ हो सकती है।"

"अपनी-अपनी रुचि की बात है। किसी को यह पसंद है, किसी को वह।"

इसी प्रकार की बातें करते हुए ये दोनों व्यक्ति मंद गति से जा रहे थे। हठात्

रेवतीशंकर ने कामताप्रसाद का हाथ दबाकर कहा—''ज़रा ऊपर तो देखो !''

कामताप्रसाद ने ऊपर दृष्टि उठाई। एक छज्जे पर एक वेश्या बैठी हुई थी। वेश्या युवती तथा अत्यंत सुंदर थी।

कामताप्रसाद बोले—''यह कौन है ? पहले तो इसे कभी नहीं देखा।''

''जान पड़ता है कहीं बाहर से आई है।''

''अच्छा सौंदर्य है।''

''क्या बात है ! हज़ारों में एक है !''

''परंतु किस काम का ?''

''क्यों ?''

''वेश्या का सौंदर्य तो उस पुष्प के समान है, जो देखने में तो बड़ा सुंदर है, परंतु नीरस तथा निर्गंध है।''

''अब लगे फ़िलॉसफ़ी बघारने, इन्हीं बातों से मुझे नफ़रत है।''

''झूठ थोड़े ही कहता हूँ।''

''रहने दीजिए, बड़े तत्त्ववक्ता की दुम बने हैं।''

''अच्छा न सही।''

''बोलो चलते हो ! पाँच मिनट बैठकर चले आवेंगे, परिचय हो जाएगा।''

''अजी बस रहने भी दो।''

''तुम्हें हमारी क़सम, केवल पाँच मिनट के लिए।''

''इस समय जाने दो, फिर किसी दिन सही।''

रेवतीशंकर समझ गए कि कामताप्रसाद की इच्छा तो है, पर ऊपर से साधुता दिखाने के लिए अस्वीकार कर रहे हैं। अतएव उन्होंने कहा—''फिर-फिर का झगड़ा मैं नहीं पालता। तुम जानते हो, मेरे जी में जो आता है वह मैं तत्काल करता हूँ।''

कामताप्रसाद ने कहा—''तो यह कौन अच्छी बात है ?''

''न सही, पर स्वभाव तो है।''

''कहा मानो, इस समय टाल जाओ।''

''टालनेवाले पर लानत है !''

''ओफ़ ओह ! इतने मुग्ध हो गए। अच्छा लौटते हुए सही, तब तक ज़रा और अँधेरा हो जाएगा।''

''हाँ, यह मानी।''

दोनों व्यक्ति आगे बढ़ गए और आध घंटे तक इधर-उधर फिरने के पश्चात लौटे। इस समय सात बज चुके थे और यथेष्ट अँधेरा हो चुका था। जब ये दोनों उक्त मकान के नीचे आए तो ठिठक गए। रेवतीशंकर ने एक बार इधर-उधर देखा और खट से ज़ीने पर चढ़ गए। कामताप्रसाद ने भी उनका अनुकरण किया !

2

उपरोक्त घटना के पश्चात् एक मास व्यतीत हो गया। रेवतीशंकर उक्त वेश्या के यहाँ स्वच्छंदतापूर्वक आने-जाने लगे। उनके साथ कामताप्रसाद भी कभी-कभी चले जाते थे।

एक दिन संध्या समय रेवतीशंकर वेश्या के यहाँ पहुँचे। वेश्या ने, जिसका नाम सुंदरबाई था, रेवतीशंकर से पूछा—"डॉक्टर साहब नहीं आए ?"

"हाँ, नहीं आए।"

"वह बहुत कम आते हैं, इसका क्या कारण है ?"

"वह मेरे साथ के कारण चले आते हैं। वैसे वह वेश्याओं के यहाँ बहुत कम आते-जाते हैं।"

सुंदरबाई म्लान मुख होकर मौन हो गई। रेवतीशंकर ने पूछा—"क्यों, डॉक्टर साहब की याद क्यों आई ?"

"डॉक्टर साहब बड़े भले आदमी हैं, मुझे वह बड़े अच्छे लगते हैं।"

रेवतीशंकर के हृदय में ईर्ष्या का एक बवंडर उठा। उन्होंने पूछा—"उनके आने से तुम्हें कुछ प्रसन्नता होती है ?"

"हाँ, अवश्य होती है।"

"और मेरे आने से ?"

"आपके आने से भी होती है।"

रेवतीशंकर सुंदरबाई से एक प्रेमपूर्ण उत्तर सुनना चाहते थे, परंतु जब उसने केवल उपरोक्त बात कहकर मौन धारण कर लिया तो उन्हें बड़ी निराशा हुई। उनके मन में यह शंका उत्पन्न हुई कि कदाचित् सुंदरबाई डॉक्टर साहब से प्रेम करती है। इस शंका के उत्पन्न होते ही कामताप्रसाद के प्रति उनके हृदय में द्वेष उत्पन्न हुआ। रेवतीशंकर ने उसी समय निश्चय किया कि इस बात की जाँच करनी चाहिए।

उस दिन वह थोड़ी ही देर बैठकर चले आए।

दूसरे दिन वह कामताप्रसाद के पास पहुँचे।

उनसे उन्होंने कहा—"कल सुंदरबाई तुम्हें याद कर रही थी।"

कामताप्रसाद नेत्र विस्फारित करके मुसकराते हुए बोले—"मुझे याद कर रही थी ?"

"जी हाँ।"

"भला मुझे वह क्यों याद करने लगी ? तुम्हारे होते हुए उसका मुझे याद करना आश्चर्य की बात है।"

रेवतीशंकर शुष्क हँसी के साथ बोले—"क्यों ? मुझमें कौन लाल टँके हैं ?"

"लाल क्यों नहीं टँके हैं ? तुमसे उसे चार पैसे की आमदनी है, मेरे पास क्या धरा है ? तुमने अभी तक उसे सौ-दो सौ दे ही दिए होंगे, मैंने क्या दिया ?"

"फिर भी वह तुम्हें याद करती थी।"

"इसीलिए याद करती होगी कि उनसे कुछ नहीं मिला, कुछ वसूल करना चाहिए। सो यहाँ वह गुड़ ही नहीं जिसे चींटियाँ खाएँ।"

"ख़ैर, जो कुछ हो, आज तुम मेरे साथ चलो।"

"क्षमा करो।"

"नहीं, आज तो चलना पड़ेगा।"

"भाई साहब, मेरी इतनी हैसियत नहीं जो वेश्याओं के यहाँ जाऊँ, मैं ग़रीब आदमी हूँ। यह काम तो आप जैसे धनी लोगों का है।"

"तो वह कौन तुमसे रोकड़ माँगती है।"

"माँगे कैसे, जब कुछ गुंजाइश पावे तब तो माँगे। आपकी तरह मैं भी रोज़ आने-जाने लगूँ तो मुझसे भी सवाल करे।"

"अजी नहीं, यह बात नहीं। अच्छा ख़ैर, आज तो चले चलो।"

"माफ़ करो।"

"अरे तो कुछ आज के जाने से वह तुम्हारी क़ुर्क़ी न करा लेगी।"

"नहीं, यह बात नहीं।"

"तो फिर ?"

"वैसे ही, जहाँ तक बचूँ अच्छा ही है।"

"आज तो चलना ही पड़ेगा।"

"ख़ैर, तुम ज़िद करते हो तो चला चलूँगा।"

दोनों सुंदरबाई के मकान पर पहुँचे। डॉक्टर साहब को देखते ही सुंदरबाई का मुख खिल उठा। उसने बड़े प्रेमपूर्वक उनका स्वागत किया। रेवतीशंकर सुंदरबाई के व्यवहार को बड़े ध्यानपूर्वक देख रहे थे।

सुंदरबाई ने पूछा—"डॉक्टर साहब, आप हमसे कुछ नाराज़ हैं क्या ?"

डॉक्टर साहब ने मुसकराकर कहा—"नहीं, नाराज़ होने की कौन सी बात है ?"

"तो फिर आते क्यों नहीं ?"

"एक तो फ़ुरसत नहीं मिलती, दूसरे हम ग़रीबों की पूछ आपके यहाँ कहाँ ?"

सुंदरबाई कुछ लज्जित होकर बोली—"नहीं, आपका यह भ्रम है। हम भी आदमी पहचानते हैं। हर एक आदमी से रंडीपन का व्यवहार काम नहीं देता।"

"आपमें यह विशेषता हो तो मैं कह नहीं सकता, अन्यथा साधारणतया वेश्याओं की यही दशा है कि उनके यहाँ धनी आदमी ही पूछे जाते हैं।"

"नहीं, मेरे संबंध में आप ऐसा कभी न सोचिएगा।"

"ख़ैर, मुझे यह सुनकर प्रसन्नता हुई कि आपमें यह दोष नहीं है।"

जब तक कामताप्रसाद बैठे रहे, तब तक सुंदरबाई उन्हीं से बातचीत करती रही। रेवतीशंकर को उसका यह व्यवहार बहुत ही बुरा लगा। एक घंटे पश्चात् कामताप्रसाद बोले—"अब मुझे आज्ञा दीजिए।"

सुंदरबाई ने कहा—"आया कीजिए।"

"हाँ, आया करूँगा।" यह कहकर रेवतीशंकर से बोले—"चलते हो ?"

"तुम जाओ, मैं तो ज़रा देर बैठूँगा।"

"अच्छी बात है।" कहकर कामताप्रसाद चल दिए। उनके जाने के पश्चात् सुंदरबाई रेवतीशंकर से बोली—"बड़े शरीफ़ आदमी हैं।"

रेवतीशंकर रुखाई से बोले—"हाँ, क्यों नहीं ?"

इसके पश्चात् दोनों कुछ देर तक मौन बैठे रहे। तदुपरांत रेवतीशंकर सुंदरबाई के कुछ निकट खिसककर बोले—"सुंदरबाई, मैं तुमसे कितना प्रेम करता हूँ, यह शायद अभी तुम्हें मालूम नहीं हुआ।"

सुंदरबाई ने कहा—"यह आपकी कृपा है।"

रेवतीशंकर ने मुँह बनाकर कहा—"केवल इसके कहने से मुझे संतोष नहीं हो सकता; प्रेम सदैव प्रेम का प्रतिदान चाहता है।"

"चाहता होगा, मुझे तो अभी तक इसका अनुभव नहीं हुआ।"

"अब होना चाहिए !"

"अपने बस की बात थोड़े ही है।"

"मैं तुम्हारी प्रत्येक अभिलाषा, प्रत्येक इच्छा पूर्ण करने को तत्पर रहता हूँ, फिर भी तुम्हें मेरे प्रेम पर संदेह है ?"

"न मुझे संदेह है और न विश्वास है। आप मेरी ख़ातिर करते हैं तो मैं भी आपकी ख़ातिर करती हूँ।"

"केवल ख़ातिर से मुझे संतोष नहीं हो सकता। मैं चाहता हूँ कि जैसे मैं तुमसे प्रेम करता हूँ, वैसे ही तुम भी मुझसे प्रेम करो।"

"यह तो मेरे बस की बात नहीं है।"

"होना चाहिए !"

"चाहिए तो सब कुछ, पर जब हो तब न। वैसे यदि हमारे पेशे की बात पूछिए तो हम हर एक आदमी से यही कहती हैं कि हम जितना तुमसे प्रेम करती हैं उतना किसी से भी नहीं; परंतु मेरा यह दस्तूर नहीं है। मैं तो साफ़ बात कहती हूँ। आप हमारे ऊपर रुपए ख़र्च करते हैं, हम उसका बदला दूसरे रूप में चुका देती हैं। झगड़ा तय है। रही प्रेम और मुहब्बत की बात, सो यह बात हृदय से संबंध रखती है। आपका ज़ोर हमारे शरीर पर है, हृदय पर नहीं।"

रेवतीशंकर चुप हो गए। उन्होंने मन में सोचा—"यह निश्चय कामताप्रसाद से प्रेम करती है, तभी ऐसी स्पष्ट बातें करती है।" यह विचार आते ही उनके हृदय में कामताप्रसाद के प्रति हिंसा का भाव उत्पन्न हुआ। उन्होंने कुछ देर पश्चात् कहा—"शायद तुम्हें आज तक किसी से प्रेम नहीं हुआ।"

सुंदरबाई हँसकर बोली—"यदि प्रेम हुआ होता तो हम इस तरह बाज़ार में बैठी होतीं ? आप बच्चों की-सी बातें करते हैं। हमारे पेशे से और प्रेम से बैर है। जो जिससे प्रेम करता है, वह उसी का होकर रहता है।"

रेवतीशंकर को सुंदरबाई के इस उत्तर पर यद्यपि विश्वास नहीं हुआ, परंतु कुछ सांत्वना अवश्य मिली। उन्होंने कहा—''ख़ैर, मुझसे तो तुम्हें प्रेम करना ही पड़ेगा।'' सुंदरबाई ने मुसकराकर कहा—''यदि करना पड़ेगा तो करूँगी; पर जब करूँगी तब हृदय की प्रेरणा से, ज़बरदस्ती कोई किसी से प्रेम नहीं करा सकता।''

3

एक दिन सुंदरबाई की माता को हैज़ा हो गया। सुंदरबाई ने कामताप्रसाद को बुलवाया। कामताप्रसाद ने बड़े परिश्रम से उसे अच्छा किया। चलते समय सुंदरबाई ने उन्हें फ़ीस देनी चाही। कामताप्रसाद ने फ़ीस लेना अस्वीकार करते हुए कहा—''मैं इतनी बार तुम्हारे यहाँ आया, पान-इलायची खाता रहा, गाना सुनता रहा; मैंने तुम्हें क्या दिया ? इसलिए मैं तुमसे फ़ीस नहीं ले सकता।''

उस दिन से कामताप्रसाद का आदर और भी अधिक होने लगा। इधर ज्यों-त्यों कामताप्रसाद का आदर-सम्मान बढ़ता जाता था, त्यों-त्यों रेवतीशंकर जल-भुनकर राख होते जा रहे थे। वह सोचते थे, मैं इतना रुपया-पैसा ख़र्च करता हूँ, पर मेरा इतना आदर नहीं होता, जितना कामताप्रसाद का होता है। कामताप्रसाद को देखकर सुंदरबाई प्रसन्न हो जाती है। मेरे जाने पर भी यद्यपि वह मुसकराकर मेरा स्वागत करती है, पर वह बात नहीं रहती। मुझसे वह कुछ खिंची-सी रहती है।

यह बात वास्तव में सत्य थी। सुंदरबाई रेवतीशंकर से खिंची रहती थी। इसके दो कारण थे—एक तो रेवतीशंकर उसे पसंद नहीं था, इस कारण स्वाभाविक खिंचाव था; दूसरे व्यवसाय-नीति के कारण भी कुछ खिंचाव था। सुंदरबाई को अपने रूप-यौवन पर इतना गर्व तथा विश्वास था कि वह उन लोगों से, जो उस पर मुग्ध होते थे कुछ खिंचे रहने में ही अधिक लाभ समझती थी। रेवतीशंकर के संबंध में उसकी यह नीति सर्वथा लाभप्रद निकली। रेवतीशंकर उसे प्रसन्न करने तथा उसको अपने ऊपर कृपालु बनाने के लिए—केवल कृपालु बनाने के लिए ही नहीं, वरन् अपने प्रति उसके हृदय में प्रेम उत्पन्न करने के लिए उसकी प्रत्येक आज्ञा शिरोधार्य करने के लिए प्रस्तुत रहते थे। इसके परिणामस्वरूप सुंदरबाई को उनसे यथेष्ट आय थी।

कामताप्रसाद के प्रति सुंदरबाई का व्यवहार उसके सर्वथा प्रतिकूल था। सुंदरबाई तो पहले ही से कामताप्रसाद के सरल स्वभाव, भलमनसाहत, व्यवहार-कुशलता, स्पष्टवादिता आदि गुणों पर मुग्ध थी। कामताप्रसाद सुंदर भी यथेष्ट थे, उनका पुरुष-सौंदर्य रेवतीशंकर से सैकड़ों गुना अच्छा था। परंतु सबसे अधिक जिस बात ने सुंदरबाई पर प्रभाव डाला, वह उसके रूप-यौवन के प्रति कामताप्रसाद की निस्पृहता थी। कामताप्रसाद के किसी हावभाव से यह कभी प्रकट न हुआ कि वह सुंदरबाई पर मुग्ध हैं। सुंदरबाई के लिए यह एक नवीन और अद्भुत बात थी। आज तक जितने पुरुष उसके पास आए, वे सब उसकी रूप-ज्योति पर पतंग की भाँति गिरे; परंतु कामताप्रसाद पर उसका

कोई प्रभाव नहीं पड़ा। अन्य पुरुषों के समक्ष वह अपनी श्रेष्ठता अनुभव करती थी, परंतु कामताप्रसाद के समक्ष उसे अपनी श्रेष्ठता का अनुभव न होकर, उन्हीं की श्रेष्ठता का अनुभव होता था। श्रेष्ठता सदैव प्रशंसा तथा आदर प्राप्त करती है। यही कारण था कि सुंदरबाई का व्यवहार कामताप्रसाद के साथ निष्कपट तथा स्नेहपूर्ण था।

इधर रेवतीशंकर सुंदरबाई के प्रेम में प्रेमोन्मत्त-से हो रहे थे। वह यह चाहते थे कि उनके होते हुए सुंदरबाई किसी भी पुरुष की ओर न देखे। इधर सुंदरबाई की यह दशा थी कि जब कभी कामताप्रसाद कई दिनों तक उसके यहाँ न पहुँचते, तो वह अस्वस्थ होने का बहाना करके उन्हें बुलवाती थी। उस समय कामताप्रसाद को केवल अपने व्यवसाय की दृष्टि से उसके यहाँ जाना ही पड़ता था।

एक दिन रेवतीशंकर संध्या के पश्चात् जब सुंदरबाई के यहाँ पहुँचे तो उन्होंने देखा कि सुंदरबाई कामताप्रसाद के घुटने पर सिर रखे लेटी है और कामताप्रसाद उसके सिर पर हाथ फेर रहे हैं। यह देखते ही कुछ क्षणों के लिए रेवतीशंकर की आँखों के नीचे अँधेरा छा गया।

इधर उन्हें देखते ही कामताप्रसाद ने शीघ्रतापूर्वक उसका सिर अपने घुटने पर से हटा दिया और रेवतीशंकर की ओर देखकर कुछ झेंपते हुए से बोले—"इनके सिर में बड़े ज़ोर का दर्द था, अतएव इन्होंने मुझे बुलवाया। मैंने दवा लगाई है, अब कुछ कम है।"

रेवतीशंकर कामताप्रसाद को सिटपिटाते देख ही चुके थे, अतएव उन्होंने समझा कि कामताप्रसाद केवल बात बना रहे हैं। उन्होंने एक शुष्क मुसकान के साथ कहा—"आपके हाथ लगें और दर्द कम न हो। यह तो एक अनहोनी बात है।"

यह कहकर रेवतीशंकर ने सुंदरबाई पर एक तीव्र दृष्टि डाली। सुंदरबाई उस दृष्टि को सहन न कर सकी, उसने अपनी आँखें नीची कर लीं।

कामताप्रसाद खड़े होकर सुंदरबाई से बोले—"तो अब मैं जाता हूँ, तुम थोड़ी देर बाद दवा एक बार और लगा लेना।"

"बैठिए-बैठिए, आपकी उपस्थिति दर्द को दूर करने में बहुत बड़ी सहायता देगी।" रेवतीशंकर ने स्पष्ट-व्यंग्य के साथ यह बात कही।

कामताप्रसाद रेवतीशंकर के इस व्यंग्य से कुछ व्यथित होकर बोले—"निस्संदेह ! डॉक्टर से लोग ऐसी ही आशा रखते हैं, यह कोई नई बात नहीं है।" इतना कहकर कामताप्रसाद चल दिए।

उनके चले जाने के पश्चात् रेवतीशंकर ने सुंदरबाई से कहा—"अब तो साधारण-सी बातों में भी डॉक्टर बुलाए जाने लगे।"

सुंदरबाई ने कहा—"तो फिर ! क्या आप यह चाहते हैं कि जब कोई मृत्युशय्या पर पड़ा हो तभी डॉक्टर बुलाया जाए।"

"नहीं-नहीं, आप जब चाहिए बुलाइए। मना कौन करता है।"

"मना कर ही कौन सकता है ? मेरा जो जी चाहेगा, करूँगी। मैं किसी की

लौंडी-बाँदी तो हूँ नहीं।''

रेवतीशंकर ओंठ चबाते हुए बोले—''ठीक है, कौन मना कर सकता है।''

इस वाक्य को रेवतीशंकर ने दो-तीन बार कहा।

सहसा रेवतीशंकर का मुख रक्तावर्ण हो गया, आँखें उबल आईं। उन्होंने हाथ बढ़ाकर सुंदरबाई की कलाई पकड़ ली और दाँत पीसते हुए बोले—''कौन मना कर सकता है ? मैं मना कर सकता हूँ, जिसने अपना तन-मन-धन तुम्हारे चरणों पर डाल दिया है।''

सुंदरबाई अपनी कलाई छुड़ाने की चेष्टा करते हुए बोली—''अजी बस जाइए, ऐसे यहाँ दिन भर में न जाने कितने आते हैं।''

''आते होंगे, परंतु मैं तुम्हें बता दूँगा कि मैं उन लोगों में नहीं हूँ।''

सुंदरबाई ने एक झटका देकर अपनी कलाई छुड़ा ली और कर्कश स्वर में बोली—''तुम बेचारे क्या दिखा दोगे। ऐसी धमकी में मैं नहीं आ सकती। चले वहाँ से बड़े वारिस-ख़ाँ बनकर। तुम होते कौन हो ? वही कहावत है—'मुँह लगाई डोमनी गावे ताल-बेताल।' ''

रेवतीशंकर ने कुछ नम्र होकर कहा—''देखो, सुंदरबाई यह बातें छोड़ दो, इसका परिणाम बुरा होगा।''

''क्या बुरा होगा ? तुम कर क्या लोगे ? ख़ैरियत इसी में है कि चुपचाप यहाँ से चले जाइए, और आज से यहाँ पैर न धरिएगा, नहीं तो पछताइएगा।''

रेवतीशंकर अप्रतिभ होकर बोले—''अच्छा ! यह बात है ?''

''जी हाँ, यही बात है। मैं आपकी विवाहिता नहीं हूँ। ये बातें वही सहेगी, मैं नहीं सह सकती। हुँह ! अच्छे आए ! हम लोग ऐसे एक की होकर रहें तो बस हो चुका।''

रेवतीशंकर कुछ क्षणों तक चुपचाप बैठे, ओठ चबाते रहे, तत्पश्चात् एकदम से उठकर खड़े हो गए और बोले—''अच्छी बात है, देखा जाएगा !''

इतना कहकर रेवतीशंकर चल दिए !

4

उपर्युक्त घटना के एक सप्ताह पश्चात् एक दिन प्रातःकाल शौचादि से निवृत्त होकर कामताप्रसाद चाय पी रहे थे। उसी समय सहसा पुलिस ने उनका घर घेर लिया। एक सब-इंस्पेक्टर उनके कमरे में घुस आया। उसने आते ही कामताप्रसाद से पूछा—''डॉक्टर कामताप्रसाद आप ही हैं ?''

कामताप्रसाद ने विस्मित होकर कहा—''हाँ, मैं ही हूँ, कहिए ?''

सब-इंस्पेक्टर ने कहा—''मैं आपको सुंदरबाई का खून करने के जुर्म में गिरफ़्तार करता हूँ।''

कामताप्रसाद हतबुद्धि होकर बोले—"सुंदरबाई का खून !"

कामताप्रसाद केवल इतना ही कह पाए, आगे उनके मुँह से एक शब्द भी न निकला।

सब-इंस्पेक्टर ने एक कांस्टेबिल से कहा—"लगाओ हथकड़ी !"

इसके पश्चात् इंस्पेक्टर ने उस कमरे की तलाशी ली और एक कोट तथा क़मीज़ बरामद की। क़मीज़ के दाहिने कफ़ में खून का दाग़ लगा हुआ था। इंस्पेक्टर ने उसे देखकर सिर हिलाया। इसके पश्चात् उसने कोट को देखा। कोट के दो बटन गायब थे। इंस्पेक्टर ने अपनी जेब से एक डिबिया निकाली। डिबिया खोलकर दो बटन निकाले उन बटनों को कोट के अन्य बटनों से मिलाकर देखा, दोनों बटन अन्य बटनों से आकार-प्रकार में पूर्णतया मिल गए। इंस्पेक्टर ने कहा, "ठीक है !"

उसने क़मीज़ तथा कोट अपने अधिकार में किया। इसी समय कामताप्रसाद के पिता भी आ गए। उन्होंने जो पुत्र के हाथों में हथकड़ी लगी देखी तो घबराकर पूछा—"क्यों-क्यों, क्या बात है ?"

इंस्पेक्टर ने कहा—"कल रात सुंदरबाई नामी तवायफ़ का क़त्ल हो गया है। वहाँ कुछ ऐसी चीज़ें पाई गई हैं, जिनसे यह साबित होता है कि सुंदरबाई का खून कामताप्रसाद ने किया है। इसलिए इनकी गिरफ़्तारी की गई है।"

कामताप्रसाद के पिता कंपित स्वर से बोले—"नहीं-नहीं, यह असंभव है। ऐसा कभी नहीं हो सकता। आप ग़लती कर रहे हैं।"

सब-इंस्पेक्टर—"हमारी ग़लती साबित करने के लिए आपको काफ़ी मौक़ा मिलेगा, घबराइए नहीं !"

कामताप्रसाद बोले—"निस्संदेह पिताजी ! आप घबराइए नहीं, इसमें कोई विकट रहस्य है। हमें अदालत के सामने काफ़ी मौका मिलेगा।"

सब-इंस्पेक्टर ने अधिक बात करने का अवसर न दिया। कामताप्रसाद को साथ लेकर सीधा उनके दवाख़ाने पहुँचा।

कामताप्रसाद ने देखा कि उनके दवाख़ाने पर भी पुलिस का पहरा है।

दवाख़ाने की चाबी सब-इंस्पेक्टर कामताप्रसाद के घर से ले आया था। अतएव दवाख़ाना खोला गया। उसकी तलाशी लेकर वह बक्स निकाला गया, जिसमें सर्जरी के औज़ार थे। वह बक्स भी इंस्पेक्टर ने अपने अधिकार में कर लिया।

नियत समय पर कामताप्रसाद का मुक़दमा आरंभ हुआ। पुलिस की ओर से चार वस्तुएँ पेश की गईं। एक तो वह चाक़ू जिससे खून किया गया था, कामताप्रसाद का कोट, क़मीज़ तथा एक रूमाल जिसके कोने पर उनका नाम कढ़ा हुआ था। यह रूमाल खून से रँगा हुआ था। सरकारी वकील ने अदालत को वे दोनों बटन दिखाए। ये बटन जिस कमरे में खून हुआ था उसमें पाए गए थे और दोनों कामताप्रसाद के कोट के बटनों

से पूर्णतया मिलते-जुलते थे। रूमाल पर उनका नाम ही कढ़ा हुआ था। क़मीज़ के कफ़ पर खून का दाग़ था। वह चाकू जिससे हत्या की गई थी, कामताप्रसाद के सर्जरी के औज़ारों में के अन्य दो चाक़ुओं से पूर्णतया मेल खाता था।

इसके अतिरिक्त पुलिस की ओर से चार गवाह पेश हुए थे, दो मुसलमान दुकानदार जिनकी दुकानें सुंदरबाई के मकान के नीचे ही थीं, सुंदरबाई की माता, उनकी एक दासी !

नौकरानी ने बयान दिया--"जिस दिन यह वारदात हुई, उस दिन शाम को साढ़े छह बजे के लगभग सुंदरबाई की माँ नौकर के साथ कहीं गई हुई थीं। मकान पर केवल सुंदरबाई और मैं रह गई थीं। साढ़े आठ बजे के लगभग डॉक्टर साहब आए। सुंदरबाई और वह, दोनों भीतरी कमरे में बैठे। मैं उस समय भोजन बना रही थी। आध घंटे बाद मैंने ऐसा शब्द सुना जैसे दो आदमी आपस में लपटा-झपटी कर रहे हों। बीच में एकाध दफ़े मैंने डॉक्टर साहब की आवाज़ सुनी। ऐसा जान पड़ता था कि डॉक्टर साहब सुंदरबाई को डाँट रहे हैं। इसके थोड़ी देर बाद डॉक्टर साहब बड़ी तेज़ी के साथ कमरे से निकले और ज़ीने से नीचे उतरकर चले गए। मैं खाना बनाती रही। इसके एक घंटे बाद सुंदरबाई की माता लौटीं। वह पहले तो अंदर आईं और मुझसे पूछा--'खाना तैयार है ?' मेरे 'हाँ' कहने पर वह सुंदरबाई के कमरे की ओर चली गईं। वहाँ जाते ही उन्होंने हल्ला मचाया, तब मैं दौड़कर गई। नौकर भी दौड़ा। वहाँ जाकर देखा कि सुंदरबाई का कोई खून कर गया है। मैंने उसी समय सुंदरबाई की माँ से वह सब कहा, जो मैंने देखा-सुना था।"

कामताप्रसाद के वकील के जिरह करने पर उसने कहा--"मैं जहाँ खाना बना रही थी वह जगह सुंदरबाई के कमरे से थोड़ी दूर है। मैं जहाँ बैठी थी वहाँ से ज़ीने से कमरे में जाता हुआ आदमी दिखाई नहीं पड़ता था। मैंने केवल आवाज़ से समझा था कि अब डॉक्टर साहब जा रहे हैं। उनकी तेज़ी का अनुमान भी मैंने उनके पैरों के शब्द से तथा ज़ीने में उतरने के शब्द से किया था। जिस समय डॉक्टर साहब आए थे, उस समय मैंने उन्हें देखा था। मैं उस समय उधर गई थी। सुंदरबाई ने एक गिलास पानी माँगा था, वही देने गई थी। डॉक्टर साहब से झगड़ा होने का शब्द सुनकर मैं उधर नहीं गई। हम लोगों को बिना बुलाए जाने की इजाजत नहीं है। डॉक्टर से लपटा-झपटी और झगड़ा होने का शब्द कोई ऐसी बात नहीं थी, जिससे मैं यह आवश्यक समझती कि मैं जाकर देखूँ कि क्या हो रहा है। वेश्याओं के यहाँ ऐसी बातें बहुधा हुआ करती हैं, मेरे लिए वह एक साधारण बात थी। डॉक्टर साहब के जाने के पश्चात् सुंदरबाई की माँ के आने के समय तक मैं खाना बनाने में इतनी मग्न रही कि मुझे और किसी बात का कोई ध्यान न रहा।"

दोनों मुसलमान दूकानदारों ने अपने बयान में कहा--"हम लोग दूकान बंद कर रहे थे। उसी वक्त ज़ीने में ऐसी आवाज़ हुई जैसे कोई बड़ी तेज़ी से उतरता चला आता हो। इसके बाद हमने डॉक्टर को निकलते देखा। यह बड़ी तेज़ी से एक तरफ़

चले गए। इनके कपड़े भी तितर-बितर-से थे। इसके बाद हम लोग दूकान बंद करके अपने-अपने घर चले गए।''

जिरह में दोनों दुकानदारों ने कहा—''हम डॉक्टर को अच्छी तरह पहचानते हैं। यह अकसर सुंदरबाई के यहाँ आया-जाया करते थे। बाज़ार की रोशनी इनके ऊपर काफ़ी पड़ रही थी। उसमें हमने इन्हें अच्छी तरह देखा था। इसमें किसी शक व शुबह की गुंजाइश नहीं है।''

सुंदरबाई की माता ने अपने बयान में कहा—''मैं जिस समय लौटकर आई उस समय दस बज चुके थे। मैं एक दूसरी वेश्या को, जिससे मेरी मित्रता है, देखने गई थी। वह कई दिन से बीमार थी। मैंने कमरे में जाकर देखा कि सुंदर चित पड़ी है और उसकी छाती में चाक़ू घुसा हुआ है। इतना ही देखकर मैं एकदम चिल्ला उठी। घर के नौकर तथा नौकरानी दौड़ पड़े। उन्होंने भी देखकर हल्ला मचाया। बाज़ार में सन्नाटा हो गया था। दो-चार दूकानें खुली थीं। वह भी उस समय बंद हो रही थीं। हल्ला मचाने के आध घंटे बाद एक कांस्टेबिल आया। वह सब देखकर चला गया। उसके एक घंटे बाद कोई बारह बजे के लगभग दारोगा साहब आए थे।''

जिरह में उसने कहा—''डॉक्टर साहब पहले-पहल हमारे यहाँ अपने एक दोस्त के साथ आए थे। उनका नाम रेवतीशंकर है। वह बड़े आदमी हैं। वह बहुत दिनों हमारे यहाँ आते-जाते रहे। इसके बाद उन्होंने आना-जाना बंद कर दिया था। उन्होंने आना-जाना डॉक्टर के कारण बंद किया था। हमारे यहाँ उनमें और डॉक्टर में कभी कोई झगड़ा नहीं हुआ। सुंदरबाई ने एक दिन गुस्से में उनसे कह दिया था कि हमारे यहाँ मत आया करो। इसका कारण यह था कि सुंदरबाई डॉक्टर को कुछ चाहती थी। मेरा विचार है कि डॉक्टर ने ही उससे कहा होगा कि रेवतीशंकर को मत आने दो। एक दफ़े डॉक्टर साहब ने मुझे हैज़े से बचाया था तब से हम लोग उन्हीं को बुलाया करते थे। एक बार सुंदरबाई ने मुझसे कहा था कि डॉक्टर साहब का हृदय बड़ा कठोर है। इनके जी में ज़रा भी रहम नहीं है। मैंने उससे पूछा कि तुझे कैसे मालूम हुआ, तो इसका उत्तर उसने कुछ नहीं दिया था।''

कामताप्रसाद ने अपने बयान में कहा—''मैं बहुधा सुंदरबाई के यहाँ जाया करता था। पहले मैं केवल मनोरंजन के लिए जाता था, परंतु बाद को सुंदरबाई की माता को हैज़े से आराम करने पर मैं उनका फ़ैमिली डॉक्टर हो गया, तब से मैं बहुधा जाता था। कुछ दिनों के बाद मुझे सुंदरबाई के व्यवहार से यह संदेह उत्पन्न हुआ कि वह मुझसे प्रेम करती है। तब मैंने आना-जाना कुछ कम कर दिया था। जब मैं उनका फ़ैमिली डॉक्टर हो गया तब मैं बहुधा बुलाया जाता था। उस दशा में मैं जाने के लिए विवश था। बहुधा सुंदरबाई झूठमूठ अस्वस्थ बन जाती थी और मुझे बुला भेजती थी। इससे मेरा यह संदेह पक्का हो गया कि सुंदरबाई मुझसे प्रेम करती है।

''जिस दिन की यह घटना है उस दिन मैं आठ बजे के बाद दवाखाना बंद करके घर जाने लगा तो मेरी इच्छा हुई कि सुंदरबाई के यहाँ होता चलूँ। मैं उसके यहाँ गया।

हम दोनों भीतरी कमरे में बैठे। पहले तो थोड़ी देर इधर-उधर की बातें होती रहीं। इसके पश्चात् सुंदरबाई ने मुझसे प्रेम की बातें करनी आरंभ कीं। मैंने उससे कहा, मुझसे ऐसी बातें मत करो, परंतु वह न मानी। मैंने उसे फिर समझाया। मैंने उससे कहा–'मैं अपनी पत्नी से प्रेम करता हूँ। उसके अतिरिक्त मैं किसी अन्य स्त्री से प्रेम नहीं कर सकता।' यह कहकर मैं उठकर चलने लगा। सुंदरबाई मुझसे लिपट गई। मैंने उसे डाँटकर छोड़ देने के लिए कहा, पर वह न मानी। उसने उसी समय मेरी पत्नी के संबंध में कुछ अनुचित शब्द कहे। उन्हें सुनकर मुझे क्रोध आ गया। मैंने उसे अपने से अलग करके ज़ोर से ढकेल दिया। वह पलंग पर गिरी। उसका सिर पलंग के काठ के तकिए से टकरा गया, जिससे उसके सिर से खून बहने लगा। यह देखकर मेरा डॉक्टरी स्वभाव जागृत हो उठा। मैंने झट जेब से रूमाल निकालकर खून पोंछा और घाव को देखा। देखने पर मालूम हुआ कि वह बहुत ही साधारण था, केवल चमड़ा फट गया था। जिस समय मैं घाव पोंछ रहा था, उसी समय सुंदरबाई पुनः मुझसे लिपट गई। तब मैंने वहाँ ठहरना उचित न समझा और अपने को उससे छुड़ाकर मैं तेज़ी के साथ नीचे सड़क पर आ गया और अपने घर की ओर चला गया।"

चाक़ू की बाबत प्रश्न किए जाने पर कामताप्रसाद ने कहा–"चाक़ू मेरे चाक़ुओं जैसा अवश्य है। परंतु वह मेरा नहीं है। मैं उसकी बाबत कुछ नहीं जानता। जितने चाक़ू मेरे बक्स में इस समय मौजूद हैं उतने ही मेरे पास थे, उससे एक भी अधिक नहीं था।"

कामताप्रसाद के इतना कहने पर सरकारी वकील ने अदालत के सामने एक काग़ज़ पेश करते हुए कहा–"यह उस कंपनी का इनवायस (बीजक) है, जहाँ से अभियुक्त ने सर्जरी का बक्स मँगाया था। इनवायस में तीन चाक़ू लिखे हुए हैं। अभियुक्त केवल दो का होना स्वीकार करता है। यह तीसरा चाक़ू कहाँ गया ? बक्स में इस समय दो ही चाक़ू मौजूद हैं।"

अदालत ने इनवायस, बक्स तथा जिस चाक़ू से हत्या की गई थी उसे देखकर कामताप्रसाद से पूछा–"इनवायस में लिखा हुआ तीसरा चाक़ू कहाँ है ?"

कामताप्रसाद का मुँह बंद हो गया। उन्हें स्वप्न में भी यह ध्यान नहीं आया था कि पुलिस ने दूकान की तलाशी लेते समय इनवायस भी हथिया लिया होगा।

कामताप्रसाद के मुख से केवल इतना निकला–"मैं निरपराध हूँ, मैंने हत्या नहीं की।"

5

कामताप्रसाद सेशन सुपुर्द कर दिए गए। कामताप्रसाद के पिता ने उन्हें छुड़ाने की बहुत कुछ चेष्टा की। एकलौता बेटा फाँसी पर चढ़ा जाता है, यह विचार उन्हें अपना सर्वस्व तक दे देने के लिए बाध्य किए हुए था। अच्छे-से-अच्छे वकील जुटाए, परंतु कोई फल

न हुआ। कामताप्रसाद के विरुद्ध ऐसे दृढ़ प्रमाण थे कि वकीलों की बहस और खींचातानी ने कोई लाभ नहीं पहुँचाया। सेशन से कामताप्रसाद को फाँसी का हुक्म हो गया।

हाई कोर्ट में अपील की गई; परंतु वहाँ से भी फाँसी का हुक्म बहाल रहा। इस समय कामताप्रसाद के माता-पिता की दशा का क्या वर्णन किया जाए ! जिसके ऊपर असंख्य आशाएँ निर्भर थीं, जो उनके बुढ़ापे का स्तंभ था—वह आज उनसे छिना जा रहा है—और सदैव के लिए ! उनका घर इस समय श्मशान-तुल्य हो रहा था। कामताप्रसाद की युवती पत्नी, जिसने यौवन में पदार्पण ही किया था, रोते-रोते विक्षिप्त हो गई थी। और क्यों न होती ? ऐसे योग्य, सुंदर, कमाऊ और प्राणों से अधिक प्यारे पति को आँखों के सामने, असमय और ज़बरदस्ती मौत के मुख में ढकेला जाता हुआ देखकर कौन पत्नी अपने हृदय को वश में रख सकती है ?

फाँसी होने के दो दिवस पहले कामताप्रसाद के माता-पिता तथा उनकी पत्नी उनसे मिलने गई थीं। उस समय का वर्णन करना असंभव है। चारों में से प्रत्येक यह चाहता था कि एक-दूसरे की मूर्ति सदैव के लिए हृदय में धारण कर ले, परंतु आँसुओं की झड़ी ने आँखों पर ऐसा निष्ठुर परदा डाल रखा था कि परस्पर एक-दूसरे को भलीभाँति देख भी न सके। हृदय की प्यास हृदय में हिमशिला की भाँति जमकर रह गई। माता पुत्र को छाती से लगाकर इतना रोई कि बेहोश-सी हो गई। उसके बैन सुनकर पाषाण की छाती भी फटती थी। "हाय मेरे लाल, मैंने कैसे-कैसे दुख उठाकर तुझे पाला था ! हाय, क्या इसी दिन के लिए पाला था। अरे चाहे मुझे फाँसी दे दो, पर मेरे लाल को छोड़ दो। हाय, मेरा एकलौता बच्चा है, यह मेरी आँखों का तारा, बुढ़ापे का सहारा है। क्या सरकार के घर में दया नहीं है, क्या लाट साहब के कोई बाल-बच्चा नहीं है ? अरे कोई मुझे उनके सामने पहुँचा दो। मैं अपने आँसुओं से उनका कलेजा पसीज डालूँगी। अरे मेरा हाथी-सा बच्चा कसाई लिये जाते हैं। अरे कोई ईश्वर के लिए इसे छुड़ाओ। हाय, मेरा बच्चा जवानी का कोई सुख न देख पाया! हाय, जैसा आया था वैसा ही जाता है। हाय, इस अभागी बच्ची (पुत्रवधू) की उमर कैसे टेर होगी ? अरे राम ! तुम इतने क्यों रूठ गए ! मैंने पाप किए थे तो मुझे नरक में भेज देते, मेरा बच्चा क्यों छीने लेते हो ? अरे कलेजे में आग लगी है, इसे कोई बुझाओ !"

कहाँ तक लिखा जाए, वह इसी प्रकार की बातों से सुननेवालों का हृदय विदीर्ण कर रही थीं। जेलर भी रूमाल से आँखें पोंछ रहा था। पिता सिर झुकाए हुए चुपचाप खड़े थे, परंतु जिस स्थान पर खड़े थे वह स्थान आँसुओं से तर हो गया था। और कामताप्रसाद की पत्नी, वह बेचारी लज्जा के मारे कुछ बोल नहीं सकती थी। उसके हृदय की आग ऊपर फूट निकलने का मार्ग न पाकर, भीतर-ही-भीतर कलेजे में फैलकर तन-मन भस्म किए ढाल रही थी। अंत में जब न रहा गया, जब भीतरी आग की गरमी सहनशक्ति की सीमा उल्लंघन कर गई, तो लज्जा को तिलांजलि देकर वह एकदम दौड़ पड़ी और पति की छाती से चिपक गई। 'हाय मेरे प्राण, मुझे छोड़कर कहाँ जाते हो।'

केवल यह वाक्य उसके मुख से निकला, इसके पश्चात् वह बेहोश हो गई। उसी बेहोशी की दशा में उसे वहाँ से हटा दिया गया। कामताप्रसाद की आँखों से भी आँसुओं की धारा बह रही थी, परंतु मुँह बंद था। मुँह से कोई शब्द न निकले, इसके लिए उन्होंने अपने नीचे के होंठ इतने ज़ोर से दाबे कि खून बहने लगा।

समय अधिक हो जाने के कारण जेलर ने भेंट की समाप्ति चाही। परंतु कामताप्रसाद के पिता ने कहा—"कृपा कर पाँच मिनट तो और दीजिए, अब तो सदैव के लिए अलग होते हैं।"

जेलर ने कहा—"मेरा वश चले तो मैं आप लोगों को कभी भी अलग न करूँ; पर क्या करूँ, नियम से विवश हूँ ! खैर, पाँच मिनट और सही।"

कामताप्रसाद की माता और पत्नी, दोनों बेहोश हो जाने के कारण हटा दी गई थीं, केवल उनके पिता रह गए थे। कामताप्रसाद ने उनसे कहा—"पिताजी, यह तो आपको विश्वास ही है कि मैं निर्दोष हूँ।"

पिता ने कहा—"क्या कहूँ बेटा, मेरे लिए तू सदैव निर्दोष था।"

कामताप्रसाद—"मैं केवल कुसंगत का शिकार हो गया। कुसंगत में पड़कर न मैं वेश्या के घर जाता, न यह नौबत पहुँचती, खैर भाग्य में यही बदा था। परंतु इतना मुझे विश्वास हो गया कि समाज न्याय की ओट में अन्याय भी करता रहता है। न्याय के नियमों को इतना अधिक महत्त्व दिया जाता है कि वह अन्याय की सीमा तक पहुँच जाता है। उन नियमों के लिए एक मनुष्य की सज्जनता, सच्चरित्रता, उसकी नेकनीयती का कोई मूल्य नहीं। बड़े-से-बड़े आदमी, अच्छे-से-अच्छे मनुष्य के साथ वह उसकी क्षणिक कमज़ोरी के लिए भी वैसा ही व्यवहार करते हैं, जैसा कि एक अभ्यस्त अपराधी के साथ। यह न्याय है। यह वह न्याय है, जिसके आँखें और कान हैं, पर मस्तिष्क नहीं है। केवल दो-चार आदमियों के कह देने से और मेरी कुछ वस्तुओं को हत्यास्थल पर देखकर ही न्याय के ठेकेदार मुझे फाँसी पर लटकाए दे रहे हैं। ईश्वर ऐसे न्याय से समाज की रक्षा करे। खैर ! अब एक प्रार्थना यह है कि ज़रा रेवतीशंकर को मेरे पास भेज देना, उससे भी मिल लूँ। यदि उससे भेंट न होगी तो मेरी आत्मा को शांति न मिलेगी।"

दूसरे दिन रेवतीशंकर भी पहुँचा। रेवतीशंकर से बात करते समय कामताप्रसाद ने सबको हटा दिया। जब एकांत हुआ तो कामताप्रसाद ने रेवतीशंकर की आँखों-से-आँखें मिलाकर कहा—"रेवतीशंकर, जानते हो मैं किसलिए फाँसी पर चढ़ रहा हूँ ?"

इतना सुनते ही रेवतीशंकर का शरीर काँपने लगा। वह आँखें नीची करके बोला ही नहीं।

कामताप्रसाद ने उसका मुँह ऊपर करके कहा—"मेरी ओर देखो, घबराओ नहीं। मैं केवल इसलिए फाँसी पर चढ़ रहा हूँ कि मैंने तुम्हें बचाने की चेष्टा की थी। मैंने अदालत में यह नहीं कहा कि वह तीसरा चाकू कहाँ गया। यद्यपि मुझे याद था कि वह चाकू तुम ले गए थे। मैंने यह भी नहीं कहा कि सुंदरबाई से मेरे कारण तुम्हारा

कई बार झगड़ा हुआ। तुमने उसे धमकी भी दी थी। रेवतीशंकर, मैंने तुम्हें फँसाकर या तुम्हारे ऊपर संदेह उत्पन्न कराके अपने प्राण बचाना कायरता और मित्रता के प्रति विश्वासघात समझा। यदि मैं पहले ही कह देता कि तीसरा चाक़ू तुम ले गए थे, तो वह इनवायस की शहादत, जो मेरे लिए मौत का फंदा हो गई, कभी उत्पन्न न होती। यह मैं मानता हूँ कि मेरे केवल इतना कह देने से कि चाक़ू तुम ले गए थे, मैं मुक्त न हो जाता। मेरे विरुद्ध अन्य बातें भी थीं; परंतु फिर भी मैं एक ऐसी परिस्थिति उत्पन्न कर सकता था, जिससे कि यह संभव था कि मैं छूट जाता। परंतु मेरे छूटने का अर्थ था तुम्हारा फँसना। न्याय तो एक बलिदान लेता ही, मेरा न लेता तुम्हारा लेता। हम दो के अतिरिक्त तीसरे की कोई गुंजाइश नहीं थी। इसलिए मैं तुम्हारे संबंध में मौन ही रहा। ख़ैर, जो हुआ सो हुआ, पर अब तो बता दो कि मेरा विचार ठीक है या नहीं।''

रेवतीशंकर कुछ क्षणों तक कामताप्रसाद की ओर देखता रहा, तत्पश्चात् उसने आँखें नीची कर लीं और गरदन झुकाए हुए, काँपते हुए पैरों से, पिटे हुए कुत्ते की भाँति कामताप्रसाद के सामने से हट आया। कामताप्रसाद ने किंचित् मुसकराते हुए उस पर जो दृष्टि डाली वह, वह दृष्टि थी जो एक महात्मा दया के योग्य एक पापी पर डालता है।

कामताप्रसाद को फाँसी दे दी गई। फाँसी के एक सप्ताह पश्चात् रेवतीशंकर ने विष खाकर आत्महत्या कर ली। उसके कमरे में एक बंद लिफाफा पाया गया।

उस लिफ़ाफ़े में से एक पत्र निकला। यह पत्र किसी के नाम नहीं था, केवल साधारण रूप से लिखा गया था। इस पत्र में लिखा था–

'सुंदरबाई की हत्या कामताप्रसाद ने नहीं, मैंने की थी। सुंदरबाई ने मेरे प्रेम को ठुकराया था, मेरा हृदय छीनकर मुझे दुत्कारा था। इसके लिए मैं उसे कभी क्षमा नहीं कर सकता था। मैं उसके प्रेम में पागल था। उसके बिना संसार मेरे लिए शून्य था। जिस दिन उसने मुझे अपने घर आने से रोक दिया, उस दिन से मैं विक्षिप्त-सा हो गया। मैं इस चिंता में रहने लगा कि या तो उसे अपना बनाकर छोड़ूँ या फिर उसे दूसरे के लिए इस संसार में न रहने दूँ। मैं उसके मकान का चक्कर काटता रहता था। पर उस दशा में भी मुझमें इतना आत्मगौरव था कि मैं उसके मकान पर नहीं गया। जिस दिन मैंने उसकी हत्या की, उस दिन रात को नौ बजे के लगभग मैं टहलता हुआ उसके मकान के नीचे से निकला। इस अभिप्राय से कि कदाचित् उसकी एक झलक देखने को मिल जाए, मैं उसके मकान के सामने ज़रा हटकर खड़ा हो गया। मुझे खड़े कुछ ही क्षण हुए थे कि कामताप्रसाद उसके मकान से उतरे। उनका वेष देखकर मेरी आँखों में खून उतर आया। उनके अस्त-व्यस्त कपड़ों से मैंने कुछ और ही समझा। उस विचार के आते ही मेरे शरीर में आग लग गई। मुझे कामताप्रसाद पर ज़रा भी क्रोध नहीं आया; क्योंकि मैं जानता था कि उन्हें सुंदरबाई की ज़रा भी

परवाह नहीं। मुझे क्रोध सुंदरबाई पर आया, वही उनसे प्रेम करती थी। मैं अपने को सँभाल न सका और बिना परिणाम सोचे मैं चुपचाप चोर की तरह से दबे पैरों सुंदरबाई के कोठे पर चढ़ गया। ऊपर जाकर मैं बहुत ही दबे पैरों सुंदरबाई के कमरे में पहुँचा। सुंदरबाई उस समय अपने पलंग पर लेटी हुई थी। उसके शरीर के वस्त्र अस्त-व्यस्त थे। यह देखकर मैं क्रोधोन्मत्त हो गया। मैंने जाते ही एकदम से उसका मुँह दाब लिया, जिससे वह हल्ला न मचा सके। मेरे पास एक चाक़ू था, यह मैंने कामताप्रसाद से उस समय माँग लिया था, जबकि उनका सर्जरी का सेट आया था। उस सेट का एक़ चाक़ू मुझे बहुत पसंद आया था, वह मैंने उनसे माँग लिया। वह चाक़ू मुझे इतना पसंद था कि मैं उसे हर समय अपने पास रखता था। वह चाक़ू निकालकर मैंने उसकी छाती में घुसेड़ दिया। मैं उसका मुँह दाबे था, इससे वह चिल्ला न सकी। जब वह ठंडी हो गई तो मैं उसी प्रकार चुपचाप उतरकर अपने घर चला आया। मुझे किसी ने नहीं देखा था। बाज़ार की अधिकांश दूकानें उस समय बंद हो चुकी थीं। मैंने घर आकर अपने खून से भरे कपड़े तुरंत जला दिए और निश्चिंत हो गया।

'जब मुझे ज्ञात हुआ कि कामताप्रसाद फँस गए तो मुझे बड़ा दुख हुआ। मैंने उस समय यह नहीं सोचा था कि हत्या का संदेह किस पर पड़ेगा। मित्र के फँसने पर मुझे कितना पश्चात्ताप और कितना दुख हुआ, उसे मैं ही जानता हूँ। परंतु मृत्यु का भय, फाँसी पर लटकने के भयानक विचार ने मुझे इतना कायर बना दिया कि मैं अपना अपराध स्वीकार करके कामताप्रसाद को न बचा सका। मैंने कई बार चेष्टा की कि अदालत में जाकर सब बातें कह दूँ; पर फाँसी के तख़्ते ने मुझे प्रत्येक बार पीछे ढकेल दिया। यदि मुझे यह विश्वास हो जाता कि मैं फाँसी न पाऊँगा, तो मैं निश्चय ही अपना पाप खोल देता। उसके लिए फाँसी के अतिरिक्त आजन्म कारावास अथवा कालेपानी की सज़ा भोगने के लिए मैं सहर्ष प्रस्तुत था, परंतु मृत्यु ! ओफ़ ! उसके लिए उस समय मैं प्रस्तुत नहीं था। कामताप्रसाद को फाँसी हो गई। मैंने एक हत्या नहीं, दो हत्याएँ कीं।

'कामताप्रसाद को यह रहस्य मालूम था। जेल में अंतिम भेंट होने पर मुझे यह बात मालूम हुई। उस समय भी मैं इसी फाँसी के भय से अपने मित्र से अपने इस गुरुतर पाप के लिए क्षमा न माँग सका। भय ने उस समय भी मेरा मुख बंद कर दिया था।

'अब मेरे लिए संसार शून्य है। मेरी सबसे प्यारी चीज़ सुंदरबाई भी नहीं रही, दो-दो हत्याओं का मेरे सिर पर भार है। पश्चात्ताप की ज्वाला से तन-मन भस्म हुआ जा रहा है। इस घोर यंत्रणापूर्ण जीवन से अब मुझे मृत्यु ही भली प्रतीत हो रही है, इसलिए मैं आत्महत्या करता हूँ। ईश्वर मेरे अपराधों को क्षमा करके मेरी आत्मा को शांति देगा या नहीं, इसमें मुझे संदेह है; परंतु फिर भी जीवन से मृत्यु अधिक प्रिय मालूम होती है।

—रेवतीशंकर '

जिस समय कामताप्रसाद के पिता को यह बात मालूम हुई कि कामताप्रसाद निरपराध फाँसी पर चढ़ा, उस समय उन्होंने कहा—'उसके भाग्य में यही लिखा था; परंतु इसके साथ ही यह बात भी है कि न्याय का यह दंड-विधान हत्या-विधान है। यदि मेरे लड़के को फाँसी न देकर, आजन्म जेल हुई होती तो वह आज छूट आता। न्यायी को ऐसा कार्य करने का क्या अधिकार है, जिसमें यदि भूल हो तो उसका सुधार उसके वश की बात न रहे। अब यदि न्याय उसे जिला नहीं सकता तो उसे फाँसी देने का क्या अधिकार था ? यह न्याय नहीं, बर्बरता है, जंगलीपन है, हत्याकांड है। ऐसे न्याय का जितना शीघ्र नाश हो जाए, अच्छा है।'

दुखी वृद्ध अपने शोकोन्माद में बैठा बक रहा था; परंतु वहाँ ईश्वर के अतिरिक्त उसकी बात सुननेवाला और कौन था !

[चाँद, फाँसी अंक, नवंबर, 1928]

स्नेह की ज्वाला

• *प्रेमबंधु*

उमा के ससुराल में पैर रखते ही निरूपमा ने उसे समझा दिया था–"बहूरानी ! इस अभागे बालक को मुँह न लगाना।"

उमा ने अपने मन में सोचा, 'शायद यह बालक बहुत शैतान होगा।' परंतु तीन ही दिनों में उसे मालूम हो गया कि बात कुछ ऐसी नहीं थी। उस बालक का केवल एक अपराध था–वह मातृ-पितृविहीन था। उमा सोचने लगी–'क्या यह भी कोई अपराध है।'

अंधकार के वक्षःस्थल को चीरकर प्रकाश की किरणें अपना मार्ग बना रही थीं।

उमा स्नान करके पूजा की कोठरी की ओर जा रही थी। उसने देखा शशि की कोठरी में दो आँखें बड़ी उत्सुकता से उसकी ओर ताक रही हैं। उमा से रहा न गया। पास जाकर उसने कहा–"शशि ! क्या कहते हो ?"

बालक बोला नहीं।

उमा ने फिर कहा–"बच्चे ! हम आ गए हैं। बोलो क्या कहते हो ?"

शशि ने एक बार उमा की ओर देख भर लिया, परंतु बोला फिर भी नहीं। उसकी आँखें भर आईं।

"तुम रोते हो"–उमा ने कातर होकर पूछा।

इस बार शशि ने कहा–"चाची, तुम जाओ, ताई मारेगी।"

उमा ने पूछा–"ताई क्यों मारेगी, बच्चे !"

"यह तो मैं नहीं जानता"–शशि ने बड़े भोलेपन से उत्तर दिया–"पर ताई मुझे किसी से भी बातें करते देख लेती है तो मारा करती है।"

"हमारे साथ बात करते देखकर वह नहीं मारेगी। आओ ! तुम हमारे साथ चलो।"

"नहीं, चाची ! हम हाथ जोड़ते हैं। तुम जाओ ! ताई आ रही होगी।" बालक रोने लगा।

उमा सहसा कुछ न कह सकी। उसे ऐसा मालूम हुआ मानो उसका हृदय बरबस शशि की ओर खिंच रहा है। वह चुपचाप वहीं खड़ी रही।

उधर पूजा घर में उमा को न देखकर निरूपमा ने चिल्लाकर कहा—"जो जानबूझकर साँप के मुँह में उँगली डाले, उसे कौन बचा सकता है। बहूरानी ! मैं अब भी कहती हूँ तुम शशि को मुँह न लगाओ।"

उमा ने बाहर आकर कहा—"मैंने क्या किया जीजी ?"

"तुम शशि के कमरे में क्यों गई थी ?" निरूपमा ने शासन के स्वर में पूछा।

"मैं तुम्हारे पैरों पड़ती हूँ ! तुम इस बालक से इतनी रुष्ट क्यों हो।"

"अरे ! बहूरानी ! इससे बढ़कर अभागा कौन होगा ! पैदा होते ही जिसके माँ-बाप मर गए और तनिक बड़ा होते ही जिसने ताऊ को भी खा डाला।" इतना कहते-कहते निरूपमा ने शशि को कमरे से खींचकर बाहर डाल दिया।

उमा ने व्यथित हृदय से देखा—बालक चुपचाप रो रहा था।

2

समय असीम के पथ पर एक चाल से चला जा रहा था।

उमा ने देखा निरूपमा की कठोरता दिन-प्रतिदिन बढ़ती जा रही है। सात वर्ष का बालक शशि दिन भर परिश्रम करता और सर्वदा शांत और प्रसन्न रहने की भी चेष्टा करता। कठोरता कुछ बहुत बुरी वस्तु नहीं, यदि उसके साथ समवेदना और सहानुभूति भी हो। पर वहाँ पर इसका सर्वथा ही अभाव था।

एक दिन साहस करके उमा ने अपने पति से कहा—"आप ही जीजी को क्यों नहीं समझाते ?"

"किसलिए ?"

"वे शशि के प्रति इतनी कठोर क्यों हैं ?"

"तुम नहीं जानती, उमा रानी ! भाभी उसे बहुत प्यार करती हैं, परंतु प्रकट करना नहीं चाहती इसीलिए तो कठोर हैं।"

"प्रेम से कठोरता नहीं होती प्यारे ! कठोरता तो ईर्ष्या में होती है। एक दिन जब यातना सहते-सहते वह मर जाएगा, तो क्या वे उस प्रेम को लेकर चाटेंगी ?"

उमा की आँखें छलछला आईं।

इतने में शशि की चीत्कार से मकान गूँज उठा। उमा जल्दी से दौड़कर वहाँ पहुँची। उसने देखा निरूपमा आज शशि की जान लेने पर उतारू हो रही है और बालक बिलबिलाकर कह रहा है—"ताई ! इस बार माफ़ कर दो, अब नहीं करूँगा।"

उमा से यह न देखा गया। उसने निरूपमा के पैर पकड़ लिये और कहा—"जीजी ! बस करो ! शशि मर जाएगा।"

निरूपमा रुक तो गई, पर उसे यह बुरा लगा कि कोई दूसरा उसके काम में बाधा दे।

उमा ने पूछा—"जीजी ! आख़िर बात क्या थी जो शशि को इतना मारा ?"

"यह सब तुम्हारे लाड़ का फल है, बहूरानी ! इसकी इतनी हिम्मत ! मैंने सवेरे पाँच रसगुल्ले गिनकर रखे थे, पर अब वहाँ पर चार ही हैं। मैं कहती हूँ मेरे घर में यह सबकुछ न हो सकेगा।" इतना कहकर निरूपमा क्रोध के मारे धम-धम करती हुई वहाँ से चली गई। उमा ने देखा उसकी आँखों में आँसू भी थे। आज उसके हृदय को ठेस लगी उसने पूछा—"बच्चे ! तुमने रसगुल्ला खाया था।"

शशि ने बिलखते हुए कहा—"चाची ! कल से कुछ नहीं खाया। ज़ोर की भूख लग रही थी...आह !" वह ज़ोर-ज़ोर से रोने लगा—"चाची ! बड़ी तकलीफ़ हो रही है। मैं अब से कभी चोरी नहीं करूँगा। मुझे बचा लो।" इसके साथ-ही-साथ उसने खून उगल दिया।

उमा चीख़कर बेहोश हो गई।

3

इसके तीन ही दिन बाद की बात है।

उमा को बड़े ज़ोर का ज्वर चढ़ा हुआ था। अमूल्य बाबू को डर था, कहीं उमा की बीमारी भयंकर न सिद्ध हो। उसे सात मास का गर्भ भी था। वह बार-बार बेहोश हो जाती थी।

निरूपमा ने आँसू बहाते हुए कहा—"मैंने इसे कई बार मना किया, अमूल्य बाबू, ! उस अभागे बालक की तो छाया भी कष्ट की छाया है।" अमूल्य कुछ समझ न सके। उन्होंने मन-ही-मन कहा, इसमें इस बालक का क्या अपराध ?"

थोड़ी देर में उसने देखा उमा ने आँखें खोली। अमूल्य ने उमा का हाथ अपने हाथ में लेकर कहा—"उमा, तुम्हें क्या हो गया ?"

उमा की छाती धड़कने लगी। उसने कहा—"स्वामिन् ! शशि कहाँ है ?"

"वह तो स्कूल गया है।"

"तो उसे बुला लाओ ना ! मैं अब न बचूँगी।"

"ऐसी बात भी कोई कहता है रानी !"—अमूल्य ने शांत स्वर में कहा।

"ना ! मैं अब ठीक कहती हूँ मेरे कारण शशि को कष्ट होता है। बस उसे एक बार मेरे पास बुला लाओ।"

इतने ही में निरूपमा ने कहा—"जिसके कारण तुम इस दशा को पहुँच गई उसको देखने की अब भी साध बाकी है। तुम्हें अब उसकी छाया से भी बचना चाहिए, बहूरानी !"

"तुमने यह क्या कहा जीजी !"—उमा ने हृदय के आवेग को रोकते हुए पूछा।

शशि को उसके नाना के यहाँ भेज देती हूँ। इस अभागे बालक के कारण मैं अपनी चाँद-सी बहू नहीं खो सकती उमा !" उसकी आँखें भर आईं।

उमा कोई उत्तर न दे सकी। भावावेश से उसकी जिह्वा रुँध-सी गई थी। हाँ !

एक बार कातर दृष्टि से उसने पति की ओर देखा मानो वह कह रही थीं—'इससे तो मैं और भी जल्दी मर जाऊँगी।'

निरूपमा के चले जाने पर अमूल्य ने कहा—"उमा ! तुम्हें मेरी क़सम, तुम चिंता न करो। मैं कल ही यह मकान छोड़ दूँगा।"

"इससे क्या लाभ होगा ?"

"भाभी के अत्याचार न देख सकेंगे और न तुम्हें कष्ट होगा।"

"तुम कैसी बातें करते हो। शशि जब भूख के मारे तड़पेगा, तो क्या मेरी आत्मा संतप्त न होगी। स्नेह तो भगवान की तरह अनुभव करने की वस्तु है..."

उसी समय अमूल्य ने देखा बाहर खिड़की के परदे पर परछाईं पड़ रही है। उन्हें समझते देर न लगी। उन्होंने खिड़की खोल दी। बालक शशि घबराकर भागने लगा, परंतु उसमें इतनी शक्ति कहाँ थी। वहीं गिर पड़ा और बेहोश हो गया।

उमा से कुछ छिपा न रहा अमूल्य ने बालक की बेहोश देह को उठाकर उमा के पास लिटा दिया। वेदना को सुरक्षित करके उमा ने शशि को छाती से चिपका लिया। स्नेह के इस कोमल स्पर्श से शशि ने आँखें खोल दीं। उसने बड़े प्यार से कहा—"चाची !"

उमा का बाँध फूट पड़ा। उसने स्नेह सिंचित स्वर में कहा—"शशि !"

अमूल्य का मुखमंडल प्रसन्नता की आभा से चमक उठा। वे एकटक प्रेममय भगवान् के दर्शन देखने लगे।

4

वेदना की बाँध में बँधे हुए कितने ही दिन हफ्ते और महीने और चले गए।

उमा की गोद में अब साल भर का एक बालक खेल रहा था। वह अब भी प्रायः रोती रहती थी। शशि का कष्ट उससे देखा नहीं जाता था। वह जितना शशि की ओर खिंचती थी निरूपमा उस पर उतनी ही अधिक कठोर होती जाती थी।

एक दिन फिर अमूल्य ने उमा से कहा—"उमा ! इस तरह तो तुम घुल-घुलकर मर जाओगी। चलो, हम दूसरे मकान में रहने लगें।"

उमा बोली नहीं।

अमूल्य कहते रहे—"जिसे तुम स्नेह करती हो, जिसे तुम सुखी देखना चाहती हो, उसके लिए इतना त्याग तो करना ही पड़ेगा।"

उमा ने कहा—"इसमें त्याग की कौन सी बात है। परंतु शशि को दुख में छोड़कर भाग चलना तो कायरता और पाप है।"

"परंतु उसके दुख का प्रधान कारण तो तुम ही हो उमा ! जब तुम बीच में से हट जाओगी तो भाभी शशि को इतना दुख न दे सकेगी।"

कुछ सोचकर उमा बोली—"बात कुछ-कुछ ऐसी ही है। दूसरे के अधिकार की वस्तु को अपना बनाकर कौन सुखी रह सकता है। जीजी से अलग होकर शशि कहीं

जा भी नहीं सकता।"

"अब यहाँ रहने से तो शशि के कष्ट बढ़ते ही जावेंगे।"—अमूल्य ने कहा।

"शशि को सुखी देखना ही मुझे अभीष्ट है। यदि हमारे चले जाने से उसके कष्ट कम हो जाएँगे तो चलो हम दूसरे मकान में ही रहेंगे।"

उमा ने कह तो दिया पर हृदय में वेदना उमड़ पड़ी और वह सिसक-सिसककर रोने लगी।

अपने नए मकान में आए उमा को एक साल और समाप्त हो गया। शशि जब स्कूल जाता तो रास्ते में उमा का मकान पड़ता था। उस मकान की खिड़की के पास पहुँचकर वह प्रतिदिन चाची को नमस्ते करता और छोटे बच्चे से हँस-हँसकर बोलता। उसे प्रसन्न देखकर उमा ने सोचा—'जीजी अब शशि को प्रेम से रखती है। चलो इसमें हमारा क्या। वह सुख से रहे, यही हमें प्रिय है।' उसकी आँखें भर आईं।

उधर कई दिन बीत गए। शशि अब उसके पास नहीं गया। उमा सोचने लगी—'क्या जीजी ने मना कर दिया है।' फिर सोचती 'वे क्या देखने आती हैं। नहीं, वह आप ही नहीं आता होगा।' ये विचार भी उसके चित्त में न ठहरता। अंत को उसने विचारा, 'हो-न हो शशि बीमार है।' वह उतावली होकर खिड़की की ओर ताकती रहती; पर अब उसे शशि की सूरत न दिखाई पड़ती।

आख़िर एक दिन उमा से न रहा गया। उसने निरूपमा की दासी को बुलाकर पूछा—"शशि तो अच्छा है, श्यामा ?"

"नहीं। बहूरानी ! तुम्हारे घर छोड़ने का सारा दोष उस पर थोपकर वे उसे बहुत कष्ट देती हैं। जब से उन्हें मालूम हुआ है कि शशि तुम्हारे पास आता है; तो उसका स्कूल जाना भी बंद कर दिया है। अब तो वह एक दो दिन का मेहमान है।"

उमा रोने लगी—"सच कहना श्यामा ! मेरा शशि क्या अब नहीं बचेगा ? ओह ! इस पाप की भागिनी मैं ही हूँ।"

श्यामा ने सांत्वना बँधाते हुए कहा—"इसमें तुम्हारा क्या अपराध बहूरानी ! बात यह है कि बड़ी बहू उस पर किसी और का प्रेम देखना नहीं चाहतीं।"

"अच्छा चलो श्यामा ! मैं तुम्हारे साथ चलकर जीजी से पूछूँगी, प्रेम पर भी क्या किसी का अधिकार होता है ?"

श्यामा चुप थी।

उमा ने बच्चे को गोद में उठाया और पुराने मकान में आकर देखा—शशि चौक में चटाई पर पड़ा अपने जीवन की अंतिम घड़ियाँ गिन रहा है। वह रोते-रोते विह्वल हो गई।

निरूपमा रसोईघर में थी। उमा ने वहीं पहुँच कर अपने गोद के बच्चे को बड़े वेग से उनके सामने फेंक दिया और आर्द्र स्वर में कहा—"जीजी ! इसे खाकर अपना

पेट भर लो और मेरे शशि को मुझे दे दो।"

उमा ने उत्तर की प्रतीक्षा नहीं की और शशि को गोद में उठाकर अपने मकान की ओर चली, परंतु नौ वर्ष के बालक को उठाने की शक्ति उसमें नहीं थी। यदि अमूल्य आकर सँभाल न लेते तो वे दोनों सीढ़ियों में ही गिर पड़ते।

उन दोनों को आराम से लिटाकर अमूल्य ने कहा—"कहीं चोट तो नहीं लगी !"

"नहीं"—कहकर उमा ने शशि को अपनी छाती में चिपटा लिया।

अमूल्य ने फिर पूछा—"बच्चा कहाँ है ?"

"उसे अब भूल जाओ स्वामिन् !" उमा ने स्वस्थचित्त से कहा—"उसे निरूपमा देवी की भेंट चढ़ाकर मैं शशि को बचा लाई हूँ।"

अमूल्य चुपचाप शशि के सिर पर हाथ फेरने लगे। उनका हृदय भरा हुआ था।

इसी समय निरूपमा वहाँ आ पहुँची। आते ही उसने कहा—"मुझे क्षमा कर दो, रानी !" वह फूट-फूटकर रोने लगी। रोते-रोते उसने कहा—"तुम तो इस बच्चे को मार ही आई थी, पर भगवान् ने इसे बचा लिया।"

बच्चे का नाम सुनकर शशि बड़े कष्ट से उठ बैठा और दोनों हाथ फैलाकर उसे अपनी गोद में लेकर छाती से चिपका लिया।

"तुमसे कैसे क्षमा माँगूँ उमा !" यह कहकर निरूपमा ने उमा के पैर पकड़ लिये—"केवल एक बार मुझे कह दो—क्षमा किया। मैं आज ही काशी चली जाऊँगी।"

उमा ने रोते-रोते कहा—"तुम मत जाओ जीजी ! इस सब वितंडावाद की कारण मैं ही हूँ। जीजी ! मुझे क्षमा करो।"

उपन्यास

पैरोल पर

ब्रजेंद्रनाथ गौड़

1

स्वागत के लिए सदर दरवाज़े पर खड़े रस्तोगी और उसकी नव-विवाहिता पत्नी, अमिता, ने कपूर को हाथ जोड़कर नमस्ते किया। कपूर ने भी हाथ जोड़ दिए, और क्षण भर के लिए उसकी दृष्टि अमिता की आँखों में झाँक दी।

तब रस्तोगी ने कपूर से कहा—"ये मेरी पत्नी हैं।"

कपूर ने अमिता की मुसकराती हुई आँखों में एक बार फिर देखा और तब तीनों कमरे के अंदर पहुँच गए। क़ायदे से सजे हुए शाही सामानों को कपूर ने एक बार विरक्ति के भाव से देखा और कुर्सी के हत्थे को पकड़ लिया, जैसे उस आलीशान इमारत के अनंत वैभव को मसलकर क्षण भर में ही नष्ट कर देने की कामना उसके मन में जाग उठी हो।

स्वामी के कुछ कहने से पूर्व ही अमिता ने कपूर की ओर दृष्टि करके कोमल आग्रहपूर्ण स्वर में कहा—"बैठिए।"

कपूर ने गंभीर दृष्टि अमिता की ओर बढ़ाई और फिर चारों ओर देखने लगा।

अमिता ने दो क्षण बाद फिर कहा—"बैठिए न।"

कपूर ने उसकी ओर पुनः देखा और उसे लगा कि वह उस आकर्षण में डूब गया है। तब मुसकराते हुए कुर्सी पर बैठ गया। साथ ही रस्तोगी भी सामने बैठ गया। अमिता खड़ी रही, कपूर ने प्रश्नसूचक दृष्टि से उसकी ओर देखकर कहा—"और आप ?"

तनिक सा मुसकरा के वह भी बग़ल में पड़ी कुर्सी पर बैठ गई। रस्तोगी ने मेज़ पर रखी कॉलबैल पर उँगली रखी। कुछ क्षणों में ही आर्डर्ली ने आकर आदरसूचक अभिवादन किया।

रस्तोगी ने उससे कहा—"चाय !"

ऑर्डर्ली चला गया। कपूर ने मेज़ पर पड़ा अख़बार उठा लिया और पन्ने पलटने लगा।

अमिता ने कहा—"आपकी हड़ताल तो खूब चल रही है।"

अख़बार मेज़ पर रखकर उसने भेद भरी दृष्टि से अमिता की मुसकराती हुई आँखों के मादक भोलेपन को देखा और कहा—"जी हाँ, उम्मीद भी है कि हड़तालों के इतिहास में इस हड़ताल का ख़ास महत्त्व होगा। हमें इतनी सफलता की तो आशा भी नहीं थी। इस बार मज़दूरों ने निश्चय कर लिया है कि भूखे मर जाएँगे, पर अधिकार

लेकर मानेंगे।''

रस्तोगी ने कहा—''तो आप लोगों ने निश्चय कर लिया है कि हमें चैन से न बैठने देंगे ?''

कपूर ने उपहास की हँसी हँसते हुए कहा—''और आपने भी तो ग़रीब मज़दूरों को भूखों मारने का निश्चय किया है। आप यह नहीं सोचते कि जिनकी मेहनत से आप लाखों रुपए कमाते हैं, उन्हें आप उस मेहनत की एवज़ में देते ही क्या हैं ?''

रस्तोगी ने कहा—''आप सख़्ती से इस विषय में सोच रहे हैं। ज़रा उदारता से सोचें कि हम जो कुछ करते हैं, उससे ज़्यादा क्या किया जा सकता है ?''

कपूर कुछ कहना ही चाहता था कि ऑर्डर्ली ने चाय का ट्रे लाकर मेज़ पर रख दिया। अमिता ने कुर्सी आगे खिसकाकर चाय बनाना आरंभ किया। रस्तोगी ने मिठाई और नमकीन की बड़ी सी डिश कपूर के सामने बढ़ाकर कहा—''खाइए।''

कपूर ने एक समोसा उठाकर कहा—''आप उदारता से सोचने की बात कहते हैं, तो मैं पूछूँ कि आप लोग क्यों नहीं उदारता से सोचते ? क्या आपका यही समझना उचित है कि जो कुछ आप मज़दूरों को देते हैं, वह ठीक है ? क्या उनकी मेहनत का यह पर्याप्त पारिश्रमिक है ?'' और समोसे का एक कोना दाँतों से काट लिया।

रस्तोगी ने कहा—''लेकिन आप लोगों को इतनी जल्दी भी तो न करनी चाहिए। जब हम मज़दूरों को आश्वासन दे चुके हैं, तो उनका वेतन बढ़ाया ही जाएगा।''

कपूर ने घृणा से मुँह बनाकर कहा—''बढ़ाया जाएगा ! आप भी अजीब तरह की बात कहते हैं। आप लोग ग़रीब मज़दूरों को कितने आश्वासन नहीं दे चुके, लेकिन कभी एक भी पूरा किया ? किसी को झूठी आशा में रखना ठीक नहीं है। क्या आप यह नहीं सोचते कि ग़रीब अपने इरादों के पक्के होते हैं और उनके इरादे किसी भी समय आप लोगों के हक़ में अनर्थ का कारण बन सकते हैं।''

अमिता ने भयभीत नेत्रों से कपूर की ओर देखा और मुसकराकर कहा—''आप उत्तेजित न हों।'' फिर चाय का प्याला बढ़ाते हुए कहा—''लीजिए, चाय पीजिए पहले।''

कपूर ने अमिता के आग्रह को स्वीकार कर किंचित् मुसकरा, प्याला हाथ में लेते हुए कहा—''उत्तेजित मैं नहीं होता, उत्तेजना तो क्षणिक होती है; उससे हमारा कोई काम नहीं हो सकता। हम तो काम की बात सोचते हैं; वही कहते हैं, वही करते भी हैं।''

अमिता ने हँसकर कहा—''लेकिन आप कुछ चाहते हैं, तो आपको अपनी बात ढंग से कहनी चाहिए।''

अमिता की बात कपूर को बुरी अवश्य लगी, लेकिन उसके हँसने के कारण वह भी हँसकर रह गया।

रस्तोगी ने चाय का प्याला होंठों से लगाकर एक चुस्की ली; तब कहा—''लेकिन आप लोग अपनी शर्तों में कुछ सुधार क्यों नहीं कर देते ?''

कपूर ने कई घूँट चाय पी लेने के बाद कहा—"आप लोगों की दो ख़ास बातें हैं, एक शर्तों की और दूसरी न्याय की, मैं इनके जवाब में यही कहना चाहता हूँ कि आप लोगों के इशारे से पुलिस ने ग़रीब मज़दूरों पर लाठीचार्ज किया और गोली चलाकर क्रूरता का परिचय दिया; जिसे देखते हुए कुछ शर्तें और बढ़ाने का हम लोगों ने निश्चय किया है।"

कपूर की बात सुनकर रस्तोगी-दंपती ने आश्चर्य से उसकी ओर देखा। दोनों ही कुछ कहना चाहते थे कि कपूर ने कहा—"अब तो शांतिपूर्ण सुलह का प्रस्ताव आप ही लोग रखें और हमारी एक-एक शर्त आदरसहित स्वीकार करें, अन्यथा आशा करना बेकार है।"

रस्तोगी ने कहा—"हम लोगों ने आज आपको इसीलिए कष्ट दिया है कि आप हमारी सहायता करें।"

कपूर ने गंभीरता से कहा—"हम इसके लिए सदा तैयार हैं।"

अमिता ने दो क्षण चुप रहने के बाद कहा—"लेकिन आपकी शर्तें तो बहुत सख़्त हैं।"

कपूर ने अमिता की ओर देखकर कहा—"आप शर्तों को सख़्त कह सकती हैं, लेकिन मज़दूरों की भलाई के लिए हम लोगों ने बहुत सोच-समझकर ये शर्तें बनाई हैं।"

रस्तोगी ने कहा—"तब आपका मतलब यह है कि हम लोग मिलों में ताले डाल दें।"

कपूर ने ख़ाली प्याला रखते हुए गंभीरता से कहा—"आप जो कुछ भी समझें, लेकिन यदि शांतिपूर्ण सुलह चाहेंगे, तो हर हालत में मज़दूरों के अधिकार उन्हें देने ही पड़ेंगे।"

अमिता ने कपूर के ख़ाली प्याले में फिर चाय भर दी और वह अनजाने ही पीने लगा।

रस्तोगी ने तभी कहा—"तो आप हमारे लिए कुछ नहीं कर सकते ?"

कपूर ने दृढ़ता से कहा—"मज़दूरों के संबंध में कुछ भी तय करना मुझ अकेले के हाथ में तो नहीं है, फिर मज़दूरों ने जब यह तय कर लिया है कि भूखों मर जाएँगे, लेकिन अधिकारों से वंचित रहकर काम न करेंगे; तो कैसे आपको यह विश्वास दिलाऊँ कि आप जो चाहेंगे वह हो जाएगा ? और फिर मज़दूरों पर लाठीचार्ज कराकर आप लोगों ने न्याय किया था, जो आप उनसे न्याय की आशा करते हैं ? अब तो वे चाहते हैं कि उन्होंने आप लोगों को जिस महान् वैभव का अधिकारी बनाया है, उस वैभव का उपभोग वे स्वयं करें।"

अमिता ने कहा—"आप तो फिर नाराज़ होने लगे।"

कपूर ने जैसे ग़लती की हो, ऐसे एक बार उसकी ओर देखकर धीरे से सिर झुका लिया।

"हम चाहते हैं कि हमारे और आपके बीच एक स्थायी सुलह हो सके, पर आप अपनी बात पर बहुत दृढ़ हैं, तो हम लोग कहाँ तक दबें ?" रस्तोगी ने विवशता से कंपित स्वर में कहा।

कपूर ने उत्तर दिया—"आप इतना ही सोच लें, तो ठीक हो जाए कि यदि आप अपने को इस तरह दबा हुआ समझते हैं, तो वे मज़दूर आज क्यों न ऊपर उठकर आपको दबाने का प्रयत्न करें, जिन्हें आपने सदा दबाया है ?"

अमिता हँसी, फिर कपूर की ओर धीरे से देखा और कहा—"आपको तो मंच पर बोलने की आदत पड़ गई है, ज़रा धीमें से समझाकर बातें करें।"

कपूर ने इस बार कहा—"मैं जो बात कहता हूँ वह आपको जँचती नहीं है, तो क्षमा कीजिए, मैं कुछ कहूँगा ही नहीं।"

अमिता उदास-सी हो गई। रस्तोगी ने कहा—"आप कुछ वैसा न सोचें। हम लोग आपके कहे अनुसार काम करेंगे, पर इतना ज़रूर है कि हमारा ख़याल आपको रखना होगा और हमें कम-से-कम मज़दूरों के सामने लज्जित होने से तो बचाएँगे ही।"

कपूर ने घड़ी देखी और उठ खड़ा हुआ, रस्तोगी दंपती भी खड़े हो गए, कपूर ने उस शानदार कमरे पर एक नज़र डालकर कहा—"यह वैभव जिन्होंने आपको दिया है, वे आज भूखों मर रहे हैं, लेकिन आपको कुछ नहीं।" और वह हँस पड़ा, शायद अमिता उस व्यंग्य को समझ सकी हो।

फिर रस्तोगी की ओर देखकर दृढ़ता से कपूर बोला—"लेकिन आपको उनकी पूरी शर्तें माननी ही होंगी। आप कभी-कभी मज़दूरों की बस्ती में जाएँ और अपने इस विलास भवन से उनकी झोंपड़ियों की तुलना करें, तो मालूम हो कि आप किस आदर्श को निभा रहे हैं। आपने कभी सोचा है कि उन ग़रीबों के प्रति आपका जो नैतिक कर्तव्य है, उसे कभी पूरा करने का प्रयत्न करना तो दूर की बात है; उस कर्तव्य की बात सोचने का साहस आप लोगों ने किया ? फिर आप क्यों आशा करते हैं कि वे ग़रीब आपके प्रति, अपने को धोखे में डालकर भी, सदा वफ़ादार बने रहेंगे ?"

अमिता खिल-खिलाकर हँस पड़ी। कपूर और रस्तोगी ने प्रश्नात्मक दृष्टि से उसे देखा, तो वह बोली—"मैं समझ गई कि आप अपनी आदत से विवश हैं। आप सदा हम लोगों के विरुद्ध सोचा करते हैं, सो वही बोलते हैं। इसलिए हम आपकी बातों से कभी दुखी नहीं होंगे, आप गालियाँ भी दे सकते हैं।"

कपूर ने लज्जित होकर कहा—"आप मेरी बातें न सुनकर मेरे उच्चारण और वाणी पर विशेष ध्यान देती हैं। खैर, मैं एक बार फिर क्षमा चाहता हूँ।"

रस्तोगी ने पूछा—"तो क्या तय किया भाई ?"

"मैं आपकी बात अपने दोस्तों के सामने पेश करूँगा। जो कुछ भी तय होगा, वह आपको बता दिया जाएगा।" कपूर ने कहा और धीरे-धीरे दरवाज़े की ओर चलने लगा।

रस्तोगी ने कहा—"तो कब आशा करें ?"

कपूर ने द्वार के बाहर खड़े होकर कहा—"आजकल हम लोगों की कार्यकारिणी की बैठकें दिन में दो बार होती हैं। मैं शाम को आपकी बात वहाँ पेश कर दूँगा।"

अमिता ने धीरे से पूछा—"फिर कब आएँगे ?"

कपूर चलते-चलते एकबारगी चौंक पड़ा। फिर उसने कह दिया—"कल।"

अमिता ने कहा—"कार कहाँ भेजूँ ?"

कपूर ने कहा—"कार पर चलने का समय अभी नहीं आया।"

अमिता ने 'नमस्ते' कहा। कपूर ने मुड़कर अमिता की ओर देखा और प्रत्युत्तर में उसने भी 'नमस्ते' कह दिया।

रस्तोगी कपूर के साथ-साथ सदर दरवाज़े तक जाकर वापस आ गया।

2

कमरे में पाँव रखते ही रस्तोगी ने अमिता से कहा—"आदमी कुछ सनकी-सा मालूम होता है।"

अमिता ने आश्चर्य से पति की ओर देखकर कहा—"तभी शायद यहाँ का एक-एक मज़दूर उसके इशारे पर जान देने को तैयार है और तभी उसके हाथ में इतनी शक्ति है कि वह जब चाहे तुम्हारी मिलों को खुलवा दें, जब चाहे उन्हें बंद करवा दें, या जब चाहे उन्हें खंडहर के रूप में बदल दें।"

पत्नी की बात का सही उत्तर देते उससे न बना, सो कहा—"मेरा मतलब है, उत्तेजित जल्दी होता है।"

अमिता ने अर्थपूर्ण दृष्टि से स्वामी की ओर देखा और मुसकरा दी।

रस्तोगी धीरे-धीरे कहने लगा—"समझ में नहीं आता, इस तरह कैसे काम चलेगा ! महीना भर हो गया, मिलें बंद पड़ी हैं। घाटे पर घाटा होता जाता है। जहाँ तक हो सका, शक्ति काम में लाई गई, पर उससे भी कुछ न हुआ—जाने क्या होने को है !"

"इस तरह अधीर होने से थोड़े ही काम चलेगा। महीने भर में जो हज़ारों रुपए का घाटा हुआ है, यदि काम चालू रखने पर लाभ का एक अंश भी मज़दूरों को देते तो वे कितने खुश होते और आज यह दिन भी न देखना पड़ता।"

खीजकर रस्तोगी ने कहा—"तो क्या हम अपना पेट काटकर उन्हें दे दें और खुद जो हज़ारों रुपए लगाए बैठे हैं सो बेकार जाएँ ?"

"दोनों का लाभ हो, दोनों सुखी रहें, सो क्यों नहीं करते।"

"मैं अभी जाता हूँ; एसोसिएशन के सामने कपूर की सभी बातें रख दूँगा और अपनी राय भी दे दूँगा कि जल्द-से-जल्द समझौता हो जाना चाहिए, चाहे उसका कितना ही मूल्य देना पड़े। और अमिता ! तुम नहीं जानती कि समझौता न हुआ तो गज़ब हो जाएगा। ये लोग मिलें बरबाद कर देंगे और कुछ आश्चर्य नहीं कि हम लोगों को लूट भी लें, मार भी डालें।"

"वे ग़रीब हैं तो इतने नीच नहीं हैं। ऐसा छिछोरापन उनमें नहीं है, यह याद रखना।"

"जो भी हो, इस बार तुम्हारी राय से चल रहा हूँ, वरना मैं तो कपूर से समझौते की बात करना अपना अपमान समझता हूँ। वह हमारा दुश्मन है। उसने हमारे मज़दूरों को भड़काकर मिलों में ताले डलवा दिए और हम उसका एक मित्र की तरह स्वागत-सत्कार करते हैं, यह मुझसे तो होता नहीं। पर तुम जाने क्या कराओगी।"

अमिता स्वामी की बात सुनकर उदास हो गई; बोली—"तो मुझ पर क्यों गुस्सा उतारते हो ? मैं तो जो पहले कहती थी, वही अब भी कहती हूँ कि शांतिपूर्ण समझौता हो जाए तो आगे के लिए बात बनी रहेगी।"

"ख़ैर, जो कुछ कह रही हो, कर ही रहा हूँ।" रस्तोगी ने टोपी उठाकर सिर पर रखी और बाहर जाते हुए कहा—"मुझे देर भी हो सकती है। शाम को खाने के लिए प्रतीक्षा न करना।"

अमिता चुपचाप बग़लवाले कमरे में चली गई। पंखा खोल दिया और खाट पर लेट रही।

उसकी शादी हुए दो वर्ष हो गए हैं। एक शब्द में उसे द्वितीय श्रेणी से ऊपर की सुंदरी कह सकते हैं।

दो वर्ष के अंदर वह अपने पति को खूब समझ गई है। पति ने कभी किसी कॉलेज में शिक्षा नहीं पाई थी, लेकिन उन्हें अनुभव बहुत अधिक था। पिता की मृत्यु के बाद अपनी तीनों मिलों का काम उन्हीं को देखना पड़ता था। तीनों मिलें उनकी निजी संपत्ति थीं। सो चाचा तथा अन्य स्वजन उनसे ईर्ष्या करते थे, लेकिन बीस वर्ष की कच्ची आयु में तीन-तीन मिलों का काम पारिवारिक विरोध के होने पर भी उन्होंने खूबी से निबाहा और अपने काम में खूब उन्नति की।

वह पढ़ी-लिखी है, यह बात पति ने सदा सोची और उसकी विद्वत्ता से लाभ भी उठाया कि हर काम में उसकी राय अवश्य ले ली, चाहे फिर किया अपने मन का ही।

पति जिन परिस्थितियों के बीच रह रहे हैं, देखकर उसने उन्हें भावुकता शून्य समझा था, लेकिन अब वह सोचती थी कि वैसा सोचने में उसने भूल की थी। पति का स्वभाव सरल और विचार सीधे हैं। वे दया करना भी जानते हैं। लेकिन दया को 'दया' या 'कृपा' न कहकर 'कर्तव्य' कहते हैं। उन्होंने सदा यह प्रयत्न किया था कि उनसे कोई ऐसा काम न हो जाए, जिससे किसी को दुख हो।

वह कालेज में सदा राजनीति पर गंभीरता से सोचनेवाली छात्राओं में से थी और उसकी सहानुभूति ग़रीब मज़दूरों के प्रति भी थी। हड़तालियों की तो वह सहायता भी करती थी और कॉलेज में ही कोई ज़रा सी बात होती तो विरोध की आवाज़ सबसे पहले वही उठाती। उसे इस बात का श्रेय था कि कॉलेज में कई बार सफलतापूर्वक हड़तालें चलीं और विद्यार्थी अपना हक़ पा सके।

स्वामी उसके मनोभावों से परिचित हैं, तभी तो अपने पारिवारिक संस्कारों के विरुद्ध भी आम जनता के सामने उसे आने देते हैं। वे पत्नी को अपने बेजा अधिकारों की शृंखला में जकड़कर नहीं रखना चाहते। वे मानते हैं कि नारी को स्वतंत्रता पाने का पूरा अधिकार है।

जिस दिन मज़दूरों ने हड़ताल का ऐलान किया था, उस दिन अपनी हानि का ख़याल उसे नहीं आया था। वह तो एक प्रकार के आंतरिक आनंद का अनुभव कर रही थी।

दो बार स्वामी के सहकारी के साथ वह मज़दूरों की सभा में भी गई थी और दोनों ही बार कपूर को बोलते देख आई थी। उसे आश्चर्य हुआ कि वह स्वामी को प्राणों से अधिक प्यार करती है, तब कपूर की ओर क्यों आकर्षित हुई। वह अपने मन के एक कोने में उठनेवाली कसक में कपूर के अभाव का स्पंदन सुनती है। आज वह विवाहिता है, स्वामी को प्यार करती है, फिर भी कपूर के प्रति उसके मन में प्रेम और आदर के भाव उठ आए हैं। जब उसके जीवन में कोई पुरुष नहीं आया था, तब कॉलेज में उसके चारों ओर रहनेवाले सुंदर युवक थे, जिनकी ओर वह कभी आकृष्ट नहीं हुई थी, इस बात का उसे गर्व था, लेकिन आज वह अपनी कमज़ोरी से मुक्त नहीं थी। वह अपने प्राणों में झाँककर देखती है, तो स्वामी के बराबर ही कपूर को पाती है। उसे आश्चर्य है कि उसमें ऐसा परिवर्तन क्यों और कैसे हो गया है ? कपूर में ऐसा क्या है, जो वह उसके बिलकुल पास रहना चाहती है ?

जिस दिन लाठी-चार्ज हुआ था, उससे एक दिन पहले उसने कपूर का भाषण सुना था। वह कितने संयत ढंग से, समझा-समझाकर बात कहता है, मज़दूर कैसे शांत होकर उसकी बात सुनते, समझते और मानते हैं !

फिर स्वामी ने मज़दूरों की सभा में जाने से मना कर दिया था, और एक दिन मज़दूरों पर गोली चली थी, तब उसके मन में कैसा करुण-हाहाकार गूँज उठा था। उसे लगा था, जैसे एक गोली उसके कलेजे में भी आ लगी हो। वह सोच रही थी कि जो मेहनत करके हमें रुपया देते हैं, उनके प्रति हम यह क्या कर्तव्य निभा रहे हैं कि यदि वे अपने हक़ चाहें तो हम उन्हें कुचल दें।

फिर कपूर से मिलने की बात उसने स्वामी के सामने रखी थी। वे कितनी कठिनाई से राज़ी हुए थे। पर मज़दूरों के साथ समझौता होने की बात उसके मन में कपूर के दर्शन करने के बनिस्बत कम थी। वह सोचती थी, कपूर सामने बैठा हो और वह उसे देखा करे।

जब वह आया तो उसकी ओर प्रेम से एक बार देखा भी नहीं, पुरुष कितना कठोर होता है। उसकी आँखों में कैसा दृढ़ निश्चय चमक रहा था, उसकी वाणी में अपने इरादे पूरे करने का कैसा अटल विश्वास था !

वह कितना महान् है कि अपने सोने से शरीर को इन मज़दूरों के लिए नाश किए दे रहा है। रात-दिन बस एक ही चिंता रहती होगी कि मज़दूर अपने अधिकारों से

वंचित न रहें। न कहीं खाने का ठीक होगा, न रहने-सोने का। यह तो महत्ता है, जो वह अपना ध्यान किए बिना ग़रीबों की सहायता करता है।

ग़रीबों की भलाई के इतने काम करता है, शायद तभी लोग उसके बारे में तरह-तरह की ऊलजलूल बातें करते फिरते हैं। पर लोकमत की चिंता उसे नहीं है, जो काम करना है, वह करता है। और जिसे बहुत से लोग घृणा से देखते हैं, वही आज हज़ारों शक्तिशाली मज़दूरों का नेता बना हुआ है। उसके एक इशारे पर क्या नहीं हो सकता ?

पर वह उसे क्यों इतना चाहती है ? जब स्वामी उसे दुश्मन समझते हैं, तो वह क्यों अपना समझे ? लेकिन यह भी तो हो सकता है कि स्वामी ग़लती पर हों; ग़लती पर तो हैं ही। यदि एक आदमी ग़रीबों का पक्ष ले, और उससे अमीरों का नुकसान हो, तो वह आदमी अमीरों का शत्रु तो बन ही जाएगा। और अमीर तो अपना लाभ देखते हैं ! उन्हें यह सोचने का अवसर नहीं है कि ग़रीब अपने अधिकारों के लिए जो न्याय की लड़ाई लड़ रहे हैं, और एक समझदार आदमी उनका नेतृत्व कर रहा है, तो अमीर उसके सिद्धांतों को उदारतापूर्वक सोचने की जगह यह सोचना अपना कर्तव्य समझेंगे कि उसे नष्ट किस तरह किया जाए, ताकि वह आंदोलन दब जाए, जिससे गरीबों को शक्ति मिलती है और अमीरों के लाभ में कमी होती है।

फिर अमिता उठी, धीरे-धीरे गुनगुनाती रही और तब सामने रखे पयानो के पास पहुँची। कानपुर के बच्चे-बच्चे की ज़बान पर उन दिनों जो गीत थिरक रहा था, उसी को झूम-झूमकर गाने लगी—

''शहीदों की टोली में नाम लिखा लो।
क़फ़न सर पे बाँधो,
चलो आगे - आगे।
क़फ़न सर पे बाँधो,
बढ़ो आगे - आगे।
सुबू के सितारे को शाम दिखा दो,
शहीदों की टोली में नाम लिखा लो।
न अब चुप रहो तुम,
जो करना है कर लो,
जियो-ज़िंदा रहकर—
न चाहो, तो मर लो,
सँभालो, ये किश्ती के डाँड सँभालो,
शहीदों की टोली में नाम लिखा लो।''

3

जेब में तीन पैसे, एक सिगरेट और फाउंटेनपेन के अलावा कुछ नहीं था। दोपहरी आधी बीत चुकी थी और तेज़ लू के थपेड़े खाता हुआ कपूर सड़क के किनारे-किनारे चला जा रहा।

उस दिन जब चालीस हज़ार मज़दूरों की भीड़ के सामने वह उनका कर्तव्य समझ रहा था कि अपने इरादों पर पक्के रहो; भूखों मर जाओ, लेकिन अधिकार लेकर जियो, तब उसने थोड़ी दूर पर खड़ी कार में बैठी हुई जिस नारी की एक झलक देखी थी, वही आज उसे इतने आदर से अपने पास बैठाकर चाय पिलाएगी, यह उस समय उसने नहीं सोचा था।

उसे अनेक युवतियों के संपर्क में आने का अवसर मिला है, लेकिन वह उनकी ओर से सदा उदासीन रहा है; कभी उसने यह नहीं सोचा था कि कौन स्त्री कितनी सुंदर है, वह उससे किस ढंग से बात करती है, क्या कहती है ? लेकिन आज वह अमिता के बारे में बहुत कुछ सोचता जाता है। अमिता में आकर्षण, पर वह उस ओर क्यों खिंचता है, यह नहीं जान पाया। वह किस तरह बैठी थी, किस तरह हँस-हँसकर बातें कर रही थी, यही वह सोच रहा है।

लेकिन उसे अमिता से मतलब ? उसमें और अमिता में ज़मीन-आसमान का अंतर है। कहाँ वह मज़दूरों का हिमायती, और कहाँ अमिता मज़दूरों के पक्के विरोधी की पत्नी। दोनों में कोई सामंजस्य नहीं है !

तो यह बात अमिता भी तो समझती होगी, फिर इतना आग्रह, इतना मित्रतापूर्ण व्यवहार क्यों ? शायद कोई चाल हो। पर वह मज़दूरों की बात को पीछे न रखेगा ! रस्तोगी तो अपने मतलब की बात कर रहा था, पर अमिता ने ऐसा एक शब्द भी नहीं कहा था, जिससे उस पर संदेह किया जा सके।

यह भी तो हो सकता है कि सिद्धांतों को अलग रखकर अमिता से दोस्ती निभाई जा सके !

सामने पानवाले की दूकान देखकर वह रुक गया। पानवाले ने हाथ जोड़ दिए, तो उसे आश्चर्य हुआ। फिर जेब से सिगरेट निकालकर कहा—"ज़रा इसे जलाएँगे ?"

पानवाले ने शीघ्रता से दियासलाई देकर कहा—"जी, आजकल हड़ताल के क्या हाल हैं ?"

कपूर ने सिगरेट जलाकर कहा—"मज़दूर भूखों मर रहे हैं, लेकिन हड़ताल तो चल ही रही है।"

"फिर जी, ऐसे कब तक काम चलेगा ?"

"आज दुनिया कितना आगे बढ़ गई है, इसे नासमझ कहे जानेवाले लोग भी जान गए हैं, मज़दूर तो काफ़ी समझदार हो गए हैं, उन्होंने निश्चय किया है कि एक-एक आदमी भूख-प्यास से तड़प-तड़पकर जान दे देगा, लेकिन अधिकार पाए बिना मिलों

के अंदर क़दम न रखेगा।''

''तो, कोई आशा है क्या ?''

''आशा की बात नहीं उठती, जिस तरह भी हो हक़ प्राप्त करना है। जनता में हड़तालियों के लिए अभी और सहानुभूति की ज़रूरत है।''

फिर तनिक ठहरकर कपूर ने कहा—''हाँ, तुमने हड़ताल कमेटी को कुछ चंदा दिया ?''

''पंद्रह दिन हुए एक रुपया दिया था।''

''एक रुपया और देना भाई ! जब तक हड़ताल है, कम-से-कम दो रुपया महीना देना ही। मैं इसलिए कह रहा हूँ कि अमीरों के मुहल्ले में तुम्हारी दूकान है, तुम दो रुपए मज़दूरों को दे सकते हो।''

पानवाले ने झट से संदूकची खोली और एक रुपया निकालकर कहा—''तो यह आप ही जमा करा दीजिएगा।''

''नहीं, हमारे दफ़्तर के आदमी रसीदबुक लेकर आएँगे, तब उन्हीं को दे देना।''

''जैसी आपकी आज्ञा !'' पानवाले ने कहा, कपूर चलने को हुआ, तभी पानवाला बोला—''अरे सा'ब पान तो खा जाइए !''

''पान अभी नहीं खाऊँगा। इच्छा नहीं है।''

कपूर चलने लगा, तो पानवाले ने हाथ जोड़कर नमस्ते किया।

कपूर सोच रहा था कि हड़ताल चल सकती है। जनता की सहानुभूति हड़तालियों के साथ है; फिर भी रुपए की काफ़ी ज़रूरत है। जनता से समय पर कम मिल पाता है। पिछले सप्ताह मुंबई और अहमदाबाद के मज़दूर यदि सहायता न भेजते, तो बड़ी विकट परिस्थिति का सामना करना पड़ता। वैसे अभी एक सप्ताह के लिए रुपया है। लेकिन एक सप्ताह के बाद क्या होगा ?

सामने एक इक्का खड़ा था, कपूर ने इक्केवाले से पूछा—''बंगाली मुहाल चलोगे ?''

इक्केवाले ने कोड़ा हाथ में उठा लिया, और झट से आगे खिसककर गद्दी को हाथ से साफ़ करते हुए कहा—''आइए।''

कपूर इक्के पर बैठ गया, फिर पूछा—''रोज़ कितने की मज़दूरी हो जाती है ?''

''हो जाती है सा'ब दो-ढाई रुपए रोज़ की।''

''घोड़े को क्या खिला देते हो ?''

''यही कोई एक-डेढ़ रुपया रोज़।''

''तो तुम्हें आधे पैसे बचते हैं ?''

''हाँ, पर कभी-कभी तो सरकार, कुछ भी नहीं मिलता।''

''तुमने हड़तालियों को कुछ चंदा दिया ?''

''अभी तक एक रुपया दिया है, आठ आने तो आज ही दिए थे और आठ आने कोई दस-बारह दिन हुए तब दिए थे।''

''इक्का तुम्हारा ही है ?''

"जोतते हैं, सा'ब !"

"तो फिर तुम्हें क्या मिल पाता होगा ?"

"मालिक भले आदमी हैं, सो घोड़े की खिलाई के सिवा कुछ नहीं लेते। तभी तो सरकार, गुज़र होती है।"

"तब तो भाई, तुमने हड़तालियों की बहुत मदद की।"

"हम उनकी मदद न करें भैयाजी, तो फिर हमारे दिन भी कभी ऐसे आएँगे, जब हमें मदद की ज़रूरत होगी, तब वे ही तो हमारे काम आएँगे। अब वो बखत नहीं है कि अकेले काम चल जाए, सबको मिल-बैठकर रहना पड़ेगा।" और वह मुसकरा दिया।

"ठीक है भाई, यह हड़ताल कामयाब हो गई, तो तुम लोगों को साँस लेने की जगह हो जाएगी। वरना पिसते ही रहोगे।"

"हम तो मालिक, जी जान एक कर देंगे।"

परेड के मैदान में आकर इक्का एक ओर घूमा। तभी एक खद्दरधारी युवक ने हाथ उठाकर कपूर को आवाज़ दी। कपूर ने उधर देखा, तो इक्के से उतर पड़ा और तीनों पैसे इक्केवाले को देकर कहा—"तुम जाओ, हम यहीं रुकेंगे।"

इक्केवाला एक ओर बढ़ गया। कपूर ने उस युवक से कहा—"यहाँ कैसे खड़े हो दत्त ?"

"तुम इक्कों पर जाने कहाँ-कहाँ की सैर करो और हम यहाँ धूप में खड़े-खड़े तुम्हारा काम करें, तो भी तुम रश्क करो।" दत्त ने बिखरे बालों पर एक बार हाथ फेरकर कहा।

"मैं तो रस्तोगी के यहाँ गया था। इस लू में बेहद थक गया हूँ, सो इक्के पर बैठ गया था। बेचारे को तीन ही पैसे दे सका।" कपूर ने दत्त का हाथ पकड़कर कहा।

कपूर का स्पर्श होते ही दत्त चौंक पड़ा, फिर उसका हाथ अपने हाथ में लेकर बोला—"तुम्हारा बदन तो तप रहा है। शायद लू लग गई है।"

"बदन कुछ टूट-सा तो रहा है।"

"तो फिर घर चलो।"

"मुझे विजय के यहाँ पहुँचा दो। पैसे न हों तो इक्केवाले को वहीं दे देंगे।"

दत्त ने एक ताँगा किया और कपूर को सहारा देकर बैठाया। ताँगा जब चलने लगा, तो दत्त ने पूछा—"रस्तोगी के यहाँ क्या बात हुई ?"

"वे चाहते हैं कि सम्मानपूर्ण समझौता हो जाए ? कपूर ने सूखे होंठों पर जीभ फेरते हुए कहा।"

"लेकिन उन्हें हमारी शर्तें स्वीकार होंगी ?"

"शर्तों में कुछ सुधार चाहते हैं।"

"इसके मानी यह है कि हम लोग फिर दब जाएँ ?"

"नहीं, वे चाहते हैं कि उनका भी ख़याल किया जाए ?"

"तो मज़दूरों की जीत है ?"

"हाँ।"

ताँगा मोड़ घूम चुका था।

4

जिस समय दत्त का सहारा लेकर कपूर विजय के कमरे में दाख़िल हुआ, उस समय उसका शरीर आग की तरह गरम था। चार बज चुके थे और कार्यकारिणी के सभी सदस्य वहाँ उपस्थित थे। विजय ने खड़े होकर कपूर को सहारा दिया और मसनद के सामने उसे बैठाकर खुद भी वहीं बैठ गया। दत्त सामने बैठा था।

सभी लोग कपूर की प्रतीक्षा में थे, क्योंकि उसकी अनुपस्थिति में कार्य आरंभ नहीं किया जा सकता था, लेकिन उसे इस अवस्था में आया देख सभी को आश्चर्य हुआ और चिंता भी हुई। वाजपेयी उसके पास खिसक आया और गरम हाथ को छूकर बोला—"इन्हें बुख़ार आ गया है।"

विजय ने सहानुभूति से कपूर की ओर देखा, कहा—"क्या हुआ ?"

कपूर ने हाथों को सीधा करके आँखें खोलीं, कहा—"बदन टूट रहा है विजय !"

विजय ने दत्त की ओर देखकर कहा—"भाई, डॉक्टर को बुला लाओ जल्दी से !"

कपूर ने हाथ से निर्देश करके कहा—"नहीं, डॉक्टर को न लाना, मैं ठीक हो जाऊँगा।"

दत्त न उठा, तो विजय बोला—"तुम जाओ भाई !"

दत्त चला गया, तो हरीश बोला—"कुछ सोडा वग़ैरह पिओगे ?"

"कच्चे आम का पना या पेड़े का शरबत बनवा दो।" लोचन बोला।

विजय अंदर गया और सेवक को कुछ निर्देश करके पुनः बाहर आकर बैठ गया।

वाजपेयी ने कपूर के माथे पर हाथ रखकर कहा—"तुम रस्तोगी के बँगले पर गए थे ?"

"हाँ।" कपूर धीरे से बोला।

"कोई नई बात ?" वाजपेयी ने कहा।

कपूर के कुछ कहने से पहले ही लोचन ने कहा—"इस समय चुप रहो, यार ! उसकी हालत तो देखो।"

कपूर ने कहा—"वे बातें अभी बताने की हैं। मेरी तबीयत का ख़याल न करो। उन बातों पर कल की हड़ताल का चलना मुनहसिर है।"

सब लोगों का ध्यान कपूर की ओर आकर्षित हुआ, तो वह ज़रा पाँव फैलाकर, सीधा लेटते हुए बोला—"वे लोग हमारी सभी शर्तें मानने को तैयार हैं, लेकिन कहते हैं कि कुछ सुधार हो जाए तो अच्छा है।"

वाजपेयी बोला—"लेकिन शर्तों में कमी नहीं हो सकती ! जब इतने दिन हमारे

मज़दूर भाई भूखे रहे हैं, तो और सही। और जो फिर भी सुलह न हुई तो पूँजीपतियों की अहसान फ़रामोशी को कोसते हुए मर भी जाएँगे, उन्हें मौत से डर होता तो हम लोगों के कहने से आग में न कूदते; और जो कूद पड़े हैं, तो उन्हें इस बात का कोई ग़म भी नहीं है कि हम उनको अधिकार न दिला पाएँगे और वे तड़प-तड़पकर मर जाएँगे।''

विजय ने वाजपेयी की बात का जवाब दिया—''अधीर क्यों होते हो ? हम अपने अधिकार ही तो चाहते हैं और उन्हें प्राप्त करने में थोड़ा झुकना पड़े, तो हर्ज़ ही क्या होगा !''

वाजपेयी ने कहा—''लेकिन जिस बात पर हम इतने दिन से डटे हुए हैं, उसे वापस नहीं ले सकते।''

विपिन चक्रवर्ती ने कहा—''अब तो हम पूरी शर्तें मनवाकर ही दम लेंगे।''

विजय ने कहा—''इसके यह अर्थ हुए कि शांतिपूर्ण सुलह न की जाए ?''

वाजपेयी ने कहा—''सुलह शांतिपूर्ण तो हो, लेकिन असम्मानपूर्ण भी न हो। जीत का सेहरा मज़दूरों के माथे पर न बँधा, तो सुलह न होगी।''

लोचन ने वाजपेयी से कहा—''यह विरोध ठीक नहीं है।''

वाजपेयी किंचित् तेज़ स्वर में बोला—''तो मिल मालिकों के आगे झुकना भी ठीक नहीं है।''

विजय कुछ कहने को हुआ कि एक गिलास में पेड़े का शरबत लेकर नौकर आ गया। विजय ने गिलास लेकर कपूर के होंठों से लगा दिया, शरबत पीकर कपूर ने मुँह पोंछा और लेटे-लेटे ही कहा—''तुम लोग तो गलत समझ रहे हो भाई ! वे तो तुम्हारी सभी शर्तें मानने को तैयार हैं, लेकिन यह चाहते हैं कि मज़दूर दया करके यदि शर्तों में कुछ सुधार कर दें, तो ठीक है।''

वाजपेयी ने कहा—''लेकिन हमारी ऐसी कोई भी शर्त नहीं है, जो ठीक की जा सके। हमने बहुत सोच-समझकर काम किया है। हम लोग अब पीछे कैसे हट सकते हैं ?''

कपूर ने कहा—''चाहे तुम्हारा कहना ठीक ही हो; पर किसी शर्त में थोड़ा-बहुत परिवर्तन किया जा सके तो अच्छा हो। इससे उन लोगों से शर्तें स्वीकार कराने में आसानी होगी।''

वाजपेयी के कुछ कहने से पूर्व ही विजय ने कहा—''और भाई, अब तो समझौते की ज़रूरत आ ही गई है। इस तरह या तो मज़दूर मरेंगे, या फिर कोई भयानक-से-भयानक घटना होगी।''

वाजपेयी ने मुँह लटकाकर कहा—''तो इसके यह मानी हुए कि हम अपने क़ौल के पक्के नहीं हैं।''

विजय ने कहा—''ऐसा न सोचो मेरे भाई। जब हम उनसे सभी शर्तें स्वीकार करा सकते हैं, तब अपनी ओर से दया करके कुछ सुधार कर दें, तो यह हमारी नैतिक विजय होगी। मुझे मज़दूरों की हालत पर रहम आता है ! रोज मौतें होती हैं, मज़दूर

गिरफ़्तार होते हैं और हर वक्त भारी-से-भारी ख़तरे का डर रहता है।''

चक्रवर्ती ने कहा—''यह तो ठीक है विजय बाबू ! अब तो सुलह कर ही लेनी चाहिए।''

वाजपेयी ने धीमे से कहा—''तो जैसा उचित समझो करो।''

कपूर बोला—''नाराज़ मत हो भाई ! हम परिस्थितिवश ऐसा कर रहे हैं, लेकिन फिर भी ऐसा काम न करेंगे जिससे मज़दूरों को रत्ती भर भी असुविधा हो, या उन्हें पूरे हक़ न मिलें।''

विजय ने कहा—''तो लोचन भाई, तुम एक पत्र उनके एसोसिएशन को, कपूर और रस्तोगी की बातचीत का हवाला देकर लिखो कि वे किन शर्तों में क्या सुधार चाहते हैं ? यह भी लिख देना कि यदि वे संशोधन उचित हुए तो सुधार किए जा सकते हैं।''

कपूर बोला—''और भाई, यह ख़त रस्तोगी के घर पर ही ले जाओ। एसोसिएशन के दफ़्तर में भेजने से जवाब में देर भी हो सकती है।

''हाँ, यही ठीक रहेगा।'' कपूर ने कहा।

जब लोचन बग़लवाले छोटे कमरे में चला गया, तब डॉक्टर के साथ दत्त ने कमरे में प्रवेश किया। कपूर ने उनकी ओर देखा और तकिए के सहारे बैठ गया।

डॉक्टर ने कपूर की परीक्षा की और नुसख़ा लिखकर कहा—''चिंता की कोई बात नहीं है। यह दवा मैं दे दूँगा, चार-छः खुराक में ठीक हो जाएँगे।''

डॉक्टर के साथ ही विजय और दत्त भी कमरे से बाहर चले गए।

विजय ने डॉक्टर की ओर पाँच रुपए का एक नोट बढ़ाते हुए कहा—''दवा के दाम वहीं मिल जाएँगे।''

डॉक्टर ने नोट लेकर धन्यवाद दिया; विजय ने दो रुपए और डॉक्टर का लिखा हुआ नुसख़ा दत्त को देकर कहा—''ताँगेवाले को और दवा के लिए ये रुपए हैं, लेकिन आना जल्दी।''

फिर डॉक्टर से हाथ मिलाकर वह अंदर चला आया।

कपूर ने विजय के आते ही कहा—''पैसे अधिक न होने के कारण मुझे लू लग गई और होश हमें अब आया। फ़ीस में इतने रुपए दे दिए, पर पहले मेरा ख़याल नहीं किया गया।''

मुसकराकर विजय ने कहा—''तो पहले कहा क्यों नहीं था।'' लेकिन अपनी बात पर विजय आप ही लज्जित हुआ। वह कपूर की आदत से परिचित है।

लोचन ने टाइप किया हुआ पत्र लाकर कपूर को दिया, उसने दस्तख़त कर दिए, फिर बोला—''किसे भेजूँ ?''

शंकर ने कहा—''लाओ, मैं अभी साइकिल पर चला जाऊँ।''

विजय ने कहा—''कहना कि जवाब अभी दे दें, तो अच्छा हो।''

शंकर पत्र लेकर बाहर चला गया।

5

जिस समय शंकर रस्तोगी के बँगले के सामने पहुँचा, उस समय बँगले के अंदर की घड़ी से छः बजने की आवाज़ आ रही थी। खिड़कियाँ खुली हुई थीं और उन पर टँगे हुए गहरे हरे रंग के रेशमी परदों से छनकर आनेवाली रोशनी बाहर छिटक रही थी।

सदर दरवाज़े पर हाथ में बंदूक लिये नेपाली दरबान खड़ा था। शंकर के पूछने पर उसने कहा—"सेठ साहब घर पर नहीं हैं।"

शंकर ने सोचा कि इस समय एसोसिएशन का दफ़्तर बंद हो गया होगा और पत्र ज़रूरी है, इसलिए वह चिंता में पड़ गया। फिर उसे ख़याल आया कि श्रीमती रस्तोगी भी इन मामलों में काफ़ी दिलचस्पी ले रही हैं, वे रस्तोगी के रुख़ से परिचित भी होंगी, शायद उनसे कुछ सहायता मिल सके, सो उसने पूछा—"मालकिन तो होंगी ?"

दरबान ने गंभीर स्वर में कहा—"लेकिन उनसे आपको क्या काम है ?"

शंकर ने नम्रता से कहा—"एक ज़रूरी ख़त है भाई, उसका जवाब अभी मिल जाना चाहिए, क्योंकि कल ही हड़ताल का चलना या न चलना इसी ख़त के जवाब पर निर्भर करता है।"

दरबान शंकर की बात से, उसके व्यक्तित्व से और खद्दर के कपड़ों से प्रभावित हुआ, सो धीमे से बोला—"लेकिन मालकिन इस बारे में क्या करेंगी ? आप ख़त दे जाएँ, साहब आएँगे तो उन्हें दे दिया जाएगा।"

शंकर ने कहा—"यह ख़त बहुत ज़रूरी है। मालकिन इसका जवाब नहीं दे सकतीं, तो कुछ राय ज़रूर दे सकती हैं और शायद तब तक साहब भी आ जाएँ।"

दरबान ने पोर्टिको में बैठे हुए चपरासी को बुलाकर शंकर का पत्र उसे दे दिया। शंकर ने चपरासी से कहा—"भाई, अपनी मालकिन से कहना कि हड़ताल कमेटी का एक आदमी इसके उत्तर के लिए बाहर खड़ा है।"

चपरासी ने बीड़ी फेंक दी और ख़त लेकर अंदर चला गया, तो दरबान ने शंकर से पूछा—"बाबू साहब, ये हड़ताल क्यों चला रहे हो ?"

"मज़दूर अपने हक़ चाहते हैं, भाई ! उनसे मेहनत बहुत ली जाती है, पर तनख़्वाह कम मिलती है, सो वे चाहते हैं कि उनके साथ न्याय किया जाए ! और सेठ लोग कहते हैं कि नहीं, तनख़्वाह नहीं बढ़ाएँगे, दस घंटे काम लेंगे, छुट्टियाँ भी वही इनी-गिनी मिलेंगी। वे समझते हैं कि उनमें जान नहीं है। उन्हें भी मशीन समझ लिया है।"

"तो मालिक लोग मान नहीं रहे हैं ?"

"अब मान जाएँगे, ऐसा लगता है; नहीं तो जो महीनों मिलें बंद पड़ी रहेंगी, तो नुकसान न होगा ?"

"हमारे मालिक तो मान जाएँगे साहब ! वे तो बहुत गौ आदमी हैं। अभी हमारे ही दो रुपए बढ़ाए हैं।"

"वे मान जाएँगे तो काम हो जाएगा।"

कुछ देर बाद चपरासी ने आकर शंकर से कहा—"आपको अंदर बुलाया है।"

शंकर अपनी इस सफलता पर मन-ही-मन प्रसन्न हुआ, फिर साइकिल दरबान को सौंपकर चपरासी के आगे-आगे हो लिया।

शंकर ने ड्राइंगरूम में पहुँचकर जो शानदार सामान और सजावट देखी, उसे देखकर वह स्तब्ध रह गया। उसने सोचा, जब तीन मिलों के मालिक की यह शान है, तो राजा लोगों की बात ही और होगी। लेकिन जिन ग़रीबों की हड्डी के ऊपर इस वैभव की दीवारें खड़ी हैं उनकी इन अमीरों को कोई चिंता नहीं है।

चपरासी के बाहर जाने के बाद सामने के द्वार का परदा हटाकर एक युवती ने कमरे में पदार्पण किया। उसकी वेशभूषा और सुंदरता देखकर शंकर समझ गया कि वही युवती मिसेज़ रस्तोगी है। उसने खड़े होकर अमिता को अभिवादन किया।

अमिता ने कहा—"बैठिए।"

शंकर के बैठते ही वह भी बैठ गई। फिर शंकर का लाया हुआ, हड़ताल कमेटी का पत्र पढ़कर कहा—"तो कपूर साहब ने क्या कहा था आप लोगों की मीटिंग में ?"

"अभी तो सब बातें ठीक-ठीक कह नहीं पाए हैं, लेकिन इतना कहा है कि सुलह हो सकती है।"

"सब बातें ठीक-ठीक क्यों नहीं कह पाए ?" अमिता ने मुसकराने का प्रयत्न करते हुए कहा।

"बात यह है कि वहाँ से लौटते समय दोपहर को उन्हें तेज़ लू लग गई है और इस समय..."

शंकर की बात समाप्त होने से पहले ही चकित होकर अमिता बोली—"लू लग गई है ?"

शंकर ने संयत स्वर में कहा—"जी, और इस समय वे बुख़ार में तप रहे हैं ?"

अमिता ने अपने मनोभाव छिपाने का प्रयत्न नहीं किया, कहा—"मैंने उनसे कहा था कि कार पर चले जाएँ, पर माने ही नहीं, मुझे यह सुनकर बहुत दुख हुआ है।"

कुछ क्षण बाद ही उसने पूछा—"इस समय वे कहाँ हैं ?"

शंकर ने भावशून्य नेत्रों से अमिता की ओर देखकर कहा—"बंगाली मुहाल में, विजय बाबू के यहाँ।"

ज़रा रुककर अमिता ने कहा—"तो आप लोगों ने क्या तय किया ?"

शंकर ने गंभीरता से कहा—"यही कि मज़दूरों की शर्तें स्वीकार होते ही हड़ताल उठा ली जाए।"

"शर्तों में सुधार करने के लिए आप लोग तैयार हैं ?"

"आप किन शर्तों में गुंजाइश समझती हैं ?"

"जहाँ तक मैं जानती हूँ, हम लोग आपकी दो शर्तों में रद्दोबदल चाहते हैं, एक वेतन की और दूसरी समय की।"

"लेकिन सेठ साहब से जवाब अभी लेना था, ताकि उस पर विचार किया जा सके और कल के बारे में निश्चय हो सके।"

"वे तो इस समय कापड़ियाजी के यहाँ गए हुए हैं, क्योंकि वहाँ एसोसिएशन की बैठक हो रही है। फिर भी आप इन दो बातों के संबंध में, अपने यहाँ तय कर सकते हैं, क्योंकि विरोध की यही दो ख़ास शर्तें हैं।"

"सेठ साहब कब तक आएँगे ?"

"कुछ ठीक नहीं कहा जा सकता।"

शंकर ने उठते हुए कहा—"तो मैं वहीं जाऊँगा, क्योंकि समय बरबाद करना ठीक नहीं है। इस वक़्त एक-एक मिनट हज़ारों मज़दूरों के जीवन-मरण के प्रश्न को सुलझाने के लिए कीमती हैं।"

अमिता ने कुर्सी से उठकर कहा—"कुछ चाय-शरबत पीते जाइए।"

"नहीं, इस समय कष्ट न कीजिए।" शंकर ने चलते हुए कहा।

अमिता ने उसे रोककर पूछा—"कपूर की हालत कुछ ज़्यादा ख़राब तो नहीं है ?"

शंकर ने कहा—"देखिए, रात को क्या हाल रहता है। अभी तो बदन जकड़ा-सा जा रहा था।"

"आप एक मिनट और रुक जाएँ, मैं उनके लिए एक पत्र देती हूँ।" कहकर अमिता अंदर चली गई।

शंकर पाँच-छः मिनट तक उस बड़े कमरे में खड़ा रहा, तब अमिता ने एक छोटा सा, नीले रंग का लिफ़ाफ़ा लाकर उसे दिया, कहा—"उनसे कहिएगा कि जब तक स्वस्थ न हो जाएँ, ज्यादा दौड़धूप न करें। और हड़ताल की चिंता से परेशान होना भी व्यर्थ है, क्योंकि उसके शीघ्र समाप्त होने की आशा है।"

"नमस्ते !" कहकर शंकर कमरे के बाहर आया, तभी मोटर का गंभीर हॉर्न उसे सुनाई पड़ा।

अमिता ने द्वार में से झाँककर शंकर से कहा—"आप अंदर आ जाइए। वे आ गए हैं। बातें करके जाइएगा।"

शंकर अंदर आ गया। अमिता बोली—"वह पत्र किसी और को न दे दीजिएगा, और कपूर बाबू की ठीक देखभाल हो, ऐसा प्रबंध रखिएगा।"

शंकर और अमिता दोनों ही मेज़ के इधर-उधर पड़ी कई कुर्सियों में से आमने-सामने की कुर्सियों पर बैठ गए।

ज्योंही रस्तोगी ने कमरे में प्रवेश किया, शंकर उठ खड़ा हुआ। शंकर के अभिवादन का उत्तर देते हुए रस्तोगी पास आया, तभी अमिता ने कहा—"ये हड़ताल कमेटी की ओर से एक ख़त लेकर आए हैं।" और अमिता ने पत्र उनकी ओर बढ़ा दिया।

रस्तोगी ने शीघ्रता से उसे पढ़ा, फिर शंकर से कहा—"आपको खुशी होनी चाहिए कि हमने यह तय कर लिया है कि हड़ताल फ़ौरन समाप्त हो जाए। अभी हमारा आदमी आपके यहाँ इस संबंध का पत्र लेकर गया है।"

अमिता इस समाचार से प्रसन्न हुई। शंकर ने मुसकराते हुए पूछा—"तो आपने हम लोगों की सब शर्तें स्वीकार कर ली हैं ?"

"इस संबंध की तमाम बातें हमने आप लोगों पर छोड़ दी हैं। यदि आप चाहें तो कुछ सुधार कर दें, अन्यथा जो कहेंगे वही होगा।"

"मैं आपको हार्दिक बधाई देता हूँ कि आप इस समस्या को सुलझाने में सफल हुए।"

"जो भी हो, लेकिन मुझे व्यक्तिगत रूप से अपना यह प्रस्ताव पास कराने में एसोसिएशन पर ज़ोर डालना पड़ा है। मैं चाहता था कि शांतिपूर्ण सुलह हो जाए क्योंकि इस युग में किसी को अधिकारों से वंचित नहीं रखा जा सकता।"

"आप वास्तव में बधाई के पात्र हैं।"

रस्तोगी अमिता की ओर देखकर मुसकरा दिया !

"तो मुझे आज्ञा दीजिए, यह सुखद संवाद शीघ्र ही अपने साथियों को सुनाने के लिए मैं बेचैन हो रहा हूँ।"

"लेकिन अब तक वे लोग यह जान चुके होंगे; इसलिए आप कुछ नाश्ता करके जाइए।"

"इस समय नहीं, फिर कभी कष्ट दूँगा। मैं बेहद खुश हूँ कि आख़िर आपने मज़दूरों पर दया की।"

"दया न कहकर यह कहें कि उन्हें, उनके अधिकारों से वंचित नहीं रहने दिया।"

हाथ जोड़कर शंकर ने कहा—"अच्छा, तो मैं चलता हूँ; नमस्ते !" और रस्तोगी दंपती के उत्तर की प्रतीक्षा किए बिना ही वह द्वार के बाहर हो गया।

6

सीढ़ी चढ़ते-चढ़ते रस्तोगी ने टोपी उतारकर अमिता को दी और शेरवानी के बटन खोलते हुए कहा—"मुझे बड़ी कोशिश करनी पड़ी अमिता, सभी लोग कह रहे थे कि मज़दूरों की शर्तें नहीं मानी जा सकतीं।"

शोखी से मुसकरा के अमिता बोली—"तो हड़ताल चलने क्यों नहीं दी ?"

ऊपर पहुँचकर रस्तोगी ने कहा—"इसके तीन कारण हैं—एक तुम्हारा कहना, दूसरा नुक़सान और तीसरी बात यह है कि मुझसे मज़दूरों का रोना, उनकी तकलीफ़ें अब नहीं देखी-सुनी जातीं। वे हक़ चाहते हैं। और उन्हें हक़ हासिल करना उचित भी तो है। हम यदि उनके हक़ उन्हें न देते, तो ठीक नहीं था।"

अमिता हँसकर बोली—"मुझे आपकी तीसरी बात पसंद आई।"

रस्तोगी ने भी हँसकर कहा—"और मुझे पहली।"

अमिता ने पूछा—"क्यों ?"

रस्तोगी ने क्षण भर पत्नी की ओर देखा, फिर ज़ोर से हँस पड़ा, अमिता ने भी

जी खोलकर उस हँसी में योग दिया।

शेरवानी एक ओर रखकर रस्तोगी ने कहा—''भूख लग रही है।''

अमिता ने शोखी से उनकी ओर देखकर कहा—''और मुझे भी तो लगी है।''

''तो यहीं खाएँगे।'' कहकर रस्तोगी पास पड़ी कुर्सी पर बैठ गए।

रास्ते भर शंकर सोचता रहा कि अमिता ने कपूर के लिए जो पत्र दिया है, उसमें क्या लिखा होगा ? कभी सोचता कि खोलकर पढ़ ले, फिर सोचता कि पढ़ना न चाहिए। यही सोचता-विचारता जिस समय वह विजय के मकान में दाखिल हुआ, उस समय वहाँ रोशनी तो थी, लेकिन सन्नाटा छाया हुआ था। जैसे सारा मकान सूना पड़ा हो।

कमरे में जाकर देखा कि अकेला कपूर लेटा हुआ है और नौकर तत्काल ही दवा पिलाकर अंदर गया है। कपूर बीमार होते हुए भी प्रसन्न था।

शंकर ने पास बैठकर कहा—''तुम्हारी सफलता पर रश्क होता है कपूर !''

कपूर ने किंचित् मुसकराकर कहा—''रश्क करना तो अच्छी चीज़ है, इससे आगे बढ़ने की इच्छा होती है।''

''और सब लोग कहाँ हैं ?'' शंकर ने पूछा।

कपूर ने कहा—''मज़दूरों की बस्तियों में गए हैं। उन्हीं के लिए तो यह सब हुआ है, इसलिए उन्हीं को सबसे पहले इस सफलता के समाचार से अवगत होना चाहिए।''

फिर शंकर ने अमिता का पत्र देते हुए कहा—''यह पत्र रस्तोगी की पत्नी ने दिया है।''

लिफ़ाफ़ा खोलकर कपूर ने पत्र पढ़ा, फिर कहा—''उन्होंने लिखा है शंकर, कि मैं अपने स्वास्थ्य का पूरा ख़याल रखूँ। हड़ताल शीघ्र समाप्त होगी और कभी किसी भी तरह की आवश्यकता हो, तो निस्संकोच उन्हें याद करूँ। मेरा ख़याल है शंकर, कि उन्होंने आख़िरी वक्त मज़ाक किया है।''

शंकर ने कहा—''मज़ाक नहीं यार, बहुत गंभीरतापूर्वक लिखा है, और तुम्हारी बीमारी के समाचार से तो दुखी भी हुई थीं।''

''तो मुसीबत के किसी वक्त मैं उन्हें याद कर लूँगा।'' कपूर ने पत्र जेब में रखते हुए मुसकराकर कहा।

''बुरा न मानों तो एक बात कहूँ कपूर !'' शंकर ने कहा।

''कहो।'' कपूर ने शंकर की ओर देखते हुए कहा।

शंकर संयत ढंग से बोला—''बात यह है कि बेचारे मज़दूरों ने इतने दिन भूख-प्यास से तड़प-तड़पकर हड़ताल को सफल बनाया है। ऐसे अवसर पर जब कि समझौता हो गया है, कम-से-कम उनके बच्चों को मिठाई तो खिलवा दो।''

कपूर कुछ क्षण बाद बोला—''बात सोलह आने ठीक है शंकर, लेकिन इतना रुपया नहीं है कि मज़दूरों को एक हफ़्ते के लिए खाने का प्रबंध करने के बाद मिठाई खिलाई जाए।''

"श्रीमती रस्तोगी को लिख दो न।"

"ये छोटी-छोटी बातें उनसे नहीं कह सकता।"

"मैं समझता हूँ कि ऐसा करने में उन्हें कोई एतराज़ न होगा। यह तो इस समझौते पर एक मुहर होगी।"

कुछ देर बाद शंकर ने पूछा—"चुप क्यों रह गए ?"

"अच्छा लिखूँगा। कल इतवार है, कल ही ठीक रहेगा। हम लोग और सभी मिल मालिक भी उपस्थित हों तो और अच्छा रहेगा।"

"एक तरह से यह काम आवश्यक है। तुम कल सुबह पत्र लिख देना, मैं चला जाऊँगा।"

हँसते हुए कपूर बोला—"अच्छा, तो जनाब को भी वहाँ जाने का चस्का लग गया !"

"तुम्हारी चीज़ पर बुरी नज़र नहीं डालूँगा, यह याद रहे। अच्छा, मज़ाक छोड़ो, यह कहो कि किसी शर्त में संशोधन किया ?"

"हाँ, वेतन पंद्रह प्रतिशत की जगह दस प्रतिशत बढ़ा दें और काम दस घंटे की जगह आठ घंटे कर दें। लेकिन बरख़ास्त किए गए सभी मज़दूर हर हालत में लेने होंगे।"

"एक तरह से यह ठीक है।"

"सोचने की बात है कि वे इतना मान गए, तो हम भी कुछ झुक जावें।"

तब आठ बज चुके थे।

7

हड़ताल समाप्त हुए कई मास बीत चुके हैं। इस बीच कोई ख़ास बात नहीं हुई, जिससे मज़दूरों की हानि होती और कपूर को रस्तोगी दंपती के सामने विरोधी की हैसियत से आना पड़ता। फिर भी कपूर और रस्तोगी की घनिष्ठता को देखकर मज़दूर कमेटी के सदस्यों को इस बात का संदेह हुआ कि संभवतः कपूर और रस्तोगी की घनिष्ठता में कोई गहरा रहस्य है। उन लोगों ने समझा कि किसी लालच में आकर कपूर उनके साथ मिल गया है और अपने लक्ष्य से गिरा जा रहा है। लेकिन उनके इस संदेह की पुष्टि इसलिए नहीं हो सकी कि मज़दूरों के संबंध में मिल-ऑनर्स-एसोसियेशन ने कोई ऐसा क़दम नहीं उठाया, जिससे उन्हें किसी प्रकार की हानि होती। फिर भी अनेक तथ्यहीन-संदेहों के आधार पर मज़दूर सभा के प्रमुख कार्यकर्ताओं की दो पार्टियाँ हो गईं।

विजय उन व्यक्तियों में से है, जो कपूर को सबसे अधिक अच्छी तरह पहचान सकते हैं। उसने कपूर को बहुत पास से देखा और समझा है, उसके साथ जुटकर काम किया है। उसकी मस्ती में विजय ने जिस अपनेपन को देखा-समझा था, वह उसे बहुत

आकर्षक प्रतीत हुआ। उसकी कार्यशैली, विद्वत्ता और उसका प्रभावशाली व्यक्तित्व विजय के लिए आदर्श की चीज़ें हैं। उसने कपूर को जिस सच्चाई के साथ अपने सामने उपस्थित होते देखा, वह सच्चाई सदा उसके मन में कपूर के प्रतिबिंब की तरह तैरती रहती है।

कपूर ने विजय से अपने और अमिता के संबंध की बात भी कही है। विजय ने यह जानकर आश्चर्य नहीं किया कि कपूर को अमिता से श्रद्धा-भक्ति, ममता मोह से भी कहीं अधिक प्रेम, सहानुभूति और अपनापन मिला है। वह अमिता को चाहता है और अमिता सौ जान से उसके प्रेम का प्रतिदान देने को तैयार रहती है। उसने उस समय कपूर की करुणा को बड़ी वेदना से देखा था। वह जानता है कि कपूर जिस परिवार का व्यक्ति है, उस परिवार के कपूर जैसे सुशिक्षित लड़के के लिए अमिता जैसी अनेक युवतियाँ आसानी से प्राप्त हो सकती हैं। लेकिन कपूर ने अपना जीवन सार्वजनिक कार्यों के लिए लगाकर, विशाल संपत्ति को लात मारकर, जो त्याग किया है, उसके प्रति विजय के मन में बड़ी श्रद्धा है। वह देखता है, कपूर जैसा त्याग वह कभी न कर सकेगा। उसके पास धन है, जिसे छोड़कर वह ख़ाली हाथ मैदान में आने से हिचकता है। सब कुछ होते हुए भी वह रुपए-पैसे का मोह नहीं छोड़ सकता, यही एक ऐसी कमज़ोरी विजय में है, जिसका स्मरण आने पर उसे ग्लानि होती है; लेकिन जब उसका मन हाहाकार कर उठता है, तब वह सोचता है कि जिस धन का उसे मोह है, वह धन जिस कार्य के लिए व्यय हो रहा है, उस कार्य की सफलता ही सबसे बड़ा त्याग है, जो उस धन के बिना नहीं किया जा सकता।

पिछले कुछ महीनों में विजय और कपूर की मुलाकातों की संख्या इतनी कम हो गई है कि एक-दूसरे की मित्रता में असंतोष पैदा हो सकता है; लेकिन विजय ऐसा है, जो कपूर के प्रति जीवन के नाजुक क्षणों में भी अविश्वास नहीं कर सकता, चाहे कपूर उसके साथ वास्तव में विश्वासघात ही क्यों न करे। कभी-कभी तो कपूर उसके पास महीने-महीने भर नहीं आता, रुपए की आवश्यकताएँ भी ज़ाहिर नहीं करता; लेकिन विजय जानता है कि काम के समय अथवा व्यक्तिगत आवश्यकता होने पर उसे जब भी कपूर की ज़रूरत होगी, वह आ जाएगा और जान देने को तैयार होकर आएगा। विजय का इतना बड़ा आत्मविश्वास कपूर के प्रति क्यों है, इसका कारण आज तक कोई समझ नहीं सका। यहाँ तक कि विजय स्वयं भी नहीं समझा।

लगातार विरोध करने के बावजूद विजय परास्त-सा हो गया और संस्था के अधिकांश सदस्य कपूर के खिलाफ़ होकर शंकर के पक्ष में आ गए। इस तरह मज़दूर आंदोलन दो भागों में बँट गया, जिनमें से एक का सर्वेसर्वा था शंकर और दूसरे का विजय। विजय को आश्चर्य हुआ कि शंकर ने कपूर के विरुद्ध इतना प्रचार क्यों किया। जिस शंकर को वह भोला-भाला नवयुवक समझता था, वह इतना बड़ा कपटी होगा, यह उसने पहले न सोचा था। चाहे पार्टी के सब सदस्यों की हार्दिक-सहानुभूति और भक्ति कपूर के प्रति ही हो, लेकिन शंकर ने इस ढंग से उन्हें भड़काया था कि उनकी

शुद्ध भावनाओं के ऊपर ही शंकर के शब्द तैरते थे, जिनमें कपूर के व्यक्तित्व पर ही नहीं, उसके कार्यों के प्रति भी शर्मनाक लांछन थे।

विजय या कपूर, पार्टी मेंबर्स के सामने, शंकर का रहस्य इसलिए नहीं खोलते थे कि शंकर जैसा कार्यकर्ता मज़दूरों के हाथ से निकल जाएगा, जो मज़दूर आंदोलन के अहित का कारण बन सकता था। कपूर की ही तरह विजय भी इस बात से अनभिज्ञ न था कि अमिता से प्रेम की भिक्षा चाहने वाला शंकर किस बुरी तरह अमिता द्वारा फटकारा गया था और किस ईर्ष्या के कारण वह कपूर का खुलेआम विरोध करने पर उतारू हो गया था।

कपूर और विजय जानते हैं कि असलियत खुलते ही शंकर लज्ज़ा और संकोच के कारण बीच से हट जाएगा और उसके हट जाने का अर्थ है–मज़दूरों की जागृति का अंत ! इसीलिए पार्टी मेंबर्स के हर प्रकार के आघात कपूर और विजय ने शांत होकर सहन कर लिये।

8

उस दिन दोपहर को अकस्मात् कपूर ने यह समाचार सुना कि शंकर मज़दूरों की एक सभा में उसके विरुद्ध एक प्रस्ताव पास कराने जा रहा है। कपूर कभी पद-प्राप्ति के लिए संघर्ष में पड़ना उचित नहीं समझता। वह काम करना जानता है और काम करने में दिन-रात खाना-पीना, सब कुछ, यहाँ तक कि अपने आपको भी भूल जाता है। उसमें कार्य करने की लगन है और क़ेवल इसी विशेषण के कारण मज़दूर और युवक समाज उसे आदर की दृष्टि से देखता है।

शंकर का ख़याल होगा कि अमिता ने उसका अपमान कपूर के ही कारण किया है, इसलिए कपूर के कार्यों पर परदा डालकर वह सामने आ रहा है कि कपूर नष्ट हो जाए और वह अपने अपमान का बदला चुका सके !

कपूर को आश्चर्य और दुख इस बात का हुआ कि शंकर जैसा कार्यकर्ता उससे ईर्ष्या कर रहा है, केवल एक नारी के बीच में आ जाने के कारण ! शुद्ध हृदय से जुटकर काम करनेवाला शंकर केवल इस बिना पर कि अमिता उसे प्यार नहीं करती, कपूर के प्रति घोर नीचता का व्यवहार करेगा, यह कपूर ने कभी स्वप्न में भी नहीं सोचा था। लेकिन पदों के लिए कभी प्रयत्न न करनेवाला कपूर आज, शंकर की इस नीचता से खीज उठा। उसने सोचा कि जिस स्थान पर खड़े होकर उसने मज़दूरों के हक़ हासिल करने में जी-जान से कोशिश की, उस पर एक अन्य व्यक्ति केवल ईर्ष्यावश अपना अधिकार जमा ले, यह कभी न्यायोचित नहीं हो सकता। जनता जिसे चुने वही जनता का प्रतिनिधि है। प्रचार के बल पर अनधिकार चेष्टा करने से जो पद प्राप्त हों, उन पर रहकर जनता के लाभ का कार्य करना संभव नहीं; इस तरह के व्यक्ति तो सदा इसी विचार में लगे रहेंगे कि किसी तरह भविष्य में भी वे उसी पद पर आसीन

रह सकें। काम करने के नाम वे कुछ न करेंगे।

आज उसे लग रहा है कि उसके जीवन की तपस्या नष्ट हुई जा रही है। और शंकर की इच्छा है कि उस तपस्या के साथ ही कपूर भी नष्ट हो जाए। लेकिन आज कपूर पहली बार यह अनुभव कर रहा है कि वह जहाँ है, वहाँ से एक क़दम भी पीछे हटना नहीं चाहता। वह जिस सेवा-भाव को लेकर कार्यक्षेत्र में आया है, उसको वह छोड़ना नहीं चाहता, चाहे अब भले ही कोई उसे पद-लोलुपता का शिकार समझे।

उस समय तीन बज रहे थे और मज़दूरों की सभा में उसे पाँच बजे अवश्य पहुँच जाना है। आज वह अपनी क़िस्मत की परीक्षा करेगा; वह देखेगा कि उसके व्यक्तित्व में कितनी शक्ति है और जो कार्य आज तक उसने किए हैं, उनके प्रति मज़दूरों में कितनी श्रद्धा है !

उसने सिगरेट जलाया और कमरे का ताला बंद करके सड़क पर आ गया।

पहले उसने विजय के पास जाने की बात सोची, लेकिन फिर अमिता के यहाँ जाने का निश्चय कर उधर ही बढ़ा। इस समय वह अपने विचारों को पकड़ने में असमर्थ था, क्योंकि विचार इतनी शीघ्रता से आ रहे थे कि वह उत्तेजित हो उठा था। वह सोच रहा था कि उसके प्रभाव से रस्तोगी महाशय आज राजनीति के मैदान में खुलेआम उतर पड़े हैं और कांग्रेस को पूरा सहयोग दे रहे हैं। मज़दूरों के प्रति उनमें इतनी सहानुभूति जाग उठी है कि उनकी एसोसिएशन उन पर विश्वास तक नहीं करती। लेकिन इतना काम होने पर भी शंकर आदि उससे द्वेष मानने लगे हैं और उसे नष्ट करने पर आमादा है। लेकिन वह अपने निश्चय पर दृढ़ है और ऐसे अनेक प्रहारों को सहने की शक्ति वह अपने में पा रहा है। वह आज उस चट्टान की तरह खड़ा है, जिससे टकराकर लहरें नष्ट हो जाती हैं, लेकिन चट्टान का तनिक भी अहित नहीं होता। वह अपने जीवन में जिस आग को लेकर आगे बढ़ा है, वह आग कभी बुझ नहीं सकती। जो उसे बुझाने का प्रयत्न करेंगे वे स्वयं उसमें आकर जल जाएँगे।

और शंकर ने आज अपना सर उठाया है उसके विरोधी की हैसियत से, तो कपूर नहीं चाहता कि उसके चलाए हुए काम में उसके बाद ऐसे स्वार्थियों का प्रभुत्व स्थापित हो सके। उसके मन में आज शंकर की कारगुज़ारियों से प्रतिहिंसा के भाव फूट रहे हैं। वह शंकर की कार्य शक्ति को रोकने के लिए बेचैन हो रहा है। वह शंकर और उसके साथियों को कुचल देना चाहता है, क्योंकि उसके सामने अन्य कोई लक्ष्य नहीं रह गया है। वह कहना चाहता है कि जो काम करे, उसको ही उस काम का श्रेय मिलना चाहिए, अन्य कोई भी उसका अधिकारी नहीं है।

आज तक उसने शंकर के प्रति उदासीन रहकर केवल उसके उचित कार्यों को ही सामने रखा था; लेकिन अब जबकि शंकर इतना आगे बढ़ रहा है, तब वह उसके अनुचित कार्यों की व्याख्या करने बैठा है और उसे आगाह कर देना चाहता है कि उसके इरादे नष्ट कर दिए जाएँगे। उसके हृदय में शंकर के प्रति इतनी अधिक घृणा भर गई है कि शुभ, अशुभ का ध्यान उसे क़तई नहीं रहा है। वह केवल इतना ही चाहता

है कि शंकर को किसी तरह परास्त करके पार्टी को और मज़दूरों को असलियत समझा दे, अन्यथा आगे चलकर शंकर का कार्य मज़दूरों के अहित का कारण बन सकता है; और कपूर नहीं चाहता कि जिस कार्य में उसने अपना जीवन लगा दिया है, वह कार्य कुछ अवसरवादियों के कारण ग़लत राह पर मुड़कर भविष्य के लिए अनिष्टकारी साबित हो।

फिर उसे अपने प्रति बड़ा अविश्वास होने लगा, उसने सोचा कि गत अनेक दिनों से वह मज़दूरों के आगे से हट गया है और उसके कार्य का तादात्म्य एक प्रकार से टूट गया है। हालाँकि कोई ऐसा अवसर नहीं आया, जब मज़दूरों को उसकी आवश्यकता पड़ी हो। लेकिन उसकी ग़ैरहाज़िरी से मज़दूरों के बीच शंकर ने इतना लाभ तो अवश्य ही उठाया कि उनके संसर्ग में आकर उसके प्रति दूषित-प्रचार करके मज़दूरों के मन से उसे गिरा दिया। लेकिन वह इन सबका दोष अमिता को देता है। वह सोचता है कि यदि अमिता उसके जीवन में न आई होती, तो उसका कार्य आज इतना अधिक बढ़ जाता कि उसे दम मारने की फुरसत न मिलती और मज़दूर आंदोलन आज अपनी इनकलाबी सीमा को पार कर चुका होता।

9

जिस समय कपूर रस्तोगी के बँगले से यह मालूम करके वापस लौटा कि अमिता मज़दूरों की मीटिंग में गई है और रस्तोगी मिल के काम से दिल्ली गए हुए हैं, उस समय चार बज चुके थे, कपूर चुपचाप फुटपाथ पर धीरे-धीरे चला जा रहा था।

कभी-कभी उसके मन में आता कि सभा में जाकर क्या करेगा ! यदि शंकर ही मज़दूरों को 'लीड' कर सकता है, करना चाहता है, तो करे। उसे इन झगड़ों से क्या लाभ ? अगर मज़दूर समाज को अब उसकी सेवाओं की दरकार नहीं है, तो वह जानबूझकर इस पचड़े में क्यों पड़े ? और अगर शंकर के कामों में उसकी मौजूदगी से कोई बाधा उपस्थित होती है, तो वह शहर छोड़ दे, कहीं और चला जाए। न हो तो घर ही वापस लौट जाए और पिता से कह-सुनकर कोई व्यापार ही कर ले। किसी तरह ज़िंदगी तो बितानी ही है। जब वह समर्थ माता-पिता की संतान है, तो यों मारे-मारे फिरना भला नहीं लगता—और सो भी तब, जब कि बेकार ही वह एक ज़बरदस्त संघर्ष में डाल दिया जाए और उस पर नाजायज़ इलज़ाम लगाए जाएँ। फिर वह सोचता कि ऐसे कामों में यह तो होता ही है, संघर्ष के बिना उन्नति नहीं है। किसी भलाई के काम में हर क़दम पर शत्रुओं से मुक़ाबला करना ही पड़ता है। फिर वह अपनी ज़िम्मेदारियों से कैसे मुँह मोड़ ले।

दूसरी कठिन समस्या उसके सामने यह है कि जब शंकर उसके खिलाफ़ कुछ कहेगा और वह अपनी सफ़ाई देगा, तब लोग समझेंगे कि वह तानाशाही चाहता है। लेकिन सफाई देना तो उसका कर्तव्य है, अन्यथा उसका कार्यक्षेत्र सैकड़ों ग़लत-फ़हमियों

से भर जाएगा और फिर वह आगे न बढ़ सकेगा। उसका जीवन उसी क्षण समाप्त हो जाएगा। फिर भी यह तो हर हालत में आवश्यक था कि वह अपनी राह साफ़ करे। किसी तरह भी हो, वह उस सँकरी राह से बाहर निकलेगा, जिसमें वह ज़बरदस्ती डाल दिया गया है।

जब कपूर परेड के मैदान में पहुँचा, उसने देखा कि हज़ारों मज़दूर वहाँ जमा हैं और मंच पर खड़ा हुआ शंकर उन्हें समझा-समझाकर संयत भाषा में कपूर के विरुद्ध बहका रहा है। कपूर की ओर किसी का ध्यान न था, वह चुपचाप एक किनारे पर खड़ा था।

शंकर की आवाज़ चारों ओर गूँज रही थी, वह कह रहा था—"ऐसी हालत में भाइयो, तुम्हारा फर्ज़ है कि तुम अपना ऐसा नेता चुनो, जो तुम्हारी भलाइयों की ओर ध्यान दे। तुम्हारे हक़ों की ख़ातिर तुम्हारे बनाए हुए क़ानूनों को न तोड़े। जिस तरह कि कपूर साहब ने मिल मालिकों से मिलकर अपनी जेबें भरीं और तुम्हारे लिए, जो कुछ उन्हें करना चाहिए था, वह न किया।"

एक बार मज़दूरों की विशाल भीड़ के बीच हलकी चहल-पहल और शोर हुआ। तब एक आवाज़ सुनाई पड़ी—"हम लोग आपको अपना नेता बनाते हैं।"

फिर ज़ोरों से हुल्लड़ मच गया और चारों ओर से आवाज़ें आईं—"हाँ, आप ही हमारे नेता हैं।"

जब थोड़ी शांति हुई, तब शंकर ने कहा—"मैं इसके लिए आप लोगों को धन्यवाद देता हूँ कि आपने मेरे काम देखकर मुझे अपनी सेवाओं का भार सौंपा है। एक बार मैं फिर आपसे प्रार्थना करूँगा कि आप अपने बारे में और मेरे बारे में पूरी तरह सोच-समझकर निर्णय कीजिए कि मैं आपकी सेवा करने में कामयाब हो सकूँगा या नहीं। वैसे मैं आप लोगों को यह यक़ीन दिलाता हूँ कि मेरा जीवन आप लोगों की सेवा के लिए अर्पित है।"

चारों ओर से आवाज़ आई—"आप हमारे नेता हैं। आपको हम अपना नेता चुनते हैं।" फिर ज़ोर का हुल्लड़ मचा और—"कामरेड शंकर, ज़िंदाबाद !" के नारे परेड के मैदान में गूँजने लगे।

कपूर यह सब देख-सुन रहा था। उसने एक बार सोचा कि वह तुरंत वहाँ से लौट जाए और आत्मघात कर ले, लेकिन उसकी उत्तेजना एकबारगी मुड़ गई और वह भागता हुआ मंच पर जा पहुँचा। मज़दूरों की विशाल भीड़ उसे शांत भाव से देखती रही। बात-की-बात में उस मैदान में सन्नाटा छा गया। पहले जब कभी कपूर मज़दूरों की सभा में बोलने के लिए आता था, तो उसके जय-जयकार से आकाश गूँज उठता था, लेकिन आज किसी ने न उसका पक्ष लिया, न विरोध किया। आज लोगों ने न उसके प्रति आदर के भाव व्यक्त किए और न घृणा के। आज तो सब लोग चुपचाप शांतचित्त बैठे हुए थे। मानो कुछ अनहोनी होने को है, जो आज होने के बाद फिर कभी न होगी।

माइक्रोफ़ोन हाथ में लेकर उत्तेजित कपूर ने कहा—"भाइयो, मुझे अफ़सोस है कि..."

कपूर आगे कुछ कहने को ही था कि चुप हो गया, भीड़ की ओर पल-भर ग़ौर से देखता रहा। फिर उसने एक छोर पर खड़ी अमिता की कार देखी और उसकी आँखें उस कार में बैठी हुई नारी की आँखों से जा टकराईं। पता नहीं, उसने उन आँखों की तरलता देख पाई या नहीं।

अपने को सँभालकर कपूर ने फिर कहा—"मेरे प्यारे भाइयो, आप लोगों ने अपने नए नेता को चुना है, यह जानकर मैं बहुत खुश हूँ। मुझे उम्मीद है कामरेड शंकर आप लोगों की भलाई के लिए कुछ उठा न रखेंगे। मैंने उन्हें बहुत नज़दीक से देखा है और मैं जानता हूँ कि आप लोगों के बीच में उन-सा ज़िंदादिल आदमी दूसरा कोई नहीं है। जिस तरह आप लोग मुझे हर प्रकार का सहयोग देते रहे हैं; उसी तरह उन्हें भी आप लोगों का पूरा सहयोग मिलेगा, इसकी मुझे पूरी आशा है।"

तालियों की गड़गड़ाहट के बीच जब कपूर मंच से उतरा और बिना किसी ओर देखे हुए शीघ्रता से एक ओर बढ़ा, तब कार में बैठी हुई अमिता की आँखों ने देखा कि कपूर ने अपनी उदास आँखों से बहते हुए आँसू शीघ्रता से पोंछ लिये हैं।

भीड़ एक बार ज़ोर से चीख़ उठी—"कामरेड कपूर की जय हो ! वे ही हमारे नेता हैं।"

लोचन ने तब माइक्रोफोन पर अपनी प्रभावशाली वाणी में कहा—"भाइयो, जब कामरेड शंकर को अपना काम सौंप दिया है, तब हम उन्हें फिलहाल इसके लिए बाध्य नहीं कर सकते कि इस काम को वे सँभालें। बात यह है कि वे खुद भी काम नहीं कर सकते, इसीलिए उन्होंने जानबूझकर कामरेड शंकर को अपनी जगह नामज़द किया है।"

कपूर मैदान से काफ़ी दूर निकल गया था कि उसने देखा, पीछे से विजय और सौ-डेढ़ सौ मज़दूर उसकी ओर चले आ रहे हैं। वह बेहद परेशान था, इसलिए उसने तुरंत अपना रास्ता छोड़ दिया और मोड़ से घूमकर उस ओर चला, जिधर अमिता की कार खड़ी थी। उसने देखा कि कार पास आ गई है और अमिता खिड़की से सर निकाल कर कह रही है—"आइए।"

कपूर शीघ्र ही कार में बैठ गया। तब उसे सुनाई दिया। माइक्रोफोन की आवाज़ लाउडस्पीकर में गूँज रही थी—"अब हम आप लोगों को अपना कार्यक्रम बता दें।"

कार चलने को ही थी कि कपूर ने ड्राइवर से कहा—"ज़रा ठहरो।"

इंजिन की आवाज़ रुक गई। लाउडस्पीकर में आवाज़ गूँजने लगी—"आप लोगों को अपने पूरे हक़ हासिल करने के लिए फिर से हड़ताल करनी होगी। अभी जो कुछ आपको दिया गया है, वह सिर्फ़ धोखा है। अब आपको पूरे हक़ हासिल करने के लिए अपना ज़ोरदार कदम उठाना पड़ेगा।"

कपूर ने ड्राइवर से कहा—"बढ़ाओ।"

कार आगे बढ़ी तो कपूर ने बग़ल में बैठी हुई अमिता से कहा—''वह मज़दूरों की घोर पराजय का ऐलान है।''

10

चाय पीते-पीते अमिता ने कपूर से कहा—''उन्हें बाध्य किया गया था कि वे एसोसिएशन से इस्तीफ़ा दे दें।''

कपूर ने कहा—''क्यों ?''

''इसलिए कि,'' अमिता बोली, ''वर्किंग कमेटी के सदस्यों को यह शक था कि वे आप लोगों से मिल गए हैं और उन्हें इस बात की क़तई परवाह नहीं रही है कि कौन सा काम मिल ऑनर्स के लिए लाभकर होगा और कौन सा हानिकर। मैं तो कहती हूँ कि जैसा व्यवहार आज आपके साथ किया गया है, वैसा ही उनके साथ भी किया गया होगा।''

''हो सकता है।''

''उनके विरोधियों की संख्या भी कम नहीं है। वे अभी तक जिस साहस से काम करते आए हैं, कोई दूसरा होता तो कभी का अलग कर दिया गया होता।''

''लेकिन अमिता, मैं देखता हूँ कि मिल ऑनर्स एसोसिएशन ने जिस तरह एक 'सीनियर वर्कर' को खो दिया है, उसी तरह शांति से काम करनेवाले कपूर को भी। मज़दूरों और मिल मालिकों का संघर्ष पुनः भयंकर रूप से शुरू हो जाएगा।''

''और वह भी ऐसा, जिसे कोई शांत न कर सकेगा।'' अमिता ने उत्तेजित होकर कहा।

कपूर ने प्याले की बाक़ी चाय पीकर कहा—''बिलकुल सही है। तुम देखोगी कि कानपुर के मिल मालिक और मज़दूर अब ऐसे अँधेरे रास्ते से गुजरेंगे, जिस पर रोशनी न हो सकेगी। आज जो ऐलान मज़दूरों के नए सिरमौर कर चुके हैं, वह इस भावी विद्रोह की चिनगारी है। इसी तरह मिल मालिकों ने जिस तरह मिस्टर रस्तोगी से त्यागपत्र दिलवाया, उससे ज्ञात होता है कि मिल मालिकों की ओर से पहले ही दमन की चेतावनी दे दी गई है। यह बड़ा अच्छा हुआ कि मज़दूरों ने अपनी सेवाओं से मुझे मुक्त कर दिया और मिल ऑनर्स एसोसिएशन ने मिस्टर रस्तोगी के हक़ छीन लिये।''

''अब देखना यह है कि होता क्या है ?'' अमिता ने कहा, ''मुझे तो शक है कि मज़दूर दाने-दाने के लिए तरसेंगे और मिलों में ताले पड़ जाएँगे।''

मुसकराकर कपूर बोला—''और मैं भविष्यवाणी किए देता हूँ कि एक ही सप्ताह के अंदर बहुत बड़ी तबदीलियाँ मिल एरिया में हो जाएँगी और मुझे तो विश्वास है कि सैकड़ों मज़दूर नए आंदोलन में पड़कर गोलियों के शिकार होंगे।''

अमिता ने धीरे से अँगड़ाई लेकर कहा—''जो होना है वह तो होगा ही। अब तो दोनों ओर एक भी ऐसा आदमी नहीं, जो इस हंगामे को दबा सके।''

कपूर ने मुसकराकर कहा—"यह भी देखना ही होगा। ख़ैर, अब मैं चलूँ।"

अमिता ने कहा—"आज यहीं रह जाओ। वे भी तो नहीं हैं। मैं रात को अकेली कैसे रहूँगी ?"

कपूर ज़ोर से हँस पड़ा, बोला—"वाह, यह कैसे हो सकता है ?"

अमिता धीरे से बोली—"हो कैसे नहीं सकता ? मैंने कभी तुमसे कुछ कहा है क्या ? आज कह रही हूँ, सो तुम तिरस्कार किए जा रहे हो।"

"अगर रह भी जाऊँ, तो लाभ ही क्या ?"

"लाभ न सही, पर मुझे तुमसे बहुत से दूसरे विषयों पर बातें करनी हैं।"

"अगर यह बात है, तो लो मैं दो-चार घंटे बैठ सकता हूँ। शुरू करो बातें।"

"इस तरह की बातें नहीं हैं, जो यों जल्दी-जल्दी बक दी जाएँ। और अभी तो रोशनी भी जल रही है।"

कपूर कुछ रुका, फिर बोला—"तो लाइट बुझा दो।"

अमिता ने पलकें गिराकर कहा—"नहीं जी, मुझे इस तरह बातें नहीं करनी मैं उस समय बातें करूँगी जब मेरी और तुम्हारी आँखों में नींद भरी होगी, और प्राणों पर स्वप्नों का उन्माद छाया हुआ होगा।"

कपूर ठठाकर हँस पड़ा; कहा—"तो तुम कविता भी करती हो।"

"ख़ैर," कपूर ने कहा, "आज ये भी सही। देख लूँ कि काँपते हुए प्राणों को नारी का क्या सहारा मिल सकेगा।"

"तो तुम दार्शनिक भी हो।" ज़ोर से हँसने से पहले, मादक नेत्रों ने कपूर की आँखों में देखकर अमिता बोली।

"अगर तुम कवयित्री हो सकती हो, तो मेरा दार्शनिक होना क्या आश्चर्य की बात है ?" कपूर ने धीरे से कहा।

"नहीं, नहीं, यह तो स्वाभाविक है।" अमिता ने कहा।

कपूर ने कहा—"इसके अर्थ हुए, न तुम कवयित्री और न मैं दार्शनिक।"

हँसते हुए अमिता ने घंटी पर उँगली रखी, आर्डर्ली हाज़िर हुआ तो बोली—"शोफ़र से कहो कि गाड़ी पोर्टिको में लाए।"

सिर झुकाकर वह चला गया।

कपूर ने अमिता की ओर देखकर कहा—"अब कहाँ जाओगी ?"

"ज़रा सिनेमा चलेंगे।"

मुसकराकर कपूर ने कहा—"अच्छा !"

सिनेमा से लौटकर जब कपूर और अमिता ने एक साथ कमरे में प्रवेश किया, तब चारों ओर देखकर कपूर ने कहा—"पिक्चर में एक बात समझ से बाहर की थी।"

पलंग पर बैठकर अमिता ने पूछा—"क्या बात ?"

कपूर ने कहा—"नारी का आत्मसमर्पण। मैंने तो कभी सुना नहीं कि नारी पुरुष पर इतनी आसक्त हो सकती है कि स्वेच्छा से पुरुष के हाथों में अपने को सौंप दे।"

अमिता का चेहरा लाल हो गया; धीरे से बोली—"लेकिन यह अस्वाभाविक नहीं है, क्योंकि कोई-कोई पुरुष ऐसे होते हैं जो नारी के प्राणों का स्पंदन सुन-समझ नहीं पाते। और ऐसे एक व्यक्ति को तो मैं भी जानती हूँ जो पत्थर से भी सख्त दिल रखता है।"

"वह कौन ?" आश्चर्य से अमिता की ओर देखकर कपूर ने कहा।

अमिता बोली—"मैं अगर कहूँ कि वह तुम्हीं हो, तो क्या जवाब दोगे ?"

ज़ोर से कपूर हँसा, फिर बोला—"झूठ है, असल में तुम मुझे समझ ही नहीं सकीं।"

अमिता चुप रही।

कुछ देर यों ही बीती, कपूर ने सामने वाले शानदार पलंग की ओर इशारा करके कहा—"इस पर कौन सोता है, मिस्टर रस्तोगी ?"

"हाँ।"

कपूर ने उस पलंग की ओर इशारा करके पूछा, जिस पर अमिता बैठी थी, कि "और इस पर वह स्वयं ?"

"हाँ।"

"और मेरे सोने का प्रबंध किस कमरे में है ? रात को जाड़ा पड़ता है, कहीं बाहर न लिटा देना।"

"जाड़े में गरमी की ज़रूरत होती है,कपूर !" अमिता ने मुसकराकर कहा—"और जब तक आदमी अकेला सोता है, गरमी नहीं आती। इसलिए तुम आज यहीं सोओगे।"

आश्चर्य से अमिता की ओर कपूर ने देखा, फिर ज़ोर से हँस पड़ा, बोला कुछ भी नहीं।

अमिता ने रोशनी बुझाकर कहा—"तुम नारी के आत्मसमर्पण की बात जानना चाहते हो ?"

कपूर ने कहा—"नहीं।" फिर कहा—"हाँ, कुछ सोचता तो हूँ।"

11

सुबह कपूर जागा, तो साढ़े आठ बजे थे। अमिता सामने पड़ी कुर्सी पर बैठी किताब पढ़ रही थी।

कपूर पलंग पर उठकर बैठ गया। अमिता ने चुपचाप सिगरेट और माचिस उसकी ओर बढ़ा दी। दोनों में से कोई किसी की ओर नहीं देख रहा था। पर अमिता की झुकी पलकों के अंदर चमकती हुई आँखों में, हलकी मुसकराहट थी।

जब कपूर की सिगरेट समाप्त हो गई तो अमिता ने किताब की ही ओर देखते

हुए कहा—"अब उठिए भी।"

कपूर ने उसकी ओर ऐसे देखा, जैसे कुछ हुआ ही नहीं और उठकर खड़ा हो गया। फिर अमिता भी कुर्सी से उठी और आगे-आगे जाकर बाथरूम वगैरह दिखा आई।

साढ़े नौ बजे दोनों चाय पीने बैठे। चाय पीते-पीते जैसे अमिता ने लज्जा की सीमा को पार कर लिया। जब वह मुसकराकर कपूर की ओर देखने लगी तो कपूर ने कहा—"नारी के आत्मसमर्पण की बात मैंने जान ली अमिता, और अगर खुशकिस्मती से कभी मैं लेखक बन सका, तो उसका वर्णन मुझसे सुंदर कोई न कर सकेगा, यह मैं जानता हूँ। अतृप्त-मानव आज जवानी के बीच में खड़ा होने पर अनुभवी नारी द्वारा तृप्त हुआ है; यह मेरे लिए संतोष और सौभाग्य की बात ज़रूर है, लेकिन कुछ विशेष बात नहीं।"

अमिता मुसकराई, लेकिन उसने कहा—"आज के अख़बार में बड़ी भयानक ख़बरें छपी हैं।"

"क्या ?" कपूर ने आश्चर्य से उसकी ओर देखा।

"मज़दूरों के नए अधिकारी ऐलान कर रहे हैं कि मिल मालिक उनकी बनाई हुई शर्तें अड़तालीस घंटे में नहीं मानेंगे तो अविराम हड़ताल शुरू होगी।"

"अख़बार देखूँ।"

अमिता ने ड्राअर से अख़बार निकालकर कपूर की ओर बढ़ा दिया। उसमें बहुत तरह की बातें प्रकाशित हुई थीं। जिस कपूर ने मज़दूरों की भलाई के लिए अपना जीवन लगा दिया, उसी कपूर को उसी के सहकारी शंकर ने अपनी बेहूदा चालबाजियों द्वारा इस तरह दूर हटा दिया है कि वह मज़दूरों का कोई न रहा। मज़दूरों के हृदय अब कपूर को कोई स्थान नहीं देना चाहते। इसी तरह, मिल ऑनर्स एसोसिएशन ने, अमिता के स्वामी, रस्तोगी को भी उसकी ग़ैरहाज़िरी में अलग कर दिया। संपादकीय टिप्पणी में कहा गया था कि मज़दूरों ने कपूर को और मिल मालिकों ने रस्तोगी को अपने बीच से अलग करके शांति को झकझोर डाला है। दोनों पार्टियाँ उग्रवादी हो गई हैं। मज़दूरों के नए सिरमौर मज़दूरों को पीसने के लिए जानबूझकर मिल मालिकों को निमंत्रित कर रहे हैं।

कपूर ने पूरा अख़बार नहीं पढ़ा, फिर उससे चाय भी नहीं पी गई। अमिता ने बहुत कहा, बहुत कोशिश की कि कपूर की परेशानी दूर हो, वह ठीक से बात करे; पर कपूर ने कुछ न कहा, कुछ न सुना। उसे इस बात का दुख न था कि वह मज़दूरों के बीच से हटा दिया है, वरन् वह देख रहा था कि जिन मज़दूरों के लिए उसे पूँजीपति मिल-मालिकों के दरवाज़ों पर जाना पड़ा, अमिता की मित्रता स्वीकार करनी पड़ी, अपने सिद्धांतों को कुचलना पड़ा, अपने स्वास्थ्य की परवाह न की; वही मज़दूर, जिनकी कपूर ने जी-जान एक करके सेवा की, अब गोलियों का शिकार होंगे। कपूर का दिल और दिमाग़ झनझनाने लगा। वह जानता है कि अब उसके किए कुछ भी न होगा।

कपूर ने कहा—"रस्तोगी को तार दे दो अमिता ! उन्हें हर हालत में दिल्ली से फ़ौरन यहाँ आना होगा।"

अमिता बोली—"तार तो मैं दिए देती हूँ और वे आ भी फ़ौरन जाएँगे, लेकिन तुम अपने आपको तो सँभालो। जब मज़दूरों को तुम्हारी परवाह नहीं रही, तो तुम उनकी परवाह करके क्यों परेशान होते हो ?"

कपूर ने उत्तेजित होकर कहा—"तुम ग़लत सोचती हो अमिता ? मज़दूरों को मेरी परवाह है, लेकिन उनके नए हिमायती नहीं चाहते कि वे मेरी परवाह करें।"

अमिता चुपचाप बैठी रही, तो कपूर ने धीरे से कहा—"लेकिन मुसीबत यह है कि अब जो मैं मज़दूरों के बीच में आता हूँ, तो शंकर वग़ैरह नए सिरे से यह साबित करने की कोशिश करेंगे कि मिल मालिकों ने मेरी जेबें भरी हैं और मैं गुनहगार हूँ।"

दो क्षण चुप रहकर कपूर ने फिर कहा—"मैं विजय के पास जा रहा हूँ, तुम गाड़ी के लिए ड्राइवर से कह दो ज़रा।" और वह कुर्सी छोड़कर खड़ा हो गया।

मैं भी चलूँ ?

"नहीं। मैं वहाँ पहुँचते ही गाड़ी वापस कर दूँगा।" कहकर कपूर ने चप्पलों में पैर डालते हुए कुरता पहना, टोपी हाथ में ली और कमरे के द्वार पर जाते-जाते, रुककर, अमिता से कहा—"एक दिन तुमने मुझे लिखा था कि ज़रूरत के वक्त मैं तुमसे हर तरह की सहायता पा सकता हूँ।"

" 'सहायता' शब्द कहकर तुम मुझे लज्जित न करो।"

"ख़ैर, मुझे कुछ रुपए चाहिए, हैं ?" कपूर ने कहा और कमरे में आकर फिर अपनी कुर्सी पर बैठ गया।

अमिता बग़लवाले कमरे में गई और नोटों की कई गड्डियाँ ले आई। शायद तीन हज़ार के नोट थे। कपूर ने गड्डियाँ उठाकर देखीं और कहा—"बस ?"

अमिता ने निर्विकार-भाव से चैकबुक उठा ली और दस्तख़त करके कहा—"बैंक में मेरे नाम जो रुपया है, वह सब आप इस चैक से ले सकते हैं।"

कपूर ने अमिता की ओर देखकर कहा—"कितना रुपया है ?"

अमिता ने लज्जित होकर दूसरी ओर दृष्टि फेरते हुए कहा—"एक लाख, बासठ हज़ार।"

कपूर ज़ोर से हँस पड़ा, फिर चैक लेकर फाड़ दिया और कहा—"अभी रुपया कम है। इतने से मेरा काम न चलेगा।"

अमिता आश्चर्य से देखती रही। कपूर ने नोटों की एक गड्डी उठा ली। ऊपर एक नोट गर 'पाँच सौ' लिखा था। दस रुपए वाले नोट थे।

कपूर जाने लगा तो अमिता ने कहा—"कब आओगे ?"

"कभी आऊँगा ही, क्योंकि मैं आदमी होने पर भी तुम्हारी सहानुभूति के बिना जीवित नहीं रह सकता अमिता !" और कपूर ने अमिता की ओर ऐसे देखा जैसे बच्चा असहायावस्था में माँ की ओर देखने लगता है, अमिता नीचे उसे पहुँचाने गई, तो कपूर

ने कार में बैठते हुए कहा–"रस्तोगी को तार अभी भेज देना।"

"अच्छा।"

"और देखो, मेरे लिए घबराना मत। मैं कोई ऐसा काम न करूँगा जो..."

अमिता की आँखों में पानी देखा तो कपूर ने उसकी ओर से आँखें फेर लीं और ड्राइवर से कहा–"बढ़ाओ।"

अमिता वहीं बहुत देर तक खड़ी रही।

12

"इनसे मिलो कपूर ! युवती की ओर इशारा करके विजय ने कहा–"इनका नाम शीला सरकार है। ये बंगाल में क्रांतिकारी आंदोलन का संगठन कर रही हैं।"

कपूर ने शीला से हाथ मिलाया और एक बार उसकी आँखों की ओर देखकर जाना कि उसमें दृढ़ता की कमी नहीं है।

विजय ने पैंट और क़मीज़ पहने हुए उस नौजवान की ओर देखा, जिसके बाल बिखरे हुए थे और जो पेशावरी चप्पल पहने हुए था–"यही हैं मिस्टर कपूर !"

उस युवक ने कपूर की ओर हाथ बढ़ाया। कपूर ने उससे भी हाथ मिलाया। कपूर को वह हाथ पत्थर की तरह सख़्त और फ़ौलाद की तरह मज़बूत मालूम हुआ।

विजय ने कपूर से कहा–"ये मिस्टर ज़मीर हैं। पंजाब में क्रांतिकारियों का संगठन कर रहे हैं।"

कपूर ने एक बार शीला की ओर देखा, फिर ज़मीर की ओर देखते हुए कहा–"आप लोगों से मिलकर खुशी हुई। यहाँ मेरे कुछ साथियों ने मेरा विरोध करना आरंभ किया है। अच्छा हुआ जो आप लोगों से परिचय हो गया, अब नए सिरे से काम करने का मौका मिलेगा; फिर कहा–"आप लोग बैठिए !"

सब लोग उस बड़ी मेज के चारों ओर पड़ी कुर्सियों पर बैठ गए, जिस पर फूलों का एक गुलदस्ता रखा था और सिगरेट का एक डिब्बा। विजय, कपूर और ज़मीर ने सिगरेटें उठाईं।

कपूर ने शीला से कहा–"हम लोग स्मोक कर सकते हैं ?"

शीला ने कहा–"मुझे कोई एतराज़ नहीं है।"

कपूर ने सोचा कि बंगालिन होते हुए भी हिंदुस्तानी का उच्चारण शीला शुद्ध कर सकती है। फिर उसने ज़मीर से कहा–"आपके बारे में दत्त से अकसर बातें हुई हैं। दत्त से मिले आप ?"

ज़मीर ने कहा–"हाँ, उससे रात मिला था, और रुपए का इंतज़ाम करके उसे उरई भेज दिया है।"

"उरई क्यों ?"

"सुना था, शेखर की माँ को रुपयों की ज़रूरत है !"

"अच्छा किया आपने। मैंने तो शेखर की माँ को देखा नहीं है, पर देखने की इच्छा है।"

"वे तो बिलकुल गाय की तरह भोली हैं। उन्होंने अपने नौजवान बेटे को मुल्क पर कुर्बान हो जाने दिया और चेहरे पर एक लकीर न पड़ी। उनके दिल में बहुत ऊँचे जज़्बात हैं। हम लोगों को भी वे वैसी ही तालीम देती हैं।" ज़मीर ने कपूर से कहा, फिर शीला की ओर देखकर कहा—"आप मिली हैं उनसे ?"

"जी नहीं, मुझे यह सौभाग्य प्राप्त नहीं हुआ। कपूर साहब जाएँगे तो मैं भी साथ ही चली जाऊँगी !"

कुछ देर बाद कपूर ने कहा—"आप लोग अचानक आ कैसे गए ?"

ज़मीर ने कहा—"यहाँ का मज़दूर आंदोलन ज़ोर पकड़ रहा था। हम लोगों को इसकी ख़बर मिली थी। लखनऊ में हमारे कुछ साथी हैं। अभी तक यू.पी. में हम लोगों का काम कुछ नहीं हो सका। हम चाहते हैं, यहाँ फ़ील्ड बने। आप जैसे ज़िंदादिल साथी मज़दूरों के लिए काम करके अपनी ताक़त ज़ाया कर रहे हैं; हम चाहते हैं कि अभी मज़दूरों को छोड़िए; कुछ चुनिंदा साथियों की एक टीम बनाइए। आप जानते हैं कि हमारा मुल्क गुलाम है। मज़दूरों को मज़दूरी ज़्यादा दिलाने के लिए हड़तालें कराने से ही गुलामी दूर नहीं होगी। हमें अपने मुल्क के बच्चे-बच्चे के लिए काम करना है। मैदान खुला है। उस मैदान में सुननेवाले और समझनेवाले लोग—उन्हें कुछ समझा सकें, उनसे कुछ कह सकें—ऐसे लोगों का इंतज़ार कर रहे हैं।"

शीला ने कहा—"हमारा प्रांत इस ओर शीघ्रता से आगे बढ़ रहा है मिस्टर कपूर ! हम लोग गुप्त रूप से संगठन कर रहे हैं। वहाँ हमारी पार्टी में तीन सौ से ज़्यादा ऐसे सदस्य हैं जो प्राणों को हथेली पर लेकर काम करने को तैयार हैं। देश अहिंसा से स्वतंत्र न होगा।"

कपूर ने टोका—"आप कैसे कहती हैं कि अहिंसा से देश स्वतंत्र न होगा ?"

शीला ने कहा—"इस वक्त मैं बहस न करूँगी—संसार का इतिहास मेरी बात के पक्ष में है। हम लोगों की इच्छा है कि हम देश भर में ज़ोरदार संगठन करके क्रांति का ऐलान करें। सन् सत्तावन जैसी ग़लती हम इस बार नहीं देखना चाहते। हमारी ओर शस्त्रों का निर्माण गुप्त रूप से हो रहा है। यू.पी. देश का सेंटर है; यहाँ के लोग हमारी सफलता में हिस्सा बटाएँ, तो बहुत कुछ हो सकता है।"

कपूर अपनी जगह से उठा, उसने कहा—"मैं आप लोगों की राय से सहमत नहीं हूँ। हमारा देश फ्रांस या रूस नहीं, भारतवर्ष है। मैं आप लोगों से क्षमा चाहता हूँ—मैं ऐसे किसी काम में शरीक नहीं हो सकता, जो हिंसा का प्रचार करे।"

और वह अभिवादन रूप में हाथ उठाकर कमरे से बाहर हो गया। विजय, शीला और ज़मीर उसे देखते ही रह गए। विजय ने कहा—"पक्का गांधीवादी है।"

उसी दिन कपूर अमिता के पास गया। उसने विजय के यहाँ हुई बातें उसे बताईं, तो पता नहीं क्यों, वह कुछ अधिक प्रसन्न न हुई।

और उसी दिन कपूर कानपुर से बनारस चला गया। जाते समय उसने अमिता से कहा—"मैं लीडर बनना नहीं चाहता, मैं मामूली सिपाही था। मज़दूरों को मेरी ज़रूरत नहीं रही। मैं जा रहा हूँ। फिर ज़रूरत पड़ेगी तो आ जाऊँगा। लेकिन एक बात मैं जानता हूँ कि जब तक देश गुलाम है और मैं जीवित हूँ, देश को मेरी ज़रूरत रहेगी और मैं उसे पूरा करूँगा।"

अमिता की आँखों में तब भी आँसू आ गए थे।

13

रिक्शेवाले को पैसे देकर बिदा करने के बाद, कपूर ने अपने थोड़े से सामान को तरतीब से रखना शुरू किया। मकान के नीचे का हिस्सा सीमेंट का गोदाम है, जिसका दरवाज़ा पिछवाड़े की ओर है। ऊपर के हिस्से में दो कमरे हैं, सामने की छत पर रसोईघर वग़ैरह, एक ही लाइन में बने हुए हैं। उस ओर नीम का पेड़ है, जिसके कारण शाम को, जब सूरज पश्चिम की ओर झुकने लगता है, छत पर छाया हो जाती है। कपूर के लिए इतनी जगह पर्याप्त है। भोजन का प्रबंध किसी होटल में कर आया है। नया मकान है, किराया भी अधिक नहीं, सात रुपए है। वैसे उसे उस समय तक पैसे की परवाह नहीं जब तक अमिता से लाए हुए पाँच सौ रुपए चलते हैं।

उसने बक्स खोला और एक तसवीर निकालकर मेज़ पर रख दी। फिर छत पर पड़ा हुआ ईंट का टुकड़ा उठा लिया और कील को हाथ में लेकर, इधर-उधर, दीवार की ओर देखने लगा कि किधर तसवीर लगाई जाए ? फिर उसने सोचा कि खाट इधर बिछेगी, इसलिए सामने तसवीर लगाए, जो सुबह उठते ही निगाह पड़ सके।

जहाँ उसने कील ठोकने के लिए जगह चुनी, वहाँ पैसे के बराबर एक गोल छेद था। कील और ईंट को वहीं रखकर, वह दीवार के पास पहुँचा और छेद से आँख भिड़ाकर उस ओर देखने लगा—सामने टिनशेड पर उसकी दृष्टि पड़ी; चूल्हा बना हुआ था, एक छोटी सी चौकी पर मँजे हुए बरतन करीने से सजे रखे थे। दीवार से लगी एक सिल रखी हुई थी, उससे सटा हुआ छोटा सा लोढ़ा रखा था, जिस पर पिसी हुई हलदी की एक गोली रखी थी। खंभे के पास ही एक गमला था, जिसमें ताज़े फूलों की माला पहने हुए तुलसी-वृक्ष खड़ा था। और आगे गीली-सी हरी धोती टँगी दिखाई पड़ी और फिर कोशिश करने पर भी कुछ न दीखा। छेद की सीमा अधिक न थी, लेकिन कपूर ख़ड़ा रहा, शायद और कुछ दीख जाए। कुछ देर बाद जब उसने वहाँ से आँखें हटाई, तो देखा कि दीवार इकहरी ईंट की बनी हुई है।

फिर उसने कील वहाँ न ठोकी और आप गंभीर होकर कुर्सी पर बैठ गया।

कमरे में चारों ओर बेतरतीब पड़ा हुआ सामान देखकर, वह कुछ देर बाद कुर्सी

से उठा और एक बार फिर उस छेद में देखकर सब चीज़ों को ठीक-ठिकाने रखने लगा।

सामान रखने के बाद, कुर्सी और किताब लेकर वह खुली छत पर जा बैठा। नीम की पक्तियों से छन-छनकर हवा आ रही थी। कपूर गुनगुनाने लगा—

"हमारा संदेसा लेकर, उड़ो पंछी, पंखों को खोल;
उधर अमराई में कोयल, सुनती मधुमय मीठे बोल।
उठे कजरारे-बादल आज, उड़ो पंछी, पंखों को खोल।।"

थोड़ी देर तक रिसाइट करने के बाद उसने किताब खोली और पढ़ने लगा। लेकिन थोड़ी ही देर बाद पढ़ने से उसका मन उचट गया और वह कपड़े पहन, कमरे का दरवाज़ा बंद करके नीचे उतरा, ज़ीने के द्वार पर ताला लगाकर नारायण के घर की ओर चल दिया। इस समय उसे कानपुर, वहाँ के मज़दूर और अमिता याद आ रहे थे।

नारायण अच्छा-ख़ासा, खाने-पहननेवाला युवक है—स्वर्गीय पिता के रुपए पर गुलछर्रे उड़ाता है। उसमें और कपूर में अंतर है, लेकिन कपूर इसकी परवाह नहीं करता। कपूर और नारायण में पहले ही सिनेमा जाने की बात तय हो गई थी, किसी तरह कपूर को समय काटना था।

रास्ते में कपूर ने नारायण से पूछा—"ये मेरे पड़ोस में किस ढंग के आदमी रहते हैं।"

बनारस में कपूर का परिचय केवल नारायण से ही है। उसी ने यह मकान उसे बतलाया। ज़रूरत का सामान भी भेज दिया है। कपूर की इच्छा है कि जिस तरह वह मज़दूरों से नाता तोड़कर आया है उसी तरह अमिता, क्रांतिकारी पार्टी के सदस्य भी उसे न पा सकें क्योंकि वह कुछ दिन शांतिपूर्वक अकेला रहना चाहता है। उसकी बात सुनकर नारायण ने आश्चर्य से पूछा—"क्या बात हुई ?"

मुसकराके कपूर ने कहा—"बात तो कुछ नहीं हुई, यों ही पूछा; अपने पड़ोसियों के बारे में तो जानना ही चाहिए।"

"सब काम-धंधेवाले भले-मानुस हैं। और फिर तुम्हें क्या, कोई लफंगा, उठाईगीर होगा, तो तुम्हारा क्या बिगाड़ लेगा—न तुम्हारे बीबी है और न तुम्हारे पास रुपया है।"

"इतना ही जानने से तो काम नहीं चल सकता।"

"देखो, तुम्हारे मकान के सामने चुंगी का हेड क्लर्क है, पीछेवाले मकान में एक नौजवान टिकट चैकर रहता है। दाहिनी और के मकान में भी कोई सरकारी नौकर ही रहते हैं, और बाईं और तो मकान मालिक का ही घर है, जिसके सीमेंट का गोदाम तुम्हारे मकान के नीचे है। वह बहुत रईस आदमी है।"

"और ?"

"और...और सामने सड़क के मोड़ पर बंबा है, उसके सामने किसी मास्टर का घर है, मोड़ पर कोई पंडित महाशय रहते हैं और आगे चलकर..."

कपूर ने नारायण की ओर घूमकर देखा, तो वह चुप हो गया।

सिनेमा में बैठे-बैठे भी कपूर ने बार-बार सोचा कि उसके कमरे की दीवार में एक छेद है, उस पार कोई रहता है, रसोईघर में कैसे चमकते हुए बरतन रखे थे। हरे रंग की एक ज़नानी धोती सूख रही थी। वह मकान उसके पिछवाड़े पड़ता है, रेलवे का टिकट चैकर रहता है उसमें...और अमिता ? वह शायद उसकी याद कर रही होगी।

उसने नारायण से पूछा—"क्यों जी, हमारे सामने तुमने जो चुंगी का क्लर्क बताया है, उसकी उमर क्या है ?"

"बूढ़ा है यार ?"

"और मोड़वाले मास्टर की ?"

"उसे भी बूढ़ा ही समझो ?"

"और वह जो टिकट चैकर है, उसकी ?"

"वह तो छोकरा है !"

"कौन-कौन हैं उसके यहाँ ?"

"मैं कोई शहर भर की मर्दुमशुमारी करता फिरता हूँ ?"

"मैंने सोचा, मेरी ही तरह अकेला हो तो परिचय कर लूँ।"

"अकेला तो नहीं है।"

तभी घंटी बज गई और हॉल में चमकते हुए बिजली के लट्टू बुझ गए।

नारायण ने कहा—"लो, खेल शुरू हो गया।"

कपूर चुपचाप बैठा रहा।

खेल समाप्त होने पर कपूर बराबर चाहता रहा कि उस टिकट चैकर के परिवार की बात पूछे, पर संकोचवश न पूछ पाया। अंत में, बड़ी देर बाद पूछा—"मुझसे पहले इस मकान में कौन रहता था ?"

"तुम्हारी ही तरह एक खूब तंदुरुस्त आदमी रहता था। उसके कुछ साथी उसे 'ग्रीक सोल्जर' कहा करते थे। एक दिन परिचय हो गया था, पर दोस्ती क़तई नहीं थी। मुझसे कहता था—"स्वास्थ्य सुधारो ! तंदुरुस्ती बनाओ !" मुझे समझाने चला, बदमाश कहीं का। उससे मिलने के लिए अजीब-अजीब तरह के लोग आते थे।

"क्या करता था ?"

"क्या जाने, चला गया। अच्छा हुआ।"

"अकेला था ?"

"हाँ !"

"नाम क्या था उसका ?"

"शायद अनिलकुमार।"

कपूर धीरे से चौंका, पूछा—"कहाँ से आया था ?"

"शायद मैनपुरी से।"

कपूर चौंका नहीं, एक अजीब तरह की साँस लेकर उसने कहा—"तुम उससे इतने

नाराज़ क्यों हो ?"

"नाराज़ क्या ! मुझे समझाता था, जूनियर समझता था। अगर मैं इतने सालों तक फ़ेल न होता, तो अब तक कब का आई.सी.एस. हो चुकता।"

"और यह टिकट चैकर ? यह कैसा आदमी है ?"

"कभी बात नहीं हुई। पर देखने में तो भला लगता है। लेकिन इसकी बीबी बहुत सुंदर है, कभी मौक़ा पड़े तो देखना।"

"अच्छा !" कपूर के दिमाग़ से सब रोमेंटिक बातें उड़ गईं बस अनिल, अनिल, केवल एक अनिल रह गया !

"हाँ, और उसकी एक साली भी है, वह भी अपनी बहन की ही तरह खूबसूरत है। अभी कुँआरी है।"

कपूर ने कहा—"आज का खेल तो कुछ जँचा नहीं।"

"तभी तो कहता हूँ, इंगलिश पिक्चर्स देखा करो।"

कपूर चुप रहा।

14

'ग्रीक सोल्जर' के नाम से अनार्किस्ट पार्टी के सदस्यों में प्रख्यात अनिलकुमार का नाम कपूर के लिए अपरिचित नहीं है। उसके बारे में कपूर ने बहुत बार, बहुत सी बातें सुनी हैं। उसके मन में कई बार चाहना हुई कि वह उस महापुरुष के दर्शन कर सके, जिसने हुकूमत की ईंट-से-ईंट बजा देने की प्रतिज्ञा कर रखी है। जो अनेक षड्यंत्रों के जन्मदाता, संयोजक और संचालक के रूप में फ़रार है। जिसके नाम इनामी-वारंट हैं और जिसकी खोज के लिए पुलिस मारी-मारी फिरा करती है।

जब कानपुर में मज़दूर आंदोलन के सिलसिले में कपूर बुरी तरह व्यस्त था तब उसने सुना था कि अनिल आ रहा है। वह अनिल के दर्शन करने के लिए, उस मानवमूर्ति के दर्शन करने के लिए जो अपने प्राणों को उछालता हुआ फिर रहा है, बड़ा बेचैन हुआ। लेकिन उसका परिचय किसी ऐसे व्यक्ति से न था, जो क्रांतिकारी पार्टी से संबंधित होता और कपूर मन मसोसकर रह गया था।

आज वही कपूर, उस कमरे में मौजूद है जिसमें एक ऐसा देशोद्धारक महापुरुष रह गया है, जिसके पीछे बंदूकें और पिस्तौलें लिये पुलिस चक्कर काट रही है।

कपूर ने मन-ही-मन उस कमरे को, उस कमरे की दीवारों को और उन दीवारों के बीच में कुछ दिन तक विकल-विश्राम करनेवाले व्यक्ति की स्मृति को प्रणाम करने के भाव से मस्तक झुका दिया।

कानपुर में शीला सरकार और ज़मीर से वह जो बातें कहकर आया था, उनके लिए उसे लज्जा और ग्लानि हो रही है। वह अपने किए पर पछता रहा है। क्या जाने, उन लोगों के साथ रहकर कभी देश की आज़ादी प्राप्त करने के लिए प्रयत्न करनेवाले

अनिल से मुलाकात हो जाए और वह उस पूजनीय व्यक्ति के चरणों में अपना मस्तक रखकर, अपने जी की सबसे बड़ी साध पूरी कर ले।

मेज़ पर मोमबत्ती जल रही है और कपूर, कमच्छा के इस मकान के ऊपरवाले, कमरे का दरवाज़ा बंद किए ज़मीन पर बिछे बिस्तर पर पड़ा-पड़ा सोच रहा है। उसके मन में उत्तेजना नहीं है, पर पश्चात्ताप ज़रूर है। आँखों में आँसू आ तो सकते हैं, पर उसका हृदय उन्हें बहाना नहीं चाहता, क्योंकि इससे कोई लाभ नहीं। आँसू आने से, रो लेने से, मन हलका हो जाएगा, सो भी ठीक नहीं, क्योंकि ऐसा होने से उस चाहना में शिथिलता आ जाएगी, जो अनिल से मिल सकने के लिए उसमें है।

लेकिन वह अभी कानपुर नहीं जा सकेगा। घोर अपमान के बीच से वह निकल भागा है, तीव्र कशमकश की सीमा को लाँघकर वह अमिता तक को छोड़ आया है; ऐसी हालत में, जबकि रस्तोगी दिल्ली में पड़ा हुआ हैं, उसके चचा को घर से कोई वास्ता ही नहीं है और राजनीतिक हलचलें तिलमिला रही हैं; पता नहीं किस क्षण क्या हो जाए। फिर भी हर समय और हर स्थिति में भावुकता के बीच उलझ जाना उचित नहीं है।

लेकिन अनिल ? अनिल से मिलने के लिए रास्ता ढूँढ़ना ज़रूरी है, यदि उससे भेंट न कर सका तो आगे क़दम किस ओर उठेंगे, यह उसे नहीं मालूम। फिर भी, अनिल से मिलने के लिए जिस रास्ते पर उसे चलना होगा, वह रास्ता शीला सरकार और ज़मीर के अलावा उसे और कौन बता सकेगा ! इसके लिए भी उसे हर हालत में कानपुर ही जाना होगा। और कानपुर वह जा नहीं सकता।

तब वह अपनी साध को थोड़े दिनों तक हृदय में ही दबाए रखेगा।शीला और ज़मीर का पता विजय को ज़रूर मालूम होगा। जब वह मन की व्यथा, मन के ताप, मन की अशांति से मुक्त हो जाएगा, तब कानपुर जाएगा ही और तब विजय से पूछ कर वह कलकत्ते या लाहौर जाएगा—कहीं-न-कहीं उसे अनिल का पता लग ही जाएगा।

लेकिन इस मकान में, जिसमें अनिल कुछ दिनों तक रह चुका है, वह न रह सकेगा। यहाँ रहने से उसके मन को शांति नहीं मिल सकेगी।

और रात के अंतिम पहर में, सोने से पहले, उसने सोच लिया कि दूसरे दिन वह मिर्ज़ापुर चला जाएगा।

प्रातःकाल जब कपूर मिर्ज़ापुर जाने के लिए तैयार हो रहा था, उसने यह आवश्यक न समझा कि नारायण को सूचित करे।

सूट केस लेकर वह ज्यों ही कमरे से बाहर निकलने को हुआ कि दरवाज़े से ऊपर की दीवार पर पेंसिल से लिखी चार पंक्तियों पर उसकी दृष्टि पड़ गई—

'जननी जन्मभूमिश्च स्वर्गादपि गरीयसी।'

'क्रांति चिरजीवी हो।'

'स्वतंत्रता हमारा जन्मसिद्ध अधिकार है।'

'भावुकता जीवन की सहचरी है।'

नीचेवाली पंक्ति ज़रा किनारे की ओर लिखी थी। उसे पढ़कर कपूर धीरे से मुसकरा दिया।

बहुत देर तक वह खड़ा रहा। फिर धीरे-धीरे कमरे से निकल गया।

मिर्ज़ापुर जानेवाली गाड़ी उसे मिल गई थी।

15

मिर्ज़ापुर से वापस होने पर कपूर आज फिर बनारस स्टेशन पर खड़ा है। वह घोर परेशानी का अनुभव कर रहा है। कुली सूटकेस और होल्ड-ऑल लिये खड़ा है और कपूर बार-बार टिकिट हाथ में लेकर देखने लगता है। प्लेटफ़ार्म मुसाफ़िरों से भरा पड़ा है, लेकिन उसका ध्यान किसी ओर भी नहीं है। कभी-कभी, रह-रहकर, क़ाफ़ी देर तक के लिए, अमिता की स्मृति उसके मस्तिष्क से आ टकराती है। अमिता ही जैसे उसके लिए संसार में अपनी है। वह सोचने लगता कि क्या माँ के अलावा भी कोई किसी को इतना प्यार, इतनी ममता और स्नेह दे सकता है, जितना सब उसे अमिता से प्राप्त हुआ है।

कपूर ने लखनऊ का टिकिट ले लिया है, हालाँकि उसे दिल्ली जाना है, डायरेक्ट ट्रेन इसलिए नहीं पकड़ी कि रास्ते में कानपुर पड़ेगा और उसका भावुक-मन कानपुर में बिना अमिता से मिले आगे बढ़ना गवारा न कर सकेगा। और कपूर चाहता है कि वह सख़्त बने, अमिता पर निर्भर रहकर भी वह उस पर अपने मन की कमज़ोरी ज़ाहिर न करे।

उसे मज़दूर आंदोलन से अब भी दिलचस्पी है, लेकिन वह उस दिलचस्पी को अपनी भावनाओं पर हावी होने देना स्वीकार नहीं करता। वह पसंद नहीं करता कि उसे उन मज़दूरों के हालातों से वाकफ़ियत हो, जिनका वह लीडर रह चुका है और आज जिन्हें शंकर लीड करता है ! वह यह भी नहीं चाहता कि मज़दूर उसे पुकारें। चाहे वे कितनी ही बड़ी मुसीबत में पड़ें, वह उनके बीच से उसी तरह अलग कर दिया गया है, जिस तरह दूसरों के कहने-भड़काने से पुत्र पिता द्वारा नालायक करार दिया जाकर तिरस्कृत होता है। और वह उसी तरह यह सुनना पसंद न करेगा कि मज़दूर मुसीबत में हैं, इसलिए वह उनके बीच में जाए, जिस तरह स्वाभिमानी अथवा हठी पुत्र पिता की आज्ञा का पालन करना तो दूर हो, उसकी प्रार्थना सुनना भी नामंजूर कर देता है।

कपूर जीवन को उछालकर चलना पसंद करता है। एडवेंचर नहीं तो ज़िंदगी नहीं, संघर्ष नहीं तो मनुष्य होना व्यर्थ, आग में कूदना नहीं तो शक्ति बेकार; लेकिन वह उस एडवेंचर को बेकार समझता है, जो कृत्रिम हो; वह संघर्ष बेकार है, जिसमें ख्याति बदनामी के रूप में मिले अथवा अपमान के बाद भी मान न हो; उस आग में कूदना भी वह अनुचित समझता है, जो अस्थायी हो यानी आग बुझ जाए या उसमें कूदनेवाला

मर जाए। झुलसने में उसे संतोष है ! इसीलिए कपूर को यह पसंद नहीं है कि वह अमिता को यह समझने का मौक़ा दे कि वह उसके लिए बेचैन है, क्योंकि वह जानता है कि चाहे जितनी स्नेहमयी नारी हो, पर वह शरद बाबू के कल्पना लोक जैसी विश्वासपात्री न होगी, क्योंकि उसे वहम है कि वह नारी पर विश्वास नहीं करता है। अमिता पर उसे विश्वास है, यह उसकी कमज़ोरी है जिसे वह आप-ही-आप स्वीकार भी कर लेता है, लेकिन वह चाहता है, कोशिश करता है कि अमिता उसकी आँखों का वह भाव न देख सके। मज़दूरों के बीच उसका अपमान हुआ है, इसलिए वह उनकी परवाह नहीं करेगा। दत्त और विजय उसके दोस्त हैं। दोस्ती के सामने कृत्रिमता, सिद्धांत और भावुकता नहीं चल सकती। इसलिए वे उसके अपने हैं, उनसे बिछुड़ने का दुख ही क्या ! उस पर झूठा अथवा सच्चा, हर प्रकार का दोषारोपण किया जा सकता है, लेकिन वह इसके लिए बाध्य नहीं है कि किसी बात की कैफ़ियत किसी को दे।

कपूर को पता नहीं कि कब ट्रेन में बैठा और कब ट्रेन चली। कोई छोटा स्टेशन था, जिसका नाम जानने की कपूर ने कोशिश नहीं की, ट्रेन जब धीरे-धीरे चलने लगी तो लपककर, दो खद्दरधारी युवक डिब्बे में आ गए और कपूर के सामनेवाले बर्थ पर अधिकार जमा लिया, बैठने के साथ ही वे बातें करने लगे।

एक ने कहा—"हज़ार मरे होंगे, तब सौ लिखे हैं।"

"इसमें क्या शक। लेकिन उफ़, सोचने पर दिल काँप उठता है। कैसा खौफ़नाक सीन होगा उस वक्त। बेचारे बेज़बान जानवरों की तरह भून डाले गए।"

"ऊपर से सफ़ाई यह कि पुलिस पर ईंटें फेकी थीं।"

"सब ग़लत है। ऐसे में तो किसी ज़िंदादिल नौजवान को बम..."

"उससे भी तो पुलिस के भारतीय व्यक्ति ही मारे जाते।"

"बहस से क्या फायदा। वक्त तो गया।"

"अब तो सब काम बदस्तूर होने लगेंगे। कानपुर दुनिया में इस बात के लिए मशहूर था कि हिंदुस्तान में वहाँ जैसे संतोषी और जान हथेली पर रखकर चलनेवाले मज़दूर कहीं नहीं हैं। लेकिन अब वह बात बस, कहने भर को रह जाएगी।"

कपूर उनकी बातें सुन रहा है। कानपुर का नाम सुनकर एक बार चौंका। लेकिन उन युवकों की ओर इसलिए न देखा कि कहीं वे लोग बातें करना बंद न कर दें।

दूसरे युवक ने कहा—"गिरफ़्तारियाँ शुरू हो गई हैं। सरकार ख़ासकर नौजवानों के ख़िलाफ बड़ा तगड़ा स्टेप ले रही है। मेरे ख़याल से शंकर, विजय, दत्त, वाजपेयी—ये सब लोग जेल में होंगे।"

"शंकर तो इसी लायक था। मैं कहता हूँ, अगर कपूर होता तो कभी कानपुर के मज़दूरों पर ये आफ़त न आती। पिछली बार की शांत हड़ताल उसी की वजह से इतने दिन सफलता से चली और उसी की वजह से मज़दूरों की शानदार जीत हुई और वह जीत मज़दूरों के इतिहास में अपना स्थान खास रखेगी।"

"लेकिन ये कपूर कहाँ चला गया ?"

"पता नहीं। मैंने तो उसे कभी देखा नहीं, लेकिन मिस सरकार कानपुर में उससे मिली थीं, बड़ी तारीफ़ करती थीं। उसने हमारी स्कीम को नामंजूर कर दिया था। सिद्धांतों का वह बहुत पक्का है।"

कपूर सब सुन रहा है। सब समझ रहा है। पर निर्विकार है या निर्विकार बनना चाहता है। जैसे उसे किसी से कोई मतलब नहीं, वह अकेला है।

वह उन युवकों की बातचीत सुनकर यह भी जान गया कि वे कलकत्ते की क्रांतिकारी पार्टी से संबंधित हैं।

"मेरा ख़याल है, कपूर भी गिरफ़्तार कर लिया गया होगा; हाँ, पुलिस उसे छोड़ेगी नहीं, क्योंकि वह कपूर की शक्ति को पहचानती है। कप्तान से उसका परिचय नहीं है, पर वे कपूर पर बहुत भरोसा करते हैं।"

फिर भी कपूर के चेहरे पर ऐसा कोई भाव नहीं आया, जिससे यह अनुमान लगाया जा सकता कि उसके अंदर कोई उथल-पुथल हो रही है, जैसे न उसने कानपुर का नाम सुना है, न कपूर का ही; मज़दूर किसे कहते हैं, यह भी नहीं जानता। लेकिन 'कप्तान' शब्द सुनकर उसे बड़ी उत्सुकता हो रही है। और साथ ही अनिल उसके विचारों में आ रहा है।

"कपूर के नाम भी वारंट है।"

"अब तक बचा भी न होगा। वह तो बहुत मस्त है। खुलेआम घूमता होगा। वारंट की बात मालूम होने पर भी अंडरग्राउंड जाना पसंद नहीं करेगा।"

और कपूर वैसे ही चुपचाप ठुड्डी पर हाथ टेके खिड़की से बाहर देख रहा है। सोच रहा होगा, वारंट है तो क्या हुआ !

कोई स्टेशन था। एक युवक वहीं उतर गया, चलते-चलते उसने दूसरे से कहा—"एस. के लिए रुपए फ़ौरन भिजवाना।"

गाड़ी चली। कपूर मुसकराया कि खद्दर पहनकर देश की भलाई करनेवाले ये क्रांतिकारी नौजवान सैकेंड क्लास में सफ़र करते हैं। और वह खुद ? उसकी क्या, वह तो एक पूँजीपति के रुपए बहा रहा है।

युवक अकेला रह गया। लेकिन जिस तरह कपूर अपने आप में ही डूबा हुआ था, उसी तरह उसे भी इस बात की चिंता न थी कि जो अपरिचित उसके साथ सफ़र कर रहा है वह कौन है ?

गाड़ी जा रही थी। कपूर ने नहीं देखा कि वह खद्दरधारी युवक इस समय तक कपड़े बदल चुका है और अब नया-नया आया हुआ आई.सी.एस. मालूम हो रहा है। अटैची बंद करके यथास्थान रखने के बाद उसने सिगरेट जलाई, रिस्टवाच देखी और फिर इत्मीनान से होकर सिगरेट के कश लेने लगा।

गाड़ी फ़ैज़ाबाद स्टेशन पर रुकी। युवक अटैची लेकर उतरने को हुआ कि एक युवती डिब्बे के सामने आई और हाथ का इशारा करके कुछ पीछे हट गई।

युवक उतर पड़ा। प्लेटफ़ार्म पर भीड़ कम थी। रात का अंतिम पहर था।

युवक ज्योंही युवती के पास पहुँचा कि वह बोली—"मैं इस गाड़ी से सफ़र नहीं करूँगी। लखनऊ में ख़तरा है। पुलिस को पता लग गया है कि कपूर इसी गाड़ी से सफ़र कर रहा है। वह तुम्हारे डिब्बे में ही है। किसी तरह उसे यहीं उतार लो, वरना ग़ज़ब हो जाएगा।"

युवक ने आश्चर्य से कहा—"वही कपूर हैं ?"

"हाँ, वक़्त बेहद कम है, उसे बचाओ कॉमरेड लाल !"

लाल अटैची रखकर ज्योंही चलने को हुआ कि युवती ने कहा—"उसे यह न मालूम हो कि मैं यहाँ हूँ। वह हम लोगों से नफ़रत करता है। उससे कहो कि विजय उसकी राह देख रहा है।"

धीरे से लाल ने पूछा—"विजय यहीं है ? गिरफ़्तार नहीं हुआ ?"

"अंडरग्राउंड है। तुम जल्दी करो।"

लाल कपूर के डिब्बे की ओर बढ़ा कि गार्ड ने ह्विसिल बजाकर हरी रोशनी दिखा दी।

लाल ने डिब्बे का दरवाज़ा खोला और अंदर जाकर कपूर से कहा—"मिस्टर कपूर, जल्दी कीजिए आपको यहीं उतरना है।" और उसने कपूर का होल्ड-ऑल और सूटकेस उठा लिया।

"विजय आपके इंतज़ार में है।"

कपूर जैसे नींद से जागा—"ऐं।"

और इंजिन ने सीटी दे दी।

"जल्दी उतरिए ! विजय ने आपको बुलाया है। उनसे मिले बिना लखनऊ मत जाइए।"

ट्रेन रेंगने लगी और लाल ने कपूर का होल्ड-ऑल खिड़की से बाहर प्लेटफ़ार्म पर फेंककर कहा—"चलिए, ट्रेन चल पड़ी।"

और कपूर झट से उतर पड़ा। उसके पीछे, उसका सूटकेस लिये, लाल भी कूद पड़ा।

ट्रेन ने स्टेशन छोड़ दिया। आख़िरी डिब्बे के पीछे लाल रोशनियाँ चमक रही थीं और ट्रेन दूर होती जा रही थी।

16

फ़ैज़ाबाद कपूर कभी नहीं आया; उसे नहीं मालूम कि कार कहाँ जा रही है ?

लाल कार को ड्राइव कर रहा है और पीछे की सीट पर कपूर शीला सरकार के बग़ल में बैठा है।

उसने फिर टोका—"लेकिन शीला, तुम्हें यह कैसे मालूम हुआ कि पुलिस ट्रेन में

मेरा पीछा कर रही थी और लखनऊ स्टेशन पर मेरे लिए हथकड़ियाँ लिये खड़ी होगी।''

शीला ने मुसकरा के कहा—''सरकार तो सी.आई.डी. के कांस्टेबिलों को तीस-चालीस रुपए महीने पर नौकर रखती है मिस्टर कपूर, लेकिन हम लोगों के गुप्तचर क्या पाते हैं, आपको मालूम है ?''

''क्या ?''

''वे देश के लिए गोलियों का शिकार होकर जीवन भर का वेतन एक साथ पा जाते हैं।''

कपूर ने एक गहरी साँस ली। शीला ने मुसकरा के उसकी ओर देखा। मोड़ आया तो लाल ने पूछा—''किधर चलेंगे ?''

शीला ने कहा—''सीधे चलो, लखनऊ में अमिता देवी और विजय से मिलने के बाद आगे का कार्यक्रम निश्चित किया जाएगा।''

कपूर ने कहा—''तो क्या अमिता लखनऊ में है ?''

''हाँ।''

''और विजय भी वहीं है ?''

''हाँ !''

''लेकिन लाल ने तो कहा था कि विजय यहीं फ़ैज़ाबाद में है।''

''फ़ैज़ाबाद तो मिस्टर कपूर, बहुत पीछे छूट गया है। विजय के नाम वारंट है। वह कल लखनऊ पहुँचा होगा। अमिता तीन दिन से लखनऊ में ही है।''

''लखनऊ में क्या कर रही है ?''

''ये तो मैं नहीं जानती। लेकिन मुझसे उन्होंने कहलाया था कि मैं लखनऊ जाकर शीघ्र ही उनसे मिलूँ। इधर मेरे पास यह समाचार आया कि आप मिर्ज़ापुर से बनारस होते हुए लखनऊ जा रहे हैं और पुलिस आपके पीछे है। इस समाचार के बाद ही, लखनऊ से फ़ोन मिला कि वहाँ पुलिस स्टेशन पर तुम्हारी राह देख रही है।''

''अमिता से तुम्हारा परिचय कैसे हुआ ?''

''आपकी तलाश में विजय के साथ उनके घर गई थी—यह तबकी बात है जब पिछली बार मैं, विजय के यहाँ ज़मीर के साथ आपसे मिली थी।''

''मुझे याद है।''

''मैंने अमिता देवी को बहुत पसंद किया है। वे हमें हर तरह का सहयोग देने को तैयार हैं। मिस्टर रस्तोगी ने पाँच हज़ार रुपए हमें दिए हैं। लेकिन वे हम लोगों की पार्टी को केवल आर्थिक सहायता देने को ही तैयार हैं। कांग्रेस के प्लेटफ़ॉर्म पर खड़े होकर वे बोलना पसंद करते हैं, पर हमारी प्राइवेट मीटिंग्स में भी नहीं आते।''

''क्या रस्तोगी ने कांग्रेस के प्लेटफ़ार्म से स्पीच दी थी ?''

''जी, यह उस दिन की बात है जब कानपुर के मज़दूर लीडर्स गिरफ़्तार किए गए थे और मज़दूरों पर गोलियाँ चलाई गई थीं और उन लोगों की सहानुभूति में कांग्रेस ने तिलक हॉल में मीटिंग की थी।''

"आप तो बंगालिन हैं लेकिन हमारे प्रांत के बारे में काफ़ी से अधिक दिलचस्पी और जानकारी रखती हैं ?"

"यू.पी. हमारी आशाएँ पूरी कर सकता है, बंगाल में केवल इतनी शक्ति है कि वह यू.पी. को हाथ पकड़कर अपने साथ लाये। मैं तो कहती हूँ कि यू.पी. की सहायता और सहयोग के बिना देश की कोई भी क्रांति आगे नहीं बढ़ सकती। हमें यू.पी. में काम करना है, इसीलिए यहाँ की जानकारी रखना सबसे अधिक ज़रूरी है।"

कपूर ने कुछ भी न कहा।

कार चलती रही। शीला ने कहा—"लाल ! भई, तेज़ चलो।" और कार की स्पीड तेज़ हो गई। सुबह हो रही थी।

शीला ने कपूर से कहा—"शीघ्र ही हमारे लिए अच्छे मौक़े आनेवाले हैं। हम लोग आज़ाद हो सकते हैं।"

तीखे और सख़्त स्वर में कपूर ने कहा—"कैसी बातें करती हो शीला ! विदेशी फिर भी विदेशी हैं। हमें तो अपनी शक्ति और अपने साहस से ही आज़ाद होना है, क्या तुम यह समझती हो कि कोई विदेशी आकर अपने आदमियों और युद्ध सामग्रियों को इसलिए बरबाद करेगा कि वह ब्रिटेन के पंजे से छुड़ाकर हमें आज़ाद करा दे ?"

शीला को उसकी बात का उत्तर न सूझा, तो कहा—"आपसे बहस करना मुझे रुचता नहीं।"

"सचाई के आगे बहस टिक ही नहीं सकती।"

"बातचीत का टॉपिक बदलिए कपूर साहब !" शीला ने मुसकराकर किंचित झेंपते हुए क़हा। लेकिन कपूर चुपचाप बैठा रहा।

सुबह की सफेदी आसमान पर फैल रही थी।

लाल ने कहा—"कुछ भी हो मिस्टर कपूर, हिंदुस्तान की ओर से आज़ादी हासिल करने के लिए अबकी बार जो क़दम उठाया जाएगा, वह अहिंसावादी न होगा।"

"लेकिन जब तक बापू जीवित हैं, इस देश की किसी भी संस्था को यह हिम्मत न करनी चाहिए कि वह उनका विरोध करके हिंसावादी सिद्धांत अमल में लाकर सफलता की आशा करे।"

"बापू ? दो हड्डियों का आदमी देश को अपनी मुट्ठी में किए हुए है और आप जैसे नौजवान खामोश होकर उसके पीछे चलने में गौरव समझते हैं। यह नपुंसकता सूचक भावना जब तक दूर न होगी तब तक आगे बढ़ने का ख़याल, ख़याल से भी, हलका रहेगा।" लाल ने कहा।

कपूर मुसकराकर बोला—"बापू खुद जब गालियाँ सुनने का साहस करते हैं, नाराज़ नहीं होते, तो हम लोग ही उनकी बुराई सुन के क्यों नाराज़ हों ! आप उन्हें गालियाँ देकर खुश होते हैं तो हों, पर इससे उनका क्या बिगड़ेगा ! आप अगर केवल अपने आपको आदमी समझकर ही सोचें तो जानेंगे कि आपका रवैया उचित नहीं है।"

लाल ने कहा—"बापू के डिक्टेटरशिप के हम विरोधी हैं।"

कपूर चुप रहा। शीला ने कपूर की ओर देखा और कहा—"आप बनारस में कहाँ ठहरे थे ?"

"एक दोस्त के यहाँ, जो न गांधीवादी है, न क्रांतिवादी और न प्रचारवादी। इसलिए उसका परिचय आपके लिए बेकार साबित होगा।"

"कितने दिन रहे उसके यहाँ ?"

"दो दिन।"

"बस ? और मिर्ज़ापुर में ?"

"एक महीने।"

"और इतने ही दिनों में आप अपने जीवन के लक्ष्य को, अपने सिद्धांत को भूल गए ? जिन ख़बरों से आपको दिलचस्पी होनी चाहिए थी, उन ख़बरों से अपरिचित बने रहे ?"

"मिस शीला, मेरे जीवन का लक्ष्य क्या है, मेरे सिद्धांत क्या हैं; यह आपसे अधिक अच्छी तरह मैं समझता हूँ। और ख़बरों से दिलचस्पी इसलिए नहीं रही कि दिलचस्पी लेना नहीं चाहता था, इसीलिए इतने दिन तक अख़बारों को भी नहीं देखा।"

"आज के युग में एक ज़िम्मेवार आदमी अख़बार न देखे, यह भी ताज्जुब की बात है।"

"ख़ैर !" कपूर ने कहा और आकाश की ओर देखने लगा। दूर शहर की ऊँची अट्टालिकाएँ दिखाई दे रही थीं।

लाल ने कहा—"लीजिए दस मिनट में आप श्रीमती अमिता देवी और विजय के पास पहुँच जाएँगे।"

कपूर ने कुछ न कहा।

शीला ने धीरे से कपूर के कंधे पर हाथ रख दिया। कपूर वैसा ही बैठा रहा। मोटर चलती रही।

17

अमिता ने कहा—"ख़ास आदमियों की बात छोड़िए; जो भी व्यक्ति किसानों, मज़दूरों अथवा अन्य श्रमिक वर्ग या नौजवानों का हिमायती होगा, उनसे सहानुभूति रखता होगा, पुलिस द्वारा ख़तरनाक करार दिया जाएगा और गिरफ़्तार कर लिया जाएगा।"

लाल ने कहा—"बेशक !"

शीला बोली—"मैं तो कहती हूँ कि संगठन करने का इससे अच्छा मौक़ा दूसरा नहीं आ सकता। नौजवान लीडर हमारे बीच से अलग कर दिए गए हैं, इसकी हमें परवाह नहीं है, हम नए लोगों को सामने लाएँगे।"

ज़मीर बोला—"वे भी बचेंगे नहीं। दरअसल इस वक़्त हमें अंडरग्राउंड वर्क करने की ज़रूरत है।"

विजय बोला—"लेकिन कपूर जब तक हमारा साथ नहीं देगा; काम चल ही नहीं सकता। उसकी हिम्मत क़ाबिले-तारीफ़ है।"

शीला ने कहा—"और कपूर हमारे सिद्धांतों को कुछ मानते ही नहीं।"

अमिता ने कहा—"मानते नहीं हैं; लेकिन मान सकते हैं, क्योंकि वे आप लोगों के कामों से प्रभावित हैं।"

शीला ने मुसकराकर अमिता की ओर देखा, कहा—"तुम कहोगी तो मानेंगे।"

"मैं कहूँगी।"

उसी समय कपूर काली सर्ज का सूट पहनकर बग़लवाले कमरे से निकला, उसे इस वेश में देखकर कौन पहचान सकता है। यह वही लोग जानते होंगे, जो उसके बीच में रहते हैं। क्योंकि समझदारी के दिनों में बहुत ही कम बार उसने सूट पहना है।

अमिता काउच पर अकेली बैठी थी। उसी के बग़ल में आकर वह बैठ गया और ज़मीर से कहा—"तुम लोग मेरे खिलाफ़ खूब प्रचार कर रहे हो। मैं पूछता हूँ अगर मैं तुम लोगों के इशारे पर चलने लगूँ, यानी क्रांतिकारियों की इस पार्टी का काम करने लगूँ, जिसे तुम लोगों ने बनाया है, तब भी तुम्हारा क्या भला होगा—क्योंकि मैं जानता हूँ कि खूबसूरत होने पर भी मैं औरत तो नहीं हूँ।"

अंतिम वाक्य सुनकर सब लोग हँस पड़े। अमिता और शीला ने क़हक़हे तो न लगाए, पर झेंप से भीनी हँसी उनके ओठों को बंद न रख सकी।

कुछ क्षणों के बाद अमिता ने कहा—"जब तुम इन लोगों की बातें न मानते हुए भी इनके साथ काम करने को तैयार हो, तो इन्हें यह मौक़ा दो कि यह तुम्हें ग्रहण करें और जैसा चाहें बना लें। अपने आपको इनके ऊपर छोड़ दो न।"

"यही तो मुझमें कमज़ोरी है, अमिता कि मैं अपने आपको जिसके हाथों में छोड़ देता हूँ, उसी का होकर रह जाता हूँ—माफ़ करना, मैं ज़रा लाइट-मूड को एंज्वाय कर रहा हूँ—जैसे मैंने तुम्हारे हाथों में अपने आपको छोड़ दिया तो तुम्हारा ही होकर रह गया। यह बात यहाँ बैठे हुए लोगों के अलावा आसनसोल में बैठे हुए मिस्टर रस्तोगी भी जानते हैं।"

अमिता मुसकराई और बाक़ी के उपस्थित लोग हँसे।

शीला ने कहा—"आपसी बातें छोड़िए मिस्टर कपूर ! आज इस खुशी में कि आपने हमें सहयोग देना स्वीकार कर लिया है..."

बात काटकर कपूर ने कहा—"आपने कैसे जाना कि मैंने आप लोगों की क्रांतिकारी पार्टी को सहयोग देना स्वीकार कर लिया है और मैं पिस्तौल चलाने को तैयार हो गया हूँ ?"

"इसका ज़िम्मा श्रीमती अमिता देवी ने ले लिया है।"

"ये तो मुझे बरबाद करने पर तुली हैं।"

अमिता ने धीरे से कपूर की ओर देखा।

शीला ने कहा—"लेकिन हमारे कप्तान तो आपको बरबाद करने पर नहीं तुले हैं।"

कपूर ने उत्सुकता से कहा—"मैंने इतनी बार पूछा शीला कि मुझे बता दो कि वे कौन हैं। क्या अनिल कुमार नहीं हैं वे ? क्या आप लोग उन्हें 'ग्रीक सोल्जर' नहीं कहते ?"

"हम लोग जब आपस में ही एक-दूसरे की बातें नहीं जानते तो कप्तान के बारे में ही कैसे जानेंगे ?"

लाल ने कपूर से कहा—" 'पथ के दावेदार' नहीं पढ़ा आपने ?"

"पढ़ा क्यों नहीं !"

"हमारे कप्तान को आप 'सव्यसाची' तो न मानें, पर वे भी कम नहीं हैं। पुलिस को ऐसे-ऐसे घिस्से दिए हैं कि क्या कहें। पर हमारे यहाँ भी एक-दूसरे की बातें जानने का अधिकार किसी को नहीं है।"

"वह उपन्यास की बात है, और तब समय भी तो दूसरा था।" कपूर ने कहा।

शीला बोली—"हाँ जनाब, तब लोग जगाए जा रहे थे, आज वे जागकर खड़े हो गए हैं।"

कपूर अन्यमनस्कता से मौन रहा।

शीला ने मुसकरा के कहा—"आप लोगों को मालूम होना चाहिए कि इस समय आठ बज चुके हैं। हम लोगों को फ़ौरन चलना चाहिए। अमिता देवी की कार हमारे और हमारा पेट होटल के खाने के इंतज़ार में हैं।"

कपूर ने कहा—"लेकिन मिस शीला सरकार, आप शायद यह भूल रही हैं कि मेरे, विजय के और लाल के नाम वारंट है और हम लोग प्रांत की राजधानी में हैं।"

शीला ने हँसकर कहा—"आप लोग, मेरा मतलब है जिनके नाम वारंट है, वे अपने चेहरे शीशे में देखकर बताएँ कि क्या वे पहचाने जा सकते हैं ?"

कपूर मुसकराया, धीरे से 'ओह' करके हँस पड़ा।

सब लोग हँसते हुए अपनी-अपनी जगह से उठ खड़े हुए।

चलते-चलते शीला ने कहा—"और अगर पुलिस हमारे पीछे पिस्तौल लेकर चल रही है तो पुलिस के पीछे हमारे साथी चल रहे होंगे।" ये तो फिर उसने भौंहें मटकाकर, हँसते हुए कहा—"वे डाल-डाल हम पात-पात। समझे ?"

और सब लोग कमरे से बाहर निकल गए।

18

भोजन के साथ हलकी शराब भी है, क्योंकि इन छः व्यक्तियों में, न तो कोई आदी है और न कोई शौक़ीन ! महज़ चखने के लिए पी लेना बुरा इनमें से कोई नहीं समझता। पीने से 'ग़म ग़लत' होता है, इस सिद्धांत को भी ये लोग नहीं मानते।

लाल, ज़मीर, विजय और शीला आज कितने दिनों बाद 'चख' रहे हैं, यह कपूर को नहीं मालूम, पर यह उसे मालूम है कि उसने और अमिता ने कब अंतिम बार 'चखी' थी। वह रात उसे जीवन भर ताज़ी-ताज़ी याद बनी रहेगी जब उसने नारी के समर्पण की भावना को जाना समझा था।

कपूर के दाहिने बाजू अमिता बैठी है, दूसरी साइड में विजय और लाल हैं। बाएँ बाजू शीला है और सामने ज़मीर बैठा है। बग़लवाले केबिन में कोई मतवाला अपनी प्रेयसी से बेहूदें अल्फ़ाजों में मज़ाक कर रहा है और वह भी उसी तरह उसे उत्तर दे रही है। उन अपरिचितों की बातों का रस, इस केबिन में बैठे हुए छः व्यक्ति ले रहे हैं।

अपरिचित मतवाले की आवाज़ सुनाई पड़ी। वह अपनी प्रेयसी से कह रहा था—"तुम तो पक चलीं। मैंने तो वो-वो चीज़ें देखी हैं, जो तीस-तीस बरस की उमर होने पर भी एकदम कच्ची मालूम होती हैं।"

औरत की लड़खड़ाती हुई आवाज़ सुनाई पड़ी—"तुम नशे में बक रहे हो ? कल तो तुम मुझे दुनिया की सबसे ज़्यादा खूबसूरत औरत बता रहे थे ?"

मर्द लहज़े के साथ बोला—"सो तो मैं आज भी कह सकता हूँ ?"

और वह चुप हो गया, जबकि उसने इन लोगों के ज़ोर से हँसने की आवाज़ सुनी। विजय ने कहा भी—"किराए की छोकरी है शायद।"

शीला ने दाहिने पैर का सैंडिल उतार दिया और घोंटू तक धोती उठाकर पैर कपूर के पैर की ओर बढ़ाया, फिर कपूर के पैंट को, पैर से ऊपर खिसका उसकी पिंडरी से अपनी पिंडरी मिलाकर धीरे से रगड़ दी और फिर अपना पैर खींच लिया। कपूर ने मुसकराकर उसकी ओर देखा और चम्मच से शोरबा लिया। शीला ने फिर वैसे ही पिंडरियों का मिलाप कराया और दोनों की पिंडरियाँ काफ़ी देर तक आलिंगन किए रहीं। कपूर ने एतराज़ नहीं किया, यानी शीला का निमंत्रण उसने स्वीकार कर लिया। वह खिलखिलाकर हँस पड़ा। शीला ने भी धीरे से उस हँसी में योग दिया। उसकी मादक हँसी में विजयोल्लास था, किंतु साथ ही अतृप्ति थी।

आख़िरी छः पैग तैयार थे।

ज़मीर ने कहा—"हाँ, भाई, ख़त्म करो अब !"

सब ने पैग उठाकर मिलाए और शीला के स्वर के साथ ही साथ कहा—"क्रांति चिरंजीवी हो !" और शराब गलों से नीचे उतर गई।

ज़मीर ने वेटर को आवाज़ दी और जब वह आया तो बिल लाने को कहा।

वेटर चला गया तब कपूर ने शीला से कहा—"तुम्हें धन्यवाद।" फिर ज़मीर की ओर देखकर कहा—"इन्होंने तो शराब पिलाकर दीवाना बना दिया, अब गुनाह करने की तबीयत है ज़मीर !"

सब हँसे और ज़मीर ने कहा—"तो इन्हीं से कहो।"

कपूर ने शीला की ओर देखा तो उसने, नीचे अँधेरे में, कपूर का हाथ पकड़कर

दबा दिया।

अमिता हलके नशे में ज़रूर थी, पर उसे कपूर और शीला का यह व्यवहार कुछ भी बुरा न लगा।

वेटर ने बिल पेश किया। शीला ने पर्स में से नोट निकालकर उसे दे दिए और वह सलाम करके चला गया।

शीला उठी तो सब लोग उठ खड़े हुए। शीला की आँखें अजंता आर्ट का नमूना थीं और उसके पैर धीरे-धीरे लड़खड़ा रहे थे।

शीला ने 'बार' के गेट पर मस्ताने ढंग से झूमते हुए कपूर के कंधे का सहारा लिया और लाल से पूछा—"ड्राइव कर लोगे पार्टनर ?'

"ऑफ कोर्स !" लाल ने कहा।

हॉल में हालाँकि छः पलंग बिछे थे, लेकिन ज़मीर और विजय ज़मीन पर बिछे फ़र्श पर ही पड़ रहे। लाल ने हाथ मुँह धोया और बाकायदा पलंग पर लेटा। कपूर का हाथ पकड़कर शीला ने उसे कोनेवाले पलंग पर लिटा दिया, जहाँ बग़लवाले कमरे का दरवाज़ा था। अमिता अभी ईज़ी-चेयर पर ही बैठी थी। शीला ने उससे कहा—"और तुम अमिता ?"

"मैं ठीक हूँ।"

"अरे, तो फिर इतनी चारपाइयाँ क्यों बिछवाई थीं ?"

"तो तुम लेटो।"

"और तुम ?"

"अभी मैं कपूर से कुछ बातें करूँगी।"

"बातें कल करना। अभी आराम करो।"

"नहीं शीला ! मेरी आँखें तो जल रही हैं, बदन टूट-सा रहा है। अकेले जी नहीं बहलेगा।"

"तो मुझसे जी बहलाओ !" और वह अमिता को हाथ पकड़कर बाहर सहन में ले आई।"

"उहुंक, ज़रा कपूर से ही बातें करूँगी।"

"कपूर से क्या बातें करनी हैं ? बताओ न।"

"हरेक बात तुम्हें कैसे बता दूँ ?"

"अरे, मैं भी तो औरत हूँ।"

"तो क्या हुआ !" पता नहीं यह तीन शब्द अमिता ने किस अदा से रैलिंग का सहारा लेते हुए कहे थे कि शीला ने मुसकरा के उत्तर दिया—"लेकिन तुम तो गर्भवती हो।"

अमिता दो क्षण चुप रही कि पीछे से कपूर ने आकर दोनों को एक-एक बाँह

में आ दबाया और बीच में सिर लाकर दोनों की ओर हँसते हुए देखा।

पहले तो दोनों चौंकीं; फिर अमिता ने उसका हाथ छुड़ाते हुए कहा—"बड़े ढीठ हो तुम ! कोई देखेगा तो क्या सोचेगा। बदनामी का तुम्हें डर नहीं है ?"

"अरे, नाराज़ हो गईं ?"

अमिता ने कुछ न कहा। शीला वैसे ही कपूर से चिपटी रही।

बारह का घंटा बजा और तुरंत कपूर का हाथ दबाते हुए शीला उसके पास से हटकर अमिता के पास पहुँची और कहा—"चलो सो जाएँ कल सुबह ही तो चलना है।"

तीनों कमरे में चले गए और लाइट बुझाकर अपने-अपने पलंग पर पड़ रहे।

समय एक बजकर पैंतालीस मिनट था और तेज़ सर्दी पड़ रही थी।

हॉल से दो कमरे छोड़कर, तीसरे में ज़मीन पर फ़र्श बिछा था और फ़र्श पर शीला और कपूर लेटे थे।

"तुम भी क्या-क्या नए शब्द ईजाद करते हो कपूर ! जीवन के वास्तविक आनंद को गुनाह कहते हो ?"

"मन की लहर है शीला, चाहे कुछ कह दिया।"

"अमिता गर्भवती है, तुम जानते हो ?"

"जानता हूँ; मुझसे कहा था उसने। लेकिन मैं क्या करूँ ?"

"तुम्हारा ही बच्चा उसके पेट में है।"

"मुझे यक़ीन नहीं है।"

"लेकिन उसने मुझसे कहा है।"

"होगा।" कपूर ने करवट ले ली।

शीला दाँत भींचकर धीरे से हँस पड़ी। पर कमरे में घोर-अंधकार था, सो कपूर को नहीं मालूम हुआ कि वह हँसी है।

"लेकिन तुम्हें अमिता की बाबत यह सब कैसे मालूम हुआ ? इतनी घनिष्ठता है तुम लोगों में ?"

"हाँ जनाब !"

"अच्छा, अब बातें बंद करो—चुपचाप सो रहो। सुबह ही हरदोई चलना है।"

"नींद तो आती नहीं।"

"चुप रहो जी, नहीं तो मैं चला जाऊँगा।"

"अच्छा, नहीं।" और शीला ने भी दूसरी ओर करवट बदल ली।

19

सब लोग कपड़े बदलकर सोने को तैयार थे कि अमिता ने कहा—"मैं अब तुम लोगों के साथ कहाँ चलूँगी भला ?"

शीला ने शोखी भरी निगाहों से उसे देखकर कहा—"तुम्हें जाना भी न चाहिए। तुम्हें तो सात-आठ महीने के लिए सब कामों से फुरसत पाने के लिए अच्छा-खासा बहाना मिल गया है !"

अमिता लाज भरी मुसकराहट को कुछ क्षणों में ही जज़्ब करके बोली—"ख़ैर, लेकिन मेरी इच्छा थी कि कपूर को अपनी नज़र से अलग न होने दूँ।"

शीला ने धीरे से कहा—"वे तो पहले ही से तीरे-नज़र के शिकार हैं !" पर कपूर शीला की बात सुन न सका शायद। और अमिता बोलती गई—"क्योंकि ये अपनी हिफ़ाज़त आप नहीं कर सकते। जी चाहेगा, जहाँ घूमेंगे, जी चाहेगा, जिसके साथ मित्रता कर लेंगे और अविश्वास तो किसी का भी नहीं कर सकते। उधर पुलिस इनके पीछे हाथ धोकर पड़ गई है—ऐसे में कहीं ये गिरफ़्तार कर लिये गए तो क्या होगा ?" और वह हाथ का सहारा लेकर लेट गई। बाक़ी लोग भी अधलेटे बैठ गए और शीला अमिता का सिर गोद में लेकर बैठ गई। उसके चेहरे का रोब, चंचलता, और हँसी इस समय ग़ायब हो गए थे—आँखों में दया और करुणा के भाव आ गए थे।

ज़मीर ने कहा—"इन्हें मैं पंजाब, कश्मीर या पेशावर में हिफ़ाज़त से रख सकता हूँ, लेकिन रास्ते में हम लोग पुलिस की आँखें बचाकर निकल जाएँगे, इसका यक़ीन मुझे तो नहीं है।"

शीला ने कहा—"मैं बंगाल के किसी भी गाँव में इन्हें अपने पास रख सकती हूँ, बशर्ते कि मुग़लसराय तक आप लोग पहुँचा दें।

रात का अँधेरा गहरा हो रहा था और हरदोई स्टेशन से ग्यारह मील दूर सड़क के पासवाली अमराई में ये लोग विश्राम कर रहे थे।

शीला ले कहा—"मेरा मतलब यह नहीं है कि मैं इस काम में पीछे रहूँगी, बल्कि मैं चाहती हूँ कि मुग़लसराय तक कम-से-कम ज़मीर, तुम ज़रूर ही हमारे साथ चलो। वैसे लाल को तो चलना ही है, पर विजय को इसलिए जाना उचित नहीं है कि इनके नाम भी वारंट है; इसलिए कपूर और विजय, पुलिस के दो शिकार, उनकी आँखों से हम लोगों के बीच में रहने से बच सकें, यह ज़रा कठिन है।"

इसी बीच कपूर ने सिगरेट का टिन खोला और सबको सिगरेटें पेश करके बातचीत की गंभीरता नष्ट कर दी। फुट भर लंबी मोमबत्ती आधी से अधिक पिघल चुकी थी, उसी से सबने सिगरेटें जलाई और कपूर ने उसे फूँक मारकर गुल करते हुए कहा—"अब इस रोशनी की कोई ख़ास जरूरत नहीं है।"

ज़मीर ने टॉर्च की रोशनी से बाग़ के चारों ओर देखकर लाल से पूछा—"कार का ताला बंद है ?" और बटन दबाकर टार्च बुझा दिया।

लाल ने कहा—"बखूबी।"

कपूर ने सिगरेट का गहरा कश लिया और शीला के मुँह पर धुआँ छोड़कर कहा—"तुम लोग जो मुझे विजय से अलग कर रहे हो, इसका क्या कारण है ?"

विजय ने कहा—"कारण यही है कि यह अनुचित नहीं है, बल्कि हम दोनों के लिए लाभदायक है।"

कपूर ने उत्तेजित होकर कहा—"ये तुम कह रहे हो विजय ?"

"तो क्या हुआ ?"

"हुआ यही कि मैं और विजय साथ-साथ रहेंगे। कोशिश करेंगे कि पुलिस की आँखें हमें न देख पाएँ, क्योंकि तुम लोगों की इच्छा है कि हम बाहर रहें। लेकिन अगर भाग्य में लिखा होगा, तो गिरफ़्तार हो जाएँगे, सो हो जाएँ।"

शीला बोली—"फिर भाग्य की बात कपूर ! अरे, भाग्य क्या कर लेगा इसमें ?"

"बहस की बात छोड़ो।" अमिता ने कहा।

"ख़ैर, अब मैं कहूँ कि मुझे नींद आ रही है तो ?" कहते-कहते कपूर अमिता के घोंटओं पर सिर रखकर लेट गया। अमिता ज़रा नीचे को खिसकी और कपूर के सिर को जाँघों पर रख, बालों पर हाथ फेरने लगी।

कपूर ने सिगरेट, आख़िरी कश लेकर, फेंक दी तो अमिता ने डिब्बे से दूसरी सिगरेट निकालकर उसके मुँह में लगाकर जला दी।

शीला ने अमिता से कहा—"तुम भी पिया करो।"

"ये ज़रूरी नहीं है कि ये पीते हैं तो मैं भी पीऊँ।"

शीला को जैसे कोई बात याद आई, लाल से कहा—"एस. को रुपए भिजवाए ?"

"हाँ, आज सुबह लखनऊ में, उसकी ओर से आनेवाले आदमी को दे दिए थे। उसने कहा है कि पिस्तौलें बनी रखी हैं और रुपए मिलते ही हमारे हाथ में आ जाएँगी।"

"तो भी मिल ही जाएँगी।"

"एस. कौन है ?" ज़मीर ने पूछा।

"ग्वालियर पार्टी का लीडर सतीश।" शीला ने कहा।

कपूर बोला—"बंगाल की ये बुलबुल यू. पी. के ही नहीं, पास की स्टेट्स के जवानों पर भी कब्ज़ा किए बैठी है !" कपूर की बात सबने सुन ली और सभी हँस दिए।

अँधेरा गहरा था। सर्दी पड़ने लगी थी। गरम सूट पहने हुए कपूर के ऊपर विजय ने दो कंबल डाल दिए थे।

अमिता ने कपूर के पास मुँह ले जाकर धीरे से कहा—"तुम पर भी तो कब्ज़ा कर लिया है।"

लापरवाही से कपूर बोला—"ऊँह।"

किसी को नहीं मालूम हुआ कि कपूर और अमिता के बीच इतनी बात हुई। शीला को मालूम हुआ कि अमिता ने कपूर से कुछ कहा है। और अमिता फिर शीला की

गोद में सिर रखकर लेट रही।

अँधेरे में, ऊपर आम के पेड़ की घनी छाया थी और अमराइयों के उस पार झींगुर की झनकार गूँज रही थी।

कपूर ने सिगरेट का कश खींचते हुए, उसी की रोशनी में घड़ी देखकर कहा—"ग्यारह बज रहे हैं।"

ज़मीर बोला—"तो तय क्या किया ? यों बेकार वक्त ज़ाया करने से क्या फ़ायदा ?"

कपूर ने कहा—"तय यही रहा कि तुम सुबह लाहौर चले जाओ और शीला लाल के साथ आगरा जाएँगी। अमिता कानपुर तक इनके साथ रहेंगी। मैं और विजय फ़िलहाल बनारस जाएँगे।"

शीला ने कहा—"अकेले ?"

"तो क्या हुआ ?"

"ख़तरा रहेगा।"

"छोड़ो इन बातों को।"

विजय ने कहा—"तो तय रहा ?"

"हाँ भाई !"

और विजय एक कंबल और गद्दा उठाकर दूसरी ओर वाले आम के नीचे पहुँच गया।

ज़मीर और लाल भी उठ खड़े हुए। ज़मीर ने कहा—"हम लोग कार में सो रहे हैं।"

कपूर ने कहा—"और मुझे अकेले को दो-दो जवान औरतों के बीच में छोड़े जा रहे हो ?"

ज़मीर हँसकर बोला—"कोशिश करो—हिम्मते मर्दा, मददे खुदा।"

शीला ने पूछा—"पिस्तौल है ज़मीर ?"

"है, पर उसकी ज़रूरत न पड़ेगी।"

और वे दोनों चले गए।

कपूर बीच में लेटा रहा ! दो चिकने बदनवाली, कमसिन, गोरी और खूबसूरत औरतों के बीच में, जिनके स्तन गोल थे, मरी-मुरगियों की तरह लटके होना तो दूर की बात है, अभी उनका ढलाव भी शुरू नहीं हुआ था। जिनकी गदराई हुई जाँघें चुस्त और कमर पतली-लोचदार थी। और जो चाहती थीं कि कपूर अतृप्त न रहे !

कपूर ने शीला की बॉडी पर निहायत मुलायमियत से हाथ रखते हुए पूछा—"तुम्हारी पिस्तौल कहाँ है ?"

शीला ने कपूर की हरकत का विरोध नहीं किया, वहीं उसके हाथ को दबाकर कहा—"पर्स में है, क्यों ?"

"मैंने समझा चोली में छिपाकर रख ली है।" बहुत धीरे से उसने कहा।

शीला के भाव अँधेरे में कौन देखता ! अमिता ने ज़रूर कपूर की ओर करवट

बदलकर कहा—"तुम आजकल बड़े नटखट हो रहे हो। एक मिनट भी चैन नहीं पड़ता।"

"सब तुम लोगों की सोहबत का असर है।"

"जब पहली बार मुझसे मिले थे तब तो ऐसे नहीं थे ?"

"वह रात क्या भूल गई ?"

अमिता चुप रही, तो कपूर ने फिर कहा--"बस तभी से जी चाहता कि अरमानों को खुलकर खेलने दूँ। देखूँ कि कब तक प्यास नहीं बुझती हाँ, तुम लोग 'उधार पट्टाबिल' की तरह सलामत रहो ?"

शीला ने धीरे से कहा—"वह रात तो कपूर, इन्हें कभी न भूलेगी। और सात मास बाद तो उसका चमत्कार सबके सामने आ उपस्थित होगा।" और वह खिलखिलाकर हँस पड़ी।

अमिता ने कहा—"तो तुम्हें क्यों रश्क होता है ?"

"मुझे तो रश्क नहीं होता। पर आजकल तुम असमर्थ ज़रूर हो।"

ज़मीर ने कार की खिड़की से सर निकालकर कहा—"अरे कपूर, आज तो हमें नशा नहीं है जो यह खेलकूद बेशर्म होकर किए जा रहे हो।"

कपूर ने उसे जवाब दिया—"अच्छा भाई, अब चुप हैं," फिर शीला से कहा—"मिस्टर रस्तोगी के नाम पर तो दया करो।"

शीला ने अपना पैर कपूर के पैरों पर रख दिया।

और अकस्मात कपूर का हाथ शीला की चिकनी नंगी जाँघ पर जा पड़ा, जिस पर बहुत ही हलके-हलके रोएँ थे।

जब ज़मीर स्टेशन पर कार से उतरा तो अमिता ने उसे पाँच सौ रुपए का बियरर-चैक देकर कहा—"और ज़रूरत के वक़्त मुझे लिख देना।"

ज़मीर ने चैक जेब में रखा और सूटकेस उठाकर कहा—"जी, मैं लिख दूँगा।" फिर लाल और शीला से कहा—"तुम लोग इधर का काम ख़त्म करके लाहौर आना। वहाँ कुछ लोगों का थोड़े दिनों के लिए होना ज़रूरी है। और हो सके तो एक बार मिस्टर रस्तोगी से भी मिल लेना, कानपुर अभी न आएँ तो आसनसोल जाना। तुम्हें तो फ़िलहाल कोई ख़तरा है नहीं।"

शीला ने कहा—"हाँ, मैं उनसे मिलूँगी।"

"मेरा उनसे आदाब अर्ज़ कर देना और इस बात की कोशिश करना कि वे कांग्रेस को छोड़कर हमारे साथ आ जाएँ।"

अमिता मुसकराई। शीला ने कहा—"नामुमकिन मालूम होता है, पर मैं कोशिश करूँगी।"

फिर ज़मीर ने विजय से कहा—"और तुम भैया, कपूर की देख-भाल रखना। वह

हमारा, आज़ाद वतन के सिपाहियों का सिरमौर है।"

सिगरेट का ढेर सारा धुआँ मुँह से निकालकर कपूर ने कहा—"मेरी फ़िक्र मत करो।"

और सब लोगों को अभिवादन करके ज़मीर स्टेशन की ओर लपक गया। ट्रेन आ रही थी।

दो युवतियों और तीन युवकों को लिये हुए कार सरसराती हुई एक ओर चली गई और ज़मीर देर तक उड़ती हुई धूल देखता रहा।

20

नारायण ने चाय की चुस्की लेते हुए कहा—"इतनी जल्दी तुम आओगे, इसका मुझे कुछ भी अनुमान न था। और ताज्जुब की बात तो यह है कि मुझसे बिना कहे-सुने चले कैसे गए थे ?"

"असली बात यह है कि मैं और विजय, दोनों ही इस वक़्त फ़रारी के दिन गुज़ार रहे हैं। पुलिस हमारे पीछे पड़ी है और हम लोग जेल नहीं जाना चाहते। लखनऊ और कानपुर में तो हमारी खोज तेज़ी से हो रही है, पर मेरा खयाल है कि यहाँ की पुलिस भी ख़ामोश नहीं बैठी होगी। फिर भी तुम पर विश्वास करके मैं चला आया हूँ। अब हम लोगों की रक्षा का भार तुम्हारे ऊपर है।"

हँसकर नारायण बोला—"तो इसकी चिंता क्यों करते हो ? मैं तो उस बाप का बेटा हूँ भैया, जिसके यहाँ क्रांतिकारी महीनों छिपे रहते थे। तुमने पहले क्यों न बताया कि तुम क्या हो, जो मैं तुम्हारे पैर छू लेता।"

कपूर हँस पड़ा, कहा—"बस, यह दून की बातें छोड़ो। तुम भाभी से भी कह देना, ताकि उन्हें कोई दिक्क़त न हो। वे तो वैसे भी काफ़ी समझदार हैं।"

"तुम दोनों ऊपर के हिस्से में एक-दो कमरे ले लो और मज़े में रहो। ऊपर बाथरूम वग़ैरह सब है। और पुलिस के डर से परेशान न होना।" तनिक मुसकराकर फिर कहा—"इंस्पेक्टर अपना दोस्त है।"

"चलो अच्छा है !"

सुबह साढ़े आठ का समय था। विजय आधा घंटा पहले ही, हिंदू विश्वविद्यालय में, किसी साथी से मिलने चला गया था। कोई त्योहार था स्त्रियों का इससे नारायण की पत्नी नीलम आज खूब बन-ठनकर तैयार थी। उसके कमरे में मिठाइयों और फलों आदि से भरा बड़ा सा थाल रखा था और वह इस प्रतीक्षा में थी कि कपूर गुसलखाने से स्नान करके निकले तो उसे नाश्ता कराने के बाद नारायण को मज़दूर बुलाने के लिए भेज दे। घर का नौकर सात दिन से टाइफ़ाइड बुखार में पड़ा था।

नारायण नीचे ड्राइंगरूम में बैठा कोई अख़बार पढ़ रहा था कि उसका दोस्त इंस्पेक्टर हाथ में हथकड़ी झुलाता, मुसकराता हुआ चार कांस्टेबिलों के साथ, कमरे में आया।

नारायण ने आश्चर्य से उसे देखा और कुर्सी से उठ खड़ा हुआ, बोला—"क्यों, क्या बात है ये ?"

मुसकराकर इंस्पेक्टर ने कहा—"तुम्हारे लिए नहीं है। तुम क्यों घबराते हो ?"

"तब इस मज़ाक के क्या माने हैं ?"

"मज़ाक नहीं है। दरअसल बात ये है कि इस वक़्त तुम्हारी कोठी के चारों ओर पुलिस पड़ी है और मैं ये हथकड़ियाँ उन दोनों क्रांतिकारी नौजवानों के हाथों में पहनाने आया हूँ, जिन्हें कपूर और विजय कहते हैं और जो आजकल तुम्हारे मेहमान हैं।"

नारायण के चेहरे पर शिकन नहीं पड़ी, कहा—"फिर वही मज़ाक ? तुम जानते हो कि मैंने वार-फ़ंड में एक हज़ार रुपया दिया है। मैं अपने घर में क्रांतिकारियों को ठहरा सकता हूँ ? मैं तो पहली बार कपूर और विजय के नाम सुन रहा हूँ।"

"तो तुम भी मुझे तंग करोगे ? अरे, सीधे-सीधे बता दो नारायण कि वे लोग किस कमरे में हैं, वरना घर की तलाशी लेनी पड़ेगी।"

नारायण का दिल ज़ोर-ज़ोर से धड़क रहा था, पर वह हिम्मत नहीं हार रहा था, न उसके चेहरे पर घबराहट के ही चिह्न थे। उसने कहा—"तलाशी लेनी हो तो ले लो, पर मैं सच कहता हूँ कि यहाँ नहीं हैं।"

"कैसे मान लूँ ? ऑफ़िस में कानपुर से जरूरी खबर आई है। विजय का तो फ़ोटो भी है मेरे पास।" और इंस्पेक्टर ने विजय का फ़ोटो नारायण को दिखाया। नारायण चिंतित था कि कहीं ऐसे में विजय आ गया तो गज़ब हो जाएगा। लेकिन वह जानता है कि कोठी के बाहर पुलिस है और पुलिस को क्रांतिकारी उन्हीं आँखों से देखते हैं, जिन आँखों से पुलिस क्रांतिकारियों को देखती है। लेकिन वह कपूर के लिए बेहद परेशान है। अगर तलाशी ली गई, तो कपूर शर्तिया पकड़ा जाएगा।

"तो तुम तंग किए बिना न मानोगे ? मेरी बात का विश्वास नहीं है तुम्हें ?"

"विश्वास तो है, पर सरकारी ऑर्डर का क्या करूँ भाई ?"

"अच्छी बात है, मैं नीलम से कह दूँ जाकर कि उसके देवर साहब घर की तलाशी लेने आए हैं।"

"कह दो भाई ! मैं तो विवश हूँ। पुलिस साथ है, वरना यों भी चला जाता, पर दिखाने को तो काम करना ही है।"

"हाँ, हाँ साहब, दिखाने को क्यों, खूब शौक़ से दिल खोलकर आप अपना फर्ज़ अदा कीजिए।"

नारायण धड़कते हुए दिल को लेकर ऊपर पहुँचा। फुसफुसाकर उसने नीलम से कहा—"पुलिस कपूर और विजय की गिरफ़्तारी का वारंट लेकर आई है। जगदीश इस वक़्त ऑफ़ीसर है। कहता है, हर हालत में तलाशी लेनी पड़ेगी।"

नीलम का कलेजा धक से रह गया। उसका चेहरा पीला पड़ गया। तभी उसकी निगाह मिठाइयों से भरे थाल पर पड़ी और वह मुसकरा पड़ी, कहा—"तुम कह दो जाकर कि दो मिनट बैठें; पहले नाश्ता कर लें।

"क्या होगा नीलम ?"

"ईश्वर मालिक है, घबराओ मत !"

"कहाँ है ?"

"तुम जाओ अब।" नीलम बोली और नारायण नीचे चला आया। पहले नाश्ता कर लो, फिर तलाशी लेते रहना। अपनी बहन के यहाँ जाने को तैयार खड़ी थीं।

"आज बहुत खुश हैं शायद !"

"हाँ, वो कुछ त्योहार है, सो ज़रा घूमने-फिरने को ही मिल जाएगा इस बहाने।"

"ख़ैर, थोड़ी देर और सही। पुलिस तो बाहर है ही।"

"अरे, तो तुम्हारा शक दूर नहीं हुआ ?"

"अरे भाई, मेरे असिस्टेंट्स भी तो हैं—उनकी तसल्ली कैसे हो ?"

कपूर टावल से बाल पोंछता हुआ बाथरूम से निकला कि नीलम सामने आ गई।

कपूर ने कहा—"ज़रा तेल दो भाभी !"

"अरे ! पुलिस आ गई है। ज़रा चेहरे और बदन को चुटकी बजाते, गंदा कर लो मज़दूर की तरह। और ये लो, ऊँची-ऊँची धोती और ये कमीज़ पहन इस अँगौछे की ओढ़नी बनाकर सिर पर रख लो। मज़दूर नेता हो, तुरंत गए-बीते मज़दूर बन जाओ। भगवान ने चाहा तो बच जाओगे।" नीलम ने अपने बीमार नौकर के मैले-कुचैले कपड़े उसे दे दिए और खुद अपने कमरे में जाकर सामान ठीक करने लगा। फिर ज़ोर से कहा—"अरे, मंगल ! ले, ये थाल उठा ले।"

और कपूर मज़दूर बनकर सामने आ गया। जिन्होंने इस जीवन में एक-दो बार ही देखा होगा, वे नहीं पहचान पाते कि वह कपूर ही है। उसने थाल उठा लिया और थाल की छाया उसके चेहरे पर हो गई।

चलते-चलते नीलम ने दुर्गा की तसवीर की ओर हाथ जोड़कर बड़े दयार्द्र भाव से कहा—"माँ, मेरी लाज रखना।"

कमरे से निकलकर जब नीलम मंगल-मज़दूर बने हुए कपूर के आगे-आगे जा रही थी, तो उसे ज़ीने पर किसी के जूतों की आवाज़ सुनाई पड़ी।

ज़ीने के बीच की सीढ़ियों पर जगदीश से भेंट हो गई, तो मुसकराकर बोली—"तुम्हें चैन नहीं पड़ा ज़रा देर ?"

शोख़ी से जगदीश ने कहा—"आज तो बड़े ठाठ हैं !"

नीलम ने ऊपर की सीढ़ी पर खड़े कपूर की ओर देखा और डाँटकर कहा—"चलता है कि नहीं; तू क्या सुन रहा है खड़ा-खड़ा ?"

और सीढ़ियाँ उतरकर कपूर नीचे पहुँच गया।

जगदीश ने भी कपूर की ओर देखा और नीलम से कहा—"बड़ा गठीला जवान पाल रखा है।"

मुसकराकर नीलम ने कहा—"बड़ा वैसा मज़ाक करते हो तुम !"

जगदीश ने कहा—"नाश्ता कराए बिना ही चल दीं ?"

जगदीश का हाथ छूकर नीलम ने कहा—"मैं अभी-अभी आती हूँ। लली राय-साहब के यहाँ आई है, ज़रा उसके बच्चों को ये मिठाई दे आऊँ; तब तक तुम आओ, बैठो। और हाँ, क्यों जी, हमारे यहाँ तलाशी लेने आए हो ?"

मुँह बना, लज्जित होकर जगदीश बोला—"ये तो डायरी की खानापूरी और हुक्मों की तामील है, सो करनी ही होगी।"

नीचे देखकर, कपूर से नीलम ने कहा—"बैठक में बाबूजी हैं—देख मंगल, उनसे कह दे कि हम जा रहे हैं, अभी बीस मिनट में आते हैं, तब तक जगदीश बाबू को जाने न दें।"

कपूर परदा उठाकर ड्राइंगरूम में चला गया और नीलम जगदीश को हाथ पकड़कर नीचे ले आई।

ड्राइंगरूम के दरवाज़े पर खड़े होकर उसने कहा—"सुनते हो ? मैं अभी आती हूँ। लली चली जाएगी इसी से जल्दी है। जगदीश बाबू को अभी जाने न देना; नाश्ता करके जाने पाएँगे।" फिर कहा—"चल रे मंगल, वहीं जाकर बैठ रहा तू तो !"

उधर से कपूर आया और इधर हाथ से बढ़ावा देकर नीलम ने जगदीश को ड्राइंगरूम के अंदर दाख़िल कर दिया।

दो मिनट बाद इधर नीलम और कपूर सड़क पार कर रहे थे और उधर पुलिस नारायण के बँगले को घेरे पड़ी थी। बँगले के अंदर पुलिस इंस्पेक्टर जगदीश नारायण के सामने की कुर्सी पर बैठा, हथकड़ियाँ झुला रहा था।

घंटे भर के बाद जब नीलम वापस आई, तो नारायण ने कहा—"नीलम ! तुम्हारे पाँव छू लूँ लाओ ! तुमने आज मेरी लाज बचाई और देश के एक लाल की रक्षा की।"

गहरी साँस लेकर नीलम ने कहा—"परमात्मा को धन्यवाद !"

"जगदीश ने मकान की तलाशी लेने के बाद मुझसे कहा कि नीलम धोखा दे गई। कहता था कि उन दोनों पर एक-एक हज़ार रुपए का इनाम है, वह मारा गया।"

"तो दो हज़ार तुम दे देना उसे।"

"कपूर और विजय का सामान उसने देखा, पर ले कुछ भी न गया, क्योंकि इससे हम लोग फँस जाते। शाम को वह तुमसे मिलने आएगा। लेकिन विजय ? उसका क्या होगा ?"

"मैंने कपूर को बता दिया है कि वह ब्रोचा होस्टल में है।"

21

तीन दिन के बाद कपूर और विजय बलिया में थे और उनके हाथों में एक-एक अटैची-केस था। इस समय दोनों सिक्ख बने हुए थे और किन्हीं बीमा-कंपनियों के एजेंट बताकर अपना परिचय दे रहे थे।

सात बजे वाली ट्रेन देखने के लिए, उन्हें अपने होटल के कमरे में; एक परचा मिला था और वे दोनों नियत-समय पर स्टेशन पहुँच गए थे। परचे पर जो निशान बना था, उसे कपूर नहीं पहचानता था। विजय वह निशान पहचानता था, यह उसने बाद में बताया–

"कुछ कह सकते हो विजय, कि वह चिट किसने भेजी है ?"

"कप्तान ने।"

"क्या अनिल ने ? अनिल बाबू क्या हम लोगों की गतिविधि पर इतना ध्यान रखते हैं ?"

"यह उनका फ़र्ज़ है। वे हम सबको जानते हैं, पर हममें से बहुत कम लोग ऐसे हैं, जो उन्हें जानते हैं।"

"उन्होंने क्यों बुलाया है ?"

"यह अभी नहीं कहा जा सकता।"

"पर अभी तो हमें दो ही दिन यहाँ आए हुए हैं, उन्हें कैसे पता लगा कि हम यहाँ मौजूद हैं ? कैसे उन्हें यह मालूम हुआ कि हम किस होटल के किस कमरे में ठहरे हुए हैं ? और कौन वह परचा वहाँ डाल गया ?"

"यह सब मैं नहीं जानता, और न जानने की ज़रूरत ही है।"

"इसका मतलब यह है कि जब उन्हें हमारे यहाँ होने की बात का पता है, तो पुलिस को भी होगा।"

विजय हँसा, कहा–"पुलिस तो चोर-डाकुओं का पता लगाने में परेशान हो जाती है, फिर हम तो..."

कपूर चुप रहा, कुछ सोचता रहा–

अनिल को आज वह देख लेगा, बहुत दिनों की साध पूरी हो जाएगी। जिसे देखने को वह तरसता रहा है, वह आप ही उसे दर्शन देने आ रहा है। क्या खूब, कुआँ प्यासे के पास चला आ रहा है ! लेकिन यह उसकी समझ में नहीं आया कि कप्तान उससे क्या काम लेना चाहता है।

ट्रेन आई। कपूर और विजय जिस जगह खड़े थे, उसके सामने फ़र्स्ट-क्लास का सर्वेंट्स-कंपार्टमेंट पड़ा, गाड़ी रुकते ही उसमें से दो चपरासी उतरे। विजय की निगाह उन पर पड़ी और कपूर ने भी साथ ही उन्हें देखा। चपरासियों के वेश में लाल और दत्त थे, जिनकी आँखों का भाव कपूर और विजय, दोनों ही ने समझा और उनके पीछे-पीछे फ़र्स्ट-क्लास कंपार्टमेंट में दोनों चले गए।

सूट-बूट, कालर-टाई से सुसज्जित एक अधेड़-व्यक्ति बर्थ पर बैठा अख़बार देख रहा था। उसकी आँखें हलके रंग के शीशोंवाले चश्मे से ढकी थीं और गोरे चेहरे पर तेज था। चारों व्यक्तियों को कमरे में आया देख, उसने अख़बार रख दिया और स्वाभाविक मधुर स्वर में कहा–"बैठो !"

किसी ने किसी को अभिवादन नहीं किया। चारों उसकी सीट के सामने वाले बर्थ पर बैठ गए।

कपूर के होंठ काँपे, वह धीरे से उस व्यक्ति की ओर देखकर बोला–"अनिल बाबू !"

"इस समय मेरा नाम अनिल नहीं है कपूर, मुझे हैराल्ड थामस कहो। मैं एंग्लो इंडियन हूँ !" और वह धीरे से मुसकरा दिया।

कपूर उसकी ओर बहुत अजीब ढंग से देखता रहा।

हैराल्ड थामस नामधारी अनिल ने गंभीर स्वर में कहा–"दत्त और कपूर यहाँ के लोगों से मिलने के बाद कल रात मोटर से गोरखपुर जाएँगे। वहाँ हमारे पाँच साथी नागपुर से आए हैं। स्टेशन के बाहर उनमें से एक मिलेगा। विजय और लाल को आज ही मिर्ज़ापुर जाना होगा। इतवार की रात को अमितादेवी की गंगा किनारे वाली कोठी में सबको एकत्र होना है।"

कपूर ने कहा–"मैं गोरखपुर जाकर क्या करूँगा कप्तान ?"

"यह वहीं मालूम हो जाएगा; लेकिन यह मैं अभी बता दूँ कि अब ख़ाली हाथ क़ाम नहीं करना होगा। बहुत जल्द तुम्हें अपने हाथों से पिस्तौल चलाने और बम फेंकने का मौक़ा मिलेगा।" शांत स्निग्ध-गंभीर स्वर में अनिल ने कहा।

विजय बोला–"और मिर्ज़ापुर में मेरे लिए क्या आज्ञा ज़ारी होगी ?"

"तुम्हें लाल बताएगा, पर याद रखो कि काम ख़तरे का है और पुलिस हम सबकी तलाश में है।" फिर लाल ने कहा–"चाय-वाय लाओ ज़रा।"

लाल चला गया, इस बीच डिब्बे में शांति रही–जब वह चाय वग़ैरह का ट्रे लेकर आया, तो अनिल ने कहा–"एक बात सब लोग और सुनो, ख़ासतौर से कपूर, तुम सुनो कि अब खेलकूद का समय नहीं रहा, रंगरेलियाँ तो फिर भी मनाई जा सकती हैं, पर काम फिर नहीं हो सकेगा। वक्त चला जाएगा तो फिर न आ सकेगा।"

सब चुप थे। चाय पान आरंभ हुआ।

गाड़ी ने सीटी दी तो अनिल ने सौ-सौ रुपए के आठ नोट विजय को दे दिए और कहा–"मेरी एक भी बात भूलना मत।"

गाड़ी चलने लगी, कपूर, विजय, लाल और दत्त उतर पड़े।

सर्वेंट्स कंपार्टमेंट में कोई न रहा।

22

कपूर को चार सौ रुपए देकर विजय और लाल कार द्वारा मिर्ज़ापुर रवाना हो गए।

दत्त और कपूर ने शाम को होटल की सीढ़ी से उतरते समय देखा कि जो व्यक्ति ऊपर आ रहा है वह और कोई नहीं, शंकर है !

शंकर छोटी-छोटी ईरानी मूँछें और नुकीली दाढ़ी रखे हुए था। कपूर ने सीढ़ी पर उसका हाथ पकड़ते हुए कहा—"शंकर, तुम यहाँ ?"

शंकर गले से लग गया, फिर वहीं खड़े होकर धीरे-धीरे कहा—"जेल से भाग आया हूँ, पुलिस पीछा कर रही होगी।"

कपूर ने कहा—"कुछ हर्ज़ नहीं। हमारे साथ रहो। कल हम लोग गोरखपुर जा रहे हैं, तुम भी साथ चलना। जब तक हम लोग पुलिस से बचे रहेंगे। तब तक तुम्हें भी आँच न लगेगी।"

शंकर ने कहा—"मुझे माफ़ कर देना कपूर मैंने तुम्हारे साथ इस जीवन में बहुत अन्याय किए हैं। आगे भी ग़लतियाँ हो सकती हैं; पर मैं जूनियर हूँ, तुम सीनियर होने के नाते मुझे हमेशा माफ़ कर दिया करना।"

ज़ोर से शंकर के कंधे पर थपकियाँ देते हुए कपूर ने कहा—"कैसी बातें करते हो !"

दत्त बोला—"चलो, अच्छा।"

शंकर ने कहा—"मैं तो डर रहा हूँ, कहीं न चलूँगा। यहीं बैठा तुम लोगों की राह देखूँगा।"

कपूर ने जेब से चाभी निकालकर शंकर को दी, कहा—"तुम पाँच नंबर के कमरे में हमारा इंतज़ार करना। हम लोग चालीस मिनट में ही वापस आ जाएँगे।"

शंकर 'अच्छा' कहकर ऊपर चला गया।

सड़क से गली में मुड़ते हुए दत्त ने कपूर ने कहा—"मुझे शंकर पर विश्वास नहीं है कपूर !"

"छोड़ो ये बातें।"

"कहीं वह पुलिस से मिला हो ?"

"मुझे क़तई विश्वास नहीं है कि वह इतना पतित हो सकता है।"

"अविश्वास करने की इच्छा तो मेरी भी नहीं है, पर विश्वास भी न कर लेना चाहिए।"

"अच्छा, चलो भी।"

शंकर ने कमरे की एक-एक चीज़ देख डाली। पर संदेह करने लायक़ कुछ भी न मिला।

दस मिनट बाद एक खद्दरधारी युवक ने कमरे में प्रवेश किया।

शंकर ने उसे देखते ही कहा—"सामान तो कुछ नहीं मिला, पर शिकार बीस-बाईस मिनट बाद हाथ लग जाएगा।"

"ठीक है।"

"तुम अपने आदमियों को तैयार कर लो। इस बार अगर वे लोग निकल जाएँ तो मेरा दोष नहीं होगा। मैं अपना इनाम ले लूँगा।"

"मंजूर है। इस बार ऐसा इंतज़ाम है कि वे लोग निकल ही नहीं सकते। और जो निकल गए तो समझना कि भारतीय पुलिस का हर आदमी नपुंसक है।"

"तो मैं चलूँ। अगर मैं रहूँगा तो भविष्य में मुझे गोली का शिकार होना पड़ेगा। ये लोग बड़े भयानक होते हैं। इसके अलावा और भी काम हैं।"

"अच्छी बात है, तुम जाओ।"

"एक बात और—कपूर के साथ विजय नहीं, दत्त है। विजय शायद भाग गया है।"

"कुछ हर्ज़ नहीं, इस बार यहीं दोनों सही।"

"मैं चलता हूँ, इंस्पेक्टर साहब !"

"कहाँ मिलोगे ?"

"कल लखनऊ में।"

और इंस्पेक्टर ने दस का एक नोट देकर शंकर को बिदा किया।

चिक उठाकर ज्यों ही कपूर और दत्त ने कमरे में प्रवेश किया कि किवाड़ के पीछे छिपा हुआ वही खद्दरधारी युवक पिस्तौल तानकर उनके सामने खड़ा हो गया जिसे शंकर ने इंस्पेक्टर कहकर पुकारा था।

दत्त ने पिस्तौल निकालने का प्रयत्न करते हुए कहा—"ओह, आप हैं, इंस्पेक्टर साहब !" और पैर से कपूर के पैर को छू दिया। कपूर ज्योंही मुड़ने को हुआ कि पीछे से दो आदमी पिस्तौलें लिये आ खड़े हुए और कपूर का रास्ता रुक गया।

इंस्पेक्टर ने हँसते हुए कहा—"मिस्टर दत्त, पिस्तौल न निकालिए और मिस्टर कपूर, क्या आप यहाँ से जीवित निकल जाने की उम्मीद करते हैं ?"

वह पास आया और हथकड़ियाँ निकालकर दोनों के हाथों में भर दीं।

दत्त ने ज़ोर से एक लात इंस्पेक्टर के पेट पर मारी। इंस्पेक्टर कराहता हुआ पीछे गिरा कि उसके साथ वाले लोगों ने कपूर और दत्त को कमरे के अंदर ढकेलते हुए गालियाँ बकना शुरू किया।

इंस्पेक्टर उठा और दत्त के गोरे-गोरे कमसिन गालों पर इतने चांटे मारे कि वह अधमरा हो गया और खून उसके गालों पर नीला होकर जमने लगा। कपूर से यह न देखा गया, बोला—"इंस्पेक्टर, तुम हिंदुस्तानी होकर हमारे साथ यह अन्याय करते हो, पर हम हिंदुस्तानी होने के नाते तुम लोगों को सदा क्षमा कर देते हैं।"

"चुप रह बदमाश कहीं के !"

कपूर ने चाहा कि उसके सिर पर हथकड़ियों से कसे हुए हाथ दे मारे, पर इंस्पेक्टर के एक साथी ने उसे पकड़ लिया; दाँत किटकिटाकर इंस्पेक्टर ने एक कोने में पड़े, टूटी कुर्सी के हत्थे को उठाकर कपूर की कोहनी पर ज़ोर से मारा। कपूर तिलमिलाकर बैठ गया।

कुछ ही देर बाद पुलिस के छः कांस्टेबिल आए और कपूर व दत्त को लेकर नीचे चले गए।

होटल में ठहरे लोगों के अलावा नौकरों और मैनेजर को भी सब हाल मालूम था पर पुलिस के सामने कौन चूँ करता !

कपूर और दत्त गिरफ़्तार कर लिये गए।

23

रविवार की रात है ! एक लंबी मेज़ के चारों ओर सूट-बूटधारी युवक और फ़ैशनेबल युवतियाँ बैठी हैं। शीला और अमिता के बीच की कुर्सी ख़ाली है। अमिता के बाजू रस्तोगी, रंजन, सतीश, केशव, धीरेंद्र और जयराज याज्ञिक बैठे हैं। शीला के बाजू ज़मीर, गोपालराव सावरकर, विमला पंडित और ऐरूयर बैठे हैं। सामने की ओर, बीच में दो कुर्सियाँ ख़ाली पड़ी हैं और उनके इधर-उधर लाल और विजय बैठे हैं। विजय के बग़ल में हरिहर कृष्णप्रसाद सिन्हा और सिन्हा के बग़ल में कुमारी मोहिनी वाटल और मिस सेठ बैठी हैं। लाल के पास जोशी बैठा है।

इस तरह अठारह व्यक्ति उपस्थित हैं और तीन कुर्सियाँ खाली पड़ी हैं। कमरे में घोर निस्तब्धता छाई हुई है। दरवाज़ों पर बाहर से आती हुई रोशनी पड़ रही है और अंदर केवल एक बड़ी मोमबत्ती मेज़ पर रखे सिगरेट के डिब्बे के ऊपर रखी धीरे-धीरे जलते हुए गल रही है। मोमबत्ती की टिमटिमाती हुई रोशनी में प्रत्येक बैठे हुए व्यक्ति के सामने मेज़ पर एक-एक बढ़िया पिस्तौल पड़ी चमक रही है।

ज़मीर ने घड़ी देखकर कहा—"साढ़े बारह बज चुके हैं, इसलिए शीलादेवी से मेरी इल्तिजा है कि वे मीटिंग की कार्यवाही शुरू कर दें।"

शीला उठकर खड़ी हुई, सबकी नज़रें उसी की ओर उठ गईं। धीरे-धीरे उसने कहा—"मुझे अफ़सोस है कि मीटिंग की कार्यवाही कप्तान की ग़ैरहाज़िरी में शुरू नहीं की जा सकती।"

ज़मीर ने खड़े होकर कहा—"लेकिन कप्तान के आने का वक़्त बीत चुका है।"

"मैं नहीं कह सकता कि वे किसी को आने का वक़्त दे सकते हैं। मेरा ख़याल है कि हम लोग उस वक़्त तक उनका इंतज़ार करेंगे, जब तक आसमान में अँधेरा है।"

ज़मीर बैठ गया।

शीला ने कहा—"दूसरी बात यह है कि इस मीटिंग का क्या उद्देश्य है यह कप्तान के अलावा दूसरा कोई आदमी नहीं जानता। और चूँकि यह हमारी पार्टी की मीटिंग है, इसलिए हम फ़ालतू बातें करने का अधिकार नहीं रखते। अच्छा हो कि आप लोग, चुपचाप बैठें, कप्तान का इंतज़ार करें।"

"लेकिन हम कपूर और दत्त के लिए कब तक कुछ न सोचें ?" विजय बैठे-बैठे ही बोला।

शीला ने कहा—"आप लोग जान गए हैं कि कपूर और दत्त गिरफ़्तार हो चुके हैं। ऐसे में अगर आप जादू से लखनऊ की जेल तोड़ सकें तो कपूर और दत्त इस मीटिंग में भी शरीक हो सकते हैं।"

विजय लज्जित और दुखी होकर बैठ गया। रस्तोगी उठा तो सबने उसकी ओर देखा, रस्तोगी ने कहा—"यह मामला यों उड़ा देने का नहीं है मिस सरकार ! कपूर को हर हालत में हमारे बीच होना आवश्यक है। आपको जानना चाहिए कि यह यू.पी. का नगर है और सारा यू.पी. कपूर पर अभिमान करता है।"

शीला ने कहा—"मुझे क्षमा करें मिस्टर रस्तोगी, कप्तान सब प्रबंध करेंगे इसका हमें विश्वास करना चाहिए।"

शीला बैठ गई, तो कमरे में सन्नाटा छा गया, अमिता ने एक बार उदास आँखों से विजय को देखा, दूसरी बार शीला को, तीसरी बार रस्तोगी को और फिर सबकी तरह नीचा मुँह करके पिस्तौल पर हाथ फेरने लगी।

शीला ने वैसे ही कहा—"श्रीमती अमिता देवी, पिस्तौल को हाथ न लगाइए।"

अमिता ने धीरे से हाथ खींच लिया। इस बार उसने किसी ओर भी न देखा।

जब सामने दीवार पर टँगी हुई घड़ी में बारह बजकर पचास मिनट हुए, तो बाहर पहरे पर खड़े दो व्यक्तियों में से एक ने अंदर आकर सूचना दी कि कप्तान आ गए हैं।

वह पहरेदार बाहर चला गया और कमरे में बैठे हुए सब व्यक्ति उठकर खड़े हो गए।

क़ीमती कपड़े की सफ़ेद बुश-शर्ट, कार्डराइज का पैंट और नाइट-कैप लगाए, अनिल ने कमरे में प्रवेश किया। उसके पीछे शंकर और वह इंस्पेक्टर था जिसने कपूर को बलिया में गिरफ्तार किया था। इन दोनों व्यक्तियों के हाथों में हथकड़ियाँ पड़ी थीं। इनके पीछे हट्टा-कट्टा एकदम स्याह रंग का एक आदमी और था, जिसके वली शेव्ड चेहरे पर मोमबत्ती की हलकी रोशनी पड़ रही थी और तेल की-सी चमक ज़ाहिर कर रही थी, बनियान और तहमद पहने हुए था, पैरों में पेशावरी सैंडिल थे, हाथ में चमचमाता हुआ छुरा था।

"बैठो !" अनिल ने कहा और जब सब लोग अपनी-अपनी कुर्सियों पर बैठ गए, तो अनिल शंकर और इंस्पेक्टर के पास जा खड़ा हुआ। काले रंगवाला हट्टा-कट्टा आदमी ज़रा पीछे खिसक गया।

अनिल ने कहना आरंभ किया—" आज जुलाई की बारह तारीख हम लोगों की पार्टी के इतिहास में बहुत बड़ी जगह बनाएगी। गंगा के किनारे की यह ज़मीन और इसके मालिक हमारे लिए जो कुछ कर रहे हैं, वह सबको मालूम है, लेकिन वे हम लोगों का साथ क्यों दे रहे हैं और हमारे मिशन के लिए क्यों हज़ारों रुपए ख़र्च कर रहे हैं, यह मेरे और श्रीमती अमिता देवी के अलावा कभी कोई नहीं जान सकेगा, न किसी को जानने की ज़रूरत ही है। मैं यह भी बता दूँ कि इस वक्त, जबकि हमें सात लाख रुपए की ज़रूरत इस सूबे के लिए है, तब दूसरे सूबों की तरह हमें ट्रेन-डकैतियाँ नहीं करनी पड़ेंगी। बड़े-बड़े नेता हमारा साथ नहीं देंगे, क्योंकि हम हिंसा पर विश्वास करते हैं, लेकिन हमें भरोसा है कि हम लोग अपनी ताक़त के आसरे पर ही काम करेंगे और कामयाब होंगे। यहाँ हिंदुस्तान के हरेक प्रांत से आए हुए वे बहादुर-व्यक्ति बैठे हैं, जिनके हाथों क्रांति का आरंभ होगा। अभी हम दिन या तारीख़ की घोषणा नहीं करेंगे क्योंकि कुछ तैयारियाँ बाक़ी हैं।

" हमारे कुछ साथियों ने राय दी थी कि हम किसी विदेशी हुकूमत से सहायता की प्रार्थना करें, लेकिन इसे हम बुज़दिली समझते हैं, क्योंकि हमें अपने आप पर, अपनी योजना पर और अपनी कार्य प्रणाली पर विश्वास है, हम जानते हैं कि हमारे काम में देर हो रही है, लेकिन इसकी वज़ह सिर्फ़ यही है कि हम अभी तैयार नहीं हैं, हालाँकि संगठित हैं।

" आज से ठीक एक माह बाद हरेक प्रांत के प्रतिनिधि, अपने प्रांतों के बारे में इसी जगह पर बैठकर अपनी-अपनी रिपोर्ट पेश करेंगे और उसी दिन हम लोग तय करेंगे कि काम किस तरह और किस दिन से शुरू किया जाएगा।

" अब मैं ख़ास बात कहूँ—आप लोगों के सामने यह जो दो भलेमानुस हथकड़ियाँ पहने हुए खड़े हैं, इनमें से शंकर को तो यहाँ बैठे हुए कुछ व्यक्ति पहचानते ही हैं, लेकिन दूसरे सज्जन को शायद न पहचानते हों। ये खुफिया विभाग के इंस्पेक्टर हैं ! दोनों जो हथकड़ियाँ पहने हैं, वे इंस्पेक्टर साहब की ही जेब से प्राप्त हुई हैं। तीसरा आदमी इकराम है इसने मुझे तीन दिन के सफ़र में बहुत मदद दी है।"

इकराम ने झुककर अभिवादन किया। कमरे में सन्नाटा छाया रहा।

फिर अनिल की गंभीर, मधुर और धीमी आवाज़ कमरे की नीरवता में गूँजने लगी—"मैंने इन लोगों के बारे में जो दो-चार बातें कही हैं, इससे पहले मैं जो कुछ कह चुका हूँ, वह मैंने जानबूझकर इन लोगों के सामने कहा है, क्योंकि ये लोग कुछ ही देर के मेहमान हैं।" और अनिल ने शंकर और इंस्पेक्टर की ओर देखा। दोनों व्यक्तियों के चेहरों पर सफ़ेदी फैल गई और भयभीत नेत्रों से उन्होंने अनिल की ओर देखा।

शंकर ने काँपते हुए कहा—"अनिल बाबू..." लेकिन उसकी बात सुनने से पहले ही अनिल ने हाथ उठाकर उसे रोकते हुए, कुर्सियों पर बैठे, सब साथियों की ओर बारी-बारी से देखा—सब लोगों की दृष्टि कभी उन दोनों अपराधियों की ओर उठी,

कभी अनिल की ओर। और तब सबकी आँखें अपने-अपने सामने पड़ी पिस्तौलों पर जम गईं।

तब अनिल ने कहा—"आप लोग जानते होंगे कि कपूर और दत्त की गिरफ़्तारी के ज़िम्मेवार यही लोग हैं। बल्कि शंकर कहीं अधिक, क्योंकि इसने विश्वासघात किया है।"

शंकर के पैर काँप रहे थे, उसने विनीत-भाव से अनिल की ओर देखकर कहा—"क्या मैं बैठ सकता हूँ ?"

"ज़रूर बैठ सकते हो, लेकिन क्या तुम इस तकलीफ़ को कलेजे में पिस्तौल से निकली गोली लगने की पीड़ा से ज़्यादा समझ रहे हो ?"

और शंकर गिर पड़ा।

लेकिन किसी ने उसकी ओर ध्यान नहीं दिया। इंस्पेक्टर बैठ गया। इकराम वैसे ही दैत्य की तरह खड़ा रहा।

अनिल गोपालराव सावरकर गया। गोपालराव कुर्सी छोड़कर खड़ा हो गया, तो अनिल ने पूछा—"या लोका बद्दल तुमच काय मत आहे ?"

गोपालराव ने अनिल की ओर देखकर कहा—"अनिल बाबू !"

हाथ से रोकते हुए अनिल ने धीरे से कहा—"आपल्या बाबतीत जो निर्णय झाला तो या लोकाना माहीत पड़ावा, असी माझी इच्छा नाहीं।"

आश्चर्य से अनिल की ओर देखते हुए गोपालराव ने कहा—"काय आपण यान्हा जीवंत सोडून इच्छिता ?"

मुँह ऊँचा करके अनिल ने कहा—"आपले मत काय आहे ते भी जाणूँ इच्छितों।"

गोपालराव ने इत्मीनान के साथ कहा—"ते जीवंत राहु अशी माझी इच्छा नाहीं।"

अनिल ने फिर धीरे से कहा—"मग ?"

गोपालराव ने पिस्तौल उठाकर कहा—"मी यांन्हां गोड़ी धालावयाला तैयार आहे।"

अनिल ने उसके कंधे पर हाथ रखकर कहा—"बसा।"

तब जयराज याज्ञिक के पास आकर धीरे से बोला—"तमे शूँ काँछाँ ?"

जयराज खड़ा हो गया और उसने भी धीमे स्वर में ही उत्तर दिया—"म्हारा विचार थी, यांवनों जीवित रहवो उचित न थी।"

अनिल ने मुसकराकर कहा—"बैसाँ।" और तब वह मेज़ के चारों ओर बैठे व्यक्तियों की ओर देखते हुए घूमकर शीला के पास जा खड़ा हुआ—बैठे हुए लोगों में सब स्त्रियाँ शांत थीं। पुरुषों में, विजय और रस्तोगी को छोड़, सब उत्तेजित हो रहे थे।

अनिल ने धीरे से कहा—"तुमी एई आपोराधीरे विशांय की भाबो ?"

शीला ने वैसे ही बैठे-बैठे कहा—"आपनान की मॉतलॉब ऑलिन बाबू ?"

"एके की गूली मेरे देबा होबे ?"

दृढ़ स्वर में शीला ने कहा—"ना।"

मुसकरा के अनिल बोला—"आमी जानी, तुमी नारी एबोंगे, तोमार हिदाय कोमॉल आर भाबुक हाँय !"

शीला के चेहरे पर उत्तेजना के भाव थे, लेकिन जब तक कि वह कुछ कहने के लिए तत्पर हो, अनिल मुसकराता हुआ, शीघ्र ही उसके सामने से हट गया।

वह शंकर के पास जा खड़ा हुआ। शीला, अमिता, विमला पंडित, मोहिनी वाटल, मिस सेठ, विजय और रस्तोगी ने आँखें झुका लीं, अन्य उपस्थित-व्यक्ति उत्सुकता से कप्तान की ओर देख रहे थे।

अनिल की गंभीर और कोमल आवाज़ सुनाई पड़ी—"शंकर ! तुम देश के प्रति अपना क्या कर्तव्य समझते हो ?"

शंकर ने अनिल को घूरते हुए कहा—"कुर्बानी।"

ज़ोर से अनिल ने ताली बजाई और खिलखिलाकर हँस पड़ा। वहाँ बैठे हुए लोगों ने उसे पहली बार इस तरह हँसते हुए देखा।

एकाएक अनिल गंभीर हो गया, जेब से पिस्तौल निकालकर हाथ में झुलाते हुए कहा—"हम लोग तुम्हें अपने क़ानून के मुताबिक अपराधी समझते हैं, तुमने हमारे एक साथी के साथ भीषण विश्वासघात किया है, तुम इससे इनकार नहीं कर सकते।"

शंकर एकदम उठ खड़ा हुआ, उसकी आँखें चमक रही थीं, कहा—"मैंने इनकार नहीं किया। कपूर कभी जेल से छूटकर आए तो मेरी ओर से क्षमा माँग लें। यक़ीन है, वह मुझे क्षमा कर देगा; क्योंकि उससे ज़्यादा मेरी परिस्थिति, यहाँ बैठा हुआ, अन्य कोई व्यक्ति नहीं जानता, लेकिन मेरे बाद मेरी स्त्री, भाई और बच्चे की देखभाल आप लोगों को करनी होगी।" और उसने आगे बढ़कर कहा—"मेरी हथकड़ियाँ खोल दीजिए और पिस्तौल मुझे दीजिए। और किसी के हाथ मेरे खून से रँगें, यह मैं नहीं चाहता।"

इंस्पेक्टर आवाक् होकर शंकर की ओर देख रहा था।

अमिता ने खड़े होकर कहा—"अनिल बाबू, शंकर को माफ़ नहीं कर सकते ?"

अनिल ने गंभीर स्वर में कहा—"नहीं।"

अमिता ने कहा—"क्या हमारी ही तरह ये भी इनसान नहीं हैं—क्या इनको खाने की ज़रूरत नहीं है ? क्या इस तरह के श्रेणी-विभाजन और वर्ग-भेद के होते हुए आप आज़ादी हासिल कर सकेंगे ?"

मुसकराकर अनिल ने कहा—"मैं तुमसे ज़्यादा समझता हूँ अमिता ! बैठ जाओ।"

अमिता बैठ गई। अनिल ने इंसपेक्टर से कहा—"तुम भी मरना चाहते हो ?"

धीरे से उसने कहा—"मुझे छोड़ दीजिए।"

अनिल मुसकराया, कहा—"इसलिए कि हम लोगों की ज़िंदग़ी से खिलवाड़ करने का मौक़ा मिले ?"

"आप यक़ीन करें तो कहूँ कि अब आप लोगों के बीच मैं कभी न आऊँगा।"

अनिल ने इकराम की ओर देखकर कहा—"शंकर की हथकड़ी खोल दो।"

हथकड़ी खुल जाने पर और पिस्तौल हाथ में आ जाने पर भी उसके चेहरे पर

ज्योति थी। उसने अमिता की ओर देखकर कहा—"मुझे क्षमा करना बहन !"

अमिता रो पड़ी और आँखें नीचे कर लीं। जो आँखें झुकाए बैठे थे, वे वैसे ही प्रस्तर-प्रतिमा की तरह बैठे रहे।

और पिस्तौल की नली कनपटी पर भिड़ाकर शंकर ने आँखें बंद कर लीं। क्षण भर बाद घोड़ा दबा दिया।

'पिट्ट' से आवाज़ हुई और आश्चर्य से आँखें फाड़कर शंकर ने अनिल की तरफ़ देखा, वह मुसकरा रहा था। और सब लोग—शीला, अमिता और रस्तोगी आदि भी आश्चर्य से उधर ही देखने लगे और शंकर ने अनिल के पैरों पर मस्तक रख दिया।

अनिल ने प्रेम से हाथ पकड़कर उसे उठाया और अपनी कुर्सी पर, जो कि शीला और अमिता के बीच में खाली पड़ी थी, ला बिठाया।

फिर अपने साथियों से कहा—"हमारा सबसे मज़बूत साथी, जिंदा शहीद शंकर, पूजनीय है। मैंने इसे समझ लिया है और इसके साथ न्याय किया है।" फिर शीला और अमिता की ओर देखकर वह मुसकरा दिया।

अनिल ने कहा—"विजय और लाल का काम, उम्मीद है कि पूरा होगा। कपूर और दत्त आख़िरी बार इन्हीं लोगों की देख-रेख में थे इसीलिए उन्हें लाने का काम इन्हीं को सौंपता हूँ।"

फिर अमिता से कहा—"तुम्हारी कोठी के उस तहखाने में एक महीने तक इंस्पेक्टर साहब रहेंगे। एक आदमी इनकी हिफ़ाज़त करेगा। अगली मीटिंग के बाद इन्हें छोड़ा जा सकता है।"

और अनिल ने घड़ी देखते ही शीघ्रता से कमरा छोड़ दिया।

24

दोनों साथियों ने घोर परिश्रम करके एक खाट को खोल डाला और पाए अलग करके, पाटियों को, टीन को खपच्चियों की सहायता से कसकर ऐसा बाँधा कि ऊपर के रोशनदान तक पहुँचने के लायक़ एक लंबा लट्ठ-सा बन गया। क़ैदी-पहरेदार कुछ ही क्षण पहले ताला-जंगला और क़ैदियों की संख्या का ऐलान करके जा चुका था और कम-से-कम पंद्रह मिनट तक पुनः उसके वापस आने की कोई आशा नहीं थी। तभी दो का घंटा बोला और कपूर ने दत्त से कहा—"समय बहुत कम है। वे लोग हमारा इंतज़ार कर रहे होंगे।"

इन लोगों को केवल पंद्रह मिनट के अंदर, लट्ठे के सहारे ऊपर चढ़कर रोशनदान की जाली काटनी थी, छत के पिछवाड़े से नीचे उतरना था और दीवार के पास से लुकते-छिपते, नीबू की उन झाड़ियों तक पहुँचना था, जहाँ विजय और लाल, रस्सी की

सीढ़ी लटकाए हुए, जेल की चहारदीवारी के उस पार खड़े इनकी प्रतीक्षा कर रहे थे।

यह बिलकुल सच है कि कपूर और दत्त ने इतना काम पंद्रह मिनट के अंदर ही समाप्त कर लिया। लेकिन यह कहना कठिन है कि इतना काम इतनी जल्दी कैसे पूरा हुआ। जेल की चहारदीवारी के उस हिस्से में जहाँ नीबू के पेड़ों का घना झुरमुट है, जब ये लोग सँभलते हुए पहुँचते तब देखा कि रस्सी की सीढ़ी लटक रही है। दोनों शीघ्र ही दीवार पर जा पहुँचे और सीढ़ी खींचकर उसे बाहर की ओर लटका दिया। उस ओर जेल की इमारत का बायाँ भाग था। चहारदीवारी के बाहर थोड़े मैदान के बाद एक कच्ची सड़क थी, जो बीस-बाईस गज़ के बाद पक्की सड़क से जा मिलती थी।

कपूर और दत्त ने जब मैदान पार किया और सड़क पर आए तब घने पेड़ों की छाया से एक आवाज़ आई। कपूर और दत्त विजय और लाल से जा मिले। विजय को फौज़ी लिबास में देख कपूर को आश्चर्य हुआ।

विजय ने तुरंत ही कपूर और दत्त को एक-एक पिस्तौल दी, तब विजय ने कहा—"सड़क पर कार खड़ी है। एक मिनट की भी देर न करो। कहीं ऐसा न हो कि फिर पकड़े जाओ।"

कपूर ने कुछ कहा नहीं; प्रश्नसूचक दृष्टि से उसकी ओर देखा और तब चारों साथी सड़क की ओर लपके। इतने में ही पीछे, जेल के अंदर ज़ोर का हुल्लड़ मचा। ख़तरे की सीटियाँ बजने लगीं और इन लोगों ने एक भारी आवाज़, वहाँ से भी स्पष्ट सुनी; कोई ज़ोर से चिल्लाकर कह रहा था—"क़ैदी भागा !"

विजय कपूर का हाथ पकड़कर शीघ्रता से सड़क की ओर लपका।

चारों आदमी कार पर सवार हुए और विजय ने कार स्टार्ट कर दी।

कपूर ने कहा—"पुलिस बहुत जल्द हमारे चारों ओर अपना जाल फैला देगी विजय ! कुछ ही देर में सभी पुलिस स्टेशनों को हमारे भागने का पता लग जाएगा। ऐसे में क्या तुम आशा करते हो कि हम लोग शीघ्र ही किसी निरापद स्थान पर पहुँच जाएँगे ?"

"आशा तो है कि ज़रूर पहुँच जाएँगे। तुम और दत्त तब तक कपड़े पहन लो।" फिर विजय ने लाल से कहा, जो कि पीछे की सीट पर दत्त के साथ बैठा था—"इन लोगों को कपड़े दे दो।"

लाल ने दोनों को अंग्रेज़ी ढंग के कपड़े दे दिए। वहीं कार में दोनों ने कपड़े पहने और जेल के कपड़ों को लपेटकर, शीघ्र पड़नेवाली, नहर में फेंक दिया।

विजय ने कहा—"इस समय तक तुम्हारे भागने की ख़बर चारों ओर फैल गई होगी। सब लोग अपनी पिस्तौलों पर ध्यान रखना, क्योंकि कहा नहीं जा सकता कि किस समय हमें ख़तरे का सामना करना पड़ जाए।"

कार अपनी पूरी गति से जा रही थी। थोड़ी ही देर में नगर की इमारतें दिखाई पड़ने लगीं। कपूर ने कहा—"हम लोग कहाँ हैं ?"

विजय ने कहा—"उन्नाव में।"

"क्या कानपुर चलना है ?"

"हाँ।"

"लेकिन वहाँ तो पुलिस का बहुत कड़ा प्रबंध है।"

"हाँ, लेकिन हमारी हिफ़ाज़त करनेवाले भी हम लोगों से अधिक दूर नहीं रहते।"

"फिर भी जानबूझकर आग में क्यों कूद रहे हो ?"

"जिस तरह पुलिसवाले हमारे बीच में आकर बच निकलते हैं, उसी तरह हम भी बच जाते हैं, यह तुम जानते हो। पुलिसवाले तो कभी-कभी हमारे सिर पर रहकर भी नहीं जान पाते कि नीचे कौन है।"

"तुम जानो, पर अगर अब की बार पकड़े गए तो कालापानी ही होगा, यह याद रखना।"

"तुम निश्चिंत रहो।"

विजय की दृष्टि सामने गई, तब उसने देखा कि आगे के लाइटपोस्ट के पास कुछ पुलिसवाले खड़े हैं। उसी समय कपूर ने पूछा—"तुम ये फ़ौज़ी कपड़े क्यों पहने हो ?"

विजय ने कहा—"अभी मालूम हो जाएगा। घबराना मत !" और उसने ठीक उस जगह कार को रोक दी जहाँ से पाँच-छः हाथ के अंतर पर पुलिसवाले खड़े थे।

विजय कार से उतर पड़ा लपककर शीघ्रता से उन लोगों की ओर बढ़ा हैट उसके हाथ में था। सिपाहियों के आगे खड़े हुए दारोगा से उसने कहा—"वैल, मिस्टर राजपालसिंह, आप लोग यहाँ कितनी देर से हैं ?"

"कोई आध घंटे से।"

विजय ने घड़ी देखकर कहा—"पौने चार ! इस वक़्त पौने चार बज रहा है—आपको दो चालीस पर फोन किया गया था—इतनी देर में क़ैदी आसानी से निकल गया होगा। इस तरह ढील-ढाल से काम नहीं चल सकता। आप से जवाब तलब किया जा सकता है।"

"लेकिन हुज़ूर, मैंने आपको पहचाना नहीं।"

विजय ने एक सरकारी काग़ज़ उसकी ओर बढ़ा दिया और कहा—"कार में ग्रुप-अफ़सर बैठे हैं। मैं उन्हें रोककर आया हूँ, वरना आपको अभी मुसीबत में पड़ जाना पड़ता !"

दारोगा ने विजय को सैल्यूट किया, साथ ही और सिपाहियों ने भी। विजय बोला—"ख़ैर, हम लोग आगे जाते हैं, क़ैदी की खोज करना ही है। बहुत खतरनाक आदमी है। एक होता तो ग़नीमत थी; दोनों साथ ही भागे हैं।" और विजय कार की ओर वापस लौटा। दारोगा और उसके साथियों ने फिर सैल्यूट किया।

कार चल पड़ी और जब उन लोगों के पास से निकली तब पीछे बैठे हुए दत्त और लाल ने सुना कि दारोग़ा अपने किसी सहकारी से कह रहा था—"सर्किल इंस्पेक्टर थे—सब अफ़सरों के साथ क़ैदियों की तलाश में जा रहे हैं।"

जब उन्नाव बहुत पीछे रह गया, तब विजय से कपूर ने कहा—"की तो तुमने उस्तादी, पर आख़िर जानबूझकर उन लोगों के बीच में क्यों गए थे ?"

"इसलिए भाई साहब, कि वे हमें रोकने का मौक़ा न पाएँ।"

"ठीक है, पर तुम पुलिस के साहब कब से हो गए ?"

"जब से ज़रूरत महसूस की।"

"किस तरह हुए ?"

"जालसाज़ी से। आइडेंटिटी कार्ड, ऑर्डर-फ़ार्म और अफ़सरों के दस्तख़त, सब अपने ही हाथ की सफ़ाई है।"

"और कहीं पकड़ गए तो ?"

"इस तरह काफ़ी दिन तक बचे रहने की आशा है।"

"कानपुर में कहाँ छिपने का इरादा है ? तपेश्वरीजी के मंदिर...?"

"वहाँ तो अब कुछ भी नहीं है !"

और कपूर ने एक लंबी साँस छोड़ दी।

"अगर रस्तोगी के घर तक सही-सलामत पहुँच सके, तो तुम्हारा सबसे अच्छा प्रबंध अमिता देवी कर सकेंगी।"

"आशा तो है, लेकिन तुम लोग ?"

"अभी हमारे बहुत से साथी जेलों में हैं, उन्हें किसी तरह निकालना होगा।"

"यह काम अकेले तुम्हारे करने का ही नहीं है, मैं भी साथ रहूँगा।"

"लेकिन तुम्हें अमिता अभी एक मिनट के लिए भी घर से बाहर न निकलने देंगी। एक तो पुलिस तुम्हारी खोज करेगी और दूसरे तुम बेहद कमज़ोर मालूम होते हो।"

"यह सब देखा जाएगा।"

दत्त ने आगे मुँह करके विजय से पूछा—"वे आजकल किस बँगले में हैं ?"

"हैं तो शहरवाले में ही, पर आज हम लोगों का इंतज़ार गंगा के किनारेवाली कोठी में कर रही होंगी। तुम लोगों को लाने का प्रबंध उन्होंने किया है। यह कार भी उन्हीं की है।"

चौंककर कपूर ने कहा—"यह अच्छा नहीं हुआ। पुलिस ने नंबर नोट किया होगा।"

विजय ने हँसकर कहा—"नंबर तो मजिस्ट्रेट की कार का है।"

थोड़ी देर तक कोई न बोला। आसमान साफ़ हो रहा था, तारों की चमक धुँधली पड़ने लगी थी और हवा के हलके झोंकों में जंगली फूलों की खुशबू बह रही थी। कार तेज़ी से चली जा रही थी !

जब कार ने रस्तोगी महाशय की गंगा किनारेवाली कोठी में प्रवेश किया, तब सबसे पहले कपूर की दृष्टि अमिता पर पड़ी, पर वह कार के रुकते ही उतरकर उसके पास जाकर खड़ा हो गया। अमिता ने हाथ बढ़ाकर मुसकराते हुए कहा—"आ गए तुम !"

25

कपूर उस कोठी में कपूर के रूप में नहीं रहता—उसने चश्मा लगाना छोड़ दिया, हालाँकि इससे उसे बहुत दिक़्कत उठानी पड़ती है। एक दाँत पर सोने का खोल लगवा लिया, हालाँकि वह उसे पसंद नहीं है। छोटी-छोटी मूँछें रख ली हैं, हालाँकि मूँछों से उसे सदा चिढ़ रही है, सिर के बाल बहुत फ़र्स्ट-क्लास कटे रहते हैं और बाक़ायदा काढ़े भी जाते, हालाँकि बालों की ओर से वह हमेशा लापरवाह रहा है और अब वह सूट-बूट में रहता है, हालाँकि इस वेश में रहने से उसे खुद अपने प्रति घृणा होने लगी है—वैसे उसने बहुत बार वेश बदला है, पर वह अस्थायी था, यह स्थायी-सा है। वह विवश है, उसे इस तरह वेश बदलकर रहना ही पड़ता है, अमिता की आज्ञा है। अमिता नहीं चाहती कि कपूर को पुलिसवालों की आँखें देख सकें और वह उसे फिर खो बैठे। साथ ही रस्तोगी और कप्तान का भी आदेश है कि कपूर फिर पुलिस के कब्जे में न जाए।

और कपूर सोचता है कि जेल से भागना बेकार हुआ। वहाँ भी बंधन था, यहाँ भी बंधन है। हाँ, अब जीवन के लिए उसके दिल में मोह पहले से अधिक हो गया है। वह फिर जेल नहीं जाना चाहता। लेकिन वह देखता है कि उसका कृत्रिम रूप उसे विलास-वैभव की ओर आकर्षित कर रहा है।

अमिता कपूर के लिए परेशान रहती है। उसे अपने स्वामी की इतनी चिंता नहीं है, क्योंकि वह जानती है कि वे कई मिलों के मालिक हैं, उन्हें किसी के आश्रय की आवश्यकता नहीं है, कपूर देश के लिए जान की बाज़ी लगानेवाला जिंदादिल सिपाही है—उसे सुख-चैन नहीं है, इसलिए उसे सहारे की ज़रूरत है—उसे आश्रय की आवश्यकता है।

कपूर इस कैद से भी भागना चाहता है। उसके सामने न तो प्रेम का कोई मूल्य है और न घृणा का ही। वह न तो कठोरता से घबराता है, न सहानुभूति से आकर्षित होता है। उसके हृदय में तूफ़ान है। वह लक्ष्यहीन-भावनाओं के आश्रित है। वह जानता है कि बढ़ना ही जीवन का लक्ष्य है। वह तूफ़ान को पसंद करता था, धुआँधार कामों से उसे दिलचस्पी है।

अमिता के हृदय में कपूर के लिए बहुत बड़ा स्थान है। उसका पति रस्तोगी भी कपूर को बहुत चाहता है। उसके दिल में जहाँ कपूर के लिए आदर है; वहाँ उसके प्रति ममता भी है। वह जानता है कि अमिता कपूर से प्रेम करती है, लेकिन इससे उसे ईर्ष्या नहीं होती, बल्कि उसकी कोमल भावनाओं को बल मिलता है।

कपूर कोठी के ऊपरवाले कमरे में धीरे-धीरे चहलक़दमी कर रहा है। खिड़की के पास आकर उसने परदा हटाया—सामने गंगा की चमकती हुई धारा में पश्चिम की ओर झुकते हुए लाल सूर्य का प्रतिबिंब पड़ रहा है। एक नौका धीरे-धीरे एक ओर चली जा रही है। गंगा के दोनों ओर हरे-भरे पेड़ हैं। दूर आकाश में पंछी उड़े जा रहे हैं। यह सब दृश्य कपूर को बड़ा वैसा लगा ! लंबी-लंबी साँसें धीमे-धीमे चलने लगीं, कुर्सी

खिसकाकर वहीं खिड़की के पास वह बैठ गया। खिड़की पर कोहनी टेक, हथेली पर गाल को रखकर बहुत उदास-सा होकर उधर देखता रहा। यह सब कैसा माया-जाल है ? कप्तान, रस्तोगी या विजय क्या इतनी निष्ठुरता कर सकते हैं कि एक आज़ाद पंछी को पिंजरे में क़ैद कर दें, जबकि बाहर उसकी ज़रूरत हो ? क्या यह सब उसकी भलाई के लिए हो रहा है ? लेकिन इसके विपरीत क्या पार्टी से भी उसका संबंध टूट गया है ?

उसकी आँखों में आँसू भर आए। वह वैसे ही बैठा रहा। तब वह उठा और नीचे चला गया।

उसने देखा कि रोज़ की ही तरह आज भी बाहर जाने के सब द्वार बंद हैं; संभव है, ताला लगा हो। फिर वह ड्राइंगरूम में आकर बैठ रहा। इतना परिवर्तन उसने अपनी बोलचाल, रहन-सहन और चेहरे में कर लिया है; फिर भी उसे छिपकर, एक क़ैदी की ही तरह रहना पड़ रहा है। बाहर की ख़बरें उसे बहुत कम मिल रही हैं। पार्टी क्या कर रही है, इसका उसे कुछ पता नहीं। विजय या लाल भी नहीं मिले। सुना है कि लाल और दत्त उरई चले गए हैं। जो ख़बरें मिलती हैं; अमिता के द्वारा ही मिलती हैं, या कभी-कभी रस्तोगी भी कुछ बता जाता है। पर उन समाचारों पर वह किस तरह विश्वास कर ले ? लाभ कुछ भी नहीं है—चाहे विश्वास करे या न करे ! फिर इन बातों को बार-बार सोचने का ही क्या प्रयोजन ? पड़ा रहे, जब तक अमिता चाहे; अथवा जब तक के लिए उसके भाग्य में लिखा हो; लेकिन नहीं, पड़ा न रहेगा, बाहर जाकर अपने साथियों से मिलेगा। उन लोगों ने जब सुना होगा कि वह जेल से निकल आया है तब प्रसन्न हुए होंगे और उसका इंतज़ार कर रहे होंगे। तब वह इस मकान के दरवाज़े तोड़कर भाग जाएगा। यहाँ अब उससे नहीं रहा जाता। अमिता का प्रेम ? नहीं, यह समय प्रेम करने का नहीं है। प्रेम बढ़ते हुए क़दम रोके दे रहा है—वह उस प्रेम की परवाह न करेगा। उसे बढ़ना है। हर हालत में उसे ये दीवारें तोड़नी हैं। वह अमिता के मकान की इस चहारदीवारी से मुक्ति चाहता है, वह अमिता के प्रेम बंधन से छुटकारा चाहता है। चाहे फिर कप्तान उसे कितनी ही बड़ी सज़ा दें, पर वह बाहर खुले मैदान में जाएगा।

रोज़ की ही तरह निश्चित समय पर जब अमिता आई, कपूर ने व्यग्रतापूर्वक उससे कहा—"मुझे क्यों इस तरह बंदी बना रखा है अमिता ! क्या मुझे इसीलिए जेल से छुड़वाया था ?"

"तुम नहीं जानते कपूर, कि पुलिस किस सरगर्मी से तुम्हारी खोज कर रही है। तुम्हारे नाम वारंट है, तुम्हारी गिरफ़्तारी के लिए इनाम है; इसीलिए तुम्हें छिपाकर रखा है।"

"लेकिन पुलिस मुझे इस रूप में देखकर नहीं पहचान पाएगी। तुम मुझे बाहर जाने दो।"

"पुलिस पहचान सकती है, यह कभी मत भूलो।"

“मुझे बहुत काम करना है, पार्टी के लोगों से मिलना है, देखना है कि वे लोग क्या कर रहे हैं, कप्तान कहाँ हैं, उनकी क्या आज्ञा है, शीला और ज़मीर किस ओर हैं, लाल, विजय और दत्त का क्या हुआ ? यह सब मुझे जानना है।”

“सब कुछ तुम्हें बहुत जल्द मालूम हो जाएगा कपूर !”

“नहीं अमिता, मुझे जाना होगा। मुझे अपने कर्तव्य की ओर देखना है। दूसरे मेरे बारे में क्या सोचेंगे, यह मैं जानना भी नहीं चाहता।”

“लेकिन मैं तुम्हें कितनी मुसीबतों से यहाँ लाई हूँ, यह तुम्हें जानना चाहिए। कप्तान को तुम्हारे लिए क्या-क्या करना पड़ा है, यह तुम्हें नहीं मालूम। साथ ही तुम यह भी समझ लो कपूर, कि मैं जानबूझकर तुम्हें फिर से पुलिस के हाथ में नहीं जाने दूँगी।”

“तो मैं मर जाऊँगा अमिता !” कपूर की आँखों में आँसू आ गए।

अमिता ने आर्द्र होकर कहा—“कपूर, तुम्हें यहाँ कोई कष्ट नहीं है। तुम्हारे जीवन की रक्षा बहुत ज़रूरी है और उस जीवन की रक्षा मैं कर रही हूँ, मुझे करने दो। ज़िद छोड़ के हर हालत में तुम्हें कुछ दिन अज्ञातवास करना ही होगा।”

“मुझसे नहीं होगा।”

“क्यों ?”

“इसलिए कि इस तकलीफ़ को मैं सहन नहीं कर सकता, जो मेरे मन को जला रही है। मैं अपने मन की नहीं कर पाता। मैं बंधन में हूँ, जब ऐसा सोचता हूँ, तब लगता है, जैसे मैं जीवित ही मृतक के समान हूँ। मुझे शराब ला दो; मैं अपने प्राणों को, अपने आकुल-व्याकुल प्राणों को, शराब का इंजेक्शन दूँगा, ताकि मुझे अपने मन का दर्द उभरता हुआ न मालूम हो।”

“नहीं, ऐसा न होगा। कहो तो कल से मैं यहीं आ जाऊँ। ‘उन्होंने’ कह दिया है कि तुम्हारी हिफ़ाज़त का ख़याल मुझे रखना है। तुम हाथ से नहीं निकल सकोगे, इसलिए कि मैं नहीं चाहती और न कप्तान या ‘वे’ ही चाहें कि तुम फिर से पुलिस के हाथों में पहुँचो।”

“तब तुम मेरे साथियों से मुझे मिलाओ अमिता ! अगर मुझे इसी तरह रखना चाहती हो तो उन लोगों के दर्शनों से वंचित न रखो—विजय को बुलाओ, दत्त और लाल को बुलाओ !”

“लेकिन विजय तो गिरफ्तार हो गया है।”

“हैं ?” आश्चर्य से कपूर ने अमिता की ओर देखकर कहा—“विजय गिरफ़्तार हो गया ? तुमने उसकी हिफ़ाज़त का कोई प्रबंध नहीं किया, जो अपनी जान की बाज़ी लगाकर मुझे छुड़ा लाया है, उसकी तुमने कुछ भी परवाह नहीं की और मेरे लिए तुम इतना प्रबंध कर रही हो ? तुमने न्याय नहीं किया अमिता !”

अमिता कुछ न बोली। कपूर माथे पर उँगलियाँ फेरने लगा।

अमिता ने कहा—“मैं कल सुबह अपना सामान लेकर आ जाऊँगी और तब तुम्हारे

साथियों को यहाँ बुलाने का प्रबंध करूँगी। वैसे मैंने दत्त और लाल के पास काफ़ी रुपया भेज दिया है।"

कपूर कहना तो कुछ और चाहता था, पर उसने कहा—"अच्छा किया।"

"विजय को जेल से छुड़ा लाने का प्रबंध कप्तान ने कर दिया होगा। मैं यह भी जानती हूँ कि कप्तान यहाँ आएँगे भी।"

लेकिन कपूर कुछ न बोला। वह सिर पर दबाते हुए हाथ फेरने लगा। अमिता ने कहा—"क्या सर दर्द कर रहा है ?"

कपूर वैसे ही चुप बैठा रहा, तो अमिता ने उसके सिर को अपने वक्षस्थल पर सहारा देकर सहलाना शुरू कर दिया।

कपूर को हवा में उड़ते हुए पंछी और कभी-कभी आनेवाले इकराम कसाई की आज़ादी से ईर्ष्या-सी होने लगी। इन्हें बंद करने वाले क्या कोई नहीं हैं ?"

पहली अगस्त—प्रातःकाल कार पर सामान लादकर जब अमिता शहर से गंगावाली कोठी पर पहुँची और ताला खोलकर कपूर के कमरे में गई तब उसने देखा कि नदी की ओर खुलनेवाली खिड़की के सींकचे कटे हुए हैं और कपूर नहीं है। उसने चपरासी और माली को बुलाकर पूछा। लेकिन कुछ पता न लगा।

खोजने पर कपूर का पत्र मिला, जिसमें लिखा था—"पहले काम फिर आराम। पकड़ा न गया तो आऊँगा।"

अमिता ने चिट्ठी फाड़ दी और विक्षिप्त-सी हो, धीरे से आप-ही-आप कहा—'लेकिन रुपया तो ले जाते, बिना रुपए के और मुसीबत में पड़ोगे।'

एक ओर पुलिस कपूर की खोज में है, दूसरी ओर अमिता। कपूर के चारों ओर संघर्ष है—बाहर भी, भीतर भी।

26

पाँचवाँ अगस्त—युद्ध की भयानक ख़बरें, सात अगस्त की प्रतीक्षा, फूड कंट्रोल, राशनिंग की पाबंदी, महँगाई और बेकारों की समस्या सभी के विचारों में सबसे अधिक उभर रही हैं—हर भारतीय व्यक्ति के दिमाग़ में, ज़बान पर और आगे-पीछे, घर-बाहर चर्चा के सोचने-समझने, उलझने और परेशान होने के यही विषय रह गए हैं।

हिंदुस्तान के मध्यवर्गीय व्यक्ति परेशान हैं। उनके सामने संघर्षमय भविष्य की जलती हुई तसवीरें तैर रही हैं।

सब ज़रूरतमंद हैं। ज़रूरत भी ऐसी जिसकी उपयोगिता से इनकार नहीं किया जा सकता। जिसके बिना काम चल ही नहीं सकता। कौन ऐसा आदमी है, जो भूखा रह सके, जो अपने बच्चों और स्त्रियों को भूख से बिलखते, दम तोड़ते देख सके ?

भूख ! भूख !! भूख !!! लेकिन समस्या हल कैसे हो ? चाहे आस्तिक अपने देवताओं की मूर्तियों को नष्ट करके अपनी क़िस्मत को आरी से चिरवा दे; चाहे नास्तिक रात-दिन मेहनत करे; चोरी, झूठ, जाल, फरेब के चक्कर में रहे; चाहे अनार्किस्ट सभी की समस्या, विचार अलग होने पर भी, एक ही है—भूख ! भूख !! भूख !!!

लेकिन अनाज, कपड़ा, पैसा—सब कुछ—उनके पास है जो ज़रूरतमंदों से कहीं कम ज़रूरतमंद हैं, जिनके हाथ में शक्ति है। जिस ज़रूरत से इनकार नहीं किया जा सकता, वह ज़रूरत नहीं है और जो दिखावे के लिए ज़रूरतमंद बनते हैं, उस ज़रूरत पर अनधिकार चेष्टापूर्वक हक़ जमाए बैठे हैं; वे हैं सेठ, वे हैं ऊँची तनख़्वाह पानेवाले सरकारी नौकर, वे हैं बड़े-बड़े व्यापारी और वे हैं जनता तथा देश के दुश्मन।

इस बार कपूर बहुत दिनों के बाद निम्न और मध्यवर्ग की इनसानी ज़िंदगी के नज़दीक़ पहुँचा, लेकिन इस बार उसे लगा कि वह भूखे-नंगे लोगों के बीच में रहकर भी इस बार तटस्थ है। ईमानदारी से तटस्थ रहकर ही दूसरे लोगों के बारे में, या दूसरी चीज़ों की अच्छाइयों-बुराइयों के बारे में समझने पर असलियत मालूम होती है; यह भी उसने अनुभव किया।

उसने बहुत सोचा कि अनिल बाबू देश भर में क्रांतिकारियों का संगठन करने के लिए रात-दिन दीवाने बने रहते हैं, जान को हथेली पर लेकर ख़तरों के बीच में खड़े होकर आगे चला करते हैं। और भी ऐसे ही बहुत काम करते होंगे; सो क्या इसलिए कि देश के ग़रीबों को रोटी मिले, बेकारों की बेकारी दूर हो, नंगों को कपड़ा मिले और गुलामी की जंज़ीरें टूट जाएँ ? इस प्रश्न के बहुत आगे—बहुत पीछे, चारों ओर, बहुत विचार किया, पर उसकी समझ में कुछ न आया और उसे महसूस हुआ कि वह उन विचारों में खुद ही बुरी तरह उलझा जा रहा है।

भूखों की रोटी, नंगों का कपड़ा और ग़रीबों का पैसा उन बड़े व्यापारियों और अमीरों के तहख़ानों, कोठियों और तिजोरियों में बंद है, जिन्हें इसकी ज़रूरत नहीं है और जो थोड़ा पैसा लगाकर भूखों-नंगों और बेकारों की हड्डी के रक्त की कमाई से प्राप्त हुआ ढेरों पैसा खींचकर, जमा-पूँजी का कई गुना अधिक बनाते हैं। और भूखे हैं कि रोते नहीं, नंगे हैं कि मरते नहीं, बेकार हैं कि चुप-चुप सहन करते हैं सब कुछ, क्योंकि प्राणों का मोह सबको है; लेकिन उन प्राणों का मोह जो भूख की चोट से बिलख-बिलखकर आह भर रहे हैं, जो माँ-बहनों के कृश-तन और मूक-मन का क्रंदन सुनकर छटपटा रहे हैं, जो हमेशा तलवार के नीचे सिसकते हैं और बाहर निकलने को बेचैन रहते हैं। कपूर आगे न सोच सका और कमरे की सील में भिनभिनाते मच्छरों का रास्ता काट, बदबूदार हवा के बीच से निकलकर बाहर भागा; जहाँ कि मूसलाधार पानी बरस रहा है और सड़कें पानी से घोंटुओं तक भरी हैं।

कपूर सर्द-पानी के बीच से भीगता हुआ एक ओर चला जा रहा है।

रात हो रही है; अधिकांश दूकानें बंद हो गई हैं, कुछ बंद हो रही हैं और कुछ खुली भी हैं। पानी तेज़ी से बरस रहा है। सड़कें लबालब भरी हैं। दूकानों की क़तारों

के सामने साएदार फुटपाथ पर, पानी थमने की प्रतीक्षा में बहुत से राहगीर खड़े हैं। सड़कें जनशून्य हैं, और कपूर पानी से भरी सड़क पर लप्प-झप्प तेज़ी से चला जा रहा है। पानी बरसने से एक घनघोर क्रंदन हो रहा है, जिसका आदि-अंत नहीं है, जो सीमाहीन है। जगमगाते हुए बिजली के लट्टुओं की रोशनी घने अंधकार को चीरकर पानी से भरी सड़क की छाती पर आईने में झलकते प्रकाश-प्रतिबिंब की तरह लग रही है और कपूर चला जा रहा है।

पानी की तेज़ धारा को काटती हुई एक पुलिस पैट्रोल कार कपूर के पास से सरसराती हुई निकल गई।

कपूर का सूट तर-बतर है। फैल्ट हैट माथे के नीचे तक झुक गई है और पानी की धारें उसके ओठों पर रेंगती हुई गिर रही हैं।

सुनसान सड़क पानी का गर्जन और अकेला कपूर—जैसे अपने युग के सार्वजनिक-जीवन के प्रतीक वर्ग का प्रतिनिधि, राष्ट्र के आँसुओं में अपनी मनोवांछित वस्तु की तलाश में भटक रहा है, डुबकियाँ ले रहा है; पर आँसू हैं कि थमते ही नहीं, जो यह प्रतिनिधि ज़रा निश्चिंत होकर कुछ समझे, कुछ सोचे और कुछ पाने का प्रयत्न करे।

कपूर को लग रहा है कि संघर्ष में पड़कर उसका दम घुटा जा रहा है और वह शांति और एकांत की तलाश में बहुत दूर का सफ़र आरंभ कर चुका है।

उस रात की बातें जानने के बाद कपूर को शंकर के प्रति बहुत मोह हो गया है, लेकिन बारह जुलाई की रात के अंतिम प्रहर के बाद से वह ग़ायब है; अब शायद उससे मिलना न हो सकेगा। कानपुर में उसके परिवार का भी कुछ पता नहीं। विजय जेल में है। अमिता से वह इस जीवन में फिर कब मिलेगा, यह उसे नहीं मालूम ! नारायण से वह मिल नहीं सकता, उसके घर पर पुलिस का पहरा है।

पानी बरस रहा है और कपूर तेज़ी से स्टेशन की ओर बढ़ा जा रहा है।

27

कपूर के मन में व्रिदोह की आग धधक रही है, लेकिन वह जानता है कि यह विद्रोह व्यर्थ है—आग बहुत जल्द बुझ जाएगी—क्योंकि वह अकेला है; साथी हों, अनिल बाबू की पार्टी हो और भी सौ-दो,सौ हज़ार-दो हज़ार, बीस हज़ार, लाख, पचास लाख व्यक्ति उसके साथ हों, वे भी अपने दिलों से ऐसी ही विद्रोही भावनाओं का अनुभव करें, तब भी क्या होगा ! चालीस करोड़ की आबादीवाले मुल्क को चारों ओर से उठनेवाली तूफानी लपटें घेरे ले रही हैं; ऐसी स्थिति में क्या रोटी-कपड़े की ख़ास समस्या और देश के बचाव का महत्त्वपूर्ण प्रश्न दो-चार लाख आदमी हल कर सकते हैं ? सभी के लिए समस्या एक है; सभी की चाहना, सभी को आशा एक है और वह है समानता ! चालीस करोड़ में कमज़ोर मेहनतकश हैं, फटे कपड़े पहननेवाले बेकार हैं, आधे पेट खानेवाले इज़्ज़तदार हैं, भूख से तड़पते हुए कंगाल हैं, साथ ही कारों पर घूमनेवाले

पूँजीपति भी हैं; पर चैन किसे है ? युग ने सबके सामने एक-सी समस्याओं को लाकर खड़ा कर दिया है। सभी को चिंताएँ हैं, चाहे वह मोटरवाला हो, चाहे वह भूखा हो—श्रेणी-संघर्ष में काँप रहा है ! सभी समस्याएँ, सभी प्रश्न तब हल होंगे, जब सब बराबर हो जाएँगे। सब एक-दूसरे को अपना समझने लगेंगे। जैसे वह अमिता को समझता है, जिसकी कारें हैं, मिले हैं और जैसे अमिता उसे समझती है, जिसके पास अपना कुछ भी नहीं है। ग़रीब-अमीर का यह मेल होगा ही। आनेवाला युग दूर से खड़ा होकर अपने आने की सूचना दे रहा है; जब सब सुखी होंगे, सबका सुख एक-सा होगा। जब चालीस करोड़ आदमी एक डोर में बँध जाएँगे तब लोग आज़ादी की साँस लेंगे, तब उनकी आँखों में शीतल हँसी और संतोष झलकेगा, तब सब कंधे-से-कंधा भिड़ाकर चलेंगे, तब चालीस करोड़ व्यक्तियों के क़दम साथ उठेंगे, जब चालीस करोड़ कंठों की आवाज़ एक होगी, तब हिंदुस्तान हिंदुस्तानवालों का होगा; तब हिंदुस्तान, जापान का ही क्या, प्राकृतिक प्रलय का मुकाबला अकेले ही करने को तैयार हो जाएगा ?

लेकिन वह सब आज नहीं है ! आज अमीरों और ग़रीबों के अलग-अलग दो दर्जे़ उभरे हुए हैं; जिनमें से पहला दबाता है, दूसरा दबता है; पहला टुकड़ा डाल देता है, दूसरा किसी तरह निगल लेता है। सुख की साँस नहीं, सुख के स्वप्न नहीं, सुख का वातावरण नहीं—आँखों में आँसू हैं, पेट खाली है—कितना तीखा व्यंग्य है।

शोषक और शोषित का यह नाता, यह बड़े छोटे की समस्या, यह भूखे-नंगों का सवाल जब तक है; तब तक दबनेवाला दबता ही जाएगा। भूखे और नंगे, छोटे और बड़े, ग़रीब और अमीर जैसे रहे हैं, वैसे ही बने रहेंगे। समूचा राष्ट्र तब तक घुटता ही रहेगा, सिसकता ही रहेगा। आह भरेगा, तो अँगारे उसके मुँह में भर दिए जाएँगे, रोटी माँगेगा तो लोहा मिलेगा, बल्कि वह भी नहीं।

ओ, समानता के युग ! ओ, आशा और उत्साह देनेवाले समय !! ओ, जीने का संदेश लानेवाले इनक़लाब !!! तुम आओ, तुम्हारा स्वागत है। देर करोगे तो स्वागत करनेवालों में बहुत से इंतज़ार करते-करते ही मर जाएँगे। तुम्हारा इंतज़ार करनेवाले बेचैन हैं, रो रहे हैं, हाथ पसारे खड़े हैं। तुम दूर से खड़े होकर भुलावा देने की कोशिश न करो। आओ, ओ मज़लूमों के मसीहा ! आओ !!

कपूर ने दूसरी सिगरेट जलाई, खिड़की पर ठोड़ी टेककर भागती हुई ट्रेन के दोनों ओर खड़े पेड़ों की क़तारों के नीचे दूर तक ऊँघती छाया को देखने लगा। उसे लगा, नए युग का संदेश देती हुई ट्रेन उस ओर बढ़ी जा रही हैं, जहाँ इसकी प्रतीक्षा हो रही है।

उसने एक गहरी साँस-सरसराती हुई हवा में छोड़ दी। सिगरेट का कश लिया, धुआँ छोड़ा और हवा के झोंकों की सिहरन का अनुभव करते हुए गुनगुनाने लगा। उसका स्वर लेकर हवा चारों ओर भागने लगी। वह गाता ही रहा—

'कौन सुख के गीत गाए ?
कौन भूखों और नंगों
का, सिसकता दुख बँटाए ?
दिन ढला मेरा डगर में,
हो गई रे, शाम।
और मुझको अभी चलना,
है कहाँ आराम ?
रुक गए साथी डगर में,
मैं अकेला ही चलूँगा !
थक गए साथी डगर में,
मैं अकेला ही जलूँगा।
दूर है मंज़िल, जहाँ,
आकाश नित मोती लुटाना।
एक आशा के सहारे,
कौन मेरे साथ आता।
मैं अकेला चल रहा हूँ,
मैं अकेला चल रहा हूँ।
कौन मेरे साथ आए ?
कौन सुख के गीत गाए ?'

लखनऊ स्टेशन पर कपूर ट्रेन से उतर गया। उसे छिपने की फ़िक्र ही न रही उस समय वह यह भी न सोच सका कि उसके नाम वारंट है और पुलिस उसका पीछा कर रही होगी। निश्चिंत हो वह प्लेटफ़ार्म से बाहर आ गया।

उसने कभी न सोचा था कि वह अमिता की कोठी पर कभी-कभी आनेवाले, डरावने इकराम क़साई से सहायता पाएगा, लेकिन जब अमीनाबाद की सड़कों पर चारों ओर चिंतित आँखों से, पनाह पाने की आशा से, देखते हुए कपूर की दृष्टि उस पर पड़ गई, तो वह उसके पीछे हो लिया।

28

कानपुर—10 अगस्त, 1942।

रस्तोगी मकान पर नहीं है। वह मिल के काम से दिल्ली गया हुआ है। अमिता अकेली नौकरों के साथ इतने बड़े बँगले में पड़ी रहती है। पुलिस रस्तोगी की तलाश में आ चुकी है, मकान की तलाशी ले गई है। रस्तोगी की गिरफ्तारी का परवाना वापस लौट गया है और अब कोठी पर पुलिस की निगाह है। देश के हर हिस्से में तरह-तरह की तोड़-फोड़, दंगे-फ़साद—मतलब यह कि—सरकार के ख़िलाफ़ तरह-तरह के विद्रोही

काम हो रहे हैं। लेकिन अमिता इस सबको ऐसे देख-सुन रही है, जैसे उसके सामने स्क्रीन-पिक्चर चल रही हो। उसे कोई आश्चर्य नहीं है, इस सबसे वह रत्ती भर भी विचलित नहीं हुई। वह जानती है कि रस्तोगी गिरफ़्तार हो जाएगा, लेकिन उसके दिल में दर्द है तो सिर्फ़ इतना ही कि कपूर का कुछ भी पता नहीं चला !

कभी-कभी वह सोचने लगती है कि कपूर 'देशद्रोही' के खन्ना जैसा असहाय बनकर आ जाए और वह चाँद की तरह, उसके सर को गोद में रखकर सहलाती रहे। खन्ना और चाँद का नाता तो आत्मा का था, जिसे लोग पवित्र कहते हैं, वह तो कपूर को अपनी आत्मा और देह, दोनों ही, सौंप चुकी है। लेकिन कपूर ने कभी उसके सामने उस पंछी जैसा भाव व्यक्त नहीं किया, जो बसेरे की तलाश में—आँखें फाड़े, पंख फैलाए—चारों ओर भटका करता है।

लेकिन मानिनी बनी रहने पर भी उसने कपूर को उसने बहुत अपना समझा है, उसे कभी अपने से अलग नहीं समझा। वह तो उसमें एकाकार हो गई है; उसमें डूब गई है।

समय भागता चला जा रहा है। बीते दिन सपना हो गई, आनेवाले दिन आशा और उत्साह का संदेश लाएँगे, पर अमिता को उन आनेवाले दिनों से कोई दिलचस्पी नहीं, वह उस समय को देखने के लिए उतनी उत्सुक नहीं, जितनी कपूर का सिर अपनी गोद में रखकर सहलाने को उत्सुक है। बीते दिनों की मिठास एक क्षण को भी वह नहीं भूलती। वे दिन कितनी जल्दी भाग गए, दुनिया में बहुत सी तबदीलियाँ हो गईं, पर वह कपूर के सामने वैसी ही हैं। वह सोचती है, कपूर के तलवों के नीचे आनेवाली धूल वह क्यों न बनी ?

पिछले हफ़्ते में कप्तान दो बार उससे मिला है। उसने कहा है कि वह ज़्यादा सोच करेंगी तो होनेवाले बच्चे पर बहुत बुरा असर पड़ेगा, बार-बार कप्तान ने यही समझाया, पर वह कैसे क्या करे ! कपूर उसके पास हो, उसे दुनिया का और कुछ भी नहीं चाहिए—आगरे का ताजमहल, अजमेर का स्वर्णमंदिर, दिल्ली की कुतुब-मीनार, काशी विश्वनाथ, न्यूयार्क, लंदन, पेरिस और मास्को के प्रासाद झुक-झुककर कहने लगें कि वह कपूर को अपने मन से दूर हटाना, भुलाना स्वीकार न करेगी।

—और वह ज़ोर से चीख पड़ी, फिर रोने लगी।

हिचकियाँ बंद हो गईं, पर आँसू की बड़ी-बड़ी बूँदें उसकी आँखों से ढुलकती रहीं और वह धुँधली दृष्टि से खिड़की के उस पार उड़ते हुए काले बादलों के टुकड़ों को देखती रही—

कपूर कहाँ होगा, कैसे होगा ? दुनिया में आग लग जाए, युद्ध होते रहे, भूखे मरते रहे, पैसेवाले जुल्म करते रहे, भारत आज़ाद हो जाए; चाहे गुलाम बना रहे, चाहे प्रलय हो जाए; आसमान और ज़मीन टकरा जाएँ, पर कपूर जहाँ भी हो, अच्छी तरह रहे। उसके सर में दर्द न हो, उसे सिगरेट की तक़लीफ़ न हो ! अमिता सुखी रहेगी। चाहे रस्तोगी को भले ही कुछ हो जाए, पर कपूर का रत्ती भर भी कष्ट उससे न देखा

जाएगा। वह इतनी अशक्त हो गई है कि कपूर की सेवा न कर सकेगी। जिस तरह चाँद घायल खन्ना की हिफ़ाज़त करने के लिए मारी-मारी फिरी थी, वह ज़रूरत के वक़्त वैसा न कर सकेगी। उसके पेट में बच्चा है, वह थोड़ी दूर तक भी नहीं चल-फिर सकती।

जहाँ पहले भगवान शंकर की तसवीर लगी थी वहाँ अपनी मिलों के मज़दूरों का वेतन ड्योढ़ा करनेवाले दिन विजय के कहने से रस्तोगी ने लेनिन की तसवीर लगा दी थी। अमिता ने लेनिन की तसवीर उतरकर पहले ही की जगह टाँग दी और भगवान् शंकर की तसवीर को वहाँ लगा, आँखें पोंछ, हाथ जोड़, खड़ी होकर कहने लगी—'प्रभो, इतने दिनों बाद तुम्हारे सामने हाथ पसारे खड़ी हूँ, मेरी रक्षा करो। कपूर जहाँ भी हो, दुख से न रहें, उनके सुख-चैन के लिए मेरे प्राणों की ज़रूरत हो तो ले लो, उनके आराम के लिए तुम्हें अपनी सृष्ट का विध्वंस करना पड़े तो इस दासी की प्रार्थना है कि उसे भी नष्ट कर दो। पर नाथ, उनको कष्ट न होने पाए...'

अमिता बहुत देर तक वैसे ही पागल-सी हाथ जोड़े खड़ी रही, जाने क्या-क्या कहती रही, फिर कमज़ोरी के कारण चक्कर-सा आने लगा और वह पास के काउच पर बैठ गई, लेकिन हाथ तब भी जोड़े रही और तसवीर की ओर ही देखती रही।

29

कानपुर 12 अगस्त, 1942। अमिता की गंगा किनारेवाली कोठी आँसू भरी बरसाती रात के दामन में अपने को छिपाए पड़ी है। सदर गेट पर दो पहरेदार खड़े हैं। रात दो पहर से अधिक बीती होगी; अंग्रेज़ी हिसाब से तेरहवीं अगस्त शुरू हो गई है और भारतीय हिसाब से सूर्योदय होने में अभी काफ़ी देर है।

एक मास पहले, बारह जुलाई को, जिस हॉल में भारतवर्ष के प्रत्येक प्रांत से आए हुए नौजवान व्यक्ति इकट्ठे हुए थे, वह हॉल विधवा की तरह एकाकी, सूना और दर्द से भीगा—अपने में ही सीमित निर्जन, निस्पंद, निराश्रय-सा सो रहा है।

अँधेरे आसमान के तंबू के नीचे कोठी के सबसे ऊपरवाली छत पर पिछवाड़े की ओर रेलिंग का सहारा लिये अमिता और अनिल खड़े हैं—वहाँ से नीचे की ओर बड़ा सा बाग़ीचा है और उसके बाद अँधेरे में भी चाँदी की तरह चमकती गंगा की चौड़ी-धारा।

अनिल धीरे से बोला—"इस बात का निश्चय है कि मिस सेठ, विमला पंडित और ज़मीर अभी तक गिरफ़्तार नहीं हुए हैं। वे लोग अंडरग्राउंड हैं। शीला का कोई पता नहीं; उसके बारे में मुझे जो आख़िरी ख़बर मिली थी, उसका मतलब यह था कि वह देश में नहीं है। बाक़ी लोग गिरफ़्तार हो गए हैं।"

"लेकिन कपूर और शंकर का क्या हुआ ? क्या वे लोग आत्मघात कर सकते हैं ?" अमिता ने दर्द भरे स्वर में कहा।

"नहीं अमिता ! कपूर के दिल में दीवानगी है, प्राणों को उछालकर चलने की हिम्मत है; पर वह आत्मघात नहीं कर सकता, क्योंकि साथ ही उसे प्राणों का मोह भी है। और शंकर ? वह आत्मघात को बुज़दिली समझता है।"

"तो फिर इन दोनों का हुआ क्या ?"

"आठ अगस्त की शाम को सात बजे कपूर बनारस में था। मज़दूरों की बस्ती के एक उजड़े हुए मकान में उससे एक आदमी मिला था। कपूर ने आत्मरक्षा के लिए भी पिस्तौल रखने से इनकार कर दिया था। उसके बाद वह नहीं देखा गया। ख़बर देनेवाला आदमी भी गिरफ़्तार कर लिया गया। मेरा ख़याल है, कपूर बनारस में नहीं है। एक बार विजय ने जोधपुर में रहनेवाली उसकी एक दोस्त का नाम लिया था, पर आज शाम की ख़बर है कि वह जोधपुर भी नहीं गया।"

"और शंकर ?"

"ताज्जुब है कि शंकर उस रात के बाद से ही गायब है। उसके बारे में कोई पता नहीं चला।"

अमिता वहीं ज़मीन पर बैठ गई। अनिल भी उसके पास बैठ गया। उत्तेजित भाव से नहीं, अनिल ने वैसे ही शांत भाव से कहा—"यह मेरी बहुत बड़ी हार हुई है अमिता ! मेरी सारी तपस्या, सारी साधना क्षण भर में नष्ट हो गई। मेरे मन में कैसे-कैसे सुखद सपनों की आशा थी, वह पूरी न हुई। अगर मेरा दिल कमज़ोर होता तो मैं कब का मर गया होता। अभी मेरे सामने बहुत से काम पड़े हैं, बहुत से सवालों को हल करना है, इसलिए मैं अपने कार्यक्षेत्र से मुँह नहीं मोड़ सकता।

"तुम बीमार हो, मैंने यहीं तुम्हें बुलाया, यह भूल की; पर सब बातें एक बार तुम्हें बताना ज़रूरी था। हालाँकि इस वक्त मुझे सहायता के लिए एक लड़की की ज़रूरत थी। पर मेरे सामने कोई नहीं है। तुम काम करने लायक होती तो मैं तुम्हें इस वक़्त आराम से न बैठने देता। लेकिन जिसे तुम असंभव कहोगी, उसके लिए मैं तो आज भी कोशिश करूँगा, चाहे अकेला ही रह गया सही, पर पीछे न हटूँगा।"

अमिता ने एक गहरी साँस लेकर कहा—"कैसे सब कुछ इधर-से-उधर हो गया—कुछ समझ में नहीं आता।"

"तुम यक़ीन करो अमिता, कि देश में जो कुछ उथल-पुथल हो रही है, इसका ज़िम्मा किसी भी पार्टी पर नहीं है। हाँ, अगर सरकार कांग्रेस के नेताओं से मिलकर एक फ़ैसला कर लेती, तो कितना अच्छा होता ! मैं ये नहीं कहता कि कांग्रेस ने उचित काम किया है, हो सकता है कि कांग्रेस ने ही ग़लती की हो, पर यह निश्चय है कि सरकार ने बहुत जल्दबाज़ी से काम लिया। चारों ओर हाहाकार मचा हुआ है—गुमराह जनता द्वारा ट्रेनों में आग लगाई जा रही है, स्टेशनों को नष्ट किया जा रहा है, पोस्ट ऑफिस और साथ ही रुपएवाले लूटे जा रहे हैं, अदालतों को, पुलिस और सिविलगार्ड्स के दफ़्तरों को नष्ट किया जा रहा है, अनाज और कपड़े की लूट हो रही है, जेलों तक को तोड़ा-फोड़ा जा रहा है, पुलिस और फ़ौजवालों पर हमले किए जा रहे हैं, अपनी

अदालतें खोली जा रही हैं—सरकार की ओर से इन सब अनुचित कार्यवाहियों का दमन किया जा रहा है, गोलियाँ चलाई जा रही हैं, निर्दोष व्यक्तियों को भी लपेट में आना पड़ रहा है, धड़ल्ले से गिरफ़्तारियाँ हो रही हैं।''

अमिता ने एक गहरी साँस ली। अनिल कुछ देर तक चुप रहा, फिर कहा—''नौ अगस्त को बंबई में जो नेता गिरफ़्तार किए गए हैं, देश को उन पर अभिमान है। उनकी प्रतिष्ठा देश और देश के बाहर प्रत्येक वर्ग में है। लेकिन मध्यवर्ग के भूखे-नंगे लोग, जो जीवन से उकता गए हैं, इस मौके पर मैदान में आए। उन्हें लीड करनेवाला कोई न था, इसलिए वे सही रास्ते से भटक गए और मनमानी करने लगे। मैं नहीं कह सकता कि किसकी कितनी भूल है। लेकिन गुलाम जनता की कमज़ोर हड्डियाँ अपनी ग़लती की बहुत सज़ा पा रही हैं। मैंने सुना है कि लोगों पर बेरहमी से मार भी पड़ी है। दमन के जो भी अर्थ हों अमिता, पर दया उसमें नाम को भी नहीं।''

''क्या तुम्हारी पार्टी के लोगों ने भी इस क्रांति में हिस्सा लिया होगा ?''

''हो सकता है, पर मेरी स्कीम यह नहीं थी। इससे तो निश्चय ही जनता का अधिक नुकसान हुआ है और होगा। सरकार का कुछ न बिगड़ेगा। पर मैं समझता हूँ कि मेरे आदमी भी इसमें हिस्सा लेते, अगर वे गिरफ़्तार न हो गए होते। इसलिए कहा नहीं जा सकता कि उनके साथियों ने क्या किया।''

अमिता चुप बैठी रही।

अनिल ने कहा—''कुछ भी हो अमिता, मेरे जीवन भर की तपस्या मिनटों में मेरे सामने ही देखते-देखते नष्ट-भ्रष्ट हो गई। इसका मुझे बहुत दुख है ! फिर भी मुझमें अभी काफ़ी शक्ति है, मैं कभी भी गिरफ़्तार होकर पुलिस के अत्याचारों को निमंत्रण न दूँगा। हालाँकि आज पुलिस के ही हाथों में सारी शक्ति है, हर आदमी संदेह में ही गिरफ़्तार किया जा सकता है, चाहे वह अपराधी हो, चाहे न हो; मैं सबसे पहले इस बात की कोशिश करूँगा कि कपूर तुम्हारे सामने आ जाए।''

अमिता फिर भी चुप बैठी रही।

''तुम दुखी मत होना। ज़्यादा चिंता भी न करना। जब तक मैं हूँ, तब तक तुम्हें कुछ सोचने की ज़रूरत नहीं। ज़्यादा फ़िक्र करोगी तो होनेवाली संतान पर अच्छा असर न पड़ेगा, यह याद रखना। मेरा ख़याल है, पुलिस रस्तोगी को बहुत जल्द पकड़ेगी। वे कांग्रेसी हैं, यह किसी से छिपा नहीं है, उन्होंने अगस्त प्रस्ताव को पास कराने की कोशिश की है, इसलिए उनके नाम जो वारंट है, वह पुलिस की ज़्यादती नहीं कही जा सकती।''

अमिता ने अनिल की ओर देखा। बोला—''लेकिन डरने की बात नहीं है। मैं हूँ तब तक, जेल में भी उन्हें कोई तकलीफ़ न होगी। शक्ति है, हालाँकि आज मैं अकेला रह गया हूँ।''

तब अनिल ने हाथ पकड़कर उसे उठाया, कहा—''अब चलो, जो होना होगा, उससे

भयभीत होने से क्या लाभ ! उसका मुक़ाबला तो करना ही पड़ेगा।''

''तुम्हें रुपए की ज़रूरत पड़ेगी ?''

''नहीं।''

तीन बज चुके हैं। सुनसान सड़कों पर आर्म्ड-पुलिस तत्परता से पैट्रोलिंग कर रही है।

अमिता घर पहुँची तो ज्ञात हुआ कि रस्तोगी को ट्रेन से उतरते ही गिरफ़्तार कर लिया गया है।

30

आज़ादी के सपने देखनेवाले और आज़ादी की आशा लेकर चलनेवाले परतंत्र देश के यात्री को जीवन भर विश्राम नहीं है। उसके सामने ख़त्म न होनेवाला रास्ता पड़ा है। रास्ते में ठहरने के लिए न कोई मुकाम है, न शाम होने का भरोसा—सिर्फ़ न ख़त्म होनेवाला दिन ही उसका साथी है। मंज़िल कहाँ है, यह मालूम होने पर भी उसे चलते रहना है, लेकिन रास्ते का अंत न हो सकेगा, जब तक कि मुल्क गुलामी की अज़हद मज़बूत जंज़ीरों में जकड़ा हुआ मुक्ति का इंतज़ार करता है। इस रास्ते पर बहुत से मुसाफ़िर चल रहे हैं, मंजिल तक पहुँचने के विभिन्न कार्यक्रम और रास्ते उनके सामने हैं, लेकिन अनिल उन सब मुसाफ़िरों से भिन्न है, उसका रास्ता और कार्यक्रम भी सबसे जुदा है, जोकि किसी को मालूम नहीं।

तपेदिक के आख़िरी स्टेज पर खड़े मरीज़ जैसा काँपता हुआ इकराम कसाई का मकान और अनिल जैसा मुसाफ़िर उस मकान के मालिक जैसे आदमी का मेहमान है—

अनिल चुप बैठा है।

इकराम ने कहा—''कपूर बाबू दस तारीख़ की रात को यहाँ आए, उन्होंने कानपुर के रस्तोगी बाबू की बेग़म साहिबा से मिलने की ख़्वाहिश ज़ाहिर की। आपका हुक्म था, इसलिए उनके आने पर मैं एक मिनट के लिए भी उनसे अलग न हुआ। उन्होंने कहा था कि मेरा पता आपने ही उन्हें दिया था। खैर, मुझे ये नहीं मालूम था कि वे आप लोगों की आँख बचाकर भाग आए हैं। मैंने रामलाल को बीस रुपए देकर कानपुर भेजा, लेकिन अब आप कहते हैं कि वह गिरफ़्तार हो गया है।''

''हाँ।''

''इसके बाद एक दिन शाम को वे घर से बाहर निकले। मैं उन्हें मना न कर सका। पुलिस की चौकी की ओर वे जा रहे थे और मैं जरूरत के वक़्त उनकी मदद कर सकूँ, इसलिए पीछे-पीछे चल रहा था, पर उन्होंने पीछे न देखा।

''पुलिस की चौकी में दंगाइयों पर मार पड़ रही थी और तीन-चार सौ आदमियों की भीड़ चौकी पर हमला करने को एक ओर से चली आ रही थी। भीड़ के पास

ईंटें, लाठियाँ और बल्लमें थीं।''

''हाँ।''

''इतने में कपूर साहब भीड़ के सामने आ गए और कहा कि लड़ाई मत करो, लेकिन भीड़ रुकी नहीं। उधर पुलिस भी मैदान में आ गई। दोनों तरफ़ पूरी मुस्तैदी थी। पुलिसवालों ने बंदूकें तान लीं। कपूर साहब ने हाथ उठाकर भीड़ को हट जाने के लिए कहा। इतने में भीड़ के आगे खड़े एक आदमी ने कहा कि कपूर साहब गद्दार हैं। तभी एक दूसरे आदमी ने उनके सिर पर लाठी मार दी। वे वहीं गिर पड़े, तो पुलिस उन्हें उठा ले गई। जब पुलिस ने हवाई-फ़ायर किए तब भीड़ तितर-बितर हो गई। इसके बाद पता नहीं कपूर साहब का क्या हुआ।''

अनिल ने गहरी साँस ली, धीरे से कहा—''अब मैं अमिता को क्या जवाब दूँगा ! रस्तोगी गिरफ़्तार हो गया, कपूर भी अब तक किसी जेल में पहुँच गया होगा।''

''तो हुज़ूर, मैं क्या करूँ अब ?''

''तुम्हें डरने की कोई बात नहीं है इकराम !'' सौ रुपए का एक नोट उसे देते हुए अनिल ने कहा—''मैं आज तो जा रहा हूँ, पर कल रात को फिर आऊँगा और तब तुम्हें बताऊँगा कि तुम्हारे लिए कोई काम है या नहीं।''

इकराम ने नोट लेकर सलाम करने के बाद जब गरदन उठाई तो देखा कि अनिल जाने के लिए तैयार है।

अनिल ने इकराम के कंधे पर हाथ रखते हुए कहा—''घबराना मत !''

इकराम कसाई की आँखें नम हो गईं, कहा—''आपकी ख़िदमत करने का मौक़ा जल्दी ही मिले, खुदा से यही इबादत करूँगा।''

अनिल इकराम के कंधे पर थपकी देकर बाहर चला गया।

काली रात की सघनता बारिश होने के कारण और भी बढ़ गई है। इकराम अपनी कोठरी में बैठा अनिल का इंतज़ार कर रहा है। दीवारों पर पानी बह रहा है और छत जगह-जगह चू रही है। एक कोने में रखी कालिख से पुती चिमनी चढ़ी लालटेन टिमटिमा रही है।

एकाएक दरवाजे की साँकल धीरे से खटकी। इकराम ने भागकर द्वार खोला, तो पानी से तर-ब-तर अनिल को सामने पाया।

अनिल ने शीघ्रता से दरवाज़ा बंद करके कहा—''पुलिस पचास गज़ के फ़ासले पर मेरे पीछे है।''

दस मिनट बाद भारी जूतों की आवाज़ आई और फ़ेड-आउट हो गई, तब अनिल ने इकराम की ओर देखा और अंदर चला गया।

''बड़ी ग़लतियाँ हो रही हैं इकराम ! पुलिस आज तक मेरे इतने नज़दीक कभी नहीं आई थी, ख़ैर ! कपूर घायल हुआ है। वह नज़रबंद कर लिया गया है और जेल

के अस्पताल में ही उसका इलाज हो रहा है। अगर कपूर को कुछ हो गया तो मैं गवर्नमेंट से जवाब तलब करने के लिए मज़बूर हो जाऊँगा और बता दूँगा कि उसकी जान की कितनी क़ीमत है। दो-एक दिन मैं उसकी हालत के बारे में जानने का इंतज़ार करूँगा। अगर हालत ठीक न हुई तो मुझे रुकना होगा; वरना आज से तीसरे दिन, मेरे लौटने पर, तुम मेरे साथ कश्मीर चलोगे। ज़मीर कश्मीर में ही है, उसी के पास चलना है।''

इकराम चुपचाप खड़ा रहा।

''हाँ, मुझे कपड़े दो। मेरे साथ तुम्हें दो मील तक चलना होगा। वहाँ एक कार मेरी राह देख रही होगी। मैं आज ही कानपुर पहुँचूँगा, क्योंकि अमिता को कपूर के बारे में सब कुछ बताना बहुत ज़रूरी है।''

इकराम ने अपना टीन का टूटा हुआ बक्स खोला और एक तहमद, रंगीन सिल्क का कुरता और फूलदार बास्कट निकालकर अनिल के सामने रख दिए।

अनिल ने मुसकरा के कहा—''ये कपड़े काफ़ी ठीक रहेंगे इकराम !''

31

अमिता सो रही है—पता नहीं, परियों के देशवाली सुखद नींद उसकी आँखों में है या गुलाम देश की ग़रीबी, बेकारी, दुख और आँसुओं से भीगी दरिद्रता की नींद; लेकिन वह सो रही है, इसमें शक नहीं। खिड़की की राह अनिल अकस्मात् कमरे में आ उपस्थित हुआ और लाइट जला दी।

अमिता को जगाकर अनिल उसी के पलंग पर चुपचाप बैठ गया। जब अमिता प्रकृतिस्थ हो गई तो अनिल ने कहा—''इकराम के कपड़े पहनकर आया हूँ, पर इकराम कसाई नहीं हूँ अमिता ! रस्तोगी बहुत जल्द छूट जाएँगे। अगर उन पर मुकदमा चलाया गया। कपूर की बाबत यह पता लगा है कि—वह घायल अवस्था में गिरफ़्तार किया गया है...''

''घायल अवस्था में ?''

''हाँ, पर मैं कह चुका हूँ कि मेरे रहते डरने की बात नहीं है। अगर उसे कुछ हो गया तो मैं यों बैठा न रहूँगा, इस बात को कभी मत भूलना। वैसे आशा है कि वह जल्द अच्छा हो जाएगा। इस बार उसका छूटना मुश्किल है, क्योंकि यह पता नहीं चल सका कि वह कहाँ बंद है।''

''फिर क्या होगा ?''

''घबराओ मत अमिता ! इससे बच्चे की प्रकृति पर बुरा असर पड़ेगा। हाँ, कपूर सही-सलामत वापस आएगा, यह आशा एक पल के लिए भी अपने मन से दूर न करना।''

''मेरी तबीयत ठीक नहीं रहती तुम जानते हो, ऐसी हालत में अकेले मेरा मन

बड़ा दुखी रहता है।''

''चिंता मत करो अमिता ! ज़रूरत के वक़्त मैं तुम्हारे पास हूँ, यह क्यों भूलती हो ?''

''वैसे तो कल चाची वग़ैरह आ जाएँगी, लेकिन...''

''लेकिन कुछ नहीं अमिता ! मैं जा रहा हूँ, तुम फ़िक्र मत करना। मैंने तुम्हें वचन दिया है, कपूर सही-सलामत वापस आएगा, समझीं ?''

''तुम कब आओगे फिर ?''

''अगर कपूर अच्छा हो गया तब तो मैं कुछ दिनों तक न आ सकूँगा, क्योंकि इस बीच थोड़े दिन के लिए बाहर जाना है—लेकिन अगर उसे कुछ हो गया तो फिर मैं तब आऊँगा जब तुम्हें यह बता सकूँगा कि मैंने उसकी मौत का कितना भयानक बदला लिया है। फिर भी मुझे आशा है कि वह अच्छा हो जाएगा। तुम क़तई चिंता न करना। मेरे न होने पर, दूसरे लोग मुझे हर बात का समाचार फ़ौरन देंगे और तब मैं किसी वक़्त भी तुम्हारे पास आ जाऊँगा।''

''लेकिन ऐसा न करना कि खुद के लिए ख़तरा हो जाए।''

''नहीं-नहीं, अमिता ! मैं सब देख-समझकर क़दम उठाता हूँ।''

अनिल उठ खड़ा हुआ। अमिता उठने लगी तो कहा—''तुम बैठो, मैं चला जाऊँगा।'' और अनिल कमरे से निकलकर दूसरे कमरे में पहुँचा, फिर तीसरे कमरे में, फिर सीढ़ी उतरकर नीचे आया, दो कमरे पार किए, हॉल पार किया, फिर कई कमरों के बाद सदर दरवाज़े की ओर बढ़ा।

अनिल इस रास्ते से आया नहीं था। वह पीछे बाग़ की तरफ़ से ऊपर पहुँच गया था, क्योंकि आवाज़ देकर घर के नौकर-चाकरों को जगाना नहीं चाहता था; लेकिन जाते वक्त सदरगेट से जाना उसने बुरा न समझा।

अनिल की बातें सुनकर अमिता मंत्रमुग्ध-सी बैठी रहीं, जब वह चला गया, काफ़ी देर हो गई, तो उसने आँखें फाड़कर चारों ओर देखा और धीरे से कहा—''अरे, दरवाज़े पर तो पुलिस है।''

वह उठी और भागते हुए, कमरे पार करके, शीघ्रता से सीढ़ी उतरने लगी, उसकी साँस तेजी से चल रही थी, पैर लड़खड़ा रहे थे।

उसके पैरों ने साथ छोड़ दिया और वह लुढ़कते हुए, नीचे फ़र्श पर जा गिरी। अंतिम बार उसने फिर कहा—''उधर न जाओ अनिल...!''

ठीक उसी वक़्त बाहर मैदान में शोर हुआ, गोलियों के चलने की आवाज़ें हुईं और अनिल क्षण भर में पहरे पर खड़ी पुलिस की आँखों से ओझल हो गया !

सरकारी अस्पताल के डॉक्टर ने रस्तोगी के चचा से कहा—''पेट में बच्चा मर गया है, पर मरीज़ा अभी जी रही है। पेट से बच्चा निकालने के बाद भी अगर ये जीती

रही तो कुछ उम्मीद की जा सकती है, नहीं तो...!"

रस्तोगी के चचा ने कुछ न कहा।

32

अमिता की मृत्यु होने से पहले रस्तोगी के चचा कई अफ़सरों के पास गए, बहुत कोशिश की—हाथ जोड़े, मिन्नतें कीं—पर उससे कोई ख़ास लाभ न हुआ।

जब अमिता न रही तो बड़ी-बड़ी सिफ़ारिशें लेकर नए सिरे से फिर कोशिश की।

कई दिन बाद रस्तोगी को पंद्रह दिन के लिए—पैरोल पर—छोड़ा गया। जिस समय वह जेल से बाहर आ रहा था, लगता था जैसे उसमें शक्ति नहीं रही है; पीला पड़ा हुआ चेहरा नीचे झुकाए वह मोटर में जा बैठा, उसके दिल का दर्द पसीने से चमकते हुए चेहरे पर फूटा पड़ रहा था।

उसे अमिता के 'फूल' ही नसीब हो सके !

काश ! अमिता के जीवनकाल में रस्तोगी और कपूर दो क्षण के लिए ही उसके सामने पहुँच जाते और अनिल कश्मीर जाने से पहले उस बलिदान की बात सुन लेता।

बिदा !

●●●

प्रतिबंधित हिंदी साहित्य

खण्ड 2

प्रतिबंधित हिंदी साहित्य

खण्ड 2

संकलन एवं संपादन

रुस्तम राय

राधाकृष्ण प्रकाशन

ISBN : 978-81-7119-435-3

प्रतिबंधित हिन्दी साहित्य, खंड 2

पहला संस्करण : 1999
पहली आवृत्ति : 2024
This book is printed on **Print on Demand** Technology : 2026

मूल्य : ₹2500
(दो खंडों का सैट)

प्रकाशक
राधाकृष्ण प्रकाशन प्राइवेट लिमिटेड
जी-17, जगतपुरी, दिल्ली-110 051
शाखाएँ : अशोक राजपथ, साइंस कॉलेज के सामने, पटना-800 006
पहली मंजिल, दरबारी बिल्डिंग, महात्मा गांधी मार्ग, प्रयागराज-211 001
1, अनमोल सोराबजी संतुक लेन, धोबी तलाव, मरीन लाइंस, मुम्बई-400 002
वेबसाइट : www.radhakrishnaprakashan.com
ई-मेल : info@radhakrishnaprakashan.com

PRATIBANDHIT HINDI SAHITYA, PART-II (POEMS)
Collection by Rustam Rai

श्रद्धेय गुरुवर मैनेजर पांडेय को सादर

भूमिका

आजादी की 50वीं वर्षगाँठ के मौके पर अंग्रेजी शासन द्वारा प्रतिबंधित हिंदी कविताओं, गीतों, ग़ज़लों और लोक-साहित्य से हमारा अपरिचय निश्चय ही आश्चर्यजनक है। अपनी लेखनी से आजादी की लौ को जलानेवाले रचनाकार आज खुद गुमनामी के अँधेरे में हैं। यह स्थिति हमारे लिए बहुत खेदजनक है।

कहने की आवश्यकता नहीं कि आजादी की लड़ाई की रफ़्तार के साथ अंग्रेजी शासन के दमन की रफ़्तार भी तेज़ हुई। 1857 तक भारतवर्ष पूरी तरह ब्रिटिश साम्राज्य की गिरफ़्त में आ चुका था। व्यापारी अब स्वामी बन गए थे। 1857 की विफलता ने भारतीयों का मनोबल क्षय तो किया; किंतु उन्हें एकता का पाठ भी पढ़ा दिया। भारतेंदु और उनके युग के लेखकों ने अंग्रेजों के शोषण और उनकी दमनमूलक नीति का विरोध करते हुए देश की तत्कालीन दुर्दशा और हीनावस्था के प्रति क्षोभ व्यक्त किया। परंतु महावीर प्रसाद द्विवेदी और उनके युग के लेखकों का विरोध क्रमशः कमजोर पड़ता गया।

1919 के जलियाँवाला हत्याकांड और प्रथम विश्वयुद्ध के बाद भारतीयों का मोहभंग हो गया। अब वे समझ गए कि संघर्ष के बिना स्वाधीनता संभव नहीं। फलतः क्रांतिकारियों की गतिविधियाँ निरंतर तीव्रतर होने लगीं। दूसरी तरफ अंग्रेजी शासन का शिकंजा कसता चला गया। अब जनता के समक्ष संघर्ष के सिवा कोई दूसरा विकल्प न था। विवश जनता की आवाज बनकर रचनाकार महासंग्राम के मैदान में कूद पड़े। यही समय था, जबकि छायावादी साहित्य का सूर्य आसमान में चमक रहा था। छायावादी रचनाकार अनेक पड़ावों से गुजरते हुए अपनी यात्राएँ पूरी करने में लगे थे। उनकी स्तुतियाँ गाई जा रही थीं तो जनता अंग्रेजी दमन से बेज़ार थी। यह महज़ विडंबना ही नहीं बल्कि छायावादी साहित्य की सबसे बड़ी त्रासदी है कि उसमें कहीं भी विदेशी शासन का अस्वीकार तथा उसके बहिष्कार का स्वर सुनाई नहीं पड़ता, संघर्ष की बात तो बहुत दूर की थी। प्रतिबंधित हिंदी कविताओं में स्वाधीनता आंदोलन और तत्कालीन भारतीय जनमानस की सच्ची तस्वीर मिलती है न कि छायावादी कविताओं में। प्रतिबंधित कविताएँ ही थीं जो ब्रिटिश राज की नींव को हिला रही थीं।

मैंने प्रस्तुत 'प्रतिबंधित हिंदी साहित्य' भाग-2 (काव्य-खंड) में प्रतिबंधित कविताओं/गीतों/लोकगीतों/गज़लों आदि रूपों को रखा है। मुख्य रूप से प्रतिबंधित कविताओं के चार संकलन इसमें शामिल किए गए हैं। बहुत सारी कविताएँ अन्य प्रतिनिधि संकलनों से ली गई हैं। प्रतिबंधित कविता-पुस्तकों में पहली पुस्तक 'खून के छींटे' बलभद्र प्रसाद गुप्त की है। सन् 1930 में प्रकाशित यह संकलन राजनैतिक कविताओं का अपूर्व दर्शन है। दूसरी पुस्तक 'मुक्तक संगीत' के कवि-द्वय हैं श्री अभिराम शर्मा और प्रणयेश शर्मा। 1932 में प्रकाशित इस पुस्तक की एक महत्त्वपूर्ण विशेषता है कि इसके गीतों की रचना शास्त्रीय संगीत के रागों और धुनों को आधार बनाकर की गई है। तीसरी रचना 'विद्रोहिणी' तथा चौथी रचना 'तूफ़ान' के कवि हैं प्रह्लाद पाण्डेय 'शशि'। सभी कवि विद्रोही और संघर्षकामी हैं। 'विद्रोहिणी' और 'तूफ़ान' का प्रकाशन क्रमशः 1942 और 1943 में हुआ था। हैरत की बात है कि इन चारों पुस्तकों का उल्लेख हिंदी साहित्य और आलोचना के इतिहास में नहीं मिलता। सच तो यह है कि ये पुस्तकें संपूर्ण छायावादी साहित्य को चुनौती देती हैं। कहना न होगा कि सबके सब कवि युगीन चेतना के साथ जनचेतना के कवि हैं। ये कवि न केवल अपने प्रति ईमानदार हैं बल्कि अपनी रचनाओं के प्रति भी ईमानदार हैं।

इन कविताओं के अतिरिक्त अन्य कविताएँ भी इसमें संकलित की गई हैं, जिनका ऐतिहासिक और रचनात्मक महत्त्व है। इस संकलन की गुणवत्ता के विषय में सुधी पाठक ही अपना निर्णय दें तो समीचीन होगा।

मेरे इस शोधपूर्ण कार्य की सफलता का श्रेय जे.एन.यू., भारतीय भाषा केंद्र के अध्यक्ष एवं प्रोफेसर श्रद्धेय गुरुवर मैनेजर पांडेयजी को है, जिन्होंने मुझे हर पल प्रेरणा, प्रोत्साहन और सम्यक् मार्ग-दर्शन दिया है। रचनाकार मित्र डॉ. अब्दुल बिस्मिल्लाह की मदद और उनका प्रोत्साहन मेरे लिए बहुत बड़ा संबल रहा है। इस खंड की रचनाओं को तरतीब देने में भाई चंद्रदेवजी की महत्त्वपूर्ण भूमिका रही है। इस अवसर पर मैं अपनी पत्नी हमीदा, बेटी रौनक, बेटे तारीफ़ और भाई शाहिद को कैसे भुला सकता हूँ, जिनके सहयोग के बिना यह गुरुत्तर कार्य मेरे लिए संभव ही नहीं था। इसी क्रम में राधाकृष्ण प्रकाशन के स्वत्वाधिकारी श्री अशोकजी का मैं आभारी हूँ, जिन्होंने इस पुस्तक को प्रकाशित कर मेरे इस कार्य की सार्थकता सिद्ध की है। इत्यलम्।

रुस्तम राय

'रोशनी'
नांग्रिम हिल्स, शिलांग-3
मेघालय

क्रम

ख़ून के छींटे

बलभद्रप्रसाद गुप्त विशारद 'रसिक'

आह! अमित घायल हैं फिर भी खुले हुए हैं सीने।
चमका दें बलि-वेदी को भी क्यों न अमूल्य नगीने?
पराधीन होकर भी हैं यदि कर सकते न गुज़ारा।
तो फिर इस जीवन से जीवन-दान क्यों न हो प्यारा?

लेखनी

[1]

भावों के प्रवाह में बहा दे मन-मानस को,
कायरों के चित्त में भी जोश उमगा दे तू।
वीरता का बाना पहिना दे फिर भारत को,
जागृति की ज्योति-चंद ज्योत्स्ना जगा दे तू।।
चढ़ा दें 'रसिक' प्राण-सुमन समोद हम;—
बलि-वेदी पर, ऐसी लगन लगा दे तू।
भैरवी भयंकरी कराल कालिका सी फिर,
लेखनी! सदा के लिए भीरुता भगा दे तू।।

[2]

ऐसी भाव-पूर्ण कविताएँ लिख दे तू आज,
जिन्हें पढ़कर जनता की आँख खुल जाए।
वासना से हो गया है चित्त अपवित्र जो कि,
वीरता की सुधा-धारा द्वारा वह धुल जाए।
अपना औ' अन्य देश के निवासियों का भेद,
तेरी ही 'रसिक' नोक-तुला पर तुल जाए।
विकराल करवाल सी री लेखनी तू चल,
तेरी गति में विशाल बज्र तक घुल जाए।।

[3]

बना दे नृसिंह सर्व भारत-निवासियों को,
उन्नत अचल को भी कर दे चलायमान।

हर ले तू इनके हृदय से द्वेष-कालकूट,
निज बल देकर बना दे इन्हें बलवान।।
भू पर गिरा दें ये गगन और गिरि को भी,
भर दे री लेखनी! तू ऐसी प्रतिभा महान।
जिससे समोद ये चढ़ा दें निज प्राण-पुष्प,
'रसिक' स्वदेश-बलि-वेदी पर बलिदान।।

[4]

परम प्रचण्ड मार्तंड - सा बना दे देवि !
इनके शरीर में अपार तेज भर दे।
इनके मुखों को कांतिमान कर विद्युत-सा,
इनके हृदय में शिवा जी का जोश धर दे।।
परतंत्रता की भावनाएँ तू मिटा दे शीघ्र,
'रसिक' प्रताप-सा प्रतापी इन्हें कर दे।
बनकर चण्डी प्रलयंकरी री लेखनी! तू;
एक बार नीच आततताइयों को दर दे।।

[5]

प्राप्त कर तेरी दया-दृष्टि दयाशील बनें,
सानुराग कर दें निसार देश पर प्रान।
बन जाएँ तेरी शक्ति से महान शक्ति-शाली,
गावें स्वाभिमानी बन कर राष्ट्रीय गान।।
फिर से स्वराज्य की पताका फहरा दे देवि!
अटक से कटक औ कटक से मुलतान।
भावुक 'रसिक' भारतीय हैं ये भक्त सभी,
लेखनी! इन्हें दे तू स्वतंत्रता का वरदान।।

[6]

मेरी लेखनी में चण्डी! फूँक दे तू ऐसा ओज,
जिससे सिहर उठे इससे कृपाण - धार।
बज्र-सी कड़क कर जब यह चल पड़े,

मच जाए विघ्नकारियों में तब हाहाकार।।
नोक से निकाल कर क्रांति और उन्माद,
भर दे स्वदेश-प्रेमियों में वीरता अपार।
निज प्रतिभा से दहला दे विश्व-मण्डल को,
कर दे 'रसिक' कालकूट को भी क्षार छार।।

परिचय

[1]

श्रीकर हो दीनता का दर्प दरता हूँ सदा,
तीक्ष्ण तम-तोम हरने के लिए रवि हूँ।
एकमात्र भारत का पावन पुजारी हूँ मैं,
अग्नि की प्रचण्ड प्रतिभा का दिव्य छवि हूँ।।
शशि-ज्योत्स्ना-सी मेरी कांति-कौमुदी है मंजु,
राजनीति, छत्र-दण्ड का प्रकाण्ड पवि हूँ।
किसने न विश्व में है मान लिया लोहा मेरा,
शांत क्रांतिकारी हूँ मैं 'रसिक' सुकवि हूँ।।

[2]

दिग्गजो! दिशाओ! कच्छपो! फणीन्द्र! शेष सभी,
काँप क्यों रहे हो जैसे काँपती है कदली?
त्यागकर केतकी कुसुम को 'रसिक' तुम्हीं,
चंपा के समीप क्यों पधारते हो ऐ अली?
अट्टहास करते हो व्यर्थ क्यों घटाओ! घोर;
भागते फिरोगे मिलेगी न एक भी गली?
सावधान सूर्य! शशि! अग्नि! वारि! वायु! नभ!
मेरी लेखनी ने आज करवट बदली।।

कवि-प्रतिभा

उज्ज्वल धवल धूम्रकेतु नभ - मण्डल से,
टूट टूट कर भूमि पर गिर जाएँगे।
झंझा के झकोरों से न दिन का चलेगा पता,
सघन गगन - मध्य घन घहराएँगे।।
जाकर छिपेगी मृत्यु जीवन के अंचल में,
समालोचकों के सेनापति थहराएँगे।
वीर-रस-पूर्ण, महाकाव्य लिखने को जब,
सुकवि 'रसिक' निज लेखनी उठाएँगे।।

अनुरोध

ऐसा वरदान वरदायक ! प्रदान करो,
भारत का फिर से ज़माना ही बदल जाए।
क्रोध से दहाड़ उठे भारतीय सिंह यदि,
विन्ध्याचल चल जाए दिग्गज दहल जाए।।
'रसिक' तुम्हारी दिव्य-दया-दृष्टि द्वारा फिर,
विघ्न-बर्फ़ गल जाए, दुख-दल टल जाए।
अघ-अभिलाष अग्नि-ज्वाल ही सा जल जाए,
उन्नति - गगन पर भारत मचल जाए।।

विनय

[1]

क्रांति का कराल करवाल चमका दे फिर,
अवनति-निशाचरी का सारा दर्प दर दे।
भारतीय पूर्ण स्वाधिकार फिर प्राप्त करें,
सर पर इनके बरद-हस्त धर दे।।

'रसिक' स्व विघ्नकारियों को नष्ट भ्रष्ट करें,
इनमें अनंत उत्साह शीघ्र भर दे।
एरी मातु भारत! महान शक्तिशाली फिर,
एक बार भारत-निवासियों को कर दे।।

[2]

पूर्णतया फिर से समृद्धि सुख-युक्त कर,
दीनता का कंटक हृदय से कढ़ जाने दे।
रौंद दे पदों से परतंत्रता पिशाचिनी को,
'रसिक' स्वतंत्रता का पाठ पढ़ जाने दे।।
शीघ्र ही स्व दया-दृष्टि-द्वारा एक बार फिर,
उन्नति के मंजु मार्ग पर बढ़ जाने दे।
एरी मातु भारत! स्वदेशवासियों को फिर,
राष्ट्र-बलि-वेदी पर बलि चढ़ जाने दे।।

मतवाला भिक्षुक

[1]

रक्त-धार से सींच रहे हैं स्वतंत्रता की क्यारी।
आज पूर्णतः धधक रही है विप्लव की चिनगारी।।
नमक बनाकर जग को दिखलाते निज नमकहलाली।
नवजीवन के लिए पिए लेते हैं विष की प्याली।।

[2]

नमक अदा कर रही देश के दीवानों की टोली।
सह कर कोमल वक्षस्थल पर बंदूकों की गोली।।
वे निज घोर दमन का चाहे जितना चक्र चलाएँ।
मौत और फाँसी से डरतीं कहीं वीर आत्माएँ?

[3]

क्या भारत-भविष्य में छाईं क्रांतिकारिणीं रातें?
सहन करेंगे कब तक निष्ठुर असहनीय आघातें?
महा-शक्ति है, मूल-मंत्र है, विषम बज्र है खादी।
अब तो इस पर ही निर्भर है भारत की आज़ादी।।

[4]

इन नश्वर जग में होना है बार बार यदि पैदा।
डर कर व्यर्थ मृत्यु से फिर क्यों हों न मुल्क के शैदा?
पता नहीं थोड़े ही दिन में है क्या होनेवाला?
अखिल विश्व-सम्राट बनेगा क्या भिक्षुक मतवाला?

महारथी लाला लाजपतराय

[1]

देव! तुम्हारे भग्न हृदय में थी व्यथितों की आह छिपी।
देव! तुम्हारे रग रग में थी केवल कसक कराह छिपी।।
देव! तुम्हारे रोम रोम में था स्वदेश का प्यार छिपा।
बृटिश-राज्य का देव! तुम्हारे में था उपसंहार छिपा।।

[2]

देव! तुम्हारे भिक्षुक हाथों में था नीरव त्याग छिपा।
स्वतंत्रता का देव! तुम्हारे में था दृढ़ अनुराग छिपा।।
देव! तुम्हारे वचनों में था महा प्रबल तूफ़ान छिपा।
देव! तुम्हारी जिह्वा में था अमित आत्म-सम्मान छिपा।।

[3]

देव! तुम्हारी मंजु मूर्ति में थी यद्यपि शुभ शांति छिपी।
किंतु तुम्हारी नेत्र-लालिमा में थी भीषण क्रांति छिपी।।
देव! तुम्हारे अस्थि-जाल में थे विप्लव के गान छिपे।
कितनों के थे मान छिपे, कितनों के थे अरमान छिपे।।

[4]

देव! तुम्हारे मस्तक में था भव्य भाव-उन्माद भरा।
देव! तुम्हारी वाणी में था अट्टहासमय नाद भरा।।
देव! तुम्हारे अधरों में था वैभव के प्रति शाप भरा।
देव! तुम्हारी चितवन में था कृषकों का संताप भरा।।

[5]

हाय! विलोका गया न तुमसे दीनों के प्रति अत्याचार।
हाय! न देखा गया कृतघ्ना का तुमसे दूषित व्यवहार।।
हाय! विलोका गया न तुमसे जग में अपनों का अपमान।
हाय! विलोका गया न तुमसे जग में अपनों का अपमान।
न्याय-मूर्ति-मानव कैसे सह सकते हैं अन्याय महान?

[6]

स्वयं लाजपत किस प्रकार लज्जा माँ की लुटने देता?
आँखों के आगे आँखों के तारों को कुटने देता?
सत्याग्रह का शस्त्र हाथ में लेकर निकल पड़ा रण-वीर।
सहम गए अत्याचारीगण लख कर उसकी छवि गंभीर।।

[7]

उसे देख हथकड़ियों की दृढ़ कड़ियाँ भी कड़ कड़ टूटीं।
उसे देख पाशविक शक्ति की मदमाती आँखें फूटीं।।
उसे देख नौकरशाही का भी शाही आतंक मिटा।
उसे देख भारत माँ के अंचल का पंक कलंक मिटा।।

[8]

क्षण भर में ही देव! न जाने हुए कहाँ तुम अंतर्ध्यान?
अत्याचारों की बलि-वेदी पर तुम हाय! हुए बलि-दान।।
मर मिट गए, नहीं—हृदयासन पर तुम देव! हुए आसीन।
हम निर्जीवों में फूँका है तुमने जीवन अर्वाचीन।।

[9]

'रसिक' राष्ट्र की बलि-वेदी पर तुमने अपना जीवन त्याग।
लगा दिया है सब के दिल में कभी न बुझनेवाली आग।।
देव! तुम्हारी स्मृति लाती है मानस में भीषण भूचाल।
वर्तमान आंदोलन उसका ही है केवल प्रातःकाल।।

[10]

रक्त-धार से सिंचित होगी स्वच्छंदता-कुसुम-क्यारी।
धधक उठेगी धीरे-धीरे महाप्रलय की चिनगारी।।
देव! तुम्हारे प्राण-दान से जो प्रज्वलित हुई ज्वाला।
कर दासत्व भस्म पहनावेगी वह क्यों न विजय-माला?

[11]

जल जावेंगे उसमें पड़कर दीन दरिद्रों के दुख, पाप।
क्यों न करेंगे निज कृत्यों पर अत्याचारी पश्चात्ताप?
भस्मीभूत न हो जावेगा फिर क्यों पराधीनता-क्लेश?
क्यों न स्वर्ण सा चमक उठेगा विश्व-तिलक मणि भारत देश?

होली में

कुंकुम अबीर लेशमात्र भी नहीं है पर,
द्रोह, द्वेष, दैन्य है हमारी झीनी झोली में।
विजय मिली ही नहीं विजया कहाँ से छने?

बुक्के में सफ़ेदी औ न लालिमा है रोली में।
व्यवसाय भी है हाय! हाथ में विदेशियों के;
राष्ट्र-शक्ति 'रसिक' छिपी है गन-गोली में।
गाल कैसे लाल बन सकते गुलाल से हैं?
दासता न भस्म हुई अब तक होली में।।

होली हो

खद्दर का चद्दर हो तन की बढ़ाता छवि;
भाल पर द्युतिपूर्ण विजय की रोली हो।
मुख की 'रसिक' लोल लालिमा विलोक कर,
चकित चतुर चित्रकार की भी टोली हो।।

मनोवृत्ति मातृभूमि पर बलि होने की हो;
यशोगान से अपार गुंजित प्रतोली हो।
क्यों न इसी भाँति एरी मातु! आज भारतीय;
वीर क्रांतिकारियों के जीवन की होली हो?

होली है

[1]

राष्ट्र की विजय-वैजयंती फहरा रही है,
खुल गई भारतीय वीरता की झोली है।।
क्रांति और स्वतंत्रता के नारे लग रहे हैं आज,
कर दी गई प्रतापहीन गन-गोली है।।

रक्षक हैं, प्राण भी 'रसिक' वार देंगे हम,
हट जाओ सामने से यह मातृ-डोली है।
होली हो ली चाहे जैसी अब तक किंतु अब,
खेलना सुरों से स्वर्ग ही में हमें होली है।।

[2]

लेकर समोद पिचकारी शुभ सत्यता की,
घोलकर जोश का गुलाल झीनी झोली में।
डूबकर रम्य राष्ट्रीयता की रंगत में,
रँग कर भव्य भारतीयता की रोली में।।

लेकर अबीर स्वाधिकारों का 'रसिक' सौम्य,
गाकर कबीर बीरता की प्रिय बोली में।
पीकर स्वदेश - रुचि - रूप - रस पूर्णतया,
खेल लिया होली वीरो! खूब बारडोली में।।

गुलाल की

[1]

हो गए हतोत्साह आह! सब भाँति से हैं,
रह गई हाय! बस शक्ति हड़ताल की।
शेर का शिकार कैसे करें काँपते हैं जब?
देखकर तीक्ष्ण लाल दृष्टि कोतवाल की।।
टोली कैसे मस्त मतवालों की दिखाई पड़े?
'रसिक' स्वतंत्रता भी है न बोलचाल की।
दासता का पाप अब तक जला होली में न,
चढ़े कैसे भाल पर लालिमा गुलाल की?

[2]

दाने दाने को भी हो गए है मुँहताज जब,
बात क्या चलावें मोती, लाल, मणिमाल की?
पैदल भी चलने की आज्ञा नहीं है जब,
बात क्या चलावें हाथी घोड़े सुखपाल की?
लाठी बाँधने के लिए भी हैं न स्वतंत्र जब,
बात क्या चलावें तलवार और ढाल की?

होली नहीं जब सभी भाँति से मुहर्रम है,
बात क्या चलावें तब रोली या गुलाल की?

[3]

दीन भारतीयों को हैं अन्न के भी लाले पड़े,
हाकिम हैं किंतु हवा खाते नैनीताल की।
लुट जाएँगे ये मोती, लाल औ जवाहर भी,
यदि हमने न भली भाँति देख-भाल की।।
किस न्यायाधीश से 'रसिक' फ़र्याद करें?
किसको सुनावें निज कविता मलाल की?
गालों पर किसी भाँति से भी चढ़ती है नहीं,
लाली लेशमात्र आज रोली या गुलाल की।।

[4]

करते विहार राजहंस थे जहाँ सदैव,
सुन पड़ती हैं वहीं बोलियाँ शृगाल की।
चलता सबों ही पर काल का कराल चक्र,
किंतु तुलना न मिली कहीं इस चाल की।।
'कूट-भेद-नीति' जानते हैं लड़ते हैं तो भी,
यह अवनति भी है कितने कमाल की?
हो गए हैं गाल दोनों लज्जा से ही लाल लाल,
आई इन पर नहीं लालिमा गुलाल की।।

[5]

मोती चुनते हैं मानसर में उलूक, बक,
हीन हो गई है हाय हालत मराल की।
डस लिया फिर भी ज़हर है उगल रही,
कैसी है कठोर फुफ़कार इस ब्याल की।।
आत्म-बलिदान बिना टूट सकती है नहीं,
बेड़ी पड़ी कठिन है दासता के जाल की।
हो गए हैं नेत्र लाल, खून है उतर आया,
आई इनमें न लेश लालिमा गुलाल की।।

[6]

मतवालापन वही फिर दिखलाई देगा,
'रसिक' सुनेंगे वही ध्वनि करताल की।
झोली खुल जाएगी अबीर और कुंकुम की,
धूम मच जाएगी कबीर के जमाल की।।
पाप, दुराचार, अत्याचार भस्मीभूत होंगे,
उपमा मिलेगी न विशाल इक़बाल की।
होली स्वच्छंदता की होगी पार साल तब,
गाल पर शोभा देगी लालिमा गुलाल की।।

पतन

ऐसी हो गई है हाय! हालत हमारी हीन,
जुल्म हुआ आज राष्ट्रीय गान गाना भी।
हो गई पतन की परम पराकाष्ठा है,
जुल्म हुआ आज निज वेदना सुनाना भी।।
'रसिक' समस्त विश्व को थे जो खिलाते रहे,
जुल्म हुआ आज उन्हें रूखा सूखा खाना भी।।
किया था विकाश जिन लोगों ने ही सभ्यता का,
जुल्म हुआ उन्हें आज नमक बनाना भी।।

भारत-निवासी

जीवन सफल भारतीयों का ही सदा से है,
इनके समान जग में न सदाचारी हैं।
दीन दुखियों का दुख दूर करने को नित्य,
दृढ़ता औ सत्य की ये रखते कटारी हैं।।
देश-बलि-वेदी पर प्राण - पुष्प चढ़ा देते,
'रसिक' समोद ऐसे वीर-ब्रतधारी हैं।

प्रेम के प्रकाशक हैं, भ्रांति के विनाशक हैं,
शांति के उपासक हैं, क्रांति के पुजारी हैं।।

क्रांति

क्रांति है एक शक्ति अनमोल।
बड़े बड़े साम्राज्यों को यह करती डाँवाडोल।।

उन्नति का प्रिय पाठ पढ़ाती।
स्वच्छंदता - सुमन सरसाती।।
गर्वीलों का गर्व गिराती।
मुर्दों में नव जीवन लाती।।
विप्लव द्वारा विष में भी यह अमृत देती घोल।।
क्रांति है एक शक्ति अनमोल।।

[2]

इसका सदा बोल है बाला।
यह फैला देती नव ज्वाला।।
जाने पिला कौन सा प्याला।
है यह कर देती मतवाला।।
पराधीन राष्ट्रों में है यह ला देती भूडोल।।
क्रांति है एक शक्ति अनमोल।।

[3]

अत्याचार न सहने देती।
शांत न क्षण भर रहने देती।।
नहीं हृदय में दहने देती।
कातर शब्द न कहने देती।।
बारंबार राज-सत्ता की स्वयं खोलती पोल।।
क्रांति है एक शक्ति अनमोल।।

[4]

दीन दरिद्रों का दुख हरती।
ध्यान स्वाधिकारों का धरती।।
पल में ही पागल सा करती।
रक्त महा-सागर दल तरती।।
साम्यवाद या दृढ़ स्वराज्य के सदा बोलती बोल।।
क्रांति है एक शक्ति अनमोल।।

[5]

रिपुओं के बम बरसाने पर।
घृणित भावना दरसाने पर।।
प्रतिहिंसा मन में आने पर।
सहन-शक्ति के थक जाने पर।।
रण-चण्डी सी 'रसिक' बजाने लगती है रण-ढोल।।
क्रांति है एक शक्ति अनमोल।।

[6]

देवि! तुझे आ हम अपनावें।
तेरा गौरव गायन गावें।।
तुझ पर प्राण-प्रसून चढ़ावें।
तेरी पावन प्यास बुझावें।।
तेरे लिए दिया है हमने निज वक्षस्थल खोल।।
क्रांति है एक शक्ति अनमोल।।

आहों की चिनगारी

[1]

अत्याचारी! कर तू चाहे सर को तन से हीन।

किंतु आत्मा कभी न होगी तेरे सन्मुख दीन।।
हाथों में भर दे तू चाहे फ़ौलादी हथकड़ियाँ।
पर न व्यक्त होंगी आँखों में अश्रु-बिंदु की लड़ियाँ।।

[2]

'रसिक' समोद पान कर लूँगा विषम गरल का प्याला।
दग्ध तुझे ही किंतु करेगी जागृत-जीवन ज्वाला।।
मुझे मारने से पहले तू करले खूब विचार।
मेरी आहो की चिनगारी से होगा तू छार।।

मन में

आज भारतीयों को हैं भोजन के लाले पड़े,
आकर अटक रहे प्राण अन्न-कन में।
मिल जातीं उन्हें सारी खोई निधियाँ हैं मानो,
देख कर घिरे हुए बादल गगन में।।
पर जानती है भारतीय सरकार यह,
राज-शक्ति बढ़ती है प्रजा के निधन में।
डाल कर फूट पीछे लूट है मचाती वह,
निज कूट - नीति - द्वारा इसी दरन में।।

अमर

लोभ का न क्षोभ जिसको है हुआ जीवन में,
बजता नगाड़ा नित्य जिसके ही दम का।
काम पड़ता है जिसको न छलियों से कभी,
हृदय में जिसके न अंश भी है भ्रम का।।
दीन दुखिया न कभी जिससे सताये जाते,
जिसका कृपाण रणभूमि में ही चमका।

मृत्यु भी मिटा न सकती है दुनिया से उसे,
डर होता उसको न यम और बम का।

बारडोली है

[1]

बढ़ गया साहस अपार पाप का भी आज,
पुन्य से ससैन्य चला करने ठिठोली है।
लाज का न लेश पहिले ही रहा मानस में,
रहा सहा अंश निर्लज्जता ने धो ली है।।
'रसिक' नृशंसता ने होकर कठोर अति,
शुद्ध स्वत्व सुधा में अनीति-रस घोली है।
लेने को स्वराज्य औ मिटाने को स्वदेश-क्लेश,
प्रस्तुत हृदय से हुआ आज बारडोली है।।

[2]

देख कर दृढ़ता औ बीरता की तीक्ष्ण अग्नि,
हिंसा, हठ, हेकड़ी की भीत हुई पोली है।
धर्म ने अधर्म को पछाड़ा है 'रसिक' आज,
सत्य ने असत्य की समस्त पोल खोली है।।
न्याय ने अन्याय का मिटाया है महत्व पूर्ण,
नीति ने अनीति की अशांत प्रभा तोली है।
लाजपत-तुल्य लज्जा रख लिया भारत की,
मोहन - तिलक ! तुझे धन्य बारडोली है।

बारडोली का

राष्ट्र बलि-वेदी पर बलि चढ़ने के लिए,
हुआ लेश भी न तुम्हें भीति गोला गोली का।

तन, मन, धन और जीवन भी वार दिया,
किंतु रख लिया अभिमान निज बोली का।।
किया मग़रूरों का ग़रूर भपूर चूर,
लुटने दिया न अधिकार निज टोली का।
मिट जाने दिया सर्वस्व ही 'रसिक' पर,
नाम मिटने न दिया वीरो! बारडोली का।।

बारडोली की

प्रबल प्रताप सत्यता का रखने कि लिए,
रक्षा करने को राष्ट्रवादिता के डोली की।
प्रेम से बचाने को महत्व स्वाधिकारों का औ'
लज्जा रखने को प्राणाधारियों के टोली की ।।
शांति से निबाहने को भारतीयता अनन्य,
आत्म-अभिमान के प्रसिद्ध हमजोली की।
हिंसक हठीलों का घमंड तोड़ने के लिए,
शांतिमय लड़ाई हो रही है बारडोली की।।

शहीद

[1]

मृत्यु-मार्ग के पथिक! छेड़ मत अपनी तान नशीली।
ठहर ठहर मत ठोंक कफ़न में राजशक्ति के कीली।।
स्वतंत्रता-तंत्री की मंजुल तारें जो थीं ढीली।
क्यों तू अपने क्रांति-गान से करता उन्हें सुरीली?

[2]

क्यों संन्यासी सा सौंपे देता है जीवन प्यार?
क्या कहता है "उथल पुथल कर दूँगा मैं जग सारा"?

क्या कहता है "फाँसी की टिकठी पर हूँ दीवाना?
देश-प्रेम की मीठी मदिरा पीकर हूँ मस्ताना"।।

[3]

आह! वधिक के कर से क्यों पीता है विष के प्याले?
प्राण-दान देने को प्रस्तुत है क्यों ओ मतवाले?
निज अस्तित्व मिटा मत, माँ का तू तो है दृग-तारा।
काँप उठेगी भूमि, ब्योम बरसावेगा अंगारा।।

[4]

डुबो सकेंगी तुझे न गहरे अंबुधि की भी धारें।
छूट पड़ेंगी जल्लादों के कर से भी तलवारें।।
रख न सकेंगी तुझे क़ैद, बंदी-गृह की दीवारें।
दबा सकेंगी जोश न तेरा दुनियाँ की सरकारें।।

[5]

सींच सींच निज रक्त-धार से देश-प्रेम का पौदा।
महँगा बहुत ख़रीद रहा तू स्वतंत्रता का सौदा।।
इतने पर भी सस्तेपन का करता क्यों अंदाज़ा?
आह! है बहिश्त का तेरे लिए खुला दरवाज़ा?

[6]

तेरे स्वागत को आईं हैं देख देव-ललनाएँ?
'रसिक' स्वयं तूही कह तुझ पर क्यों न पुष्प बरसाएँ?
क्यों न देखने को तुझको नभ से तारागण टूटें?
क्यों न देख कर तुझे सभी निज जीवन के फल लूटें?

[7]

क्यों न देख कर तुझे पाशविक बलवाले घबराएँ?
क्यों न देख कर तुझे राज्य-मद-मतवाले थर्राएँ?
क्यों न देख कर तुझे गगन में घेरें क्रांति-घटाएँ?

क्यों न देख कर तुझे देश-प्रेमीगण बलि-बलि जाएँ?

क्यों न फूँक दे मुरदादिलवालों में जीवन ताज़ा?
ओ शहीद! तेरा यह खूँ बरसाता हुआ जनाज़ा?

प्राचीन भारत

अब वह दिन नहीं रह गए भारत के,
जब स्वाधिकारों का तराना सब गाते थे।
वीरता से जब अपमानकारियों का सर,
खींच कर करवाल धड़ से उड़ाते थे।।
'रसिक' स्वदेश-बलि-वेदी पर सानुराग,
आगे बढ़ कर प्राण-सुमन चढ़ाते थे।
मर मर कर गिर गिर पड़ते थे पर,
उठ उठ कर रूण्ड मुण्ड लड़ जाते थे।

आधुनिक भारत

[1]

अब तो महान अपमान सह कर हाय!
श्वान औ शृगालों सा स्व-जीवन बिताते हैं।
सुन लेते ग़ैरों की हैं गालियाँ समोद पर,
निज बंधुओं ही पर बल आजमाते हैं।
दीन दुखियों की वेदना से भरे हुए गान,
किसी भाँति से भी नहीं मन को सुहाते हैं
क्यों न ज्वालामुखी सा भभक उठता है यहाँ?
प्रलय के दिन क्यों समीप नहीं आते हैं?

[2]

सह कर पदाघात जब भूमि-कण तक,

दानवों से मानवों के शीश पर आते हैं।
प्रबल प्रतापी गज गण का भी देखकर,
सिंह-शिशु पिल पड़ने को अकुलाते हैं।।
'रसिक' विदेशियों के द्वारा बात बात पर,
भारत-निवासी आह! धक्के आज खाते हैं।
आश्चर्य हमें तो महान इस बात का है,
क्यों न कर क्रांति यह मर मिट जाते हैं?

दीपमालिका

इस ओर कृषकों की टूटी फूटी झोपड़ी है,
पूँजीपतियों की उस ओर है अटालिका।
उस ओर बेबी, बाबा फिरते समोद देखो,
इस ओर रोती क्षुधा-ग्रस्ता दीना बालिका।।
देवियाँ कसाले सहती हैं इस ओर हाय!
मौज मारती हैं उस ओर नग्ना कालिका।
'रसिक' बताओ कैसे स्वागत तुम्हारा करें,
देख लो करुण-दृश्य तुम भी दीपमालिका।।

साम्यवाद

आना चाहता है साम्यवाद का ज़माना शीघ्र,
पर्णकुटियाँ भी जहाँ पर हैं महल से।
छोटे बड़े का न जहाँ भेद लेशमात्र भी है,
कार्य सधते हैं न कदापि जहाँ छल से।।
जहाँ पर पूर्ण स्वाधिकार है सबों को प्राप्त,
बली हैं जहाँ के नर अपने ही बल से।
सुकवि 'रसिक' जहाँ दुख है न नाम को भी,
खिले रहते हैं नर जहाँ के कमल से।।

अपूर्ण प्रतिकार

काँप उठती है करुणा भी सचमुच आह!
दीन दुखियों के दुखपूर्ण हाहाकार से।
अनायास सरल हृदय भी है हिल जाता,
'रसिक' प्रवंचकों के पाप-व्यवहार से।।
कठिन कृपाणाघात सी ही वेदना है होती,
चीत्कार करता है चित्त अविचार से।
बदले की बुझती है प्रबल प्रचण्ड अग्नि,
विश्व में कदापि न अपूर्ण प्रतिकार से।।

देशबंधु

तन मन धन जीवन स्वदेश पर जो सानंद चढ़ाते हैं।
वही विश्व में देशबंधु की पावन पदवी पाते हैं।।

[1]

मातृभूमि जिन वीरों को प्राणों से बढ़ कर प्यारी है।
जिनकी आत्म-शक्ति के सन्मुख शक्ति विश्व की हारी है।।
जिनकी प्रभा धनी, निर्धन, सब को समान उपकारी है।
जिनकी भक्ति-सुमन से सुरभित राष्ट्रीय फुलवारी है।।
हँसते हँसते जो माँ की बलि-वेदी पर चढ़ जाते हैं।
वही विश्व में देशबंधु की पावन पदवी पाते हैं।।

[2]

सब से बढ़ कर प्यारा जिनको जग में है अपना अधिकार।
साधन करते सभी कार्य को जिनके सुंदर शुद्ध विचार।।
गा कर जिनकी गुण-गाथाएँ कवि भी कभी न पाता पार।
शांति अहिंसा ब्रत पर जिनके शीश झुकाता है संसार।।
'रसिक' प्रेम पूर्वक जो जग से अत्याचार मिटाते हैं।
वही विश्व में देशबंधु की पावन पदवी पाते हैं।।

क़ैदी

[1]

विद्रोहात्मक गया विचारा मेरा भाषण हलका।
निरपराध की माँगा जाता मुझसे आज मुचलका।।
दिया गया हा! ठूँस जेल में जैसे चोर उचक्का।
यह व्यवहार देखकर उनका मैं ही हूँ भौचक्का।।

[2]

जाने क्यों मुझसे है उनको इतना भीषण खटका।
जो निर्दोषी होने पर भी गया यहाँ हूँ पटका।।
यही सुनोगे जिसकी चाहो ले लो क्यों न गवाही।
"सत्याग्रहियों की सेना में था यह एक सिपाही।।

[3]

डाला कहीं न डाका इसने है न किया खूँरेज़ी।
इसे तुल्य हैं दोनों हिंदुस्तानी और अंग्रेज़ी।।"
भूखों मरते हैं हा! करके यदि दिन-रात ग़ुलामी।
बन जावें फिर क्यों न कहो हम स्वतंत्रता के हामी?

[4]

यदि स्वदेश-अनुराग द्वेष है तो अवश्य हूँ दोषी।
सभी दण्ड स्वीकार मुझे है हूँ अपार संतोषी।।
क्षमा माँग कर छुटकारे का हूँ न लश अभिलाषी।
तिल तिल कर लो प्राण या कि दो एक बार ही फाँसी।।

खद्दर

[1]

'रसिक' विलासियों का करेगा मलिन मुख,
कृषक-कुमारियों की लाज को बचावेगा।
हल कर देगा होमरूल का जटिल प्रश्न,
विघ्नकारियों के लिए बज्र बन जावेगा।।

लंदन, लिवरपूल लाखों लंकाशायर औ,
मान मैनचेष्टरों का धूल में मिलावेगा।
फिर से स्वदेशी व्यवसाय का प्रचार कर,
राष्ट्र की दरिद्रता को खद्दर मिटावेगा।।

[2]

आगे बढ़ कर साभिमान भव्य भारत को,
सार्वभौमता का दिव्य छत्र पहनावेगा।
गर्वीले शत्रुओं का सर्व गर्व खर्व कर,
सर पर उनके विपत्ति - बज्र ढावेगा।।

दीन, दुखियों का दुख दूर कर देगा शीघ्र,
फिर से 'रसिक' राम-राज्य यहाँ लावेगा।
खद्दर की शक्ति बम से भी है प्रबल अभी,
खद्दर के बल से ज़माना हिल जावेगा।।

[3]

दुर्जन हैं शांत होते जैसे दण्ड द्वारा सदा,
हो जाती है शांत जैसे अग्नि ठंडे जल से।
हो जावेंगे शांत विघ्नकारी उसी भाँति शीघ्र,
कर्मयोगी देश-सेवकों के दिव्य दल से।।

'रसिक' विदेशी वस्तुओं का पूर्ण त्याग कर,

भस्मसात करो उन्हें प्रबल अनल से।
कौन नहीं जानता है आज इस बात को कि,
ले लगा स्वराज्य हिंद खद्दर के बल से।।

[4]

एकमात्र खद्दर का ले लें अवलंब यदि,
खद्दर के बल से ज़माना यह हिल जाए।
आपस का द्वेष और वैमनस्य मिट जाए,
हिंदू मुस्लिमों का फटा हुआ दिल सिल जाए।।

सुंदर समुन्नत हो भारतीय व्यवसाय,
मुरझाए मानस की कंज-कली खिल जाए।
'रसिक' विदेशियों का मुख जोहना न पड़े,
भारत को शीघ्र ही स्वराज्य फिर मिल जाए।।

महारानी लक्ष्मीबाई

[1]

भारत में जब फ़िरंगियों ने पैर जमाना चाहा था।
गया तभी लक्ष्मीबाई से झाँसी का नृप व्याहा था
तूती बोल रही थी जब नाना साहब के कामों की।
खटक उठी डलहौज़ी को तब संपति थी कुछ ग्रामों की।।

[2]

किंतु काल-गति लेश मात्र भी नहीं किसी ने लख पाए।
झाँसी के सौभाग्य-गगन में भी काले घन घिर आए।
निस्संतान नृपति झाँसी के मरे, भाग्य माँ का फूटा।
दस्यु गणों ने अवसर पाकर मानों रत्नाकर लूटा।।

[3]

संतति-हीन मरे जो नृप ले लिया राज्य उसका जावे।
त्याग राज्य-संबंध शासकों से वह कुछ पेंशन पावे।।
राज्य-स्थापन-राजनीति यह कैसी निंद्य निराली है?
सौदागर से राजा बनने की क्या पुण्य-प्रणाली है?

[4]

गोद न कोई ले अब से, था डलहौज़ी का अनुशाशन
व्यग्र वहाँ थे सभी, न था आश्वासन को भी आश्वासन।।
वाइसराय महोदय की तब झाँसी पर शनि-दृष्टि पड़ी।
रण-चण्डी दुर्गा सी रानी ले कृपाण हो गई खड़ी।।

[5]

लेफ्टिनेंट वौकर आ पहुँचा लेकर हाथों में बंदूक।
अश्व-वाहिनी रानी ने पर किया शीघ्र ही वार अचूक।।
हाथ कटे, पर प्राण बचाया था वौकर ने रण से भाग।
रानी पहुँची वहाँ जहाँ पर तोपें उगल रही थीं आग।।

[6]

जनरल स्मिथ भी लक्ष्मीबाई से थे बुरी तरह हारे।
अनगिनती गोरों को रानी ने थे निज कर से मारे।।
गया ग्वालियर भी था गोरों की दैहिक दुर्बलता से।
लिया कालपी भी था रण-देवी ने सौम्य सरलता से।।

[7]

क्या से क्या हो गया किसी ने नहीं जिसे अनुमाना था।
फ़िरंगियों ने यहीं भारतीयों का जौहर जाना...था।।
कितनों के सर फटे और थे कितनों के कर, पद टूटे।
सर ह्यूरोज़ सदृश वीरों के थे रण में छक्के छूटे।।

[8]

रिपुओं से थी घिरी कालिका सी पर बढ़ती थी आगे।
भारत था हतभाग्य किंतु थे भाग्य शत्रुओं के जागे।।
अश्व अड़ा जाकर रानी का नाले के तट पर हा। हंत!
झाँसी सी क्या सारे भारत को तज भागा भव्य-वसंत।।

[9]

जाओ रानी! स्वर्ग 'रसिक' की पर यह विनय सुने जाना।
भारत की उन्नति के हित तुम ले अवतार पुनः आना।।
यद्यपि हैं हम सब गुलाम पर तुम्हें न भूलेंगे रानी!
यही कहेंगे रक्खा था झाँसी की रानी ने पानी।।

[10]

प्रेम प्रपीड़ित नर न वीरता बीर गणों की लखते हैं।
वही जान सकते वीरों को वीर-हृदय जो रखते हैं।।
बच्चे बच्चे के हृत्पट पर इनकी लिखी कहानी है।
इनका सुयश गान करने में पार न पाती बानी है।।

भविष्यवाणी

जीवन के जागृति की ज्योत्स्ना जगेगी फिर,
आपस की फूट का कुफल फट जाएगा।
शिवाजी, प्रताप बीर-श्रेष्ठ फिर जन्म लेंगे;
अवनति का घोर अंधकूप पट जाएगा।।
पावन प्रभात होगा फिर से स्वतंत्रता का;
'रसिक' विदेशियों का हाथ हट जाएगा।
भारतीय फिर अधिकारी होंगे भारत के;
हिंसकों हठीलों का घमंड घट जाएगा।।

दीनबंधु

'रसिक' दरिद्रता मिटाओगे न यदि तुम;
कैसे काल-चक्र का महत्व दिखलाओगे?
देखोगे न यदि दया-दृष्टि-द्वारा दयासिंधु!
कैसे अपने को 'करुणेश' बतलाओगे?
कौन तुम्हें 'प्रेम का पयोनिधि' कहेगा यदि;
तुम उसमें न बसुधा को नहलाओगे?
दीन जनों का न यदि साथ दोगे दीनानाथ!
तुम्हीं कहो कैसे 'दीनबंधु' कहलाओगे?

स्वराज्य

'रसिक' स्वराज्य में न क्लेश लवलेश होगा;
विश्व में कहीं भी न ग़ुलाम कहलावेंगे।
भारतीय सभ्यता का विस्तृत विकाश होगा;
स्वाधिकार सारे स्वयमेव क्यों न आवेंगे?
सुंदर समुन्नत करेंगे कला - कौशल को;
देशवासी फिर राम - राज्य - सुख पावेंगे।
भू पर समोद विचरेंगे स्वच्छंदता से;
विजय की वर वैजयंती फहरावेंगे।।

दीवाने

[1]

रोकी जा न सकेंगी उनके जीवन की धाराएँ।
उनकी उन्नति-प्रगति तीव्रतर कर देंगी बाधाएँ।।
आह! अमित घायल हैं फिर भी खुले हुए हैं सीने।
चमका दें बलि-वेदी को भी क्यों न अमूल्य नगीने?

[2]

जितना चाहे कर उनके नश्वर तन की बरबादी।
होंगे रे जल्लाद! न तेरे वे कदापि फ़र्यादी।।
खा सकते देशार्थ मोद से वे जलता अंगारा।
वे स्वेदश के हैं, स्वदेश है उन्हें प्राण से प्यारा।।

[3]

सह कर अपने भग्न हृदय ही पर गोले फ़ौलादी।
क्यों न तोड़ ज़ंजीरों को ले लें अपनी आज़ादी?
पराधीन होकर भी हैं यदि कर सकते न गुज़ारा।
तो फिर इस जीवन से जीवन-दान क्यों न हो प्यारा?

[4]

आँखों के आगे आँखों के तारे लूटे जाएँ।
सर्वनाश फिर भी आगे बढ़ने में वे सकुचाएँ।।
क्यों न सौंप दें शीश क्रांति-मंदिर के बीर पुजारी?
क्यों न खून से सींची जाए स्वतंत्रता की क्यारी?

[5]

क्यों न रहें उन्मत्त पान कर विप्लव-विष के प्याले?
क्यों न राष्ट्र पर प्राण चढ़ा दें राष्ट्रीय मतवाले?
क्या न दीप पर मर मिट जाते मस्ताने परवाने?
शांत कभी क्या रह सकते आज़ादी के दीवाने?

क्या करना होगा?

[1]

मातृ-भूमि को विपज्जाल से मुक्त तुम्हें करना होगा।
स्वतंत्रता की बलि-वेदी पर शीश तुम्हें धरना होगा।।

स्वेच्छाचारी निरंकुशों का गर्व तुम्हें हरना होगा।
याद रहे नूतन जीवन के लिए तुम्हें मरना होगा।।

[2]

कंटक-पथ पर नंगे पैरों ही तुमको चलना होगा।
ग्रीष्मकाल के प्रखर सूर्य की ज्वाला से जलना होगा।।
तुम्हें न अपने प्रण से बीरो! लेशमात्र टलना होगा।
स्वाधिकार के लिए बर्फ़ के टुकड़ों सा गलना होगा।।

[3]

जन जन में सप्रेम तुम्हें राष्ट्रीय भाव भरना होगा।
तुम्हें न भीषण अत्याचारों विघ्नों से डरना होगा।।
सत्याग्रह की प्रबल शक्ति से पशु-बल को दरना होगा।
मर जाओ पर 'क्षमा करो' ये बचन न उच्चरना होगा।।

[4]

बीर शिवाजी के समान सैकड़ों क्लेश सहना होगा।
प्रिय प्रताप की तरह सर्वदा क्षुधित, तृषित रहना होगा।।
स्वात्म शक्ति की विजय-कथाओं को सदैव कहना होगा।
राष्ट्र-सिंधु में निराधार तृण-तुल्य तुम्हें बहना होगा।।

लोकमान्य तिलक

[1]

भव-भ्रम-जाल में न फँसता कभी था वह;
वेद, गीता गंगा में लगाता ज्ञान-गोता था।
लग्न रहता था निज कर्तव्य में ही सदा;
जीवन का एक क्षण भी न व्यर्थ खोता था।।

'रसिक' विलोक कर दीन दुखियों की दशा;
करुणा से होकर द्रवित वह रोता था।
भारत-विभूषण तिलक श्री तिलक देव;
देश-बलि-वेदी पर बलि नित्य होता था।।

[2]

साक्षात मूर्ति था दयालुता औ' नम्रता की;
भारत-गगन का उदीयमान तारा था।
सच्चा था तपस्वी, तप-तेज से था तेज-पुंज;
वर्तमान काल के तपस्वियों से न्यारा था।।

सुकवि 'रसिक' विश्व-पूज्य श्री तिलक देव;
साधु सदाचारियों, मनस्वियों का प्यारा था
आह था ग़रीबों की, प्रवाह था स्वतंत्रता का;
सत्य का प्रचारक था, देश का दुलारा था।।

[3]

दिव्य दया-दृष्टि देश पर रखता था सदा;
ध्यान उसका न कहीं इधर उधर था।
फहराने के लिए पताका स्वच्छंदता की;
प्रस्तुत हृदय से नित्य वह बीरवर था।।

सत्य आंदोलक औ शांत क्रांतिकारी भी था;
'रसिक' सदैव निज धुन का प्रखर था।
सच्चा था सुधारक महर्षि श्री तिलक देव;
भारत-गगन का द्वितीय प्रभाकर था।।

[4]

जिसे जानता था वह उचित सदैव उसे;
करता था त्याग कर डर महा यम का।
विचलित कर सकता था लेशमात्र नहीं;

धर्म-पथ से कदापि गोला उसे बम का।।

हिम्मत न करता था सन्निकट आने की भी;
चकित सा देखता था चक्र उसे भ्रम का।
सुकवि 'रसिक' सत्याग्रही तिलक देव;
भारत-गगन में था चंद्रमा सा चमका।।

[5]

विप्लवी था, क्रांति की प्रचण्ड प्रतिमा था पर;
शांति और सांत्वना का पावन प्रदाता था।
अग्नि सा, प्रलय सा औ सूर्य सा था तेज-पुंज;
पशु, पक्षियों का भी परंतु पूर्ण त्राता था।

हिंसा का विनाशक था, प्रेम का प्रकाशक था;
सच्चे गुरु ज्ञान का 'रसिक' सच्चा ज्ञाता था।
जगत-शिरोमणि-तिलक श्री तिलक देव,
सचमुच भारत के भाग्य का विधाता था।।

[6]

देख कर देश की दुरूह दुरावस्था हाय;
उस सहृदय को नित्य कष्ट होता भारी था।
मूल-मंत्र उसका था खद्दद ही; और वह;
'रसिक' स्वतंत्रता का पावन पुजारी था।।

राष्ट्र का प्रकाश था, विकाश राजनीति का था;
उसका प्रशांत रूप अघ-ओघ-हारी था।
मातृभूमि का था सच्चा पुत्र श्री तिलक देव;
प्रबल पराक्रमी था, शांत क्रांतिकारी था।।

[7]

दासता-तिमिर का प्रभाव हरने के लिए;

सूर्य के समान ही महा प्रकाशमान था।
सत्य का प्रचारक था बीर था, सुधारक था;
राष्ट्र का 'रसिक' एकमात्र उपमान था।।
स्वत्व का था तत्व औ महत्व था स्वतंत्रता का;
गीता का तो गौरव प्रपूर्ण गुरु ज्ञान था।
भारत-तिलक लोकमान्य श्री तिलक देव;
भारत-निवासियों का तन, मन, प्रान था।।

[8]

अग्नि सा प्रचण्ड था, महान मार्तंड सा था;
ओज सा अखण्ड था, बली था, क्षमागार था।
भाव आत्म-बलिदान का था फूँक देता वह;
भारतीय सभ्यता का करता प्रचार था।।

लेता अवलंब था स्वतंत्रता का नित्य प्रति;
दीन दुखियों का, धनियों का प्राणाधार था।
श्री-पति ने दासता का पाश तोड़ने के लिए;
लोकमान्य तिलक का लिया अवतार था।।

[9]

पराधीनता का पाप, दाप, पश्चात्ताप जब;
भारत-निवासियों में भली भाँति छाया था।
देख कर पशु-बल का प्रबल उन्माद;
जब देश-सेवकों का दल अकुलाया था।।
नीति का महत्व जब बम बरसाने में था;
करुण-कथा को अत्याचार ने छिपाया था।
'रसिक' फ़िरंगियों का गर्व हरने को तब;
शांत क्रांतिकारी श्री तिलक देव आया था।।

[10]

बश में किए था वह मन और इंद्रियों को;

ब्रह्मचर्य्य-व्रत के प्रभाव से अरुण था।
बृद्धावस्था में भी वह बृद्ध था न ज्ञात होता;
वह तो सदैव तप-तेज से तरुण था।।
स्वर्गीय छटा मुख पर थी विराजमान;
रहता 'रसिक' सदा वह सकरुण था।
भारत-बसुंधरा का गौरव तिलक देव;
दिव्य दया-दान में द्वितीय ही वरुण था।।

[11]

प्रबल विदेशियों के अत्याचार-कंटकों से;
हुआ परिपूर्ण जब राष्ट्र-उपवन था।
'रसिक' निराशा-रूप घोर बादलों से जब;
ढँक गया देश का स्वतंत्रता-गगन था।।

लेश भी न क्लेश थे स्वदेश का मिटाते लोग;
सबों ने लगाया राज-भक्ति में लगन था।
तभी भारतीयता का भाव भरने के लिए;
लोकमान्य तिलक का हुआ आगमन था।।

[12]

जगा देता जीवन की ज्योति था सदैव वह;
हर लेता खोज कर कृषकों का क्लेश था।
पदों पर उसके था लोटता जगत-सुख;
उसका 'रसिक' किंतु साधुओं सा वेश था।

हिंदू मुस्लिमों को सम-दृष्टि से बिलोकता था;
किसी से भी उसको न द्वेष लवलेश था।
मूर्ति था पवित्रता की, तत्थ स्वाधिकारों का था;
लोकमान्य बसुधेश था न, हृदयेश था।।

[13]

दासता के भावों को समूल था मिटाता वह;

करता था लोभ लेशमात्र भी न राज का।
'रसिक' प्रसन्नता से पूर्ण रहता था सदा;
इच्छुक न हुवा कभी वह सुख-साज का।।

जन्मभूमि का था प्यारा लाड़ला दुलारा लाल;
नाविक था भव्य भारतीयता-जहाज का।
ज्ञाता राजनीति का महान था तिलक देव;
त्राता था समाज का, विधाता था स्वराज का।।

[14]

कोमल था, उग्र था, मधुर मिष्ट-भाषी भी था;
भ्रम, भीति, भूल मानवों की हर लेता था।
उसकी ही शिक्षा औ सुधारों के प्रभाव द्वारा;
कलियुग पूर्णतया बन गया त्रेता था।।

'रसिक' विलोक कर कृषकों की दीन दशा;
सौम्य सांत्वनाएँ उन्हें नित्य वह देता था।
किसी से भी घृणा करता था लेशमात्र नहीं;
तिलक जगत - अनुकरणीय नेता था।।

[15]

दासता से सूखी हुई चित्त रूपी लतिका को;
राष्ट्र रस-द्वारा सींच कर सरसाता कौन?
स्वार्थ-परिपूर्ण नाशमान जगतीतल में;
दीनों पर दया-वारि-बिंदु बरसाता कौन?

हर कर शोक वेदनाएँ और यातनाएँ;
देश के दरिद्र कृषकों को हरषाता कौन?
'रसिक न लेता अवतार श्री तिलक यदि;
सत्य का महत्व दुनिया को दरसाता कौन?

[16]

जैसे चंद्रिका है चंद्रमा से मिल जाती वैसे;
वह बीरता को स्वाधिकार से मिला गया।
जैसे उषाकाल में कमल खिल जाते वैसे;
वह मानवों का मन-सुमन खिला गया।।

जैसे अलि मकरंद पान करते हैं वैसे;
वह देश - अनुराग - अमृत पिला गया।
जैसे झंझावात से हैं पत्ते हिल जाते वैसे;
लोकमान्य पापियों के दल को हिला गया।।

[17]

राष्ट्र का प्रचण्ड पारावार कैसे पार करें
दमन का पड़ा विकराल दलदल है?
आड़ में स्वदेश-सेवा के है स्वार्थ-सिद्धि होती;
निश्छल नरों में भी दिखाई देता छल है।।

सूझता न हाय ! हमें मोह-वश कर्म-पथ;
काँप रही चंचल प्रगति पल पल है।
आओ लोकमान्य श्री तिलक एक बार फिर;
'रसिक' तुम्हारे बिना भारत विकल है।।

महाराज नंदकुमार की फाँसी

[1]

हमारा ही पा कर साहाय्य;
कहाता बंगेश्वर तू आज।
हमीं से फिर ऐसा व्यवहार;
न आती हा! हा! तुझको लाज।।

[2]

समझता था पहले ही आह!
कुटिल हेस्टिंग्स! मैं तेरी चाल।
पड़ा था इन आँखों पर किंतु;
विषम भ्रम का पर्दा विकराल।।

[3]

अगर होता मुझको यह ज्ञात;—
कि है यह सब तेरा षड्यंत्र।
न होता फिर तू सफलीभूत;
न मुझ पर चलता तेरा मंत्र।।

[4]

खोल कर तेरी सारी पोल;
मिटा देता तेरा व्यक्तित्व।
बंग में क्या, दुनिया में आह!
न रह जाता तेरा अस्तित्व।।

[5]

स्वयं अपने ही दिल से पूछ;
हृदय पर अपने रख कर हाथ।
यही क्या बदला है उपयुक्त?
दिया जो मैंने तेरा साथ?

[6]

परम पाखण्डी, डाकू, धूर्त;
फ़रेबी छलियों के सरताज।
मुझे 'जाली' कहने में क्यों न;
गिरा तेरी जिह्वा पर गाज?

[7]

विषम विश्वास-विघाती देख;
मुझे है हार्दिक क्रोध विशाल।
यही इच्छा है मेरी आज;
तुझे डस लूँ मैं बन कर ब्याल

[8]

फोड़ कर तेरी दोनों आँख;
मिटा दूँ तेरा सब अभिमान।
मोद से खा कर तेरे अंग;
तृप्त हो जावें गीदड़ श्वान।

[9]

निपट निष्ठुरता के अवतार;
तुझे हेस्टिंग्स! मैं देता शाप।
"न पावेगा तू जग में शांति;
तुझे होगा सुख भी संताप।।

[10]

शीघ्र भारत से रे नर-कीट;
मिटेगा तेरा अत्याचार।
स्वयं तुझको तेरे ही मित्र;
कहेंगे निष्ठुर नीच अपार।।

[11]

हमारी आहों का संघर्ष;
तुझे कर देगा क्षण में क्षार।
जटिल जग के सागर से कभी;
न होगा तेरा बेड़ा पार।।

[12]

विश्व को मिल जावेगा मूढ़!
प्रवंचकता का पूर्वाभास।
पढ़ेगा नफ़रत से वह नित्य;
क्रूर! तेरा काला इतिहास।।

[13]

न देखा दानवता का आह!
कभी था ऐसा ताण्डव-नृत्य।
किंतु वह भी लज्जित है हुई;
देख कर तेरे कलुषित कृत्य।।

[14]

ओह! लज्जाहत! इम्फे़! नीच!
न्याय इसको तू कहता न्याय।
शत्रु! ही जब न्यायक है क्यों न;
अदोषी हो जावें निरुपाय?

[15]

लूट कर मेरा सब कुछ हाय!
न्याय का तू गाता है राग।
सुना कर मैं स्व करुण-वृत्तांत;
पाप-प्रहसन में क्यों लूँ भाग?

[16]

जला देती मुझको स्वयमेव;
दग्ध दिल की क्रोधाग्नि प्रचण्ड।
सजा कर ब्यर्थ न्याय का स्वाँग;
मुझे देता फाँसी का दण्ड।।

[17]

लुटेरे ! खींचा तूने आज;
न्याय का गंदा नंगा चित्र।
क्यों न हो हत्यारा हेस्टिंग्स;
रहा तेरा सहपाठी मित्र।।

[18]

आह! पैशाचिकते! क्यों आज;
रुधिर की तू करती है वृष्टि?
राक्षसी ! तेरी लीला देख;
हुई कंपित है सारी सृष्टि।।

[19]

सरलते ! तेरे कारण आज;
गँवाता हूँ मैं अपनी जान।
न्याय ! तेरी वेदी पर आज;
हमारा होता है बलिदान।।

[20]

न भारतवासी! भूलो कभी;
हमारी फाँसी की तुम याद।।
याद यह भर दे तुममें जोश;
क्रांति, साहस, विप्लव, उन्माद।।

[21]

बंगवासी भ्रातागण! कभी;
न तुम भी भूलो यह दृष्टांत।
न होना पल भर को भी शांत;
प्रलय-रवि सा रहना दुर्दांत।।

[22]

हिंद के प्यारे पुत्रो! सुनो;
मचाओ तुम ऐसा चीत्कार।
कि जिससे नभ हो डाँवाडोल;
दहल जावे सारा संसार।।

[23]

बढ़ें सारे सागर स्वयमेव;
डुबों दें पृथ्वी को तत्काल।
कि जिससे हो हिंसा का ह्रास;
मिटे छलियों का मादक जाल।।

[24]

कि जिससे आ जावे भूचाल;
प्रकृति के छिपें रत्न अनमोल।
अंत हो जावे स्वयं अनंत;
उठे प्रभु का सिंहासन डोल।।

[25]

ऐश्वर्यो! जाओ तुम कहीं;
तुम्हारा है न यहाँ अब काम।
बनाया है असुरों ने आज,
हिंद को अपना लीला-धाम।।

[26]

भारतीयो! तुम सब को रहे,
हमारी फाँसी का ध्रुव ध्यान।
ध्यान काँटे सा खटके सदा,
फूँक दे तुममें नूतन जान।।

[27]

वेदनाएँ हों क्रीड़ा तुम्हें,
यातनाएँ हों स्वर्गानंद।
शांति भी तुम्हें ज्ञात हो क्रांति,
रहो विप्लव से तुम निर्द्वंद।।

[28]

हिंद! हृत्पट पर रखना सदा,
हमारी हत्या की तसवीर।
अहह! प्रत्येक रक्त की बूँद,
तुम्हारे भावों को दें चीर।।

[29]

हृदय दहला कर कर दें तुम्हें,
घोर पागल, उन्मत्त अपार।
कि जिससे तज प्राणों का मोह,
हमारे बध का लो प्रतिकार।।

[30]

मिटे; मिट जाने दो सर्वस्व,
उठो रण-बीरों के सरताज।
देख लो अपनी आँखें खोल,
खड़ी रोती है जननी आज।।

[31]

तुम्हीं सब हो उसके आधार,
हरो संतप्त हृदय की पीर।
अग्नि से उठ, आँधी से दौड़;
पोंछ दो उसके दृग का नीर।।

[32]

हमारा है अंतिम अनुरोध,
न रक्खो छलियों में विश्वास।
चूस लेते हैं दिल का ख़ून,
इन्हें यदि होती है कुछ प्यास।।

[33]

पाप के एकमात्र अवलंब,
घृणा की अद्वितीय संतान।
कपट की प्रतिमा या प्रतिमूर्ति,
गरल-मय है इनकी मुसकान।।

[34]

हृदय से होते हैं ये श्याम,
देह होता है इनका श्वेत।
देवता इन्हें न मानो कभी,
इन्हें समझो दोज़ख के प्रेत।।

[35]

दयामय! यदि तुम में है न्याय,
बिनय मेरी सुन लो इस बार।
न होने पावे मेरी मुक्ति,
न देखूँ मैं सुरपुर का द्वार।।

[36]

भेज दो फिर दुनिया में मुझे,
बना कर चिनगारी या क्रोध।
'रसिक' बदला ले कर मैं स्वयं,
करूँ अपने ऋण का प्रतिशोध।।

समर में

जा कर महान दृढ़ता औ बीरता से बीरो!
फहरा दो राष्ट्र की पताका विश्व भर में।
बजा कर आत्मिक बल का बिगुल निज,
भर दो नवीन जोश चर औ अचर में।।
'रसिक' है काम करने का ये ज़माना आया,
बन कर कायर न बैठे रहो घर में।
ले कर सुदर्शन चक्र सत्याग्रह का,
बढ़ चलो शीघ्र स्वाधिकार के समर में।।

वे और तुम

बंधुवत तुमको तो मानते थे भारतीय,
क्लेश में तुम्हारे उनको भी होता रहा क्लेश।
मन में तुम्हारे चाहे द्वेष ही भरा हो पर,
उनके हृदय में तो तुम्हारे प्रति था न द्वेष।।
घृणित निगाहों द्वारा देखते उन्हें थे तुम,
घृणा थी न उनमें तुम्हारे प्रति लवलेश।
'रसिक' स्व शक्ति पर रहे उन्मत्त तुम,
पर प्राण से भी प्यारा रहा उन्हें निज देश।।

सिंहनाद

[1]

निज साहस का तुम क्षय न करो।
निर्द्वंद रहो कुछ भय न करो।।
दुर्वृत्ति, अधोगति त्याग करो।
निज बंधुओं से अनुराग करो।।
मन में धर लो यह मंत्र सभी।
नर हो न रहो परतंत्र कभी।।

[2]

सत्याग्रह का ब्रत योग-करो।
सुखपूर्वक शाशन-भोग करो।।
निज स्वत्व गहो, निज विक्रम से।
परिपूर्ण बनो अपने श्रम से।।
दुख, शोक, विपत्ति सहो न अभी।
नर हो न रहो परतंत्र कभी।।

[3]

पुरुषत्व गहो कुछ काम करो।
स्वच्छंद बनो निज नाम करो।।
बलिदान करो पर शांति धरो।
मत जुल्म सहो, कल क्रांति करो।।
तुम हो रण-बीर स्वतंत्र सभी।
नर हो न रहो परतंत्र कभी।।

[4]

नव जीवन-ज्योति जगाया करो।
बसुधा में सुधा बरसाया करो।।
भयभीत न हो, मनभाया करो।
सुख में न कभी इतराया करो।।
कहलाओगे योग्य उदार तभी।
नर हो न रहो परतंत्र कभी।।

स्वदेश

जिसे बंदना करने को यह शीश स्वयं झुक जाता है।
वही देश जग में स्वदेश की पावन पदवी पाता है।।

[1]

नित्य आप से आप उमड़ता रहता है जिसके प्रति प्यार।
गुण गण मंडित गौरव से युत हैं जिसके उपकार अपार।।
सदा समझते जिसके अधिकारों को हम अपना अधिकार।
जिसकी प्रतिभा के सम्मुख हम तुच्छ समझते हैं संसार।।
मृत्युलोक में जो सदैव स्वर्गीय छटा दरसाता है।
वही देश जग में स्वदेश की पावन पदवी पाता है।।

[2]

जिसके प्रति उठते रहते हैं मन-मानस में भाव महान।
हृदय स्वयं प्रस्तुत रहता है जिस पर होने को बलिदान।।
है जिसका अपमान ज्ञात होता हमको अपना अपमान।
जिह्वा कभी न थकती गा कर जिसके गुण-गौरव का गान।।
धनियों और दरिद्रों का जो तुल्य, रूप से त्राता है।
वही देश जग में स्वदेश की पावन पदवी पाता है।।

[3]

बच्चा बच्चा परम प्रेम से जिसके गुण-गण गाता है।
जिसका वारि-वायु रग रग में नूतन सुख सरसाता है।।
घन भी नियत समय पर जिस पर निर्मल जल बरसाता है।
जिसका ध्यान मात्र आने से मन गद्‌गद् हो जाता है।।
'रसिक' सदृश कवियों का भी जो परिमित भाग्य-विधाता है।
वही देश जग में स्वदेश की पावन पदवी पाता है।।

बिचलित हृदय हमारा

[1]

अपनी तरक्कियाँ हम क्या क्या किसे सुनाएँ?
दुनिया में किसको किसको हम क्या थे, क्या बताएँ?

भगवन्! जो पूछते हो क्यों ये तनज्जु ली है।
सुन लो, सबब सुनाने को ये ज़बाँ खुली है।।
जब से रहा न हमको प्रभु! आप का सहारा।
सचमुच हुवा तभी से बिचलित हृदय हमारा।।

[2]

हिंदोस्ताँ में जब से बाहर का माल आया।
जब से विदेशियों ने अड्डा यहाँ जमाया।।
हो संकुचित गई है जब से समाज-सीमा।
जब से लिया है भारत ने दासता का बीमा।।
देखा दृगों ने जब से है फूट का नज़ारा।
बिलकुल हुबा तभी से बिचलित हृदय हमारा।।

मर मिट जाने दे

[1]

बढ़ आने दे बीर गणों को मेरी बलि बेदी पर आज।
इन्हें सजा लेने दे पावन स्वतंत्रता का सुंदर लाज।।
गुंजित हो जाने दे जग में मेरी बीणा की झनकार।
बज उठने दे देश-प्रेमियों की हृत्तंत्री के मृदु तार।।

[2]

ले लेने दे अपने ही आत्मिक बल से अपना अधिकार।
कर देने दे इनको अपना तन, मन, जीवन, प्रान निसार।।
हो जाने दे 'रसिक' शिरोमणि को इनके ऊपर अनुकूल।
इन्हें बना लेने दे अपने पथ के सारे कंटक फूल।।

[3]

मिट जाने दे आज न्याय का झूठा, थोथा स्वाँग महान।

भस्मीभूत पुनः हो जाने दे शासक लोगों की शान।।
सत्याग्रह का सूर्य उदित हो जाने दे फिर से इस बार।
चकित और विस्मित हो जावे जिसे देख सारा संसार।।

[4]

स्वयं बजा दे रे रे निष्ठुर काल! आज तू रण-भेरी।
बाधा विघ्न नष्ट हो जावें हो ऐसी करुणा तेरी।।
आते हैं जो बीर उन्हें तू समुत्साह से आने दे।
हँसते हँसते मातृभूमि पर उनको मर मिट जाने दे।।

कब तक

[1]

सहे हैं खंजर जिगर पै अपने,
मगर न 'उफ़' हम ज़बाँ पै लाए।
है मार कोड़ों की खाई हमने,
सुनोगे प्यारे! पुकार कब तक?

[2]

न है ठिकाना हमारे ग़म का,
ज़बाँ पै ताले पड़े हुए हैं।
फँसी है नैया विकट भँवर में,
इसे बचाओगे नाथ कब तक?

[3]

तुम्हारे भारत में नंदनंदन !
हैं गायें कटतीं हज़ारों प्रति दिन।
ये ख़ूबसूरत बदन में स्वामी!
रहेंगे धब्बे सुफ़ेद कब तक?

[4]

न जोश कम होगा लाठियों से,
न बम से, गन या मशीन गन से।
दबा के शोलों को सूखे तरु में,
कहो तो रक्खेंगे क्रूर कब तक?

[5]

ये जानते थे कि तुम हो न्यायी,
न जुल्म करने किसी को दोगे।
'रसिक' शिरोमणि! यही बता दो,
रहेंगे अब हम गुलाम कब तक?

बलिदान करो

[1]

दुग्ध, अन्न, घृत वायु जहाँ का सेवन नित्य किया है।
निर्मल आरोग्यता-प्रदायक पावन नीर पिया है।।
जिस रमणीय मंजु बसुधा पर तुमने जन्म लिया है।
जिस जननी ने जग के सब सुख तुम्हें समोद दिया है।
उसी मातृ-भू के कष्टों का सानुराग अवसान करो।।
भारतीय हो तो भारत पर तन, मन, धन बलिदान करो।

[2]

मातृगर्भ से गिरते ही गोदी में तुम्हें उठाया था।
बड़े हुए तब प्रकृति देवि के मंजुल दृश्य दिखाया था।।
सुख, आनंद और प्रतिभा का दिग्दर्शन करवाया था।
माता से बढ़ मातृ-भूमि ने तुमको सुख पहुँचाया था।
उठो उठो जीवन अर्पण कर प्रिय स्वदेश-उत्थान करो।

भारतीय हो तो भारत पर तन, मन, धन बलिदान करो।।

[3]

जीत न सकती तुम्हें पाशविक शक्ति याद यह कर लो।
आत्म-शक्ति सब से बढ़ कर है इसका ही आश्रय लो।।
सत्याग्रह की भव्य भावना से हृदयस्थल भर लो।
विजयी बनो; बीर गण! भारत माता का दुख हर लो।।
इस सूखे बनजर को उठ कर फिर नंदन उद्यान करो।
भारतीय हो तो भारत पर तन, मन, धन बलिदान करो।।

[4]

दृढ़ हाथों में सत्याग्रह का यदि तुम ले लो दण्ड।
जग में कोई शक्ति नहीं जो उसको कर दे खण्ड।।
यदि पर्वत आड़े आवे तो चूर-चूर कर सकते हो।
यदि समुद्र मर्यादा लाँघे उसे दण्ड दे सकते हो।।
'रसिक' राष्ट्र-गौरव-गरिमा का उठो उठो गुण-गान करो।
भारतीय हो तो भारत पर तन, मन, धन बलिदान करो।।

आत्मिक शक्ति

[1]

सभी शक्ति से आत्म-शक्ति जग में न्यारी है।
केवल नर को नहीं ईश तक को प्यारी है।।
ऋषि, मुनियों को तो यह अति ही सुखकारी है।
शारीरिक, पाशविक-शक्ति इससे हारी है।।
दीन दुर्बलों के लिए; यह महान मृदु मंत्र है।
यह स्वतंत्र करती उसे; जो जग में परतंत्र है।।

[2]

भाग्य-चक्र में पड़ कर जो सर्वस्व गँवाते।
स्वत्वहीन हो जो दर दर हैं ठोकर खाते।।
इसका ले अवलंब जो न फिरते हैं रोते।
वे ही इसके सुप्रभाव से विजयी होते।।
इस पर प्रस्तुत हो गई यदि भारत-संतान है।
तो निश्चय निज देश का सभी भाँति कल्याण है।।

विषम ब्यौहार

[1]

पशु तुल्य हे जगदीश! हम हैं विश्व में देखे गए।
कृमि, कीट से भी तुच्छ जग में हाय! हम लेखे गए।।
हमने किया संसार का उपकार ही भरपूर है।
अवलोक लो, अपकार हम से इस समय भी दूर है।।

[2]

अन्याय, छल, पाखण्ड-रिपु को विद्ध था हमने किया।
मानव-चरित भी तो हमीं ने शुद्ध था अतिशय किया।।
इंग्लैंड तक को भी हमीं ने ज्ञान-भिक्षा था दिया।
इंग्लैंड क्या, संसार को विज्ञान-शिक्षा था दिया?

[3]

आदर्श थे हम पूर्णतः यह देश बल का केंद्र था।
कंपित रहा करता सदा हमसे स्वयं देवेंद्र था।
जिनको निपुण हमने किया वे शान हैं दिखला रहे।
हा! गोलियों द्वारा हमारा बल वही अजमा रहे।।

[4]

हे न्यायकारी ईश! क्या यह ही तुम्हारा न्याय है?
उत्थान के पीछे पतन का रख दिया समुदाय है?
पाले पड़े हा! हा! हमारे दुख आज अशेष हैं।
अन्याय अत्याचार हम पर हो रहे हृदयेश! हैं।।

[5]

हमने किया संसार में नित ही नवाविष्कार है।
बदला उसी का नाथ! क्या यह कष्ट घोर अपार है?
जगदीश! हम कैसे कहें तू न्याय का आगार है?
जब आज हमसे हो रहा इतना विषम ब्यौहार है।।

बार बार है

नये उत्साह से हैं पूर्ण सभी लोग हुवे;
खद्दर के चद्दर की अजब बहार है।
देख कर चरखे के सूत की महत्ता ऐसी;
काँप कैसी रही सत्तामयी सरकार है?
'रसिक' समुन्नति के चिन्ह देख देख कर;
होता है प्रतीत, 'अनुकूल करतार है'।
'भारत अवश्य प्राप्त करेगा स्वराज्य अब',
उठता हृदय में यह भाव बार-बार है।।

आह्वान

[1]

अरे! इस नश्वर तन का मोह;

न तज सकते हो क्या तुम आज?
बने हो श्वान, शशक के तुल्य;
बताओ तो क्यों हे मृगराज?

[2]

मधुर मिष्टान्नों का क्या लोभ;
हो गया है तुमको इस बार?
सहन करते हो जो अपमान;
न लेते लेशमात्र प्रतिकार?

[3]

स्वर्ण की ज़ंजीरों से प्रेम;
हुवा है क्या तुमको नादान?
क्षणस्थायी किस सुख के हेतु;
पड़े हो बंधन में बलवान?

[4]

तुम्हीं देखो पिंजड़े में पड़ा;
न सहता क्या क्या दुख है कीर?
कभी क्या वह सकता है भूल;
प्रकृति-विचरण, स्वाधीन समीर?

[5]

अरे ! क्या बतलाना है तुम्हें;
तुम्हारे मुक्त भाव निर्द्वंद?
तुम्हारा मतवालापन और;
तुम्हारा पहले का आनंद?

[6]

पुनः स्वच्छंद सिंह के तुल्य;

झटक दो भुज-दण्डों को वीर!
सहम जावेंगे शशक श्रृगाल;
टूट जावेगी दृढ़ ज़ंजीर।।

[7]

अखिल जग देखेगा साश्चर्य;
तुम्हारा साहस, शौर्य अखण्ड।
तुम्हारा तेज, ओज, गांभीर्य;
तुम्हारी विप्लव-शक्ति प्रचण्ड।।

[8]

तुम्हारी दीन-दशा पर क्षुद्र, :—
जंतु-गण जो करते उपहास।
तृप्त उनको कर देगी पूर्ण;
तुम्हारी आज़ादी की प्यास।।

[9]

तुम्हारी दुर्दमनीय दहाड़
क्रांति की बरसावेगी धार।
तुम्हारा गौरव - गर्जन घोर;
कँपा देगा सारा संसार।।

[10]

सिंह बन जाओ सच्चे सिंह;
न है अब नेक शयन का काल।
तड़प कर यदि आँखें दो खोल;
क्यों न आवे भीषण भूचाल?

[11]

तोड़ कर पराधीनता-पाश;

सजा दो स्वतंत्रता का साज।
'रसिक' निज बल, विक्रम से शीघ्र;
कहाओ फिर सच्चे मृगराज।।

[12]

छिपें गज-गण गह्वर में दौड़;
हिले वसुधा, दहले आकाश।
सुवर्णांकित पृष्टों में अमर;
तुम्हारा हो जावे इतिहास।।

सफलता स्वागत

सफलते! कर स्वागत स्वीकार।
अनुनय, विनय, भक्ति, श्रद्धा, आकाँक्षा, दृग-जल, प्यार।।

[1]

हिम गिरि को कंदुक जाना, बाँधा वारिधि में सेतु।
पर्वत को राई था माना, केवल तेरे हेतु।।
कभी न भूलेंगे हम तेरा यह अनन्य उपकार।
सफलते! कर स्वागत स्वीकार।।

[2]

प्रेम, नेम, अनुराग, अलौकिक सुखमाओं के धाम।
मंजुल पावन प्राण-पपीहे के प्यारे घनश्याम।।
क्या दें तू ही कह दे तुझको हम नूतन उपहार?
सफ़लते! कर स्वागत स्वीकार।।

[3]

अभिमत आशा, अभिलाषाओं के उन्नत उत्थान।

करते रहें यही इच्छा है, नित तब गुण-गण गान।।
अवनति-अंधकूप से हमको तू ने लिया उबार।
सफलते! कर स्वागत स्वीकार।।

[4]

तुझे देख हो गया हमारे; कष्टों का अवसान।
तुझ पर मैं अर्पण करता हूँ जीवन, तन, मन, प्रान।।
देवि! कर दिया तू ने हमको; सुखमय यह संसार।
सफलते! कर स्वागत स्वीकार।।

[5]

सोच रहे थे यत्न कि कैसे; भेजें कुछ संदेश?
जिससे आ कर दर्शन दे दें; हमें 'रसिक' राकेश।।
विषम वेदनाएँ सह तुझको पाया है इस बार।
सफलते! कर स्वागत स्वीकार।।

[6]

तेरी मृदु मंजुल माया का; पा न सके न हम पार।
तू ही एकमात्र है जग में; जीवन की आधार।।
रोम रोम पुलके, बजने लग गए हृदय के तार।।
सफलते! कर स्वागत स्वीकार।।

[7]

तुझे न अब हम जानें देंगे; किसी भाँति भी आज।
मन-मंदिर में रख कर तुझको; साजेंगे सुख-साज।।
करुणामयी! बहा दे अपने करुणा रस की धार।।
सफलते! कर स्वागत स्वीकार।।

पराधीनता

तुम्हें अपना कर महान अपमान सहा;
और सहा जगत में किसका न उपहास?
आत्म-अभिमान भी गँवा दिया तुम्हारे लिए;
टूटा न 'रसिक' तिस पर भी तुम्हारा पाश।।
तुम्हें थे मनाते, किंतु तुम ठुकराती रहीं;
फिर भी हुवे न हम लोग थे कभी हताश।
किंतु अब अति ऊब गया तुमसे है चित्त;
बोलो पराधीनते! तुम्हारा कब होगा नाश?

वंदेमातरम्

[1]

क्यों अस्त ब्यस्त है देवि! आज?
यह कैसा है विकराल वेश?
क्यों बरसाती तू अश्रु-धार?
कह दे माँ! क्या है तुझे क्लेश?

[2]

ये छिन्न-भिन्न हैं पट कैसे?
क्यों बिखर गए थे कांत केश?
क्या दुष्ट दैव ने दुख दिया?
माँ! बतला दे तू त्याग त्वेष?

[3]

ये घोर घाव तन में कैसे?
क्या तुझे भाग्य ने दिया छोड़?
क्यों विलख विलख कर रही रुदन?
माँ हम सब हैं तैंतिस करोड़?

[4.]

रों पड़ें सभी मिल यदि अम्बे?
तो अन्य सिंधु बन कर तुरंत।
बढ़ जाएँ और जगतीतल का;
कर दें पल भर के मध्य अंत।।

[5]

हँस पड़ें सभी मिल यदि अम्बे!
कर कर निज भीषण अट्टहास।
हिल जाए भूमि, गिर पड़े गगन;
हो जावे जग का सर्वनाश।।

[6]

माँ! आज्ञा दे दे तू केवल?
फिर देख स्व संतति-बीर-कृत्य।।
सारा जग तब पद-पद्मों पर;
सर रख दे बन कर क्रीत भृत्य।।

[7]

माँ! स्वर्ग, नर्क, पाताल, भूमि;—
नभ कर दे क्षण में खण्ड खण्ड।
संदेह त्याग कर कमलों को;
पकड़ा दे निज कर्तव्य-दण्ड।।

[8]

तोपों के बंद करें मुखड़े;
गिर पड़ें वायु के यंत्र हाल।
जय-तिलक-युक्त कर दें उठ कर;
फिर से स्वजनों का भव्य भाल।।

[9]

माँ ! तेरे हित सागर उलंघ्य;
गिरि गण को कर दें चूर चूर।
कर विघ्न-गणों को पंगु, मूक;
हर लें उनका सारा ग़रूर।।

[10]

यदि बज्र गिरावे इंद्र स्वयं;
तो सुरपुर पर चढ़ जाएँ आज।
कर स्वर्ग लोक को नष्ट भ्रष्ट;
अमरों का हर लें सौख्य साज।।

[11]

हो पूर्णतया ही तब विरुद्ध;
यदि भाग्य चले निज कुटिल चाल।
सौगंद हमे है माँ ! तेरी;
हम डसें उसे बन विषम ब्याल।।

[12]

यदि जगन्नाथ जगदीश स्वयं;
तव ओर करें निज बक्र दृष्टि।
माँ! कम से कम तो एक बार;
हम कंपित कर दें सकल सृष्टि।।

[13]

जो आँख दिखावें माँ! तुझको;
लें आँखें हम उनकी निकाल।
यदि काल करे कुछ दंभ, दर्प;
तो उसके भी बन जाएँ काल।।

[14]

यह सब प्रताप है तब जननी !
तू कर दे ऐसा बर प्रदान।
हम गुण गावें केवल तेरा;
तुझ पर कर दें सर्वस्व दान।।

बीर

[1]

दीनों सी बाणीं न किसी से भी हैं कहते।
नहीं दूसरों पर कदापि अवलंबित रहते।।
मातृभूमि-हित 'रसिक' विषम विपदाएँ सहते।
वीर-भावनाओं की ही धारा में बहते।।
वीर कभी होते नहीं; शरणागत तक़दीर के।
रहते हैं विश्वास पर; वे अपनी तदबीर के।।

[2]

समुत्साह से नित्य आन पर अड़ जाते हैं।
स्वाधिकार के लिए सभी से लड़ जाते हैं।।
निर्भयता से क्रर्म-मार्ग पर बढ़ जाते हैं।
'रसिक' राष्ट्र की बलि-वेदी पर चढ़ जाते हैं।।
सह लेते हैं मोद से; घाव तोप के, तीर के।
मूक लेखनी गा नहीं; सकती गायन बीर के।।

[3]

सानुराग उन्नति का पावन पाठ पढ़ाना।
जटिल जगत में नव जीवन की ज्योति जगाना।।
खोज खोज कर दीन गणों का दुख मिटाना।
हँसते हँसते प्रिय स्वदेश पर मर मिट जाना।।
झोंके सह लेना सदा; विप्लव-पूर्ण समीर के।
डट जाना कर्तव्य पर; लक्षण हैं ये बीर के।।

उद्‌बोधन

नशा स्वाधिकारों का चढ़ा न तुम पर नेक;
ढालते हो जाने कैसे प्याले पर प्याले तुम?
अब तक आँखें भी हुई हैं न तुम्हारी लाल;
पर कहते हो अपने को मतवाले तुम।।
देश का न लवलेश क्लेश हो मिटाते बीर!
किंतु कहते हो अपने को बलवाले तुम।
'रसिक' तुम्हारा दिल उज्वल है, हुवा करे;—
गोरों द्वारा कहलाओगे सदैव काले तुम।।

स्वराज्य स्वागत

आ मृत्यु-लोक में कल्प-लता अवतारी।
आ प्रिय स्वराज्य! हम तुझ पर हैं बलिहारी।।

[1]

तू है सुजनों के युगल दृगों का तारा।
तू ऋषियों के भी प्राणों का है प्यारा।।
तू है सच्चे जीवन का एक सहारा।
है सर्वोन्नति का भार तुझी पर सारा।।
तू ने जग है कर दिया सौम्य सुखकारी।
आ प्रिय स्वराज्य! हम तुझ पर हैं बलिहारी।।

[2]

तू ने कब मन को मोद न है पहुँचाया?
तू ने कब दारुण दुख न दूर हराया?
किससे कब तू ने प्यार नहीं दिलवाया?
सचमुच तेरी है अमित अनोखी माया!!
आ मन मंदिर के एक प्रकांड पुजारी।
आ प्रिय स्वराज्य! हम तुझ पर हैं बलिहारी।।

[3]

तू ही मनुष्यता - लतिका है सरसाता।
है सुधा-धार बसुधा ही पर बरसाता।।
तू है जगती में जीवन-ज्योति जगाता।
तू बीहड़ बन को भी सुरपुरी बनाता।।
फिर ध्यावें तुझ को क्यों न सभी तन धारी?
आ प्रिय स्वराज्य! हम तुझ पर हैं बलिहारी।।

[4]

आ स्वतंत्रता की मूर्ति! तुझे हम ध्यावें।
आ मन मोहन! हम तुझे हृदय से लावें।।
आ प्रियवर! आ हम तेरे गुण-गण गावें।
आ सुंदर सुरभित सुमन - माल पहनावें।।
आ मन में भर दे नीति नवल औ न्यारी।
आ प्रिय स्वराज्य! हम तुझे पर हैं बलिहारी।।

[5]

आ मंजुलतामय मान, मधुरता - धारी।
आ मन मानस में भव्य भाव संचारी।।
आ शांति-सदन के अद्वितीय अधिकारी।
आ राष्ट्रीय नंदन उपवन - फुलवारी।।
आ 'रसिक' मंद मकरंद चंद छवि धारी।
आ प्रिय स्वराज्य! हम तुझ पर हैं बलिहारी।।

अंधेर

[1]

जहाँ था लक्ष्मी-पति का वास,

वहाँ हैं झूठे भोग विलास।
जहाँ होता था हरि-गुण-गान,
वहाँ अब बसता है अभिमान।।
जहाँ था नय का ओर न छोर,
वहाँ रहते अब डाकू चोर।
जहाँ करते थे योगी योग,
वहाँ रहते अब लंपट लोग।।
रहा पापी सुरपुर-पथ हेर,
सहन कैसे हो यह अंधेर?

[2]

सदा जो माँग माँग कर भीख,
कुदिन का रहे पाठ थे सीख।
अहह! थे जो अवलंब-विहीन,
विकल, निर्बल, निर्धन, छवि-छीन।।
स्वतन में भस्म-विभूति रमाय,
फिरा करते थे हा! असहाय।।
दृगों से बहा अश्रु की धार,
किया करते थे हाहाकार।
उन्हीं का रहा विश्व मुख हेर,
सहन कैसे हो यह अंधेर?

[3]

कुटिल कायर थे जो विख्यात,
जिन्हें थी ज्ञात न रण की घात।
पड़े रह कर घर में दिन रात,
किया करते थे केवल बात।।
भरी थी जिनमें झूठी शान,
किंतु थे जो अनभिज्ञ, अजान।
बिना समझे ही रिपु की चाल,
रहे जो ब्यर्थ बजाते गाल।।
वही अब कहलाते हैं शेर,
सहन कैसे हो यह अंधेर?

[4]

ब्यथित रहती ज्यों भू पर मीन,
रहे जो त्यों ही दीन, मलीन।
अरे! जो थे कौड़ी के तीन,
वही हैं अब सुख-शिखरासीन।।
जलाता था जिनको दुख-दाह,
जगत था जिनको सिंधु अथाह।
न है अब उन्हें किसी की चाह,
न है उनको कुछ भी परवाह।।
धरे हैं वे मणियों का ढेर,
सहन कैसे हो यह अंधेर?

[5]

विदित थे जो जग में श्रीमान,
करोड़ों का देते थे दान।
भरा था जिनमें तेज महान,
न सह सकते थे जो अपमान।।
सजा कर नित्य न्याय का साज,
त्याग देते थे तृण सा राज।
रहे जो भूपों के सरताज,
वहाँ हैं कौड़ी के मुँहताज।।
रहे हैं वही भूख से टेर,
सहन कैसे हो यह अंधेर?

[6]

किया करते थे जो व्यवसाय,
वही हा! अब करते हैं न्याय।
रहे जो स्वर्णांकित स्वच्छंद,
वही अब सहते हैं दुख-द्वंद।।
रहे जो कहलाते अवनीश,
वही हैं हाय! झुकाए शीश।

समझते थे जिनको सब हेय,
उन्हीं ने पाया है सुख-श्रेय।
वही जग को करते हैं ज़ेर,
सहन कैसे हो यह अंधेर?

[7]

किया जिनने श्रम-सीमा पार,
ध्येय-ही था जिनका आधार?
निरख कर जिनके हृदयोद्गार,
चकित, विस्मित था यह संसार।।
न जिनने सही फूल की चोट,
उन्हीं का रहे गला सब घोट।।
विकल हो शीश भूमि पर नाय,
अरे! वे करते रोदन हाय!
मिटाते क्षुधा बीन वे बेर,
सहन कैसे हो यह अंधेर?

[8]

दुखी जनता के प्राणाधार,
आज सहते हैं क्लेश अपार।
जन्म भू के जो हैं हिय-हार,
वही सेते हैं कारागार।।
रहा जिनका बीरों का वेश,
वही सहते हैं दारुण क्लेश।
शांति का जो सजते थे साज,
हुवे वे विप्लव के अधिराज।।
लिए हैं भीरु लोग शमशेर,
सहन कैसे हो यह अंधेर?

[9]

जहाँ नाचा करते थे मोर,

वहीं करते हैं गीदड़ शोर।
जहाँ शोभित थे राजोद्यान,
वहीं पर हैं वीभत्स स्मशान।
जहाँ थे सुर-दुर्लभ सुख-भोग,
वहीं है पाप, ताप, छल, रोग।।
जहाँ की सुनकर करुण-पुकार,
दयामय लेते थे अवतार।
न आते अब होती अति देर,
सहन कैसे हो यह अंधेर?

[10]

हुवे स्वामी हैं सेवक आज,
किंतु सेवक गण करते राज।
दुखी हो विलख रहे विद्वान,
मगर मूर्खों का है सम्मान।।
देश के हैं सुपूत निरुपाय,
देख कर कष्टों का समुदाय।
मुक्त है शशक, शृगाल-समाज,
पड़े हैं बंधन में मृगराज।।
निरख वे रहे दिनों का फेर,
सहन कैसे हो यह अंधेर?

आकाश–वाणी

दमन-निशाचरी की द्युति नष्ट भ्रष्ट होगी;
विश्वनाथ-मंदिर से बम बमकेहीगा।
आत्मिक बल का प्रबल अभ्युत्थान होगा;
देश-प्रेमियों का उत्साह दमकेहीगा।।
दीनता, मलीनता, दरिद्रता मिटेगी शीघ्र;
स्वाधिकार-पाटल-प्रसून गमकेहीगा।।
'रसिक' रुचिर राजनीति-नभ-मण्डल में;
भारत के भाग्य का सितारा चमकेहीगा।।

बलिहारी है

जान बूझ के भी कहो मान क्यों हो साधे हुवे?
इससे विदित होती भीरुता तुम्हारी है।
आँख रखते हुवे भी आँख खोलते हो नहीं;
'रसिक' तुम्हारी रीति जगत से न्यारी है।।
कान रखते हुए भी सुनते पुकार नहीं;
देख कर ऐसी दशा दुख होता भारी है।
पैर रखते हुवे भी दौड़ पड़ते हो क्यों न?
हाय रे! तुम्हारे करुणा की बलिहारी है।।

अछूत

कोई कहता है हैं अछूत नहीं छूने योग्य,
शशि-अंक के कलंक-कालिमा-किनारे हैं'।
कोई कहता है 'अपने ही पूर्व पापों-द्वारा;
'रसिक' रमेश से भी गए ये बिसारे हैं'।।
कोई कहता है 'तन करते अपावन ये;
पावस के बड़े गंदे जल के पनारे हैं'।
किंतु कहने में लज्जा लेश भी न होती हमें,
'हम अंत्यजों के और अंत्यज हमारे हैं'।।

अँधेरा

अपने महल्ले में कहाते बड़े दानी तुम;
सारा गाँव बना बिना दाम तब चेरा है।
नाम से तुम्हारे सैकड़ों का कारबार होता;
लगता ग़रीबों का तुम्हारे घर फेरा है।।
देश पर कुछ बलिदान तुमने न किया,
क्षुब्ध हुआ 'रसिक' ये देख मन मेरा है।
अनायास मुख से निकल पड़ते हैं बैन,
ज्योति अंधकार में है, ज्योति में अँधेरा है।।

बीर के

[1]

लेश न क्लेश मिटाते हो देश के,
काम न आते हो दीन, अधीर के।
फ़ैशन के फँसे चंगुल में,
औ गुलाम बने हो अपाहिज कीर के।।
देते दुहाई हो पूर्वजों की,
सकते हो नहीं सह झोंके समीर के।
ब्यर्थ में बीर बने हो सखे!
जब काम नहीं करते कुछ बीर के।।

[2]

नित नूतन नीति निकालते हैं,
कभी पीटते हैं नहीं लीक लकीर के।
जनता के हृदय में विराजते हैं;
प्रिय होते समान हैं दीन, अमीर के।।
करते जगदीश की प्रार्थना हैं;
गुण - गायक होते न पीर फ़कीर के।
निज काम से नाम कमाते हैं वे;
कुछ सींग और पूँछ न होती है बीर के।।

सुख

[1]

निरुद्देश्य हो मौज उड़ाना, खाना, पीना मनमाना,
किम्बा उद्यानों में जा कर गौरब के गायन गाना।
अथवा सुरभित रम्य पवन से हृदय-सुमन का सरसाना,
या रजनी में रजनी-पति की छवि से प्रिय प्रतिभा पाना।।

[2]

टहल टहल कर चहल पहल में ही निज मन को बहलाना,

या अपने अनुभव की बातें जाकर जग को बतलाना।
या नेता बन ध्येय धर्म का मर्म सबों को सिखलाना,
या कल्पित कविता-तरंग में ही अनंग सा इठलाना।।

[3]

किम्बा मित्रों से सँग जाकर मुद से कहीं भ्रमण करना,
साभिमान नैसर्गिक छवि का धवल ध्यान मन में धरना।
धीमानों का दृढ़ विचार है निश्चयपूर्वक बतलाता,
भर लेना निज पेट कभी भी नहीं सौख्य है कहलाता।।

[4]

खोज खोज कर श्रमपूर्वक जा कर दुखियों का दुख हरना,
प्रिय स्वदेश ही के हित जीना, प्रिय स्वदेश के हित मरना।
मातृ-भूमि की बलि-वेदी पर सानुराग बलि चढ़ जाना,
मैंने अपने कबि-जीवन में है इसको ही सुख माना।।

निचोड़ दे

पापियों के लिए ज्वालामुखी बन कर मातु!
अत्याचारियों का पाप - पूर्ण घट फोड़ दे।
प्रलय का विकराल दृश्य दिखला दे देवि!
शत्रुओं के शस्त्र वाले हाथ को मिरोड़ दे।।
आत्म - बलिदान के 'रसिक' बलशाली भाव;
भारत - निवासियों के मानस में छोड़ दे।
तोड़ दे कपट - जाल, मोड़ दे दया की दृष्टि;
जोड़ दे विदीर्ण दिल, दीनता निचोड़ दे।।

करुणा-निधान

दीन-बंधु! विरद तुम्हारा किस काम का है;
दीनों की पुकार से जो बने तुम दीन हो?
देखो तो अनाथ-नाथ! कितने अनाथ आज,

फिरते हैं अन्न वस्त्र तक से विहीन हो?
पत्थर को निज दीनता से पिघलाते हैं वे;
झींखते हैं जब भूख प्यास से मलीन हो।
मत कहलाओ तुम 'करुणा-निधान' यदि,
आँख न तुम्हारी करुणा से ग़मगीन हो।।

प्रोत्साहन

[1]

प्राप्त कर लोगे स्वच्छंदता जो बीर गण!
स्वर्ग से अमर वृंद पुष्प बरसावेंगे।
भ्रमर से भ्रमेंगे 'रसिक' से सुकवि जन,
सुंदर सुछंदों में सुयश तव गावेंगे।।
भागेंगे कुटिल, क्रूर, लंपट, लबार, या तो;—
हो कर शरणागत शरण में आवेंगे।
बीरता, गंभीरता औ धीरता तुम्हारी सखे!
कायर, कुचाली देखते ही रह जावेंगे।।

[2]

अट्टहास कर दौड़ पड़ो यदि बीरो! तब,
लाल मुख देख कर शत्रु-मुख काला हो।
अस्तित्व मिट जाए देश से विदेशियों का;
पद में तुम्हारे पर एक भी न छाला हो।।
एक हाथ में हो चरखे का अनिवार्य अस्त्र;
दूसरे में खादी का 'रसिक' भव्य भाला हो।
हील उठे धरणीं, प्रशांत ज्वालामुखी भी हो;
सकल जगत में तुम्हारा बोल बाला हो।।

श्रद्धांजलि

[1]

उपकारों की इष्टि कहें या मर्यादा का मान तुम्हें?

आत्मिक बल की ध्वजा कहें या भूरि भाव का भान तुम्हें?
नक्षत्रों में चाँद कहें या स्वतंत्रता - सोपान तुम्हें?
मुक्ति-मार्ग का पथिक कहें या गुण गरिमा का गान तुम्हें?

[2]

मंजुलता की मूर्ति कहें या कोमलता की खान तुम्हें?
प्रबल प्रेम का पुंज कहें या घन में विद्यु महान तुम्हें?
आनंदों का ओज कहें या विधि का विषम विधान तुम्हें?
बीरों में आदर्श कहें या कृषकों का अभिमान तुम्हें?

[3]

सुकृतियों की कला कहें या स्वत्वों का उपमान तुम्हें?
जग की जीवन ज्योति कहें या सत्याग्रह की आन तुम्हें?
पुष्पों का मकरंद कहें या अलि वृंदों की तान तुम्हें?
बसुधातल की सुधा कहें या अटल आत्म बलिदान तुम्हें?

[4]

सत्य-ब्रत का ब्रती कहें या प्रभुतापन का पान तुम्हें?
क्षिति की छविमय छटा कहें या सुख-नंदन उद्यान तुम्हें?
कांति-कुंज कौमुदी कहें या उपनिषदों का ज्ञान तुम्हें?
महिमा का मार्तंड कहें या धवल धैर्य का ध्यान तुम्हें?

[5]

साम्यवाद-सिद्धांत कहें या असहयोग-अनुपान तुम्हें?
राष्ट्रीय झनकार कहें या जगदीश्वर का दान तुम्हें?
सदाचार का तत्व कहें या कुंचित केंद्रोत्थान तुम्हें?
धनियों का सर्वस्व कहें या दीनों का अरमान तुम्हें?

[6]

दिव्य दया की मूर्ति कहें या सुखद शांति की शान तुम्हें?
स्वाधिकार-आधार कहें या प्रिय स्वराज्य-संतान तुम्हें?
मोहनदास कर्मचंद जी! क्या कहें कहो इस आन तुम्हें?

जी में आता है कह दें हम भारत का भगवान तुम्हें?

पशु-बल का उन्माद

[1]

अम्बे! किस दुख के कारण है बिखराया तूने निज केश?
कृपामयी! क्यों धरा आज है, तूने रण-चण्डी का वेश?
किस पत्थर के पिघलाने को, गाती है तू करुण-विहाग?
तेरे दीर्घ दयालु दृगों में, जलती है यह कैसी आग?

[2]

तेरा अट्टहास मृतकों में क्यों न करे जीवन संचार?
तेरे क्रांति-गान से आवें क्यों न हृदय में भाव अपार?
मादकता क्यों झलक रही है तेरे अंगों में भरपूर?
तेरे मंजुल मस्तक पर है सज्जित क्यों यह रण-सिंदूर?

[3]

पहिन लिया है माँ! क्यों तू ने; यह नर-मुण्डों की माला?
तेरे रोम रोम में जलती सी है किस विष की ज्वाला?
देख रहा जननी! मैं तुझमें; प्रलय-काल का सा उत्ताप?
किसके प्रति है निकल रहा; तेरे सात्विक मुख से अभिशाप?

[4]

तेरे क्षत विक्षत तन में है; किस दीवाने का उन्माद?
तेरे आवाहन में मिश्रित है किसका यह भैरव-नाद?
तेरे भावों में आवेष्टित है किस सागर का तूफ़ान?
समाकीर्ण है तेरी वेदी पर किस पागल का बलिदान?

[5]

समझ गया-क्यों-आज सजाया; तूने रण-दुर्गा का साज?
बंदीगृह में हाय! पड़ा है; भारत का सच्चा सरताज।।

काल चक्र! तेरे प्रभाव से; है उसका कैदी का ठाट।
तैंतिस कोटि भारतीयों के; जो है मानस का सम्राट।।

[6]

अब न रुकेगी पूर्व दिशा में; विप्लव की भीषण आँधी।
उथल पुथल शाशन-विधान को; कर देगा क़ैदी गाँधी
जकड़ा जा न सकेगा जंजीरों में; जनता का उत्साह।
दीवालों में दब न सकेंगी दीन गणों के दिल की दाह।।

[7]

विश्व-पूज्य गाँधी के नश्वर तन को कर पिंजड़े में बंद।
बधिक! मिटा सकता न कभी तू, उनके भव्य भाव स्वच्छंद।।
आत्मिक बल के सम्मुख तुझको, निश्चय झुकना ही होगा।।
रे जल्लाद! दमन के पथ पर, तुझको रुकना ही होगा।।

[8]

तन, मन, धन, जीवन की चाहे जितना कर तू बरबादी,
प्राण गँवा कर भी लेना है, हमको अपनी आज़ादी।।
बंदूकों से बंद न होगा, स्वतंत्रता का निश्चल नाद।
मिटा सकेगा सत्याग्रह के भाव न पशु-बल का उन्माद।।

कामना

दमन गगन में तमारि से बिहार करें;
राष्ट्र-रुचि-रस से हृदय को पगा दें फिर।
दलबंदियों का दीर्घ दलदल दल कर,
मनोवृत्ति मातृभूमि सेवा में लगा दें फिर।।
भीति की विषम भ्रम-भावना भगा दें शीघ्र,
'रसिक' बिराट वैमनस्य विलगा दें फिर।
'खून के ये छींटे' बरसा दें खून ही की धार,
शांत चित्त में भी अग्निज्वाल सुलगा दें फिर।।

मुक्त संगीत

अभिराम शर्मा
प्रणयेश शर्मा

[प्रकाशन वर्ष 1931]

मेरे गान!

[राग-केदारा ध्रुवपद]

गूँज उठें मेरे गान!

भारत के बच्चे-बच्चे में, भर दें भाव महान।

अग्नि-मयी एक तान—
भूमि एक—आसमान;
व्याप्त जैसे पवमान,
कर दे विप्लव-विधान।

गूँज उठें मेरे गान!

प्राची-दिशि की हिलोर—
पश्चिम का गहे छोर,
अन्य उभय दिशि की डोर—
खींचे ध्रुव तान-तान।

गूँज उठें मेरे गान!

सुख-दुख मानापमान—
सब में हो गति समान।
भीरु हृदय! सावधान!
देंगे यह अभय दान!

गूँज उठें मेरे गान!

अंधकार, उपल-वृष्टि—
प्लावित हो सकल सृष्टि;
पावें वह दिव्य दृष्टि,
आवें 'अभिरम्म' ध्यान।

गूँज उठें मेरे गान !

आराधना

[राम-श्याम कल्याण]

मन में है रट देश नाम की।

सोते-जगते हृदय-मुकुर में,
चित्रित है छबि शस्य-श्याम की। मन में—

यश-अमरत्व सहज करतल गत,
सिद्धि सकल सेवक मुदाम की। मन में—

देश-धर्म हित की न समर्पित,
तो यह काया कौन काम की। मन में—

नाच रही नयनों में निशि दिन,
नवल छटा नयनाभिराम की। मन में—

भारत-गीत

[राग-देश]

बहु बल धारे—देश हमारे।

गंग-यमुन—जल-
अविरल निर्मल,

सुंदर स्रोत सुधारे—देश हमारे।

अचल—हिमांचल-
श्यामल—अंचल,

पुण्य-मयी बसुधारे—देश हमारे।

सेवक—सागर,
सेबत सादर,

सिंह-संतरी द्वारे—देश हमारे।

खग गन, मृग गन,
हैं प्रमुदित मन,

जन 'अभिराम' सुखारे—देश हमारे।

उस पार

[राग-जिला]

उठ रही कैसी प्रबल हिलोर!

अरे अरे वह देखो! देखो!! विकट क्रांति का छोर!

व्याप्त हो रही जगतीतल में,
सुनो भयानक शोर।
प्रलय मचा देगी पल भर में,
ऐसी है घन - घोर।।

बढ़ी बढ़ी जनु बड़वानल सी,
रक्त - पिपासा जोर।
आलिंगन करने को उत्सुक-
चली अनय की ओर।।

उड़ा रही है सकल विश्व को,
लिए शक्ति की डोर।
देख देख हँसने लगता है,
यह 'प्रणयेश' विभोर !

प्रांगण की ओर

[राग-खम्माच]

गति मत रोको मेरी,
बजती है रणभेरी,

मचल रहा है मन—
रण करने को आज।

पहिन चुके केसरिया बाना,
ठान चुके सहर में जाना,
साज भी चुके हैं हम—
युद्ध के बिकट साज।

अरि दल-बल बढ़ता आता है,
अनय-सिंधु चढ़ता जाता है,
दौड़ दानवों के बीच—
डालने हमें दो गाज!

मैं हूँ देश-प्रेम मतवाला,
पहिनूँगा मुण्डों की माला।
मैं तो हूँ हठीला, लाओ-
मुझको कँटीला ताज!

जब तक होती क्रांति नहीं है—
तब तक उर में शांति नहीं है,
क्योंकि जननी की मुझे—
अब रखनी है लाज।

लक्ष्य हमारा ध्रुव सा बनकर,
कहता है यह आवाहन कर;
'अभिराम' आओ! आओ!!
ले लो अपना स्वराज!

गति मत रोको मेरी,
बजती है रणभेरी—
मचल रहा है मन,
रण करने को आज।

ताण्डव

[राग-गूर्जरी]

सावधान! मैं विप्लववादी!
मुझ से मत कुछ कहना।
अंगारों में झुलस जाएगा,
भ्रांत ! दूर ही रहना।

मुझे समझ तू परम प्रचण्ड, क्या जीवन देने आया है?

मैं बिकराल काल का दण्ड।

नर मुण्डों के कंदुक लेकर,
जब मैं खेल रचाता।
श्रोणित-सरिता में हँस हँस कर,
मैं अविराम नहाता।

अखिल सृष्टि का मैं संहार, समझूँ कौतुक क्रांति—

भयानक-पन मेरा श्रृंगार।

इसीलिए मैं रोक रहा हूँ,
देना फिर न उलहना।
ओ अज्ञानी! सोच समझ कर,
इन भावों में बहना।

श्वास-श्वास है झंझावात, प्रलयंकरी सहचरी मेरी—

महाकाल की रात।

मैं अखण्ड हूँ! मैं अजेय हूँ!!

मेरी गति मत गहना!!!
है 'प्रणयेश' निरंकुशता का,
कवच अनोखा पहना।

सावधान! मैं विप्लववादी!
मुझसे मत कुछ कहना।
अंगारों में झुलस जाएगा,
भ्रांत ! दूर ही रहना !

पागलपन

[राग-जोगिया]

जीवन-मुक्त हुआ उन्मादी।
दे दे मुझे गरल की प्याली—
क्यों मेरी मदिरा ढुलकादी ?
अरे-अरे! यह भीषण ज्वाला—
तूने कैसे कहाँ लगादी ?
आलिंगन करने आया था,
सत्वर किसने लगी बुझादी ?
मुझको देख देख हँसता है,
क्या तू समझ रहा बकवादी ?
इस प्रलाप के आत्म-ज्ञान से,
मैंने दुनिया नई बनादी।
मेरे मन - मंदिर में भावुक !
ऐसी भाव - छटा छहरादी।
यह 'अभिराम' सुधा सी कैसी
तूने संजीवनी पिलादी !

अत्याचारी के प्रति

[राग-आसावरी]

करले अत्याचार हठीले! इसका मोल चुकाना होगा।
रुधिर-तरंगों में न रुकेगा, तुझको भी बह जाना होगा।।
जिन्हें बाँध बंदी करता है,
जिनके प्राणों को हरता है;
वही दिखा देंगे हम क्या हैं, देख; तुझे पछताना होगा।
दीप-शिखा हत्यारी ! तूने—
कितने सरल पतिंगे भूने;
निकट अंत, अनजान ज़ान तू, मान, नहीं बुझ जाना होगा।
कानन में तू बीन बजाता,
मृदु-तानों से चित्त चुराता;
हम कुरंग इसमें न फँसेंगे, अब यह जाल उठाना होगा।
निकल पड़े हम सब मिलजुल कर,
तू भी आज खेल ले खुल कर,
है 'प्रणयेश' अशेष संग में, तुझे लौट घर जाना होगा।

कैसा जीवन ?

[राग-मेघ मलार]

तुमको जीवन इतना प्यारा?
सदियाँ परवशता में बीतीं,
पर का लिया सहारा।
स्वाभिमान खो कर बैठे हो,
क्या बल पौरुष हारा?
कह दो अब अपनी ममता से—
"तज दे संग हमारा"।

अहा! बह रही कैसी अविरल—
सत्याग्रह की धारा !
इसमें ही इस क्षण-भंगुर का—
होने दो न उतारा।
अपनापन जय अपनाओगे,
पी कर अमृत खारा।
वह जीवन ही जीवन होगा,
तब 'अभिराम' तुम्हारा।।
तुमको जीवन इतना प्यारा ?

सत्याग्रही

[राग-सोरठ]

जब ये सत्याग्रह-रण करते।
सत्य, व्रत प्रह्लाद भक्त के—पंथ पर सदा बिचरते।
सदय हृदय रहते हैं निर्भय,
नहीं काल से डरते।
अटल अहिंसा—आराधन का,
भाव लोक में भरते।।
पीड़ित कहीं शत्रु भी देखें,
नयन अश्रु - जल ढरते !
कहाँ मारना सीखे बढ़ कर,
स्वयं सत्य पर मरते।।
केवल आत्मिक बल के बल पर,
सबलों का मद हरते।
बस 'प्रणयेश' इसी से बरबस,
विजय - बधूटी बरते।।
जब ये सम्याग्रह-रण करते।।

रण–निमंत्रण

[राग–माँड]

आमंत्रण आया है वीरो! साजो रण के साज।

सुना दिया है सेनापति ने—
रुचिकर सिंह निनाद।
चलो-चलो अब मर मिटने का,
लें संजीवन स्वाद।।

तैंतिस कोटि करों में फहरे,
अपना उच्च निशान
स्वाभिमान से भरे हृदय हों—
गाते स्वागत - गान।।

सुर-सुंदरियाँ माला ले ले—
आईं बैठ बिमान।
कब आएँ अभिराम विजेता,
करलें कुछ सम्मान।।

उद्बोधन

[राग–गुनकली]

जाग वीर ! जाग जाग !!

आया प्रमुदित प्रभात, बीत गई काल रात,
विकसे जल जात तात, पीले प्रेम का पराग।
जाग वीर ! जाग जाग !!

मेरी यह सीख मान, करदे अब घमासान।
या तो देश हो श्मशान, या तो मम खुलें भाग।।
जाग वीर ! जाग जाग !!

गौरव गरिमा महान, भूल गया स्वाभिमान।
क्या है कुछ भी न ध्यान, जोड़ ऐक्य ताग ताग।।
जाग वीर ! जाग जाग !!

रक्षक 'अभिराम' श्याम, करले निष्काम काम।
धूम मचे धाम धाम, गा दे वह क्रांति राग।।
जाग वीर ! जाग जाग !!

बंदी की अभिलाषा

[राग-ललित]

बिभु! यदि बंधन मुक्त बनाते।

तो इस अंधकार-मय जग में, जीवन-ज्योति जगाते।

जो बंदी भारत के बेटे,
दीन - हीन कहलाते।
उन सुकुमार मलिन कुसुमों की
मानस - कली खिलाते।।

बिभु! यदि बंधन मुक्त बनाते।

अतिशय क्लांत भ्रांत पथिकों को,
शीघ्र सुपथ पर लाते।

गत गौरव की, स्वाभिमान की,
उनको याद दिलाते।

बिभु ! यदि बंधन मुक्त बनाते।

यही नहीं हम पुनः शांति-मय,
भीषण क्रांति मचाते।
जल, थल, नभ, पाताल-रसातल,
क्या — त्रैलोक्य कँपाते।

बिभु ! यदि बंधन मुक्त बनाते।

अन्यायी निष्ठुर शासन का,
माया - जाल हटाते।
कर स्वतंत्र 'प्रणयेश' देश निज-
जननी के गुण गाते।

बिभु! यदि बंधन मुक्त बनाते।

हृदयोद्गार

[राग-कान्हरा]

मुझको देख देख मत रोना।

मैं उस उपवन का प्रसून हूँ—जो है सुघर-सलोना।।

मेरे अंगों—प्रत्यंगों में,
लगे न जादू टोना।

यही जान कोमल किसलय ने,
दिया सुरक्षित कोना।।

मलयानिल के मृदु झोंकों में,
मैं ने सीखा सोना।
मैं अजान कुछ नहीं ज्ञात था,
मेरा क्या है होना।।

अरे! अचानक यह निष्ठुरपन
वनमाली ! विष बोना?
हमको तो 'अभिराम' श्रेय है,
अपना सब कुछ खोना।।

मुक्त-गीत

[राग-झँझौटी]

द्रुत गति ही जीवन की गति है।

हे उत्थान-पतन के सहचर, इसकी कहीं न यति है।।

कर्णधार बन कर आना वह,
क्या उसकी विस्मृति है?
बीच भँवर में छोड़ अरे! अब,
ऐसी यहाँ विरति है।।

हाँ, मैं समझा-समझ लिया—
कुछ तेरी यहाँ न क्षति है।
किंतु नहीं ऐसा मत जाने,
यह भी महा कुमति है।।

सावधान! हो संहल-संहल!
तू तो नाविक-संतति है।
मुक्त-गीत गाता जाता है,
पर न मुक्ति संप्रति है।।

अच्छा वह जाने दे पागल !
रक्षक मायापति है।
तब 'प्रणयेश' करे क्या चिंता,
सब प्रकार ही धृति है।।

द्रुत गति ही जीवन की गति है।

बंधन

[राग-सहाना दीपचन्दी]

झन झन खन खन मृदु मय स्वर में,
बंधन क्या हम से कहते हो?
चिर परिचित से ज्ञात हो रहे,
फिर कठोर बन क्यों रहते हो।

तुम बंधन बन जग में आए,
इन भावों में क्यों बहते हो।

जीवन - संगी के प्रति निष्ठुर!
यह अपमान सदा सहते हो।

क्या वलिदान बताओ लोगे ?
गर्व-वह्नि में क्यों दहते हो ?
हमें मुक्त कर स्वयं मुक्त हो,
सुख 'अभिराम' न क्यों लहते हो।

फाँसी

[राग-पूर्वी]

बधिक! तुम पहनादो जयमाल।

प्रमुदित मन जीवन से नाता,
तोड़ चुका इस काल।।
अस्ताचल के श्याम शिखर पर,
छवि विहीन बेहाल।

दिन-मणि देख रहा है मुझको,
अब दो फंदा डाल।।
जिस पथ पर आरूढ़ हुआ मैं,
यद्यपि वह विकराल।

किंतु इसी पथ पर चलने से,
मिलती बिजय विशाल।।
भूल गया था—भटक रहा था,
देख विश्व - भ्रमजाल।
नत मस्तक हो धूल धूसरित,
कर लूँ उन्नत भाल।।

चर्म चक्षु हैं बंद —
देखता हृदय-हृदय की चाल।

पल पल पर 'प्रणयेश' सुन रहा,
सर्व नाश की ताल।।

वीर–स्तवन

[राग–भूपाली]

वीरो! वीर-स्तवन करो।
वीर भावनाओं से प्रति पल
भरा हृदय हो—वह गति अविरल
स्वाधीनता प्रेम उमड़ा कर
प्लावित करो उसी से भूतल।

बीरोचित सम्मान तभी हो, जब यह भाव भरो।

मातृभूमि पर बलि बलि जाएँ
उस पर शीश सहर्ष चढ़ाएँ
नश्वर तन का मोह छोड़ कर
हम वह अपनापन अपनाएँ।

यही आन हो वीर! जननि के सारे दुख हरो।

वीरो! वीर-स्तवन करो।

आत्म-शक्ति

[राग-धनाश्री]

हमें है अपने पर विश्वास।

विजय सदा सम्मुख रहती है मिलती बिना प्रयास।

पुहुमि पलट जाए पल भर में—
और गिरे आकाश।
कहीं भृकुटि चढ़ जाए भूल से
तो हो सृष्टि-विनाश।।

कितने ही ब्रह्माण्ड बिगड़ते—
बनते हैं प्रति श्वास।
ओ अज्ञानी! सोच समझ कर,
कहना हमको दास।।

सौर-जगत हँसने लगता है,
सुन कर मेरा हास।
इंगित करते ही बुझ जाती—
रण-चण्डी की प्यास।।

उथल-पुथल विप्लव की हलचल,
करती जहाँ बिलास।
उस दिगंत के उच्चासन पर,
है 'अभिराम' निवास।।

हमें है अपने पर विश्वास !

आह्वान

[राग-कामोद]

सिंह-जननि दुष्ट दलनि ले त्रिशूल कर में।

प्राची दिशि दिव्य ज्योति,
प्रकटित कर दे बिभूति।
ऐरी वीर-प्रसूति—,
रिपुदल मति भरमे।

सिंह-जननि दुष्ट-दलनि ले त्रिशूल कर में।

जो हैं अति ही उदण्ड-
उनको दे कठिन दण्ड;
हो स्वतंत्र भरत खण्ड,
अब़ तो विश्व भर में।

सिंह-जननि दुष्ट-दलनि ले त्रिशूल कर में।

सुनले मेरी पुकार,
आजा अम्बे उदार!
परवशता क्लेश भार—
ऐसे अवसर में।

सिंह-जननि दुष्ट-दलनि ले त्रिशूल कर में।

गह तू 'प्रणयेश' हाथ
रह तू निज देश साथ;
उन्नत हो जिससे माथ—
स्वत्व के समर में।

सिंह-जननि दुष्ट दलनि ले त्रिशूल कर में।

हृदय की हलचल

[राग-सारंग]

हृदय में जलने दो—इस अशांति की आग!

हम बंदी, नेता-गण बंदी;
बंदी भारत—देश।
बंदी मानस विकल न होना—
परिमित हैं यह क्लेश।

... ...

अशन-असन-धन-धाम-हीन है—
पर्ण—कुटी आवास।
रुदन हमारा हाय! हो रहा-
निष्ठुर का उपहास।

... ...

बस इतना अपराध हमारा,
यही, देश—अनुराग।
किसको अपना देश न प्रिय है?
कैसा उन्हें विराग ?

... ...

मनो-वेदना का उच्छृंखल,
उमड़ा उदधि अपार।
अब 'अभिराम' यही अवसर है—
चलो चलें उस पार !

माता की पुकार

[राग–कालिंगड़ा]

परतंत्रता के पाश में माता अधीर है।
बढ़ कर छुड़ाए उसको कोई ऐसा वीर है?

क्यों मोह में पड़े हो,
न किंचित् विचार है।
क्या जानते नहीं हो,
ये नश्वर शरीर है।।

जीवन बिता रहे हो निर्बलों की भाँति क्यों!
आरत विचर रहे हो न भारत को पीर है।

कांटे चुभें बदन में,
उन्हें फूल जान लो।
पहना करो प्रसन्न हो,
गहना ज़ंजीर है।

खोदी कहाँ कृपान—कहाँ अस्त्र शस्त्र हैं।
तरकश में हाय! क्या न बचा एक तीर है?

निष्कर्ष सत्य झूठ का,
'प्रणयेश' क्या कहें?
हो हंस-बंश देख लो,
क्या नीर-क्षीर है?

परतंत्रता के पाश में माता अधीर है।
बढ़ कर छुड़ाए उसको कोई ऐसा वीर है?

प्रोत्साहन

[राग-भीमपलासी]

होना मत निराश हे भाई।

सुलग रही है धीरे-धीरे यह जो आग लगाई।।

विश्व विकंपित कर देने की,
तुम में है प्रभुताई।
एक बार तो उथल-पुथल कर,
ले लो विमल बड़ाई।।

गिरि टूटें अंगारे बरसें,
चले प्रलय - पुरवाई।
उबल रहा जल बड़वानल हो,
थल प्रति थल कठिनाई।।

मुँह न मोड़ना रण-प्रांगण से,
करना मृत्यु सगाई।
अब 'अभिराम' काम कुछ कर लो,
वह स्वतंत्रता आई !

झण्डा गायन

[राग-भैरवी दादरा]

हमें अपना तिरंगा प्यारा लगे।

श्वेत भविष्य रेख अति उज्वल,

शांति-सुधा शुभ-धारा लगे।

हमें अपना तिरंगा प्यारा लगे।

हरा हमारे हृदय-गगन का,
दीप्तमान ध्रुव-तारा लगे।

हमें अपना तिरंगा प्यारा लगे।

अरुण तरुण भारत का भूषण,
सब रंगों में न्यारा लगे।

हमें अपना तिरंगा प्यारा लगे।

तरल तरंगों में तरलित नित;
जीवन बरसन-हारा लगे।

हमें अपना तिरंगा प्यारा लगे।

कवि 'अभिराम' सफल नर तन का,
ये ही अनुपम द्वारा लगे।

हमें अपना तिरंगा प्यारा लगे।

नयी बात

[राग-बिहाग]

सुनो तो कहें एक बात नयी।

निपट निराश दास जग के हित, जीवन—मुक्ति मयी।।

सत्यासत्य समर में आए,
विजित और विजयी।
निबल हो गया सबल सत्य से,
अबल हुआ अनयी।।

शत्रु भाव का लेश न मन में,
स्वत्व हेतु विनयी—
है 'अभिराम' अलौकिक क्षमता,
हिंसा भ्रांति गयी।।

सुनो तो कहें एक बात नयी।

कविता खण्ड

कवि के प्रति

हे कविराज !
विश्व-नाट्य-मंदिर के नटवर—
अभिनव शोभा साज।
तुम्हारी मानस-बीचि-विलास।
चपल चपल सा मंजुल हास।
तुम्हारे भावों की झंकार।
व्यथित कर देती है संसार।
हे अभिराम!!
विश्व-प्रेम के पूर्ण पुजारी—
सकल कला के धाम।
जगा दो ऐसा नव जीवन।
उड़ चलें जिससे जड़ चेतन।
भावना भरित हो उठे मन।

तुम्हारी बीणा-विनिन्दत - तान।
छिड़े फिर गूँजे हिंदुस्तान।
हे छविधाम ! हे अभिराम !!

जीवनाकांक्षा

वह जीवन जिसमें रहता था,
कटि तूणीर कसा प्रति-क्षण;
वह जीवन जिसमें कर धन्वा—
शर करता अरि-दल बेधन।
वह जीवन जिसमें मिलता था,
रण - चण्डी का शुभ दर्शन;
वह जीवन जिसमं जीवन था,
जीवन का सुख आजीवन।।

... ...

देश धर्म पर मर मिटने का,
जिसमें था समुचित साधन।
क्या 'प्रणयेश' न पुनः मिलेगा,
किस विधि करूँ समाराधन?

असमंजस

पागल कहती है जीवन-धन !
मुझको दुनिया सारी।

मैं पागल हूँ या पागल है,
नीरस विश्व अनारी।।
हृदय - मुकुर प्रतिबिंबित-
जब होता है मुख तेरा।
स्वतः नाच उठता है प्रियतम!
तब मयूर मन मेरा।।

पागलपन है यही —
धूलि के अगणित पुंज लगाऊँ।
है प्रतीति 'अभिराम' कदाचित्,
श्री पद - रज पा जाऊँ।।

परिचय

मेरी इस नौका को या तो,
लहरों में लहराने दो।
या भँवरों के भ्रमजालों में,
इसे रसातल जाने दो।
माना, सागर अति आतुर हो—
माँग रहा मेरा बलिदान।
यह भी सच झंझा के झोंके,
गाते उथल-पुथल के गान।

... ...

पर नाविक तू मौन देखता—
जा सुख से मेरा संहार।
छोड़ मुझे अपने अभाग्य पर,
मत प्रयोग करना पतवार।।

मेरी भावना

क्रांति ! क्रांति ! अयिक्रांति !
उपासक मैं तेरा बन जाऊँ।
अखिल-विश्व की मुई भावना,
तब बल से प्रकटाऊँ!
दुराचार अन्याय अनय का,
नाम निशान मिटाऊँ।
फिर से प्रिय स्वदेश में सत्वर,
नव जीवन सरसाऊँ।।

... ...

अभिलाषा है यही कि तेरी सत्ता पर दे दूँ जीवन।
हो अग्रसर समर-प्रांगण में, तोड़ूँ माता का बंधन।।

बिदा

चला वीर जब समर-भूमि को,
ममता बोली जाओ।
किंतु प्रेम की उस प्रतिमा से,
बिदा माँग तो आओ।।

जो नव लतिका बड़े यत्न से,
तुमने थी प्रतिपाली।
उसे सूख जाने दोगे क्या,
बिन जीवन बनमाली ?

माना सैनिक रण-प्रांगण को
तुम्हें शीघ्र है जाना।
यह भी माना पहिन चुके हो,
तुम केसरिया बाना।

कठिन कवच ने कोमल मन को,
क्या पत्थर कर डाला।
किसी दुखिनी का निष्ठुर बन,
क्यों तुमने घर घाला।

हृदय-पटल पर लिख जाती है,
प्रति-क्षण विरह - कहानी।
ओ बेदर्द परंतु न तूने,
पीर पराई जानी।

साध भरी अधखिली अभी है,
वह कलिका सुकुमारी।
मधुर मिलन की शुभ आशा में,
प्रमुदित मन में भारी।

इस वियोग की तप्त वायु में,
क्या उसकी गति होगी।
तनिक सोच लो फिर न मिलेगा,
अवसर अरे वियोगी।

हृत्-तंत्री के इन तारों में,
कभी हुई थी पीड़ा!
युन नयनों में थिरक थिरक कर,
वह करती थी क्रीड़ा।

पलक बंद हो गई शिथिल थी,
कर्म - हीन यह काया।
सहसा सेनानी ने अपना,
व्यापक बिगुल बजाया।

वहीं हाँ वहीं—वीर भावना,
उत्तेजित हो बोली।
ओ बिरक्त ! अब लग जाने दे,
इस माया की होली।

इस असार संसार सिंधु से,
तुम्हें पार है जाना।
प्रबल तरंगों के झोकों से,
जीवन तरी बचाना।

फिर इन मिथ्या व्यवहारों से,
जोड़ रहा क्यों नाता।
विजय खड़ी 'अभिराम' सामने,
क्यों न समर में जाता।

लो जाता हूँ प्रिये! मिलन का—
सुखमय साज सजाने।
आऊँगा सत्वर संयोग की,
घड़ियाँ सफल बनाने।।

संकल्प

सह नहीं सकते हैं अब अपमान हम।
मान पर हो जाएँगे बलिदान हम।।

यंत्रणाएँ दे कठिन से भी कठिन,
कष्ट कारागार का हो रात दिन।
हाथ हथकड़ियाँ गले में तौक़ हो,
बेड़ियों का भी निराला शौक़ हो।

जिनकी झंकारों में गाएँ गान हम।
मान पर हो जाएँगे बलिदान हम।।

सूलियाँ जिसमें गड़ीं वह राह हो,
उसके चलने में हमें उत्साह हो।
तीक्ष्ण वाणों का बरसना हो वहीं,
याकि 'लाठी का धरसना' हों वहीं।

मार खाकर भी बढ़ें गतिवान हम।
मान पर हो जाएँगे बलिदान हम।।

मार की बौछार मत हलकी पड़े,
व्यर्थ तेरी नीति क्यों छलकी पड़े।
कुंजरों के झुण्ड भी बुलवा अरे—
क्यों न वह आकर हमें कुचला करे।

देखना होंगे न किंचत् म्लान हम।
मान पर हो जाएँगे बलिदान हम।।

प्राप्त कर लेंगे सुखद स्वाधीनता,
आप मिट जाएगी सारी हीनता—
और वह दुखदा हमारी दीनता
कौन तुमसे है कहो क्या छीनता?

ले रहे अधिकार अपना जान हम।
मान पर हो जाएँगे बलिदान हम।।

बलिदान

बहुत खेल खेले जीवन में,
कोई खेल न भाया।
जैसा इन नयनों के आगे,
खेल अनोखा आया।

एक ओर अन्याय दमन की,
सैन्य खड़ी थी भारी।
और दूसरी ओर अहिंसा -
सत्य - प्रेम की पारी।

ले ले कर बलिदान—
आ रहे थे सैनिक मतवाले।
खुले हृदय पर सम्मुख ही,
सहते थे गोली भाले।

कितने ही चढ़ गए बावले,
बड़े शौक़ से सूली।
बिना अन्न जल मरे अनेकों,
टेक न अपनी भूली।

उधर प्रमोद-लीन थे जग के,
जब ये प्राणी सारे।
टूट टूट गिर रहे उधर थे,
राष्ट्र-गगन के तारे।

किसे ज्ञात है इन बलिदानों-
का विराग - मय लेखा।
किसकी करुणामय आँखों ने,
आत्म - त्याग यह देखा।

क्या इनके प्रिय प्राण नहीं थे,

इनको इतने प्यारे।
अपने पूज्य पिता माता के,
क्या ये थे न दुलारे।

ये भी दुनिया में आए थे,
सुख सेजों पर सोने।
यह भी खा सकते थे मृदु मय,
मोदक भर - भर दोने।

इनके भी था हृदय—
हृदय में नव उमंग अभिलाषा।
इन्हें ज्ञात थी मधुर मिलन की,
प्रेम मयी परिभाषा।

देश - दुर्दशा देख वीर ये,
व्यथित हृदय उठ धाए।
माता के चरणों में अपने,
जीवन - सुमन चढ़ाए।

नित्य नये उत्पात देश के,
वक्षस्थल पर होते।
और पड़े तुम हाय ! बंधुवर !
सुख की नीदें सोते।

क्यों न अंत कर दो सत्ता का,
जीवन - ज्योति जगाओ।
फिर से नवजीवन प्रभात की,
सुरभि छटा छहराओ।

पवन दूत

क्या कहते हो हृदय हीन हूँ,
हृदय नहीं है मेरे ?
यहाँ हृदय-धन भूल रहे हो,
किन भावों के प्रेरे।

कलिका ने संदेशा भेजा,
यह तो मैंने माना।
कह देना तुम आज सुमन को-
है कर्तव्य निभाना !

पवन! कहाँ जाते हो सुन लो-
मेरी भी दो बातें।
और साथ ही साथ देख लो,
प्रति-द्वंदी की घातें।

उजड़ रहा नंदन-बन जैसा,
मेरा मृदु उपवन है।
उपल वृष्टि हो रही हाय!
यह कैसा घोर पतन है।

अब अलिवृंद स्वतंत्र यहाँ,
कब मधुर रागिनी गाता।
अनिल तुम्हारे मृदु झोकों से,
टूट रहा है नाता,

प्रकृति नटी की सुघर सृष्टि में,
हम स्वतंत्र कहलाते।
किंतु दानवों के द्वारा —
पद दलित बनाए जाते।

फिर फिर देखो अहो समीरण,

मायावी की माया।
छल प्रपंच का इसने आकर,
कैसा जाल बिछाया।

थली प्रति थली का जीवन-प्रद,
सूख रहा है पानी।
चिर संगी मेघों के होकर,
तुमने नीति न जानी।

तुम तो जा सकते हो जाओ,
कहो वेदना सारी।
देखें जाकर क्या करते हो,
आज तुम्हारी बारी।

यहाँ नहीं है उस निष्ठुर से,
हमें तनिक भी आशा।
किंतु देखने को उत्सुक हैं,
यह निस्सार तमाशा।

क्यों समीर किस ओर बह रही,
तव विचार की धारा।
पूर्ण करो जाकर उसको ही,
जो विश्वास तुम्हारा।

किंतु नहीं मेरे प्रतिनिधि हो,
इसे भूल मत जाना।
फिर कलंक की काली रेखा-
मुझको मत दिखलाना।

आशावादी पवन बेग से,
धाया मायापुर को।
बहुत सँभाला असमंजस से-
कंपित अपने उर को।

किसका स्वागत! कैसा स्वागत!!
कौन कहाँ से आया।
सोच गया तत्काल प्रभंजन!
मैंने धोखा खाया।

किंतु धड़कता हृदय थाम कर,
अपने मन में ठानी।
एक बार तो कहूँ सुमन की,
जाकर करुण — कहानी।

बड़े यत्न से बड़ी देर तक,
बहुत कहा—समझाया।
किंतु मदांध घनों के मन को,
नहीं जीतने पाया।

गर्वांवित हो चला प्रभंजन!
अपनी शक्ति दिखाने।
बिघ्न घटा को हटा सत्य का-
शौर्य सूर्य प्रकटाने।

द्रवित हो उठे मेघ क्या करें,
लगे अश्रु-जल बरसाने।
बिखर रहे थे कुसुम-कुंज में,
मोती के से दाने।

बिजय कमलिनी खिली,
लगी है भ्रमर भीर मँडराने।
उदयाचल क उच्च सिखर पर,
लगी ध्वजा फहराने।

संदेश

तिमिराच्छन्न नहीं रजनी अब,
है प्रभात लालिमा महान!
कर्म योग युग आया वीरो,
कर लो अपना अभ्युत्थान।

मोह-मयी मादक—मदिरा-सी,
सुनी सतत बंशी की तान।
'मोहन' छेड़ रहा है सुन लो,
शंखनाद! गीता का ज्ञान!

सत्यं शिवं सुंदरम् रचना—
शांति अहिंसा परमो धर्मं।
कार्य्य-शील हो समर क्षेत्र में,
समझा रहा उसी का मर्म।

सुनो सुनो वह क्या कहता है—
बिजयी हो कर आऊँगा।
अथवा शव होगा सागर में,
लौट न आश्रम जाऊँगा।

एक तपस्वी की वाणी का—
यह है विनय पूर्ण सद्भाव।
क्या न इसे पालन करने का—
कभी हुआ है मन में चाव?

दे आहुति स्वर्गीय सुखों की,
चला स्वत्व अपनाने को।
और तपोवन में बैठा है,
तप का तत्व बताने को।

पलट चुकी है जीवन-धारा,

काया से कुछ मोह नहीं।
अब न उसे संयोग किसी का,
होता कभी बिछोह नहीं।

जीवन-मरण सबल निर्बल क्या-
हानि-लाभ जय और अजय।
आध्यात्मिक अधिदैविक भौतिक,
क्या है बस केवल निश्चय।

यह विराग मय सात्विक गणना-
अनुपमेय है — अनुसंधान।
उसी त्याग के महातत्व में,
तन, मन, धन कर दो बलिदान।

हाँ तो अब क्यों ठिठक रहे हो,
ध्येय सामने बढ़ जाओ।
या जीवन उत्सर्ग वहीं हो,
या फिर नव-जीवन लाओ।

पथिक के प्रति

पथिक! कंटकावलि निहार कर जब इतने हो रहे विकल!
उस दुर्गम पथ में बतलाओ तुम कैसे सकते हो चल?
कहीं पार करने होंगे गिरिवर उपत्यका आदि सभी—
मरुस्थली के विजन खण्ड में, चलना होगा कभी-कभी।

वन्य जंतुओं का वह वृंद,
कब रहने देगा स्वच्छंद!
नभ से जहाँ स्वाति सुख-कंद;
उपल-वृष्टि करती पथ बंद।

इन असह्य वारों के सम्मुख, रह न सके यदि कहीं अटल।
उस दुर्गम पथ में बतलाओ तुम कैसे सकते हो चल?
घोर घत्ते तमसावृत थल में, नहीं हिचकिचाना होगा।
जाना होगा तमोराशि को भेदन कर जाना होगा।

झंझानिल के झोंके झेल—
करते हुए मृत्यु से खेल।
उन वृक्षों से करना मेल—
जिनकी बेल़ बने सुख-बेल।

इससे चूके, निकट पड़ेगा जल-प्रवाह, यदि गए फिसल।
उस दुर्गम पथ में बतलाओ—तुम कैसे सकते हो चल?
अरे! भूल बैठे ऐसा—अपनेपन का भी ध्यान नहीं।
अथवा समझे अथक परिश्रम का होता अवसान नहीं?

हुए इसी से भग्नोत्साह—
नहीं रही चलने की चाह?
अथवा देख ग्रीष्म का दाह;
चलना सुन भरते हो आह।

चलो चलो है ध्येय चलो चलकर न किया यदि जन्म सफल।
उस दुर्गम पथ में बतलाओ—तुम कैसे सकते हो चल?
ठुकरा कर ऊँचे नीचे को समतल-प्राय बना लेना।
साहस साथी अपना करके वह दृढ़ता अपना लेना!

थल में जल, जल में हो थल,
करना ऐसी उथल पुथल।
जिससे सब कंटक हों चूर्ण
और यात्रा हो संपूर्ण !

श्मशान

देख रहा हूँ किस अतीत का—यह विनष्ट शृंगार।
किस जीवन की नाट्य थली का नीरव उपसंहार।।

यहाँ ध्वनित हो चुके न जाने,
कितने मादक राग ?
कितने ही छुट चुके प्राण-धन,
कितने लुटे सुहाग।
सूनेपन में सिसक रहा है, यह असार संसार।
निष्फल सा प्रतीत होता है जगती का ब्यापार।।

कण-कण में प्रत्यक्ष देखता—
सम्राटों के ताज।
कौन जानता है कल क्या थे,
और हुए क्या आज।
फूलों के मुख पर उड़ती है हाय निरंतर धूल।
कितने ही सुकुमार भटक कर गए यहाँ पथ भूल।।

कुछ कहता है अंतर तम की—
वह जर्जर कंकाल।
उस वैभव इस अधः पतन का—
टूटा - फूटा हाल।
नश्वरता को अंक लिए क्रीड़ा करता है काल।
बिछा हुआ है सकल सृष्टि में जिसका माया-जाल।।

होता है अवसान यहीं पर—
अहो ! मान अपमान।
रोता है, मदांध निष्ठुर पन—
पाकर सात्विक ज्ञान।

माँ !

श्री चरणों की धूलि कणों से,
विरचित है यह मेरा तन।
तेरे स्नेह - सलिल से सिंचित-
विकसित है 'अभिराम' सुमन।

कृपा-कोर की सुखद समीरण
करती प्रति पल मन-रंजन
करुण करों से तू करती है,
मेरा सदा सुख - स्पर्शन।

यह वरदान मुझे दे जननी !
विचरूँ तेरा प्रेमी बन।
यही साध है पद पद्मों पर—
न्योछावर कर दूँ जीवन।

मिलन

निकल पड़े माता के आँसू—
निकल पड़े माई के लाल।
अविकल हृदय मातृ-मंदिर में,
बंदनार्थ आए तत्काल।

बढ़े वीर-वर समरांगण में,
सहते हुए कठिन आघात।
विचलित होना कौन जानता—
था, समझे थे सुख की बात।

अहोरात्रि करके अखण्ड वह—
स्वतंत्रता का आराधन।
पहुँच गए हैं वहाँ जहाँ से—
मिल सकता है जीवन-धन।

उस विषाद की धुँधली छाया,
में है विमल प्रकाश मिला;
अथक परिश्रम की सीमा में—
वह विराम-अवकाश मिला।

यद्यपि इष्ट न पाने पर यह,
भावुक हृदय निराश मिला।
तो भी शांत, शांति-योगी के—
द्वारा परम सुपास मिला।

होली, होली किंतु उसी की—
सुस्मृति आज मनाएँगे।
अहो भाग्य! बिछुड़े हृदयों को,
फिर से हृदय लगाएँगे।

खुले खुले खुल गए, बंद थे—
जो कपाट मतिहीनों के
जगे जगे जग गए भाग्य—
इस दीन देश में दीनों के।

विजय-पराजय-हीन मिला—
क्या? 'दोनों को सम्मान मिला'।
कब—वसुंधरा को जब पावन—
प्रेम-पूर्ण बलिदान मिला।

स्वर्ग अभी बनती है पृथ्वी,
शांति - रागिनी गाने दो।
'मोहन' को अनुराग भरी वह—
मुरली मधुर बजाने दो।

सांत्वना

छलक छलक कर रह जाते हैं,
वे तेरे आँसू दो चार।
ललक ललक कर रह जाते हैं,
माँ ! तेरे बालक सुकुमार।

और वहीं—बस वहीं देखता—
तेरा करुणा - मय संसार।
मुक्त-बिंदु में थे अनेक वे,
बिखरे से अपूर्ण उद्‌गार।

फिर सहसा अयि जननि! देखकर—
निष्ठुर दल का अत्याचार।
सुनती है न? मचा दुनियाँ में—
कितना व्यापक हाहाकार।

प्रकृति कर रही रुदन पतन का—
देख देख सामान सभी।
और अकारण हृदय-हीन का,
देखा अनय - विधान सभी।

युवक-हृदय था रुक न सका—
जी चाहा कुछ बलिदान करे।
सब कुछ तेरा है इस नाते ही—
तेरा सम्मान करे।

उबल पड़ा तेरे अंचल की—
छाया में यों म्लान रहूँ।
गत गौरव की सुस्मृतियाँ हों—
जागृत, मैं हत-ज्ञान रहूँ।

कितने ही नवयुवक लाड़ले—

रण-प्रांगण में आ आ कर।
धधक रही थी भीषण ज्वाला,
वीर वहीं पर जा जा कर।

झुलस रहे थे किंतु, अंत तक-
सत्यव्रती थे व्रत धारे।
अरि के कठिन प्रहारों को वे,
सह लेते थे मन मारे।

करुणाकर को नेक न भाया—
करुणा-प्लावित खेल अहो!
द्रवित किया कह उठा स्वयं ही—
"करलें आकर मेल कहो।"

सेनापति आदेश कर रहा,
कुछ दिन हूँ माँ! शांत अभी।
कलियाँ खिलीं भ्रमर गुण गाते,
तू फिर भी है क्लांत अभी।

जब तक तू स्वाधीन न होगी—
कहदे, कल है किसे कहाँ?
अभी बहुत संभव है विप्लव—
होंगे जननी जहाँ तहाँ।

यह तेरे सपूत कब जननी!
पराधीन रहने आए।
इंगित करते ही भावों के—
सागर में बहने आए।

आने दे वह समय विश्व को—
अपनी शक्ति दिखाएँगे।
मत अधीर हो जननि! कि तुझको
बंधन - मुक्त बनाएँगे।

कुसुमित होगा यह अवश्य बस—
वह साधन मिल जाने दे।
तब तक उजड़े इस उपवन में—
पिक को पंचम गाने दे।

उत्सर्ग

मधुकर यह तो हमें बता दो !
तुम्हें कहाँ है जाना।
इस अनंत पथ पर चलने से,
होगा कहीं ठिकाना।

उड़े जा रहे किसे खोजने,
क्या मन में है ठानी।
रुको रुको, तो तुम्हें सुनाएँ,
दुख-मय एक कहानी।

किंतु मधुप हो रहा व्यग्र था,
कलियों के दर्शन को।
इसीलिए वह सुन न सका,
इस भीषण परिवर्तन को।

मानस-पट पर खिंची हुई थी—
उपवन की हरियाली।
नाच रही थी युग नयनों में,
माधविका की डाली।

सोच रहा था विहगावलियाँ,
गाती होंगी गाने।

कुंज द्वार पर आए होंगे—
अलिगण साज सजाने।

माधव - ऋतु की छटा—
छा रही होगी प्रति कण-कण में,
हरीतिमा, पीलिमा नाचती—
संग - संग क्षण - क्षण में।

इन भावों में भरा भ्रमर—
आया अपने उपवन को।
हृदय थाम रह गया देख कर,
इस विचित्र दर्शन को।

घूम रही थी उसके सम्मुख,
घटनाओं की माला।
धाँय धाँय जल रही वहाँ थी—
सर्वनाश की ज्वाला।

लता गई थी उजड़—
पता था नहीं मंजु कुंजों का।
आर्तनाद ही पर्यायी था—
मधुपों की गुंजों का।

उसी ओर बढ़ती जाती थी—
नाश - मयी वह ज्वाला।
सिसक रहा था जिधर—
वेदनाकुल भौंरा मतवाला।

झुलस गए थे पंख—
कुंडलित अग्नि-ज्वाल माला में।
चक्षु-वान हो अंध बना था,
विकट धूम्रशाला में।

विषधर की सी स्वास—

बह रही थी झंझा की धारा।
तप्त तरंगों में फिरता था,
इधर उधर वह मारा।

किसी भाँति उस तमोराशि से,
व्याकुल जब वह आया।
मूर्छित होकर गिरा—
शून्य सा, ज्ञानध्यान विसराया।

अवनी के विस्तीर्ण अंक में,
निशि का अंचल ताने।
स्वप्न देश में बिचर रहा था,
मधुकर कहाँ ! न जाने !!

स्वर्ण थाल में भर लाई थी-
उषा सुंदरी मोती।
कलियों के कोमल मुख को—
थी सुधा बिंदु से धोती।

केशर चंदन गंध आदि ले,
बंदन - साज सवाँरे।
अभिनंदन को उत्सुकता से,
आई कंचन - द्वारे।

सिंह—द्वार पर सहसा—
प्रियतम! बनमाली जब आए।
किरणोत्सव में वहीं उषा ने,
मणि - मोती बिखराए।

कंचन के रथ पर शोभित हो-
इधर चले बनमाली।
उधर संचरित हुई समीरण
डोली, डाली - डाली।

सुमन - सुमन हँस पड़े—
तितलियाँ प्रेम रंग भरती थीं।
चंचल गति से थिरक थिरक-
कर, वहाँ नृत्य करती थीं।

पंचम स्वर में कोयल बोली-
कुहू - कुहू अब बीती।
अंधकार पर तेजराशि ने,
अपनी सत्ता जीती।

कोलाहल मच्च गया विश्व में,
मधुप चेतना जागी।
जागृत हुईं बिगत घटनाएँ,
उसने तंद्रा त्यागी।

यद्यपि उपवन में प्रसून थे,
कलिका थीं सुकुमारी।
सौरभ था, परिमल-पराग था,
थीं गुलाब की क्यारी।

किंतु दूसरों का वैभव यह,
उसे न किंचित भाया।
बार बार फिर वही हृदय में,
उजड़ा उपवन आया।

सजल चक्षु हो उठे,
भाव के अश्रु उमड़ कर आए।
किसी भाँति वेदना-वह्नि में,
अपने नयन सुखाए।

उरमें बिखरे से विरक्ति के,
कुछ विचार ज्यों आए।
तत्क्षण उसने उस निकुंज की—
ओर पंख फैलाए !

... ...

वहाँ देखने लगा जल रही—
थी अशांति की ज्वाला।
होने को उत्सर्ग हो रहा—
था भौंरा मतवाला।

करुण दृगों से भूमि—,
भूमि से, नभ की ओर निहारा।
पुनः अग्नि की ओर देखकर,
किया भाग्य निपटारा।।

विद्रोहिणी

प्रह्लाद पांडेय 'शशि'

[प्रकाशन वर्ष 1942]

विद्रोहिणी

ज्वालाभरण पहिन आँधी - सी,
विद्रोहिणी धधक उट्ठी है।

लिए सुधा - मंथन - सा गर्जन,
सागर सीमा छोड़ चलेगा।
लिए भयद चीत्कार युगों के,
थोथे बंधन तोड़ चलेगा।।

अभिनव उथल-पुथल ले लहरें,
नभ-चरणों को चूम चलेंगी।
निखिल धरित्री, नभ की छाती,
बड़वानल में लपक जलेंगी।।

फूट पड़ेगा कम्पमान अचलेश,
लिए विस्फोट भयंकर।
छूट पड़ेगा शूल करों से,
भूल चलेगा ध्यान महेश्वर।।

टकराएँगे अचल अचल से,
महाप्रलय - सा ब्रजघोष ले।
मार्ग बदलती उफन चलेंगी,
सरिताएँ विद्रोह - रोष ले।।

जिधर द्रोहिणी चरण धरेगी,
बिजली उधर कड़क उट्ठेगी।
सत्वर महानाश की नाशक,

ज्वाला उधर भड़क उट्ठेगी।।

युगानुयुग के पाप जलेंगे,
धू - धू - धू अभिशाप जलेंगे।
अग्नि - स्नान करेगी धरिणी,
और स्वयं त्रय—ताप जलेंगे।।

सूर्य व्योम को छोड़ चलेगा,
शांत सोम में अगिन जलेगी।
तारे बन अंगार गिरेंगे,
भूमि गेंद-सी ढुलक चलेगी।।

दुनियाँ कहती जिसको ईश्वर,
त्राहिमाम कर भाग चलेगा।
अपनी अन्यायी सत्ता के,
साथ आप ही आप जलेगा।।

अरे! अधर में घूम द्रोहिणी,
महा प्रलय का खेल करेगी।
नाशक हाहाकार—हलाहल,
एक श्वास में पान करेगी।।

इसी द्रोहिणी के इंगित पर,
पंच - तत्व विद्रोह करेंगे।
इसी द्रोहिणी के इंगित पर,
पंच - तत्व निर्माण करेंगे।।

अपनी द्रोहमयी माया को,
क्रुद्ध द्रोहिणी सिमटा लेगी।

जलमय महा शून्य में अपनी,
सृजनमयी बूँदें डालेगी।।

घरर - घरर कर पुनः भयंकर,
सारा जल हिल्लोल उठेगा।
आकुल-व्याकुल धरिणी का तन,
रुँधी साँस निज खोल उठेगा।

तप्त धरित्री चमक उठेगी,
जैसे हो कंचन की ढेरी।
दुनियाँ की नव निर्मिति होगी,
स्वप्न बनी सदियों से मेरी।।

सर्वनाश की लाल चिता पर,
विश्व-शांति की बीन बजेगी।
विश्व एक परिवार बनेगा,
सबल राक्षसी प्यास मिटेगी।।

सर्वधर्म की बँधी कब्र पर,
नरता का सूर्योदय होगा।
मंदिर-मसज़िद-गिरजों जैसा,
मानवता का पूजन होगा।।

यहाँ झोपड़ी और महल की,
विषम व्यवस्था नहीं रहेगी।
यहाँ नहीं धनवान रहेंगे,
यहाँ गरीबी नहीं रहेगी।।

सौ-सौ सदियों की मानवता,
ले अंगार भभक उट्ठी है।
ज्वालाभरण पहिन आँधी-सी,
विद्रोहिणी धधक उट्ठी है।।

—12 नवंबर, 1941

मातृ-वंदना

पद वंदन के नूतन क्षण में,
मातृ मही तू वर दे, वर दे।

क्रांति लिए, विद्रोह लिए, मैं,
तीव्र हलाहल पान करूँ माँ।
शत-शत पीड़ित कण्ठों में निज,
पाश-मुक्ति का गान भरूँ माँ।।

अपने युग का मैं प्रलयंकर,
लाल हुताशन लील चलूँ माँ।
ज्वालागिरि-सा धधक उठूँ मैं,
अंधड़ के प्रतिकूल चलूँ माँ।।

रोषपूर्ण निज दृष्टि-पात से,
शत्रु-खंग मैं गिरा चलूँ माँ।
मैं मृत्युंजय, मैं वरदानी,
सृजन-चक्र को फिरा चलूँ माँ।।

जग का मैं पोषक किसान,
ले द्रोहमयी हुंकार चलूँ माँ।
मैं शोषित मजदूर विश्व का,
ज़ालिम को ललकार चलूँ माँ।।

रुद्ध-कंपिता मानवता में,
नव-जीवन के गीत भरूँ माँ।
सस्मित नर के हित साधन में,
अपना सिर भी भेंट करूँ माँ।।

मैं क्या हूँ! मैं अपना युग हूँ,
नव-युग का तूफ़ान अरी माँ!
निखिल धरित्री को देता हूँ,

अमरण का वरदान अरी माँ।।

दुनियाँ कहती जग नश्वर है,
मुझे अनश्वर कहने दे माँ।
मस्त जवानी के झूले पर,
मुझे झूलता रहने दे माँ।।

मेरा यौवन जग का यौवन,
मेरा द्रोह जगत का विप्लव।
मेरा सुख-दुख जग का सुख-दुख,
मेरे स्वर में भव का जन-रव।।

अत्याचारों के विरुद्ध मैं,
धूमकेतु सा घूम चलूँ माँ।
बनूँ प्रभंजन क्रोध-भरी,
सागर की लहरें चूम चलूँ माँ।।

विकृत चिर निद्रामय जग को,
फिर से मुझे जगाने दे माँ।
मरणासन्न विकल नरता की,
मुझको लाज बचाने दे माँ।।

भूखों-नंगों का सेनानी,
बोल रहा मैं युग की वाणी।
महल-झोपड़ी एक बना दे,
मेरी नव सत्ता कल्याणी।।

चढ़ूँ क्रूस पर सदा विहँसता,
सौ-सौ बार चढ़ूँ शूली पर।
सदा तुझे आज़ाद रखूँ माँ,
झूल मृत्यु के हिंडोलों पर।।

मुझे बज्र की घुटी पिला दे,
मेरी देह अनश्वर कर दे।

पद वंदन के नूतन क्षण में।
मातृ मही तू वर दे, वर दे।।

—11 अक्टूबर, 1941

मेरा परिचय

जगती की हूँ अमर ज्योति मैं,
महानाश की साँस भयंकर।

मेरी रग-रग के शोणित में,
लहराता विप्लव का सागर।
किसी नशे में मस्त मौन मैं,
फोड़ चला ज़हरीली गागर।।

स्नायु-स्नायु में महाशक्तियाँ,
अँगुलियों पर गिरि गोवर्द्धन।
दुनियाँ की संचित चेतनता,
मेरी छाती की चिर धड़कन।।

मत रोको तुम मेरे पथ को,
जिस पर बहती शत-शत गंगा।
आहुतियाँ बनकर चढ़ने दो,
मैं कलियुग का भूखा-नंगा।।

अरे! पुरुष हूँ-पौरुष मुझ में,
फिर क्यों अपनी हिम्मत हारूँ?
आहें भर-भर अंधे जग के,
आगे क्यों मैं हाथ पसारूँ?

मेरी पलकों में सोता है,
सत्यानाशी वह प्रलयंकर।
जगती की हूँ अमर-ज्योति मैं,
महानाश की साँस भयंकर।।

मातृभूमि के लिए हृदय में,
जिस मानव के प्यार नहीं है।
सत्य सत्य! ध्रुव! सत्य उसे कुछ,
जीने का अधिकार नहीं है।

कैसी अग्नि-शिखाएँ उठतीं,
भूखे नर के अभ्यंतर में।
मुझ से पूछो! मुझसे पूछो!!
स्वयं देख लो दुनियाँ भर में!!!

इन महलों की ईंट-ईंट में,
नरता का बलिदान चढ़ा है।
शोषित मज़दूरों के शोणित-
से इनका सम्मान बढ़ा है।।

तुम से कुछ भी द्वेष नहीं है,
ओ महलों में पलने वालो!
किंतु युगांतर बोल रहा है,
रोते नर को गले लगा लो।।

निश्चित मेरी भग्न झोपड़ी,
भावी सत्ता का नव निर्झर।
जगती की हूँ अमर ज्योति मैं,
महानाश की साँस भयंकर।।

अग्निमुखी पर्वत से मैंने,
है अंगार उगलना सीखा।
अरे! शहीदों के शव से ही,
श्मशान पर जलना सीखा।।

चाह नहीं है गगन विचुम्बित,
प्रासादों के आरामों की।
चाह नहीं है सोना-चाँदी,
रत्नों भरे ख़जानों की।।

चाह नहीं, पद लोभी बनकर,
स्वाभिमान्यता खो देने की।
नहीं दानवी परवशता को,
पाल, स्ववशता खो देने की।।

मुझे पेट भर अन्न मिले, बस,
यही चाह, अरमान यही है।
मुरझाई दुनियाँ लहराए,
बस विशुद्ध बलिदान यही है।।

इसे भूल मत मानव! जग में,
परिवर्तन का चलता चक्कर।
जगती की हूँ अमर ज्योति मैं,
महानाश की साँस भयंकर।।

—6 अप्रैल, 1941

सफल जीवन

जीवन सफल वही होता है।

उछल-उछल जो सर्वनाश की,
टक्कर पर टक्कर सहता है।
नंगी खड्ग धार की अपने,
सीने पर चोटें सहता है।।

चाह नहीं—परवाह नहीं-कुछ,
आह नहीं जिसके अंतर में।
चांहे आफत-महाप्रलय के,
सौ तूफ़ान उठें क्षण भर में।।

टुकड़े हों वोटी बोटी के,
रोटी के पड़ जाएँ लाले।
कभी न लौटे निज मंज़िल से,
और न भिक्षा पात्र सँभाले।

किसी देश-द्रोही के आगे,
अपना मस्तक जो न झुकाए।
किसी ख़ून के प्यासे को जो,
कभी न अपना ख़ून पिलाए।।

देख! देख!! गड्ढे का पानी,
सावन का बादल होता है।
जीवन सफल वही होता है।।

मुर्दा पड़ा हुआ हो घर में,
अगर कफन को वस्त्र न पाए।
संज्ञा-हीन देह को, कुत्तों-
कौवों का जो भोज्य बनाए।।

घर में विप्लवकारी हाहाकारों-
—का अंबार लगा हो।
चाहे चीत्कारों से उर में,
ज्वाला का संसार जगा हो।।

चाहे भूख! भूख!! चिल्लाता,
बच्चा तड़प तड़प-मर जाए।
चाहे निज नारी के तन पर,
चिथड़ा-चिथड़ा ही रह जाए।।

माता - पिता पड़े रोते हों,
अरे! मृत्यु शय्या पर चाहे।
भरे न आँखों में जो आँसू,
और दर्द की ठंडी आहें।।

सत्यानाशों के द्रष्यों से,
जो न कभी विचलित होता है।
जीवन सफल वही होता है।।

यौवन संपन्ना नारी को,
सजी सेज पर छोड़ चले जो।
कंचन-कलश चढ़े महलों से,
क्षण में नाता तोड़ चले जो।।

बोधिसत्व सी पलक उठाए,
मिमियाते मानव को देखे।
रोग-शोक अन्याय-भरे उस,
मुँह बाये दानव को देखे।।

घर घर में हड्डी के ढाँचे,
उन पर थोड़ा मांस चढ़ा दे।
रक्त-हीन सूखी नस नस में,
जो थोड़ा सा ख़ून बहा दे।।

कंकालों की आह लिए जो,
आत्म-तेज की अग्नि लगा दे।
सौ सौ सागर मंथन करके,
नील कण्ठ को ज़हर पिला दे।।

हँसते हँसते जो फाँसी पर,
निज सर्वस्व चढ़ा देता है।
जीवन सफल वही होता है।।

चाहे आग उदर में सुलगे,

चाहे तन पर मांस नहीं हो।
चाहे मिट्टी के पुतले में,
शेष एक ही साँस रही हो।।

वही साँस उनचास पवन सी,
व्योम और पृथ्वी को छा दे।
बारूदी कोठों-में क्षण में,
एक तीव्र विस्फोट जगा दे।।

जनख़े भी बेचैन हो उठें,
काली का खप्पर भरने को।
दौड़ चले भूतों की टोली,
नया विश्व निर्मित करने को।।

प्राणों में बलिदान लिए जो,
मृत्यु-जयी अम़रत्व जगाए।
हिला चले नक्षत्र-लोक को,
और शेष का शीश हिलाए।।

जलता हुआ फ़लीता बनकर,
दुश्मन की दुनियाँ खोता है।
जीवन सफल वही होता है।।

—10 अगस्त, 1940

कवि के प्रति

कवि! सुनाओ तान ऐसी, आज हो स्वच्छंद जीवन।

मत सुनाओ तुम मुझे अब,
बीत - युग के सरस सपने।

मत सुनाओ तुम मुझे अब,
ये विरह के गीत अपने।।
अश्रु-माला से सजाओ, अब नहीं तुम प्राण-लोचन।
कवि! सुनाओ तान ऐसी, आज हो स्वच्छंद जीवन।।

समुद्र सागर की तरंगों में,
—मचे उद्भ्रांत विप्लव।
हो उठे आक्रांत अवनी,
ले व्यथा—अंबार अभिनव।।
प्रलय-लोचन खोल भूधर-वक्ष पर नाचें त्रिलोचन।
कवि! सुनाओ तान ऐसी, आज हो स्वच्छंद जीवन।।

स्वयं जगपति हो विकंपित,
तज मनोरम शेष गोदी।
रोग, शोक - विभीषिका से,
द्रवित हों जीवन प्रमोदी।।
जल उठे अंगार जल में, विश्व का हो सृजन नूतन।
कवि! सुनाओ तान ऐसी, आज हो स्वच्छंद जीवन।।

पद-दलित, शोषित मनुज-दल,
जो बना जर्जर—भिखारी।
फेंक भिक्षा - पात्र दे निज,
मुक्ति लाए क्रांतिकारी।।
ये तड़ातड़ टूट जाएँ, दासता के जटिल बंधन।
कवि! सुनाओ तान ऐसी, आज हो स्वच्छंद जीवन।।

हो उठे ज्वालामुखी-सा तप्त,
हिमगिरि का हिमांचल।
आग की लपटें बिछा दे,
व्योम-जग में इन्दु चंचल।।
उल्लसित तारावली-सा, प्रज्वलित हो क्षीण जीवन।
कवि! सुनाओ तान ऐसी, आज हो स्वच्छंद जीवन।।

ले मृदुल मधुहास कलिका,

झूमती उन्मत्त डाली।
किंतु यह स्वातंत्र्य उसका,
छीनता हा! निठुर माली।।
कर उठे विद्रोह माली से कली का भ्रांत यौवन।
कवि सुनाओ! तान ऐसी, आज हो स्वच्छंद जीवन।।

है विवशता ही विवशता,
लुट रहे घर - घर जिनके।
टिमटिमाते जल रहे हैं,
आज जीवन - दीप जिनके !!
क्षीण काया श्रमिक-कृषकों की मचाएँ सृस्टि-कंपन।
कवि! सुनाओ तान ऐसी, आज हो स्वच्छंद जीवन।।

कवि! बनो तुम सजल सावन,
सुधा बसुधा में बहाओ।
देश - द्रोही, कायरों के प्राण—
—कण - कण में समाओ।।
वीर-रस के तुम बनो अवतार मेरे तरणतारण।
कवि! सुनाओ तान ऐसी, आज हो स्वच्छंद जीवन।।

—4 अक्टूबर, 1939

विद्रोही

मैं अशांत द्रोही युग युग का,
नूतन युग का मैं निर्माता।
अविच्छिन्न है महानाश के,
संसारों से मेरा नाता।।

अविश्रांत मैं मृत्यु-जयीसा,
क़ब्रों से उठ उठ कर आता।
नंगी क्रूर व्यवस्थाओं पर,
घटा टोप-सा मैं छा जाता।।

हैं अगणित उत्थान पतन के,
धुआँधार रक्ताभ दृगों में।
सृजन और संहार डोलते,
मेरे चिर उन्मुक्त पदों में।।

पवन-जयी मेरी श्वासों से,
सत्यानाशों की आँधी से।
हैं दहाड़ते मही फाड़ते,
वीराग्रणी बुद्ध-गाँधी-से।।

मेरे पद चिह्नों पर चलतीं,
वेगवती सारी संस्कृतियाँ।
जड़-जंगम की आत्म प्रेरणा,
गौरवमयी विगत संस्मृतियाँ।।

चक्रित वसुधा में छा जातीं,
सुन ज्वलंत मेरी हुंकारें।
लाखों लक्ष्मीबाई जैसी,
क्रुद्ध सर्पिणी की फुंकारें।।

तरुण हिमालय की उद्‌ग्रीवा,
करती है नभ का विच्छेदन।
मेरे ही इंगित से हिलता,
भस्म-भार-पूरित रुद्रासन।।

आहुतियों का अग्नि-पुंज मैं,
हूँ. ज्वलंत इतिहास जगत का।
वीर भद्र मेरे प्राणों में,
संरक्षण है शरणागत का।।

ज्वालामुखी भभक उठते हैं,
सुन मेरी विस्फोटक वाणी।
जाग उठा करती क्लीवों में,
पौरुष की लहरें कल्याणी।।

उथल पुथल मच जाती,
मेरे रणोन्मत्त संबल कामों से।
अरे! असंभव बिना विजय के,
लौट पड़ूँ मैं संग्रामों से।।

मौन वर्तुलाकार क्षितिज पर,
जहाँ चूमती नभ को पृथ्वी।
रंगती है जिसके वक्षों को,
मायावी किरणों की मस्ती।।

प्रकृति के रंगीन विलासों,
में अशांति की आग सुलगती।
द्रोहवती जब मेरी आत्मा;
धाँय धाँय अंगार उगलती।।

—8 जनवरी, 1940

देख सको तो मानव ! देखो

क्या क्या दिखला दूँ मैं तुमको,
देख सको तो मानव ! देखो।

अत्याचार दमन जुल्मों के
लक्ष लक्ष घावों को देखो।
आज बिवाई फटे हुए उन,
कटे हुए पाँवों को देखो।।

लोहे के करघों पर लटकीं,
क्षीण तड़पती लाशें देखो।
खेतों की मिट्टी से उठती,
कंकालों की आहें देखो।।

दो दो दिन के भूखे प्यासे,
मानव की कृष काया देखो।
टूटे आँसू के टुकड़ों में,
फूटे दिल की छाया देखो।

फटे हुए चिथड़ों में लिपटी,
आज सलज्जा नारी देखो।
झुकी हुई ग्रीवा के आगे,
क्रूर बधिक की आरी देखो।।

जली हुई उजड़ी बस्ती में,
उन्नति और पराभव देखो।
क्या क्या दिखला दूँ मैं तुमको,
देख सको तो मानव देखो।।

शोषक-दल के, श्रीमानों के,
ख़ून सने दाँतों को देखो।
क्रूर भेड़ियों से मानव की,
खींच रहे आंतों को देखो।।

कुत्तों-से बेमौत मर रहे,
उन अनाथ बच्चों को देखो।
लाज लुटी जाती चिल्लाती,
निराश्रिता नारी को देखो।।

पूँजी के उत्तप्त नशे की,
लाल लाल आँखों को देखो।
और किसी मज़लूम हृदय की,
अरे ! तड़पती करुणा देखो।।

हाहाकारों-चीत्कारों की,
महानाश सी ज्वाला देखो।
देशी क्रूर नरेशों का भी,
तना हुआ है भाला देखो।।

विश्व मृत्यु की महाप्यास का,
बना हुआ है आसव देखो।
क्या क्या दिखला दूँ मैं तुम को,
देख सको तो मानव देखो।।

ठोकर खाते हुए भिखारी-
-के प्राणों की पीड़ा देखो।
महलों के रस-रंग-विलासों,
आरामों की क्रीड़ा देखो।।

मंदिर के घंटों की ध्वनि में,
धर्म लुप्त होता है देखो।
उच्च कंगूरों पर मसिज़द के,
तलवारों का तांता देखो।।

गोरी रमणी के चरणों को,
चाट रहे भूपों को देखो।
त्राहि ! त्राहि!! करती उत्पीड़ित,
चूसी हुई प्रजा को देखो।।

अधिकारों की दृढ़ ओटों में,
चोट-भरे हथकण्डे देखो!
निरपराध नर पर पशुओं-से,
आज बरसते डंडे देखो।।

अरे ख़ून के प्यासे जग में,
बढ़े जा रहे दानव देखो
क्या क्या दिखला दूँ मैं तुमको,
देख सको तो मानव देखो।।

—4 मार्च, 1940

निर्झर

चूम चूम कर मेघावलियाँ,
कितना मीठा प्यार लिए।
चलकर काँटों का पथ किसके,
अरमानों का भार लिए।।

बीहड़ बन की पगडंडी में,
किस सुहाग का राग लिए।
सूने अंतरतम में भीषण,
पागलपन की आग लिए।

सूनी दुनियाँ के दीवाने,
दीवानों के मस्त फ़कीर।
भस्म-भार कह अपनेपन को,
सहते हो पथरीले तीर।।

दोनों पलकों की छाया में,
नीलम की दोनों प्याली।
ढाल प्रणय की रूप राशि में,
रस-मय प्यारों की डाली।।

चलें कहाँ उन्माद लुटाने,
ले अँगूरी मद साक़ी।
मैख़ाने की चहल पहल में,
प्यासे हैं कितने बाक़ी।।

मद की नाव बनाकर ले चल,
ऐ नाविक! मुझ पागल को।
जहाँ कसक-संसार बसा हो,
धो पर-पीड़न काजल को।।

ना जाने किस पैमाने पर,
प्रतिपल जीवन-घड़ियों को।

पिस पिस कर कंकर-पत्थर में,
सुख-दुख की दो लड़ियों को।।

-सुलझा दोनों डग भरते हो,
सत्वर पथिकों से अपने।
गिन गिन बाँध लिए जाए हो,
जगती के झूठे सपने।।

—24 जुलाई, 1935

क्रांति-दूत

क्रांति-दूत बनकर आया हूँ,
मैं तूफ़ान लिए आया हूँ।
इस विनाश के अंध-गर्त में, मैं प्रकाश लेकर आया हूँ।।

अर्द्ध बुभूक्षित नर नारी की,
पड़ी हुई लाशों पर लाशें।
भस्मसात् हो धूलि-कणों में, उड़ती उनकी कोमल आशें।।

लहू अरे! तन का चूसा है,
इन धनवाले मक्कारों ने।
तन की खाल अरे! खींची है, इन क़ानूनी तलवारों ने।।

रोते और सिसकते मानव-
-के आगे हा! मौत खड़ी है।
चारों ओर ज़हर की प्याली, पिए हुए संगीन खड़ी हैं।

बिना दिखे जो धधक रही है,
मैं उसको अंगार कहूँ क्या?
मनुज मनुज का गला दबाए, मैं उसको संसार कहूँ क्या?

पीड़ित-मुरझाए मानव की,
आशा लेकर मैं आया हूँ।
मैं तूफ़ान लिए आया हूँ, क्रांति-दूत बनकर आया हूँ।।

हाय! हाय!! बस त्राहि! त्राहि!! का,
मचा हुआ चीत्कार यहाँ है।
रोदनमयी धँसी आँखों में, आँसू का व्यापार यहाँ है।।

अर्द्ध-नग्न रोती है नारी,
बच्चे तड़प रहे हैं भूखे।
नहीं उदर-आग बुझाने, को पाते हैं टुकड़े सूखे।।

हाड़-मांस की परछाईं-सी,
घर घर में हा! घूम रही हैं।
साँझ सबेरे महाकाल की, पहुनाई को झूम रही हैं।।

मातृ-गोद से छीना जाता,
हा! बच्चों का प्यार यहाँ है।
रोते हुए नरों पर लटकी, पैशाचिक तलवार यहाँ है।।

काले दिल वाली दुनियाँ पर,
आज गाज बनकर छाया हूँ।
मैं संग्राम लिए आया हूँ, क्रांति-दूत बनकर आया हूँ।।

अपना हुआ पराया अब तो,
अपनी बस्ती उजड़ चली है।
अपनी लाठी अपने सिर पर, आज बरसने को मचली है।।

रोग-ग्रस्त पीड़ित मानव के,
दूभर हैं हा! जीवन के क्षण।

सोने-चाँदी का भूखा जग, कौन करे हा! उसका रक्षण।।

दंभ, झूठ, ईर्षा, चोरी के,
मचे हुए षड्यंत्र यहाँ हैं।
अविश्वास-विश्वासघात ही, श्रीमानों के मंत्र यहाँ हैं।।

ये मज़दूर-किसान खड़े हैं,
आज बने बलिदानी बकरे।
जिनके बल पर राजों—पूँजी-पतियों के हैं कोष भरे।।

आज झोपड़ी का वासी मैं,
महल ढहाने को आया हूँ।
साम्यभाव लेकर आया हूँ, क्रांति-दूत बनकर आया हूँ।।

—12 सितंबर, 1940

आत्म-गीत

आत्मा अमर ज्योति निर्बंधन,
देहों में जिसका सूक्ष्म तत्व।
मानव में व्यापक मनुष्यत्व।
सर्वथा स्ववंश जो मुक्तिसत्व।
संसृति अणु-अणु में परिव्याप्त,
जो चिर सुंदर—जो चिर चेतन।।
आत्मा अमर ज्योति निर्बंधन।।

पाश-मुक्त को क्या मृत्यु-पाश?
मृत्यु-जयी का कैसा विनाश?
शत् शत् रवि का जिसमें प्रकाश।

स्वयं सुधा जो, अग्नि-पुंज जो—
तुझमें मानव! तू निस्पंदन।।
आत्मा अमर ज्योति निर्बंधन।।

आबिद्ध करे क्या लौह-शक्ति।
दानवता से जिसको विरक्ति।
सत्य-शिवोमय नरता से रक्ति।
युग-युग वैषम्य मिटाता चल,
करता चल समता संस्थापन।।
आत्मा अमर ज्योति निर्बंधन।।

—2 मार्च, 1941

आह्वान

जाग जाग ओ भूखी - नंगी,
उत्पीड़ित मानव की टोली।
सेनानी ललकार रहा है,
प्रलयंकर ने आँखें खोलीं।।

तेरी उष्ण श्वास से निर्मित,
वह विषाक्त बम फूट पड़ा है।
तेरी चिर - संचित आहों के,
शोलों का तूफ़ान खड़ा है।।

रण - स्थली हुंकार रही है,
सोता सिंह दहाड़ रहा है।
तब सर्वस्व निगल जाने को,

महाकाल मुख फाड़ रहा है।

बनकर आँधी और बवंडर,
जीवन का अभिशाप मिटा दे।
आज गुलामी का पृथ्वी के,
महा वक्ष से पाप मिटा दे।।

शिवि-दधीचि की मची पुकारें,
माँ के बलिदानी मंदिर से।
शोषण युग को लात मार दे,
और साँस ले गहरी फिर से।।

कर दे कायाकल्प विश्व का,
बन जा तू गाँधी की बोली।
जाग जाग ओ! भूखी नंगी,
उत्पीड़ित मानव की टोली।।

क्रोधित व्याकुल विषधर जैसा,
बिल से निकल लक्ष्य पर चल दे।
बजा रहा है बीन सपेरा,
तरल तरल तू गरल उगल दे।।

जड़ता के जड़ बंधन बाँधे,
बीत चुके कितने संवत्सर।
परिवर्तन की श्वासें लेकर,
चाल बदल दे अपनी मंथर।।

तज दे जलती हुई झोपड़ी,
बिदा माँग ले तन्वंगी से।
विद्रुत रण-आह्वान हो रहा,
कह दे निज साथी-संगी से।।

माँ के लाल, लाल चरणों में,
शीश झुका आशीश माँग ले।

मातृभूमि की चिर विमुक्ति का,
आज विजय वरदान माँग ले।।

तोड़ तोड़ जिह्वा के ताले,
खेल खेल पशु-बल से होली।
जाग जाग ओ भूखी नंगी,
उत्पीड़ित मानव की टोली।।

—15 सितंबर, 1940

सत्याग्रही

मैं प्रबल सत्याग्रही हूँ,
मृत्यु-पति भी चिर निरंतर,
चूमता मेरे चरण द्वय।
है भरा विष-प्यालियों में,
अमरता का कोष अक्षय।।

वह्नि—व्यापक लाल पथ का,
मैं सुदृढ़ हूँ एक राही।
क्रांति—लय भूडोल, मम, पद—
चिह्न पर चलने सदा ही।।

मैं किसी पशु-बल भरे,
अन्याय का प्यासा नहीं हूँ।
मैं प्रबल सत्याग्रही हूँ।।

सत्य, मेरा सफल जीवन,
सत्य मेरी कामना है।

सत्य है ध्रुव ध्येय मेरा,
सत्य मेरी साधना है।।

मैं असत का हूँ विरोधी,
असत का अस्तित्व अस्थिर।
तेज हूँ, हिम-शीश हूँ—
—ज्वालामुखी हूँ, मुक्ति हूँ—चिर।।

त्राण पाने के लिए, असि,
का विफल खोजी नहीं हूँ।
मैं प्रबल सत्याग्रही हूँ।।

मनुज हूँ मैं, मनुज की हित—
—साधना मेरी तपस्या।
बलि चढ़ूँ मैं, शीश दे दूँ,
निम्न यह जीवन-समस्या।।

है नहीं मुझको दिशा-भ्रम,
हूँ नहीं उन्मत्त कोई।
स्वयं जागृत, हूँ जगाता,
मनुजता मृत प्राय सोई।।

स्मशानों में पड़ी मैं,
राख की ढेरी नहीं हूँ।
मैं प्रबल सत्याग्रही हूँ।।

—12 दिसंबर, 1940

पर मुझे मत भूल जाना !

पर मुझे मत भूल जाना!

शुभ्र ज्योत्स्ना और घी के—
दीपकों से भरी नगरी।
मनुजता चिर शांति जिसमें,
साम्य के हैं मौन प्रहरी।।

वे दिखाई दे रहे हैं,
शहीदों के पूज्य द्वारे।
क्या खड़े तुम सोचते हो,
रुक हिमाचल के किनारे।।

समय कहता है कि तुमको,
है त्रिलोचन को जगाना।
इस हिमालय की हिलाकर—
नींव है तुमको गिराना।।
पर मुझे मत भूल जाना!!

मनुज रोना चाहता है,
किंतु रो सकता नहीं है।
मनुज सोना चाहता है,
किंतु सो सकता नहीं है।।

छिन्न उर-तल की विकलता,
भी दिखा सकता नहीं है।
स्वयं मरना चाहता है,
किंतु मर सकता नहीं है।।

भार जीवन है जिसे पर,
मृत्यु भी है भार जिसको।
उस मनुज के प्राण रखना,

विश्व का रोदन मिटाना।।
पर मुझे मत भूल जाना।।

रात्रि का ठंडा प्रहर भी,
नाग—जैसा डस रहा है।
घास का संकीर्ण घर भी,
मृत्यु—जैसा हँस रहा है।।

छिन गया है चैन महलों-
में हवेली में नहीं है।
छिन गया है प्रेम ईर्षा-
द्वेष है अब तो सब कहीं है।।

जुल्म की तलवार को तुम,
तोड़ चकनाचूर करना।
युग युगों से लड़ रहे-
संसार को फिर से मिलाना।।
पर मुझे मत भूल जाना।।

डेढ़ सौ संवत्सरों का,
देश से दासत्व भागे।
मोह—निद्रा में पड़ी इस,
देह में वीरत्व जागे।।

मुर्दनी छाई हुई निस्तेज—
—पीले पात जैसी।
ढल रही क्षण क्षण जवानी,
थरथराती बात जैसी।।

तुम जवाहर-से युवक,
अंगार लेकर भेज देना।
तीन बल खाते हुओं को—
क्रांति के सैनिक बनाना।।
पर मुझे मत भूल जाना।।

क्या पड़ी उस राम को,
रहमान की मसज़िद गिराए।
क्या पड़ी रहमान को जो,
राम का मंदिर ढहाए।।

देखना चाहो अगर तो,
राम मसज़िद में मिलेगा।
देखना चाहो अगर रहमान,
मंदिर में मिलेगा।।

संगठन का शंख फूँकें,
पुनः हिंदू और मुस्लिम।
फूट की नाशक लपट से,
देश भारत को बचाना।।
पर मुझे मत भूल जाना।।

एक बैठा है महल में,
सरस भोजन कर रहा है।
एक बैठा द्वार जूठी,
पत्तलों को तक रहा है।।

हाय ! जूठी पत्तलें भी,
हैं नहीं होतीं मयस्सर।
भूख से है बिलबिलाता,
लोचनों में नीर भर भर।।

सिसकियाँ भरता हुआ,
जीवित चिता पर जल रहा है।
स्वयं तन का मांस देकर-
भूख तुम उसकी बुझाना।।
पर मुझे मत भूल जाना।।

प्रलय-पलकें खोल, अंगों,
में भुजंगों को लपेटे।

जाग उट्ठे, नाच उट्ठे,
ले त्रिशूलों के झपेटे।।

रक्त की प्यासी शिवा,
खप्पर लिए धरती कँपा दे।
शीश पर गंगा धरे,
नंगा महा ताण्डव मचा दे।।

रुद्र के पीले गले में,
तुम पिन्हाना मुण्ड-माला।
शीश की उस मालिका में,
शीश अपना भी मिलाना।।
पर मुझे मत भूल जाना।।

मरघटों की धूल जागे,
शिव-शिवा का सुन निमंत्रण।
योगिनी किलकार उट्ठें,
सिहर उट्ठें शैल-कण कण।।

नाद डमरू का मचलता,
तोड़ दे हिमखण्ड सारे।
हो उठे आसान मंज़िल,
टूट जाएँ लोह-द्वारे।।

स्वयं जगपति मार्ग रोके—
छीन लेना तुम सुदर्शन।
तीर जैसे सनसनाते—
लक्ष्य पर तुम पहुँच जाना।।
पर मुझे मत भूल जाना।।

वीर हिंदुस्तानियों का,
रक्त, अंगारे उगल दे।
और युग ज्वालामुखी-सा,
एकदम करवट बदल दे।।

सत्य की तलवार लेकर,
अहिंसा के गीत भर दे।
और मूली की तरह, जड़—
—मृत्यु पाशों को कतर दे।।

ये तिरंगा डोल उट्ठे,
विजय का उन्माद लेकर।
मृत्यु को तुम जीत लेना,
आरती इसकी सजाना।।
पर मुझे मत भूल जाना।।

—4 अगस्त, 1940

गीत

धीरे धीरे ढल रही रात।

हरिजन की टूटी कुटीर,
जो कि ग्राम्य के पूर्व तीर
जिस पर प्राची वक्ष चीर
ढलती रवि-रोली अबीर।
कुक्कुट कुकड़ूँ-कूँ उठा बोल
ग्राम-वधू झट उठी जाग।
हुआ चाहता नव प्रभात।।
धीरे धीरे ढल रही रात।।

श्यामा चिड़िया पंख खोल
वृंत-वृंत पर रही डोल।

राधा-कृष्णा रही बोल।
बधू खोल दृग, मींच खोल
रही माँग अंचल पसार
प्रभु रहे अचल मेरा सुहाग।
पुलकित जिसका कृष्ण गात—
धीरे धीरे ढल रही रात।

दो-चार वधू हिलमिल कर।
चक्की चला रहीं घर घर।
गुंजित अमल पिकी-सा वर,
बीच बीच में मीठा स्वर।
मधुर प्रभाती सुन तरु-तरु पर,
खग-कुल-कलरव उठा जाग
मुखरित करता पात पात।।
धीरे धीरे ढल रही रात।।

हो चली रात्रि की शांति भंग।
संसृति में मादक उमंग।।
गो-दोहन का स्वर अभंग।
त्रेता-द्वापर-सा प्रसंग।
सच्ची समता सच्ची क्षमता,
वैभव का सच्चा विराग,
लिंए, हुआ नूतन प्रभात।।
धीरे धीरे ढल गई रात।।

—5 मार्च, 1941

शक्ति

शक्ति हूँ मैं।

चिर सचेतन सत्य-शिव हूँ,
लय-सृजन की स्वामिनी हूँ।
वीर के रक्ताभ दृग की,
वह्नि हूँ, सौदामिनी हूँ।।

सो रही हो राख की ढेरी,
पड़ी मरघट-किनारे।
ढालती शत शत सुधा-कण,
कंटकी-पथ-गामिनी हूँ।।

मृत मनुज में सबल शाश्वत,
प्राण की संचारिका हूँ।
मृत्यु-पति के कठिन पाशों-
की प्रबल तम क्षारिका हूँ।।

अरे! निर्बल, कौन? मानव?
एक थोथी कल्पना है।
अग्नि-विष-पी अमर मानव,
और मैं अभिसारिका हूँ।।

मैं निराशा के सघन घन,
चीरती विद्युत-किरण हूँ।
मान हूँ ध्रुव, ध्येय हूँ ध्रुव,
शिवा हूँ, प्रणवीर-प्रण हूँ।।

मैं विजय हूँ, देख जिसको,
थरथराती गोल धरणी।
जगत की आराध्य हूँ मैं,
मुक्ति हूँ चिर सुखद क्षण हूँ।।
शक्ति हूँ मैं।।

—15 दिसंबर, 1940

ठहर! ठहर! अंगारों वाले!!!
किस प्रवाह में तू बहता है?

तरल तरल पी विष के प्याले,
आज अमर होता जाता हूँ।
अरमानों का स्यंदन साजे,
मैं निर्द्वंद्व बढ़ा जाता हूँ।।

किसी चिता पर चिटक चिटक कर,
जल जल कर जीवन पाता हूँ।
फोड़ गुलामी का कच्चा घट,
निर्बंधन होता जाता हूँ।।

आज करोड़ों भूखों-नंगों—
—आहों का शोला बनकर।
दिग् दिगंत में व्याप्त हो चला,
सत्यानाशी गोला बनकर।।

टूटी झोपड़ियों से आतुर,
धूल—सने लाखों दीवाने।
चूर—चूर कर गौरीशंकर,
भूतनाथ को चले जगाने।।

लिए अखिल बंधुत्व विश्व का,
सेनानी मुझसे कहता है।
ठहर! ठहर!! अंगारों वाले,
किस प्रवाह में तू बहता है?

आज समझता हूँ मैं तेरी,
नस नस में तूफ़ान भरा है।

और हृदय में मातृ भूमि का,
चिर अभेद्य सम्मान भरा है।।

मूर्त रूप ज़ुल्मों का तेरी,
आँखों में उन्माद भरा है।
भारतीय आत्मा में तेरी,
केहरियों सा नाद भरा है।।

ओ ज्वलंत! ओ मेरे सैनिक!!
ओ प्रिय रक्तिम आँखों वाले!!!
ओ मेरे साधन के प्रतिफल!
विद्रोही कहलाने वाले!!

निज यौवन की महा शक्तियाँ,
आवेशों में मत बहने दे।
आज व्यग्रता भरा हुआ,
अभिमानी जीवन मत रहने दे।।

शोध वीर तू अपनी आत्मा,
आज स्वयं विश्वात्मा बन कर।
जिसमें से दैवत्व प्रकाशित,
होता है प्रतिक्षण छन छन कर।।

मेरे इंगित पर चलता चल,
ओ मेरे प्रणवीर सिपाही।
मनुष्यत्व-दैवत्व जगा ले,
मार्ग शुद्ध कर अपना राही।।

दुश्मन के ये मक्कारी से,
भरे हुए गढ़ टूट चलेंगे।
क्षण भर में तेरे चरणों में,
सम्राटों के शीश झुकेंगे।।

—12 जून, 1940

मज़दूर

जिसके रक्त-दान से निर्मित,
नील-व्योम-चुंबित मीनारें।
मानवपन की अस्थि अस्थि से,
चुनीं गईं जिनकी दीवारें।।

शुष्क शुष्क आँतों से उठते,
पावक के रक्तिम अंगारे।
क्षुधा-तृषा से पीड़ित, धोता,
दृग-जल से महलों के द्वारे।।

कड़ी जेठ की दोपहरी में,
लिए शीश पर तपता अंबर।
तिल तिल निज अपनत्व मिटाकर,
जग क़ो जीवन देता सत्वर।।

रिक्त-कोष भरता धनिकों के,
रत्न-राशि के अथक निरंतर।
जलन, व्यथा, पीड़न बेचैनी-
'परिव्याप्त जिसक़ा स्वर मंथर।।

देह फटे चिथड़ों में लिपटी,
काली काली मट मैली सी।
चिर पवित्र जिसमें बसती है,
प्रभा मयी नरता फैली सी।।

अंतरिक्ष में खिले कुसुम सी,
सुख को पाने की अभिलाषा।
दुख ही दुख़ में घुटती जाती,
प्रतिपल जिसकी जीवन-श्वासा।।

जिसके कण कण मिट्टी से ही,
अखिल सृष्टि का नव संस्थापन।

अधः पतन से उन्नति-पथ पर,
ले जाना जिसका चिर साधन।।

कौन चाहता जीवन-स्वर में,
करुणा, क्रंदन या उत्पीड़न।
अरे! विवश हो करता मानव,
कीड़ों-सा जीवन-भार बहन।।

जब जब नर के द्वारा होता,
जग में नर का अतिशय शोषण।
तब तब क्रांति-अग्नि-लपटों से,
जल जल जगती बनती नूतन।।

भूखे नर की बेचैनी को,
देख स्वयं तू भूखा रह कर।
तभी समझ पाएगा नर का,
उत्पीड़न से भरा हुआ स्वर।।

यद्यपि वह मज़दूर मनुज है!
क्या उसमें मन-प्राण नहीं है?
क्या सुख पर अधिकार नहीं क्या,
अरे! नरत्व-विधान नहीं है?

उग्र तपस्वी इस चिर-दानी,
नर को नर पहचान सका क्या?
तोष पूर्ण उच्छ्वास, दृगों की,
मूर्छित भाषा जान सका क्या ?

—20 जून, 1941

हृदय-वीणा

आज मेरी हृदय वीणा के,
—रसीले तार बोले।
है कहाँ बंदी बता वह पवन,
जिससे प्राण पलता ?
वह जवानी - सा कहाँ—
—गति शील चढ़ता और ढलता?

अटल प्रकृति का नियम,
स्वाधीनता — स्वाधीनता है।
क्यों न तू स्वाधीन हो,
स्वाधीनता का द्वार खोले?

क्या न दृग में घूमते हैं,
अमर सतयुग और द्वापर?
कौन काली मौन छाया सी,
खड़ी है आज सिर पर?

देख जिसको तू अँधेरी,
रात में निज मार्ग भूला।
क्यों न तू अपने करों से,
आज पथ अपना टटोले?

क्या नहीं तुझको कभी उस,
भगतसिंह की याद आती?
याद जिसकी दुखी माँ के?
घाव पर मरहम लगाती।

क्या कभी तू सोचता है,
इस तरह बलिदान होना ?
क्यों न तू विद्रोह की,
हुंकार भर स्वाधीन डोले ?

अरे! जीकर ही मिला क्या?
पूछ इन जीवित नरों से।
अरे! मरकर ही मिला क्या?
पूछ उन लाखों मरों से।।

मरण में है भरा जीवन,
भगतसिंह ने इसे जाना।
क्यों न तू फिर आज मरकर,
शहीदों सा अमर हो ले?

ज़ुल्म की तलवार—फाँसी,
रक्त - प्यासी हो रही हैं।
जड़ बनी काया सचेतन,
देख-सुन भी सो रही हैं।

कण्ठ में फाँसी पहिन,
तलवार को दे शीश अपना।
क्यों न चाहे विश्व का फिर,
सृजन या अवसान हो ले।

रुधिर तेरा हिम बना है,
खिंच रहे हैं केश माँ के।
क्यों नहीं माँ के अरे—
दुख-दर्द तूने हाय ! आँके?

कर रहा तू चंद्रशेखर,
या भगतसिंह की प्रतीक्षा?
क्यों न रे ! तू ही स्वयं,
आज़ाद या बरबाद हो ले?

आज मेरी हृदय वीणा के,
रसीले तार बोले।।

—14 नवंबर, 1940

अपने पथ पर तू बढ़ता चल

ओ जर्जर ! ओ शोषित मानव,
अपने पथ पर तू बढ़ता चल।

वाणी में ले संबल दृढ़ता,
युग युग का उन्मत्त संदेशा।
आक्रांता हों भयाक्रांत, तू—
—क्रांति-गान गाता चल ऐसा।।

नित्य नई दुनियाँ बसती है,
बनती हैं संस्कृतियाँ नूतन।
नूतनता के ओ चिरदानी,
रंगता चल तू भू का कण-कण।।

अरे भाग्य है कौन वस्तु? जो,
अकर्मण्य तू बनता मानव।
कर्मवीर बन कुचल भाग्य को,
करता चल तूफ़ानी उद्भव।।

धरणी धर के शत शत फण पर,
चरण-चिह्न अंकित करता चल।
ओ जर्जर! ओ शोषित मानव,
अपने पथ पर तू बढ़ता चल।।

क्यों हो वाणी में कातरता,
अधरों पर मालिन्य उदासी;
क्यों हो तेरे उर में कंपन,
उजड़ी दुनियाँ के आवासी।।

सत्वर तेरे परिचालन से,
धरणी बोले चरमर-चरमर।

गले लगाता चल लपटों को,
मंद हास तेरे अधरों पर।।

रोदन करती मानवता का,
ज्वलन शील तू ही अवलंबन।
सामाधिस्थ ओ प्रिय शिव-शंकर,
भस्म बनाता चल संवेदन।।

करवट ले ले कर मरघट से,
घट घट में जीवन भरता चल।
ओ जर्जर! ओ शोषित मानव,
अपने पथ पर तू बढ़ता चल।।

भूखे नंगे ओ युग-सृष्टा!
तुझमें महाक्रांति—आवाहन।
साँस साँस में युग-परिवर्तन,
प्राणों में नूतन आवर्तन।।

कर्म निरत ओ सुदृढ़ प्राण!
नित नई कहानी तू लिखता चल।
मिटा राक्षसी प्यास, विश्व में,
नई जवानी तू भरता चल।।

ओ ज्वालामय तुझे देख कर,
कटे हुए मस्तक जुड़ जाएँ।
ले ले ललकारें तूफ़ानी,
बलि वेदी पर चढ़ चढ़ जाएँ।।

मिटा प्रलय की अंतिम रजनी,
सृजन-प्रभाती—स्वर भरता चल।
ओ जर्जर। ओ शोषित मानव,
अपने पथ पर तू बढ़ता चल।।

—14 मई, 1941

नरपति से

नव युग का आमंत्रण सुन ले,
ओ विलास के क्षीण पुजारी?

भूल गया पुरुषत्व अरे तू!
भूल गया अपनत्व अरे तू!
दिव्य तेज आर्य्यों का भूला!
भूल गया वीरत्व अरे तू!

अरे स्वयं को ओ धरणी-पति!
समझ रहा तू भू का स्वामी?
महा भयंकर भूल पत्तन की-
ओर जा रहा तू अज्ञानी!

नरपति होकर तू नर का ही,
अरे रक्त पीने को तत्पर ?
अपना शासन-चक्र चलाता,
नंगी तलवारों के बल पर ?

पीड़ित प्रजा पुकार रही है,
त्राहि! त्राहि! ओ मेरे राजन!
प्राणांतक क्षण में भी तेरा—
करती पिता तुल्य आवाहन।

सब सुनकर भी मौन अरे तू
काँप रही जर्जर मानवता।
ओ मदिरा के पीने वाले,
क्या विलास ही तेरी नरता?

राज महल में रहने वाले,
तूने देखे हैं नगर - नगर?
ग्रामों को तूने देखा है,
जहाँ बने हैं मिट्टी के घर ?

उनमें रहते कौन ? कि
जिनका कीड़ों सा जीवन चलता है!
वे मानव, जिनके बल पर तू
सोने - चांदी में तुलता है।

जिनकी एक - एक हड्डी पर
तेरे ऊँचे महल खड़े हैं।
जिनके रक्त - मांस के बल पर,
राज-मुकुट में रत्न जड़े हैं।

भूखे रहकर भी वे तेरा
राज - कोष भरते रहते हैं।
मरण - सेज पर पड़े हुए भी,
ज़ुल्मों को सहते रहते हैं।

माँ-बहिनों की इज़्ज़त लुटते
तेरी आँखें देख रही हैं ?
क्या तेरे उस खड्ग हस्त में
आज चूड़ियाँ खनक रही हैं?

साम्राज्य वाद का दुर्ग ढहा
निर्माण किया नवयुग का जिसने।
चिर स्वराज्य के संस्थापन में
निज बलिदान किया था जिसने।।

जिसके हर-हर सिंहनाद से,
सोते दिग्गज डोल उठे थे।
एक लिंग की विजय-घोष ले,
माँ के बंधन खोल उठे थे।।

वही मराठा वीर शिवाजी,
वही प्रताप महा-प्रलयंकर।
अरे रक्त-कुंकुम से जिसका,
तिलकोत्सव होता था सुंदर!

वीर बुंदेला छत्रसाल की
भूल गया तू अरे कहानी?
जर्जर जरा देह ले जिसने
किया रुधिर-उत्सव तूफ़ानी।।

कुंठित-लुंठित मानवता की,
मातृभूमि की लाज बचाई।
परवश पीड़ित प्राण-प्राण में
महाक्रांति की अग्नि जलाई।।

ग्राम-ग्राम से, नगर-नगर से
निकल रहे हैं भूखों के शव!
तुझे घृणा उनकी मिट्टी से,
कैसे कहें तुझे हम मानव?

अरे दुर्ग झाँसी का जिसमें
भारत का अभिमान डोलता।
भानु-दीप्ति-सा शिलाखण्ड पर
लक्ष्मी का सम्मान डोलता।

साक्षी है विन्ध्याचल जिसका
बोल रहा मालव का कण कण।
खुल कर खेले अरे यहीं
साम्राज्यवाद के कट्टर दुश्मन।।

बीर सिंधिया और होलकर
रणस्थली था जिनका जीवन।
जिनके अश्व-टाप के स्वर से
जन-जन में भरता था यौवन।।

माँ-बहिने घर-घर में जिनका
लिए आरती पूजन करतीं।
न्याय - धर्म रक्षार्थ सदा ही
विजय-हस्त जिनके सिर धरतीं।।

बता! बता! ओ वीर पुत्र! वे;
कहाँ गईं तेरी तलवारें?
चूर्ण हुई वे कहाँ टूटकर?
हुई कहाँ मृत उनकी धारें?

देख जरा भुजदण्ड उठाकर
कितना बल-विक्रम है तुझमें।
एक बार फिर देख प्रजा को
ज्वालामुखी धधकता जिसमें।।

तुझे अरे ओ-सिंहपुत्र! उठ,
पीड़ित का सम्मान बुलाता।
वीर राष्ट्र का मान बुलाता
भूखा हिंदुस्तान बुलाता।।

माँ-बहिनों का त्राण बुलाता
जचल उठ! राष्ट्र-निशान बुलाता।
जग का नव - निर्माण बुलाता
विद्रोही का गान बुलाता।।

रोग-शोक बंधी माता का
जिसको कुछ भी ध्यान नहीं है।
जड़वत है वह जाति जिसे निज
पूर्वज पर अभिमान नहीं है।।

सुन पुकार तू पीड़ित युग की,
युग तुझ पर अभिमान करेगा।
और नहीं तो तुझे कुचल कर
युग तो अपना काम करेगा।।

शीघ्र सँहल तू, मेरे युग में, नहीं रहेंगे अत्याचारी।
नवयुग का आमंत्रण सुन ले, ओ विलास के क्षीण पुजारी।।

गाँधी की आँधी

गाँधी की जब आँधी आई।
आंदोलन मच गया हृदय में,
तोड़ फोड़ फेंके जड़ बंधन।
मैं भारत का भारत मेरा,
स्वाभिमान मय मेरा जीवन।।

जीवन का अभिशाप—पाप है,
जग गुलाम है कहता मुझको।
महाक्रांति की तरल तरंगें,
जीवन ज्योति जगाती आई।।
गाँधी की जब आँधी आई।।

भंग हुई चिर निद्रा मेरी,
तन्द्रा त्याग विश्व को देखा।
स्वर्गिक सुख में पलते देखा,
अपने घर को जलते देखा।।

बँधी हुई कच्चे धागे से,
लटक रहीं सिर पर तलवारें।
भभक उठी अंगार हृदय की,
खारे अश्रु जलाती आई।।
गाँधी की जब आँधी आई।।

बना अस्थि-कंकाल अरे मैं,
तरस रहा दाने-दाने को।
भिख मँगा-मज़लूम बना मैं,
आया क्या ठोकर खाने को?

सूखी सरस कल्पना मेरी,
मधुर रसीली कविता सूखी।
भस्म मयी आशाएँ मेरी,

नूतन पंथ दिखाती आई।।
गाँधी की जब आँधी आई।।

हिंसा हुई पराजित व्याकुल,
आज आत्म बल मुझमें जागा।।
अरे! सृजाता इस पशु-बल का,
वह विज्ञान हुआ हत भागा।।

जिसके जी में जितना आया,
खूब सताया अब तक मुझको।
आज अहिंसा मेरे तन में,
नव तूफ़ान उठाती आई।।
गाँधी की जब आँधी आई।।

भेद चला मेरा स्वर कारा—
चूने - पत्थर की दीवारें।।
खेल हुआ मेरे प्राणों को,
नंगी तलवारों की धारें।

सत्य-अहिंसा-दया-प्रेम की,
क्रांति उठी मुझ मर्दाने में।
करती क्षार-क्षार जनखों को,
परित्राण मम लाती आई।।
गाँधी की जब आँधी आई।।

ओ हिंदू कहलाने वाले,
निज विनाश की गहरी खाई।
अपने हाथों निर्मित करता,
उर में महा क्रूरता छाई।।

तेरी निष्ठुरता से काँपे,
अतल-वितल-पाताल-रसातल!
धँसक चली रे धरा महीसुर,
गुरु हड़कंप मचाती आई।।
गाँधी की जब आँधी आई।।

निद्य - निरंकुश अन्यायों में,
जीवन उन्हें काटते देखा।
द्वार - द्वार पर जूठे पत्ते,
मैंने उन्हें चाटते देखा।।

शूद्र! अछूत!! नीच!!! संबोधन,
से अपमानित होते देखा।
भीषण भल अरे सदियों की,
चिर विमुक्ति बरसाती आई।।
गाँधी की जब आँधी आई।।

यह जग क्या है? हम क्यों आए?
जीवन की परिभाषा क्या है?
आज समझ पाए वे मानव,
नव जीवन की श्वासा क्या है?

रे समाज वे आज नहीं हैं,
सड़ते सड़ते मरने वाले।
वे स्वतंत्र, रूढ़ियाँ तेरी,
अपनी मृत्यु बुलाती आई।।
गाँधी की जब आँधी आई।।

सदा समय की गति-विधियाँ हैं,
नियमों का निर्माण करातीं।
जगती के नव निर्माणों से,
कोई शक्ति नहीं बच पाती।।

परिवर्तन से भरा पड़ा है,
जल-थल यह जड़-चेतन सारा।।
व्यर्थ शूल तू बना हुआ रे,
जागृति उन्हें जगाती आई।।
गाँधी की जब आँधी आई।।

हिंदू - मुस्लिम भारत वासी,
भारत माँ की रे ! जय बोलो।

आज गले मिल जाओ दोनों,
अपनी अतुल शक्ति को तौलो।।

व्यर्थ विरोधी भावों को रे,
चिर समाधि में तुम दफनाओ।
संध्या मधुर मिलन है लाई।
मंगल. आज मनाती आई।।
गाँधी की जब आँधी आई।।

मेरी आँखों के प्रकाश तुम,
मेरे प्राणों के प्रिय प्राण।
मम जीवन के सुंदर जीवन,
पदाक्रांत जग के तुम त्राण।।

मेरे युग के महा बुद्ध तुम,
हिंसा के तुम महा काल।
चिर जीवो तुम मेरे मोहन,
हो उन्नत भारत का भाल।।

—2 अक्टूबर, 1939

तुलसी की वाणी

वसुधा-तल के अभ्यंतर में,
गूँज रही तुलसी की वाणी।।

चिर प्रसुप्ति पर वह्नि-शिखा की,
नव जागृति छाती संसृति में।
नरता के खर-किरण-जाल सी,
छाती दानवीय कृति-कृति में।।

स्वार्थ भावना-जड़ता जग की,
एक निमिष में भस्म बनाती।
शनैः शनैः उत्पीड़न-क्रंदन,
शोषण पर काली बन छाती।।

अक्षर अक्षर में हैं लपटें,
अक्षर अक्षर महाक्रांति है।
अक्षर अक्षर नई व्यवस्था,
अक्षर अक्षर महाशांति है।।

विस्मृत कर भारत ने खोई,
अरे! स्ववशता निज कल्याणी।
वसुधा-तल के अभ्यंतर में,
गूँज रही तुलसी की वाणी।।

चण्ड-चण्ड पाखण्ड-मेघ की,
खण्ड खण्ड करती अंधियारी।
भानुदीप्ति सी, बज्रघोष सी,
सृजन-कोष भरती सुखकारी।।

चंद्रहास सी, नवोल्लास सी,
हरती भग्न-हृदय की पीड़ा।
क्षीण-विवश जीवन में भरती,
शीत-शरद-पूनों की क्रीड़ा।।

आदर्शों की पावन गंगा,
पितृ-भक्ति की कल कालिंदी।
मातृ-मही के लास भरे, मधु
-हास भरे माथे की बिंदी।।

देख जिसे खुल जाती सहसा,
हास्य भरी मानव की वाणी।
वसुधा-तल के अभ्यंतर में,
गूँज रही तुलसी की वाणी।।

पृथ्वी वरण उसे करती—
—भुज दण्ड अरे जिसके बलशाली।
कँप मचे, रुद्रासन डोले,
सुनते ही जिसकी कर-ताली।।

एक हस्त की छाँह तले—
—विश्राम करें अन गिनती मानव।
और दूसरा हस्त खड्ग ले,
मिटा चले पृथ्वी के दानव।।

ध्रुवादर्श यह उसी राम का,
क्यों न भरे युगयुग में यौवन?
तुलसी के आराध्य देव उस,
कर्मवीर का शत शत वंदन।।

कर्मवीर बनने को इंगित,
करती है तुलसी की वाणी।
वसुधा तल के अभ्यंतर में,
गूँज रही तुलसी की वाणी।।

—24 अगस्त, 1941

बलिदान

काँप उठे धरती का कण कण
डोल उठे ये अंबर सारा।
ज्वालागिरि के अंगारों-सा,
छा जाए बलिदान हमारा।।

इस नीले नक्षत्र-पंथ में,
धुआँधार बनकर छा जाएँ।
भारत माता की पलकों के—
आँसू ऐसी आग लगाएँ।।

टूट टूट कर तारे जग में,
आज़ादी की ज्योति जलाएँ।
झोपड़ियों के विप्लवकारी,
आज वतन आज़ाद बनाएँ।।

तड़ तड़ तड़ तड़ आज तड़ातड़,
तोड़ चलें ये जड़ ज़ंजीरें।
क्रूर मृत्यु की छाती पर चढ़,
सस्मित आज कलेजा चीरें।।

रोती हुई अयोध्या को फिर,
गले लगाए राम हमारा।
ज्वालागिरि के अंगारों-सा,
छा जाएँ बलिदान हमारा।।

कफन लिए घर से निकले हैं,
हम आज़ादी के दीवानें।
हैं मदहोश चढ़ाए प्याला,
एक रंगीली आग लगाने।।

भिक्षा पात्र लिए हाथों में,
नहीं माँगने हम आए हैं।
अपना ख़ून चढ़ाकर अपनी,
थाती लेने हम आए हैं।।

आज हमारी हड्डी-हड्डी,
चली तीव्र विद्रोह जगाने।
कंचन-कलश चढ़ी लंका के,
क्रूर-दानवी महल ढहाने।।

हँस हँस फाँसी की रस्सी को,
हार बनाने हम आए हैं।
मनुष्यत्व के आदर्शों की,
रक्षा करने हम आए हैं।।

आज एक अरमान यही है,
मिले भरत-सा भाई प्यारा।
ज्वालागिरि के अंगारों सा,
छा जाए बलिदान हमारा।।

पंडित के पोथी-पत्रों का,
ध्वंस आज लेकर हम आए।
अनगिनती चूसी लाशों को,
अमृत-घट से भरने आए।।

पापों से लबरेज़ धर्म का,
गला दबाने हम आए हैं।
श्रेणी-भेद मिटा शबरी के,
बेर चबाने हम आए हैं।।

आज पुकार रहे डंके की,
चोट लिए सीना फ़ौलादी।
हम मतवाले मचल कर,
आज लिए अपनी बरबादी।।

तरुण लहू की बूंद बूंद में।
घूम रहा है जलियाँवाला।
आज जगाने को आतुर है,
उस विराट यज्ञ की ज्वाला।।

वीर लक्ष्मण की हुंकारों,
से हिल जाए सागर खारा।
ज्वालागिरि के अंगारों सा,
छा जाए बलिदान हमारा।।

अर्ध रात्रि की रंगरलियों से,
भरी विलासों की तय्यारी।।
ठोकर मार कुसुम-शय्या को,
निकल पड़ीं ये घर से नारी।।

मूर्ख, खिलौना समझ न इनको,
ये हैं क्रुद्ध सर्पिणी काली।
सिंहासन थर्राने वाली।
ये विशाक्त फुंकारों वाली।।

लक्ष्मीबाई की भस्मी से,
लाखों लक्ष्मीबाई जागीं।
चिर जौहर की चिता सजाए,
राजपूत बालाएँ जागीं।।

कायर-अकर्मण्य मुर्दों में,
मातृ-प्रेम भरने आई हैं।।
निज सतीत्व के तप्त-तेज से,
भस्मसात् करने आई हैं।।

आज सती सीता माता का,
पोंछे गीला अंचल सारा।
ज्वालागिरि के अंगारों सा,
छा जाए बलिदान हमारा।।

दौड़ चली रेवा सतवंती,
पाषाणी दीवार ढहाती
वन्य प्रदेशों में पश्चिम के,
एक ग़ज़ब का क़हर मचाती।।

उत्तर हिमाचल से गंगा मी,
आज भरा अमृत-घट लाई।
हम बलिदानी समर-सुतों को,
बारंबार जिलाने आई।।

तय करना है अपनी मंज़िल,
एक लक्ष्य पर जाना हमको।
मार्ग रुद्ध करने वालों की,
हस्ती आज मिटाना हमको।।

निकल पड़े जब अपने घर से,
रुकना और लौटना क्या रे?
सर्वनाश या पूर्ण विजय के,
रणस्थली से हटना क्या रे?

चाह यही अनुमान सिंधु को,
लाँघे आज लिए अंगारा।
ज्वालागिरि के अंगारों सा,
छा जाए बलिदान हमारा।।

समय पुकार रहा है हमको,
अपना सब सामान सजा लें।
मसज़िद में जाते मुस्लिम को,
आज हृदय से गले लगा लें।

बंधु बंधु संबंध लिए हम,
आज चले संग्राम मचाने।
बन गाँधी-आजाद-जवाहर,
एक नया संसार बसाने।।

जो मक्कार हमारे होकर,
दुश्मन के दल में मिल जाएँ।
आज उन्हें लानत है-थू है,
जो माता का दूध लजाएँ।।

भीष्म-प्रतिज्ञा के लिए विश्व में,
महाक्रांति करने हम आए।
दे महाशक्ति आशीश हमें,
निज शीश चढ़ाने हम आए।।

आज हमारे बलिदानों से,
माता को कुछ मिले सहारा।
ज्वालागिरि के अंगारों सा,
छा जाए बलिदान हमारा।

—15 जुलाई, 1940

उद्‌बोधन

जाग! जाग!! तू प्यारे स्वदेश।
खोलती हुई प्राची का द्वार,
नव मधु बरसाती हुई।

अंबर विशाल,
रंगती हुई।
देती हुई,

तम मय वसुधा को अलोक-दान।
निसर्ग की करती हुई,

गोदी निहाल।
अलोक मयी,
भरती हुई,

आई, रवि प्रभा, कुमारिका सी,
पलकों में जागृति का संदेश।
जाग ! जाग !! तू स्वदेश।।

करती हुई सतत साधना सी,

विरही सी जलती हुई,

अंगारों पर,
मचलती हुई,
सहती हुई,

लंबी रातों की व्यथा अपार।
स्नेह-सुधा पीती हुई,

जल - धारों पर,
नव - स्मित मयी,
तिरती हुई,

कमल-कलियों ने दी आँखें खोल,
लिए पँखुड़ियों में प्यार अशेष।
जाग! जाग!! तू प्यारे स्वदेश।।

पिरोती हुई सुमनों का हार,
भू पर इठलाती हुई,

अस्फुट-कलियाँ,
खिलाती हुई,
हरती हुई,

पीड़ाएँ अलि के हृदय-तल की।
जागीं दृग धोती हुई

रंग रेलियाँ
मचाती हुई,
करती हुई,

बाल-रवि की प्रेम मयी मनुहार,
तरु गुलाब की टहनियाँ अनिमेष।
जाग! जाग!! तू प्यारे स्वदेश।।

रंगती हुईं परों को तितलियाँ,
न्योछावर करती हुईं,

अपना शरीर
थिरकती हुईं,
घिरती हुईं

सुमनों के मधु-भरे कलशों पर।
स्वर्ग से उतरती हुईं,

गुलाल अबीर,
उड़ाती हुईं,
छाती हुईं

माधव-प्रमोद, रहीं भू पर डोल।
संतुलित शूलों में जिनका देश।
जाग! जाग!! तू प्यारे स्वदेश।।

विराम देता हुआ विहगों को,
शीत में ठिठुरता हुआ,

अग्नि-कणों में,
दहकता हुआ,
करता हुआ,

सफल विद्रोह निष्ठुर प्रकृति से।
सदियों से सोता हुआ

विपद्-क्षणों में,
उबलता हुआ
खुलता हुआ

बंधनों से, हुआ जागृत विंध्य।
साजे विद्रोही सा क्रुद्ध वेश।।
जाग! जाग!! तू प्यारे स्वदेश।।

जकड़े हुए लौह-बंधनों में,
सींकचों में पड़े हुए,

तुम पराधीन
कराहते हुए,
सड़ते हुए,

प्रिय! मर रहे क्यों कुत्तों जैसे?
बचाओ ! तड़पते हुए

हृदय की बीन,
दौड़ते हुए
छेड़े हुए,

काले नागों से फुंकार उठें।
विक्रम-भोज तुम्हारे हरे क्लेश।
जाग! जाग!! तू प्यारे स्वदेश।।

—20 नवंबर, 1939

जाग उठा यौवन अंगारा !

जाग उठा यौवन अंगारा
जड़ता-पाश और शोषण के,
तड़ तड़ तोड़ चला बंधन मैं।
सस्मित सुन मेरा उद्घोषण,
चिर स्वतंत्र मैं चिर विमुक्त मैं।।

बालू के कच्चे पाए पर
अवलंबित साम्राज्यवाद है।

होगा पद-प्रहार से मेरे,
चूर चूर भू लुंठित सारा।
जाग उठा यौवन अंगारा।।

सुनकर जलियाँ वाला मेरी,
आज जली जाती है छाती।
प्रतिहिंसित यह रोम रोम है,
तेरा महानाश रे घाती!

ये तेरे प्रण—ये आश्वासन
कुटिल मकड़ियों के जाले से।
आज डुबा दूँगा जल-तल में,
कँपित होगा सागर खारा।
जाग उठा यौवन अंगारा।।

अरे देश-द्रोही तू हट जा।
माता की छाती के छाले।
चाट चाट दुश्मन के तलवे,
अपनी प्यास बुझाने वाले!

मेरे क्रुद्ध-रुद्र-लोचन में,
महानाश सा झूल रहा है।
सावधान! तुझको कर देगा,
चूर्ण-चूर्ण मेरा दृग-तारा।।
जाग उठा यौवन अंगारा।।

मृत्युंजय वरदान लिए मैं,
रणस्थली में छा जाऊँगा।
मरघट से भी उठ-उठकर मैं,
बार बार दौड़ा आऊँगा

व्याकुल होगा पटक पटक फण,
धरणीधर मम हुंकारों से।
लय-क्रीड़ा स्थल बन जाएगा,
वसुंधरा—गर्भस्थल सारा।

जाग उठा यौवन अंगारा।।

आज धनुर्धर मुझ में जागा,
रणोन्मत्त दुर्जय दीवाना।
दुर्गम चक्रव्यूह रचनाएँ
भेद चलूँगा मैं मस्ताना।।

सुन प्रचण्ड टंकार धनुष की,
खण्ड खण्ड होगा नभ-मण्डल
नक्षत्रों के टुकड़े टुकड़े—
विधि-विधान तोड़ेंगे सारा।।
जाग उठा यौवन अंगारा।।

त्याग दूध शिशु, मातृ गोद में,
उझक उझक दे दे कर-ताली।
मचल मचल द्रुत माँग रहे हैं,
शोणित की घूँटें मतवाली

ललक ललक मुख देख रहे हैं,
ये सुकुमार अग्नि-कण मेरा।
जठरानल द्रुत शांत करूँगा,
पिला, पिला शोणित की धारा।।
जाग उठा यौवन अंगारा।।

—15 जुलाई, 1940

रण-निमंत्रण

देखो! देखो!! वक्ष स्थल पर,
कितने निष्ठुर घाव लगे हैं।

छाती में, दुख की धड़कन है,
तड़पन भरे प्रभाव जगे हैं।।

गरम गरम साँसे लेते हैं
तौ भी पड़ती हैं हथकड़ियाँ।
उफ़ करते ही पड़ जाती हैं,
पशु-बल की वे क्रूर बेड़ियाँ।।

कितना हाहाकार देह में,
आँखों में कितनी करुणा है।
पीली-मुरझाई-सूखी सी,
देह शेष कुछ कुछ अरुणा है।।

पलती जाती है परवशता,
खोया खोया लगता जीवन।
मानव पन की निकल रही है,
अर्थी बाँध शीश पर कफन।।

महा क्रांति के जय-घोषों से,
वीरों! बजी आज रण भेरी।
कफ़न बगल में ले लो अपने,
त्याग स्वर्ण-चाँदी की ढेरी।।

झनन झनन झन बेड़ी टूटें।
कड़ी-कड़ी होवें हथकड़ियाँ।
सनन सनन सन पवन बिखेरे,
चिर स्वतंत्र-मुक्ता की लड़ियाँ।।

भूखी काली कंकाली भी,
नर-मुण्डों की माल पहन कर।
—किलक किलक किलकारे भर भर,
रुधिर-बूँद से सूखा खप्पर।।

चिटख उठे इस नभ की छाती,

भूले पंथ सूर्य भी अपना।
नक्षत्रों से भरी ज्योत्स्ना, और
चन्द्र हो जाए सपना।।

प्रलय-मेघ-सा गरज गरज तू,
दानवता के ओ प्रतिद्वंद्वी।
और ढहा दुनियाँ की पाली,
परवशता जड़ता ये गंदी।।

धूमकेतु बनकर तू छा जा
धरा और नभ में दीवाने।
मिट जाएँ साम्राज्यवाद के,
ये शोषण से भरे तराने।।

निकल पड़ो माताओं बहिनों,
झाँसी की दीवानी बनकर।
निकल पड़ो पुरुषों अब घर से,
मातृ-भूमि-बलिदानी बनकर।।

नहीं देख सकते हम अपने,
अधिकारों की चिता धधकती।
अरे! हमारी चिर आज़ादी
आज नहीं रोके रुक सकती।।

क्या वह सच्चा शासन है रे,
जहाँ जीभ पर ताले लटकें?
बंधु बंधु से मिलें नहीं,
नित दग्ध हृदय ले रोते भटकें?

दूर देश के निज भाई की,
अरे! नहीं सुन सकते बातें।
पिट्ठू पाले जाते जिसमें,
स्वाधीनों से होती घातें।।

नहीं नहीं वह सच्चा शासन,
भार-रूप है वह कलंक है।
विष से भरा हुआ बिच्छू का
क्रूर काल सा महाडंक है।।

मद में अंधा जो भी शासन,
प्रकृति की यह देन तोड़ दे।
हमको भी अधिकार कि ऐसे,
शासन से संग्राम छेड़ दें।।

—4 फरवरी, 1941

मानव के प्रति

रे विजय के मार्ग में
रुकना न तू अनजान होकर।

आँसुओं से भरी पलकों,
में, कसक पलती मिलेगी।
दाहिने-बाएँ पथों में,
आग भी जलती मिलेगी।।

मनुज वह, जो सह सके निज,
पंथ की अंगार, छाले।
आह का तूफ़ान सस्मित,
ओंठ में अपने छिपा ले।।

खिल उठेंगे फूल जैसे,
शाप भी वरदान होकर।

रे! विजय के मार्ग में रुकना,
न तू अनजान होकर।।

एक ही पथ है मनुज का—
दूर हो या पास मंज़िल।
विघ्न-बाधा से भरे पथ-
पर चला रथ नित्य तिलतिल।।

क्या तुझे इससे? कि—
तेरा अथ कहाँ था? इति कहाँ है?
हँस उठे रोता हुआ जग
जान गति की इति वहाँ है।।

आप नव नव युग जगेंगे,
विगत का अवसान होकर,
रे, विजय के मार्ग में रुकना—
न तू अनजान होकर।।

देख मानव का पतन उस,
बुद्ध की पलकें खुली थीं।
गया के पीपल-तले दैवत्व
की मणियाँ ढुली थीं।।

पुनः हाहाकार में चिर-
शांति का संदेश लेकर।
यीशु आया अखिल जग के
लिए निज बलिदान लेकर।।

पतित नर में भर मनुजता,
क्रूस पर बलिदान होकर।
रे, विजय के मार्ग में रुकना,
न तू अनजान होकर।।

क्षितिज के उस पार से,

चीत्कार आती हो दुखों की।
जल रही हो नग्न भू के...
वक्ष पर होली सुखों की।।

देख मानव का तड़पना,
मूँद लेना तू न लोचन।
भूलकर अपनत्व जलना,
शलभ जैसा नित्य प्रतिक्षण।

आज का मानव पुजेगा,
कल स्वयं भगवान होकर।
रे, विजय के मार्ग में, रुकना
न तू...अनजान होकर।।

—6 जनवरी, 1941

कुचली काया चीर फेंकती, ज़ुल्मों के इतिहास पुरातन

मैंने देखे अगणित मानव,
सुख स्वप्नों में पलने वाले।
भूखे और तड़पते नर को,
कुचल कुचल कर चलने वाले।।

सोने-चाँदी के गुलाम वे,
वे क्या जानें नरता क्या है!
रक्त-पान कर कहते नर को,
तू जीवित है मरता क्या है।।

ऊँची गद्दी ऊँची कुरसी,
रंगमहल के वे अधिवासी।
सदा थूकते झोपड़ियों पर,
चिर मदांध कामांध विलासी।।

माँ वसुधा की नग्न गोद में,
पड़ रहते हैं बच्चे जिनके।
उनके प्रति तो क्षुद्र हृदय में,
घृणा वास करती है जिनके।।

घिरते निर्बल प्राण-पखेरू
आहों की जीवित समाधि पर।
मंद मंद राक्षसी हास्य ये,
करने उनके उर-रोदन पर।।

सहते सहते बन जाती है
मूक, अरे! मानव की वाणी।
जीवन-मरण छोड़कर कुछ भी,
नहीं जानता कुचला प्राणी।।

हिंसक पशु सी नर को भूलीं,
ये बर्बर अभिमानी काया।
मज़लूमों पर टिकी हुई है,
जिनकी दौलत जिनकी माया।।

कुचले जाकर भी सदियों से,
उनका पूजन करते आए।
उनके द्वार मिट मिट कर भी,
बन बन-वंदन करते आए।

मेरे भोले मूक मनुज! तुम,
सचमुच ही दैवत्व-भरे हो।
मुझे महा आश्चर्य! युगों से,
उजड़ उजड़ भी हरे भरे हो।।

जब नरत्त्व ही कुचला जावे,
क्यों न मचें विद्रोह भयंकर?
क्यों न देश का अधः पतने हो?
क्यों न जगे फिर यौवन घर घर?

क्यों न खण्डहर हो जाएँ फिर,
गर्वोंमत्त महल नभ-चुंबी?
क्यों न उठे फुफकार नाग-सी,
कुचली काया भूखी-नंगी?

तेरा त्राण तुझी में मानव!
तेरी मुक्ति तुझी में मानव!!
अगिनज प्राण तुझी में मानव!
लय की शक्ति तुझी में मानव!!

चिर असाम्य की परिसीमा को,
चूर चूर करता परिवर्तन।
कुचली काया चीर फेंकती,
ज़ुल्मों के इतिहास-पुरातन।।

—14 सितंबर, 1941

मुक्ति का द्वार

खोल ज्ञान की आँखें मानव
खुला मुक्ति का द्वार यहाँ।

आज़ादी के अचल सिपाही।
कारागृह के हँसते राही।।

देख उन्हीं के वीर-हृदय से—
निकल रही बलिदानी ज्वाला,
छोड़ तीव्र अंगार यहाँ।
खुला मुक्ति का द्वार यहाँ।।

जाग उठे अरमान सुप्त वे,
सदियों के सम्मान लुप्त वे।
जागी सुप्त जवानी रानी,
किए मृत्यु का अभिनंदन सा
लिए दमन - शृंगार यहाँ।
खुला मुक्ति का द्वार यहाँ।।

चिर स्वतंत्रता-तरु का जीवन,
पा शोणित-सिंचन-अलंबन।
बढ़ता अरे! शुद्ध शोणित मय,
पल्लव की नस नस में जिसके,
अंकित वीरोद्गार यहाँ।।
खुला मुक्ति का द्वार यहाँ।।

जीवन है मरने वालों का,
शक्ति सुधा भरने वालों का,
जलते शोलों पर बढ़ते जो,
—निज प्राणों के सम्मोहन को,
त्याग विश्व का प्यार यहाँ।
खुला मुक्ति का द्वार यहाँ।।

सागर से गंभीर शांत जो,
हिमगिरि से उत्तुंग-प्रांत जो,
बलहीनों में जीवन भरते
—कोटि कोटि भूखों में संचित
है जिनका संसार यहाँ।
खुला मुक्ति का द्वार यहाँ।।

श्रमी-किसानों के दुख हरते,

लाख प्राण जो कटते मरते,
ये जलते बलिदान देख भी,
—हुआ न जोश अरे कायर नर!
फिर तेरा निस्तार कहाँ ?
खुला मुक्ति का द्वार यहाँ।।

मुक्ति-द्वार-रचना अति दुर्जय,
देख रहा यदि हो तू निर्भय,
साभिलाष तू ललक-पुलक मन,
मुक्ति सिंहासन-प्राप्ति हेतु हर,
दुर्जयता का भार यहाँ।
खुला मुक्ति का द्वार यहाँ।।

यदि सैनिक के दल-बादल में,
तू भी घुमड़ मिले संबल ले,
मातृभूमि के रे! अभिमानी!
लेना पूर्ण विजय श्री सुंदर,
या करना तन क्षार यहाँ।।
खुला मुक्ति का द्वार यहाँ।।

—12 दिसंबर, 1937

तूफ़ान

प्रह्लाद पांडेय 'शशि'

[प्रकाशन वर्ष 1943]

निज आँखों से निज जननी के,
जो सतीत्व को लुटता देखे।
बलिदानी बकरों के जैसा,
शनैः शनैः दम घुटता देखे।।

थू है उस मानव का जीवन,
लानत उसके मानवपन पर।
नहीं उबाल भरे शोणित में,
है धिक्कार कुटिल यौवन पर।।

लो रोको तूफ़ान चला मैं

अपनी गति में लिए युगांतर,
लो रोका तूफ़ान चला मैं।

विश्व-शांति की जननी मेरी,
विद्रोही हुंकारें रोको।
जग को जीवन देने वाली,
लाल रुधिर की धारें रोको।।

वह्नि उगलती लाल लपट से,
भरी हुई श्वासों को रोको।
युगानुयुग से धधक रहे इन,
प्रलंयकर प्राणों को रोको।।

जहाँ मुझे जिसने भी रोका,
वहीं बना रे उसका मरघट।
जिसने मुझे कुचलना चाहा,
फूट पड़ा उसका जीवन-घट।।

मेरी चिर प्रचण्ड ज्वाला से,
सूखा सरिताओं का पानी।
दिया पहाड़ों ने मुझको पथ,
सुन मेरी कल्याणी वाणी।।

मंगल बेला जान प्रलय की,
लिए क्रांति का गान चला मैं।
अपनी गति में लिए· युगांतर,

लो रोको तूफ़ान चला मैं।।

मुझे न रोक सका निज पथ से,
खोल तीसरा दृग शिव शंकर।
झुका चरण की हर ध्वनियों पर,
यौवन से उफनाता सागर।।

मैं हूँ तरुण तपस्वी, मेरी
आँखों में नव युग का सपना।
सूर्यमुखी - सी साथिन मेरी
क्रांति, रुधिर-अनुरंजित वसना।।

तड़ित गर्जना ने भादों के,
मेघ चीर ले ले अनुकंपन।
मेरी जागृत तरुणाई पर,
किया नित्य ही आत्म समर्पण।।

सत्व निकले दानवता का,
अनाचार से भरा जनाज़ा।
युग युग से सुनता आया हूँ,
तरुणाई का यही तक़ाज़ा।।

विघ्न-जयी निज मातृभूमि के,
प्राणों का अभिमान चला मैं।
अपनी गति में लिए युगांतर,
लो रोको तूफ़ान चला मैं।।

साँसों में भूचाल, पलक में,
सर्व हारिणी ज्वाल समेटे।
मैं स्वतंत्र उन्मुक्त चरण में,
पूर्ण विश्व का मरण लपेटे।।

अन्यायों के चक्रव्यूह में,
चला आज लो मेरा स्यंदन।

रोको ! रोको !! अत्याचारों,
आज तुम्हें मेरा आमंत्रण।।

ओ! दुनियाँ के राज दण्ड—
मुझ विद्रोही के सम्मुख आओ।
अपनी दमन और ज़ुल्मों की,
ज़हर भरी तलवार उठाओ।।

इसे भूलना मत, ओ ज़ालिम!
ज़ुल्मी बार बार हैं मरते।
एक बार-बस एक बार ही,
वीर मौत से खेला करते।।

सुप्त मसानों को सुलगाता,
निखिल विश्व का त्राण चला मैं।
अपनी गति में लिए युगांतर,
लो रोको तूफ़ान चला मैं।।

यह क्या, तुम तो मेरे सम्मुख,
ये हथकड़ियाँ लेकर आए?
और साथ में ये लोहे की,
अरे! बेड़ियाँ लेकर आए?

तुम्हें याद है ? ये फ़ौलादी,
कण्ठ शूलियों से खेले हैं।
तुम्हें याद है ? ये फ़ौलादी,
वक्ष गोलियों से खेले हैं।।

याद न हो—विश्वास न हो,
तो जाकर भगतसिंह से पूछो।
मानवता के अभिमानी—
आजाद चंद्रशेखर से पूछो।।

याद न हो तो जलियाँवाला,

की कब्रों से जाकर पूछो।
इतने पर भी याद न हो, तो,
विधवा माँ-बहिनों से पूछो।।

राज दण्ड को खण्ड खण्ड कर,
चण्ड सूर्य गतिमान चला मैं।
अपनीं गति में लिए युगांतर,
लो रोको तूफ़ान चला मैं।।

बोल उठी माँ—"बेटा जग की,
तुम ज़ालिम सरकार मिटा दो"।
बहिना बोली—"जाओ भैया,
जग के अत्याचार मिटा दो।"

पत्नी बोली—" जाओ प्रियतम!
काटो परवशता के बंधन।
जाओ! मम सिंदूर भाल के
आज मिटा दो करुणा-क्रंदन।।"

मरणासन्न पिता बोला—
"अफ़सोस गुलामी में मरता हूँ।
किंतु देश की आज़ादी का-
भार तुम्हारे सिर धरता हूँ।।

याद रहे तुम आर्य धर्म से,
एक क़दम पीछे मत हटना।
है आशीश हमारी तमको,
करो पूर्ण सदियों का सपना।।"

इसीलिए तो प्रलय-काल-सा,
लेकर निज बलिदान चला मैं।।
अपनी गति में लिए युगांतर,
लो रोको तूफ़ान चला मैं।।

उसी तरह है प्यारी मसज़िद,
जैसे मुझको मंदिर प्यारा।
जैसा प्यार मुझे गिरजे से,
वैसे ही मुझको गुरुद्वारा।।

ना हिंदू ना मुसलमान मैं,
ना मैं सिक्ख और ईसाई।
सब धर्मों का मूर्त रूप मैं,
हूँ सबका माँ जाया भाई।

मैंने राष्ट्र धर्म को पूजा,
सीखा सब का स्वागत करना।
मेरी जाति अरे 'विद्रोही'
मेरा धर्म बगावत करना।।

मैं कल्याण - मार्ग का पंथी,
और शांति का अचल उपासक।
क्रांति-काल की हर लपटों पर
चलने वाला दुख विनाशक।।

आज द्रोह के अग्नि-मार्ग पर,
लो ज्वलंत अभियान चला मैं।
अपनी गति में लिए युगांतर,
लो रोको तूफ़ान चला मैं।।

अपनी बस्ती में प्राणों का,
त्याग जगाने मैं आया हूँ।
ज़ालिम तेरी बस्ती में अब,
आग लगाने मैं आया हूँ।।

सँहल क्रूर ! साम्राज्य-वाद की
नाव डुबाने मैं आया हूँ।
निखिल विश्व को पारतंत्र्य से,
मुक्ति दिलाने मैं आया हूँ।।

सुन मेरी तू आज घोषणा,
मैं आज़ाद देश का वांसी।
तुझे लगाने चला आज मैं,
तेरे अनाचार की फाँसी।।

अब तक मैंने जाना था रे,
केवल 'दुश्मन को सिर देना'।
किंतु आज मैं जान चुका हूँ,
अरे 'शत्रु का सिर ले लेना'।।

कभी व्यर्थ ना होने वाला,
अंगारों का बाण चला मैं।
अपनी गति में लिए युगांतर,
लो रोको तूफ़ान चला मैं।।

जब जब जला अरे! घर मेरा,
महा प्रलय की तेज़ अग्नि में।
जब जब मेरी श्वास रुंधी रे!
सत्यानाशों के दुर्दिन में।।

अरे! लहू का घूँट पिया जब,
खाकर मैंने जग की ठोकर।
विवश लाज नारी ने बेची,
जब जब धनवानों के धन पर।।

घबरा कर जीवन से जब जब,
कालकूट पी डाला मैंने।
जब जब निज कंकाल देह में,
अरे लगाई ज्वाला मैंने।।

जब जब बेचैनी से मेरे,
दृग में छाया घोर अँधेरा।
जब जब अपनी आज़ादी के,
लिए तड़प उठा दिल मेरा।।

तब तब तुमने मुझे बताओ,
इसका कुछ प्रतिकार किया है?
मेरे हड्डी के ढाँचे से,
क्या तुमने कुछ प्यार किया है?

मेरे रोने और तड़पने, की—
—तुमको परवाह रही क्या?
दुख से गलने वाले मेरे,
प्राणों की कुछ चाह रही क्या?

कब तुमने बतलाओ मुझको,
पाश-मुक्ति के गीत सुनाए?
मेरी टूटी हुई क़ब्र पर,
कब तुमने दो अश्रु बहाए?

सदा झुकाया मस्तक तुमने,
कंचन की ढेरी के आगे।
सदा मिले तुम ख़ून चूसने-
वाले दल के आगे आगे।।

तुमने मेरी जली झोपड़ी,
पर सोने के महल बनाए?
तुमने मेरे शव पर चढ़कर,
मुझ पर ही शोले बरसाए?

'मुझे चाहिए रोटी', जब मैं,
बोल उठा निज कातर बोली।
तब तुमने बेदर्द खिलाई,
मुझको बंदूकों की गोली।।

फिर भी मुझसे पूछ रहे हो,
तुमने क्यों विद्रोह किया है?
मेरे जलते दिल में देखो,
मैने क्यों विद्रोह किया है।।

त्रस्त विश्व के संबल स्वर में,
ज़ालिम तुमसे पूछ रहा हूँ।
"क्या मैं विप्लव-राग सुनाकर,
शोषित जग को चूस रहा हूँ?"

सावधान! तुम सुनो! सुनो!!
मैं मनुष्यत्व का नम्र पुजारी।
मैं हूँ नहीं तुम्हारा दुश्मन,
मुझको तो आज़ादी प्यारी।।

मैं विद्रोही हूँ 'ज़ुल्मों' से,
सदा द्रोह करता आया हूँ।
युग की उखड़ी साँसों में,
तूफ़ान सदा भरता आया हूँ।।

अब चिर अन्यायों के आगे,
अपनी छाती खोल चला मैं।
फाँसी पर चढ़ आज शहीदों
की बोली फिर बोल चला मैं।।

अपने शुष्क हृदय में लेकर,
अंतिम एक उफान चला मैं।
अपनी गति में लिए युगांतर,
लो रोको तूफ़ान चला मैं।।

विद्रोही किसान

जर्जर मेरे टूटे फूटे,
छप्पर में चूता है पानी।
किसी एक कोने में सिमटी,
खड़ी भीगती मेरी रानी।।

जिसकी गोदी में सरदी से,
नन्हा बच्चा काँप रहा है।
फटा हुआ कुछ गीला कपड़ा,
जिसके तन को ढाँक रहा है।।

जल-भरे पवन के झोकों से,
तन-मन छेद रहा है कंपन।
महा मरण के दरवाज़े पर,
हर क्षण रहता मेरा जीवन।।

मैं खेतों पर खड़ा भीगता,
मेह बरसता रात अँधेरी।
इसी तरह तप में कटती हैं,
बरसातों की रातें मेरी।।

सूर्य व्योम से अग्नि बरसता,
धक धक जलती धरती सारी।
उग्र प्रभंजन की लपटों से,
छाती प्राणों में अँधियारी।।

गहरे तरु की छाँह खोजते,
आतप से आकुल पशु-पक्षी।
सिंह गुहा तज किसी नदी के,
तीर पड़े हैं आमिष-भक्षी।।

अग्नि भरे बैसाख - जेठ में,

केवल मैं तपता खेतों पर।
धरती और बैल हल मेरे,
रहते हैं नित साथी-सहचर।।

सदियाँ गुज़रीं, इसी तरह मैं,
उग्र तपस्या करता आया।
दीपक-सा जल जल कर जग में,
मैं प्रकाश नित भरता आया।।

मेरे इस तिल-तिल मिटने का,
किसने मोल किया बोलो तो!
मेरे जग के हित-साधन का,
किसने तौल किया बोला तो?

मैने उस बस्ती को देखा,
जिसे नगर कहता है मानव।
जहाँ सभ्य रहते हैं, जिसमें
होता संस्कृतियों का उद्भव।।

मैंने देखा जगह जगह पर,
बड़े बड़े प्रासाद खड़े हैं।
जिनमें है नक्काशी बाहर,
ऊपर कंचन - कलश चढ़े हैं।।

मैंने देखा राजमहल भी,
थाने और कचहरी देखे।
इधर उधर बंदूक लिए कुछ,
आते - जाते प्रहरी देखे।।

मंदिर देखे, मसज़िद देखीं,
पंडित और मौलवी देखे।
शांत और गंभीर किंतु कुछ,
आकुल बड़े जोतिषी देखे।

जो मिला मुझे बेदर्द मिला।
कोई मिला मुझे बातूनी,
मैंने देखा अरे यहाँ तो,
पड़ी सभी को अपनी अपनी।।

पैसा दिया जिसे, बस उससे,
चिर सुख का वरदान मिला।
दिया नहीं जिसको कुछ उससे,
अभिशाप मिला, अपमान मिला।।

होती है पैसे की पूजा,
नहीं मनुज का मोल यहाँ पर।
लाखों नर का मैंने जीवन,
देखा महा नर्क से बदतर।।

आख़िर इसका कारण क्या है,
क्यों प्राणों में ज्वाला जगती?
है बस्ती आबाद मगर यह,
क्यों कर सूनी सूनी लगती?

मैंने देखा इसी तरह सब,
दुनियाँ आज जली जाती है।
महानाश के क्रूर नृत्य से,
स्मशान बनती जाती है।।

सहसा घूम गया आँखों में,
मेरा वह अतीत उज्वलतर।
जब था मेरा खेत और यहा,
मेरा गाँव स्वर्ग से बढ़कर।।

समझ गया मैं पराधीनता,
सब पापों का श्रोत भयंकर।
इसके बिना मिटाए जग में,
जीना महा नर्क से बदतर।।

जाकर आज सुना दो मेरा,
गीत महल की दीवारों को।
जाकर आज सुना दो मेरा,
गीत रुद्र की हुंकारों को।।

जाकर मेरा गीत सुना दो,
ज़ालिम की उन तलवारों को।
जाकर मेरा गीत सुना दो,
चिर सुषुप्त उन लाचारों को।।

मेरा गीत सुना दो क्रोधित,
चण्डी की उन किलकारों को।
मेरा गीत सुना दो जल-थल,
और व्योम के उन तारों को।।

'मेरे' हल पर रखे हाथ ये,
आज द्रोह पर हैं आमादा।
सहन नहीं है मुझे आज यह,
दुनियाँ की थोथी मर्यादा।।

मुझे मिटाने वालों का अब,
करने को सिर-दान चला मैं।
अपनी गति में लिए युगांतर,
लो रोको तूफ़ान चला मैं।।

विद्रोही मज़दूर

चारों और निशा अँधियारी,
है सुनसान धरित्री-अंबर।
हुए जलज के साथ नींद में,

गाफ़िल सारे मौन सरोवर।।

सोये हैं तरुओं पर पंछी,
गहरी नींद भरे आँखों में।
प्यार भरे बेहोश छिपे हैं,
बच्चे भी जिनके पंखों में।

मारुत भी पत्तों की झुरमुट-
में चुपचाप कहीं सोता है।
थके हुए पंथी-सा अपने,
घोर परिश्रम को खोता है।।

अर्द्ध निशा, चंदा भी सोया,
अभी अभी जो जाग रहा था।
पृथ्वी को अलमस्त बनाता,
मिटा हृदय का ताप रहा था।

लजवंती कोयल भी सोई,
जान मोहिनी रात अँधेरी।
अमराई में किसी डाल पर,
लिए हृदय की बात अधूरी।।

केवल मैं करघों का साथी,
खड़ा कारखाने में जगता।
विवश विकल असहाय त्रसित सा,
आँसू पी ग़म खाकर रहता।।

कितनी संध्या, प्रात, रात, दिन,
महिने और वर्ष हैं बीते।
रहे परिश्रम करने पर भी,
मेरे कर रीते के रीते।।

जाग रहे प्रहरी-से ऊपर,
नभोदेश में श्वेत सितारे।

जाग रहे कुछ बोल रहे हैं,
सरिताओं के सजल किनारे।।

चीर भयंकर तिमिर रात का,
जुगुनू जाग रहे दीवाने।
जाग रहे वैभव के मद में,
घोर पतन के मधुर तराने।।

साँय साँय करती है धरती,
अर्द्ध निशा के कृष्णांचल में।
लिए एक हलकी ख़ामोशी,
जाग रहा है पाप महल में।।

अचिर सुंदरी जाग रही है,
पतन-भरे अभिशापों वाली।
स्वर्ण-पात्र में सुरा जागती,
लेपापी अधरों की लाली।।

पी शराब मिल मालिक जगता,
बोल रहा कुछ अस्फुट वाणी।
जो है लाखों मज़दूरों की,
क़िस्मत का कहलाता स्वामी।।

झोपड़ियों में, नावदान से,
की जाती है जिनकी समता।
रोगी बच्चे के सिरहाने,
जाग रही है माँ की ममता।।

कहीं जागती भूखे-व्याकुल,
क़ितने ही प्राणों की पीड़ा।
कहीं जागती श्रमिक वर्ग के,
असफल अरमानों की क्रीड़ा।।

पथ के पास पेड़ के नीचे,

भिक्षुक नामक नर की काया।
जाग रही जिसने दिन भर से,
नहीं अन्न का दाना पाया।।

सुन कर मरण-मार्ग के पंथी,
की आहों से भरी कहानी।
किसी झोपड़ी में जगती है,
करुणा भर आँखों में पानी।।

पत्नी रोगी—बूढ़ा कृष तन,
नहीं किसी का जिन्हें सहारा।
दिल में ग़म है, आँखों में दम,
ओंठों में आहों का नारा।।

दौ दिन से बेचैन जागते,
खुद भूखे बच्चे भी भूखे।
फिर भी समझाते बच्चों को,
जिनके तन मन निर्बल रूखे।।

"मेरे बच्चे—मेरे राजा,
पानी पी सो रहा रात भर।
सचमुच भोर ज़रूर तुम्हें हम,
देंगे बेटा रोटी लाकर।।"

जाग रहा है दीनों का कवि,
जिसके दृग में खारा पानी।
लिखता है वह चिर दर्दीली,
अपने युग की अमर कहानी।।

एक ओर जगता है वैभव,
और दूसरी ओर ग़रीबी।
जिसे देख दुनियाँ कहती है।
यह तो है क़िस्मत की खूबी।।

सत्ताधीशो! धन वालो!! भर-
-पेट महल में सोने वालो!!!
शोणित पी लाचार मनुज का,
अपना भाग्य बनाने वालो!

तुमने ही जग को सिखलाई,
क़िस्मत की थोथी परिभाषा।
जिसके बल पर आज बने तुम,
धर्म और क़िस्मत के त्राता।।

आज तुम्हारे कारण खूनी,
सत्ताएँ फल फूल रही हैं।
और करोड़ों नर की क़िस्मत,
नित फाँसी पर झूल रही हैं।।

धनवानो! दुनियाँ पर शासन,
करती आज तुम्हारी टोली।
नरता से क्या मतलब, केवल
प्यारी तुम्हें स्वार्थ की बोली।।

मैं ज़ालिम सदियों का कुचला,
और सताया मानव प्राणी।
आज द्रोह कर उठा सँभालो,
सर्व तारिणी मेरी वाणी।।

लेकर नवयुग आज चला लो,
अग्नि अस्त्र आहों का मेरी।
बनी जा रही घोर विषमता,
जलकर आज राख की ढेरी।।

लिए द्रोह की रक्त पताका,
ले नव जीवन-गान चला मैं।
अपनी गति में लिए युगांतर,
लो रोको तुफ़ान चला मैं।।

विद्रोही सैनिक

बूढ़ी माँ की सर्द साँस से,
फूट पड़ा चिर दुख का झरना।
वृद्ध पिता का पिंजर बोला,
"जीने से बेहतर है मरना।।"

बच्चे ने ली तीन हिचकियाँ,
पकड़ी राह अरे मरघट की।
भूख-प्यास से व्याकुल तन में,
थीं पत्नी की साँसें अटकीं।।

जब तुमने हर क्षण में मेरी,
जलती हुई जवानी देखी।
और दृगों में मजबूरी की,
आँसू भरी कहानी देखी।।

कहा—"हमारे साथ चलो,
क्या ताक रहे हो खड़े खड़े।"
और बनाया मुझको सैनिक,
देकर कुछ चाँदी के टुकड़े।।

आज देश से दूर मृत्यु का,
करने को आह्वान चला मैं।
अपनी गति में लिए युगांतर,
लो रोको तुफ़ान चला मैं।।

विद्रोही राजपूत

बोल उठी क्षत्राणी वीरा,
लेकर निज तलवारें कर में।
"घर में बैठो पहिन चूड़ियाँ,
मैं जाती हूँ आज समर में।।"

आज राजपूताना मुझको,
पद पद पर धिक्कार रहा है।
हल्दीघाटी और पद्मिनी,
का जौहर ललकार रहा है।।

अब तक मैंने चुप रह कर ही,
कितना कारागार सहा है।
अब कैसे चुपचाप रहूँ मैं,
जब सारा जग धिक्कार रहा है।।

राजपूत! मैं राजपूत!! मैं,
सह न सका इन धिक्कारों को।
कूद पड़ा अब तो संगर में,
मैं सहने क्रूर प्रहारों को।।

करने आज़ादी पर अपने,
प्राणों को कुरबान चला मैं।
अपनी गति में लिए युगांतर,
लो रोको तूफ़ान चला मैं।।

सहसा मुझे आज वे अपने,
बीतें दिवस याद हो आए।
देख स्वयं को पराधीन, इन,
आँखों में आँसू भर आए।।

अश्रु पोंछ कर प्रिय प्रताप की,

उस समाधि के पास गया मैं।
क्षमा माँग कर देश-धर्म हित,
लेने को संदेश नया मैं।।

मैं राजपूत, पर काँप उठा,
सुन पड़ी एक झंकार मुझे।
"मातृभूमि परतंत्र रहे, रे!,
तू सुख भोगे? धिक्कार मुझे"।।

"जो गुलाम हैं और जिन्हें कुछ,
मेरे प्रण से प्यार नहीं है।
उन्हें अरे! मेरी समाधि को,
छूने का अधिकार नहीं है"।।

आज प्रताड़ित हो, प्रताप की,
ले रजपूती शान चला मैं।
अपनी गति में लिए युगांतर,
लो रोको तूफ़ान चला मैं।।

दुख कहता आता है, होगा,
अरे! निधन निश्चय ही मेरा।
इसीलिए आती है रजनी,
होगा कल रंगीन सबेरा।।

धूप, शीत, बरसात सभी ये,
अपने क्रम से आते जाते।
जग के इस गंभीर चक्र में,
प्राणि मात्र हैं चक्कर खाते।।

इसीलिए मैं आज प्रलय की,
तुम्हें सूचना देने आया।
कभी नहीं जो रुकने वाला,
यही बात बस कहने आया।।

अपनी चिर मस्ती में चाहे,
पड़े रहो तुम आज अचेतन।
होगा महाक्रांति से मेरी,
कल अरे! तुम्हारा घोर पतन।।

अपने आने वाले युग का,
द्रोह-भरा वरदान चला मैं।
अपनी गति में लिए युगांतर,
लो रोको तूफ़ान चला मैं।।

मैंने कहा—"तनिक सोचो तुम,
उस दिन थे मेहमान हमारे।
मैं ग़ाफ़िल था, छल से तुमने,
छीने तुमने सभी सहारे"।।

तुम बोले—"ओ भोले मानव,
कूटनीति ही जान हमारी।
तू हो जा बरबाद, मगर हम,
नहीं तजेंगे निज मक्कारी"।।

बढ़ा एक पग मैंने तुमसे
कहा—"छोड़ दो देश हमारा"।
तुमने कहा—"असंभव है यह,
इस पर तो अधिकार हमारा"।।

"—तो बाग़ी मैं, मुझे बग़ावत,
का संदेश सुनाना होगा।
याद रहे मेरे चरणों में,
तुमको शीश झुकाना होगा"।।

इसीलिए तो खुली बग़ावत,
का करता ऐलान चला मैं।
अपनी गति में लिए युगांतर,
लो रोको तूफ़ान चला मैं।।

आज न्याय की ओट लिए तुम,
करते अनाचार से सौदा।
रहे सदा आबाद ग़ुलामी,
अरे तुम्हारा यही मसौदा।।

तुम कहते हो—"धर्म भरा यह,
न्यायोचित संघर्ष हमारा"।
मैं कहता हूँ—"यह छलियों का,
रहा अरे! सदियों से नारा"।।

कहता है इतिहास—"अरे तुम,
जिससे बोले मीठी वाणी।
घृणित स्वार्थ के लिए उसी पर,
तुमने निज बंदूकें तानीं"।।

करो ज़ुल्म तुम, न्यायोचित है,
नरता का अभिशाप नहीं है।
तो हमको भी स्वाधिकार के,
लिए 'बग़ावत' पाप नहीं है।।

आज तुम्हारे ख़ूनी शासन,
का करने अवसान चला मैं।
अपनी गति में लिए युगांतर,
लो रोको तूफ़ान चला मैं।।

विद्रोही मराठा

देख विदेशी ध्वजा फहरते,
झाँसी के उस दुर्ग-शिखर पर।
अट्ठारह सौ सत्तावन—
धिक्कार उठा प्रत्येक प्रहर पर।।

बोल उठा इतिहास शिवा का,
"अरे मराठा कायर-निर्बल।
किया कलंकित तूने मुझको,
है धिक्कार योग्य तेरा बल"।।

भगवाँ झण्डा बोल उठा—"क्या
भूल गया तुम अपने प्रण को?
तू है वीर मराठा, मर कर,
हटे, या कि तू जीते रण को"।।

टूक टूक दिल अबलाओं का,
मुझ कायर को धिक्कार उठा।
तूफ़ान भरी आहों से मेरा,
मानव पन चीत्कार उठा।।

आँधी-सा लो आज तुम्हारे,
मिटने का सामान चला मैं।
अपनी गति में लिए युगांतर,
लो रोको तूफ़ान चला मैं।।

हर समाधि से हर खण्डहर से,
सुन पड़ता है यही एक स्वर।
"हो स्वतंत्र तू बन विद्रोही,
आज द्रोह का सुंदर अवसर।।

दूध पिया है जिस माता का,
तू उसकी शान गँवाना मत।
जो क़ब्रों में पड़े हुए हैं,
तू उनकी आन गँवाना मत।।

जिस बहिना ने राखी बाँधी,
तू उसकी लाज गँवाना मत।
बलिदानी! प्रत्येक मूल्य पर,
तू माँ का ताज गँवाना मत।।

करना प्राणों की क़ीमत पर,
एक नया युग तू संस्थापन।
घर घर में हो तेरा शासन,
और सुलभ हो जीवन-यापन"।।

चूर चूर करने को अब तो,
सत्ता का अभिमान चला मैं।
अपनी गति में लिए युगांतर,
लो रोको तूफ़ान चला मैं।।

योग्य समय का तुझे निमंत्रण

निर्बलता, अभिशाप भयंकर,
महापाप जीवन का दुश्मन।
निर्बलता, स्वातंत्र्य शत्रु चिर,
पारतंत्र्य का भीषण बंधन।।

अरे ! सबल को ही युग युग से,
मिलता आया योग सबल का।
होता जग में मित्र नहीं है,
याद रहे कोई निर्बल का।।

सबल सदा निर्बल के तन का,
रक्त चूस जीवित रहते हैं।
धर्म और ईश्वर भी उनसे,
सदा घृणा करते रहते हैं।।

फिर मानव की बात अरे क्या?
वह तो सिर्फ़ स्वार्थ का पुतला।

निर्बलता को त्याग 'द्रोह' कर,
तू आँखों में आँसू मत ला।।

उठ, चल तू उस ओर हठीले,
जिधर क्रांति-शर तान चला मैं।
अपनी गति में लिए युगांतर,
लो रोको तूफ़ान चला मैं।।

निर्बल ! तेरे उठते ही ये,
सिंहासन काँपेंगे थर थर,
सदियों का वैषम्य महल यह,
क्षण में होगा खण्डहर खण्डहर।।

तेरे एक इशारे पर फिर,
लुप्त खड्ग झंकार उठेगी।
चिर पवित्र स्वातंत्र्य युद्ध में,
यौवन की मनुहार उठेगी।।

चमक उठेगी सहसा सोई,
जौहर की पावन चिनगारी।
जाग उठेगी अपमानों के,
बदले की सोई तैयारी।।

चल तू मेरे साथ वीरवर,
बन प्रलयंकर निर्भय होकर।
जो तेरा परिहास करें तू,
आज मार दे उनको ठोकर।।

तभी मिलेगी तुझे सफलता,
ले जिसका अभिमान चला मैं।
अपनी गति में लिए युगांतर,
लो रोको तूफ़ान चला मैं।।

तेरी सूखी हुई नसों में,

अत्याचार भरी युग - वाणी।
उतर आज बिजली-सी जग के,
तड़का दे बंधन कल्याणी।।

बोल उठा हिंदू मानव से,
उस पुराण का अक्षर अक्षर।
बोल उठा मुस्लिम मानव से,
उस कुरान का अक्षर अक्षर।।

"एक प्राण, दो तन बलशाली,
करो न यह विस्मृत निज मन से।
सर्वश्रेष्ठ है अरे ! मृत्यु इस,
परवशता के जड़ जीवन से।।

हिंदू मुसलमान से पहिले,
तुम दोनों रे हिंदुस्थानी।
राज विदेशी आज मिटा दो,
राष्ट्र धर्म को दे क़ुरबानी"।।

जिसे मिटाने या मिटने की,
अटल प्रतिज्ञा ठान चला मैं।
अपनी गति में लिए युगांतर,
लो रोको तूफ़ान चला मैं।।

तू जीवन के क्षुद्र मोह में,
मानवपन भी खोता आया।
निबल और निस्तेज युगों से,
चिर अपमानित होता आया।।

जीवन से अनुराग तुझे क्यों,
और मृत्यु से क्यों डरता है?
जीवन में सुख और मरण में,
दुख का अनुभव क्यों करता है?

तुझे अरे! सुख-दुख दोनों की,
पलकों में जीना ही होगा।
जीवन और मरण दोनों की,
पलकों में जीना ही होगा।।

फूलों-सी हँस उसे निमिष में,
तेरी क्षीण जवानी रोती।
तेरा जीवन अगर मृत्यु को,
देना सीखे अरे चुनौती।।

योग्य समय का तुझे निमंत्रण,
जिसे आज पहचान चला मैं।
अपनी गति में लिए युगांतर,
लो रोको तूफ़ान चला मैं।।

पश्चिम की वह ढंकी सभ्यता,
नग्न रूप में नाच उठी है।
शासक दल की वह हत्यारी,
छिपी क्रूरता जाग उठी है।।

उन गोरे अंगों से निकली,
छिपी राक्षसी काली छाया।
पश्चिम की उस राजनीति की,
प्रगट हुई शैतानी माया।।

तुम भी अपनी आँखों में अब,
जलने दो अंगार प्रलय की।
बढ़े चलो बस बढ़े चलो तुम,
लिए तीव्र हुंकार विजय की।।

पीछे मुड़ कर मत देखो तुम,
दीं तुमने कितनी आहुतियाँ।
लक्ष्य तुम्हारा स्वयं कहेगा,
क़ुरबानी की पावन कृतियाँ।।

चले चलो तुम बलि के पथ पर,
जिसको पावन मान चला मैं।
अपनी गति में लिए युगांतर,
लो रोको तूफ़ान चला मैं।।

हम करेंगे या मरेंगे

कह उठा यों वृद्ध बाग़ी,
जाग उठ मेरी जवानी।
कह उठा यों युवा बाग़ी,
भभक उठ मेरी जवानी।।

अग्नि - वीणा पर प्रलय का,
स्वर सुना मेरी भवानी।
और जगती को सुना दे,
द्रोह की मेरी कहानी।।

ओ दिगंबरी ! मुझ दिगंबर,
को चढ़ा दे हिम - शिखर पर।
ब्योम की नीली लहर पर,
नाच उट्ठूँ मैं भयंकर।।

जग जलधि को आज मथकर,
तू मृतक को अमर कर दे।
विश्व का अनुताप - विष तू,
आज मेरे कण्ठ धर दे।।

जब जगी तू अग्नि बाले,
क्रांति का उन्माद जागा।

सूर्य जागा, सोम जागा,
द्रोह का संवाद जागा।।

जब जगी तू उग्र रूपिणि,
विश्व का संग्राम जागा।
चीरता छाती नियति की,
राष्ट्र का अभिमान जागा।।

भूमि - गोल ख - गोल तेरी,
चरण-ध्वनि सुन डगमगाते।
क्षितिज के निस्सीम छोरों,
पर प्रलय का गीत गाते।।

मैं सधे स्वर में सुनाता,
मनुज की दारुण कहानी।
तू उसी स्वर को बनाती,
विश्व का परित्राण रानी।।

तू युगों से जिस तरह,
लिखती रही मेरी कहानी।
आज भी लिख अग्नि मय,
जलते हुए दिल की कहानी।।

दे रहा नर जवानी के,
साथ विप्लव को निमंत्रण।
बदलता है अमंगल के,
आज वह प्रत्येक क्षण क्षण।।

आज हम भी अग्नि खाकर,
अग्नि - पथ पर चल पड़े हैं।
हमें भी संसार देखे,
हम कहाँ आकर अड़े हैं।।

द्रोह क्रमशः रवि - किरण सा,

छा रहा भू पर हमारा।
अग्नि वाही बन जगत में,
ला रहा खूनी सबेरा।।

नये युग की नव प्रभाती,
से जगाता न्वय यौवन।
क्रांतिकारी स्वर - लहर में,
जागरण संदेश नूतन।।

खून में लथपथ अवनि के,
शेष फिर अरमान जागे।
शहीदों की क़ब्र से फिर,
इंक़लाबी गान जागे।।

शीश वे जो चढ़ चुके थे,
ज़ालिमों की शूलियों पर।
वक्ष वे जो तन चुके थे,
ज़ालिमों की गोलियों पर।।

जग उठे पूर्ण करने,
निज अधूरी साधनाएँ।
जग उठी जलियानवाला,
बाग़ की ठंडी चिताएँ।।

कर पिकी भी क्रांति - दर्शन,
छोड़ पंचम गीत मंथर।
आमु - वन में भैरवी सी,
गा उठी सुन द्रोह का स्वर।।

मुरलिका—मृदु बीन पर उन,
चल रहे कोमल करो से।
झर उठी विद्रोह की,
चिनगारियाँ सातों स्वरों से।।

हम हुए व्याकुल हमारे—
प्राण में विद्रोह जागा।
मुक्ति पाने के लिए, जीवन-,
-मरण का मोह त्यागा।।

सह सकेंगे हम नहीं अब,
आज पशु - सी ज़िंदगानीं।
ना सुनेंगे ही किसी के,
ज़ुल्म की काली कहानी।।

दासता को मार ठोकर,
जब कहा आज़ाद हैं हम।
कौन कह सकता हमें फिर,
चिर विकल नाशाद हैं हम।।

प्रण हमारा है यही, "हम,
पैर आगे ही धरेंगे"।
है यही नारा हमारा,
"हम करेंगे या मरेंगे"।।

कैसे आज मनाऊँ होली?

आर्तनाद—संताप जगाती
फिर आई मेरे घर होली।
कैसे आज मनाऊँ होली?

सदियों से चिर अपमानों की,
छाया में हम जीते आए।
परवशता की हथकड़ियों को,
हम मज़बूत बनाते आए।।

हम भूखे कंकाल, हमारी,
हड्डी पर सत्ता का नर्तन।
हाहाकारों की लपटों में,
होता भस्म हमारा जीवन।।

मैंने सोचा, अरे तड़ातड़,
क्यों न तोड़ दें हम ये बंधन?
हुआ अरे मजबूर मगर मैं,
"भाई ही भाई का दुश्मन"।।

मैं बोला—"तुम ज़रा उठो तो",
किंतु अरे ये तनिक न पिघले।
इनमें शेष रुद्र-सी ताक़त,
भूले ये हड्डी के पुतले।।

क्यों न मिले फिर कमज़ोरी से,
रोटी के बदले में गोली?
आर्तनाद—संताप जगाती,
फिर आई मेरे घर होली।।

चहक रही बागों में बुलबुल,
डाल डाल पर चिड़ियाँ गातीं।
अपनी पेड़ों की बस्ती में,
आज़ादी का मोद मनातीं।।

अधर ऊर्ध्व कर रंग-बिरंगी,
प्रमुदित कलियाँ चिटक रही हैं।
लास-सनी, मधुमास बनी नव-
बेलें तरु से लिपट रहीं हैं।।

ले समीर सौरभ सस्मित कुछ,
अल्हड़ सा, कुछ दीवाना सा।
धीमी साँसों से बाँसों में,
ले चलता एक तराना सा।।

पुलिनवती गंभीर व्रती-सी,
त्रस्त नहीं, अलमस्त जा रही।
वन्य भूमि रंगीन पलाशों—
से, स्वर्गोपम मान पा रही।।

ये प्रकृति का देश, सुनहरी-
रवि-किरणें सोना बरसातीं।
साम्य लिए छन छन कर अपना,
मुक्त सुनहरा प्यार लुटातीं।।

आती रात, गात में भरती—
पुलक, सुधा-बूँदें ढरकाती।
कर्मवीर-सी, तीक्ष्ण तीर-सी,
मुदित खगावली आती-जाती।।

इंद्रधनुष के सप्त रंग-से,
रंगे हुए हैं रे जिनके पर।
रहते हैं आज़ाद प्यार से,
दाना दाना चुगते हैं पर।।

सारी प्रकृति में भी चलता,
सबल-निबल का अविकल चक्कर।
फिर भी सब अलमस्त सुरक्षित,
चलते हैं अपनी सदा डगर।।

देख हमारा पतन आज वे,
करते मिलकर सभी ठिठोली।
"पराधीन चालीस कोटि तुम,
कैसी अरे! तुम्हारी होली?"

पड़ी पड़ी रो रही झोपड़ी,
घर घर में है क़हर समाया।
भग्न भूमि भारत के उर में,
पैर पैर पर मातम छाया।।

तमसावृत क्यों प्राण तुम्हारे?
　　मिटा सके तुम क्यों न दनुजता?
　　　　है शत शत धिक्कार रही रे!
　　　　　　तुम्हें विश्व की आज मनुजता।।

चालीस कोटि रे महाबली,
　　तुम हो निराश मत साँस भरो।
　　　　तुम मानव अपनी ताक़त पर,
　　　　　　विश्वास करो, विश्वास करो।।

कड़ कड़ कड़ कड़ कड़क उठो तुम,
　　बिजली-से रजपूत चलो तो।
　　　　पापों का अंबार जलाने,
　　　　　　माँ के वीर सपूत चलो तो।।

रणस्थली में रुण्ड-मुण्ड के,
　　बीच तुम्हारी "जय" की बोली।
　　　　करे पूर्ण स्वाधीन देश को,
　　　　　　तभी मनाएँ हिल-मिल होली।।

　　　　कैसे आज मनाऊँ होली ?

परिशिष्ट

'खून के छींटे' का समर्पण

[1]

अपने सूखे सुमनों की; बिखरी सी नीरस माला।
तुमको पहना देने का; साहस मैंने कर डाला।।
यद्यपि सौंदर्य्य-सुधा से; हैं रहित और अति रूखे।
पर तुम प्रसिद्ध हो जग में; भगवान! भाव के भूखे।।

[2]

लो मूँद लिया अपने ही; हाथों से अपने लोचन।
आओ, आगे बढ़ आओ; हे मेरे भव-भय-मोचन।।
क्यों सकुच रहे हो इतना; बोलो घनश्याम! हमारे?
भक्तों से क्या अच्छी है; इतनी निष्ठुरता प्यारे?

[3]

लज्जा को दूर हटा कर; निज कोमल कण्ठ झुकाओ।
उपहार प्यार से ले कर; कुछ भावुकता दरसाओ।।
अनुरोध यही है इसको; तुम सादर अपना लेना।
पर याद रहे मन-मोहन! पीछे ठुकरा मत देना।।

तुम्हारा
'रसिक'

मुक्त संगीत का निवेदन

पूजनीय

राष्ट्रपति !

पा न सके वे फूल खिले जो नंदन वन में।
ला न सके वे भाव भरे जो भक्ति भुवन में।।
भरी हुई है साध किंतु पूजन की मन में।
क्या न मिलेगा इष्ट देव इस आराधन में।।
सूखी कलियाँ तोड़ कर स्नेह सलिल मिलन करें।
कब विकसित हों सुमन के कब इनको अर्पण करें।।

भवदीय

अभिराम शर्मा
प्रणयेश शर्मा

'मुक्त संगीत' में प्रकाशित भूमिका,
आत्मनिवेदन और वक्तव्य

भूमिका

हिंदी में जातीय कविता यो देश-संबंधी पद्यों का प्रादुर्भाव हुए बहुत दिन हुए। यों तो कहने को चंद, तुलसी और भूषण को भी खींचतानकर जातीय कवि कहा जाता है परंतु वास्तव में देश-संबंधी कविताओं का प्रारंभ भारतेंदु बाबू हरिश्चंद्र जी से होता है। भारतेंदुजी के समकालीन पं. प्रतापनारायणजी मिश्र ने भी इस दिशा में बहुत काम किया था। किंतु इस क्षेत्र में वास्तविक उन्नति पूज्यपाद आचार्य्य पं. महावीर प्रसादजी द्विवेदी के प्रयत्नों से हुई। द्विवेदी-स्कूल के कवियों ने उस पौदे को, जिसे भारतेंदुजी ने अंकुरित किया था, ऐसे रस से सींचा कि आज उसकी मनोरम छटा हृदयों में घर किए हुए है। भारतेंदुजी ने देश की दुर्दशा पर किस प्रकार आँसू बहाए हैं, वह उनके देश-दुर्दशा नाटक से देखिए—

"रोअहु सब मिलि कै आवहु भारत भाई।
हाहा ! भारत - दुर्दशा न देखी जाई।।
सब के पहिले जेहि ईश्वर धन-बल दीनो।
सब के पहिले जेहि सभ्य विधाता कीनो।।
सब के पहिले जेहि रूप रंग रस भीनो।
सब के पहिले विद्या-फल जिन गहि लीनो।।
अब सब के पीछे सोई परत लखाई।
हा ! भारत - दुर्दशा न देखी जाई।।"

उन दिनों देश में राजनीतिक जागृति का सूत्र-पात ही हुआ था, इसलिए कविता में भी देश की दीन दशा का चित्रण मात्र है। यह रंग बाबू मैथिलीशरण गुप्त की 'भारत-भारती' तक प्रवर्द्धित और परिमार्जित होता रहा—

"वे भूरि संख्यक साधु जिनके पंथ भेद अनंत हैं।
अवधूत, यति, नागा, उदासी, संत और महंत हैं।।
पर वे गृहस्थों से अधिक हैं आज रागी दीखते।

अत्यल्प ही सच्चे विरागी और त्यागी दीखते।।
जो कामिनी-कांचन न छूटा फिर विराग रहा कहाँ।
पर, चिह्न तो बैराग के अब हैं जटाओं में यहाँ।।
भूखों मरे कि जटा रखा कर साधु कहलाने लगे।
चिमटा लिया भस्मी रमाई माँगने खाने लगे।।
क्या भस्म लेपन से कहीं मन की मलिनता छूटती।
हाँ! साधु-मर्यादा हमारी अब दिनों-दिन टूटती।।
संख्या अनुद्योगी जनों की ही न इससे बढ़ रही।
शुचि साधुता पर भी कुयश की कालिमा है चढ़ रही।।
यदि ये हमारे साधु ही कर्त्तव्य अपना पालते।
तो देश का बेड़ा कभी का पार ये कर डालते।।"

—बा. मैथिलीशरण गुप्त

सन् 1904 ई. में जब कि बंग-भंग के कारण स्वदेशी आंदोलन प्रारंभ हुआ और देशात्मा कुछ उद्बुद्ध हुई तो जैसाकि स्वभाविक था हिंदी में भी देश-संबंधी कविता का प्रवाह प्रबल वेग से बहने लगा। इस अवसर पर पं. माधव शुक्ल की सजीव रचनाओं को किसी प्रकार नहीं भुलाया जा सकता।

आपकी कविताओं में राष्ट्रीयता का स्रोत अविरल रूप से बहता नज़र आता है। आपकी भारत गीतांजलि के जोशीले गाने मुर्दा दिलों में जान डाल सकते हैं। अपनी पुस्तक के समर्पण में आप किस मार्मिकता से लिखते हैं—

जिनके शुभ्र स्वच्छ हिय-पट पर,
जग-विकार का लगा न दाग।
भरा हुआ है निश्चल जिनमें,
केवल मातृभूमि - अनुराग।।
बँधी हुई मुट्ठी को जिनने,
अब तक नहीं पसारा है।
जिनको हाथों से पैरों का,
अधिक अँगूठा प्यारा है।।
उन्हीं अनूठे कानों में यह
मेरी स्वर-मय आत्म-पुकार।
पहुँचे आत्म-लता की जड़ में,
जिसमें होय शक्ति संचार।।

—माधव शुक्ल

सन् 1921 ई. के गत असहयोग आंदोलन के समय में जबकि विदेशी सरकार से प्रजा का संघर्ष ज़ोरों से चलने लगा, तब तो देश-संबंधी कविता की बाढ़ ही

आ गई और उस में काफ़ी ज़ोर भी आ गया। देखिए, उन दिनों शुक्ल जी ने कैसा बेढब कड़खा गाया था—

निकल पड़ो अब बनकर सैनिक भंग करो फ़रमानों का।
बिन स्वराज्य के नहीं हटेंगे क़ौल रहे मरदानों का।।

जेल-यातना हो, निर्दय दल करे गोलियों की बौछार।
ईश्वर का सुमिरन कर वीरो! सहते जाओ अत्याचार।।
कायर, कुटिल, निलज्ज देश के लखें दृश्य बलिदानों का।
बिन स्वराज्य के नहीं हटेंगे क़ौल रहे मरदानों का।।

नर नारी बच्चों को गोरे अत्याचारी ख़ूब हनें।
भारत के कोने - कोने में जलियाँवाले बाग बनें।।
चिंता नहीं बहे लहराता चहुँदिशि ख़ून जवानों का।
बिन स्वराज्य के नहीं हटेंगे क़ौल रहे मरदानों का।।

वर्तमान आंदोलन में तो कदाचित् ही कोई अभागा कवि ऐसा बचा हो जिसने अपने प्यारे देश पर श्रद्धा के फूल न चढ़ाए हों। श्री अभिराम और श्री प्रणयेश दोनों ही युवक कवियों ने भी सामयिक देश-प्रेम संबंधी रचनाओं से अपनी वाणी को सार्थक किया, यह पुस्तक उसी का फल है।

इस पुस्तक के गीतों और कविताओं में कितनी वेदना, कितना अनुराग और कितना रस है, उसे पाठक स्वयं देखेंगे। इस स्थल पर इन युगल कवियों की दो-एक तानें सुनाकर ही हम इस संक्षिप्त भूमिका को समाप्त करेंगे।

देश में अशांति की ज्वाला धधक रही है। देश का वीर सैनिक किस धैर्य्य से देश-प्रेम की अग्नि अपने हृदय में प्रज्वलित रखना चाहता है—

हृदय में जलने दो—इस अशांति की आग !
हम बंदी, नेता - गण बंदी;
बंदी भारत - देश।
बंदी मानस! विकल न होना
परिमित है यह क्लेश
अशन बसन धन-धाम हीन हैं—
पर्ण - 'कुटी आवास।
रुदन हमारा हाय ! हो रहा
निष्ठुर का उपहास।
हृदय में जलने दो — इस अशांति की आग!
मनो - वेदना का उच्छृंखल,

उमड़ा उदधि अपार।
अव 'अभिगम' यही अवसर है-
चलो चलें उस पार।

एक क्रांतिकारी कैसे वीरता पूर्ण उद्‌गार निकाल रहा है—

सावधान मैं! विप्लववादी!
मुझऐ मत कुछ कहना।
अंगारों में झुलस जाएगा,
भ्रांत ! दूर ही रहना।
मुझे समझ तू परम प्रचण्ड, क्या जीवन देने आया है?
मैं विकराल काल का दण्ड।
नर मुण्डों के कंदुक लेकर-
जब मैं खेल रचाता।
शोणित-सरिता में हँस-हँस कर,
मैं अविराम नहाता।
अखिल सृष्टि का मैं संहार समझूँ कौतुक क्रांति—
भयानक - पन मेरा शृंगार।
इसीलिए मैं रोक रहा हूँ,
देना फिर न उलहना।
ओ अज्ञानी! सोच समझकर
इन भावों में बहना।
श्वास, श्वास है झंभावात, प्रलयंकरी सहचरी मेरी—
महाकाल की रात।
मैं अखण्ड हूँ ! मैं अजेय हूँ !!
मेरी गति मत गहना !!!
है 'प्रणयेश' निरंकुशता का-
कवच अनोखा पहना।

सत्याग्रह संग्राम में वीर-गति प्राप्त करनेवाले योद्धा की चिंता देखकर कवि श्मशान का कैसा भाव-मय चित्र खींचता है :—

देख रहा हूँ किस अतीत का—यह विनष्ट शृंगार।
किस जीवन की नाट्य-थली का नीरव उपसंहार।।
यहाँ ध्वनित हो चुके न जाने,
कितने मादक राग?
कितने ही छुट चुके प्राण-धन-
कितने लुटे सुहाग।

कण-कण में प्रत्यक्ष देखता—
सम्राटों के ताज।
कौन जानता है कल क्या थे,
और हुए क्या आज।

इस पुस्तक की कविताओं में देश-प्रेम की भावना तो है ही, साथ ही उन में काव्य-कला का कौशल भी पर्य्याप्त मात्रा में पाया जाता है। वे हृदय को पिघलाती और अलौकिक आनंद की झलक दिखाती हैं।

—सुकवि कार्यालय, कानपुर
25-6-31

आत्मनिवेदन

युग परिवर्तनशील है, यह बात स्पष्ट है। युग बदलता है तो सबसे पहिले उसका प्रभाव साहित्य पर पड़ता है। प्रत्येक देश की वास्तविक दशा जानने के लिए तत्कालीन साहित्य पढ़ना अत्यावश्यक है। जब हम महाकवि भूषण की कविता पढ़ते हैं तो वीरवर शिवाजी के शासनकाल की प्रत्येक (सूक्ष्माति सूक्ष्म) घटना का परिज्ञान हो जाता है।

साहित्य क्या है? यों तो कविता, नाटक, उपन्यास, इतिहास और जीवन-चरित्र प्रभृति सभी मिलकर साहित्य के अंतर्गत हैं। किंतु यदि किसी भाषा के साहित्य में पद्य भाग न हो तो वह भाषा कदापि साहित्य नहीं हो सकती। अतएव साहित्य का मुख्य भाग कविता ही है। यह कविता क्या है और संगीत से उसका क्या संबंध है, यह विषय विचारणीय है।

किसी आचार्य्य का मत है—'वाक्यं रसात्मकं काव्यं'

अर्थात्—जिस वाक्य में रस हो वही कविता है। इस कविता के मुख्य दो भेद हैं—एक, श्रव्य (जो सुना जा सके) और दूसरा, दृश्य (जो देखा जा सके)। अस्तु—

संगीत मनुष्य के लिए स्वभाविक वस्तु है, ठीक उसी प्रकार जैसे पवन और जल। परस्पर बातचीत से मन का भाव व्यक्त किया जा सकता है किंतु स्वर के रूप में वह अधिक सुस्पष्ट हो जाता है। हाँ, यह शब्द दुख बोधक आश्चर्य और हर्ष में ही इसका प्रयोग किया जाता है किंतु उसी शब्द को स्वर-लहरी के साथ बोलने से सौ गुना दुख, आश्चर्य और हर्ष प्रकट किया जा सकता है। इसी स्वर वैचित्र्य को संगीत कहते हैं। और यही कारण है कि मनुष्य को संगीत प्रिय है और वह उसकी साधना में लीन रहता है।

जिस प्रकार अलंकार नायका भेद इत्यादि कविता के व्याकरण हैं उसी प्रकार ध्वनि और उसके अंतर्गत समस्त राग-रागिनियों का समूह मुक्त रूप से कविता का व्यापक व्याकरण है। गीत के लिए वाक्य विन्यास करके देखा जाता है—अमुक रूप के आधीन अमुक राग है और उन्हीं नियमों के ज्ञान से छंदों की सृष्टि हुई है जैसे घनाक्षरी (दण्डक) ध्रुवपद ताल में सर्वथा विहित है और बड़े-बड़े गायकों

द्वारा गाया जाता है।

गीत सुंदर बनाने के लिए दो बातों की परमावश्यकता है। प्रथम तो कवित्व, दूसरा स्वर-लालित्य। इन दोनों की अलग-अलग क्षमता होती है तभी तो कवि और साथ ही गायक होना दुर्लभ है। बिरले लोग ही कवि और गायक हैं। इसीलिए एक कविता रचता है तो दूसरा गाता है। गीत न होने से केवल कविता भी आनंद-दायिनी है, इसी कारण संगीत का कविता से उतना ही संबंध है जितना अलंकारादि से। प्रायः सभी देशों में समयानुसार भक्ति, प्रेम और वीरता सूचक संगीत गाए जाते हैं, वीरता सूचक संगीत की सृष्टि मनुष्यों में उत्साह एवं जीवन भरने के लिए की जाती है। जैसे मृतप्राय रोगी को साध्य करने के लिए चतुर चिकित्सक रसों का सेवन कराते हैं, ठीक उसी प्रकार एक जर्जरित देश के उत्थान के लिए सुंदर संगीत का प्रचार ही श्रेयकर है। कबीर, दादू और गुरु नानक ने धार्मिक उत्थान के लिए एवं अपने-अपने मत का प्रचार करने के लिए गीतों को ही प्रचार का साधन बनाया।

प्रस्तुत पुस्तक दो खण्डों में विभक्त की गई है।1 'गीत-खण्ड', 2 'कविता-खण्ड'। गीत-खण्ड में भिन्न-भिन्न शीर्षकों के अंतर्गत कुछ राग-रागिनियाँ हैं और कविता-खण्ड में विविध छंद। यों तो संगीत सागर अनेक राग-रागिनियों की तरंग मालाओं का भण्डार है किंतु फिर भी हम अपनी रुचि के अनुसार हिंदी संसार के सामने कुछ थोड़ी सी रचनाओं का संग्रह लेकर उपस्थिति होते हैं। यदि साहित्य महारथियों तथा संगीत के मर्मज्ञों ने इसको अपना कर हमें प्रोत्साहित किया तो शीघ्रातिशीघ्र हम उन समस्त शेष रागिनियों में भी लिखने का प्रयास करेंगे जो अभी इस पुस्तक में सम्मिलित नहीं हैं।

पुस्तक कैसी है? इसका प्रभाव कैसा पड़ेगा? यह तो ईश्वर ही जाने। किंतु, हमने अपने प्रयास में कोई कसर नहीं रक्खी। अंत में हम अपने उन कृपालु मित्रों के परम आभारी हैं जिन्होंने हमें अपनी अमूल्य सम्मतियाँ, समय तथा पुस्तक के प्रकाशन में यथेष्ट सहायता प्रदान की है। श्रीयुत बेनीप्रसादजी अग्निहोत्री के परम कृतज्ञ हैं जिनकी कृपा से हमें टायटिल पेज़ का चित्र प्राप्त हुआ है।

अभिराम निवास,
कानपुर।

विनीत
अभिराम शर्मा
प्रणयेश शर्मा

वक्तव्य

अब वह समय आ गया है जब प्रत्येक कवि देश की दुर्दशा का चित्र खींचकर सामने रख दे! ऐसे चतुर चितेरों की ही आवश्यकता है। स्वागत! वे आएँ! ऐसा वर्णन जिसे सुनकर पाषाण पिघल उठे—नव अचल चलायमान हो उठें—बस, जग जाए जीवन-ज्योति देश के कोने-कोने में।

बहुत हो चुका नायिका भेद! सुनते-सुनते शृंगार वंशी बहरे हो गए कान! बंद करो यह बेसुरी तान! वह तान—जो कर्कश होते हुए भी प्रिय लगे—वह राग जो तीव्रतम होते हुए भी कोमल लगे, सुनाओ भूमण्डल के ओर छोर तक, जहाँ तक तुम्हारी कण्ठ-ध्वनि जा सके—बहाओ वह जीवन-उत्कर्ष की गंगा जिसमें तैंतीस करोड़ एकदम शराबोर हो जाएँ!

साहित्य ऐसी-पुस्तकों की बाट जो रहा है! देश की आँखें उतावली हैं—देखने को! कान-व्याकुल हैं—सुनने को! ऐसी ही पुस्तकें, ऐसे ही गान। कवियों! इस कंटकाकीर्ण मार्ग में क्या अवतरित होंगे? यदि अब भी नहीं सुनाते हुए 'विप्लव गान' तो क्षमा करना, तुम वास्तविक कवि नहीं हो। इस पुस्तक में पाठक गण अनेक त्राुटियाँ देखेंगे। क्षमा करेंगे मुझे अपना समझकर। यदि यह पुस्तक अपने उद्‌देश्य की पूर्ति करने में सफल हुई तो हम अपने को कृतकार्य समझेंगे। मुझे जितनी कठिनाइयों का सामना करना पड़ा है, मैं स्वयं जानता हूँ किंतु मैं परम धन्य हो जाऊँगा—जब प्रत्येक बच्चा, बूढ़ा और जवान इस पुस्तक के गीतों को गाता हुआ बलिवेदी की ओर अग्रसर होगा।

बंदे।

—रामसहाय पांडेय "चंद्र"

विद्रोहिणी' का समर्पण

अपने मानस मंदिर में अंतर-चक्षुओं द्वारा—
निर्मित, तेरी मूर्तिमयी प्रतिमा के
पदार्विदों में स्थित मेरी वाणी से
मुखरित हुए, उत्पीड़न और
वेदनाजन्य रोष-भरे तेरे
ये भैरवनिनाद तुझे
ही समर्पित हैं;
हे जननी
जन्म भू
मि !!

'शशि'

विद्रोहिणी' में प्रकाशित कवि का वक्तव्य

'पथ का प्रकाश

किसी भी राष्ट्र के उत्थान और पतन की बहुत बड़ी ज़िम्मेदारी वहाँ के साहित्यकारों पर है। साहित्यकारों में कवि का अपना एक विशिष्ट स्थान है। मेरे विचार में कवि संसार की संस्कृतियों को एक क्षण में उलट सकने और तत्काल दूसरे ही क्षण नवनिर्माण कर सकने की अद्‌भुत शक्ति रखता है। यदि वह एक ओर पतन के भयंकर सागर की सीमाओं को आसानी से तोड़ सकता है तो दूसरी ओर उसकी फ़ौलादी किलेबंदी करके उसे युगानुयुग तक मज़बूत नियंत्रण में भी रख सकता है। कविता एक कला है और वह कवि की अपनी संपत्ति है। उस पर उसका पूर्ण अधिकार है किंतु मानव समाज के लिए उसका उपयोग करने में कवि स्वतंत्र नहीं है। उसे अपनी कला का उपयोग करने का अधिकार वहीं तक है जहाँ तक कि मानव-जाति को उससे अमृत मिलता रहे—मनुष्यता प्रभात कालीन कमल की भाँति नित्य नवीनता लिए हुए विकसित होती रहे। इसके विरुद्ध यदि उसकी कला स्वच्छंद गति से बिना किसी की परवाह किए अपने नग्न रूप के तेज़ ज़हर से मानव-जाति को पतन के अंधगर्त में ढकेलती हुई उसके विनाश का षड्‌यंत्र करती है तो अपनी उस दोषयुक्त वस्तु को कला कहकर मानव-समाज के सामने रखने का कवि को कोई अधिकार नहीं रह जाता—और न क़ानूनन रहना ही चाहिए। निर्दोष कला के द्वारा ही कवि को मानव-जाति के प्रति अपना दायित्व वहन करने का अधिकार है।

'कला, कला के लिए' का राग अलापना बिलकुल बेसुरा और भद्‌दा है किंतु वास्तव में कला संसार की मानव प्रवृत्तियों के विकास और उनके चिरस्थायी कल्याण के लिए है।

जिस तरह कवि कभी प्रकृति के परिवर्तन, शरद की पूर्णिमा के अमृत बरसाते हुए चंद्रमा, उज्वल तारिकाओं से भरी हुई रजनी, उदय होते हुए बाल-रवि की रक्तिम किरणें रक्ताभा से प्रकाशमान पृथ्वी और बादलों के रंगीन टुकड़ों से भरे हुए अनेक, मवोभावन दृष्यों को देखकर कलापी की तरह उन्मत्त होकर गा उठता है, कभी अपनी प्रेयसी के द्वारा ठुकराया जाकर और कभी उसका प्यार पाने में सफल होकर अपने-आपमें आत्म-विभोर हो जाता है!

जब कवि प्रकृति के बदलने अपने सफल, असफल प्यार के गीत और बपचन की 'मधुर स्मृतियों तथा वृद्धावस्था के दुखों की कल्पना करके उसकी भयंकरता और इसी तरह के गीत लिख और गा सकता है तो क्या रोटी के एक टुकड़े के अभाव में तड़प-तड़पकर हाहाकार करते हुए मानव को देखकर, वस्त्रों के अभाव में अर्धनग्न और निस्सहाय अवस्था में जन पथ पर पड़ी हुई मृत देह, जिसके ऊपर आँसू बहानेवाला भी कोई न हो, को देखकर समाज की तकतंत्री पूँजीवादी व्यवस्था, जिसमें एक मानव समुदाय सोने-चाँदी के टुकड़ों के बल पर दूसरे साधन हीन निर्वल और निरीह मानव समुदाय पर अन्याय, अत्याचार और दमन करके, उनकी स्त्रियों पर दिन-दहाड़े बलात्कार करके और फिर उनकी उजड़ी हुई अस्मत को ठोकर मारकर राक्षसों की तरह स्वच्छंदता से ख़ूनी खेल खेलकर भी पीर, पैगंबर और देवताओं की तरह पूजा जाता हो, को देखकर कवि का हृदय नहीं छटपटा उठता? क्या वह मानव-जीवन की इस विपम व्यवस्था का चित्र नहीं खींच सकता? क्या वह अपनी लेखनी से शब्दों के ऐसे भयंकर नवीनतम अस्त्र-शस्त्रों का निर्माण नहीं कर सकता? जो स्वयं एक प्रलकारी विस्फोट के साथ संसार की इस नारकीय पूँजीवादी व्यवस्था के चिथड़े चिथड़े उड़ा सके?...क्या वह इस गुलामी को, जो सभ्य कहलानेवालों के मुँह पर भी कलंक की स्याही की तरह पुती हुई है, सदा के लिए नहीं मिटा सकता?

क्या स्वतंत्रता की साँस लेनेवाली सबल मानव-जाति के द्वारा पराधीनता के दूषित शव को ऐसी जगह नहीं दफ़ना सकता कि वह फिर कभी भी निकलने का साहस न कर सके (?) क्या दमन की भित्ति पर खड़े हुए एकच्छत्र निरंकुश शासन के उस ज़ुल्मी राजदण्ड को खण्ड-खण्ड करके सदा के लिए उसके काले इतिहास के साथ भस्मीभूत नहीं कर सकता?

क्या कवि की लौह-लेखनी और वज्र-वाणी यह सब नहीं कर सकती?...मैं दावे से कह सकता हूँ कि कवि यह सब कुछ कर सकता है; यदि वह कल्पना लोक में विहार न करके सच्चे अर्थों में कवि है—और दुनियाँ के सुख-दुख को अपने में महसूस करनेवाला है तो इस प्रकार वह विश्व के संघर्षणकाल का सेनानी एक युग परिवर्तन के साथ वर्तमान और भविष्य के नव निर्माण का अजस्त्र श्रोत सिद्ध होगा। मेरे विचार में ऐसा कवि प्रत्येक युग के वर्तमान में मानव-जाति के भूत ओर वर्तमान को सही-सही बतलानेवाला अमर थर्मामीटर होगा।

कविता का उद्गम-स्थान बाह्य जगत है। जब कवि बाह्य जगत की घटनाओं का निरीक्षण करता है तब किसी घटना विशेष से उसके हृदय में एक स्पंदन हो उठता है। वही स्पंदन बाह्य और अंतर जगत के सम्मिश्रण से कविता बन जाता है। इसी स्थल पर आकर कवि को अपने-आपको लोक कल्याण की भावना में लय करके युग-धर्म के अनुरूप अपनी कृति की निर्मिति करनी चाहिए। जब कवि का तन, मन,

प्राण और प्रत्येक निश्वास युग-धर्म के स्वर से गूँज रहा हो—युग-धर्म के रंग में रंगा में हो तो वह अपने-आपमें खोकर भी युग-धर्म के अनुरूप ही यथार्थ सृष्टि करता है। और वही मानव-हृदय को उत्प्रेरक, स्फूर्तिदायी तथा मार्गदर्शक होती है।... युग-धर्म के प्रलयंकर तूफ़ान के विरुद्ध चलनेवाले किसी भी कवि का अस्तित्व नहीं रह सकता। बाल्मीकि और वेद व्यास ने रामायण और महाभारत लिखकर युग-धर्म की पूर्ति की है। ये दोनों ग्रंथ आज भी नये से लगते हैं, इनकी अनेक बातें सिद्धांततः मानव-जीवन को सदियों से सुंदर आदर्श प्रदान करती आ रही हैं और संसार का जब तक अस्तित्व है तब तक ध्रुव सत्य को भाँति मानव-जीवन को ओज, बल और स्फूर्ति प्रदान करती रहेंगी। इसी प्रकार चंद और भूषण जैसे कवियों की अमर वीर वाणी भी विश्व के संक्रांति काल के इतिहासों की पुनरावृत्ति के समय निराश, उत्साहहीन और अशक्त मानवों के हृदय में आशा, कार्य में उत्साह और भुजाओं में बल का अमृत संचार करती रहेगी।

काव्य का पिछला इतिहास बतलाता है कि अधिकांश कवियों ने केवल रोटियों के लिए विदशी साम्राज्यवादी झण्डे की छाया में बैठकर उसकी जड़ें मज़बूत करनेवाले कर्त्तव्यहीन कंचन-कामिनी और शराब के उपासक पतित राजाओं, नवाबों, ज़मीदारों तथा अन्य धन कुबेरों की जूतियाँ उठाईं। अपनी कला का उपयोग अन्याय, अधर्म और पाप की राक्षसीवृत्तियों के संवर्द्धन करने के लिए किया। राष्ट्र और संपूर्ण विश्व की सभ्यता, संस्कृति और उत्पीड़ित मानव-जीवन के साथ घोर विश्वासघात किया। शृंगार के गीतों में नारीत्व की नंगी तसवीर खींचनेवाले वे पतित और गुलाम कलाकार (?)-राष्ट्र के निर्माता (?) तो चले गए किंतु उनके द्वारा उगला गया ज़हर आज भी उनकी संतानों के रोम-रोम से, स्नायु-स्नायु से जीवन विघातक पातक बनकर फूट रहा है।

आज युग ने करवट बदली है। आज का मानव अत्याचारों के विरुद्ध विद्रोही हुंकारें भर रहा है। वह कविता को केवल मनोरंजन की सामग्री नहीं किंतु अपूर्ण जीवन को पूर्णता की ओर ले जानेवाली धधकती हुई ज्वालावाही शक्ति के रूप में ग्रहण करना चाहता है। आज के इस इंक़लाबी युग में निर्विवाद यथार्थ साहित्य निर्माण की आवश्यकता है। मैंने जो कविताएँ लिखी हैं वे विद्रोहिणी के रूप में पाठकों के सामने हैं। मुझे विश्वास है कि मेरी लेखनी से निकले हुए इन गीतों से विश्व के उत्पीड़ित मानव समाज को उत्पीड़न से मुक्ति तथा पराधीन भारत और दुनियाँ के तमाम पराधीन देशों को पूर्ण स्वतंत्रता के पथ पर जाते हुए एक अनुपम शक्ति मिलेगी।

बहुत दिनों की तपस्या, साधना और प्रतीक्षा के बाद विद्रोहिणी पाठकों के हाथों में पहुँच रही है। विद्रोहिणी में जो कुछ है वह तो पाठकों के स्वतंत्र निर्णय की वस्तु है, फिर भी मैं अपनी ओर से बता दूँ कि इसमें विश्व की सामाजिक

और राजनीतिक विषम व्यवस्था के प्रति ज्वलंत विद्रोह है; और निर्बल, निरीह तथा कुचले जानेवाले प्राणियों को त्याग, तपस्या और बलिदान के द्वारा मनुष्य की तरह जीवित रहने के अपने न्यायोचित अधिकार और लक्ष्य प्राप्ति का ज्वालामय सुदृढ़ संदेश है।

सबसे पहले मैं 'विद्रोहिणीं' के अग्रिम ग्राहकों और ग्राहक बनाने के कार्य में परिश्रम करनेवाले मित्रों को, जिन्होंने मेरी प्रकाशन संबंधी प्रेरणा को कार्यांवित करने में हृदय से योग देकर अपने राष्ट्रीय साहित्य की वृद्धि की है, धन्यवाद देता हूँ।

साथ ही हिंदी साप्ताहिक 'स्वराज्य', 'संग्राम', 'प्रभा', 'इंदौर राज्य प्रजामण्डल पत्रिका' और 'सिंह' मासिक-पत्र के निर्भीक संपादकबंधुओं को धन्यवाद देता हूँ जिन्होंन 'विद्रोहिणी' के प्रकाशन में अपना सहयोग दिया है।

बंबई के जिन एक सज्जन ने अचानक 'विद्रोहिणी' के पूर्ण करने में जो विशेष सहयोग दिया है; उन्हें तथा उनके निकट संपर्क में लाने और इस विशेष सहयोग के लिए जी-तोड़ परिश्रम करनेवाले अपने राजनीतिक मित्र श्री कन्हैयालालजी वैद्य को हार्दिक धन्यवाद देता हूँ।

'विद्रोहिणी' का चित्र बनानेवाले चित्राकार 'शितूत' और इन्हीं दिनों मुझे श्वास रोग के भयंकर मृत्यु मुख से खींच लानेवाले उज्जैन के चिकित्सक फूलचंदजी जैन को हार्दिक धन्यवाद देता हूँ।

मैं मेवाड़ प्रिंटिंग प्रेस बंबई के मालिक तथा 'संग्राम' के बेधड़क और मस्त संपादक श्री भूपेंद्रनाथ त्रिवेदी को भी धन्यवाद दिए बिना नहीं रह सकता जिन्होंने अनेक कठिनाइयों और असुविधाओं के होते हुए भी 'विद्रोहिणी' के छापने का भार अपने ऊपर लिया और उसे पूर्ण किया है।

मैं अपनी घोषणा के अनुसार इस प्रकाशन में सहयोग देनेवाले मित्रों के नाम धन्यवाद और आदरसहित प्रकाशित करता हूँ...

श्री बाला साहब मंत्री आर्यसमाज उज्जैन,
श्री बालचंदजी भंडारी, इंदौर
श्री श्रीलालजी पटवा, इंदौर

अंत में मैं विद्रोही आज स्वाधीनता दिवस के उपलक्ष में राष्ट्रनिशान के नीचे खड़ा होकर अपने देश की स्वाधीनता प्राप्ति के लिए नवजवानों, साहित्यकारों, कलाकारों, राजाओं, नवाबों और संप्रदायों को एक संगठित विद्रोह का आमंत्रण देता हूँ। मेरा अहिंसात्मक विद्रोह संसार की विषमता को मिटाकर विश्वशांति का इच्छुक है।

—क्रांति अमर हो—

26 जनवरी, 1942 प्रह्लाद पांडेय "शशि"
स्वाधीनता दिवस

'तूफ़ान' का समर्पण

—मेरी राष्ट्रीय तपस्या पर अपना प्राणोत्सर्ग करनेवाले मेरे पूज्य पिता पण्डित श्यामलालजी पांडेय की स्वर्गस्थ आत्मा को—

—जिसके पवित्र मातृत्व की छाया में मैं अपने रुग्ण जीवन को भूलकर माँ भारती के पूजन में तूफ़ान की तरह आगे बढ़ता जा रहा हूँ। अपनी उसी मुँहबोली माँ रुक्मिणी देवी पंवार को—

—पूज्य महात्मा गाँधी तथा उनके अहिंसक साथियों को—

—संसार व्यापी युद्ध की लपटों पर खेलनेवाले श्रीमान् चर्चिल, रूज़वेल्ट, हिटलर, मुसोलिनी, स्टॉलिन, तोजो, जनरल चांगकाई शेक और उनके साथियों को—

तथा अपनी आज़ादी के लिए अपना बलिदान करनेवाले विश्व के अमर शहीदों को मेरा यह तूफ़ान समर्पित है।

"शशि"

तूफ़ान' में प्रकाशित कवि का वक्तव्य

पथ का प्रकाश

संघर्ष का दूसरा नाम ही ज़िंदगी है। जो राष्ट्र, समाज और जाति संघर्ष की भयंकरता से भयभीत होकर जितनी दूर भागती जाती है, प्रकृति उसी तरह क्रमशः उसको ज़िंदगी का अधिकार छीनती जाती है। संघर्ष या युद्ध में अपने-आपको होम देनेवाला मानव समुदाय अंत में जय-लाभ करता है। सृष्टि में शांति और संघर्ष—ये दोनों वस्तुएँ दिन और रात की तरह सुनिश्चित हैं। जब तक मानव का अस्तित्व है, स्वार्थ की चक्की बराबर चलती रहेगी। स्वार्थ से ही युद्ध की उत्पत्ति होती है। मानव में इतनी शक्ति नहीं है कि वह अधिक दिनों तक युद्ध या संघर्ष के महानाश में लगातार चलता रहे; इसी के परिणामस्वरूप शांति की उत्पत्ति होती है। यह शांति कुछ काल तक ठहरती है फिर वही बढ़े हुए स्वार्थ से युद्ध होता है। श्रीयुत ठाकुर शिवनंदन सिंह अपनी पुस्तक 'देश दर्शन' में लिखते हैं—'कुछ हवा में महल बनानेवाले लोग यह स्वप्न देख रहे हैं कि 'सभ्यता के बढ़ते-बढ़ते अंततः युद्ध और उसकी प्रचण्डता मिट जाएगी।' पर सभ्यता मनुष्य के युद्ध प्रिय स्वभाव को नहीं बदल सकती। जब तक मनुष्य का स्वभाव नहीं बदलेगा तब तक संसार से युद्ध का लोप न होगा और फिर यदि राष्ट्रों की दुर्बुद्धि, असावधानी, आलस्य और अदूरदर्शिता से परस्पर संघर्षण न हो जाया करता तो मनुष्य-जाति की अवनति हो जाती। युद्ध उन्नति का एक आवश्यक कारण है। युद्ध वह डंका है जो देशों को आलस्य-निद्रा में नहीं पड़ने देता और संतुष्ट मध्य श्रेणी के लोगों को उदासीनता से जागृत रखता है।

देशाभिमान, उच्चाभिलाषा, निश्छलता, चीमड़ापन, संपत्ति, स्वास्थ्य, मेल, बल, विद्या और वीरता आदि अनेक सद्‌गुण पहले युद्ध से ही प्राप्त हुए और अब भी एकमात्र युद्ध से ही इनकी स्थिति है। युद्ध से ही वीरता के वे गुण आते हैं जो वास्तविक जीवन के कठिन झगड़ों में विजय पाने के लिए आवश्यक हैं।

हिंदुस्थान ने कभी किसी देश की संपत्ति लूटने-खसोटने का प्रयत्न नहीं किया, विदेशियों ने ही सदैव इसे पद-दलित किया, अपना राज्य जमाया, यहाँ की संपत्ति लूटकर अपने देशों के खज़ाने भरे। जब से ब्रिटिश शासन भारत में आया तब से बराबर कमज़ोरी, ग़ुलामी की भावना, अकाल और दरिद्रता से पीड़ित है। इसके पूर्व मुसलमानी शासन में भारत संपन्न और समृद्ध था। आज हिंदुस्थानी इस बात को भली-भाँति समझ चुके हैं कि हमारे देश पर हमारी ही हुकूमत चाहिए,

जिसका नाम है पूर्ण स्वतंत्रता या ब्रिटिश कॉमनवेल्थ के शासन से संबंधविच्छेद। इस उद्देश्य की प्राप्ति के लिए 50 वर्षों से लगातार प्रयत्न किया जा रहा है, उसमें पर्याप्त सफलता प्राप्त हुई है। जब तक हम स्वतंत्र नहीं होते तब तक हमारी कलम, वाणी और विचार तथा कला और व्यापार की उन्नति होना असंभव है। इसीलिए आज के युग का साहित्यकार भी अपने देश की पूर्ण स्वाधीनता के लिए अपनी कलम का उपयोग कर रहा है ताकि स्वतंत्र होने पर नवनिर्माण कर सके। हमारा देश सदैव मानवीय आदर्शों पर चलता रहा है, आज भी वह अपने उक्त आदर्श से नहीं गिरा है—वह है दूसरों का विनाश न करने की प्रवृत्ति या अहिंसा। अपने उद्देश्य की प्राप्ति के लिए उसने अहिंसात्मक विद्रोह की घोषणा की, जो संसार की विद्रोहात्मक राजनीति की बीसवीं सदी की महत्त्वपूर्ण घटना है, उज्ज्वल आत्मबल का प्रयोग है। एक शस्त्रहीन और सत्ता द्वारा लड़ाए जानेवाले असंगठित देश का यह वैज्ञानिक चमत्कार है जो संसार के संघर्ष के इतिहास में अपना गौरवपूर्ण स्थान रखेगा।

मेरी कविताएँ उसी अहिंसात्मक विद्रोहकर्ता की विद्रोहात्मक आवाज़ का चित्रांकण मात्र हैं। यदि मेरे राष्ट्र को इससे कुछ भी बल प्राप्त हो सका—जिसका मुझे दृढ़विश्वास है—तो मैं अपना श्रम सार्थक समझूँगा।

शीघ्रता और असुविधाओं से कुछ अशुद्धियाँ रह गई हैं, विज्ञपाठक सुधार लेंगे ऐसी आशा है। पृष्ठ 45 के तीसरे पद की अंतिम दो पंक्तियाँ—

जीवन और मरण दोनों का,
सुधा-गरल पीना ही होगा।।

पढ़ी जावें।

जिन सज्जनों ने अग्रिम ग्राहक बनकर और विशेष आर्थिक सहयोग देकर हमारे कार्य में योग दिया है, वे धन्यवाद के पात्र हैं। जिन सज्जनों ने इस प्रकाशन में 11 रुपए दिए हैं उनके नाम निम्नलिखित हैं—

श्री रामप्रसादजी 'विद्रोही' बढ़वाह, बाबू जड़ावचंद जैन, एम.एल.सी. मण्डलेश्वर, श्री पं. विद्यानंद जी बी.ए.आर्योपदेशक लाहौर, पद्मकुमार सिंहजी श्यामसुखा इंदौर, बाबू पूनमचंदजी गर्ग उज्जैन, सेठ हुक्मचंदजी उज्जैन।

अंत में हम अपने अहिंसात्मक विद्रोह की सफलता और विश्व में एक नवीन साम्यपूर्ण प्रजा सत्तात्मक शासन व्यवस्था की कामना करते हैं।

क्रांति अमर हो !

—प्रह्लाद पांडेय 'शशि'

26 जनवरी, 1943
स्वाधीनता दिवस

भारत का विपता
(राग दीपक, ताल झूमर)

कवि : शिवचरण
गया, 1931

गिरलई विपत के गठरिया हो भाई भारत मुलुक में।।

साले - साले कांग्रेस भेले पैंतालिस तो बीति गैले।
तइयो नाहि भैले संगठनियाँ हो भाई भारत मुलुक में।।

संकट विकट आई गैले डगमगाई भारत गैले।
तजि देले नेता अन्न पनिया हो भाई भारत मुलुक में।।

भगत सिंह, राजगुरु, सुखदेव फाँसी परे।
चारो ओरि मचे हाहाकरिया हो भाई भारत मुलुक में।।

कालापानी, फाँसी भेल, हिंदू मोमिन दूनो गेल।
बजड़ परेउ दूनो के अकिलिया हो भाई भारत मुलुक में।।

मोतीलाल, लाजपत राय, गंगाधर बाल तिलक।
छोड़ी गइले बिच धार नइया हो भाई भारत मुलुक में।।

सुभाष बोस सेनगुप्ता, जेलवा में पड़ले विपता।
लाठी घुसा पड़ले उनका मरिया हो भाई भारत मुलुक में।।

रण के भेरी बाजी गइले, गाँधीजी हुकुम दिहले।

अहिंसा रूपी गहू तलवरिया हो भाई भारत मुलुक में।।

सत्याग्रह युद्ध छिड़ गइले, नेता सब जेहल गइले।
ब्रह्मा, विष्णु लेहु शिव खबरिया हो भाई भारत मुलुक में।।

अन्न - जल त्यागी देलन यतिन्द्र दास स्वर्ग गेलन।
रहि गइले नाम निसनिया हो भाई भारत मुलुक में।।

हिलमिल एक होवो वैर भाव त्यागि देवो।
गाँधी जी के मानु सब बचनिया हो भाई भारत मुलुक में।।

राम रहीम एकै जानू दोनो मिलि विनय ठानू।
भारत का तो मिलि काटू पाँवों बेडिया हो भाई भारत मुलुक में।

जाँता गेलई ढेकी गेलई ग़रीब के रोजगार गेलई।
कलवा में पेराई तेल घनिया हो भाई भारत मुलुक में।

दूध दधि महँगा भेल घृत तो सपना भेल
गउवन पर पड़ले अफतिया हो भाई भारत मुलुक में।

घर में चूहा डंड पेले, बेटा बेटी भूखल चले।
तइयो नाहि छोडे दारु, तड़िया हो भाई भारत मुलुक में।।

हिंदी के बिसारी देलन विद्या बुद्धिहीन भेलन।
गिटपिट-गिटपिट बोलई अंगरेज़िया हो भाई भारत मुलुक में।।

नेता धर्म त्यागि दिहले, लोभ पाप ग्रहण करले
छाडि दिहले आपन सब करमिया हो भाई भारत मुलुक में।।

देवी दुरगा सुनु पुकार, बिनवत हों बारंबार।
भारत आई करु रछपलिया हो भाई भारत मुलुक में।।

लाचारी

कवि : पं. रामकुमार उपाध्याय 'बैद्य'
इजरी, जौनपुर, (1940)

[1]

लगली बाजार हो पहरुवै बिना लूट गइलिन।

अन धन सोनवाँ विदेसी भइया लूट लेगै।।
दाना बिन होइ गइले देसवा भिखार हो।
पहरुवै बिना लूट गइलिन।।

बल बुद्धि विद्या ज्ञान गरिमा विदेश गइलें।
हिजड़ा की नइयाँ बैठल बनवै सिंगार हो।
पहरुवै बिना लूट गइलिन।।

आज जो विदेसवा से आवे ना कपड़वा भइया।
माई बहिनियाँ तोहरी रहिजैहैं उघारि हो।
पहरुवै बिना लूट गइलिन।।

कहाँ गए भीम कहाँ गए अर्जुन।
कहाँ गए अभिमन्यु बांके जुझार हो।
पहरुवै बिना लूट गइलिन।।

कहवाँ चौहान कहवाँ राणाप्रताप गइलै।
घसिया के रोटी जिनके जीवन आधार हो।
पहरुवै बिना लूट गइलिन।।

भारत कै देवी झाँसी रनिया कहाँ गइलिन।
पिठिया पर बाँधे आपन राजकुमार हो।
पहरुवै बिना लूट गइलिन।।

देसवा के कारण केतने गइले काले पानी भइया।
फँसिया पर झूले भगत सरदार हो।
पहरुवै बिना लूट गइलिन।।

'बैद्य' कहै निंदिया से जाग भारतबासी भइया।
हो गइलै विदेसियन से देसवा उजार हो।
पहरुवै बिना लूट गइलिन।।

[2]

सबसे किसान हो अभागा हमरे देसवा में।

इनही जोताई करे इनही बोआई करै।
तबहूँ बेचारे रोज़ मरैलै भुखान हो।
अभागा हमरे देसवा में।।

दिन भर बेगारी रहै लाखन ठे गारी सहैं।
तबहूँ न लागै इन्हैं खाए कै ठिकान हो।
अभागा हमरे देसवा में।।

हाकिम इनसे पोत माँगे, मेम्बर इनसे वोट माँगै।
बाबा दुआरे माँगे दाल औ पिसान हो।
अभागा हमरे देसवा में।।

देवता कराही माँगै लकड़ी सिपाही माँगै।
माता भवानी माँगै चुरकी औ कान हो।
अभागा हमरे देसवा में।।

खँसी भेड़ा दुर्गा माँगै, गाजी मियाँ मुर्गा माँगै।
अमला वकील कहै छोड़ देव ईमान हो!
अभागा हमरे देसवा में।।

ओझा देखाई माँगै, भड़के विदाई माँगै।
बीबी बुलाए सुनला बढ़िया-बढ़िया तान हो।
अभागा हमरे देसवा में।।

गाँजा बैरागी माँगै, दुई कै नौ पंजाबी माँगै।
'बैद्य' कहै ईश्वर तू ही बचाव इनकर जान हो।
सबसे किसान हो अभागा हमरे देसवा में।।

आग का घोला
(द्वितीय भाग)

संग्रहकर्ता : सेवक कुंदनलाल
जिला : पीलीभीत

किसानों की दशा

परै दारुन शीत मही तल पै।
बहै शीतल तीषो न्यारी सरारी।
गर्जे बदरा चमकै दमकै
बिजुराई रही हैं बिजुरी बजकारी।।

वजनीले बड़े - बड़े औरन की
घन मण्डल तै वर्षा भई भारी।
ठिठुराने लगीं सवै आँगुरिया
गयो काँपि करेजो भरी सिसकारी।।

अब आओ चलैं उत गाँव की ओर
लखै क्या हाल किसान को है।
नहि बारह मास कबहुँ जिनको
भरि पेट ठिकानो किसान को है।।

तन दूबरो रोगिल हाल बुरो,
मुखरा जिनके लरिकान को है।
नहिं पास है अंगा चिथरन को।
नित होत लगादो लगान को है।।

चले आगे लख्यो कछु दूरिहि से
परी फूस की झोपड़ी टूटी पुरानी।
चहुँओर दिवार है फूटी भई है
बड़-बड़े छेद बड़ी बुरी छानी।।

नहिं नैकहु पौन रुकै जिहि में

बरसात भये टपको करे पानी।
गरमिन मैं भीतर घाम घुसै
दुखियारे किसान की है रजधानी।।

परी भीतर भूतल पै लरिका
ढकी तापै पुरानी फटी-सी दरी है।
बिछो नीचे बिछौना न जाके कछु
नहिं पास में कोई दवाई धरी है।।

बहु दौस से मारो विचारो हुतो
अब आय गई मरिबे की घरी है।
पिपु ठाड़ो ठगो सो विलोकै सबै
महतारी अचेत हूँ औंधी परी है।।

इतने में सिपाही दिखाई परो
खरो द्वार पै हो के आवाज़ लगाई।
निकरो घर मैं से जबै दुखिया
तब भौंहें चढ़ाय के डाट बताई।।

नहिं काहू दिना तैं बेगार करी
नहिं दीनी लगान की एकौ पाई।
सरकार ने तोहि बुलाओ अभै
इतनी कहि ठोकर एक जमाई।।

कर जोरि करी बिनती उनकी
बहुभांतिन सों दिनतहु दरसाई।
पग धाय गह तिनके अपने
घर की सब हालत रोय सुनाई।।

अबै मोरो लला मरिवों है परो
लखो हीन दशा घर भीतर आई।
तुम जाहु अभै अपने घर को
मिलिहों सरकार से द्वारे पै जाई।।

सुनि दीन भरी बतियाँ तिहि की
अधरा फरकाय के भौंहे चढ़ाई।
पथरा सो करेजो पसीजो नहीं,
रिसिआय के पीठ पै बेंत जमाई।।

चुटिया गहि ऐंचि लियो भुइ पै
हनि लात औ घूसा करी मनभाई।
धरती पै घसीटत पीटत ताहि
गयो सरकार के द्वारे सिधाई।।

स्वदेशी प्रतिज्ञा

कवि : रामकवि
अलीगढ, 1930

हमारे हिंद वालों के चलन सारे स्वदेशी हो।
पढ़े सब देश की भाषा वचन सारे स्वदेशी हो।

लिखें हम गद्य या कविता सभी हो देश भाषा में।
जो गावें गीत गायक जन भजन सारे स्वदेशी हो।

करें शोभित हमारे बाग को सब्र देश के तरुवर।
लगावें जो चमन उसमें सुमन सारे स्वदेशी हो।

बने जो कारखाने-मिल तो हो सब हिंद वालों के।
रूई या सूत, रेशम, ऊन, सन सारे स्वदेशी हो।

चलावें नारी-नर चरखा, बुने फिर शौक से कपड़ा।
हो देशी कार्यकर्ता माल धन सारे स्वदेशी हो।

जिएँ जब तक हमारी देह पर हो देश का खद्दर।
किनार 'राम' गंगा के कफन सारे स्वदेशी हो।

खद्दर महिमा

अज्ञात, इलाहाबाद, 1931

वतन की ग़ुलामी छोड़ाएगा खद्दर,
ग़रीबों की इज्ज़त बचाएगा खद्दर।

हिंदू है ताना मुसलमान बाना,
बिनावट में दोनों को लाएगा खद्दर।

सड़ा लंकाशायर मरा मानचेस्टर,
विदेशी की धज्जी उड़ाएगा खद्दर।

जो कोई भी खद्दर से नफ़रत करेगा,
उन्हें भूत बनकर सताएगा खद्दर।

कहें गाँधी बाबा जो पहिनोगे खद्दर,
तो शीघ्र स्वराज्य दिलाएगा खद्दर।।

ग़ज़ल

सं. : क्षमाचंद रस्तोगी, 1930

[1]

छीन सकती है नहीं सरकार बंदेमातरम्।
हम ग़रीबों के गले का हार बंदेमातरम्।।

सरचढ़ों के सर में चक्कर उस समय आता ज़रूर।
कान में पहुँची जहाँ झनकार बंदेमातरम्।।

जेल में चक्की घसीटे भूख से जो मर रहा।

उस समय भी बक रहा बेजार बंदेमातरम्।।

मौत के मुँह में खड़ा है कह रहा जल्लाद से।
भोंक दे सीने में वह तलवार बंदेमातरम्।।

डाक्टरों ने नब्ज देखी सर हिलाकर कह दिया।
हो गया इसको तो यह आजार अंदमातरम्।।

ईद, होली, दशहरा और शुवरात से भी सौगुना।
है हमारा लाडला त्यौहार बंदेमातरम्।।

ज़ालिमों का ज़ुल्म भी काफूर-सा उड़ जाएगा।
फ़ैसला होगा सरे दरबार बंदेमातरम्।।

[2]

पं. घासीराम शर्मा, 1930

क़ौम के ख़ादिम की है ज़ागीर बंदेमातरम्।
है वतन के वास्ते, अक्सीर बंदेमातरम्।।

ज़ालिमों को है उधर, बंदूक पर अपनी ग़रूर।
है इधर हम बेकसों का तीर बंदेमातरम्।।

कत्ल की हमको न दें, धमकी हमारे सब्र से।
तेग पर हो जाएगा, तहरीर बंदेमातरम्।।

किस तरह भूलूँ इसे जबकि क़िस्मत में मेरी।
लिख चुका है राकिमें तहरीर बंदेमातरम्।।

फ़िक्र क्या जल्लाद ने, ग़र क़त्ल पर बाँधी कमर।
रोक देगा दूर से शमशीर बंदेमातरम्।।

ज़ुल्म से ग़र कर दिया, ख़ामोश मुझको देखना।

बोल उठेगी मेरी तसवीर बंदेमातरम्।।

सरजमीं इंग्लैंड की, हिल जाएग़ी दो रोज़ में।
ग़र दिखाएगी कभी, तासीर बंदेमातरम्।।

संतरी भी मुज्तरिब थे, जबकि हर झंकार पर।
बोलती थी जेल में, ज़ंजीर बंदेमातरम्।।

वंदेमातरम्

कवि : पं. कन्हैयालाल दीक्षित 'इन्द्र'
लखनऊ, 1930

बोलिए सब मिल महाशय मंत्र वन्देमातरम्।
तीनों भवन में गूँज जाए शब्द वंदेमातरम्।

बन जाए सुखदाई हमारा मंत्र वंदेमातरम्।
हो हमारी पाठ पूजा मंत्र वंदेमातरम्।

मंदिरों मसज़िद गुरुद्वारा व गिरिजा हो यही।
मज़हब बने बस हम सभी का एक वंदेमातरम।

हाथ में हो हथकड़ी और बेड़ियाँ हो पाँव में।
गाएँगे उनको बजाकर गीत वंदेमातरम्।

इसलिए धिक्कार है सौ बार जो कहता नहीं।
प्रेम में उन्मत्त होकर मंत्र वंदेमातरम्।

भारत हमारा देव मंदिर और मसज़िद भी यही।
हिंदू मुसलमाँ हो उपासक मंत्र वंदेमातरम्।

सब ही से ये बोलना ये 'इन्द्र' तुमको चाहिए।
भारत निवासी जयति गाँधी और वंदेमातरम्।

वंदेमातरम्

कवि : संगमलाल अग्रवाल
इलाहाबाद, 1930

आहा! क्या ओजमय है, शब्द वंदेमातरम्।
बोल दो सब हिंदियों से, अब मंत्र वंदेमातरम्।।

मुख में है वंदेमातरम्, मन में है वंदेमातरम्।
नाड़ियों के रक्त में बहता है वंदेमातरम्।।

खंजरे क़ातिल भले ही क़त्ल कर देना हमें।
चीख़ भी निकलेगी तो निकलेगी वंदेमातरम्।।

बल ज़रा मकतल के चेहरे पै हो मुमकिन नहीं।
हर लहू के कतरे में टपकेगा वंदेमातरम्।।

ख़ून मकतल में, बेहाल यूँ ही, क्या हरगिज़ नहीं।
भूमि पर लिखता चलेगा शब्द वंदेमातरम।।

बावजूद इसके कि बोले सबके पहले और कुछ।
दूधमुँहे बच्चे भी बोले शब्द वंदेमातरम्।।

'संगम' तप यही, सिज़दा यही, मंदिर यही।
है यही मसज़िद, यही मज़हब है वंदेमातरम्।।

वंदेमातरम्

बंकिमचंद्र, 1930

सुजलां सुफलां मलयज शीतलां
शस्य श्यामलां मातरम्। वंदेमातरम्।
शुभ्र-ज्योत्स्ना-पुलकित यामिनी
फुल्ल-कुसुमित-द्रुमदल-शोभिनी
सुहासिनी सुमधुरभाषिणी
सुखदां वरदां मातरम्। वंदेमातरम्।
त्रिंश-कोटि कल-कण्ठ कल निनाद कराले
द्वि-त्रिंश-कोटि-भुजै-धृर्त-खर-करवाले
के बल मा तुमि अबले।
बहुबल धारिणी नमामि तारिणी
रिपु-दल वारिणी मातरम्। वंदेमातरम्।

भारत प्रशस्ति

रवींद्रनाथ ठाकुर, 1931

[1]

अयि ! भुवन मनमोहिनी
निर्मल सूर्य करोज्जवल धरणी
जनक - जननी - जननी ।।

[2]

अयि! नील सिन्धु जल धौत चरण तल
अनिलं विकम्पित श्यामल अंजल
अम्बा चुम्बित भाल हिमाचल
अयि शुभ्र तुषार किरीटिनी ।।

[3]

प्रथम प्रभात उदय तव गगने
प्रथम साम रव तव तपोवने
प्रथम प्रचारित तवनत भवने
कत वेद काव्य काहिनी ।।

[4]

चिर कल्याणमयी तुमिइ माँ धन्य
देश विदेश वितरिछ अन्न
जाह्नवी यमुना विगलित करुणा
पून्य पीयूष स्तन्यपायिनी ।।
अयि ! भुवन मनमोहिनी

आज़ादी या मौत

कवि : स्वामी नारायणानंद 'अख़्तर'
लखनऊ, 1930

अबस ज़िंदगी का ग़ुमा, भरम है,
ग़ुलामी में जीना न मरने से कम है।

सितमगर ने हमको जो ग़फलत में पाया,
तुरंत दामे-फ़ितरत में अपने फँसाया।
कहा और कुछ और कुछ कर दिखाया,
दिखा करके अमृत ज़हर को पिलाया।
न उठने की ताक़त न चलने का दम है।
अबस ज़िंदगी का ग़ुमा है, भरम है।।

वह कहते हैं हमसे कि ख़ामोश रहना,
सहो चोटें दिल पर ज़ुबाँ से न कहना।

रहे पेट खाली रहे तन बरहना,
वफ़ादार हो तुम जफ़ाओं को सहना।
खुली गर जुबाँ, तो वहीं सर क़लम है।
ग़ुलामी में जीना न मरने से कम है।।

दिए ज़ख़्म पर ज़ख़्म सैयाद तू ने,
सुनी बेकसों की न फ़रियाद तूने
न रहने दिया दम को आज़ाद तू ने
किया हर तरह हमको बरबाद तूने
ये है ज़ुल्म कैसा, ये कैसा सितम है।
ग़ुलामी में जीना न मरने से कम है।।

तुझे भी क़सम है जो रहने कसर दे
ये हैं ज़ख़्म ताज़े नमक इनमें भर दे।
उठा अपना खंजर अभी क़त्ल कर दे
है वाज़िब तुझे यह उड़ा धर से सर दे।
किया चाहता तू जो हम पर करम है।
ग़ुलामी में जीना न मरने से कम है।।

सितमगर है ग़र तावो ताक़त पै नाजा,
तो हैं हम भी अपनी सदाकत पै क़ुरबाँ,
यही दिल में हसरत, यही दिल में अरमाँ।
कि आज़ाद हों, या फना होवे, दे जाँ।
हटेगा न पीछे, बढ़ा जो क़दम है।
ग़ुलामी में जीना न मरने से कम है।।

जिएँगे तो आज़ाद होकर रहेंगे।
जहाँ में कि बरबाद होकर रहेंगे।
सितमगर ही या शाद होकर रहेंगे
खुली अब हैं आँखें, खुला सब भरम है।
ग़ुलामी में जीना न मरने से कम है।।

हमें गोकि दिक्कत उठानी पड़ेगी।
उन्हें ख़ुद ब ख़ुद मुँह की खानी पड़ेगी।।

ये आदत पुरानी मिटानी पड़ेगी,
सरे बज्म गरदन झुकानी पड़ेगी
हमें नाज़ बेज़ा उठाने से दम है।
ग़ुलामी में जीना न मरने से कम है।।

चमन में न फिर ग़ैर का कुछ खतर हो।
वतन अपना आज़ाद हो औज पर हो।
बुज़ुर्गों का तुम में अगर कुछ असर हो।
दिखा दो ज़माने में फिर ऊँचा सर हो।
ग़ज़ब का ये 'अख्तर' का तर्जे रक़म है।
ग़ुलामी में जीना न मरने से कम ह।।

बहिष्कार कर दो

पं. कन्हैयालाल दीक्षित 'इन्द्र'
लखनऊ, 1930

उठो हिंद वालो न रहने कसर दो।
विदेशी का अब तो बहिष्कार कर दो।।

मयस्सर जहाँ पेट भर है न दाना।
ग़ुलामी में मुश्किल हुआ सर उठाना।।
मँगा कर विदेशी वहाँ धन लुटाना।
तुम्हें चाहिए दिल में कुछ शर्म खाना।।
मिटा देश जाता है इसकी ख़बर लो।
विदेशी का अब तो बहिष्कार कर दो।।

मँगाते विदेशी न अब भी हया है।
कहो देश में शेष रह क्या गया है।।
ग़रीबों को चूसा न दिल में दया है।
तुम्हें तो यही काशी है या गया है।।
कहो देशद्रोही उन्हें ना नज़र दो।
विदेशी का अब तो बहिष्कार कर दो।।

बहुत सो चुके और लंबी न तानो।
न यों देश के ख़ून से हाथ सानो।।
बहुत कर लिए पाप अब आप मानो।
चलो देश-उत्थान का ठान ठानो।।
स्वदेशी से भारत का भण्डार भर दो।
बहिष्कार कर दो बहिष्कार कर दो।।
विदेशी का अब तो बहिष्कार कर दो।।

विदेशी शासन

कवि : कन्हैयालाल दीक्षित 'इन्द्र', 1930

अजब हैं दुनियाँ के लोग नाहक
पराए धन पर मचल रहे हैं।
न ख़ौफ़ इनको ज़रा .ख़ुदा का
कजी की चालें जो चल रहे हैं।

कहो भला उनका कैसे होगा,
जो ख़ार होते हैं राह हक़ में।
धरम व ईमाँ को ताक में रख
ग़रीबों को जो कुचल रहे हैं।

वला से उनके मरे कोई औ
जिए कोई के तो चैन से हैं।
कमाई से वह तो दूसरों की
पलंग पै करवट बदल रहे हैं।

मगर न जूँ तक भी रेंगती है
तुम्हारे कानों पै सोनवालों।
तुम्हारे आस्तीं के साँप हैं यह
तुम्हारे धन से जो पल रहे हैं।

समझ रहे हैं खलक .ख़ुदा में

हमीं हैं असरफ़ हमीं हैं इन्सा।
ख़ुदी के जामों को पहन करके
ख़ुशी से हरदम उछल रहे हैं।

न देंगे हक़ हम किसी को हरगिज़
हुए हैं पागल जो माँगते हैं
खयाल पेचो लचर ये उनके,
दिलों दिमाग़ों में ढल रहे हैं।

न पार पाते हैं और ढंग से
तो गोली गोलों से काम लेते।
समझते हैं दिल की मिलकियत पर
इसी तरह कर दखल रहे हैं।

दिया है हमको भी दिल .ख़ुदा ने
दिमाग़ रखते हैं कुछ तो हम भी।
सताओ कब तक सताओगे तुम
हम चोटें खा-खा सँभल रहे हैं।

यक़ीं है अबकी न फेल होंगे,
मिले हैं उस्ताद ऐसे पक्के
जो 'इन्द्र' मकतल में वार सदहा
अचल रहे हैं अटल रहे हैं।

खादी गीत

कवि : सोहनलाल द्विवेदी
कानपुर, 1930

[1]

खादी के धागे-धागे में, अपनेपन का अभिमान भरा।
माता का इसमें मान भरा, अन्यायी का अपमान भरा।

खादी के रेशे-रेशे में, अपने भाई का प्यार भरा।
माँ बहिनों का सत्कार भरा, बच्चों का मधुर दुलार भरा।।

[2]

खादी की रजत-चंद्रिका जब आकर तन पर मुसकाती है।
तब नव जीवन की नई ज्योति, अन्तःस्थल में जग जाती है।
खादी से दीन-निहत्थों की उत्तप्त-उसास निकलती है।
जिससे मानव क्या पत्थर की भी छाती कड़ी पिघलती है।।

[3]

खादी में कितने ही दलितों के, दग्ध हृदय की दाह छिपी।
कितनों की कसक कराह छिपी, कितनों की आहत आह छिपी।
खादी में कितने ही नंगों-भिखमंगों की है आस छिपी।
कितनों की इसमें भूख छिपी, कितनों की इसमें प्यास छिपी।।

[4]

खादी तो कोई लड़ने का है, भड़कीला रणगान नहीं।
खादी है तीर कमान नहीं, खादी है खड्ग-कृपाण नहीं।
खादी को देख-देख तो भी, दुश्मन का दिल थर्राता है।
खादी का झण्डा सत्य शुभ्र, अब सभी ओर फहराता है।।

[5]

खादी की गंगा जब सिर से पैरों तक बह लहराती है।
जीवन के कोने-कोने की, तब सब कालिख धुल जाती है।
खादी का ताज चाँद-सा जब मस्तक पर चमक दिखाता है।
कितने ही अत्याचार-ग्रस्त, दीनों के त्रास मिटाता है।।

[6]

खादी ही भर-भर देश-प्रेम का प्याला मधुर पिलावेगी।

खादी ही दे दे संजीवन, मुर्दों को पुनः जिलावेगी।
खादी ही बढ़ चरणों पर पड़, नूपुर-सी लिपट मनावेगी।
खादी ही भारत से रूठी, आज़ादी को घर लावेगी।।

आह्वान

कवि : अभिराम शर्मा
कानपुर, 1930

जवानो उठो उठो तत्काल, न झुकने देना भारत भाल।
देश में इतनी है हलचल, पहनते फिर भी तुम मलमल।।
कहाँ इतना अमूल्य पल-पल, कहाँ तुम खोद रहे दलदल।
पहिनना मत परदेशी माल, न झुकने देना भारत भाल।

चाहिए तुम्हें कार्य करना, दासता अंधकार हरना।
जगत में पशुवत दिन भरना, है इससे तो अच्छा मरना।
काट दो पराधीनता जाल, न झुकने देना भारत भाल।।

लेना है अगर आज़ादी, तो करो पहना शुद्ध खादी।
रुकेगी इससे बरबादी, चाल अच्छी अपनी सादी।
अरे मत बनो हीन कंगाल, न झुकने देना भारत भाल।।

हमारा शांत सत्य संग्राम, न इसमें हिंसा का कुछ काम।
चाहते हो यदि अपना नाम, तो बस अब चलो न लो विश्राम।
खड़ा है सिर पर काल कराल, न झुकने देना भारत भाल।।

गुलामी आज़ादी की तोल, बताओ किसको लोगे मोल।
ज़रा देखो हृदय टटोल, न जाना अपने ब्रत से डोल।
बोलना अपने होश सँभाल, न झुकने देना भारत भाल।।

जहाँ पर चले तोप तलवार, वहाँ चुप सहते जाना वार।
न हटना पीछे हिम्मत हार, वहीं देना तन-मन-धन वार।
जीतकर लाना विजय विशाल, न झुकने देना भारत भाल।।

रणभेरी

नारायण प्रसाद बिलथरे
जबलपुर, 1930

[1]

बढ़ो बढ़ो हे भारत वीरों ऋषियों की प्यारी संतान।
स्वतंत्रता के महासागर में हो जाओ सहर्ष बलिदान।।
धर्मयुद्ध में मरना भी है, अमर स्वर्गपद को पाना।
रणभेरी बज चुकी वीरवर पहिनो केसरिया बाना।।

[2]

माता के सच्चे पूतों की आज कसौटी होना है।
देखें कौन निकलता पीतल कौन निकलता सोना है।।
उतरेगा जो आज युद्ध में वही शूर है मरदाना।
रणभेरी बज चुकी वीरवर पहिनो केसरिया बाना।।

[3]

यह मदांध शासन उलटा दो शक्ति शांतिमय नारों से।
अन्यायी अरि को दहला दो, अपने प्रबल प्रहारों से।।
स्वतंत्रता की विजय पताका ऊँची फहराते जाना।
रणभेरी बज चुकी वीरवर पहिनो केसरिया बाना।।

[4]

बिना आत्म - वलिदानों के कब किसने स्वतंत्रता पाई।
लाखों भेंट हुए माता के चरणों में तब आज़ादी आई।।
आज हमें भी दुनियाँ को अपना पौरुष है दिखलाना।
रणभेरी बज चुकी वीरवर पहिनो केसरिया बाना।।

[5]

साठ बरस के बूढ़े गाँधी देव बढ़े जाते हैं आज।
कैसे तुम्हें युवक कहलाते मन में तनिक न आती लाज।।
इस विडंबनामय जीवन से तो अच्छा है मर जाना।
रणभेरी बज चुकी वीरवर पहिनो केसरिया बाना।

[6]

जिसकी वीर भुजाओं को लखकर थर्राता था संसार।
शोक आज वह दुर्विपाक से बना हुआ है कारागार।।
हमें घोर इस पराधीनता से है छुटकारा पाना।
रणभेरी बज चुकी वीरवर पहिनो केसरिया बाना।

[7]

मरना है जब एक रोज़ तो वीर मृत्यु से क्यों न मरो।
अपना भी जीवन सार्थक कर मातृभूमि के क्लेश हरो।।
इस सुवर्ण अवसर को प्यारे तुम्हें चाहिए अपनाना।
रणभेरी बज चुकी वीरवर पहिनो केसरिया बाना।

[8]

कायरता को दूर भगाकर हिम्मत से आगे आओ।
जै जै भारत माता की जय कहते हुए बढ़े जाओ।।
स्वतंत्रता जो जन्मसिद्ध अधिकार हमारा है पाना।
रणभेरी बज चुकी वीरवर पहिनो केसरिया बाना।।

व्यग्र अभिलाषाएँ

कवि : पाण्डेय हीरालाल 'व्यग्र', 1929

धीरे धीरे सर्वनाश की रौरव - रचना रच जाए,
आग लगे इस अखिल विश्व में, धुआँधार फिर मच जाए।

नाशक शासक सहमें, सम्राटों के सिंहासन डोले,
हटे गद्दियाँ लुटे ख़जाने, चिरबंदी बंधन खोले।

अत्याचार भार भू का हो, फैले ऐसी अमिट अशांति,
भ्रांति दूर हो उथल-पुथल हो, क्रांति-क्रांति हो भीषण क्रांति।

अस्त्र-शस्त्र सब चले निर्बलों पर, बर्छी और भाले हों,
ऐसा घमासान हो, वीरों को प्राणों के लाले हों।

धन सत्ता की मान महत्ता, मिट्टी में मिलकर रोवे,
पश्चाताप करे पापों का, पीड़ित राजवंश होवे।

बलिदानों का ढेर देख वलिवेदी ज्वाला खिल जाए,
हो ऐसी हुंकार द्रोहियों के दल के दल हिल जाए।

उड़े पताका साम्यवाद की, अवनति का पथ खाली हो,
फूली फली पल्लवित, इस उपवन की डाली-डाली हो।

मिटे अनीति नीति की जय हो, दया-धर्म का हो संचार,
पर्दा फटे खुल पड़े सहसा, बंद स्वर्ग के सुंदर द्वार।

अहिंसा का झण्डा

संग्रहकर्ता एवं प्रकाशक : पं. विश्वनाथ शर्मा
कवि : शायक, 1931

[1]

इलाही तुम भी ख़याल रखना गवाह तुमको बना रहे हैं।
हम हिंद वालों को पाके दुर्बल वो हर तरह से सता रहे हैं।।

सुना है फरियाद पर वो मेरे ग़ज़ब के तेवर चढ़ा रहे हैं।
तो सर कटाने की आरज़ू में हम आज मकतल में जा रहे हैं।।

अजब है उत्साह सबके दिल में कि लोग जेलों में जा रहे हैं।
जो कल थे मखमल पै सोनेवाले वो आज कंबल बिछा रहे हैं।।

हम हिंद माता का ऋण चुकाने को ख़ून अपना बहा रहे हैं।
मगर उन्हें क्या जवाब होगा जो हम पै गोली चला रहे हैं।।

हम हिंद माँ के हैं ऐसे बच्चे जो जान अपनी लड़ा रहे हैं।
और एक भारत सपूत वो हैं जो पेश डण्डों से आ रहे हैं।।

जो मेरी महफ़िल के बामुक़ाबिल, वो गन-मशीने लगा रहे हैं।
तो हम भी आहों की ताक़तों से उन्हीं की हस्ती मिटा रहे हैं।।

फलक के नीचे से हट वो जाएँ अभी से उनको चेता रहे हैं।
हम अपनी आहों से इस समय आस्माँ को भी डगमगा रहे हैं।।

जो मिल के तैंतीस करोड़ भारत में आ हो गिरिया मचा रहे हैं।
ये रोज़े महसर को सोते फ़ितनों को आज ही से जगा रहे हैं।।

शमा की सूरत में दिल जलाकर वो ले के गुलगीर आ रहे हैं।
जो हिंद के हैं चिरागे रौशन विचारे सर को कटा रहे हैं।।

वो जोश खाकर दमन को अपने जो चक्र अजहद चला रहे हैं।
तो अहले 'शायक' स्वतंत्रता के ख़ुद अपने सर को झुका रहे हैं।।

[2]

शहीदों के ख़ूँ का असर देख लेना।
मिटाएँगे ज़ालिम का घर देख लेना।।

किसी के इशारे के हम मुन्तज़िर हैं।
बहा देंगे ख़ूँ की नहर देख लेना।।

झुका देंगे गर्दन को हम ज़ेरे खंजर।
ख़ुशी से कटाएँगे सर देख लेना।।

जो ख़ुदग़र्ज़ गोली चलाएँगे हम पर।
तो क़दमों में उनका ही सर देख लेना।।

किनारे पर लाए भँवर से यह किश्ती।
वह आएगी एक दिन लहर देख लेना।।

बलाएँ ये जाएँगी ख़ुद सरनंगी हो।
नहीं होगी इनकी गुज़र देख लेना।।

खुजंदी हुआ हिंद आज़ाद अपना।
छपेगी यह एक दिन ख़बर देख लेना।।

स्वदेशी गान

कवि : स्वामी नारायणानंद 'अख्तर', 1931

जिएँ तो स्वदेशी बदन पर वसन हो,
मरे भी अगर तो स्वदेशी कफ़न हो।

पराया सहारा है अपमान होना,
ज़रूरी है निज शान का ध्यान होना,
इसी से है संभव सभुत्थान होना
लगन में स्वदेशी की हर मर्दोज़न हो।
मरे भी अगर तो स्वदेशी कफन हो।।

निछावर स्वदेशी पर कर मालोज़र दो,
स्वदेशी से भारत का भण्डार भर दो।
रहे चित्र-से वह चकाचौंध कर दो,
दिखा पूर्वजों के लहू का असर दो।

स्वदेशी हो सजधज स्वदेशी चलन हो।
मरे भी अगर तो स्वदेशी कफन हो।।

चलो इस तरह अपना चर्खा चला दो,
मनो सूत की ढेरियाँ तुम लगा दो।
बुनो इतने कपड़े मिलों को छका दो
जमा दो स्वदेशी का सिक्का जमा दो।
स्वदेशी हो गुल और स्वदेशी चमन हो।
मरे भी अगर तो स्वदेशी कफन हो।

न अतलस न मख़मल की हो चाह तुमको
कपट-सिंधु की मिल गई थाह तुमको
किसी की रही कुछ न परवाह तुमको
न अब कर सकेंगे वे गुमराह तुमको।
फिदाए वतन अपना तन-प्राण-धन हो।
मरे भी अगर तो स्वदेशी कफन हो।

उठो कर्मवीरों तुम्हें कौन भय है
स्वदेशी का संग्राम भी शांतिमय है।
प्रथा पाप की पाप में आप लय है
विजय है, विजय है, तुम्हारी विजय है।
स्वदेशी हो पूजन स्वदेशी भजन हो।
मरे भी अगर तो स्वदेशी कफन हो।

समर सवत्व वीरवर ठान दो तुम,
किसी के प्रलोभन में मत कान दो तुम।
खुशी से स्वदेशी पै दे जान दो तुम।
बने जिस तरह माँ को सम्मान दो तुम।
स्वदेशी हो जीवन स्वदेशी मरण हो।
मरे भी अगर तो स्वदेशी कफन हो।

बनो कर्मयोगी न तुम कर्म छोडो,
ग़ुलामी की ज़ंजीर चर्खे से तोड़ो।
मुसीबत उठाओ मगर मुँह न मोड़ो,

तपोबल से अन्याय का गर्व तोड़ो।
स्वदेशी हो पोषण स्वदेशी भरण हो।
मरे भी अगर तो स्वदेशी कफन हो।

तुम्हीं तो स्वदेशी के हो आज त्राता,
तुम्हीं देश के भाग्य के हो विधाता।
तुम्हीं पर है सौ जाँ से क़ुर्बान माता,
तुम्हें फिर न क्यों ध्येय का ध्यान आता।
जो साधन स्वदेशी हो संकट शमन हो।
मरे भी अगर तो स्वदेशी कफन हो।

करो प्रण कि आज़ाद होकर रहेंगे,
जहाँ में कि बरबाद होकर रहेंगे।
सितमगर ही या शाद होकर रहेंगे,
कि हम शाहो आबाद होकर रहेंगे।
स्वदेशी हो 'अख्तर' स्वदेशी कथन हो।
मरे भी अगर तो स्वदेशी कफन हो।

स्वतंत्रता

कवि : दिनेश प्रसाद बाथम, 1931

अधीन होकर बुरा है जीना
मरना अच्छा स्वतंत्र होकर।
सुधा को तजकर ज़हर का प्याला
है पीना अच्छा स्वतंत्र होकर।।

पड़ी हो हाथों में हथकड़ी यदि,
तो स्वर्ग के सुख से लाभ क्या है?
नरक के दुर्ग में निवास निशिदिन,
है करना अच्छा स्वतंत्र होकर।।

जो दास होकर मिले भवन में
सौ स्वादु भोजन तो तुच्छ है सब।
सदैव उपवास करके वन में
विचरना अच्छा स्वतंत्र होकर।।

मिले उपाधि या मान पदवी,
जो सेवा करके व्यर्थ है सब।
घृणा के गड्ढे में हो के व्याकुल
उतरना अच्छा स्वतंत्र होकर।।

ग़ुलाम रहकर विदेशी मलमल,
अगर पहनने को मिल रही हो।
तो लाख दर्जे है उससे खद्दर
पहनना अच्छा स्वतंत्र होकर।।

स्वतंत्रता के लिए मरेंगे,
स्वतंत्रता ध्येय है हमारा।
'दिनेश' फाँसी पै सर ख़ुशी से,
है धरना अच्छा स्वतंत्र होकर।।

ख्याल बहर शिकस्ता

कवि : मोहनलाल 'अरमान'
कानपुर, 1932

उठो - उठो अब नव जवानों
रहोगे खाना खराब कब तक!
ग़ुलाम बनकर रहोगे कब तक,
रहेगा शौक़े शराब कब तक !

न जेण्टलमैनी में ख़ुद को भूलो,
ये कोई दरज़ा न उन्नति का

जबाँ मुबारिक से ये सुना दो
जहान में इंतख़ाब कब तक !

तुम्हारे बच्चे हैं भूखों मरते
लगाओ साहब को डालियाँ तुम
हज़ार लानत तुम्हारे ज़र पर
बने रहोगे नवाब कब तक !

अगर है कुछ दिल में दर्द कौमी
तो अपनी हालत की तरफ़ देखो
बताओ दौलत के दर्दमंदों
पढ़ोगे लालच का बाब कब तक!

वतन को आज़ाद है बनाना
तो निकलो मैदाँ में शेर बनकर
सवाल ये कौम का है 'अरमाँ'
न दोगे आख़िर जवाब कब तक!

उठो - उठो अब नव जवानों
रहोगे खाना खराब कब तक!

झण्डे की आरती

कवि : प्रकाश, 1930

जीवन - ज्योति जगाने वाले
भय की भ्रांति भगाने वाले
मोहन, विश्व विजय करतारे,
झण्डे, जीवन राष्ट्र हमारे।

तेरे स्वागतार्थ हमने शुचि,
सुंदर सुमन सजाए हैं।

सेवा में हँस हँस मरने को
अपने शीश चढ़ाए हैं।

जग की क्लांति घटाने वाले
माँ का मान बढ़ाने वाले
जय-जय तरुण शक्ति के प्यारे
झण्डे जीवन राष्ट्र हमारे।

हम सब तुझे गगन में ऊँचा
लखकर के हरषाए हैं
लहरा दे तू स्वतंत्रता को
राष्ट्र हृदय हुलसाए हैं।

हम में देश-प्रेम को भर दे,
हमसे दूर दासता कर दे,
दुख दरिद्र कर दूर हमारे
झण्डे जीवन राष्ट्र हमारे।

भक्ति-भाव से करे आरती,
कंचन थार भराए हैं।
हिंदू, मुसलमान ईसाई,
सबही शीश झुकाए हैं।।

बलिवेदी पर

कवि : युवक हृदय

निपट निराशा की रजनी में आशा के प्रदीप सुकुमार,
लिए टिमटिमाते हाथों में भटक रहे पागल दो-चार।
देख दासता दूषित दुर्बल - दीन देश का हाहाकार,
सहमे हृदय हिल गया आँखों से निकली आँसू की धार।
धधकी अंतस्तल की ज्वाला

कठिन हो गया पाना त्राण
सुख से समरांगण में कूदे
लिए हथेली पर निज प्राण।

रोका किंतु नहीं रुकता है, उमड़े नद का प्रवल प्रवाह,
बंधन तोड़ मोड़ मुँह सुख से, उबल उठा सोया उत्साह।
मंद हास अधरों पर, आँखों में अल्हड़ता की चाह,
सर से कफन बाँधकर आए, सिंह, सपूत मुक्ति की राह।
भड़की प्रतिहिंसक प्रवृतियाँ
देख न सके अधिक अंधेर
हृदय उछलने लगा हर्ष से
सुनकर बलिवेदी की टेर।

बढ़े रुक गए देखा सन्मुख, सात सयानों का वह खेल,
न्याय, स्वत्व जो आए देने, दूर देश से संकट झेल।
किंतु हुआ उनके आते ही, इस बिखरे समाज में मेल,
यह क्या? बहिष्कार! स्वागत के समय हुई बहुतों को जेल।
ज्वाला जलती हुई रुई से,
रुकी न कुछ फड़के कुछ क्लांत।
चिनगारी फूटी पल भर में
हुए प्रांत के प्रांत अशांत।

देखो वीरभूमि है जाना, इधर दिखा समुचित सम्मान,
अमिट अक्षरों में अंकित है, यहाँ शहीदों का गुणगान।
मिट्टी के कण-कण में मिश्रित रक्त राजपूतों की शान
ठौर-ठौर हैं यहाँ निछावर 'थर्मापोली' के बलिदान।
पड़ी ठेस पर ठेस न सोचा
करते कुछ भी भारी भूल
बढ़े सगर्व कुचल कर वह
पद से प्राचीन कीर्ति के फूल।

कैसे सह सकते थे कोमल दिल पर ऐसे कठिन प्रहार,
पिघल पड़े, हाँ, रह न सके, जब लखि अमानुषिक अत्याचार।
सिंहासन हिल गया शांति - रक्षक सहमें - चौका संसार,

कोटि-कोटि कण्ठों को करते मूक दुख का प्रतिकार।
विषम बेड़िया बजी, खुल गए
बंदीगृह के बंद कपाट
आए उन्हें रोकने आए
वे प्रतिनिधि स्वरूप सम्राट।

क्यों निर्दय कायर प्रहार यों, निपट निरस्त्रों पर नादान?
तीस कोटि हृदयों के स्वामी का ऐसा अनुचित अपमान।
अरे ! वार पर वार मार उफ़ ! हाथ छोड़ते हैं शैतान,
करते निबलों पर पशु-बल के, क्रूर प्रदर्शन पर अभिमान।
वह देवता स्वरूप 'केशरी'
अचल रहा बन कर पाषाण
वक्षस्थल पर सहे वार पर
मांगा नहीं प्राण का त्राण।

लो देखते - देखते फूटा फिर आरत भारत का भाल,
डूबा असमय सूर्य लूट गया, शक्तिहीन हाथों का लाल।
रोना ही रह गया न होना कुछ अब, पूछ रहे क्या हाल?
सच कहना क्या कदर कहीं भी पाते हैं ग़ुलाम कंगाल।
रे नपुंसको ! कुछ न बनेगा
है नार्मद क्रोध यह व्यर्थ
कौन रोक सकता है उनको
सब प्रकार वे सबल समर्थ।

देखा नवयुवकों ने देखा खुलेआम यह अत्याचार
रक्त उतर आया आँखों में, हुआ हृदय पर वज्र प्रहार
इन शब्दों के साथ चुनौती, की दीवानों ने स्वीकार
कर देंगे हम कील कफन की, शासन के वार पर वार।
या तो मर मिट मुक्त बनेंगे
तजकर पराधीनता पाश
या फिर निश्चय कर जाएँगे
इस नौकरशाही का नाश

शासक हँसे नृशंस, ऊपरी मन से सुनकर सारा हाल

उतरा देशवासियों के दिल में भी क्रम-क्रम से सब ख़याल।
सहसा एक दिवस संध्या को, कान पड़ा कुछ हुआ कमाल,
युग-युग जिएँ पूर्ण प्रण करने वाले वे माई के लाल।
सन्नाटा-सा हुआ शत्रुकुल काँपा
निकल गया 'हा हंत'
देखा दुष्टों ने दिल दावे
अत्याचारी का वह अंत।

मौन दिशाएँ हुईं गुंजरित, दिया सुनाई यह संदेश,
पराधीन लोग उठ बैठो, बुला रहा है पूज्य स्वदेश।
देखो अरे मिटाकर सेवक, श्रमजीवी, कृषकों के क्लेश,
वह हँसती स्वतंत्रता देवी, करती है फिर पुण्य प्रवेश।
समय आ गया जौहर कर दो
उठो देखकर अद्भुत ओज
चले लाल पगड़ी के कुत्ते
इधर-उधर करने को खोज।

देखा जिसे देश पर मरते करते कृषकों का कुछ काम,
या सच्चे स्वराष्ट्र सेवा में ठुकराते वैभव - यश - नाम।
बस उसकी ही लगे छेड़ने, पीछे पड़कर आठों थाम,
झपटे कहीं किसी को काटा, किया किसी का काम तमाम।
देख रहे हैं गदर बगावत
विप्लव साम्यवाद का भूत
इन दूधमुहें बालकों में भी
ये पूँजीपतियों के दूत।

हथकड़ियाँ हिल उठीं सुन पड़ीं ज़ंजीरों की मृदु झंकार
सँभली अस्त्र-शस्त्र सज्जित हो, एक बार फिर से सरकार।
राजद्रोह, षड्यंत्र, क्रांति की गली-गली में मची पुकार,
नौजवान लेने को दौड़े कर भर कर लेने उपहार।
दमन, दमन का नग्न रूप लखि
भूल गए सब अपना खेल,
हँसते चले देखने राधापति की
जन्मभूमि वह जेल।

हँय! यह क्या? कैसी पुकार है? मचा हुआ है कैसा शोर,
इधर आ रहे हैं ये कैसे मतवाले नवयुवक किशोर।
आज शहीदों का चुनाव था आई सदियों बाद हिलोर,
गाते गीत कांति के जाते देखो वे वेदी की ओर।

हो उन्नत नत मस्तक माँ का
है निश्चय इतना ही ध्यान
लड़ते हैं आपस में पहिले
करने को अपना वलिदान

उदय हुए हैं भाव भयानक पुनः जगे हैं जीवन त्याग,
जले हुए हृदयों की आहें, फूँक रहीं अंबर में आग।
बने देश के कोने - कोने में, फिर जलियावाले बाग,
बुझने को हैं अगर घरों के ये कुछ जलते हुए चिराग।

उठो वीरगण उठो आरती
लेकर स्वागत करो सहर्ष
मुक्त ग़ुलामी से होने को
फिर है आरत भारत वर्ष

वीर शहीदों की करनी पर हँसते होंगे मंगलमूल,
बरसा रहे गगन से देखो, सादर सुरसमूह ये फूल।
ये रहस्य से भरे न कोई, इनको सकता योंही भूल
तरुण तपस्वी तर जाते हैं धर कर इनके पद की धूल।

जिस दिन जहाँ करेंगे ये सब
स्वर्गलोक को चिरप्रस्थान
वह दिन होगा पर्व और
होगा वह स्थल तीर्थ स्थान।

चमकेगा दिन-दिन चमकेगा, वीरों का निस्पृह बलिदान
उठा सकेगा जग के सम्मुख, फिर सगर्व सिर हिंदुस्तान
नस-नस में बिजली दौड़ेगी, सुनकर इनका गौरव गान
गर्म ख़ून खौलेगा फड़केगी फिर शूरों की संतान।

पढ़कर यह इतिहास ग़ुलामी का
सचमुच आएगा रोष
देखेंगे दाँतों में उँगली दिए
लोग वह जीवित जोश।

नज़्म

शफ़ी

ज़िंदा हैं अगर ज़िंदा, दुनिया को हिला देंगे।
मशरिक का सिरा लेकर मगरिब से मिला देंगे।।

हम सीन - ए - हस्ती में, अंगारा हैं अंगारा।
शोले भड़क उठेंगे, झोंके जो हवा देंगे।।

मज़दूर हो, दहकाँ हो, हिंदू हो मुसलमाँ हो।
सब एक तो हो जाओ, फिर उनको दिखा देंगे।।

हम कौन हैं हम क्या हैं, हम कुछ भी न हो लेकिन।
वक़्त आने दो वक़्त आने पर, फिर उनको दिखा देंगे।।

मज़दूर की फ़ितरत में, कुदरत ने लचक दी है।
उतना ही वह उभरेगा, जितना कि दबा देंगे।।

मज़दूर के नालों से, आतिश भड़क उठेगी।
चलते हुए पानी में, हम आग लगा देंगे।।

तारी किए गफ़लत में, हैं जो कि पड़े सोते।
यह नज़्म 'शफ़ी' पढ़कर, हम उनको जगा देंगे।।

●●●